Kulturgüterschutz im internationalen Recht unter besonderer Berücksichtigung der deutsch-russischen Beziehungen

# SCHRIFTEN ZUM STAATS- UND VÖLKERRECHT

Herausgegeben von Prof. Dr. Dieter Blumenwitz

**Band 104**

Peter Lang
Frankfurt am Main · Berlin · Bern · Bruxelles · New York · Oxford · Wien

# Eva Stumpf

# Kulturgüterschutz im internationalen Recht unter besonderer Berücksichtigung der deutsch-russischen Beziehungen

Peter Lang
Europäischer Verlag der Wissenschaften

**Bibliografische Information Der Deutschen Bibliothek**
Die Deutsche Bibliothek verzeichnet diese Publikation in der Deutschen Nationalbibliografie; detaillierte bibliografische Daten sind im Internet über <http://dnb.ddb.de> abrufbar.

Zugl.: Würzburg, Univ., Diss., 2003

D 20
ISSN 0172-7796
ISBN 9 78-3-631-51080-3



www.peterlang.de

Meinen Eltern
in Liebe und Dankbarkeit

# Vorwort des Herausgebers

Die vorliegende Arbeit ist im Rahmen eines von der Hanns-Seidel-Stiftung e.V. geförderten und in Zusammenarbeit mit dem Lehrstuhl für Völkerrecht, allgemeine Staatslehre, deutsches und bayerisches Staatsrecht und politische Wissenschaften organisierten Promotionskollegs zu „Völkerrechtlichen Fragen der Friedenssicherung“ entstanden.

Ziel des Kollegs war es, verschiedene für die Frage der künftigen Friedenssicherung relevante Themen zu bearbeiten und durch den stetigen Austausch der Teilnehmer die Interdependenz der Einzelthemen zu der übergeordneten Thematik der Friedenssicherung herauszuarbeiten.

Prof. Dr. Dieter Blumenwitz

# Vorwort der Autorin

Die vorliegende Arbeit wurde im Wintersemester 2002/2003 von der Juristischen Fakultät der Bayerischen Julius-Maximilians-Universität Würzburg als Dissertation angenommen. Sie wurde durch ein Begabtenstipendium der Hanns-Seidel-Stiftung aus Mitteln des Bundesministeriums für Bildung und Forschung (BMBF) gefördert.

Das Manuskript wurde im September 2002 abgeschlossen und zuletzt im April 2003 aktualisiert.

Mein besonderer Dank gilt meinem verehrten Doktorvater, Herrn Prof. Dr. Dieter Blumenwitz, der das Thema dieser Untersuchung angeregt, ihre Entstehung kritisch begleitet und mir bei der Ausarbeitung großzügige wissenschaftliche Freiheit gewährt hat. Danken möchte ich ihm auch für die Betreuung im Rahmen des Promotionskollegs „Völkerrechtliche Fragen der Friedenssicherung" der Hanns-Seidel-Stiftung. Herrn Prof. Dr. Eckhard Pache habe ich für die rasche Erstellung des Zweitgutachtens zu danken.

Für anregende Diskussionen und wertvolle Hinweise danke ich meinen ehemaligen Kollegen am Lehrstuhl, insbesondere Herrn Prof. Dr. Burkhard Schöbener und Herrn PD Dr. Winfried Bausback. Besonderen Dank für ihren aufmunternden Zuspruch schulde ich Frau Ruth Rupp.

Meiner Mutter danke ich dafür, dass sie die Korrektur des Manuskripts übernommen hat und mich immer wieder bestärkt hat.

Nicht zuletzt gilt mein Dank meinem Verlobten, Herrn Richter Dr. Volker Wirths, für den regen gedanklichen Austausch und dafür, dass er vor allem in der Endphase der Dissertation die nötige Geduld und Ruhe aufgebracht hat.

Gewidmet ist die Arbeit meinen Eltern, die mich stets und in jeder Hinsicht bedingungslos unterstützt und gefördert haben und so auch das Entstehen dieser Arbeit erst ermöglicht haben.

München, im April 2003 Eva Stumpf

Inhaltsübersicht

Inhaltsverzeichnis

# Abkürzungsverzeichnis

| | |
|---|---|
| a.A. | anderer Ansicht |
| a.a.O. | am angegebenen Ort |
| ABl. | Amtsblatt |
| Abs. | Absatz |
| AcP | Archiv für die civilistische Praxis |
| AdG | Archiv der Gegenwart |
| a.F. | alter Fassung |
| AIDI | Annuaire de l'Institut de droit international |
| AJCL | American Journal of Comparative Law |
| AJIL | American Journal of International Law |
| Art. | Artikel |
| Aufl. | Auflage |
| AVR | Archiv des Völkerrechts |
| BayVBl. | Bayerische Verwaltungsblätter |
| Bd. | Band |
| BGB | Bürgerliches Gesetzbuch |
| BGBl. | Bundesgesetzblatt |
| BGH | Bundesgerichtshof |
| BGHZ | Entscheidungen des Bundesgerichtshofs in Zivilsachen |
| bspw. | beispielsweise |
| BT-Drs. | Bundestagsdrucksache |
| Bull. | Bulletin |
| BVerfG | Bundesverfassungsgericht |
| bzgl. | bezüglich |
| bzw. | beziehungsweise |
| CORC | Coordinating Committee |
| DDR | Deutsche Demokratische Republik |
| d.h. | das heißt |
| DÖV | Die Öffentliche Verwaltung |
| DRDR | Restitution, Deliveries and Reparations Directorate |
| DVBl. | Deutsches Verwaltungsblatt |
| EAC | European Advisory Commission |
| EGBGB | Einführungsgesetz zum Bürgerlichen Gesetzbuch |
| EGMR | Europäischer Menschenrechtsgerichtshof |
| EJIL | European Journal of International Law |
| EMRK | Europäische Konvention zum Schutze der Menschenrechte und Grundfreiheiten |
| EPIL | Encyclopedia of Public International Law |
| EuGH | Europäischer Gerichtshof |
| EuGRZ | Europäische Grundrechte-Zeitschrift |
| FAZ | Frankfurter Allgemeine Zeitung |
| Fn. | Fußnote |
| FS | Festschrift |

| | |
|---|---|
| GG | Grundgesetz |
| GYIL | German Yearbook of International Law |
| HLKO | Haager Landkriegsordnung |
| h.M. | herrschende Meinung |
| Hrsg. | Herausgeber |
| HuV-I | Humanitäres Völkerrecht: Informationsschriften |
| ICLQ | International and Comparative Law Quarterly |
| i.d.R. | in der Regel |
| IGH | Internationaler Gerichtshof |
| IPR | Internationales Privatrecht |
| IPRax | Praxis des Internationalen Privat- und Verfahrensrechts |
| ILC | International Law Commission |
| i.S.v. | im Sinne von |
| i.V.m. | in Verbindung mit |
| KPdSU | Kommunistische Partei der Sowjetunion |
| KultGüRückG | Kulturgüterrückführungsgesetz |
| KultSchG | Gesetz zum Schutz deutscher Kulturgüter gegen Abwanderung |
| m.w.N. | mit weiteren Nachweisen |
| n.F. | neuer Fassung |
| NJW | Neue Juristische Wochenschrift |
| NSDAP | Nationalsozialistische Deutsche Arbeiterpartei |
| NZWehrR | Neue Zeitschrift für Wehrrecht |
| o.a. | oben angegeben |
| OMGUS | Office of Military Government for Germany |
| RdC | Recueil des Cours de l'Académie de Droit International de la Haye |
| Rdnr. | Randnummer |
| RGBl. | Reichsgesetzblatt |
| RGDIP | Revue générale de droit international public |
| ROW | Recht in Ost und West |
| Rspr. | Rechtsprechung |
| SBZ | Sowjetische Besatzungszone |
| SHAEF | Military Autorities in Supreme Headquarters, Allied Expeditionary Forces |
| SJZ | Schweizerische Juristen-Zeitung |
| SMAD | Sowjetische Militäradministration in Deutschland |
| sog. | sogenannte |
| SVN | Satzung der Vereinten Nationen |
| SZ | Süddeutsche Zeitung |
| u.a. | unter anderem |
| UdSSR | Union der Sozialistischen Sowjetrepubliken |
| ÜV | Überleitungsvertrag |
| UFITA | Archiv für Urheber-, Film-, Funk- und Theaterrecht |
| UN(O) | United Nations (Organization) |
| UNESCO | United Nations Educational Scientific and Cultural Organization |
| UNIDROIT | Institut for the Unification of Private Law |

| | |
|---|---|
| v.a. | vor allem |
| vgl. | vergleiche |
| VN | Vereinte Nationen |
| Vol. | Volume |
| WVK | Wiener Vertragsrechtskonvention |
| ZaöRV | Zeitschrift für ausländisches öffentliches Recht und Völkerrecht |
| z.B. | zum Beispiel |
| ZfBB | Zeitschrift für Bibliothekswesen und Bibliographie |
| ZföR | Zeitschrift für öffentliches Recht |
| Ziff. | Ziffer |
| zit. | zitiert |
| ZP | Zusatzprotokoll |

# Einleitung: Untersuchungsgegenstand und Gang der Darstellung

> „Wir möchten darauf hinweisen, dass unseres Wissens keine historische Kränkung so langlebig ist und so viel gerechtfertigte Verbitterung hervorruft wie die aus welchem Grunde auch immer erfolgende Wegnahme eines Teils des kulturellen Erbes einer Nation, sei es auch, dass dieses Erbe als Kriegstrophäe aufgefasst wird. ... Bei allen Verpflichtungen gegenüber der Nation, der wir Gefolgschaft schulden, gibt es weitere Verpflichtungen zu allgemeiner Gerechtigkeit und Anstand sowie zur Etablierung der Macht des Rechts, nicht der Gewalt, unter zivilisierten Nationen.“[1]

Diese mahnenden Worte amerikanischer Kunstschutzoffiziere im „Wiesbadener Manifest“ anlässlich der Verschiffung von 202 Gemälden aus Berliner Museen in die USA nach dem Zweiten Weltkrieg[2] haben zwar dazu geführt, dass die Vereinigten Staaten von der ursprünglich geplanten umfangreichen Wegführung von Kulturgütern aus dem besetzten Deutschland schließlich Abstand genommen haben.

Nicht verhindern konnte dieser Protest allerdings den aufgrund staatlicher Anordnung durch sog. Trophäenbrigaden der Roten Armee planmäßig durchgeführten, umfangreichen Abtransport deutschen Kulturguts aus den in der sowjetischen Besatzungszone gelegenen Magazinen, Museen und Privatsammlungen in die UdSSR. Es handelt sich dabei um einen der größten Kunstraube in der Geschichte. Nach sowjetischen Bestandsaufnahmen sind während der Transporte nach dem Zweiten Weltkrieg insgesamt 2.416.874 Kunstgegenstände und 532 Packkisten aus Deutschland weggeführt worden.[3] Hinzu kommen noch unzählige Bücher und Archive. Ein Teil davon wurde in den Jahren 1955 und 1958/59 an die DDR zurückgegeben.[4] Die übrigen Kulturgüter – mittlerweile ist bekannt, dass es sich um ca. 1 Million Museums- und Sammlungsobjekte, davon 200.000 von besonderer kunst- und kulturhistorischer Bedeutung, sowie ca. 4 bis 6 Millionen Bücher und drei Kilometer Archivgut handelt[5] – lagerten jahrzehntelang in unzugänglichen Geheimdepots und befinden sich auch zum heutigen Zeitpunkt noch in Russland.

---

1 Aus dem „Wiesbadener Manifest“ amerikanischer Kunstschutzoffiziere vom 7.11.1945, Ziffer 3, deutsche Übersetzung nach *Kurz*, Kunstraub in Europa, S. 107. Veröffentlicht im englischen Original bei: *Farmer,* in: Simpson (Hrsg.), The Spoils of War, S. 131 ff., S. 133: „We wish to state that from our own knowledge, no historical grievance will rankle so long, or be the cause of so much justified bitterness, as the removal, for any reason, of a part of the heritage of any nation, even if that heritage may be interpreted as a prize of war. ... and that though our obligations are to the nation to which we owe allegiance, there are yet further obligations to common justice, decency and the establishment of the power of right, not of expediency or might, among civilized nations.“

2 Vgl. hierzu näher *Turner,* in: Fiedler (Hrsg.), Internationaler Kulturgüterschutz und deutsche Frage, S. 109 ff., S. 119 ff.; *Friemuth,* Die geraubte Kunst, S. 103 ff.

3 *Fiedler,* in: Strocka (Hrsg.), Kunstraub – ein Siegerrecht?, S. 47 ff., S. 49 f.; *Schade,* in: Strocka (Hrsg.), Kunstraub – ein Siegerrecht?, S. 63 ff., S. 67 f.

4 Vgl. hierzu *Akinscha/Koslow,* Beutekunst, S. 232 ff.

5 *Ritter,* UFITA 136 (1998), S. 129 ff., S. 136; *Schoen,* NJW 2001, S. 537 ff., S. 538 f.

Raub von Kulturgut[6] hat es im Zusammenhang mit den kriegerischen Auseinandersetzungen aller Zeiten gegeben – von der Antike bis in die Konflikte der jüngsten Vergangenheit und Gegenwart.[7] Auch in den bewaffneten Konflikten und Kriegen moderner Prägung nach dem Zweiten Weltkrieg ist es zu großangelegten Plünderungs- bzw. Zerstörungsaktionen an Kulturgütern gekommen, die vielfach darauf abzielten, die gegnerische Gruppe in ihrer kulturellen Identität und Verwurzelung zu treffen. Man denke nur an das Beispiel Zyperns, des Golfkriegs und des Jugoslawienkonfliktes.[8] Der Raub von Kulturgut ist damit eine aktuelle Bedrohung geblieben, wenn auch der völkerrechtliche Kulturgüterschutz im Lauf der Zeit immer weiterentwickelt worden ist und sich ein völkergewohnheitsrechtliches Beuteverbot in Bezug auf Kulturgüter bereits im Lauf des 19. Jahrhunderts verfestigte.[9]

Die Auswirkungen der Kulturgutverlagerungen während und infolge des Zweiten Weltkriegs reichen bis in die Gegenwart. Dies trifft insbesondere auf die aus dem sowjetischen Kunstraub resultierende deutsch-russische Rückführungsproblematik zu. Gegenstand der seit Beginn der neunziger Jahre des 20. Jahrhunderts geführten deutsch-russischen Verhandlungen um die Rückführung kriegsbedingt verbrachter Kulturgüter sind die bis zum heutigen Zeitpunkt in Russland lagernden deutschen Kunstschätze, Bücher und Archive – auch unter dem Stichwort „Beutekunst“ bekannt. Die Bundesrepublik Deutschland stützt ihre Rückgabeforderungen dabei insbesondere auf Art. 16 II des deutsch-sowjetischen Nachbarschaftsvertrags vom 9.11.1990[10] bzw. Art. 15 des deutsch-russischen Kulturabkommens vom 16.12.1992.[11] In diesen Abkommen hatten sich die Bundesrepublik Deutschland und die Sowjetunion bzw. die Russische Föderation zur gegenseitigen Rückgabe „verschollener oder unrechtmäßig verbrachter Kulturgüter“ verpflichtet. Trotz dieser Verpflichtung ist bis heute keine umfassende

---

[6] Das „Kulturgut“ bildet einen zentralen Begriff in der vorliegenden Abhandlung. Daneben wird aber auch derjenige des „Kunstwerks“, „Kunstgegenstands“, „Kunstschatzes“ oder „Kunstobjekts“ verwendet. Diese stellen allerdings nur eine Untergruppe des Begriffs „Kulturgut“ dar, der fast alles vom Menschen Geschaffene und zum Teil auch natürliche Kulturgüter umfasst. Nicht alle Kulturgüter sind mithin notwendig auch „Kunstwerke“. Deshalb wird vorliegend in der Regel der Begriff des Kulturguts verwandt, da sich die in Russland lagernden Kunstwerke hierunter in jedem Fall subsumieren lassen, ebenso wie Bücher und Archive. Eine universell gültige Definition des Begriffs „Kulturgut“ gibt es darüber hinaus allerdings nicht und es ist auch nicht Zweck dieser Arbeit, zu einer abschließenden Definition des Begriffs zu gelangen. Vielmehr existiert eine Vielzahl verschiedener Definitionen in nationalen Gesetzen, internationalen Abkommen, in Literatur und Rechtsprechung. Auch das Völkerrecht verfügt nicht über einen einheitlichen Kulturgutbegriff. In der Regel finden sich in Gesetzen und Verträgen generalklauselartige Formulierungen, die eine extensive Auslegung zulassen, weshalb die Festlegung dessen, was zum schützenswerten „Kulturgut“ zu zählen ist, letztlich für jedes Abkommen gesondert erfolgen muss. Ausführlich zur Auseinandersetzung mit dem Kulturgutbegriff vgl. *Schorlemer*, Internationaler Kulturgüterschutz, S. 46 ff.; *Hipp*, Schutz von Kulturgütern in Deutschland, S. 6 ff.; *Fechner*, in: Fechner/Oppermann/Prott (Hrsg.), Prinzipien des Kulturgüterschutzes, S. 11 ff., S. 17 ff.; *Jaeger*, Internationaler Kulturgüterschutz, S. 9 ff.

[7] Eine Auflistung historischer Fälle des Kunstraubs im Krieg findet sich bei: *Kurz*, Kunstraub in Europa, S. 399 ff.; *Greenfield*, in: Simpson (Hrsg.), The Spoils of War, S. 34 ff.

[8] *Fiedler*, in: Strocka (Hrsg.), Kunstraub – ein Siegerrecht?, S. 47 ff., S. 47.

[9] Vgl. hierzu *Fiedler*, in: FS Doehring, S. 199 ff., S. 217.

[10] BGBl. 1991 II, S. 702 ff.

[11] BGBl. 1993 II, S. 1256 ff.

Rückgabe erfolgt. Vielmehr hat Russland die deutschen Kulturgüter im russischen Kulturgütergesetz vom 15.4.1998 zu russischem Eigentum erklärt.

Dies zeigt, dass es sich bei der aus der Kulturgutverbringung nach Beendigung des Zweiten Weltkriegs resultierenden Restitutionsproblematik nicht nur um ein Kapitel der deutschen Nachkriegs- und Besatzungsgeschichte handelt, sondern um eine Problematik, welche die deutsch-russischen Beziehungen auch heute noch belastet und deshalb besondere Aktualität aufweist.

Über das bilaterale deutsch-russische Verhältnis hinaus entfalten der Konflikt und dessen angestrebte Lösung aber auch Ausstrahlungswirkungen auf die bilateralen Beziehungen anderer Staaten in ähnlich gelagerten, aus dem Zweiten Weltkrieg resultierenden Restitutionsfällen. Betroffen hiervon sind beispielsweise Polen, die Ukraine, Italien, Frankreich, die Niederlande und Ungarn.[12]

Daneben ist der Streit und seine Lösung von Bedeutung für die Friedensordnung in Europa und die Friedenssicherung. Denn aus der Belastung der bilateralen Beziehungen durch die Beutekunstproblematik können aktuelle Gefahren für den Frieden entstehen. Diese sind in vielen Fällen das Ergebnis historisch bedingter Belastungen bilateraler Verhältnisse. „Frieden" meint insoweit mehr als die Abwesenheit militärischer Konflikte. Die internationale Grundbedingung eines „positiven Friedens" ist das Vorhandensein bi- und multilateraler Vertrauensgewährleistung. Der andauernde Zustand der Verlagerung ist also dazu geeignet, zu einer Untergrabung des friedlichen Nebeneinanders der beiden Staaten beizutragen,[13] denn die Wegnahme und Zerstörung von Kulturgütern betrifft einen äußerst sensiblen und emotionsbesetzten Bereich im Verhältnis zwischen Staaten und Nationen, und bleibt im historischen Bewusstsein lange lebendig, wie dies bereits im eingangs zitierten Wiesbadener Manifest festgestellt wurde.

Die Fragen des internationalen Kulturgüterschutzes spielen mithin in unserer Zeit im Ringen um eine gemeinsame dauerhafte Friedensordnung eine bedeutende Rolle. Kunst und Kultur werden als ein wesentlicher und deshalb auch unveräußerlicher Bestandteil der nationalen Geschichte, als wichtiger Teil der kulturellen Identität eines Volkes verstanden.[14]

Daher wirft die ungelöste Frage der Restitution der nach dem Zweiten Weltkrieg in die Sowjetunion verbrachten Kulturgüter über das bilaterale deutsch-russische Verhältnis hinaus ebenso Fragen zum Kulturgüterschutz im internationalen Recht im Allgemeinen und hier insbesondere für die sich an die rechtswidrige Verlagerung von Kulturgütern im Zusammenhang mit bewaffneten Auseinandersetzungen anschließende Restitutionsproblematik auf.

Dieser besonderen Bedeutung der deutsch-russischen Problematik folgend ist Gegenstand der vorliegenden Darstellung die Untersuchung der historischen, rechtlichen und politischen Aspekte der Kontroverse um die Rückgabe, sowie das Aufzeigen verschiedener Möglichkeiten zur Durchsetzung von Rückführungsansprüchen und zur Konfliktlösung. Hierdurch soll ein Beitrag zur Bewältigung ähnlich gelagerter Fälle

---

[12] *Ritter*, Kulturerbe als Beute?, S. 9; *Fiedler*, in: Frehner (Hrsg.), Das Geschäft mit der Raubkunst, S. 87 ff., S. 95.

[13] *Fiedler*, in: Strocka (Hrsg.), Kunstraub – ein Siegerrecht?, S. 47 ff., S. 59.

[14] Ebenso *Schade*, in: Strocka (Hrsg.), Kunstraub – ein Siegerrecht?, S. 63 ff., S. 63.

über das deutsch-russische Verhältnis hinaus und damit zur Weiterentwicklung des Kulturgüterschutzes im internationalen Recht geleistet werden.

Diesem Ziel gemäß gestaltet sich der Gang der Darstellung wie folgt:

Im Ersten Teil wird zunächst die Entwicklungsgeschichte des völkerrechtlichen Kulturgüterschutzes skizziert und ein Überblick über den Bestand an Kulturgutschutznormen gegeben, da diese die Grundlage für die rechtliche Beurteilung der deutsch-russischen Kontroverse im Zweiten und Dritten Teil der Abhandlung bilden (A.). Anschließend werden die historischen und politischen Hintergründe der „Beutekunst"problematik beleuchtet, wobei hier zeitlich im Zweiten Weltkrieg anzusetzen ist und die Ereignisse bis zur Gegenwart verfolgt werden (B., C.). Zu unterscheiden sind dabei die von den Alliierten während der Besetzung Deutschlands auf Viermächteebene zur Restitution der seitens der Nationalsozialisten geraubten Kulturgüter erlassenen Rechtsgrundlagen und ergriffenen Maßnahmen einerseits und diejenigen alliierten Rechtsgrundlagen und Maßnahmen zur Behandlung deutscher Kulturgüter – insbesondere unter dem Gesichtspunkt einer möglichen Heranziehung zu Reparationen und zur restitution in kind – andererseits (B.II.). Darzustellen ist aber auch das Vorgehen der sowjetischen Besatzungsmacht bei der Beschlagnahme und dem Abtransport der deutschen Kulturgüter seit 1945. Schließlich wird die Entwicklung der deutsch-russischen „Beutekunst"kontroverse seit der deutschen Wiedervereinigung aufgezeigt (C.).

Auf der Grundlage der damit skizzierten historischen Sachverhalte befasst sich der Zweite Teil mit der Frage der völkerrechtlichen Zulässigkeit des Zugriffs der sowjetischen Besatzungsmacht auf deutsche Kulturgüter, da dies wiederum die Basis für die Beurteilung der im Dritten Teil der Abhandlung zu untersuchenden Rechtsfragen der Rückführung bildet. Einzugehen ist nicht nur darauf, ob ein völkerrechtliches Beuterecht die Rechtsgrundlage für die Beschlagnahmemaßnahmen bilden konnte (A.), sondern auch darauf, ob eine völkerrechtliche Bindungslosigkeit der Alliierten aus der Tatsache der bedingungslosen Kapitulation Deutschlands abgeleitet werden kann (B.), ob das alliierte Besatzungsregime als solches die Grundlage für den einseitigen Zugriff auf die deutschen Kulturgüter darstellen konnte (C.) oder ob sich dessen Rechtmäßigkeit als Konsequenz aus der Staatenverantwortlichkeit des Deutschen Reichs für das Auslösen eines Angriffskriegs ergibt (E.). Zu untersuchen ist weiterhin, ob in alliierten Vereinbarungen, insbesondere in den Normen bzw. Direktiven des Alliierten Kontrollrats, eine Ermächtigung zur Wegnahme und Verbringung deutscher Kulturgüter bzw. deren Billigung zum Ausdruck kommt – unabhängig von der Frage ihrer völkerrechtlichen Zulässigkeit (D.). Schließlich ist zu analysieren, ob Kulturgüter als tauglicher Gegenstand von Reparationsleistungen in Form der restitution in kind in Betracht kommen und inwieweit die Heranziehung zu diesem Zweck die Wegführung rechtfertigte (F.).

Im Dritten Teil werden sodann die mit der Rückführung der Kulturgüter verbundenen Rechtsfragen umfassend dargestellt. Hierzu erfolgt zunächst eine Auseinandersetzung mit den möglichen völkerrechtlichen Rechtsgrundlagen der Rückführung (A.) und dem Umfang einer eventuellen Rückgabeverpflichtung (B.). Aufzuklären ist aber auch, ob Ausschlussgründe für die Rückführung existieren, wie beispielsweise die nachträgliche Anerkennung der Rechtmäßigkeit der Kulturgutverbringung, und welche Auswirkungen das russische Kulturgütergesetz und das hierzu ergangene Urteil des russischen Verfassungsgerichts auf deutsche Restitutionsansprüche haben kann (C.).

Schließlich ist auf die gerichtlichen und außergerichtlichen Möglichkeiten zur Durchsetzung deutscher Rückführungsansprüche und zur Lösung des deutsch-russischen Konflikts einzugehen (D.). Dabei sind nicht nur Durchsetzungs- und Lösungsmöglichkeiten auf völkerrechtlicher, diplomatischer und politischer Ebene – unter Einbeziehung in der Vergangenheit zur Diskussion gestellter Vorschläge zur Lösung der Beutekunstkontroverse – zu berücksichtigen (D.I.), sondern es ist auch auf Durchsetzungsmöglichkeiten der Rückführung auf zivilrechtlicher Ebene unter Beachtung sach- und kollisionsrechtlicher Grundsätze einzugehen (D.II.).

Den Abschluss der Untersuchungen bildet ein Ausblick, in dem die besondere internationale Verantwortung der Bundesrepublik Deutschland bei der Lösung des deutsch-russischen Konflikts herausgestellt wird (E.).

# Erster Teil: Entwicklungsgeschichte des völkerrechtlichen Kulturgüterschutzes und Hintergründe der deutsch-russischen „Beutekunst"kontroverse

Um die Fragen, die mit den in Russland lagernden Kulturgütern zusammenhängen, aus juristischer Sicht richtig beurteilen zu können, ist es notwendig, sich die historische Ausgangslage und die rechtshistorischen Tatsachen zu erschließen.

Aus diesem Grund soll vorliegend zunächst ein Überblick über die Entwicklungsgeschichte des völkerrechtlichen Kulturgüterschutzes und den Bestand an Kulturgutschutznormen gegeben werden, da diese auch die Grundlage der Restitution bilden (A.). Anschließend werden die historischen und politischen Hintergründe der Beutekunstproblematik beleuchtet, wobei hier zeitlich im Zweiten Weltkrieg anzusetzen ist und die Ereignisse bis zur Gegenwart verfolgt werden sollen (B., C.).

## *A. Entwicklungsgeschichte des völkerrechtlichen Kulturgüterschutzes*

### *I. Kriegsbeuterecht, Kunstraub und Restitution bis zum Jahr 1815*

Der Kulturgüterschutz spielte zunächst im Völkerrecht im Zusammenhang mit dem Kriegsrecht eine Rolle.

Von der Antike bis ins 19. Jahrhundert bestand ein wesentliches Privileg des Siegers darin, das Eigentum des Besiegten zu zerstören, zu rauben und zu plündern. Kunstraub war an der Tagesordnung[1] und wurde als Bestandteil eines Beute- und Plünderungsrechts im Krieg gebilligt.[2] Das Beuterecht war als Eigentumserwerbsgrund bis zum Ende des 17. Jahrhunderts unumstritten anerkannt.[3] Selbst später, so im Preußischen Allgemeinen Landrecht von 1794, galt es noch als legitimer Eigentumserwerbsgrund.[4]

Die Entwicklung des Kulturgüterschutzes im Krieg ist deshalb untrennbar verbunden mit den Entwicklungen im Hinblick auf das allgemeine Kriegsbeuterecht und das Beuterecht bezüglich Privateigentums.

Hierüber soll im Folgenden ein historischer Überblick bis zum Jahr 1815 gegeben werden.

---

1 Eine Auflistung historischer Fälle des Kunstraubs im Krieg findet sich bei: *Kurz,* Kunstraub in Europa, S. 399 ff.; *Greenfield,* in: Simpson (Hrsg.), The Spoils of War, S. 34 ff.

2 *Rudolf,* in: FS Doehring, S. 853 ff., S. 855; *Berndt,* Internationaler Kulturgüterschutz, S. 7.

3 So *Doehring,* Ruperto Carola Nr. 76, 39. Jahrg. (Juli 1987), S. 138 ff.; kritisch bzgl. dieses Zeitpunkts *Fiedler,* in: FS Doehring, S. 199 ff., S. 202.

4 ALR 9 V §§ 193 ff.; *Walter,* Rückführung von Kulturgut, S. 43 f.; *Berndt,* Internationaler Kulturgüterschutz, S. 17 ff.; *Rudolf,* in: FS Doehring, S. 853 ff., S. 856; zum Beuterecht im Preußischen Allgemeinen Landrecht vgl. auch *Bluntschli,* Beuterecht im Krieg, S. 54 ff.

### *1. Antike*

In der Antike gab es grundsätzlich keine Beschränkung des Kriegsrechts.[5] Besiegte Städte wurden dem Erdboden gleich gemacht, ohne dabei eine Kulturgutzerstörung zu vermeiden.[6] Es war gang und gäbe, dass der Sieger dem Besiegten dessen Kulturgüter wegnahm und sie in seine Heimat brachte.[7] Die Vernichtung von Kulturschätzen bildete dabei nicht nur einen kriegerischen Kollateralschaden, sondern wurde großenteils sogar gezielt als Mittel der Kriegsführung eingesetzt. Vor allem durch die Zerstörung religiöser Stätten und anderer Monumente sollte der Kriegsgegner zermürbt und demoralisiert werden.[8] Der Ursprung des Kunstraubs ist mithin im mythologischen, religiösen Bereich anzusiedeln, da man glaubte, durch den Raub von Götterbildern den Gegner am schwersten zu treffen.[9] Bei den Römern stand dagegen der Wunsch nach Trophäen und Erinnerungsstücken an siegreiche Schlachten im Vordergrund, teilweise aber auch die Kunst- und Sammelleidenschaft.[10] Sie können als „Erfinder" der systematischen und planmäßigen Beraubung bezeichnet werden und dienten vielen Kunsträubern späterer Zeiten als Vorbild.

Zu Restitutionen entführter Kunstgegenstände an die ursprünglichen Besitzer kam es in der Antike nur in einigen Einzelfällen,[11] denn Raub und Zerstörung wurden damit legitimiert, dass es sich bei feindlichem Gut um „res nullius", also um herrenlose Sachen handelt, die aufgrund Aneignung durch die römischen Truppen in römisches Eigentum übergingen.[12]

### *2. Mittelalter*

Im Mittelalter findet sich gegenüber der Antike grundsätzlich keine Änderung der Einstellung zum Kunstraub.

Wenn auch Karl der Große dafür eintrat, dass Kulturgüter nicht gegen den Willen des Eigentümers aus ihrem Ursprungsland entfernt werden dürfen,[13] so setzte sich dieser Grundsatz im Mittelalter nicht durch. Im Mittelpunkt der mittelalterlichen Lehre zum Krieg stand vielmehr die Frage, wann ein „ius ad bellum", also ein Recht zur Kriegsführung, besteht[14], wohingegen die Art und Weise der Kriegsführung, das „ius in bello", von untergeordnetem Interesse war. Wer nach dieser Lehre einen gerechten Krieg, bellum iustum, führt, dem ist jede Kriegshandlung erlaubt, der gegnerischen

---

5 *Foramitti*, Kulturgüterschutz , Teil 1, S. 19.

6 *Lattmann*, Schutz der Kulturgüter bei bewaffneten Konflikten; *Nahlik*, RdC 120 (1967 I), S. 65 ff., S. 66.

7 *Engstler*, Die territoriale Bindung von Kulturgütern, S. 78.

8 *Herdegen*, in: Dolzer/Jayme/Mußgnug (Hrsg.), Rechtsfragen des internationalen Kulturgüterschutzes, S. 161 ff, S. 162.

9 *Engstler*, Die territoriale Bindung von Kulturgütern, S. 78.

10 *Engstler*, Die territoriale Bindung von Kulturgütern, S. 78.

11 Vgl. hierzu Beispiele bei *Engstler*, Die territoriale Bindung von Kulturgütern, S. 80 ff.

12 *Engstler*, Die territoriale Bindung von Kulturgütern, S. 79.

13 *Berndt*, Internationaler Kulturgüterschutz, S. 12; *Engstler*, Die territoriale Bindung von Kulturgütern, S. 84.

14 Vgl. Nachweise bei *Nahlik*, RdC 120 (1967 I), S. 65 ff., S. 67 f.

Kriegspartei dagegen nichts. Da aber in der Praxis grundsätzlich jede Kriegspartei für sich in Anspruch nimmt, für eine gerechte Sache zu kämpfen, halten sie auch jedes Mittel der Kriegsführung für erlaubt.[15]

Ein gutes Beispiel für diese Einstellung bieten die Kreuzzüge des 11. bis 13. Jahrhunderts, in denen Raub und Plünderung an der Tagesordnung waren.[16] So kamen beispielsweise die berühmten Bronzepferde infolge der schonungslosen Plünderung Konstantinopels durch die Kreuzfahrer im Jahr 1204 nach Venedig.[17]

### *3. Von der Renaissance bis zur Aufklärung*

#### *a) Gewandelte Einstellung gegenüber Kunstwerken*

Im 15. und 16. Jahrhundert ändert sich mit Beginn der Renaissance, ausgehend von Italien, die Einstellung gegenüber Kunstwerken und Künstlern. Die Tätigkeit des Künstlers wird nicht länger als Handwerk betrachtet, sondern als schöpferischer Akt. Ein Kunstwerk ist einzigartig, nicht austauschbar und unersetzbar.[18]

#### *b) Kriegspraktik während des 16. und 17. Jahrhunderts*

Diese geänderte Einstellung hatte zunächst allerdings keinen Einfluss auf die Beutepraxis im Krieg.[19] So waren im 15. Jahrhundert die Feldzüge der französischen Könige Karl VIII. und Ludwig XII. in Italien mit zahlreichen Beschlagnahmen wertvoller Kunstgegenstände, Handschriften und Bibliotheken verbunden.[20] Auch während der Kriege des 16. und 17. Jahrhunderts kam es sehr häufig zu Kulturgutkonfiskationen. Im Jahr 1527 plünderten die Landsknechte Karls V. im sog. „Sacco di Roma" während mehrerer Monate Rom und machten auch vor dem Petersdom nicht Halt.[21] Während des 30-jährigen Krieges von 1618 bis 1648 waren Kulturgutzerstörung und Plünderungen an der Tagesordnung. Berühmtes Beispiel hierfür ist die Bibliotheca Palatina, die von unter Befehl Feldmarschall Tillys stehenden Truppen der katholischen Liga nach Rom gebracht wurde.[22]

#### *c) Einstellung der Publizisten und Gelehrten*

Bei den Publizisten des 16. und 17. Jahrhunderts lässt sich zunächst noch eine Akzeptanz im Hinblick auf die Plünderung von Kulturgütern feststellen. Erst allmählich

---

15 *Nahlik*, RdC 120 (1967 I), S. 65 ff., S. 68.

16 *Reichelt*, Internationaler Kulturgüterschutz, S. 6.

17 *Engstler*, Die territoriale Bindung von Kulturgütern, S. 85, *Rudolf*, in: FS Doehring, S. 853 ff., S. 856.

18 *Nahlik*, RdC 120 (1967 I), S. 65 ff., S. 69 f.

19 *Nahlik*, RdC 120 (1967 I), S. 65 ff., S. 70.

20 Näher hierzu *Engstler*, Die territoriale Bindung von Kulturgütern, S. 85 f.; *Berndt*, Internationaler Kulturgüterschutz, S. 12 f.

21 *Nahlik*, RdC 120 (1967 I), S. 65 ff., S. 70.

22 Näher hierzu und zum wechselvollen Schicksal der Bibliothek in der Folge: *Rudolf*, in: FS Doehring, S. 853 ff., S. 853 ff.

setzt sich bei den Gelehrten eine geänderte Einstellung bzgl. des Kunstraubs im Krieg durch.

So hat Albericus Gentilis dem Kulturgüterschutz im Krieg ein ganzes Kapitel gewidmet. Er bedauert zwar die Plünderungen, konstatiert unter Hinweis auf die Antike aber, dass diese dem Sieger erlaubt sind.[23]

Bei Hugo Grotius finden die Kulturgüter keine explizite Erwähnung. Er anerkennt ein Beuterecht im Krieg, das sich durch die Staatenpraxis als geltendes Völkerrecht herausgebildet hat. Dieses Recht hat nach Grotius aber die vom Naturrecht gezogenen Grenzen überschritten. Die Vernunft gebiete, diejenigen Dinge zu schonen, die für die Kriegsführung ohne Bedeutung sind.[24] Diese Aussage kommt vor allem dem rechtlichen Schutz von Kulturgütern zugute, da diese nicht zu den kriegswichtigen Gütern zu zählen sind.[25]

*d) Restitutionsregelungen in den Friedensverträgen des 17. Jahrhunderts*

In den Friedensverträgen des 17. Jahrhunderts finden sich immer wieder Restitutionsregelungen bzgl. Kulturgütern,[26] so im Westphälischen Frieden von 1648.[27] In den Verträgen von Münster und Osnabrück vom 24.10.1648 wurde die Rückerstattung von Archiven, literarischen Dokumenten und allen sonstigen Mobilien angeordnet.[28]

Weitere Rückgaberegelungen finden sich im Frieden von Oliva vom 23.4./3.5.1660 zwischen Brandenburg, Polen und Schweden bezüglich aller Kulturgüter, Archive und Bibliotheken, im Vertrag von Nymwegen vom 17.9.1678 zwischen Spanien und Frankreich bezüglich der entführten Archive und im Vertrag von Rykswik vom 20.9.1678 hinsichtlich der Akten des Reichskammergerichts in Speyer.[29]

Diese friedensvertraglichen Restitutionsregelungen weisen zwar auf ein wachsendes Interesse der Staaten am Erhalt ihres Bestands an Kulturgütern hin. Für die Annahme eines völkerrechtlichen Verbots des Beuterechts an Kulturgütern bereits im 17. Jahrhundert reichen sie aber nicht aus.[30]

*e) Das 18. Jahrhundert: Die Lehre der Aufklärung – Abkehr vom allgemeinen Kriegsbeuterecht?*

Erst im 18. Jahrhundert, dem Zeitalter der Aufklärung, als sich durch die Lehren von John Locke, Jean Rousseau, Emer de Vattel und Georg Friedrich von Martens Kriegsverständnis und Kriegspraxis änderten, änderte sich auch die Einstellung bezüglich des Beuterechts und es kam zumindest im Hinblick auf Kulturgüter und Privateigentum zu

---

[23] Vgl. Nachweis bei *Nahlik*, RdC 120 (1967 I), S. 65 ff., S. 73; *Lattmann*, Schutz der Kulturgüter bei bewaffneten Konflikten, S. 35.

[24] Vgl. Nachweis bei *Nahlik*, RdC 120 (1967 I), S. 65 ff., S. 74, Fn. 29.

[25] So *Schiedermair*, in: FS Benda, S. 235 ff., S. 236.

[26] *Nahlik*, RdC 120 (1967 I), S. 65 ff., S. 77.

[27] *Engstler*, Die territoriale Bindung von Kulturgütern, S. 87.

[28] *Berndt*, Internationaler Kulturgüterschutz, S. 13.

[29] *Engstler*, Die territoriale Bindung von Kulturgütern, S. 88 f; *Rudolf*, in: FS Doehring, S. 853 ff., S. 856.

[30] *Rudolf*, in: FS Doehring, S. 853 ff., S. 856.

einer weitgehenden Abkehr vom Kriegsbeuterecht. Als Kriegsgegner wurden nicht länger – wie in der Antike und im Mittelalter – alle Bewohner des Landes einer kriegsführenden Partei angesehen, sondern die Streitkräfte des Feindes.[31] Krieg bedeutet jetzt die Auseinandersetzung zwischen Staaten, die ausschließlich zwischen den Armeen und nicht mehr zwischen der Bevölkerung ausgetragen wird.[32] Als Konsequenz dieser Auffassung wurden nur noch diejenigen Gegenstände auf dem Staatsgebiet des Gegners als Kriegsbeute betrachtet, die den Streitkräften als Kriegsmittel dienten.[33] Die Aneignung des gegnerischen staatlichen Eigentums wurde nur dann als zulässig erachtet, wenn sie militärisch erforderlich war, um den Gegner zu schwächen, was bei Kulturgütern in der Regel als ausgeschlossen betrachtet werden kann. Privateigentum wurde vom Kriegsbeuterecht ausgenommen.[34]

Die überwiegende Mehrheit in der Völkerrechtslehre des 18. Jahrhunderts sprach sich gegen ein Beuterecht an Kulturgütern aus.[35]

### *4. Napoleons Kunstraub und die Rückführung der Kriegsbeute*

#### *a) Der napoleonische Kunstraub*

Einen herben Rückschlag erlitt die eben dargestellte Entwicklung in Bezug auf die Respektierung von Kulturgütern durch die französischen Revolutionskriege und die Napoleonischen Kriege. Die in deren Verlauf von den französischen Truppen durchgeführten Plünderungen von Kunstschätzen aus Palästen und Museen, Kirchen und Klöstern sowie aus Privatbesitz und deren Verbringung nach Frankreich, vornehmlich Paris, erlangten bislang unerreichte Ausmaße. Der 1793 eröffnete Louvre wurde so in kurzer Zeit zum reichsten Museum, das je existiert hat.[36]

Nach der Ideologie der Französischen Revolution und des Kaiserreichs stand Frankreich an der Spitze des Fortschritts und beanspruchte als Verkörperung der Ideen von Gleichheit und Freiheit den ersten Platz unter den Völkern. In der Überlegenheit ihrer Staatsform gegenüber der Diktatur sahen die Franzosen eine Legitimation für die Verschleppung der Kulturgüter. Sie gab ihnen nach ihrer Auffassung das Recht, in Paris, der „Hauptstadt der Freiheit“, eine in der Welt einzigartige Sammlung einzurichten.[37]

Napoleon bediente sich unterschiedlicher Methoden, um sich die Kulturgüter anzueignen. Zum Teil kam es zu reinen Konfiskationen, die sich nur auf ein angebliches

---

31 *Walter,* Rückführung von Kulturgut, S. 45.

32 *Engstler,* Die territoriale Bindung von Kulturgütern, S. 89 f.; Rousseau charakterisiert diese Konzeption in seinem Werk „Du contrat social“ von 1762 folgendermaßen: „La guerre n'est donc une relation d'homme à homme, mais une relation d'Etat à Etat ...“, zitiert nach *Engstler,* Die territoriale Bindung von Kulturgütern, S. 90, Fn. 204.

33 *Walter,* Rückführung von Kulturgut, S. 45.

34 *Berndt,* Internationaler Kulturgüterschutz, S. 14 f., 38 f.

35 Vgl. hierzu *Nahlik,* RdC 120 (1967 I), S. 65 ff., S. 75 f.

36 Der Museumskatalog aus dem Jahr 1810 umfasst, um nur einige illustre Namen zu nennen, nicht weniger als 28 Gemälde von Raphael, 24 von Tizian, 53 von Rubens, 34 von Van Dyck und 33 von Rembrandt, vgl. *Nahlik,* RdC 120 (1967 I), S. 65 ff., S. 79.

37 *Wahl,* in: Strocka (Hrsg.), Kunstraub – Ein Siegerrecht?, S. 27 ff., S. 30; *Nahlik,* RdC 120 (1967 I), S. 65 ff., S. 78.

Beuterecht stützen konnten.[38] Oft versuchte Napoleon aber, die Kunstaneignungen durch formelle Rechtstitel zu stützen. Teilweise ließ er sich die Kulturgüter in Waffenstillstandsvereinbarungen und Friedensverträgen in speziellen Klauseln ausdrücklich übertragen. Schließlich erschien die Abtretung auch als Kriegskontribution oder die Einziehung erfolgte in Gestalt der Repressalie.[39]

Gerade die Verpflichtung zur Übertragung in Friedensverträgen zeigt, dass das Beuterecht als Erwerbsgrund für Kulturgüter zu diesem Zeitpunkt nicht mehr unumstritten war.[40]

*b) Die Restitution der Kunstbeute*

Nach dem endgültigen Sieg über Napoleon mussten die Alliierten darüber entscheiden, ob und wie die von diesem geraubten Kulturgüter zu restituieren seien.[41]

Schließlich einigte man sich auf dem Wiener Kongress am 20. September 1815 auf die Restitution aller geraubten Kunstgegenstände.[42] Damit brachte der Wiener Kongress erstmals die offizielle Anerkennung des Prinzips des Wegnahmeverbots von Kunstgegenständen durch eine Staatengemeinschaft.[43] Bemerkenswert ist, dass auch diejenigen Kulturgüter restituiert wurden, bei deren Aneignung sich Napoleon nicht lediglich auf ein Beuterecht gestützt hatte, sondern die Frankreich im Rahmen von Waffenstillstands- und Friedensverträgen „freiwillig" erhalten hatte oder bei denen die Abtretung und Einziehung in Form von Kriegskontributionen und Repressalien erfolgt war.[44] Diese formellen Erwerbstitel wurden von den Alliierten also ebenso wenig anerkannt, wie ein angebliches Beuterecht.[45]

Ausschlaggebende Kraft für die Einigung der Alliierten auf die Restitution wurde England. Eine wichtige Rolle spielte dabei der englische Außenminister Lord Castlereagh, der sich vehement für eine umfassende Repatriierung der Kulturgüter einsetzte.[46]

Den englischen Standpunkt erklärte Castlereagh am 11. September 1815 in einer berühmtgewordenen Note an die Ministerkonferenz.[47] Sie liefert die juristische Begründung für die Restitutionen.[48] Das Verhalten Napoleons wird von Castlereagh als

---

[38] *Engstler,* Die territoriale Bindung von Kulturgütern, S. 109.

[39] *Engstler,* Die territoriale Bindung von Kulturgütern, S. 109 ff.

[40] *Wahl,* in: Strocka (Hrsg.), Kunstraub – Ein Siegerrecht?, S. 27 ff., S. 27; *Berndt,* Internationaler Kulturgüterschutz, S. 15; *Reichelt,* Internationaler Kulturgüterschutz, S. 7.

[41] Vgl. hierzu ausführlich *Engstler,* Die territoriale Bindung von Kulturgütern, S. 94 ff.; *Berndt,* Internationaler Kulturgüterschutz, S. 16; *Strebel,* ZaöRV 16 (1955/56), S. 35 ff., S. 38.

[42] *Turner,* in: Fiedler (Hrsg.), Internationaler Kulturgüterschutz und deutsche Frage, S. 19 ff., S. 49.

[43] *Foramitti,* Kulturgüterschutz, Teil 1, S. 21; *Strebel,* ZaöRV 16 (1955/56), S. 35 ff., S. 38.

[44] *Engstler,* Die territoriale Bindung von Kulturgütern, S. 110 ff.

[45] *Berndt,* Internationaler Kulturgüterschutz, S. 17; *Engstler,* Die territoriale Bindung von Kulturgütern, S. 111.

[46] *Rudolf,* in: FS Doehring, S. 853 ff., S. 857.

[47] Ausführlich zu Castlereaghs Note vgl. *Turner,* in: Fiedler (Hrsg.), Internationaler Kulturgüterschutz und deutsche Frage, S. 19 ff., S. 50 ff.

[48] *Turner,* in: Fiedler (Hrsg.), Internationaler Kulturgüterschutz und deutsche Frage, S. 19 ff., S. 49.

„contrary to every principle of justice and to the usages of modern warfare“[49] bezeichnet, weshalb die umfassende Restitution der erbeuteten Kunstschätze gefordert wird. Castlereagh argumentiert in Bezug auf die Rückführung außerdem mit dem Territorialbezug von Kulturgütern zu dem Land, aus dem sie entfernt wurden, wenn er die Frage aufwirft, „upon what principle deprive France of her late territorial acquisitions, and preserve to her the spoliations appertaining to those territories, which all modern conquerors have invariably respected, as inseparable from the country to which they belonged?“.[50]

Am Ende des Jahres 1815 war der Hauptteil der nach Frankreich verschleppten Kulturgüter wieder auf dem Weg in ihre alte Heimat oder war bereits restituiert.

*c) Resümee*

Durch die umfassende Repatriierung der Napoleonischen Kunstbeute aufgrund der Vereinbarung der Alliierten auf dem Wiener Kongress von 1815 wurde erstmals das Verbot der Wegnahme von Kulturgütern im Krieg offiziell anerkannt und sanktioniert.

Fraglich ist aber, ob die Restitutionen darauf hinweisen, dass die napoleonischen Eroberungen einen Verstoß gegen bereits geltendes Völkergewohnheitsrecht in Bezug auf den besonderen Schutz von Kulturgütern gegen Erbeutung im Krieg darstellten.[51]

Als Hinweis darauf, dass ein Beuterecht jedenfalls in Bezug auf Kulturgüter nicht mehr der allgemeinen Rechtsüberzeugung entsprach, kann das Bestreben Napoleons verstanden werden, die Aneignung erbeuteter Gegenstände nicht auf den Boden des alten Beuterechts zu stützen, sondern auf eine vertragliche Grundlage zu stellen.[52]

Die Annahme einer Änderung in der Rechtsauffassung in Bezug auf ein Beuterechtsverbot hinsichtlich Kulturgütern stützen aber auch juristische Stellungnahmen zum Ende des 18. bzw. Beginn des 19. Jahrhunderts, wie beispielsweise die in seinen Briefen an General Miranda zum Ausdruck gekommene Auffassung Quatremère de Quincys.

Er lieferte darüber hinaus eine neue, zukunftsweisende Begründung für den Kulturgüterschutz. Anknüpfungspunkt seiner Argumentation ist die Einordnung von Kulturgütern als Eigentum und Erbe der gesamten Menschheit. Daraus ergibt sich für ihn ein Anspruch der gesamten Menschheit darauf, dass Kulturgüter unversehrt und vollzählig an ihrem Ursprungsort verbleiben.[53]

---

[49] Zitiert nach *Nahlik*, RdC 120 (1967 I), S. 65 ff., S. 79.

[50] Zitiert nach *Turner*, in: Fiedler (Hrsg.), Internationaler Kulturgüterschutz und deutsche Frage, S. 19 ff., S. 50.

[51] So *Fiedler*, in: FS Doehring, S. 199 ff., S. 217; aA *Rudolf*, in: FS Doehring, S. 853 ff., S. 857; *Doehring*, Ruperto Carola Nr. 76, 39. Jahrg. (Juli 1987), S. 138 ff., S. 139.

[52] *Fiedler*, in: FS Doehring, S. 199 ff., S. 209.

[53] „Künste und Wissenschaften bilden in Europa seit jeher eine Republik, deren durch gemeinsame Liebe zum Schönen und Wahren verbundene Glieder weniger sich von ihren Vaterländern isolierten, als gerade deren Interessen einander unter dem Gesichtspunkt einer universellen Brüderlichkeit annäherten. Niemand, kein einziger Staat oder Mensch habe also das Recht, sich dieses, allen Völkern gehörenden Besitzes zu bemächtigen oder willkürlich darüber zu verfügen“, zitiert nach *Strebel*, ZaöRV 16 (1955/56), S. 35 ff., S. 37.

Trotz dieser verschiedenen Stellungnahmen zu Beginn des 19. Jahrhunderts musste die Staatenpraxis und weitere Entwicklung im 19. Jahrhundert erst zeigen, ob das Verhalten der Alliierten nur aus der einmaligen Situation nach dem Sieg über Napoleon entstanden ist oder ob sich dieses verfestigen würde.

## *II. Kulturgüterschutz im 19. und 20. Jahrhundert*

### *1. Kodifikationsversuche und Kodifikationen im 19. Jahrhundert – Vom Lieber Code 1863 zu den Haager Konventionen von 1899/1907*

#### *a) Raub und Restitution in der Staatenpraxis*

In den Kriegen des 19. Jahrhunderts finden sich keine bemerkenswerten Zeugnisse für den Zugriff auf Kulturgüter als Kriegsbeute. So wurde beispielsweise im Verlauf des deutsch-französischen Krieges von 1870/71 der sich in öffentlicher Hand befindliche französische Kunstbesitz von deutscher Seite aus durchweg geachtet.[54] In nahezu jedem Friedensvertrag sind Bestimmungen enthalten, die die Restitution von Archiven und Kulturgütern anordnen,[55] so beispielsweise im Friedensvertrag zwischen Österreich-Ungarn und Italien aus dem Jahr 1866.[56]

#### *b) Völkerrechtliches Schrifttum*

Die Völkerrechtsgelehrten begannen im Verlauf des 19. Jahrhunderts, sich eingehender mit der Frage des völkerrechtlichen Schutzes von Kulturgütern im Krieg auseinanderzusetzen.[57]
Ein Beuterecht in Bezug auf Kunstgegenstände wurde nunmehr von den meisten Völkerrechtlern abgelehnt, so von Klüber, de Martens und Bluntschli,[58] einem früheren Befürworter eines Beuterechts.[59]

#### *c) Kodifikationen und Kodifikationsversuche*

Als in der zweiten Hälfte des 19. Jahrhunderts der Versuch unternommen wurde, das Landkriegsrecht zu kodifizieren, wurden stets auch Bestimmungen über den Kulturgüterschutz aufgenommen.

---

[54] *Engstler,* Die territoriale Bindung von Kulturgütern, S. 121.

[55] *Nahlik,* RdC 120 (1967 I), S. 65 ff., S. 86.

[56] *Foramitti,* Kulturgüterschutz, Teil 1, S. 21; *Nahlik,* RdC 120 (1967 I), S. 65 ff., S. 87.

[57] *Schulze,* Die Restitution von Kunstwerken, S. 32.

[58] Vgl. hierzu *Bluntschli,* Das moderne Völkerrecht, 1. Auflage, § 650, S. 351; zur später revidierten Auffassung *Bluntschli,* Das moderne Völkerrecht, 3. Auflage, § 650, S. 364 f.

[59] Vgl. Nachweise und ausführlicher bei *Engstler,* Die territoriale Bindung von Kulturgütern, S. 197 ff.

*aa) Der Lieber Code*

Die erste Kodifikation, die spezielle Bestimmungen über den Kulturgüterschutz und eine das Beuterecht verbietende Regelung enthielt, waren die von Francis Lieber verfassten und 1863 in Kraft getretenen „Instructions for the Government of Armiers of the United States in the Field", der sog. Lieber Code. Dabei handelt es sich zwar um eine nationale und nicht völkerrechtliche Regelung, nämlich Anweisungen an die amerikanische Armee. Da der Lieber Code aber nicht ohne Einfluss auf die Kodifikation des Kriegsrechts und insbesondere Entwicklung des völkerrechtlichen Kulturgüterschutzes geblieben ist,[60] sollen die den Kulturgüterschutz betreffenden Bestimmungen, insbesondere Art. 34, 35 und 36, kurz dargestellt werden.[61]

Im Lieber Code steht die militärische Notwendigkeit im Vordergrund. Öffentliches Eigentum durfte deshalb im Gegensatz zum Privateigentum grundsätzlich entschädigungslos beschlagnahmt werden (Art. 31).[62] Das Eigentum von Kunst- und wissenschaftlichen Museen, Universitäten, wissenschaftlichen Akademien, Krankenhäusern und Observatorien sowie von Kirchen ist davon aber gem. Art. 34 ausdrücklich ausgenommen.[63] Für „classical works of arts, libraries, scientific collections, or precious instruments, such as astronomical telescopes, as well as hospitals" gilt gem. Art. 35, dass sie vor Zerstörung und Beschädigung soweit wie möglich geschützt werden müssen.[64] Für den Fall, dass derartige Kunstwerke, Bibliotheken, Kollektionen oder Instrumente dem feindlichen Staat gehören, dürfen sie allerdings gem. Art. 36, soweit dies ohne Beschädigung möglich ist, auf Anordnung des Befehlshabers der Okkupationsmacht entfernt werden. Auf diese Weise erworbene Kulturgüter dürfen aber weder verkauft noch weggeben werden, noch sind sie Gegenstand privater Aneignung. Über ihr endgültiges Schicksal soll schließlich in einem Friedensvertrag entschieden werden.[65]

---

60 *Engstler,* Die territoriale Bindung von Kulturgütern, S. 201; *Lattmann,* Schutz der Kulturgüter bei bewaffneten Konflikten, S. 38; *Schorlemer*, Internationaler Kulturgüterschutz, S. 261.

61 Zur Würdigung der Vorschriften in kulturgüterrechtlicher Hinsicht vgl. bei *Engstler,* Die territoriale Bindung von Kulturgütern, S. 200 ff.; *Lattmann,* Schutz der Kulturgüter bei bewaffneten Konflikten, S. 37 ff.; *Rudolf,* in: FS Doehring, S. 855 ff., S. 857 f.; *Williams,* The International and National Protection, S. 15 f.

62 Art. XXXI: A victorious army appropriates all public money, seizes all public movable property until further direction by its government, and sequesters for its own benefit or that of its government all the revenues of real property belonging to the hostile government or nation. The title to such real property remains in abeyance during military occupation, and until the conquest is made complete.

63 Art. XXXIV: As a general rule, the property belonging to churches, to hospitals, or other establishments of an exclusively charitable character, to establishments of education, or foundations for the promotion of knowledge, whether public schools, universities, academies of learning or observatories, museums of the fine arts, or of a scientific character – such property is not to be considered public property in the sense of paragraph XXXI; but it may be taxed or used when the public service may require it.

64 "They must be secured against all avoidable injury, even when they are contained in fortified places whilst besieged or bombarded", zitiert nach *Williams,* The International and National Protection, S. 16:

65 Art. XXXVI: If such works of art, libraries, collections, of instruments belonging to a hostile nation or government can be removed without injury, the ruler of the conquering state or nation may order

*bb) Die Brüsseler Deklaration von 1874*

Der erste Versuch, das geltende Landkriegsrecht und damit auch den Schutz der Kulturgüter im Kriege zu kodifizieren, wurde auf der Brüsseler Konferenz (27.7. bis 27.8.1874) unternommen.[66] Die Brüsseler Deklaration wurde zwar mangels Ratifikation niemals völkerrechtlich verbindlich. Trotzdem ist die Erklärung von grundlegender Bedeutung, da sie einerseits die damalige Rechtsüberzeugung in Bezug auf das Kriegsrecht und den Kulturgüterschutz im Krieg widerspiegelt[67] und mithin als schriftliche Fixierung des zu diesem Zeitpunkt bestehenden Gewohnheitsrechts auf diesem Gebiet angesehen werden kann.[68] Andererseits diente sie als Grundlage für die Haager Abkommen von 1899 und 1907, die sich an der Brüsseler Deklaration nicht nur orientierten, sondern großenteils sogar deren Wortlaut übernahmen.[69]

Inhaltlich lehnte sich die Brüsseler Erklärung an das Vorbild des Lieber Codes an.[70] In Art. VIII der Deklaration wird das Eigentum von Kirchengemeinden und Einrichtungen, die der Religion, Wohltätigkeit, Erziehung, Kunst oder Wissenschaft gewidmet sind, wie Privateigentum behandelt und vom Beuterecht ausgenommen. Über die Instructions hinausgehend sollte die Wegnahme, Zerstörung und willentliche Beschädigung historischer Denkmäler und Werke der Kunst und Wissenschaft im besetzten Gebiet verboten und zu bestrafen sein.[71]

*cc) Das Manuel d' Oxford von 1880*

Trotz des Scheiterns der Ratifikation der Brüsseler Deklaration von 1874 erarbeiteten einige vom Institut de Droit International beauftragte Völkerrechtler eine Übersicht über die kriegsrechtlichen Dienstvorschriften einzelner Länder. Das so geschaffene, 86 Artikel umfassende „Manuel des lois de la guerre sur terre", das sog. Manuel d' Oxford, wurde vom Institut de Droit International einstimmig gebilligt.[72] Bezüglich des Kulturgüterschutzes bestimmt Art. 53 I, dass die Erbeutung des Eigentums der dem Kult, den Künsten und Wissenschaften gewidmeten Einrichtungen, seien sie privater oder öffentlicher Natur, ausnahmslos verboten ist. Es fehlt allerdings eine dem Art. 8 II der Brüsseler Erklärung entsprechende Strafbestimmung. Die Zerstörung von Kul-

---

them to be seized and removed for the benefit of the said nation. The ultimate ownership is to be settled by the ensuing treaty of peace.

In no case shall they be sold or given away, if captured by the armies of the United States, or shall they ever be privately appropriated, or wantonly destroyed or injured.

66 *Hönes*, DÖV 1998, S. 985 ff., S. 985.

67 *Lattmann,* Schutz der Kulturgüter bei bewaffneten Konflikten, S. 40.

68 *Fiedler*, in: FS Doering, S. 199 ff., 213.

69 *Engstler,* Die territoriale Bindung von Kulturgütern, S. 203.

70 *Lattmann,* Schutz der Kulturgüter bei bewaffneten Konflikten, S. 39.

71 Art. VIII: The property of parishes (communes), or establishments devoted to religion, charity, education, arts and sciences, although belonging to the State, shall be treated as private property. Every seizure, destruction of, or wilful damage to, such establishments, historical monuments, or works or art or of science, should be prosecuted by the competent authorities, zitiert nach *Schorlemer*, Internationaler Kulturgüterschutz, S. 262.

72 *Lattmann,* Schutz der Kulturgüter bei bewaffneten Konflikten, S. 40.

turgütern wird gem. Art. 53 II im Rahmen der militärischen Notwendigkeit zugelassen.[73]

Auch das Manuel d' Oxford erlangte wie die Brüsseler Deklaration keine völkerrechtliche Verbindlichkeit. Es lag aber als Material zur 1. Haager Friedenskonferenz von 1899 vor und konnte so die Haager Abkommen von 1899 und 1907 beeinflussen.[74]

*dd) Die Haager Landkriegsordnung von 1899 und 1907*

Die erste völkervertragsrechtlich verbindliche Absage an das Kunstbeuterecht enthält die Haager Landkriegsordnung von 1899, die in ihrer revidierten Fassung von 1907 bis heute Gültigkeit besitzt. Sie regelt in mehreren Bestimmungen allgemeine Zerstörungs-, Wegnahme- und Plünderungsverbote.[75]

Auf eine nähere Diskussion der mit dem Kulturgüterschutz befassten Vorschriften der Haager Landkriegsordnung von 1899 soll hier verzichtet werden, da sie auf der Zweiten Haager Friedenskonferenz von 1907 fast wörtlich übernommen wurden.[76]

An dieser auf Betreiben der USA abgehaltenen zweiten Konferenz nahmen 44 Staaten teil, von denen 41 das hier interessierende Vierte Haager Abkommen betreffend die Gesetze und Gebräuche des Landkrieges vom 18. Oktober 1907 nebst Anlage, genannt Haager Landkriegsordnung (HLKO), unterzeichneten.[77]

Den Schutz von Kulturgütern gewährleisten mehrere Vorschriften der HLKO. Dabei findet ein Schutz zum einen bereits aufgrund allgemeiner, das Eigentum betreffender Vorschriften statt, nämlich Art. 28 und Art. 46, zum anderen durch spezielle Kulturgüterschutzbestimmungen, nämlich Art. 27 und Art. 56 HLKO.

*aaa) Schutz aufgrund allgemeiner Vorschriften*

Ausgangspunkt der HLKO von 1907 ist der in Art. 22 zum Ausdruck kommende Gedanke, in allgemeiner Weise das „Recht in der Wahl der Mittel zur Schädigung des Feindes" während der Kampfhandlungen einzuschränken. Insbesondere bezüglich fremden Eigentums bringt die HLKO in Art. 23 g eine Abkehr vom allgemeinen Beuterecht. Namentlich untersagt ist „die Wegnahme feindlichen Eigentums außer in den Fällen, wo diese ... durch die Erfordernisse des Krieges dringend erheischt wird". Vom weiten Begriff des feindlichen Eigentums werden auch Kulturgüter erfasst und zwar sowohl bewegliche als auch unbewegliche.[78] Gem. Art. 28 ist es untersagt, „Städte oder Ansiedlungen, selbst wenn sie im Sturme genommen sind, der Plünderung preiszugeben", wodurch insbesondere das bewegliche Kulturgut geschützt wird.

---

[73] *Engstler,* Die territoriale Bindung von Kulturgütern, S. 204.

[74] *Schorlemer*, Internationaler Kulturgüterschutz, S. 263.

[75] *Schulze,* Die Restitution von Kunstwerken, S. 33.

[76] *Buhse,* Schutz von Kulturgut im Krieg, S. 3 f.; *Lattmann,* Schutz der Kulturgüter bei bewaffneten Konflikten, S. 41 f.; *Rudolf,* in: FS Doehring, S. 855 ff., S. 858.

[77] RGBl. 1910, S. 107 ff.; allerdings wurde die Konvention nur von 25 der Unterzeichnerstaaten auch ratifiziert. Durch Neubildung und Untergang von Staaten hat sich der Kreis der Teilnehmer später immer wieder verändert, näher hierzu *Buhse,* Schutz von Kulturgut im Krieg, S. 4.

[78] *Buhse,* Schutz von Kulturgut im Krieg, S. 5.

Eine dem Art. 28 HLKO entsprechende Regelung für die Zeit während der Besetzung enthält Art. 47. Art. 46 bestimmt hinsichtlich Privateigentums, dass es geachtet werden soll (Abs. 1) und dass seine Einziehung nicht statthaft ist (Abs. 2). Gestattet sind lediglich vorübergehende Eingriffe gem. Art. 53 II HLKO. Bezüglich staatlichen Eigentums steht den Okkupanten ein Beschlagnahmerecht lediglich für die in Art. 53 I HLKO aufgezählten Dinge zu. Kulturgüter werden hiervon nicht umfasst.[79]

Diese allgemeinen Vorschriften der HLKO sind durch das Kriegsverständnis der Aufklärung, vor allem die Lehre Rousseaus, geprägt. Insbesondere der Schutz des Privateigentums geht auf die in der Aufklärung entwickelte Auffassung des Krieges als einer Beziehung zwischen Staaten bzw. deren Streitkräften und nicht zwischen Individuen zurück.[80]

Festzuhalten bleibt mithin, dass ein gewisser Kulturgüterschutz bereits durch die allgemeinen Eigentumsregelungen der HLKO erreicht wird.

*bbb) Schutz aufgrund spezieller Bestimmungen*

Neben diesen allgemeinen Schutzvorschriften beinhaltet die HLKO aber auch Bestimmungen, die sich ausdrücklich mit dem Kulturgüterschutz beschäftigen.

Art. 27 enthält den Schutzgedanken vor Zerstörung während der Kampfhandlungen.[81]

Die zentrale Kulturschutznorm ist aber der im Kapitel über militärische Gewalt auf besetztem feindlichen Gebiet enthaltene Art. 56 HLKO. Nach dessen Abs. 1 ist „das Eigentum der Gemeinden und der dem Gottesdienste, der Wohltätigkeit, dem Unterricht, der Kunst und der Wissenschaft gewidmeten Anstalten, auch wenn diese dem Staate gehören, als Privateigentum zu behandeln“. Durch diese Verweisung auf Art. 46 behandelt die HLKO im Wege der Fiktion Kulturgüter wie Privateigentum, sie dürfen nicht eingezogen werden.[82]

Nach Art. 56 II HLKO wird „jede Beschlagnahme, jede absichtliche Zerstörung oder Beschädigung von derartigen Anlagen, von geschichtlichen Denkmälern oder von Werken der Kunst und Wissenschaft untersagt und soll geahndet werden“. Spätestens mit dieser Normierung ist die Verschleppung bzw. das Beutemachen von Kulturgütern im Krieg zum völkerrechtlichen Delikt geworden.[83]

---

[79] *Engstler,* Die territoriale Bindung von Kulturgütern, S. 206; *Buhse,* Schutz von Kulturgut im Krieg, S. 7; aA *Turner,* in: Fiedler (Hrsg.), Internationaler Kulturgüterschutz und deutsche Frage, S. 19 ff., S. 57 f.

[80] *Turner,* in: Fiedler (Hrsg.), Internationaler Kulturgüterschutz und deutsche Frage, S. 19 ff., S. 59; *Nahlik,* RdC 120 (1967 I), S. 65 ff., S. 90 *Berndt,* Internationaler Kulturgüterschutz, S. 22.

[81] „Bei Belagerungen und Beschießungen sollen alle erforderlichen Vorkehrungen getroffen werden, um die dem Gottesdienste, der Kunst, der Wissenschaft und der Wohltätigkeit gewidmeten Gebäude, die geschichtlichen Denkmäler,..., soviel wie möglich zu schonen, vorausgesetzt, dass sie nicht gleichzeitig zu einem militärischen Zwecke Verwendung finden.“

[82] *Schorlemer,* Internationaler Kulturgüterschutz, S. 265.

[83] *De Breucker,* Revue belge de droit International 1975, S. 525 ff., S. 530; *Herdegen,* in: Dolzer/Jayme/Mußgnug (Hrsg.), Rechtsfragen des internationalen Kulturgüterschutzes, S. 161 ff., S. 164. Die „Plünderung öffentlichen oder privaten Eigentums, die mutwillige Zerstörung von Städten, Märkten oder Dörfern oder jede durch militärische Notwendigkeit nicht gerechtfertigte Verwüstung“ wurde in Anknüpfung an Art. 46, 50, 52 und 56 HLKO auch in Art. 6 b des Statuts des

Durch dieses Wegnahmeverbot während der Besetzung wird dem Staate eine Überwachungspflicht bezüglich seiner Truppen auferlegt.[84]

Da die HLKO keine besonderen Vorkehrungen für die Rückgabe von im Krieg unter Verstoß gegen Art. 56 II HLKO entferntes und ins Ausland verbrachtes Kulturgut trifft, muss hier auf die in Art. 3 des IV. Haager Abkommens normierte Schadensersatzpflicht für die Fälle der Verletzung der Bestimmungen des Abkommens zurückgegriffen werden.[85] Schadensersatz bedeutet aber in erster Linie restitutio in integrum, weshalb aus der Wegnahme von Kulturgütern die Pflicht folgt, diese zurückzugeben.[86]

*ccc) Resümee*

Die HLKO weist neben den eben geschilderten positiven Entwicklungen im Hinblick auf den Kulturgüterschutz einige Schwächen auf.

Eine solche Schwäche stellt die sog. Allbeteiligungsklausel des Art. 2 des IV. Haager Abkommens von 1907 dar, wonach die HLKO grundsätzlich nur dann Anwendung findet, wenn alle Kriegsführenden Vertragspartner sind.[87] Die Allbeteiligungsklausel wurde allerdings nicht nur insofern relativiert, als nach und nach nahezu alle Staaten das Haager Abkommen ratifizierten. Vielmehr stellte der Internationale Militärgerichtshof in Nürnberg in seinem Urteil von 1946 fest, dass die Bestimmungen der Haager Landkriegsordnung Bestandteil des Völkergewohnheitsrechts geworden sind und mithin für alle Staaten bindend.[88] Vielfach brachte die HLKO ohnehin nur Rechtsgedanken zum Ausdruck, die schon damals zum gefestigten Völkergewohnheitsrecht zu zählen waren und dieses kodifizierten.[89] Darüber hinaus haben die Bestimmungen der HLKO in Bezug auf den Kulturgüterschutz auch heute noch für diejenigen Staaten

---

Internationalen Militärgerichtshofs als Kriegsverbrechen aufgenommen. Das Statut ist abgedruckt in: *International Military Tribunal*, Der Prozess gegen die Hauptkriegsverbrecher, Band 1, S. 10 ff.; Art. 6 b lautet: Kriegsverbrechen: Nämlich: Verletzungen des Kriegsgesetze oder –gebräuche. Solche Verletzungen umfassen, ...Plünderung öffentlichen oder privaten Eigentums...; demzufolge wurde Rosenberg auch wegen Verantwortlichkeit für ein System organisatorischer Plünderung öffentlichen und privaten Eigentums verurteilt, vgl. *International Military Tribunal*, Der Prozess gegen die Hauptkriegsverbrecher, Band 1, S. 332 ff.; Vgl. *Schorlemer*, Internationaler Kulturgüterschutz, S. 275.

84 *Walter,* Rückführung von Kulturgut, S. 77.

85 *Buhse,* Schutz von Kulturgut im Krieg, S. 8.

86 *Walter,* Rückführung von Kulturgut, S. 77.

87 *Schorlemer*, Internationaler Kulturgüterschutz, S. 265; *Buhse,* Schutz von Kulturgut im Krieg, S. 4 f.; *Lattmann,* Schutz der Kulturgüter bei bewaffneten Konflikten, S. 43; diese Bestimmung wird allerdings insofern abgemildert, als gem. Art. 4 der Konvention von 1907 die im Wesentlichen gleich lautende Konvention von 1899 fortgilt. So hatten bspw. alle kriegsführenden Parteien im Ersten Weltkrieg die Erste Haager Landkriegsordnung von 1899 ratifiziert und waren somit an diese gebunden, vgl. *Buhse,* Schutz von Kulturgut im Krieg, S. 13.

88 AJIL 41 (1947), S. 248; *Hönes*, DÖV 1998, S. 985 ff., S. 986 f.; *Schorlemer*, Internationaler Kulturgüterschutz, S. 275 f.

89 *Fiedler*, in: FS Doehring, S. 199 ff., S. 199; *Herdegen*, in: Dolzer/Jayme/Mußgnug (Hrsg.), Rechtsfragen des internationalen Kulturgüterschutzes, S. 161 ff., S. 165; *Toman*, in: FS Schindler, S. 311 ff., S. 313.

Gültigkeit, die der UNESCO-Konvention von 1954 nicht beigetreten sind.[90] Sie kommen für die Vertragsparteien eventuell neben dem Haager Vertragswerk von 1954 zur Anwendung[91]

Ein weiteres Manko der HLKO ist die Tatsache, dass sie mit weitgefassten, unbestimmten Rechtsbegriffen arbeitet, die den Verpflichteten unter Rücksicht auf militärische Belange sehr viel Spielraum lassen.[92] Zu nennen ist hier beispielsweise der Vorbehalt zugunsten der Kriegsnotwendigkeit unter dem das Gebot möglichster Schonung bestimmter Gebäude i.S.v. Art. 27 HLKO steht.[93]

In den Vorschriften, die sich ausdrücklich mit dem Kulturgüterschutz beschäftigen,[94] fehlt ein klarer Kulturgutbegriff und es findet keine Präzisierung der Objekte statt.[95] In Bezug auf den Zerstörungsschutz hat man nicht an eine Abstufung nach der kulturellen Bedeutung der Objekte gedacht und bewegliches Kulturgut nicht ausdrücklich gegen Zerstörung geschützt.[96] Der Schutz beweglichen Kulturguts vor Wegnahme wurde allerdings durch Art. 56 HLKO erreicht.[97]

Trotz dieser Schwächen stellt die HLKO in Bezug auf den Kulturgüterschutz einen Meilenstein in der Entwicklung dar. Die Kodifikation des Kulturgüterschutzes in der HLKO bedeutet die schriftliche Fixierung wohl bereits damals gefestigter Rechtsüberzeugungen.[98] In jedem Fall aber zählen die diesbezüglich darin zum Ausdruck gekommenen Rechtsgedanken mittlerweile unbestritten zum die gesamte Völkerrechtsgemeinschaft bindenden Völkergewohnheitsrecht.[99]

---

90 *Lattmann,* Schutz der Kulturgüter bei bewaffneten Konflikten, S. 45; *Partsch,* in: Fleck (Hrsg.), Handbuch des humanitären Völkerrechts, S. 307, vor Nr. 901, 2.

91 Vgl. Art. 36 der UNESCO-Konvention von 1954; *Schorlemer,* Internationaler Kulturgüterschutz, S. 264.

92 Vgl. näher hierzu *Herdegen,* in: Dolzer/Jayme/Mußgnug (Hrsg.), Rechtsfragen des internationalen Kulturgüterschutzes, S. 161 ff., S. 165; *De Breucker,* Revue belge de droit International 1975, S. 525 ff., S. 530 f.

93 *Herdegen,* in: Dolzer/Jayme/Mußgnug (Hrsg.), Rechtsfragen des internationalen Kulturgüterschutzes, S. 161 ff., S. 165.

94 Art. 27, 56 HLKO.

95 So *Schorlemer,* Internationaler Kulturgüterschutz, S. 265.

96 Der ausdrückliche Schutz auch beweglichen Kulturguts gegen Zerstörung wurde erst mit der Haager Konvention von 1954 erreicht, vgl. *Buhse,* Schutz von Kulturgut im Krieg, S. 20.

97 *Buhse,* Schutz von Kulturgut im Krieg, S. 21.

98 *Fiedler,* in: FS Doehring, S. 199 ff., S. 217; *Herdegen,* in: Dolzer/Jayme/Mußgnug (Hrsg.), Rechtsfragen des internationalen Kulturgüterschutzes, S. 161 ff., S. 165.

99 *Fiedler,* in: FS Doehring, S. 199 ff., S. 199; *Mössner,* Hague Peace Conferences, in: EPIL, Vol. II (1995), S. 671 ff., S. 677; *Partsch,* in: Fleck (Hrsg.), Handbuch des humanitären Völkerrechts, S. 307, vor Nr. 901, 2.

### 2. *Kulturgüterschutz im 20. Jahrhundert*

#### *a) Behandlung von Kulturgütern im Ersten Weltkrieg*

##### *aa) Kunstraub und Zerstörung*

Während des Ersten Weltkriegs fand die Haager Landkriegsordnung von 1907 aufgrund der Allbeteiligungsklausel des Art. 2 der Konvention zwar keine Anwendung, weil nicht alle Staaten, die am Krieg teilnahmen das IV. Haager Abkommen ratifiziert hatten. Allerdings waren alle Beteiligten Vertragspartei der Konvention von 1899, die in Bezug auf den Kulturgüterschutz die gleichen Bestimmungen wie die HLKO 1907 enthält.[100]

Während des Ersten Weltkriegs ist es kaum zu Raub und Plünderungen an beweglichen Kulturgütern gekommen. Insbesondere gab es keinen planmäßig durchgeführten Raub.[101]

Bedroht und beeinträchtigt waren die Kulturgüter im Ersten Weltkrieg vielmehr durch Zerstörung, bedingt vor allem durch die fortschreitende Entwicklung der Kriegstechnik. Insbesondere an der Westfront ist es zu umfangreichen Zerstörungen bedeutender Kulturgüter gekommen.[102]

##### *bb) Restitutionsregelungen*

Bemerkenswert sind die nach dem Ende des Ersten Weltkriegs getroffenen Restitutionsregelungen. Der zwischen den Alliierten und Deutschland am 28.6.1919 geschlossene Versailler Vertrag[103] enthält mehrere Bestimmungen, die sich in differenzierter Weise mit der Restitution und Wiedergutmachungsfragen beschäftigen. Er unterscheidet zwischen zwei Formen der Wiedergutmachung, nämlich der Reparation und der Restitution. Erstere stellt einen grundsätzlich in Geld vorzunehmenden Ausgleich für allgemeine Kriegsschäden, letztere die Herausgabe individueller, dem Eigentümer während des Krieges entzogener Gegenstände oder Sachgesamtheiten dar.[104]

Neben der allgemeinen Restitutionsregel des Art. 238, durch die Deutschland zur Rücklieferung weggeführter, beschlagnahmter oder sequestrierter Gegenstände aller Art verpflichtet wurde,[105] enthielt der Versailler Vertrag auch spezielle Restitutionsregeln bezüglich Kulturgütern.[106] In Art. 245 wird Deutschland verpflichtet, binnen sechs Monaten nach Inkrafttreten des Vertrags an Frankreich alle Trophäen, Archive, histo-

---

[100] *Buhse,* Schutz von Kulturgut im Krieg, S. 13; *Lattmann,* Schutz der Kulturgüter bei bewaffneten Konflikten, S. 46.

[101] *Berndt,* Internationaler Kulturgüterschutz, S. 24; *Buhse,* Schutz von Kulturgut im Krieg, S. 18.

[102] Hierzu ausführlich *Buhse,* Schutz von Kulturgut im Krieg, S. 13 ff.

[103] RGBl. 1919, S. 687 ff.

[104] *Engstler,* Die territoriale Bindung von Kulturgütern, S. 123 f. m.w.N.; vgl. näher zu diesen Begriffen unten B.II.1.a) und b).

[105] *Engstler,* Die territoriale Bindung von Kulturgütern, S. 124 f.

[106] Vgl. hierzu *Engstler,* Die territoriale Bindung von Kulturgütern, S. 126 ff.; *Siehr,* RdC 243 (1993 VI), S. 9 ff., S. 116 f.; *Williams,* Protection of movable cultural property, S. 19; *Hollander,* The international law in art, S. 32; *Nahlik,* RdC 120 (1967 I), S. 65 ff., S. 100.

rischen Erinnerungsstücke und Kunstwerke herauszugeben und zwar nicht nur die während des Ersten Weltkriegs nach Deutschland verbrachten Gegenstände, sondern auch die im Verlauf des Krieges von 1870/71 aus Frankreich weggeführten.[107] Diese Regelung zeigt die Unterstützung der Auffassung, dass es in Bezug auf die Restitution von Kunstwerken keine Verjährung gibt, durch die Alliierten.[108] Bemerkenswert ist schließlich auch Art. 247 des Versailler Vertrags, der vorsieht, dass Deutschland an die Universität Löwen innerhalb von drei Monaten nach Aufforderung durch die Reparationskommission ebenso viele und gleichwertige Handschriften, Inkunabeln, Bücher, Karten und Sammlungsgegenstände zu liefern hatte, wie durch den Brand der dortigen Bibliothek im September 1914 zerstört worden waren.[109] Dies stellt eines der Beispiele für eine restitution in kind, bei der kriegsbedingt zerstörte Kulturgüter durch Gegenstände gleicher Art und von gleichem Wert ersetzt werden müssen,[110] in der Staatenpraxis dar. Es handelt sich dabei, anders als es die Bezeichnung nahe legt, gerade nicht um eine Restitution, bei der der ursprüngliche Zustand wiederhergestellt wird, sondern um eine Reparation, also eine Wiedergutmachung durch Gegenstände von gleicher Art und gleichem Wert.[111] Daneben enthält Art. 247 eine Reparationsregel in Bezug auf Kulturgüter. Deutschland verpflichtete sich, zwei weltberühmte Kunstwerke an Belgien herauszugeben,[112] die es in Friedenszeiten auf legalem Weg im Kunsthandel erworben hatte.[113] Aus diesem Grund kam auch eine Restitution im völkerrechtlichen Sinn nicht in Betracht, da diese das Fortwirken des Eigentumsanspruchs des ursprünglich rechtmäßigen Inhabers voraussetzt, der im Falle des legalen, gutgläubigen Erwerbs im Rahmen des Handelsverkehrs gerade nicht mehr besteht.[114]

*b) Weiterentwicklung des Kulturgüterschutzes in der Zeit zwischen den beiden Weltkriegen*

Als Reaktion auf die Erfahrungen im Ersten Weltkrieg entstand die Überzeugung der Staaten, dass eine Weiterentwicklung und der Ausbau des Kulturgüterschutzes wichtig und notwendig ist. Da es im Verlauf des Ersten Weltkriegs hauptsächlich zur Zerstörung bedeutender Kulturgüter gekommen war, widmete man sich nun vorrangig der Schaffung von Vorschriften zur Verhütung kriegsbedingter Zerstörung und Beschädigung. Wegnahmeregelungen traten dagegen in den Hintergrund.

---

107 *Williams,* Protection of movable cultural property, S. 19; *Hollander,* The international law in art, S. 32.

108 *Nahlik,* RdC 120 (1967 I), S. 65 ff., S. 100.

109 *Engstler,* Die territoriale Bindung von Kulturgütern, S. 127.

110 Vgl. näher zum Begriff der restitution in kind unten B.II.1.c).

111 *Engstler,* Die territoriale Bindung von Kulturgütern, S. 128; *Nahlik,* RdC 120 (1967 I), S. 65 ff., S. 100; *Siehr,* RdC 243 (1993 VI), S. 9 ff., S. 116.

112 Es handelt sich dabei um die beiden aus der Genter Kathedrale stammenden Seitenflügel des Poliptychons „Agneau Mystique" der Gebrüder van Eyck und den Flügel des Triptychons „Das Abendmahl" von Dierick Bouts aus der Sankt Peters Kirche in Löwen.

113 *Williams,* Protection of movable cultural property, S. 19; *Siehr,* RdC 243 (1993 VI), S. 9 ff., S. 117; *Engstler,* Die territoriale Bindung von Kulturgütern, S. 129.

114 *Engstler,* Die territoriale Bindung von Kulturgütern, S. 128 f.

*aa) Der Niederländische Entwurf von 1919*

Auf Initiative der Niederländischen Archäologischen Gesellschaft wurde eine Kommission niederländischer Völkerrechtler eingesetzt, die sich dem Thema des Kulturgüterschutzes annehmen sollte. In ihrem Bericht wird die Notwendigkeit betont, den Schutz kultureller Werte bereits zu Friedenszeiten zu organisieren. Dieser Gedanke diente als Richtlinie für die Weiterentwicklung des Kulturgüterschutzes in den nächsten zwanzig Jahren.[115]

*bb) Die Haager Luftkriegsregeln 1922/23*

Zum Zweck der Einschränkung des Luftkriegs verabschiedete eine aus Vertretern Englands, Frankreichs, der Niederlande, Italiens, Japans und der USA bestehende Juristenkommission am 19.2.1923 in Den Haag die von ihr erarbeiteten sog. Haager Luftkriegsregeln. Diese enthielten eine Beschränkung des Luftbombardements.

Allerdings erlangten diese Regeln keine Wirksamkeit, da sie keine Anerkennung durch die Staaten fanden.[116]

*cc) Der Roerich-Pakt von 1935*

Die erste ausdrücklich und ausschließlich dem Kulturgüterschutz gewidmete zwischenstaatliche Abmachung ist der „Washingtoner Pakt vom 15. April 1935 über den Schutz künstlerischer und wissenschaftlicher Einrichtungen und geschichtlicher Denkmäler", der sog. „Roerich-Pakt".[117] Das Abkommen dient ausschließlich dem Schutz von Kulturgütern vor Beschädigung und Zerstörung. Es dehnt den Schutz auch auf Friedenszeiten aus.[118]

Für Europa hat der Roerich-Pakt allerdings keine Bedeutung, da diesen nur amerikanische Staaten unterzeichnet haben, für die er aber heute noch Gültigkeit besitzt.[119]

---

[115] Ausführlich hierzu *Schorlemer*, Internationaler Kulturgüterschutz, S. 267; *Lattmann*, Schutz der Kulturgüter bei bewaffneten Konflikten, S. 49 f.; *Buhse*, Schutz von Kulturgut im Krieg, S. 23 ff.

[116] Vgl. ausführlicher *Schorlemer*, Internationaler Kulturgüterschutz, S. 268 f.; *Lattmann*, Schutz der Kulturgüter bei bewaffneten Konflikten, S. 51; *Buhse*, Schutz von Kulturgut im Krieg, S. 25 f.

[117] *Schorlemer*, Internationaler Kulturgüterschutz, S. 269 f.; *Buhse*, Schutz von Kulturgut im Krieg, S. 27 f.

[118] *Lattmann*, Schutz der Kulturgüter bei bewaffneten Konflikten, S. 52 f.; *Körbs*, HuV-I 3 (1996), S. 138 ff., S. 141; Die Lücke, die der Roerich-Pakt beim Schutz beweglichen Kulturguts vor Beutenahme ließ, wurde von der Panamerikanischen Union mit Art. 8 des zeitgleich unterzeichneten „Treaty on the Protection of Movable Property of Historic Value" geschlossen, wonach Kulturgüter nicht als Kriegsbeute behandelt werden dürfen, *Schorlemer*, Internationaler Kulturgüterschutz, S. 270.

[119] *Schorlemer*, Internationaler Kulturgüterschutz, S. 270.

*dd) Die Entwürfe des Internationalen Museumsbüros*

Im Rahmen des Völkerbundes wurde der Kulturgüterschutzgedanke vom Internationalen Museumsbüro aufgenommen.

Ein aus dem Jahre 1933 stammender Vorentwurf des Internationalen Museumsbüros befasste sich mit der Repatriierung fortgeschaffter Kulturgüter.[120] Dabei wurde erstmals versucht, die Pflicht zur Rückgabe von Kulturgut, die als Konsequenz aus dem Verbot der Wegnahme resultiert, vertragsrechtlich festzuschreiben.[121]

Eine wichtige Rolle spielte dieser Entwurf des Museumsbüros auch in Bezug auf die Definition des Begriffs „Kulturgut". Anstatt, wie die HLKO, eine Aufzählung bestimmter, wegen ihrer kulturellen Zweckbestimmung zu schonender Einrichtungen vorzunehmen, bezeichnete der Entwurf des Museumsbüros Kulturgüter als „bewegliche oder unbewegliche Objekte mit künstlerischem, historischem oder wissenschaftlichem Charakter".[122]

In den folgenden Jahren verfasste das Internationale Museumsbüro noch weitere Entwürfe, die sich mit dem Integritätsschutz von Kulturgütern befassten.[123]

1939 veröffentlichte es ein Handbuch für die praktischen Maßnahmen zum Schutz von Kulturgütern im Kriegsfall, das im Zweiten Weltkrieg große praktische Bedeutung erlangte.[124]

*c) Die Behandlung von Kulturgütern im Zweiten Weltkrieg und während der anschließenden Besetzung Deutschlands*

Als im September 1939 der Zweite Weltkrieg ausbrach gab es, wie eben gesehen, keine umfassende völkerrechtliche Regelung des Kulturgüterschutzes, insbesondere nicht in Bezug auf den Zerstörungsschutz. Das Beutemachen von Kulturgütern während des Krieges und der Besetzung war aber spätestens seit Inkrafttreten der HLKO 1907 grundsätzlich verboten.

Dennoch ist es während des Zweiten Weltkriegs und der anschließenden Besetzung Deutschlands zwischen 1945 und 1949 nicht nur zu unvorstellbar großen Verlusten durch Zerstörung gekommen, sondern auch zu umfangreichen Plünderungen und Wegnahmen von Kulturgütern, worauf unter Punkt B. ausführlich eingegangen wird.

---

[120] *Buhse,* Schutz von Kulturgut im Krieg, S. 29.

[121] *Strebel,* ZaöRV 16 (1955/56), S. 35 ff., S. 43; *Buhse,* Schutz von Kulturgut im Krieg, S. 29.

[122] *Buhse,* Schutz von Kulturgut im Krieg, S. 29.

[123] Zum Konventionsentwurf des Expertenkomitees der Generalversammlung des Völkerbunds vom September 1938 bezüglich des Schutzes von Kulturgütern im Kriegsfall samt dazugehöriger Ausführungsbestimmungen vgl. bspw. *Buhse,* Schutz von Kulturgut im Krieg, S. 29 ff.

[124] *Lattmann,* Schutz der Kulturgüter bei bewaffneten Konflikten, S. 53 f.; *Schorlemer,* Internationaler Kulturgüterschutz, S. 271 f.

### d) *Die Weiterentwicklung des Schutzes nach dem Zweiten Weltkrieg*

#### aa) *Die Genfer Abkommen 1949*

Die Vier Genfer Abkommen aus dem Jahre 1949, sog. Rotkreuzrecht, beschäftigen sich – anders als die Haager Abkommen von 1899 und 1907, bei denen es um die Art der Kriegsführung geht – mit den geschützten Personen und Objekten selbst, weshalb sie als humanitäres Kriegsvölkerrecht bezeichnet werden.[125]

Keines der vier Abkommen enthält Vorschriften, die explizit und ausschließlich dem Kulturgüterschutz dienen. Das in Art. 33 II des IV. Genfer Abkommens zum Schutz von Zivilpersonen in Kriegszeiten vom 12.8.1949[126] normierte Plünderungsverbot umfasst aber auch Kulturgüter. Ebenso erfolgt ein Schutz vor Zerstörung im Falle eines internationalen bewaffneten Konflikts über den allgemeinen, in Art. 53 enthaltenen Eigentumsbegriff. Unter das dort geschützte private oder staatliche Eigentum fällt auch das Eigentum an Gütern, die der Religion, Kunst, Wissenschaft, Erziehung oder ähnlichen Zwecken dienen.[127]

#### bb) *Die Haager Kulturgüterschutzkonvention und das Protokoll vom 14.5.1954*

Im Rahmen der im November 1945 gegründeten Organisation der Vereinten Nationen für Erziehung, Wissenschaft und Kultur (UNESCO) wurde mit der Haager Konvention zum Schutz von Kulturgütern bei bewaffneten Konflikten (Haager Kulturgüterschutzkonvention) und dem Protokoll vom 14. Mai 1954[128] erstmals auf internationaler Ebene ein Regelwerk geschaffen, das sich ausschließlich mit dem Kulturgüterschutz befasst.[129]

Während die Konvention insbesondere dem Schutz vor Zerstörung gewidmet und die Wegnahme nur am Rande, nämlich in Art. 4 III mitgeregelt ist, liegt der Schwerpunkt des Protokolls, bei dem es sich um einen eigenständigen völkerrechtlichen Vertrag handelt, der auch gesondert ratifiziert werden muss, in der Verhinderung der Verschleppung und der Sicherstellung der Rückführung von Kulturgütern.[130]

Derzeit ist die Konvention in 91 Staaten, das Protokoll in 74 Staaten in Kraft.[131] Darunter sind bspw. Australien, Frankreich, Italien, die Sowjetunion bis zu ihrer Auflösung und seitdem die Russische Föderation[132] und die Bundesrepublik Deutschland[133].

---

[125] *Berndt,* Internationaler Kulturgüterschutz, S. 30.

[126] Für die Bundesrepublik Deutschland gem. Bek. v. 4.11.1954 (BGBl. II S. 11333) am 3.3.1955 in Kraft getreten (BGBl. 1954 II, S. 917).

[127] *Körbs,* HuV-I 3 (1996), S. 138 ff., S. 142.

[128] Am 26.3.1999 wurde die Konvention durch ein Zweites Protokoll ergänzt. Dieses ist allerdings bislang noch nicht in Kraft getreten. Text des Protokolls abgedruckt bei www.unesco.org/culture/laws/hague/html_eng/protocol2.shtml.

[129] Vgl. ausführlich hierzu *Buhse,* Schutz von Kulturgut im Krieg, S. 50 ff.; *Strebel,* ZaöRV 16 (1955/56), S. 35 ff.; *Nahlik,* RdC 120 (1967 I), S. 65 ff., S. 120 ff.; *Williams,* Protection of movable cultural property, S. 34 ff.; *De Breucker*, Revue belge de droit International 1975, S. 525 ff.

[130] *Körbs,* HuV-I 3 (1996), S. 138 ff., S. 142.

[131] Vgl. BGBl. Fundstellennachweis B.

[132] In Kraft für die Russische Föderation am 4.4.1957, BGBl. Fundstellennachweis B, bis zu ihrer Auflösung war Vertragspartei die Sowjetunion.

Andererseits fehlen eine Reihe bedeutender Staaten wie Großbritannien, Kanada und die USA.[134]

Die Konvention tritt gem. Art. 36 für diejenigen Staaten, die an die HLKO 1899 oder 1907 oder den Roerich-Pakt von 1935 gebunden sind, neben diese früheren Abkommen und ergänzt sie.

Die Bestimmungen der Haager Konvention sind als Sonderregelungen außerdem neben dem Haager Gewohnheitsrecht anwendbar.[135]

*aaa) Die Haager Kulturgüterschutzkonvention*

Leitgedanke des Haager Vertragswerks ist der Schutz des Bestands an Kulturgütern als „kulturellem Erbe der gesamten Menschheit"[136], also ein „kultureller Internationalismus".[137] Kulturgut ist unabhängig davon geschützt, ob es einen nationalen Bezug zum Territorium hat, auf dem es sich befindet. Jeder Staat wird für das sich auf seinem Herrschaftsgebiet befindliche Kulturgut zum Treuhänder gegenüber der Gesamtheit der Staaten, die ihn dazu verpflichten, bereits in Friedenszeiten geeignete Schutzmaßnahmen bezüglich absehbarer Folgen eines bewaffneten Konflikts zu ergreifen.[138]

Das Schutzsystem ist zweistufig aufgebaut. Unterschieden wird zwischen einem allgemeinen Schutz für Kulturgüter (Art. 2-7), der insbesondere den allgemeinen Respektierungsgedanken in Form von Sicherungs- und Bewahrungspflichten und einem Repressalienverbot enthält und einem Sonderschutz für bestimmte Kulturgüter von überragendem Wert (Art. 8-11).[139]

---

133 Für die Bundesrepublik Deutschland sind Konvention und Protokoll am 11.11.1967 in Kraft getreten, BGBl. 1967 II, 1233, 1300.

134 Nach einer in der Literatur vertretenen Auffassung zählen die Regelungen der Konvention bzgl. des allgemeinen Schutzes von Kulturgütern gegen militärische Zerstörung und gegen Wegnahme mittlerweile zum völkerrechtlichen Gewohnheitsrecht. Gleiches gelte für die Grundprinzipien des Protokolls über den Schutz von Kulturgut gegen Verschleppung, so *Herdegen*, in: Dolzer/Jayme/Mußgnug (Hrsg.), Rechtsfragen des internationalen Kulturgüterschutzes, S. 161 ff., S. 167; Ähnlich *Schorlemer*, Internationaler Kulturgüterschutz, S. 298 m. w. N.

135 *Partsch*, in: Fleck, Dieter (Hrsg.), Handbuch des humanitären Völkerrechts in bewaffneten Konflikten, S. 308, Vor Nr. 901, 2.b).

136 Abs. 2 der Präambel der Konvention.

137 Da die Haager Konvention stark durch die Genfer Rotkreuz-Konvention von 1949 beeinflusst ist, deren Schutzsystem auf Kulturgüter übertragen wurde, spricht man auch vom „Roten Kreuz der Kulturgüter", *Herdegen*, in: Dolzer/Jayme/Mußgnug (Hrsg.), Rechtsfragen des internationalen Kulturgüterschutzes, S. 161 ff., S. 166; *Schorlemer*, GYIL 41 (1998), S. 317 ff., S. 277; *Strebel*, ZaöRV 16 (1955/56), S. 35 ff., S. 46.

138 *Schulze,* Die Restitution von Kunstwerken, S. 34; *Rudolf,* in: FS Doehring, S. 853 ff., S. 861; *Schorlemer*, Internationaler Kulturgüterschutz, S. 277; *Herdegen*, in: Dolzer/Jayme/Mußgnug (Hrsg.), Rechtsfragen des internationalen Kulturgüterschutzes, S. 161 ff., S. 166.

139 *Herdegen*, in: Dolzer/Jayme/Mußgnug (Hrsg.), Rechtsfragen des internationalen Kulturgüterschutzes, S. 161 ff., S. 166 f.; *De Breucker*, Revue belge de droit International 1975, S. 525 ff., S. 532 ff.

*(1) Kulturgutdefinition*

In Art. 1 der Konvention wird zunächst der Kreis der unter dem Schutz der Konvention stehenden Kulturgüter definiert.[140] Es handelt sich dabei um eine abstrakte Definition, die durch einige Beispiele konkretisiert wird.[141] Die Haager Konvention von 1954 hat den Zerstörungsschutz für Kulturgüter ausdrücklich auf bewegliche Kulturgüter ausgedehnt.[142] Geschützt sind bewegliche und unbewegliche Kulturgüter von großer Bedeutung für das kulturelle Erbe der ganzen Menschheit, ohne Rücksicht auf ihre Herkunft oder auf Eigentumsverhältnisse (Art. 1 a). Für derartige Kulturgüter werden in Art. 1 a der Konvention auch Beispiele angeführt, nämlich „Bau-, Kunst-, oder geschichtliche Denkmäler religiöser Art, archäologische Stätten, Gebäudegruppen, die als Ganzes von historischem oder künstlerischem Interesse sind, Kunstwerke, Manuskripte, Bücher und andere Gegenstände von künstlerischem, historischem oder archäologischem Interesse sowie wissenschaftliche Sammlungen und bedeutende Sammlungen von Büchern, Archivalien oder Reproduktionen des oben bezeichneten Kulturguts".[143] Gem. Art. 1 b) und c) werden auch sog. mittelbare Kulturgüter[144] geschützt, die zwar selbst kein Kulturgut darstellen, deren Schonung aber dem Kulturgut zugute kommt. Dies sind gem. Art. 1 b) beispielsweise Museen, größere Bibliotheken, Archive sowie Bergungsorte. Gem. Art. 1 c) sind auch Orte geschützt, die in beträchtlichem Umfang Kulturgut im Sinne der Unterabsätze a) und b) aufweisen und als „Denkmalorte" bezeichnet sind.

*(2) Allgemeiner Schutz und Sonderschutz*

Die Konvention sieht zwei Arten von Schutzmaßnahmen vor.

Der allgemeine Schutz (Art. 2-7) lässt sich in Sicherungs- und Respektierungspflichten untergliedern (Art. 2).[145] Gem. Art. 3 verpflichten sich die Vertragsparteien, bereits in Friedenszeiten geeignete Präventivmaßnahem zum Schutz der auf ihrem Territorium befindlichen Kulturgüter vor absehbaren Folgen eines Krieges zu treffen. Art. 4 I enthält generalklauselartig eine Aufzählung der Respektierungspflichten, die gem. Art. 4 II allerdings unter dem Vorbehalt entgegenstehender militärischer Notwendigkeit steht. In Art. 4 III verpflichten sich die Vertragsparteien, „jede Art von Diebstahl, Plünderung oder anderer widerrechtlicher Inbesitznahme von Kulturgut sowie jede sinnlose Zerstörung solchen Gutes zu verbieten, zu verhindern und nötigenfalls zu unterbinden. Sie nehmen davon Abstand, bewegliches Kulturgut, das sich auf dem Hoheitsgebiet einer anderen Vertragspartei befindet, zu beschlagnahmen". Die Konventi-

[140] Vgl. hierzu ausführlich: *Hönes*, DÖV 1998, S. 985 ff., S. 988 ff.

[141] *Berndt*, Internationaler Kulturgüterschutz, S. 32.

[142] *Hönes*, DÖV 1998, S. 985 ff., S. 988.

[143] Vgl. hierzu ausführlich *Hönes*, DÖV 1998, S. 985 ff., S. 988 ff.; *Engstler*, Die territoriale Bindung von Kulturgütern, S. 213 ff.; *Buhse*, Schutz von Kulturgut im Krieg, S. 54 ff.

[144] *Buhse*, Schutz von Kulturgut im Krieg, S. 54.

[145] *Engstler*, Die territoriale Bindung von Kulturgütern, S. 217 ff.

on sucht also alle denkbaren Wegnahmehandlungen zu verhindern.[146] Schließlich ist gem. Art. 4 IV auch das Ergreifen von Repressalien gegen Kulturgüter untersagt.

Neben diesem allgemeinen Schutz besteht für bestimmte Kulturgüter die Möglichkeit des Sonderschutzes i.S.d. Art. 8-11. Dieser erfolgt durch Eintragung der Objekte in das „Internationale Register für Kulturgut unter Sonderschutz“ i.S. des Art. 8 VI. Die Kulturgüter sind gem. Art. 10, 16 besonders zu kennzeichnen. Sie dürfen sich grundsätzlich nicht in der Nähe militärisch bedeutsamer Ziele befinden, nicht zu militärischen Zwecken missbraucht werden, Art. 8 I a) und b) und sind gem. Art. 9 absolut geschützt.

Schließlich können auch Kulturguttransporte unter ein spezielles Schutzregime gestellt werden, Art. 12-14.[147] Bei Transporten i.S. der Art. 12 und 13 ist die Weg- und Beschlagnahme und die Ausübung des Prisenrechts bezüglich der transportierten Objekte gem. Art. 14 verboten.

### *(3) Rechtsfolgen einer Konventionsverletzung*

Um die Durchführung und Einhaltung der Vorschriften der Konvention zu gewährleisten verpflichtet Art. 28 die Vertragsparteien dazu, im Rahmen ihrer innerstaatlichen Gesetzgebung dafür Sorge zu tragen, dass alle Personen, die sich eines Bruches der Verbote oder Gebote schuldig machen, strafrechtlich oder disziplinarrechtlich zur Verantwortung gezogen werden und zwar ohne Rücksicht auf die Nationalität.[148] Damit ist die Gefährdung von Kulturgütern zu einer Art „Weltverbrechen“ geworden.[149]

Zur Frage der Restitution und Entschädigung schweigt die Konvention allerdings gänzlich, obwohl man aufgrund der bestehenden Präzedenzfälle davon ausgehen kann, dass zum Zeitpunkt der Ausarbeitung der Konvention Gewohnheitsrechtsregeln in Bezug auf die Restitution und Entschädigung existierten, die lediglich in der Konvention hätten kodifiziert werden müssen.[150] Aufgrund dieser fehlenden Kodifikation muss weiterhin auf die im Völkerrecht verankerten Prinzipien zurückgegriffen werden, beispielsweise Art. 3 des IV. Haager Abkommens.[151] Die Restitutionsproblematik wurde schließlich in ein Fakultativprotokoll ausgelagert.[152]

---

[146] *Engstler,* Die territoriale Bindung von Kulturgütern, S. 219.

[147] *Körbs,* HuV-I 3 (1996), S. 138 ff., S. 142.

[148] *Engstler,* Die territoriale Bindung von Kulturgütern, S. 221; s.a. *Nahlik*, RdC 120 (1967 I), S. 65 ff., S. 135.

[149] *Kilian,* NZWehrR 1983, S. 41 ff., S. 54.

[150] *Nahlik*, RdC 120 (1967 I), S. 65 ff., S. 135 f.; auch *Fraoua*, Le traffic illicite des biens culturels, S. 134 f. geht vom Bestehen einer Völkergewohnheitsrechtsregel aus, die schließlich in das Protokoll aufgenommen wurde. Nach seiner Auffassung hätte allerdings deren Aufnahme in die Konvention selbst die juristische Bedeutung der Restitutionsverpflichtung bzgl. Kulturgütern verstärkt.

[151] *Nahlik*, RdC 120 (1967 I), S. 65 ff., S. 136.

[152] Dies ist letztlich vor allem darauf zurückzuführen, dass die Delegierten der Vereinigten Staaten und des Vereinigten Königreichs erklärten, dass es ihnen nicht möglich sei, eine Konvention zu unterzeichnen, die ein Kapitel enthält, das sich mit der Restitutionsproblematik beschäftigt, vgl. *Nahlik*, RdC 120 (1967 I), S. 65 ff., S. 136 f.

*(4) Anwendungsbereich*

Gem. Art. 18 I entfaltet die Konvention ihre Schutzwirkung bei allen bewaffneten Konflikten zwischen zwei oder mehreren Vertragsparteien, auch wenn der Kriegszustand von einer oder mehreren Vertragsparteien nicht anerkannt wird. Der Schutz greift gem. Art. 18 II ebenfalls in allen Fällen teilweiser oder vollständiger Besetzung des Gebiets einer Vertragspartei. Gem. Art. 19 soll die Konvention auch bei bewaffneten Konflikten ohne internationalen Charakter, also beispielsweise bei Bürgerkriegen, Anwendung finden. Auf diese Weise wird der Schutz in möglichst allen Konflikten, die eine Gefahr für Kulturgüter bringen können, sichergestellt.[153]

Wichtig ist auch, dass die Haager Konvention von 1954 keine „Allbeteiligungsklausel" wie das IV. Haager Abkommen von 1907 enthält.[154]

*(5) Zusammenfassende Bewertung*

Zusammenfassend lässt sich sagen, dass die Konvention bezüglich des Kulturgüterschutzes einiges an Fortschritt gebracht hat, so beispielsweise indem sie eine Kulturgutdefinition aufgestellt hat. Bezüglich des Wegnahmeschutzes hat sie die schon existierenden Prinzipien der HLKO bekräftigt und das hier bereits bestehende Völkergewohnheitsrecht bestätigt.

Allerdings kann man auch einiges kritisieren. So wird der Schutz zum Teil vom Fehlen entgegenstehender militärischer Notwendigkeit abhängig gemacht. Strafrechtliche Sanktionsbestimmungen werden nur pauschal behandelt und die Restitutionsproblematik wurde in ein Fakultativprotokoll ausgelagert, weshalb auch weiterhin auf andere Regeln, wie Art. 3 des Vierten Haager Abkommens von 1907 oder Art. 56 HLKO, zurückgegriffen werden muss.[155]

*bbb) Das Protokoll*

Das Protokoll zur Haager Konvention von 1954 enthält neben einem Aneignungsverbot die Verpflichtung zur Rückführung verbotswidrig in Besitz genommener Kulturgüter.[156] Die Rückführungsbestimmungen waren wie bereits erwähnt aus der Haager Konvention herausgenommen worden, weil sie vielen Staaten zu weitgehend waren. Durch die Aufnahme in das unabhängig von der Konvention zu ratifizierende Protokoll sollte erreicht werden, dass eine möglichst große Anzahl von Staaten der Konvention beitritt.[157]

---

[153] *Buhse,* Schutz von Kulturgut im Krieg, S. 95 f.; *Engstler,* Die territoriale Bindung von Kulturgütern, S. 211; *Nahlik,* RdC 120 (1967 I), S. 65 ff., S. 138 f.; *Lattmann,* Schutz der Kulturgüter bei bewaffneten Konflikten, S. 94 ff.

[154] Nach der Bestimmung des Art. 18 III bleibt die Verpflichtung der Vertragsparteien untereinander vielmehr auch dann bestehen, wenn an dem Konflikt ein Staat beteiligt ist, der die Konvention nicht abgeschlossen hat, *Kilian,* NZWehrR 1983, S. 41 ff., S. 51.

[155] Vgl. ausführlicher *Nahlik,* RdC 120 (1967 I), S. 65 ff., S. 140.

[156] *Körbs,* HuV-I 3 (1996), S. 138 ff., S. 142.

[157] Das Protokoll hat bislang mit einer Anzahl von 74 Vertragsstaaten einen relativ geringen Verbreitungsgrad.

*(1) Ausfuhrverbot und Restitutionspflicht*

In Art. I Ziff. 1 des Protokolls wird jede Vertragspartei verpflichtet, die Ausfuhr von Kulturgut[158] aus dem von ihr während eines bewaffneten Konfliktes besetzten Gebiet zu verhindern, was über eine reine Unterlassungspflicht hinausgeht und die Besatzungsmacht zum Treuhänder und Verwalter macht.[159]

Nach Beendigung der Feindseligkeiten muss jede Vertragspartei das auf ihrem Gebiet befindliche Kulturgut den zuständigen Behörden des früher besetzten Gebiets zurückgeben, sofern dieses Gut unter Verletzung des in Art. I Ziff. 1 niedergelegten Grundsatzes ausgeführt worden ist, Art. I Ziff. 3 S. 1.[160] Auf die Umstände der Inbesitznahme, insbesondere deren Rechtmäßigkeit oder Rechtswidrigkeit kommt es nicht an. Es wird nicht an die Verletzung kriegsrechtlicher Aneignungsverbote oder die Ausnutzung der durch den Krieg geschaffenen Lage angeknüpft.[161] Art. I Ziff. 3 fordert die Rückgabe ohne Rücksicht auf eine möglicherweise eingetretene privatrechtliche Bindung. Der belegene Staat muss denjenigen, dem nach der nationalen Privatrechtsordnung mittlerweile Rechte an dem geforderten Gegenstand zustehen – bspw. Eigentum aufgrund gutgläubigen Erwerbs – gegebenenfalls enteignen.[162] Ein gutgläubiger Besitzer ist gem. Art. I Ziff. 4 aber von der Vertragspartei, die verpflichtet war, die Ausfuhr von Kulturgut aus dem von ihr besetzten Gebiet zu verhindern, zu entschädigen.

*(2) Verbot der Zurückhaltung zu Reparationszwecken*

Art. I Ziff. 3 S. 2 des Protokolls bestimmt ausdrücklich, dass rückerstattungspflichtiges Kulturgut in keinem Fall für Reparationszwecke zurückgehalten werden darf. Nach dem Wortlaut ist damit nur die Heranziehung vorher aufgrund eigenhändigen Zugriffs beschlagnahmter Kulturgüter zu Zwecken der Kriegsentschädigung (Reparation) verboten. Dies war allerdings schon nach Art. 56 der HLKO ausgeschlossen.[163] Die ausdrückliche Aufnahme des Verbots des Zurückbehaltens rechtswidrig erbeuteter Kulturgüter zu Reparationszwecken stellt die erneute Kodifikation und Klarstellung eines bereits seit Ende des 19. Jahrhunderts geltenden Völkergewohnheitsrechtssatzes dar.

---

158 Bezüglich des Kulturgutbegriffs wird auf den in Art. 1 der Haager Konvention geprägten Begriff verwiesen.

159 *Engstler,* Die territoriale Bindung von Kulturgütern, S. 222; *Walter,* Rückführung von Kulturgut, S. 77.

160 Damit wird auch diejenige Vertragspartei verpflichtet, die nicht am militärischen Konflikt beteiligt war, *Walter,* Rückführung von Kulturgut, S. 75.

161 *Turner,* in: Fiedler (Hrsg.), Internationaler Kulturgüterschutz und deutsche Frage, S. 19 ff., S. 71 f.; Nach ihm ist diese Problematik in der Literatur nicht erkannt worden. Hier werde vielmehr von einem rechtswidrig angeeigneten Objekt ausgegangen. Als Beispiel hierfür führt er u.a. *Nahlik,* RdC 120 (1967 I), S. 65 ff., S. 136 und *De Breucker,* Revue belge de droit International 1975, S. 525 ff., S. 540 an.

162 *Engstler,* Die territoriale Bindung von Kulturgütern, S. 222; *Walter,* Rückführung von Kulturgut, S. 75.

163 *Turner,* in: Fiedler (Hrsg.), Internationaler Kulturgüterschutz und deutsche Frage, S. 19 ff., S. 71.

Hingegen bleibt die Regelung der Frage, ob ein Staat sich Kulturgüter als Reparationsobjekte vertraglich – insbesondere im Friedensvertrag - zusprechen lassen kann, immer noch dem Völkergewohnheitsrecht überlassen.[164]

Allerdings dürfte heute auch die Ausbedingung von Kulturgütern zu Reparationszwecken in einem Friedensvertrag unzulässig sein.[165] Hierfür bietet nicht zuletzt die Staatenpraxis des Zweiten Weltkriegs einen überzeugenden Beweis, in der Kulturgüter zu Reparationen überhaupt nicht herangezogen wurden und vom Prinzip der restitution in kind trotz anfänglicher Verwendung in einigen Friedensverträgen des Jahres 1947 letztlich abgesehen wurde.[166] Insbesondere in Bezug auf Deutschland kam es weder zu einer Verwendung von Kulturgütern zu Reparationszwecken noch zur restitution in kind.[167]

*cc) Die Genfer Zusatzprotokolle von 1977*

Die Tatsache, dass wichtige Staaten der Kulturgüterschutzkonvention von 1954 nicht beigetreten sind, hat dazu geführt, dass der Kulturgüterschutz in die beiden Zusatzprotokolle von 1977 zu den Genfer Rotkreuzabkommen über den Schutz der Opfer internationaler bewaffneter Konflikte (Protokoll I) und nicht internationaler bewaffneter Konflikte (Protokoll II) aufgenommen wurde, nämlich in Art. 53 des Protokolls I und Art. 16 des Protokolls II.[168]

*aaa) Das Erste Zusatzprotokoll*

Das Erste Genfer Zusatzprotokoll[169] ist für die Bundesrepublik Deutschland am 14.8.1991 in Kraft getreten.[170]

Die für den Kulturgüterschutz bedeutsamste Bestimmung des Ersten Protokolls ist Art. 53,[171] wonach feindselige Handlungen gegen Kulturgüter ebenso verboten sind, wie diese zur Unterstützung des militärischen Einsatzes zu verwenden oder zum Gegenstand von Repressalien zu machen.

---

[164] So auch *Gattini*, EJIL 7 (1996), S. 67 ff., S. 83 f., der anmerkt, dass die Frage, ob Kulturgüter generell Teil von Reparationsleistungen sein können, bspw. durch Zuweisung an einen Staat unter dem Titel der restitution in kind in einem Friedensvertrag, wie im Zweiten Weltkrieg geschehen, nach wie vor ungelöst ist; *Turner*, in: Fiedler (Hrsg.), Internationaler Kulturgüterschutz und deutsche Frage, S. 19 ff., S. 71.

[165] *Turner*, in: Fiedler (Hrsg.), Internationaler Kulturgüterschutz und deutsche Frage, S. 109 ff., S. 133.

[166] *Turner*, in: Fiedler (Hrsg.), Internationaler Kulturgüterschutz und deutsche Frage, S. 109 ff., S. 133 f.

[167] Vgl. dazu unten B.II.4.

[168] *Herdegen*, in: Dolzer/Jayme/Mußgnug (Hrsg.), Rechtsfragen des internationalen Kulturgüterschutzes, S. 161 ff., S. 167; vgl. hierzu ausführlich: *Schorlemer*, Internationaler Kulturgüterschutz, S. 281 ff.; zum Stand der Vertragsparteien vgl. BGBl. Fundstellennachweis B.

[169] BGBl. 1990 II, S. 1551.

[170] Bek. v. 30.7.1991, BGBl. II, S. 968.

[171] Siehe hierzu die Kommentierung in *Sandoz/Swinarski/Zimmermann*, Commentary on the Additional Protocols of June 1977 to the Geneva Conventions of 12 August 1949, Protocol I, Art. 53.

Durch Art. 53 ist eine Modifikation der Bestimmungen der Haager Konvention von 1954 nicht beabsichtigt[172] und insbesondere sollte die Kulturgutdefinition des Art. 1 der Haager Konvention nicht geändert werden.[173] Bei der Auslegung des Zusatzprotokolls kann auf die Kulturgutkonvention zurückgegriffen werden.[174] Im Falle eines Widerspruchs zwischen den Vorschriften der UNESCO Konvention und des Zusatzprotokolls ist die Konvention einschlägig.[175] Im Verhältnis zwischen dem Haager Gewohnheitsrecht und den Regeln im Zusatzprotokoll, die zum jetzigen Zeitpunkt noch nicht den Charakter als Gewohnheitsrecht erreicht haben, gilt, dass es sich um Sonderregeln handelt, die das überlieferte Gewohnheitsrecht nicht außer Kraft setzen, sondern daneben gelten.[176]

Im Gegensatz zur Kulturgutschutzkonvention von 1954 fordert das Erste Zusatzprotokoll für den Schutz von Kulturgütern nicht, dass diese „von großer Bedeutung" sind. Es genügt, dass sie „zum kulturellen oder geistigen Erbe der Völker" gehören. Zusätzlich geschützt werden auch „Kultstätten", womit der Respekt vor religiösen Überzeugungen zum Ausdruck gebracht wird.[177] Damit ist der Schutzbereich weiter als der der Haager Konvention. Auf die kulturelle Funktion der Objekte hatte bereits die HLKO abgestellt. Diesen wurde allerdings nur ein eingeschränkter Schutz zuteil, da sie gem. Art. 27 HLKO nur „soviel wie möglich" zu schonen sind. Die hierdurch entstehende Lücke in Bezug auf den Schutz von Kultstätten will das Erste Zusatzprotokoll schließen.[178]

Das Erste Zusatzprotokoll von 1977 enthält schließlich in Art. 85 IV d) eine Strafvorschrift, die vorsätzlich begangene, weitgehende Zerstörungen verursachende Angriffe gegen Kulturgüter i.S. der Definition des Protokolls unter Strafe stellt.[179]

---

[172] Vgl. den Wortlaut: „Unbeschadet der Bestimmungen der Haager Konvention vom 14. Mai 1954".

[173] *Schorlemer*, Internationaler Kulturgüterschutz, S. 284; *Hönes*, DÖV 1998, S. 985 ff., S. 994.

[174] *Partsch,* in: Fleck (Hrsg.), Handbuch des humanitären Völkerrechts in bewaffneten Konflikten, S. 308, Vor. Nr. 901, 2.c).

[175] *Sandoz/Swinarski/Zimmermann*, Commentary on the Additional Protocols of June 1977 to the Geneva Conventions of 12 August 1949, Protocol I, Art. 53, Rdnr. 2046; *Schorlemer*, Internationaler Kulturgüterschutz, S. 285.

[176] Diese Auffassung haben auch mehrere Vertragsparteien, darunter die Bundesrepublik Deutschland in Erklärungen bei Annahme des Art. 53 ZP I vertreten; vgl. auch *Partsch,* in: Fleck (Hrsg.), Handbuch des humanitären Völkerrechts in bewaffneten Konflikten, S. 308, Vor. Nr. 901, 2.a).

[177] *Berndt,* Internationaler Kulturgüterschutz, S. 37; *Schorlemer*, Internationaler Kulturgüterschutz, S. 285.

[178] *Schorlemer*, Internationaler Kulturgüterschutz, S. 286.

[179] Zum Komplex der Strafbestimmungen des Art. 85 IV d) und 89 der vorsieht, dass bei „erheblichen Verstößen" gegen das Protokoll die „Vertragsparteien sowohl gemeinsam als auch einzeln in Zusammenarbeit mit den Vereinten Nationen und im Einklang mit der Charta der Vereinten Nationen tätig werden," wobei die Art und Weise der Zusammenarbeit offengelassen wurde, siehe näher *Sandoz/Swinarski/Zimmermann*, Commentary on the Additional Protocols of June 1977 to the Geneva Conventions of 12 August 1949, Protocol I, Art. 85, Rdnr. 3516 f.; Art. 89; *Schorlemer*, Internationaler Kulturgüterschutz, S. 289 ff.

*bbb) Das Zweite Zusatzprotokoll*

Das Zweite Genfer Zusatzprotokoll von 1977, das ebenfalls am 14.8.1991 für die Bundesrepublik Deutschland in Kraft getreten ist,[180] regelt nur den Schutz der Opfer nicht internationaler, also interner, bewaffneter Konflikte.[181] Soweit das Zweite Zusatzprotokoll anwendbar ist, findet sich die den Kulturgüterschutz betreffende Vorschrift in Art. 16. Dieser weist große Ähnlichkeit mit Art. 53 des Ersten Zusatzprotokolls auf, weshalb hier auf die zu diesem gemachten Ausführungen verwiesen werden kann.[182]

## *III. Kulturgüterschutz im modernen Friedensvölkerrecht*

Im Lauf des 20. Jahrhunderts setzte sich zunehmend die Erkenntnis durch, dass Kulturgüter nicht nur im Krieg, sondern auch während Friedenszeiten schutzbedürftig sind, so beispielsweise in Bezug auf die Abwanderung nationalen Kulturguts ins Ausland. Deshalb soll im Folgenden die Entwicklung des Kulturgüterschutzes im Friedensvölkerrecht skizziert werden.

Internationale Abkommen des Friedensvölkerrechts enthalten Kulturgüterschutzbestimmungen erst seit der Zeit nach dem Zweiten Weltkrieg. Dabei entstanden entsprechende Übereinkommen insbesondere im Rahmen der UNESCO und des Europarats.[183]

Im Rahmen des Europarats ist das Europäische Kulturabkommen vom 19.12.1954[184], das Europäische Übereinkommen zum Schutz archäologischen Kulturguts vom 6.5.1969[185], revidiert durch Konvention von Valletta über den Schutz des archäologi-

---

[180] Bek. v. 30.7.1991, BGBl. II, S. 968.

[181] Siehe Kommentierung in *Sandoz/Swinarski/Zimmermann*, Commentary on the Additional Protocols of June 1977 to the Geneva Conventions of 12 August 1949, Protocol II, Art. 16.

[182] Vgl. auch *Hönes*, DÖV 1998, S. 985 ff., S. 994; *Berndt*, Internationaler Kulturgüterschutz, S. 38.

[183] Um den Kulturgüterschutz ist man indessen nicht nur im Rahmen der Weiterentwicklung des Friedensvölkerrechts, sondern auch in der Europäischen Union bemüht, vgl. hierzu *Berndt*, Internationaler Kulturgüterschutz, S. 129 ff. So sieht die Richtlinie 93/7/EWG des Rats vom 15.3.1993 über die Rückgabe von unrechtmäßig aus dem Hoheitsgebiet eines Mitgliedstaats verbrachten Kulturgütern in Art. 2 vor, dass unrechtmäßig aus dem Hoheitsgebiet eines Mitgliedstaat verbrachtes Kulturgut zurückzugeben ist, wobei in Art. 1 Ziff. 2 der Richtlinie definiert ist, was unter unrechtmäßig verbrachten Kulturgütern zu verstehen ist. Die Richtlinie ist mittlerweile auch in der Bundesrepublik Deutschland durch Gesetz zur Umsetzung der Richtlinie 93/7/EWG über die Rückgabe von unrechtmäßig aus dem Hoheitsgebiet eines Mitgliedstaats verbrachten Kulturgüter vom 15.10.1998, sog. Kulturgüterrückgabegesetz (KultGüRückG), BGBl. 1998, S. 3162 ff., umgesetzt worden, vgl. hierzu *Hipp*, Schutz von Kulturgütern in Deutschland, S. 305 ff.; *Fuchs*, IPRax 2000, S. 281 ff. Das Kulturgüterrückgabegesetz enthält in §§ 1 bis 4 zunächst Bestimmungen über die Geltendmachung des öffentlich-rechtlichen Rückgabeanspruchs für deutsches national wertvolles Kulturgut. Die §§ 5 bis 13 schaffen schließlich für die Mitgliedstaaten der Europäischen Union die rechtliche Möglichkeit, Kulturgüter, die nach dem 31.12.1993 von ihrem Hoheitsgebiet in die Bundesrepublik Deutschland gelangt sind, unter bestimmten Voraussetzungen als nationales Kulturgut zurückzufordern und die Rückforderung gesetzlich durchzusetzen, vgl. hierzu *Hipp*, Schutz von Kulturgütern in Deutschland, S. 306.

[184] BGBl. II 1955, S. 1128 ff., Art. 1, 5; für die Bundesrepublik Deutschland in Kraft am 17.11.1955.

[185] BGBl. II 1974, S. 1285.

schen Erbes v. 16.1.1992, das Übereinkommen zum Schutz des architektonischen Erbes Europas vom 3.10.1985[186] und das Europäische Abkommen über Straftaten gegen Kulturgut 1985[187] zu nennen.

Im Rahmen der UNESCO ist das Übereinkommen über Maßnahmen zum Verbot und zur Verhütung der unzulässigen Einfuhr, Ausfuhr und Übereignung von Kulturgut vom 14.11.1970[188], und das Übereinkommen zum Schutz des Kultur- und Naturerbes der Welt vom 23.11.1972[189] von Bedeutung. Die UNESCO-Konvention von 1972 gehört aufgrund ihres großen Verbreitungsgrades zu den erfolgreichsten Instrumenten der UNESCO.[190] In der Präambel kommt zum Ausdruck, dass das Übereinkommen geleitet ist von der „Erwägung, dass Teile des Kultur- oder Naturerbes von außergewöhnlicher Bedeutung sind und daher als Bestandteil des Welterbes der ganzen Menschheit erhalten werden müssen...“. Dem Übereinkommen liegt mithin ein „kultureller Internationalismus“ zugrunde.[191] Das Abkommen ist nach der in Art. 1 enthaltenen Definition zum Begriff „Kulturerbe“ nur auf unbewegliches Kulturgut anwendbar.

An dieser Stelle soll nun noch auf zwei internationale Abkommen des Friedensvölkerrechts näher eingegangen werden, die Restitutionsregeln enthalten und deshalb im Zusammenhang mit der hier zu untersuchenden Problematik von Bedeutung sein können.

### *1. Die UNESCO-Konvention vom 14.11.1970*[192]

#### *a) Allgemeines*

Mit dem Übereinkommen über Maßnahmen zum Verbot und zur Verhütung der unzulässigen Einfuhr, Ausfuhr und Übereignung von Kulturgütern vom 14.11.1970 (UNESCO-Konvention 1970) versuchte die UNESCO den internationalen Kulturgütertransfer zu regeln und Missbräuchen im internationalen Handel mit Kulturgütern entgegenzutreten.[193] Insbesondere sollte die Einfuhr von Kulturgütern, die aus einem anderen Staat illegal ausgeführt wurden, verhindert werden.[194]

---

[186] BGBl. II 1987, S. 623 ff.

[187] Abgedruckt bei *Walter,* Rückführung von Kulturgut, S. 231 ff.; Bislang von keinem Vertragsstaat ratifiziert, vgl. *Berndt* Internationaler Kulturgüterschutz, S. 45.

[188] Für die Bundesrepublik noch nicht in Kraft getreten, dem Bundestag mitgeteilt durch BT-Drucks. VI/3511 vom 26.5.1972. Vertragspartei war aber die DDR: Bekanntmachung über die Annahme der Konvention über... vom 10.6.1974, GBl. II Nr. 20, S. 397.

[189] BGBl. II 1977, S. 213; ausführlich hierzu *Fitschen,* in: Fiedler (Hrsg.), Internationaler Kulturgüterschutz und deutsche Frage, S. 183 ff.

[190] *Wyss,* HuV-I 1 (1994), S. 12 ff., S. 20.

[191] *Körbs,* HuV-I 3 (1996), S. 138 ff., S. 144.

[192] ILM 10 (1971), deutsche Übersetzung in BT-Drs. VI/3511 vom 26.5.1972, S. 3 ff. und *Walter,* Rückführung von Kulturgut, S. 225 ff.

[193] Ausführliche Darstellungen zur Konvention bspw. bei *Jote,* International Legal Protection of Cultural Heritage, S. 195 ff.; *Williams,* Protection of movable cultural property, S. 178 ff.

[194] Zur Entstehungsgeschichte der Konvention vgl. bspw. *Schorlemer*, Internationaler Kulturgüterschutz, S. 427 ff.

Der in Art. 1 der Konvention vorgenommenen Definition des Kulturguts[195] liegt ein weiter Kulturgutbegriff zugrunde, der alle Gegenstände umfasst, die von den Staaten aus religiösen oder weltlichen Gründen als für Archäologie, Vorgeschichte, Geschichte, Literatur, Kunst oder Wissenschaft für besonders bedeutungsvoll bezeichnet werden. Dabei enthält Art. 1 auch einen Katalog jener Güter, die von den Konventionsstaaten unter den Begriff Kulturgut subsumiert werden können.

Gem. Art. 2 II verpflichten sich die Vertragsstaaten, mit den ihnen zur Verfügung stehenden Mitteln die illegale Einfuhr, Ausfuhr und Übereignung zu verhindern.

Eine gegen die nationalen Vorschriften verstoßende Einfuhr, Ausfuhr und Übertragung von Eigentum wird gem. Art. 3 der Konvention als unzulässig erklärt.

Der Konvention sind bislang 91 Staaten beigetreten.[196] Die Bundesrepublik Deutschland ist bis heute nicht Mitgliedstaat der Konvention.[197]

Der Grund dafür, dass die Konvention von einigen europäischen Staaten nicht ratifiziert worden ist, liegt in den befürchteten weit reichenden Konsequenzen, wie der unmittelbaren Anwendbarkeit einzelner Bestimmungen bzw. der gesamten Konvention. Dabei gehen die Ansichten darüber, ob die Konvention ohne Transformation in das innerstaatliche Recht anwendbar, also self-executing ist, allerdings weit auseinander.[198] Insbesondere bei direkter Anwendbarkeit des Art. 3 der Konvention, der vorsieht, dass eine in Widerspruch zu den Vertragsbestimmungen stehende Einfuhr, Ausfuhr oder Übereignung von Kulturgut unzulässig ist, könnte ein Rechtsgeschäft, das gegen diese Bestimmung verstößt, nichtig sein. Nach ganz überwiegender Meinung ist Art. 3 allerdings nicht self-executing,[199] ebenso wie die Konvention insgesamt nicht direkt anwendbar ist.[200]

Auch die Umsetzung von Art. 7 b ii, der die Möglichkeit einer Herausgabe von Kulturgut auch für den Fall vorsieht, dass dieses sich in den Händen eines gutgläubigen Erwerbers befindet, würde zu weit reichenden Eingriffen in das Zivilrecht eines Landes führen.[201]

### *b) Verbot rechtswidriger Aneignung und Restitutionspflicht bzgl. rechtswidrig erlangter Kulturgüter*

In Art. 7, 11, 13 enthält die Konvention Bestimmungen zum Verbot der rechtswidrigen Aneignung und zur Restitution rechtswidrig erlangten Kulturguts.

---

[195] *Wiederkehr-Schuler*, Kulturgüterschutz – Freier Kunstmarkt, S. 34.

[196] Stand 1.12.1999, vgl. Liste unter http://www.unesco.org/culture/laws/1970/html_eng/page3.shtml

[197] Mitgliedsland war dagegen bis zur Wiedervereinigung die DDR, Beitritt 16.1.1974, in Kraft am 16.4.1974; Für die UdSSR bzw. die Russische Föderation als deren Nachfolger ist sie dagegen am 28.04.1988 in Kraft getreten, vgl. http://www.unesco.org/culture/laws/1970/html_eng/page3.shtml

[198] *Schorlemer*, Internationaler Kulturgüterschutz, S. 440.

[199] *Schorlemer*, Internationaler Kulturgüterschutz, S. 443, m.w.N.; *Walter*, Rückführung von Kulturgut, S. 53 f.

[200] *Walter*, Rückführung von Kulturgut, S. 54 m.w.N.; *Wiederkehr-Schuler*, Kulturgüterschutz – Freier Kunstmarkt, S. 34.

[201] Vgl. zum Ganzen auch *Jaeger*, Internationaler Kulturgüterschutz, S. 20 f.; *Berndt*, Internationaler Kulturgüterschutz, S. 48 f.

Es geht hier zwar vor allem um die Beschränkung unzulässigen Handels von in Friedenszeiten gestohlenen Kulturguts. Durch Art. 11 wird der Anwendungsbereich der Konvention aber auf Fälle der Besetzung erweitert.

Die Vertragsparteien verbieten gem. Art. 7 b i) nicht nur die Einfuhr von Kulturgütern, die aus einem Museum oder einem religiösen oder weltlichen Bauwerk oder einer ähnlichen Einrichtung in einem anderen Vertragsstaat entwendet worden sind. In Art. 7 b ii ist auch ein Restitutionsanspruch festgelegt. Jeder Vertragsstaat muss auf Ersuchen des Ursprungsstaates geeignete Maßnahmen zur Wiedererlangung und Rückgabe des entwendeten Kulturguts treffen. Dies bedeutet, dass die gestohlenen Kulturgüter beschlagnahmt und dem ersuchenden Vertragsstaat zurückgegeben werden müssen, sofern dieser nachweisen kann, dass das Kulturgut zum Inventar der Einrichtung gehörte und wenn er einem gutgläubigen Erbwerber eine angemessene Entschädigung zahlt.[202] Das Gesuch auf Wiedererlangung und Rückgabe ist dabei auf diplomatischem Weg zu übermitteln, Art. 7 b ii S. 2. Dieser Restitutionsanspruch gilt nicht rückwirkend. Die gestohlenen Kulturgüter müssen vielmehr nach Inkrafttreten des Übereinkommens für beide betreffenden Staaten eingeführt worden sein, Art. 7 b ii S.1.[203] Außerdem gilt die Restitutionspflicht nur für aus öffentlichen Sammlungen gestohlenes Kulturgut, nicht dagegen für anders als durch Diebstahl illegal exportiertes Kulturgut oder für Kulturgut aus Privatsammlungen.[204]

Ein Verstoß gegen Art. 7 b ii soll gem. Art. 8 nach dem jeweiligen nationalen Recht mit strafrechtlichen oder verwaltungsrechtlichen Sanktionen belegt werden.

In Art. 13 b der Konvention wird die Restitutionspflicht im Gegensatz zu Art. 7 b ii, der die Restitution auf gestohlene Kulturgüter beschränkt, auf jegliches unzulässig exportiertes (illicitly exported) Kulturgut ausgeweitet.[205]

In den Bestimmungen des Art. 7 b ii und Art. 13 b zeigt sich, dass die UNESCO-Konvention 1970 die Restitutionspflicht für illegal eingeführtes, ausgeführtes oder übereignetes Kulturgut als selbstverständlich ansieht. Aus diesem Tatbestand kann ein entsprechender Anspruch des Berechtigten gefolgert werden, dem die Vertragsstaaten durch nationale Maßnahmen Rechnung tragen müssen.[206]

Art. 11 erstreckt schließlich den Anwendungsbereich der Konvention über den unzulässigen Handel in Friedenszeiten hinaus auf Fälle der Besetzung.[207] Somit sind auch diejenigen Vertragsstaaten, die nicht Mitglied der Kulturgutschutzkonvention von 1954 sind, dazu aufgefordert, dem Missbrauch von Kulturgütern im Fall der Okkupation entgegenzuwirken.[208]

---

[202] *Wiederkehr-Schuler*, Kulturgüterschutz – Freier Kunstmarkt, S. 35.

[203] *Freytag*, in: Fechner/Oppermann/Prott (Hrsg.), Prinzipien des Kulturgüterschutzes, S. 175 ff., S. 181; *Jote*, International Legal Protection of Cultural Heritage, S. 215.

[204] *Jote*, International Legal Protection of Cultural Heritage, S. 214 f.; *Williams*, Protection of movable cultural property, S. 184.

[205] *Jote*, International Legal Protection of Cultural Heritage, S. 215.

[206] *Körbs*, HuV-I 3 (1996), S. 138 ff., S. 144.

[207] Art. 11: „Die erzwungene Ausfuhr und Übereignung von Kulturgut, die sich mittelbar oder unmittelbar aus der Besetzung eines Landes durch eine fremde Macht ergeben, gelten als unzulässig".

[208] *Jote*, International Legal Protection of Cultural Heritage, S. 220.

*2. Die UNIDROIT-Konvention vom 24.6.1995*[209]

Als jüngstes internationales Kulturgüterschutzabkommen ist am 1. Juli 1998 die U-NIDROIT-Konvention über gestohlene oder rechtswidrig ausgeführte Kulturgüter vom 24. Juni 1995 in Kraft getreten.[210] Bis zum heutigen Zeitpunkt haben die Konvention 22 Staaten unterzeichnet[211] und elf Staaten[212] haben sie ratifiziert.[213] Die UNIDROIT-Konvention versteht sich als Ergänzung zur UNESCO-Konvention 1970[214] und ist auf die EG-Richtlinie 93/7/EWG[215] weitgehend abgestimmt.

Die UNIDROIT-Konvention ist self-executing, also in den Vertragsstaaten direkt anwendbar, ersetzt das innerstaatliche materielle Recht und bedarf keiner Transferierung in das nationale Recht.[216]

Sie entfaltet keine Rückwirkung. Ihr Inkrafttreten ändert mithin nichts an der Entscheidung über zu diesem Zeitpunkt bereits bekannte Restitutionsfälle.[217]

Der Anwendungsbereich der UNIDROIT-Konvention erstreckt sich gem. Art. 1 auf die Restitution gestohlener und unter Verletzung der Rechtsvorschriften eines Vertragsstaates, die die Ausfuhr von Kulturgütern im Hinblick auf den Schutz seines kulturellen Erbes regeln, rechtswidrig ausgeführter Kulturgüter in Fällen mit internationalem Charakter.

Art. 2 enthält einen sehr weitgefassten Kulturgutbegriff. Kulturgut ist demnach „ein aus religiösen oder weltlichen Gründen für Archäologie, Vorgeschichte, Geschichte, Literatur, Kunst oder Wissenschaft bedeutungsvolles Gut, das einer der in der Anlage zu diesem Übereinkommen angeführten Kategorie angehört".

In Kapitel II und III stellt die UNIDROIT-Konvention Privaten, öffentlichen Institutionen und Staaten Instrumente zur Verfügung, die ihnen unter bestimmten Umständen erlauben, ihre abhanden gekommenen oder unerlaubt ausgeführten Kulturgüter wiederzuerlangen.[218]

Gem. Art. 3 I hat der Besitzer eines gestohlenen Kulturguts dieses zurückzugeben und zwar auch dann, wenn er beim Erwerb gutgläubig war. Im Falle der Gutgläubigkeit erhält der Besitzer eine Entschädigung, vgl. Art. 4 I der Konvention. Die Anforderungen an die Bejahung der Gutgläubigkeit sind allerdings sehr hoch. Insbesondere

---

209 Nichtamtliche deutsche Übersetzung abgedruckt bei: *Reichelt (Hrsg.),* Neues Recht zum Schutz von Kulturgut, S. 163 ff.

210 *Wiederkehr-Schuler*, Kulturgüterschutz – Freier Kunstmarkt, S. 9.

211 Bolivien, Burkina Faso, Elfenbeinküste, Finnland, Frankreich (ad referendum), Georgien, Guinea, Italien, Kambodscha, Kroatien, Litauen, Niederlande (mit Erklärungen), Paraguay, Portugal, Rumänien, Pakistan, Peru, Russland, Schweiz, Senegal, Ungarn, Zambia.

212 Bolivien, Brasilien, China, Ecuador, Finnland, Italien, Litauen, Paraguay, Peru, Rumänien, Ungarn; Frankreich steht im Begriff, die Konvention zu ratifizieren.

213 Vgl. http://www.kultur-schweiz.admin.ch/arkgt/kgt/unidroit_d.htm; *Reichelt,* in: Reichelt (Hrsg.), Neues Recht zum Schutz von Kulturgut, S. 55 ff., S. 57.

214 *Heinick,* Frankreich vor der Ratifizierung, in: FAZ v. 21.04.2001, S. 53.

215 Vgl. hierzu *Berndt,* Internationaler Kulturgüterschutz, S. 155 ff.

216 *Wiederkehr-Schuler*, Kulturgüterschutz – Freier Kunstmarkt, S. 11; *Reichelt,* in: Reichelt (Hrsg.), Neues Recht zum Schutz von Kulturgut, S. 55 ff., S. 62.

217 *Reichelt,* in: Reichelt (Hrsg.), Neues Recht zum Schutz von Kulturgut, S. 55 ff., S. 62.

218 *Reichelt,* in: Reichelt (Hrsg.), Neues Recht zum Schutz von Kulturgut, S. 55 ff., S. 62.

verlangt die UNIDROIT-Konvention vom Sammler eine sehr hohe Sorgfaltspflicht beim Kauf von Kunst- und Kulturobjekten, die in Art. 4 IV näher beschrieben ist.[219]

Auch im Fall öffentlich-rechtlicher Rückforderungsansprüche i.S. des Art. 5 für rechtswidrig aus dem Hoheitsgebiet des ersuchenden Staates ausgeführtes Kulturgut besteht die Rückgabepflicht unabhängig von der Gutgläubigkeit.[220] Darüber hinaus müssen für die Restitution noch die Zusatzkriterien des Art. 5 III der UNIDROIT-Konvention erfüllt sein. Danach hat der ersuchende Staat nachzuweisen, dass die Entfernung des Guts aus seinem Hoheitsgebiet alternativ „a) die materielle Erhaltung des Gutes oder seiner Umgebung; b) die Unversehrtheit eines komplexen Gutes; c) die Erhaltung von Informationen, z.B. wissenschaftlicher oder historischer Art; d) den traditionellen oder rituellen Gebrauch des Gutes durch eine Eingeborenen- oder Stammesgemeinschaft“ wesentlich beeinträchtigt oder ..., dass das Gut für den ersuchenden Staat von wesentlicher kultureller Bedeutung ist“.

Die absolute Verjährungsfrist für die Geltendmachung der Rückgabe eines gestohlenen oder rechtswidrig ausgeführten Kulturguts beträgt gem. Art. 3 II bzw. Art. 5 V 50 Jahre. Diese Frist kann für gestohlenes Kulturgut allerdings gem. Art. 3 IV der Konvention von den Vertragsstaaten verlängert werden.

Die relative Verjährungsfrist beträgt dagegen gem. Art. 3 II bzw. Art. 5 V drei Jahre ab Kenntnis der Belegenheit des Guts und der Identität seines Besitzers durch den Anspruchsberechtigten.

### *IV. Resümee*

Die Untersuchung hat gezeigt, dass die Entwicklung des Kulturgüterschutzes zunächst im Rahmen des Kriegsrechts erfolgte und dort im Zusammenhang mit Plünderung und Wegnahme und der Auffassung zum Bestehen eines Beuterechts eine Rolle spielte. Der Zerstörungsschutz stand erst infolge der Erfahrungen des Ersten und Zweiten Weltkriegs im Vordergrund.

Bis ins 18. Jahrhundert waren Kulturgüter Bestandteil eines allgemeinen Beuterechts, wenn es hier auch bereits vereinzelt kritische Stimmen gab.[221] Als sich infolge der Aufklärung das Verständnis vom Krieg änderte und dieser nicht mehr als Konflikt zwischen Völkern, sondern zwischen Staaten angesehen wurde, der durch deren Armeen und nicht deren Bevölkerung ausgetragen wurde, setzte auch ein Bewusstseinswandel gegenüber der Heranziehung von Kulturgütern als Beute ein. Mit dieser Entwicklung geht die Ausgliederung des Privateigentums aus dem allgemeinen Kriegsbeuterecht einher, die sich bereits im frühen 19. Jahrhundert durchgesetzt hat.[222] Das allgemeine Beuterecht bestand hingegen noch bis in die zweite Hälfte des 19. Jahrhunderts.[223] Der Zugriff auf staatliches Eigentum war zwar weiterhin erlaubt, er wurde

---

219 Kritisch hierzu *Wiederkehr-Schuler*, Kulturgüterschutz – Freier Kunstmarkt, S. 19 f.

220 Gutgläubigkeit ist gem. Art. 6 I lediglich Voraussetzung für die Zahlung einer Entschädigung durch den ersuchenden Staat an den Besitzer des rechtswidrig ausgeführten Kulturguts.

221 *Berndt,* Internationaler Kulturgüterschutz, S. 7.

222 *Fiedler*, in: FS Doehring, S. 199 ff., S. 208 f.

223 So *Fiedler*, in: FS Doehring, S. 199 ff., S. 217. Auch das Allgemeine Preußische Landrecht von 1794 enthielt beispielsweise noch das Beuterecht als eine Form des Eigentumserwerbs, *Rudolf,* in: FS Doehring, S. 853 ff., S. 856; *Berndt,* Internationaler Kulturgüterschutz, S. 17.

aber auf Fälle der kriegerischen Notwendigkeit beschränkt.[224] Da eine militärische Verwendung von Kulturgütern nur schwerlich denkbar ist, lässt sich bereits hiermit die Sonderbehandlung von Kulturgütern im Hinblick auf ein Beuterecht begründen. Der besondere Schutz und die privilegierte Behandlung von Kulturgütern im Krieg ist aber vor allem auf ihre Gleichstellung mit dem Privateigentum zurückzuführen.[225] Daneben spielt bei der Herausbildung des Beschlagnahmeverbots und der Restitutionspflicht der Territorialbezug von Kulturgütern zu dem Land, aus dem sie entfernt wurden, eine Rolle. Dieser Aspekt taucht schon in Castlereaghs Note zur Begründung der Restitution der Napoleonischen Kriegsbeute auf. Bereits an der Wende vom 18. zum 19. Jahrhunderts wurde aber durch Quatremère de Quincy auch der Gedanke des kulturellen Erbes der Menschheit angesprochen, ein Aspekt, der erst im 20. Jahrhundert wieder aufgenommen wurde.

Die Frage, ab welchem Zeitpunkt von einem völkerrechtlichen Gewohnheitsrechtssatz auszugehen ist,[226] der das Beutemachen in Bezug auf Kulturgüter im Krieg verbietet und eine Restitutionspflicht nach sich zieht, ist im Einzelnen umstritten.[227] Dies kann hier letztlich offen bleiben. Jedenfalls wurde mit der Haager Landkriegsordnung von 1899 bzw. 1907 die völkergewohnheitsrechtliche Entwicklung des 19. Jahrhunderts zum Abschluss gebracht und ein zu diesem Zeitpunkt bestehender Völkergewohnheitsrechtsatz in Bezug auf ein Plünderungsverbot kodifiziert und damit schriftlich fixiert.[228]

Neben diese Einbeziehung der Kulturgüter in die Kodifikationen des allgemeinen Kriegsrechts entwickelte sich im 20. Jahrhundert ein spezifischer Kulturgüterschutz, der sich wie gesehen in verschiedenen, ausschließlich dem Schutz von Kulturgütern gewidmeten Konventionen niederschlägt.

Insbesondere seit dem Zweiten Weltkrieg wurde der Kulturgüterschutz auch auf Friedenszeiten und hier vor allem auf den Schutz vor Abwanderung ausgedehnt.

---

224 *Fiedler*, in: FS Doehring, S. 199 ff., S. 209 f.; *Berndt*, Internationaler Kulturgüterschutz, S. 38 f.

225 So auch *Fiedler*, in: FS Doehring, S. 199 ff., S. 217.

226 Vgl. *Fiedler*, in: FS Doehring, S. 199 ff., S. 203 f., m.w.N.; *Fiedler*, in: Reichelt (Hrsg.), Internationaler Kulturgüterschutz, S. 69 ff., S. 70 f.

227 Teilweise wird angenommen, dass die Restitution der Napoleonischen Kriegsbeute im Jahr 1815 die Festigung einer bereits zuvor bestehenden Rechtslage in Bezug auf den Kulturgüterschutz bedeute, da sich der gewohnheitsrechtliche Schutz von Kulturgütern und die Pflicht zu ihrer Restitution bereits zum Beginn des 19. Jahrhunderts herausgebildet hatte, so bspw. *Fiedler*, in: FS Doehring, S. 199 ff., S. 217. Nach anderer Meinung hat sich die Auffassung von der rechtlichen Unzulässigkeit der Wegführung von Kulturgütern und einer daraus resultierenden Restitutionspflicht erst im Lauf des 19. Jahrhunderts durchgesetzt und um die Wende vom 19. zum 20. Jahrhundert mit Abschluss der Haager Landkriegsordnung verfestigt, so *Doehring*, Ruperto Carola Nr. 76, 39. Jahrg. (Juli 1987), S. 138 ff., S. 139; *Siehr*, SJZ 1981, S. 189 ff., S. 193.

228 *Fiedler*, in: FS Doehring, S. 199 ff., S. 217; *Fiedler*, in: Reichelt (Hrsg.), Internationaler Kulturgüterschutz, S. 69 ff., S. 70 f.

## *B. Historische Hintergründe der deutsch-russischen „Beutekunst"kontroverse: Die Behandlung von Kulturgütern im Zweiten Weltkrieg und während der anschließenden Besetzung Deutschlands*

Im Folgenden soll die Behandlung von Kulturgütern während des Zweiten Weltkriegs und der anschließenden Besetzung Deutschlands untersucht werden, da diese Geschehnisse den Entstehungs- und Hintergrund der deutsch-russischen Beutekunstkontroverse bilden und Aufschlüsse für deren rechtliche Beurteilung liefern.

### *I. Kulturgutzerstörung und Wegnahmen während des Zweiten Weltkriegs*

Während des Zweiten Weltkriegs ist es in noch größerem Umfang als im Ersten Weltkrieg zu Zerstörungen von Kulturgut gekommen. Dies ist nicht zuletzt auf groß angelegte Flächenbombardements sowohl von deutscher als auch von alliierter Seite zurückzuführen.

Charakteristisch für den Zweiten Weltkrieg war aber vor allem auch der von den Nazis planmäßig durchgeführte, größte Kunstraub in der Geschichte seit den Napoleonischen Beutezügen. Für diese Kulturgutverschiebungen während der Jahre von 1939 und 1945 trägt Deutschland die Hauptverantwortung.[229]

#### *1. Kulturgutzerstörung während des Zweiten Weltkrieges*

Während die – teilweise absichtlichen[230] – Zerstörungen von Kulturgut an der Westfront vor allem auf Bombardierungen zurückzuführen sind, verfolgte man im Osten andere Pläne.

An der Ostfront wurden Kulturgüter nicht nur absichtlich, ohne Berufung auf eine militärische Notwendigkeit zerstört, sondern auch noch nach Beendigung der eigentlichen Kampfhandlungen während der Besatzung. Vor allem in Polen und in der Sowjetunion ging man nach diesem Schema vor.[231] Als die deutschen Truppen am Ende des Zweiten Weltkrieges aus Russland abzogen, waren nicht nur die als Museen eingerichteten Häuser Tschaikowskis, Rimski-Korsakows, Puschkins und Tschechows nach ihrer Plünderung in Brand gesteckt und so zerstört worden, sondern es waren auch von den in der Umgebung Sankt Petersburgs gelegenen Zarenschlössern Peterhof, Pawlowsk und Zarskoje Selo nur noch Trümmer übriggeblieben, ebenso wie von zahlreichen Kirchen und Klöstern.[232] Das Motiv für die systematische Zerstörung der Kirchen, Schlösser und Kunstsammlungen, der Bibliotheken und Archive war die planvolle Vernichtung fremder Kulturen. Die „slawischen Untermenschen", insbesondere die Polen, Russen, Weißrussen und Ukrainer sollten ihrer historischen und kulturellen

---

229 *Engstler,* Die territoriale Bindung von Kulturgütern, S. 134.

230 *Nahlik,* RdC 120 (1967 I), S. 65 ff., S. 105 ff.

231 Vgl. dazu *Nahlik,* RdC 120 (1967 I), S. 65 ff., S. 107; *Buhse,* Schutz von Kulturgut im Krieg, S. 40 f.

232 Vgl. hierzu: Der Prozess gegen die Hauptkriegsverbrecher, Band VIII, S. 85 ff.; *Burchardi/Kalb,* „Beutekunst" als Chance, S. 6; *Friemuth,* Die geraubte Kunst, S. 19.

Identität beraubt werden, um sie nach den Plänen Himmlers und Hitlers der deutschen Wirtschaft als analphabetische Saisonarbeiter zur Verfügung zu stellen.[233]

### 2. *Wegnahme: Die Raubzüge der Nationalsozialisten*

#### *a) Motive und Organisation*

Der Kunstraub sollte nach dem Willen Hitlers in großem Maßstab betrieben werden. Er wollte Trophäen für sein in Linz geplantes Führermuseum sammeln, in dem die bedeutendsten Kulturwerke Europas ausgestellt werden sollten.[234] Zum anderen wollte Hitler die Zeugnisse der polnischen und russischen Kultur, gegen deren Völker er einen Ausrottungskrieg führte, auslöschen, um die Überlegenheit der arischen Rasse auf dem Gebiet der Kultur zu beweisen. In diesem Sinne fielen nach der Besetzung der Länder im Osten Museen, Schlösser, Kirchen und Klöster als Teil des nationalsozialistischen Rasseprogramms der Zerstörung und Beraubung zum Opfer. Insbesondere die Sowjetunion, aber auch Polen erlitten außerordentliche Verluste.

Zum Raubprogramm der Nationalsozialisten gehörte auch die systematische Enteignung jüdischen Besitzes, die auf alle besetzten Länder Europas ausgedehnt war. Letztlich wurden Hunderttausende geraubte Kulturgüter aus allen von der Wehrmacht besetzten Ländern nach Deutschland verbracht und auf Depots verteilt.[235]

Die Motive für die Kunstraubzüge waren, neben den bereits genannten, vielfältig und nicht immer eindeutig bestimmbar. Zwar wurden die Wegführungen offiziell häufig unter Berufung auf den Kunstschutz als vorübergehende „Schutzmaßnahme vor Zerstörung" bezeichnet, was sich aus den dem Internationalen Militärgerichtshof in Nürnberg vorgelegten Akten ergibt.[236] Der Kunstschutz ist aber nur als Vorwand für den in Wirklichkeit geplanten Kunstraub zu sehen,[237] was aufgrund verschiedener Tatsachen deutlich wird. Für eine nicht nur vorübergehende, sondern in endgültiger Aneignungsabsicht erfolgte Verbringung spricht bereits die Tatsache, dass seit 1940 der „Einsatzstab Reichsleiter Rosenberg", der auch mit der „geistigen Bekämpfung der weltanschaulichen Gegner der NSDAP" betraut war, die Verbringung von Kunstwerken organisierte.[238] In vielen Fällen lässt sich die Tatsache des Kunstraubs aber auch eindeutig feststellen, so bei enteignetem jüdischem Eigentum[239] oder bei aus nationalsozialistischer Sicht „entarteter" Kunst, die auf dem internationalen Kunstmarkt gegen alte Meister oder Werke von „anerkannt künstlerischem Wert" eingetauscht wurden.[240]

Die planmäßigen Plünderungsaktionen wurden durch verschiedene, häufig miteinander konkurrierende Organisationen, wie die SS-Organisation „Ahnenerbe" und den

---

[233] *Friemuth*, Die geraubte Kunst, S. 16 f.; *Burchardi/Kalb*, „Beutekunst" als Chance, S. 6 f.

[234] *Engstler*, Die territoriale Bindung von Kulturgütern, S. 136; *Friemuth*, Die geraubte Kunst, S. 18

[235] *Weber*, HuV-I 1 (1999), S. 36 ff., S. 38.

[236] *Buhse*, Schutz von Kulturgut im Krieg, S. 41.

[237] So auch *Williams*, Protection of movable cultural property, S. 25.

[238] *Engstler*, Die territoriale Bindung von Kulturgütern, S. 135.

[239] *Buhse*, Schutz von Kulturgut im Krieg, S. 42; *Engstler*, Die territoriale Bindung von Kulturgütern, S. 136; *Heuer*, NJW 1999, S. 2558 ff., S. 2561.

[240] *Engstler*, Die territoriale Bindung von Kulturgütern, S. 136; *Heuer*, NJW 1999, S. 2558 ff., S. 2561.

„Einsatzstab Reichsleiter Rosenberg", die Gruppe Kunstschutz, das Sonderkommando Künsberg, daneben aber auch die SS, die Gestapo, das Finanzministerium, die Reichskulturkammer, örtliche Nazi-Parteigruppen und Museen durchgeführt.[241] Besondere Bedeutung kam dem Einsatzstab Reichsleiter Rosenberg zu, der den Kunstraub in ganz Europa von Frankreich bis Russland betrieb. Rosenberg leitete seine Befugnisse direkt von Hitler und Göring ab.[242]

*b) Vorgehen im Westen*

Im Westen, insbesondere in Frankreich[243] richteten sich die Beschlagnahmemaßnahmen vor allem gegen jüdisches und Freimaurer-Eigentum, in der Regel dagegen nicht oder nur vereinzelt gegen staatliches oder anderes privates Eigentum. Für die Plünderungen in Frankreich war im Wesentlichen der Einsatzstab Reichsleiter Rosenberg verantwortlich, der wie erörtert „hinsichtlich des Zugriffsrechts eindeutige Weisungen vom Führer persönlich" hatte und ermächtigt war, „die ihm wertvoll erscheinenden Kulturgüter nach Deutschland abzutransportieren"[244]. Frankreich wurde neben Österreich und Polen eines der am meisten geplünderten Länder Europas.[245] Zwischen Oktober 1940 und Juli 1944 waren 29 Kunsttransporte mit 137 Waggons an Kunstbeute aus Frankreich nach Deutschland verbracht worden.[246] Aber auch in anderen westlichen Ländern wie Holland und Belgien wurde der Einsatzstab Reichsleiter Rosenberg, allerdings in geringerem Ausmaß, tätig.[247]

*c) Vorgehen im Osten*

Im Osten war das Vorgehen anders und vielfach barbarischer. Hier waren besonders Polen und die UdSSR von den nationalsozialistischen Beutezügen betroffen. Die nationalsozialistische Ideologie betrachtete die „Ostvölker" der Polen, Russen, Weißrussen und Ukrainer als „slawische Untermenschen", die ihrer historischen und kulturellen Identität beraubt werden sollten.[248]

Aus Polen wurde eine unermessliche Anzahl an Kunstgegenständen nach Deutschland gebracht, um „sichergestellt" zu werden.[249] Jüdisches Vermögen wurde als herrenlos angesehen und zum Gegenstand der Einziehung gemacht. Der gesamte private und

---

[241] *Burchardi/Kalb*, „Beutekunst" als Chance, S. 7 *Burchardi,* Der deutsch-russische Streit um die Kulturgüter, S. 11.

[242] *Nahlik*, RdC 120 (1967 I), S. 65 ff., S. 108; *Friemuth*, Die geraubte Kunst, S. 23; zur Befehlsstruktur und dem System von Gesetzen und Direktiven, durch die der Kunstraub von Nazis geregelt wurde vgl. auch *Petropoulos,* in: Simpson (Hrsg.), The Spoils of War, S. 106 ff.

[243] Ausführlich hierzu und zum Kunstraub in anderen westlichen Ländern *Friemuth*, Die geraubte Kunst, S. 20 ff.; *Kurtz*, Nazi Contraband, S. 24 ff.

[244] Schreiben des Oberkommandos des Heeres an den Militärbefehlshaber von Paris vom 30.6.1940, zit. nach *Friemuth*, Die geraubte Kunst, S. 23.

[245] *Heuer*, NJW 1999, S. 2558 ff., S. 2561.

[246] *Friemuth*, Die geraubte Kunst, S. 28; *Kurtz*, Nazi Contraband, S. 27.

[247] *Kurtz*, Nazi Contraband, S. 24.

[248] *Friemuth*, Die geraubte Kunst, S. 16 f.; *Burchardi/Kalb,* „Beutekunst" als Chance, S. 7.

[249] *Buhse,* Schutz von Kulturgut im Krieg, S. 43.

öffentliche Kunstbesitz wurde durch Gesetze beschlagnahmt.[250] Nichtjüdisches Privateigentum konnte aufgrund Anordnung des Generalgouverneurs beschlagnahmt werden.[251] Darüber hinaus gab es für die Beschlagnahme von Kunstgegenständen Sonderverordnungen, so etwa die von Gouverneur Hans Frank unterzeichnete Verordnung über die Beschlagnahme von Kunstgegenständen vom 16.12.1939[252], die vorsah, dass alles öffentliche Eigentum an Kunstgegenständen als beschlagnahmt anzusehen sei. Zu diesem „öffentlichen Eigentum“ wurde nicht nur das Eigentum des polnischen Staates gezählt, sondern auch solche Privatsammlungen, die vom Bevollmächtigten Dr. Mühlmann unter „Denkmalschutz“ gestellt wurden, sowie alle Kunstgegenstände, die im Eigentum der Kirche standen, mit Ausnahme von zur üblichen Liturgie gehörenden. Innerhalb weniger Monate schaffte es Dr. Mühlmann mit Hilfe einer Mannschaft von Fachleuten, alle Kunstgegenstände nationaler, kirchlicher und privater polnischer Sammlungen ersten Rangs zu identifizieren.[253] Ein Teil dieser Gegenstände wurde nach Deutschland gebracht.[254]

In Russland, gegen das die Nazis einen noch größeren Hass als gegen Polen empfanden, kam es nach dem Überfall auf die Sowjetunion im Juni 1941 zu barbarischen Aktionen.[255]

Mit dem Fortschreiten der deutschen Eroberungen in der Sowjetunion wuchs auch der Umfang der Kunstbeute. Den kämpfenden Truppen folgten die Bataillone Ribbentrops, die SS und der Einsatzstab Reichsleiter Rosenberg, die die wertvollen Kunstschätze dieser Städte „bargen“. Minsk wird ebenso erobert und geplündert wie Kiew, Charkow, Rostow, Nowgorod, Pleskau, Smolensk und Odessa. Von dort aus gingen viele Kunsttransporte mit Exponaten für das Führermuseum ins Deutsche Reich.[256] Auch die Vororte rund um Leningrad (St. Petersburg), das von den Deutschen belagert wurde, wurden ausgeraubt und zerstört.[257]

### *d) Ausblick*

Die von den Nazis geraubten Kulturgüter wurden von den Alliierten nach dem Zweiten Weltkrieg restituiert, worauf im Folgenden näher einzugehen sein wird.[258] Während der Nürnberger Prozesse wurden die Raubzüge zum Gegenstand von Ankla-

---

250 *Buhse,* Schutz von Kulturgut im Krieg, S. 43.

251 Verordnung über die Beschlagnahme von privatem Vermögen, 24.1.1940, Verordnungsblatt des General-Gouvernements, 1940, Nr. 6, S. 23 ff., zit. nach *Nahlik*, RdC 120 (1967 I), S. 65 ff., S. 109.

252 Verordnungsblatt des General-Gouvernements, 1940, Nr. 12, S. 209 f.

253 *Kurtz*, Nazi Contraband, S. 41.

254 *Nahlik*, RdC 120 (1967 I), S. 65 ff., S. 109.

255 *Kurz*, Kunstraub in Europa, S. 301.

256 Bis heute fehlt ein einheitliches Bild der russischen Kriegsverluste in Bezug auf Kulturgüter, sei es durch Zerstörung oder Raub. Allerdings wird an der Erstellung einer entsprechenden Liste gearbeitet, vgl. *Weber*, HuV-I 1 (1999), S. 36 ff., S. 39; *Shvidkoi*, in: Simpson (Hrsg.), The Spoils of War, S. 67 ff., S. 70 f.

257 *Kurz*, Kunstraub in Europa, S. 312 ff.

258 Vgl. unten B.II.2.

gen und Verurteilungen.[259] So wurde Alfred Rosenberg als Hauptkriegsverbrecher und Verantwortlicher für ein „System organisierter Plünderung öffentlichen und privaten Eigentums in allen überfallenen Ländern Europas"[260] verurteilt.[261] Eine Beurteilung der Beschlagnahmen von Kunstwerken und Kulturgütern durch die deutschen Besatzer als Schutzmaßnahmen zur Sicherstellung vor Kriegseinwirkungen wurde abgelehnt.

### *II. Behandlung von Kulturgütern durch die Alliierten nach Beendigung des Zweiten Weltkriegs*

Im Folgenden sollen insbesondere die von den vier Besatzungsmächten in Deutschland in Bezug auf Kulturgüter ergriffenen Maßnahmen und auf diesem Gebiet erlassenen alliierten Rechtsnormen untersucht werden.[262]

Zu unterscheiden sind dabei die alliierten Maßnahmen und Rechtsgrundlagen zur Restitution der Nazibeute einerseits und die Auffassungen bezüglich der Heranziehung von Kulturgütern zu Reparationen und zur restitution in kind und möglicherweise zu diesem Zweck ergriffenen Maßnahmen andererseits. Letztere sind insbesondere im Hinblick auf die rechtliche Beurteilung der sowjetischen Wegführungsmaßnahmen in Bezug auf deutsche Kulturgüter im Zweiten Teil der vorliegenden Abhandlung von Interesse.

Die Motive für den alliierten Zugriff auf die Kulturgüter waren vielfältig. Hauptmotiv war zunächst die Sicherung der von Deutschland und seinen Kriegsverbündeten zu leistenden Restitutionen und wohl auch Reparationen. Daneben bezweckten die Alliierten aber auch den Schutz der in den verschiedenen Depots lagernden Kulturgüter vor Zerstörung oder Diebstahl.

Die Restitutions- und Reparationsproblematik war zwar in erster Linie im wirtschaftlichen Bereich angesiedelt, in Bezug auf Kulturgüter wurde sie aber heftig und kontrovers diskutiert und die hier getroffenen Maßnahmen waren infolgedessen restriktiver als im Hinblick auf andere Wirtschaftsgüter.[263] Während zwischen den Alliierten weitgehend Einigkeit darüber herrschte, die von den Nazis erbeuteten Kulturgüter an ihre ursprünglichen Eigentümer zu restituieren, war man sich über die Heranziehung von Kulturgütern zu Reparationen und restitution in kind von Anfang an uneins. Hier änderte sich die Motivationslage im Lauf der Zeit stark und sie war unter den einzelnen Alliierten auch unterschiedlich. Zur Wegführung deutscher Kunstwerke ist es nur seitens der USA und der UdSSR gekommen. Archive wurden dagegen von allen vier Besatzungsmächten abtransportiert.[264]

---

[259] *Fiedler,* in: Strocka (Hrsg.), Kunstraub – ein Siegerrecht?, S. 47 ff., S. 48 f.; *Heuer,* NJW 1999, S. 2558 ff., S. 2562.

[260] Der Prozess gegen die Hauptkriegsverbrecher, Band I, S. 332 f.

[261] *Engstler,* Die territoriale Bindung von Kulturgütern, S. 136 f.

[262] Vgl. hierzu auch *Turner,* in: Fiedler (Hrsg.), Internationaler Kulturgüterschutz und deutsche Frage, S. 109 ff., S. 111 ff.

[263] Ebenso *Turner,* in: Fiedler (Hrsg.), Internationaler Kulturgüterschutz und deutsche Frage, S. 109 ff., S. 111.

[264] *Turner,* in: Fiedler (Hrsg.), Internationaler Kulturgüterschutz und deutsche Frage, S. 109 ff., S. 112.

### 1. Vorbemerkung: Arten der Wiedergutmachung

Bevor auf die einzelnen von den Alliierten ergriffenen Maßnahmen und deren Rechtsgrundlagen eingegangen wird, sollen zunächst die Begriffe der Restitution, der Reparation und der restitution in kind (auch replacement in kind oder kompensatorische Restitution) definiert und voneinander abgegrenzt werden.

#### a) Reparation

Reparation bedeutet Wiedergutmachung im weitesten Sinn, die der Besiegte dem Sieger für entstandene Kriegsschäden schuldet.[265] Der Begriff hat die deutsche Völkerrechtslehre nach dem Zweiten Weltkrieg stark beschäftigt und es wurde versucht, ihn in die Kategorie der Völkerrechtsbegriffe einzuordnen.[266] Die Reparation ist zu unterscheiden von rechtsgrundlosen Eingriffen wie Beute, Kontribution und Tribut. Ungeachtet aller begrifflichen Unterschiede im Einzelnen ist im Begriff der Kriegsreparationen der Gedanke der Wiedergutmachung für ein völkerrechtliches Delikt mit unterschiedlichen politischen Interessen verbunden.[267]

Bei der Reparation handelt es sich um einen Schadensersatzanspruch aus unerlaubter Handlung im Verhältnis zwischen Staaten, also um Schadensersatz wegen eines völkerrechtlichen Delikts.[268]

Die Reparation wird regelmäßig im Friedensvertrag ausbedungen als Pflicht zur Lieferung von Geld, gattungsmäßig oder individuell bestimmten Sachen.[269] Die einseitige Festsetzung durch den Sieger ist grundsätzlich unzulässig.[270]

Die auferlegten Reparationsleistungen müssen in einem angemessenen Verhältnis zum Schaden stehen.[271]

---

[265] Zur Entwicklung des Reparationsbegriffs vgl. ausführlich *Grewe,* Besatzungsstatut für Deutschland, S. 156 ff.; *Rumpf,* ZaöRV 33 (1973), S. 344 ff., S. 355 ff.; *Rumpf,* AVR 23 (1985), S. 74 ff., S. 74 ff.

[266] Vgl. *Rumpf,* AVR 23 (1985), S. 74 ff., S. 75, m.w.N.

[267] *Rumpf,* AVR 23 (1985), S. 74 ff., S. 74; Eine Unterscheidung zwischen dem Begriff der Reparation und Wiedergutmachung hat es im Völkerrecht bis zum Abschluss verschiedener Wiedergutmachungsabkommen im Völkerrecht nicht gegeben und gibt es außerhalb des deutschen Rechtskreises immer noch nicht, vgl. *Rumpf,* ZaöRV 33 (1973), S. 344 ff., S. 355. In der deutschsprachigen Terminologie ist die „Wiedergutmachung" der weiteste Begriff für den Ausgleich begangenen Völkerunrechts. Er umfasst die Wiederherstellung des früheren Zustands (Naturalrestitution), den Schadensersatz in Geld und die moralische Genugtuung (Entschuldigung), *Schüle,* Wiedergutmachung, in: Strupp/Schlochauer, 3. Band, S. 843 f., S. 843 f.; *Rumpf,* ZaöRV 33 (1973), S. 344 ff., S. 356. Der völkerrechtliche Wiedergutmachungsanspruch ist ein Staatenanspruch, kein Individualanspruch, unterscheidet sich also insofern nicht vom Reparationsanspruch, *Rumpf,* ZaöRV 33 (1973), S. 344 ff., S. 356, m.w.N.

[268] *Grewe,* Besatzungsstatut für Deutschland, S. 156.

[269] *Turner,* in: Fiedler (Hrsg.), Internationaler Kulturgüterschutz und deutsche Frage, S. 19 ff., S. 37.

[270] *Antoni,* Das Potsdamer Abkommen, S. 262.

[271] *Antoni,* Das Potsdamer Abkommen, S. 262.

*b) Restitution*

Unter dem Begriff der Restitution versteht man den Anspruch auf Rückerstattung in natura von Vermögenswerten, Sachen oder Rechten, die der besiegte Staat oder einzelne seiner Staatsangehörigen während des Krieges aus dem Gebiet des späteren Siegers zwangsweise oder unter Gewalt entfernt und an sich gebracht haben, soweit diese Gegenstände noch identifizierbar sind.[272] Die Restitution ist damit, wie die Reparation, eine Form der Wiedergutmachung völkerrechtlichen Unrechts.[273]

Beim Restitutionsanspruch handelt es sich um einen völkerrechtlichen Anspruch, der von Staat zu Staat auf Regierungsbasis abgewickelt wird.[274]

Bis zum Zweiten Weltkrieg gelangten Restitutionsansprüche nach Völkerrecht nicht automatisch zur Entstehung, sondern beruhten üblicherweise auf vertraglicher Festsetzung, durch die in der Regel der besiegte Staat verpflichtet wurde, für die Rückerstattung der restitutionspflichtigen Vermögenswerte zu sorgen. Insbesondere wurden im Friedensvertrag Bestimmungen über den Umfang der Restitutionspflicht und die Art der Erfüllung getroffen.[275]

Die nach dem Zweiten Weltkrieg durchgeführten Restitutionen beruhten hingegen letztlich auf der bereits während des Krieges in der Londoner Erklärung vom 5.1.1943[276] und der Erklärung von Bretton Woods vom 22.7.1944 verwandten Definition. Diese Definition wurde durch eine Reihe von Gesetzen in Deutschland in unmittelbar geltendes Recht umgesetzt, so beispielsweise durch Ziffer 19 a-c der Kontrollratsproklamation Nr. 2, Art. 1 II des Militärregierungsgesetzes Nr. 52 und Anweisungen einzelner Besatzungsmächte wie die Military Government Regulations Title 19. In den Erklärungen zur Restitution wird vorausgesetzt, dass es sich um identifizierbare Gegenstände handelt, die durch Gewalt oder Drohung erlangt wurden.[277]

Allerdings hätten die Forderungen nach Restitution in einer friedensvertraglichen Vereinbarung näher präzisiert und das Verfahren zu ihrer Durchführung festgelegt werden müssen, wie dies beispielsweise in Art. 75 des Friedensvertrags mit Italien von 1947 geschehen ist.[278]

---

272 *Grewe,* Besatzungsstatut für Deutschland, S. 157; *Berber,* Lehrbuch des Völkerrechts, Bd. II, S. 239; *Blumenwitz,* Grundlagen eines Friedensvertrages, S. 179; *Engstler,* Die territoriale Bindung von Kulturgütern, S. 187.

273 *Schmoller/Maier/Tobler,* Handbuch des Besatzungsrechts, § 52, S. 3.

274 Zurückgefordert werden können vom Staat kraft eigenen Rechts beispielsweise auch Kulturgüter, die seiner Hoheit unterstehenden Privatpersonen entzogen wurden, vgl. *Engstler,* Die territoriale Bindung von Kulturgütern, S. 189.

275 *Grewe,* Besatzungsstatut für Deutschland, S. 158; *Schmoller/Maier/Tobler,* Handbuch des Besatzungsrechts, § 52, S. 3.

276 Wortlaut der Londoner Erklärung bei *Schmoller/Maier/Tobler,* Handbuch des Besatzungsrechts, § 52, S. 5 f.; Zur Londer Erklärung vgl. ausführlich *Fiedler,* in: Basedow/Meier (Hrsg.), Private Law in the Internationale Arena, S. 197 ff.

277 *Schmoller/Maier/Tobler,* Handbuch des Besatzungsrechts, § 52, S. 8 f.

278 *Grewe,* Besatzungsstatut für Deutschland, S. 174.

### c) Restitution in kind

Bei der restitution in kind handelt es sich um einen schillernden Begriff. Das dahinterstehende Institut wird in der Literatur auch mit „restitution à l'équivalent",[279] „restitution par remplacement"[280], „reparation by replacement"[281] oder „kompensatorischer Restitution"[282] umschrieben. Im Deutschen müsste man ihn am besten mit „gattungsmäßiger Wiedergutmachung" übersetzen, einem Begriff, der sich allerdings nicht durchgesetzt hat. Verwendet wird im Völkerrecht und in der diplomatischen Sprache zumeist der englische Begriff der restitution in kind,[283] der deshalb in der Regel auch in der vorliegenden Abhandlung gebraucht wird. Art. 4 des russischen Kulturgütergesetzes und ihm folgend das russische Verfassungsgericht spricht dagegen von „kompensatorischer Restitution",[284] weshalb dieser Terminus hier teilweise ebenfalls verwandt wird.

Umschrieben wird mit dem Begriff der restitution in kind die Leistung gleichwertigen Ersatzes für grundsätzlich restitutionspflichtige, aber untergegangene, im Krieg zerstörte, geraubte oder abhanden gekommene Objekte.[285] An die Stelle des nicht mehr realisierbaren Restitutionsanspruchs des Gegners für im Krieg weggenommenes Gut tritt die Leistung gleichwertiger Sachen.[286] Denkbar ist auch der Ersatz für im Krieg zerstörte Kulturgüter.[287] Mithin handelt es sich dem Wesen nach nicht um eine Restitution, sondern um eine besondere Form der Reparation.

---

[279] *Engstler,* Die territoriale Bindung von Kulturgütern, S. 192.

[280] *Nahlik,* RdC 120 (1967 I), S. 65 ff., S. 148.

[281] *Nevelev,* GYIL 42 (1999), S. 337 ff.

[282] Deutsche Übersetzung des im russischen Kulturgütergesetz verwandten Begriff.

[283] Vgl. *Gattini,* EJIL 7 (1996), S. 67 ff., S. 71, Fn. 16; *Hartwig,* EuGRZ 1999, S. 553, S. 553, Fn. 4; *Turner,* in: Fiedler (Hrsg.), Internationaler Kulturgüterschutz und deutsche Frage, S. 109 ff.; Bemerkenswert ist in diesem Zusammenhang allerdings, dass die ILC in ihrem Entwurf von Vertragsartikeln zur Staatenverantwortlichkeit vom 12.7.1996 (UN Doc.A/51/10, para.65) in Art. 43, der mit restitution in kind überschrieben ist, diese Formulierung im Sinn der „restitutio in integrum" verwendet. Dieser Begriff sollte wegen der unterschiedlichen Bedeutungen, die der Begriff im römischen, Zivilrecht und common law hat, vermieden werden, s. *Gattini,* EJIL 7 (1996), S. 67 ff., S. 71, Fn. 16. Im während der zweiten Lesung überarbeiteten Entwurf der ILC zur Staatenverantwortlichkeit vom 26.7.2001 (UN Doc. A/CN.4/L.602/Rev.1) ist man vom Begriff der „restitution in kind" wieder abgerückt. Art. 35 des Entwurfs ist nur noch mit „Restitution" überschrieben.

[284] In Art. 4 des Gesetzes, abgedruckt in AVR 38 (2000), S. 72 ff., wird die kompensatorische Restitution folgendermaßen definiert: „Art der materiellen völkerrechtlichen Haftung eines Aggressorstaates, die in den Fällen angewandt wird, in denen die Realisierung seiner Haftung in Form einer gewöhnlichen Restitution unmöglich ist, und die in der Verpflichtung dieses Staates besteht, den einem anderen Staat zugefügten materiellen Schaden durch Übergabe von Gegenständen der gleichen Art. an den geschädigten Staat oder deren Einzug durch den geschädigten Staat zu eigenen Gunsten wie die geraubten und illegal aus dem Hoheitsgebiet des geschädigten Staates durch den Aggressorstaat ausgeführten Gegenstände zu kompensieren."

[285] *Turner,* in: Fiedler (Hsrg.), Internationaler Kulturgüterschutz und deutsche Frage, S. 21 ff., S. 37, 116; *Seidl-Hohenveldern,* RGDIP 97 (1993), S. 395 ff., S. 399; ähnlich *Hartwig,* EuGRZ 1999, S. 553, S. 553, Fn. 3.

[286] *Turner,* in: Fiedler (Hrsg.), Internationaler Kulturgüterschutz und deutsche Frage, S. 19 ff., S. 37.

[287] Deshalb unterscheidet *Engstler,* Die territoriale Bindung von Kulturgütern, S. 163 f. zwei verschieden Fälle der restitution in kind, nämlich den Fall, dass für während des Krieges zerstörte Kulturgüter gleichwertiger Ersatz gewährt werden soll und den Fall der Ersatzleistung für kriegsentzoge-

Von der Restitution unterscheidet sich die restitution in kind dadurch, dass es bei der ersten lediglich um die Rückgängigmachung vom Gegner vorgenommener Aneignungshandlungen geht, bei der restitution in kind dagegen dem Gegner wie bei der Reparation zusätzliche, aus dem eigenen Vermögen zu erfüllende Lasten auferlegt werden.[288]

### *2. Restitution seitens Deutschland: Rechtsgrundlagen und praktische Durchführung durch die Alliierten*

„Einem totalen Krieg wird und muss auch eine totale Restitution folgen“[289] forderte bereits im Jahre 1942 der amerikanische Jurist Ernest H. Feilchenfeld.

Getreu diesem Motto machten sich die Alliierten nach dem Ende des Krieges daran, die von den Nazis erbeuteten Kunstschätze an ihre Ursprungsorte zurückzuführen.[290] Die West-Alliierten erfassten die Kulturgüter in sog. „Collecting Points“ und leiteten den Rücktransport auch in die Sowjetunion ein.

Auf diese Weise gelangten bis 1953 auch mehr als eine halbe Million Kunstobjekte in die Sowjetunion zurück. Bereits im Oktober 1946 waren 100.000 Bücher und 133 Kisten mit Bildern, Ikonen und wissenschaftlichen Sammlungen zurückgegeben worden,[291] wobei die Übergaben durch die Collecting Points von russischen Offizieren sogar quittiert worden sind.[292] Diese Restitutionen an die Sowjetunion haben dazu geführt, dass keine größere Anzahl an russischen Kunstwerken mehr in Deutschland existiert, weshalb der von russischer Seite immer wieder geforderte Austausch deutscher und russischer Kulturgüter in Form der Rückgabe eines deutschen verbrachten Kunstwerks gegen die Rückgabe eines russischen verbrachten Kunstwerks nur in sehr begrenztem Umfang möglich ist.[293] Die Rückführung der auf sowjetischem Besatzungsgebiet befindlichen Kunstgegenstände führten die Sowjets dagegen in eigener Regie ohne Absprache mit den Westalliierten durch.[294]

Diese Tatsache macht deutlich, dass auch in der Frage der Restitution von Kulturgütern eine Lösung bzw. Durchführung auf Viermächteebene, wie ursprünglich vorgesehen, letztlich scheiterte. Das Schicksal der Restitution von Kulturgütern zeigt mithin den schnellen Zerfall der Beziehungen zwischen den Westalliierten und der Sowjetunion.[295]

---

ne, an sich restitutionspflichtige Kulturgüter, deren Restitution unmöglich ist. In Art. 247 des Versailler Vertrags wurde eine restitution in kind im ersteren Sinn angeordnet, in einem Teil der Friedensverträge von 1947 eine restitution in kind in letzterem Sinn.

288 *Turner*, in: Fiedler (Hrsg.), Internationaler Kulturgüterschutz und deutsche Frage, S. 19 ff., S. 37.

289 Zit. nach *Nahlik*, RdC 120 (1967 I), S. 65 ff., S. 110.

290 Zu Restitutionsregelungen und zur Restitutionspraxis in Bezug auf Deutschland vgl. auch *Turner*, in: FS Siehr, S. 215 ff., S. 218 ff.

291 *Kurtz*, Nazi Contraband, S. 230.

292 Dieser Umstand wird von der russischen Seite in den deutsch-russischen Verhandlungen um die Beutekunst allerdings ignoriert, vgl. *Burchardi/Kalb*, „Beutekunst“ als Chance, S. 9; *Burchardi*, Der deutsch-russische Streit um die Kulturgüter, S. 14; *Fiedler*, in: Strocka (Hrsg.), Kunstraub – ein Siegerrecht?, S. 47 ff., S. 50 f.

293 *Fiedler*, in: Simpson (Hrsg.), The Spoils of War, S. 175 ff., S. 176.

294 *Burchardi/Kalb*, „Beutekunst“ als Chance, S. 9.

295 Vgl. hierzu *Kurtz*, in: Simpson (Hrsg.), The Spoils of War, S. 112 ff., S. 115.

Nach dem Scheitern der Lösung des Restitutionsproblems auf Kontrollratsebene wurde die Restitution schließlich auf zonaler Ebene abgewickelt.[296]

### *a) Grundlagen der Restitution in allgemeiner Hinsicht*

#### *aa) Londoner Erklärung vom 5.1.1943*

Die Absicht zur „totalen Restitution" – ohne spezielle Differenzierung nach der Art der zu restituierenden Gegenstände – hatten die Alliierten bereits in der Inter-Allied Declaration Against Acts of Dispossession Committed in Territories Under Enemy Occupation or Control, sog. Londoner Erklärung vom 5.1.1943,[297] angekündigt.[298]

Die Deklaration enthält in Absatz 1 eine Warnung an alle in Frage kommenden Personen, vor allem Angehörige neutraler Staaten, dass die Alliierten „mit allen Mitteln danach streben werden, die Enteignungsmethoden zu vereiteln", die von den Achsenmächten gegenüber den „schimpflich angegriffenen und beraubten Nationen und Völkern" gebraucht wurden.[299]

In Absatz 2 behielten sich die Alliierten vor, jede in den von Deutschland besetzten oder kontrollierten Gebieten erfolgte „Übertragung und Veräußerung von Eigentum, Guthaben, Rechten und Anrechten, welcher Natur sie auch seien, für nichtig zu erklären".[300] Dieser Vorbehalt sollte unabhängig davon gelten, ob diese Transaktionen in Form eines offenen Raubes erfolgt waren oder ob es sich um scheinbar gesetzmäßige Geschäfte handelte und selbst dann, wenn angegeben wurde, dass sie freiwillig erfolgten.[301]

Die Interalliierte Erklärung enthält also selbst noch keine Nichtigerklärung des Eigentumserwerbs an Gegenständen aus derartigen Transaktionen, sondern nur die Vorankündigung späterer Forderungen auf Restitution. Durch die Warnung sollte ein gutgläubiger Erwerb verhindert werden.[302] Die Londoner Erklärung hatte somit zwar nur deklaratorischen Charakter[303] und beinhaltete selbst keine völkerrechtliche Verpflichtung Deutschlands zur Restitution. Dennoch diente sie als Grundlage für alle nach Beendigung des Krieges von Deutschland geforderten Restitutionsleistungen, mithin auch für die Restitution von Kulturgütern.

---

[296] *Kurtz,* in: Simpson (Hrsg.), The Spoils of War, S. 112 ff., S. 115.

[297] Vgl. hierzu ausführlich *Fiedler,* in: Basedow/Meier (Hrsg.), S.197 ff.

[298] Die Deklaration war von den „großen Fünf", den britischen Dominien und den Exilregierungen der von Deutschland besetzten Länder unterschrieben worden, vgl. *Schmoller/Maier/Tobler,* Handbuch des Besatzungsrechts, § 52, S. 4.

[299] Zitiert nach *Schmoller/Maier/Tobler,* Handbuch des Besatzungsrechts, § 52, S. 5.

[300] Der vollständige Wortlaut der Londoner Erklärung findet sich in englischer und deutscher Sprache abgedruckt bei: *Schmoller/Maier/Tobler,* Handbuch des Besatzungsrechts, § 52, S. 5 f.

[301] „This warning applies whether such transfers or dealings have taken the form of open looting or plunder, or of transactions apparently legal in form, even when they purport to the voluntarily effected", Text nach *Schmoller/Maier/Tobler,* Handbuch des Besatzungsrechts, § 52, S. 52 f.

[302] *Engstler,* Die territoriale Bindung von Kulturgütern, S. 139.

[303] *Schmoller/Maier/Tobler,* Handbuch des Besatzungsrechts, § 52, S. 6 f.; siehe zum Charakter der Deklaration ausführlich *Fiedler,* in: Basedow/Meier (Hrsg.), S.197 ff., S. 205 ff.

*bb) Erklärung von Bretton Woods vom 22.7.1944*

Ausdrücklich angekündigt wurde die Restitutionspflicht auch in der ebenfalls nur mit deklaratorischem Charakter ausgestatteten Erklärung von Bretton Woods vom 22.7.1944.[304] Nach dieser soll eine Restitutionspflicht auch für den Fall eintreten, dass Eigentum der besetzten Länder oder ihrer Staatsangehörigen über neutrale Länder oder mit Hilfe der durch Deutschland eingesetzten Regierungen nach Deutschland verbracht wird.

*cc) Rechtsgrundlagen während der Besatzungszeit*

Nach Beendigung des Zweiten Weltkriegs wurden die in der Londoner Deklaration und der Erklärung von Bretton Woods angekündigten Forderungen auf Restitution durch eine Reihe besatzungsrechtlicher Vorschriften in unmittelbar in Deutschland geltendes Recht umgesetzt.[305] Es handelt sich dabei sowohl um vom Kontrollrat sowie von den einzelnen Militärregierungen geschaffene Rechtsnormen und um innerdienstliche Anweisungen.[306] Die wichtigsten dieser Bestimmungen sind Ziff. 19 a bis c der Kontrollratsproklamation Nr. 2 vom 20.9.1945, durch die die deutschen Behörden verpflichtet werden, alle von den Alliierten vorgeschriebenen Maßnahmen durchzuführen, Art. 1 II des Militärregierungsgesetzes Nr. 52[307] und schließlich die Kontrollratsdirektiven vom 21.1.1946,[308] vom 8.3.1946 und das Vier-Mächte-Verfahren für Restitutionen vom 17.4.1946[309]. Für die US-Zone wurden die genannten Kontrollratsdirektiven fast wörtlich übereinstimmend in Title 19 der Military Government Regulations übernommen.[310]

In all diesen Vorschriften der Besatzungsmächte ist Voraussetzung für die Restitution, dass es sich um identifizierbare Gegenstände handelt, die aus den besetzten Gebieten durch Gewalt oder Zwang verbracht wurden.[311]

Über den eben gekennzeichneten Restitutionsbegriff sind die Besatzungsmächte bei der Durchsetzung der Restitution in praktischer Hinsicht allerdings erheblich hinausgegangen.[312]

---

304 *Schmoller/Maier/Tobler,* Handbuch des Besatzungsrechts, § 52, S. 6 f.

305 *Schmoller/Maier/Tobler,* Handbuch des Besatzungsrechts, § 52, S. 7.

306 *Engstler,* Die territoriale Bindung von Kulturgütern, S. 140.

307 Art. 1 II: „Der ... Kontrolle durch die Militärregierung ist gleichfalls Vermögen unterworfen, das Gegenstand von Zwang, rechtswidriger Maßnahmen der Beschlagnahme, Besitzentziehung oder Plünderung in Gebieten außerhalb Deutschlands gewesen ist, gleichgültig, ob dies auf Grund von Gesetzgebung, von Verfahren, die rechtliche Formen zu beachten vorgaben, oder auf andere Weise geschehen ist." zit. nach: *Schmoller/Maier/Tobler,* Handbuch des Besatzungsrechts, § 52, S. 7.

308 Hierzu ausführlich unten B.II.2.b)aa) und B.II.4.b)bb)aaa).

309 Die drei Kontrollratsdirektiven sind abgedruckt in deutscher Übersetzung als Anlagen 1 bis 3 bei *Schmoller/Maier/Tobler,* Handbuch des Besatzungsrechts, § 52, S. 23 ff.

310 *Schmoller/Maier/Tobler,* Handbuch des Besatzungsrechts, § 52, S. 7.

311 *Schmoller/Maier/Tobler,* Handbuch des Besatzungsrechts, § 52, S. 8; *Engstler,* Die territoriale Bindung von Kulturgütern, S. 141.

312 Vgl. hierzu *Clay,* Entscheidung in Deutschland, S. 341 ff.

*b) Restitutionsgrundlagen in Bezug auf Kulturgüter*

*aa) Kontrollratsdirektive vom 21.1.1946*

Die wichtigste Grundlage für die Restitution von Kulturgütern aus Deutschland auf Viermächteebene bildet die Kontrollratsdirektive vom 21.1.1946,[313] in der sich die Alliierten nach zähem Ringen auf eine Definition der Restitution einigen konnten.[314]

Nach Ziffer 2 der Direktive unterliegen der Restitution in erster Linie „identifizierbare Güter, ..., die zur Zeit der Besetzung ... vom Feind gewaltsam aus dem Gebiet des Landes weggeführt wurden. ... Alles andere Eigentum, das vom Feinde weggeführt worden ist, kommt für die Rückerstattung in dem Maße in Frage, wie sich die Restitutionen mit den ebenfalls durchzuführenden Reparationen in Einklang bringen lassen."[315] Dieser letzte Punkt bezieht sich auf industrielles Eigentum, das für Reparationsleistungen herangezogen werden sollte. Kein Alliiertes Abkommen, einschließlich der Kontrollratsdirektive vom 21.1.1946, hat je ausdrücklich die Heranziehung von Kunstwerken oder anderem Kulturgut zu Reparationszwecken gestattet.[316]

Auch wenn Kulturgüter in Ziffer 2 der Direktive nicht ausdrücklich genannt sind, sondern dort von „identifizierbaren Gütern" gesprochen wird, fallen darunter gerade auch Kulturgüter, da es den Alliierten ganz besonders auf die Rückerstattung der von den Nazis geraubten Kunstschätze ankam.[317] Gerade diese Problematik nahm innerhalb der Verhandlungen über die durchzuführenden Restitutionen einen breiten Rahmen ein.[318]

*bb) Military Government Regulations Title 18*

Für das Gebiet der amerikanischen Besatzungszone legte wie gesehen Title 19 der Military Government Regulations die Grundlagen und das Verfahren der Restitution in der amerikanischen Besatzungszone allgemein fest, wobei dort ausdrücklich geregelt wurde, dass diese Bestimmungen nicht für die Rückerstattung von Kunstdenkmälern,

---

313 Abgedruckt bei *Schmoller/Maier/Tobler,* Handbuch des Besatzungsrechts, § 52, S. 23. Im Herbst 1945 hatte der Alliierte Kontrollrat und das CORC mit Verhandlungen über das Problem der Restitution begonnen, nachdem die Konferenz der Außenminister daran gescheitert war und die Sowjetunion sich weigerte, der Durchführung von Restitutionsmaßnahmen zuzustimmen, solange keine einheitliche Definition des Restitutionsbegriffs und des davon erfassten Eigentums vereinbart worden war. Die Sowjetunion favorisierte eine Beschränkung des Restitutionsbegriffs auf diejenigen Gegenstände, die gewaltsam weggeführt worden waren. Die anderen drei Mächte bestanden dagegen auf der Londoner Erklärung vom 5.1.1943, die die Aneignung auf jede Art und Weise erfasste.[313] Währenddessen arbeitete das Reparations, Deliveries and Restitution Directorate (DRDR) einen Interimsplan für die Restitution von Kulturgütern aus, vgl. *Kurtz,* Nazi Contraband, S. 132 ff.; *Kurtz,* in: Simpson (Hrsg.), The Spoils of War, S. 112 ff., S. 114.

314 Vgl. hierzu *Kurtz,* in: Simpson (Hrsg.), The Spoils of War, S. 112 ff., S. 115.

315 Zitiert nach: *Schmoller/Maier/Tobler,* Handbuch des Besatzungsrechts, § 52, S. 23.

316 *Kurtz,* in: Simpson (Hrsg.), The Spoils of War, S. 112 ff., S. 114.

317 *Clay,* Entscheidung in Deutschland, S. 341; *Clay,* aaO, S. 342, schreibt hierzu lapidar: „Bei sämtlichen Kulturgütern war die Rückerstattung selbstverständlich".

318 *Clay,* Entscheidung in Deutschland, S. 341 ff.; *Kurtz,* in: Simpson (Hrsg.), The Spoils of War, S. 112 ff., S. 113 ff., 114.

Kunstwerken und Archivalien gelten sollen. Hierfür gilt vielmehr der ausschließlich der Restitution von Kulturgütern, ihrer Erhaltung und Verwaltung, ihrem Austausch und dem Ersatz[319] gewidmete Title 18.[320]

Die in par 18-104 enthaltene Restitutionsdefinition greift die bereits in der Londoner Erklärung von 1943 und dem Militärgesetz Nr. 52 geprägten Grundsätze der Restitution auf, nämlich dass eine Restitution dann zu erfolgen hat, wenn ein wie auch immer gearteter Zwang seitens der deutschen Okkupationsmacht beim Erwerb ausgeübt worden ist.[321]

Bei der praktischen Durchführung gingen die Besatzungsmächte häufig bei weitem über den von ihnen selbst aufgestellten Restitutionsbegriff hinaus. Hinsichtlich Kulturgütern verfolgten sie eine unbedingte Rückstellung, die keinen Gegenbeweis zuließ, sondern vielmehr alle während der Dauer des Krieges von ihren Standorten entfernten Kulturgüter als unter direktem oder indirektem Zwang verschoben fingierte. Selbst wenn es sich unzweifelhaft um ein normales Handelsgeschäft gehandelt hatte oder auch wenn das Angebot vom Verkäufer ausgegangen war wurde dem Verlangen nach Restitution entsprochen.[322]

So kam es gerade bei Kulturgütern zu der von Feilchenfeld geforderten „totalen“ Restitution vorher durch die Nazis geraubter Gegenstände.

*cc) Abschließende Regelung deutscher Restitutionen mit den Westmächten im Überleitungsvertrag*

Eine abschließende Regelung der deutschen Restitutionen zwischen den Westmächten und der Bundesrepublik Deutschland erfolgte im „Vertrag zur Regelung aus Krieg und Besatzung entstandener Fragen“, dem sog. Überleitungsvertrag vom 26.5.1952, einem der Bonner Verträge, der durch das in Paris unterzeichnete „Protokoll über die Beendigung des Besatzungsregimes in der Bundesrepublik Deutschland“ vom 23.10.1954 geändert wurde.[323] Obwohl selbst kein Friedensvertrag, enthält er zahlreiche Regelungen, wie sie für Friedensverträge üblich sind.[324]

Auch die völkerrechtliche Restitution von Gegenständen, die in den von Deutschland ehemals besetzten Gebieten durch Zwang erlangt und aus diesen Gebieten entfernt wurden, wurden in Teil V des Überleitungsvertrags in Bezug auf die Westalliierten abschließend geregelt.[325]

---

319 Section B, par 18-100-118.

320 Abgedruckt im englischen Wortlaut bei: *Fiedler (Hrsg.),* Internationaler Kulturgüterschutz und deutsche Frage, S. 288 ff.; Vgl. hierzu auch *Engstler,* Die territoriale Bindung von Kulturgütern, S. 142 f.

321 Die zwangsweise Entfernung definiert par 18-104 folgendermaßen: „a. Directly by duress or wrongful acts of confiscation, dispossession or spoliation, whether pursuant to legislation or by procedure purporting to follow forms of law, or otherwise; or b. Indirectly by purchase or other transactions regardless of whatever consideration may have been employed“.

322 *Engstler,* Die territoriale Bindung von Kulturgütern, S. 143.

323 Vgl. hierzu ausführlich *Waitz von Eschen,* Die völkerrechtliche Kompetenz der Vier Mächte, S. 124 ff.

324 *Engstler,* Die territoriale Bindung von Kulturgütern, S. 144.

325 Vgl. hierzu ausführlich *Engstler,* Die territoriale Bindung von Kulturgütern, S. 143 ff.

Restitutionspflichtige Gegenstände, insbesondere auch Kulturgüter, konnten gem. Art. 1 I, Teil V auf Regierungsbasis bis zum 8.5.1956 herausverlangt werden, sofern sie während der Besetzung eines Gebiets durch Deutschland oder seine Verbündeten oder deren einzelne Mitglieder durch Zwang, Diebstahl, Requisition oder andere Formen erzwungener Besitzentziehung erlangt und aus diesem Gebiet entfernt worden waren.[326]

Bemerkenswert ist auch, dass der Überleitungsvertrag geschädigten Privatpersonen – im Gegensatz zur sonstigen Restitutionspraxis – einen direkten Restitutionsanspruch bezüglich aller durch Diebstahl oder Zwang entzogenen Objekte zugesteht, Art. 3. Gem. Art. 2 IV schließt die Erhebung einer derartigen Restitutionsklage nach Art. 3 einen Restitutionsantrag durch die Regierung des Heimatstaates im Sinne des Art. 1 aus und umgekehrt.

Gem. Art. 4 I, V hat die Bundesrepublik Deutschland für alle in Deutschland bereits identifizierten Kulturgüter, die gestohlen oder zerstört oder abhanden gekommen waren, so dass die Restitution vereitelt wurde, in Höhe des Wiederbeschaffungswertes Entschädigung zu leisten. Eine restitution in kind-Klausel enthält der Überleitungsvertrag damit gerade nicht und damit auch keine Rechtsgrundlage für die Wegführung deutscher Kulturgüter.

*c) Praktische Durchführung der Kulturgüterrestitution durch die Alliierten*

Es ist nicht möglich, an dieser Stelle über die zahllosen Fälle der Kulturgutrestitution einen auch nur annähernden Überblick zu geben. Dennoch soll zumindest die Vorgehensweise der Alliierten bei der Restitution aufgezeigt werden. Die Maßnahmen der USA zur Rückführung europäischen Kulturbesitzes stehen dabei im Vordergrund, da sich auf dem Gebiet der amerikanischen Besatzungszone die meisten Kunstrepositorien der Nazis befanden und die Durchführung der Restitution hier am besten dokumentiert ist.[327]

Bereits unmittelbar nach Kriegsende unterwarfen die Besatzungsmächte sämtliche in Deutschland befindlichen Kulturgüter einer strikten Kontrolle, was dem Zweck der Sicherung und Durchführung der Restitution der von den Deutschen geraubten Kulturgüter diente.[328]

Die an den Aufbewahrungsorten[329] der Nazis aufgefundenen geraubten oder vor Kriegszerstörung zu sichernden Kulturgüter wurden unter amerikanische Kontrolle gestellt und anschließend in die sog. Central Collecting Points[330] gebracht, die das Office of Military Government for Germany (OMGUS) zur Sammlung des Restitutions-

---

[326] Siehe *Engstler,* Die territoriale Bindung von Kulturgütern, S. 145.

[327] Zur Sicherung und Durchführung der Restitutionen in der amerikanischen Zone siehe ausführlich *Kurtz*, Nazi Contraband, S. 163 ff. und allgemein *Friemuth*, Die geraubte Kunst, S. 67 ff.

[328] *Kurtz,* in: Simpson (Hrsg.), The Spoils of War, S. 112 ff., S. 115 f.

[329] Es handelte sich dabei bspw. um Salzminen, Klöster, Kirchen, Schlösser und kleinere Orte. Im Verlauf der Jahre wurden allein in der US-Zone mehr als 1800 solcher Auslagerungsstätten entdeckt, *Engstler,* Die territoriale Bindung von Kulturgütern, S. 149.

[330] Der wohl bedeutendste Sammelpunkt war in München, daneben existierten Collecting Points auch in Wiesbaden – vgl. zur Arbeit des Wiesbadener Collecting Point *Farmer*, in: Simpson (Hrsg.), The Spoils of War, S. 131 ff. – Marburg und Offenbach.

gutes eingerichtet hatte. In den Collecting Points, in die alle aufgefundenen Kulturgüter zunächst gebracht wurden, wurden die deutschen Kulturgüter von den restitutionspflichtigen geraubten Kulturgütern ausgesondert. Neben der Inventarisierung und Identifizierung wurden die Kulturgüter, soweit nötig, auch konserviert.[331]

In den Collecting Points wurden insgesamt 3,45 Millionen Kulturgüter identifiziert und an die Herkunftsländer restituiert.[332] Der Hauptteil der Restitutionen wurde dabei in den Jahren zwischen 1945 und 1949 vollzogen.[333]

Darüber hinaus wurden amerikanische Anstrengungen, eine einheitliche Politik in der Frage der Restitution zu erreichen, von der Sowjetunion blockiert. Abkommen über den interzonalen Austausch deutscher Kulturgüter, die während des Krieges innerhalb Deutschlands aus Sicherheitsgründen verbracht worden waren und sich jetzt in einer anderen Besatzungszone als ihrem Ursprungsort befanden, wurden wegen der sowjetischen Weigerung, sich zu beteiligen, schließlich nur zwischen den drei Westalliierten geschlossen. Hier kam es auch zum interzonalen Austausch deutscher Kulturgüter, der sich auf ausgelagerte Gegenstände aus Einrichtungen der jeweils anderen Zone bezog.[334] Trotz wiederholter Aufforderung durch das Coordinating Committee, den Alliierten Kontrollrat und die westlichen Zonenkommandeure verweigerten die Sowjets Restitutionskommissionen auch den Zutritt zu ihrer Besatzungszone und weigerten sich darüber hinaus, einen Bericht über ihr Restitutionsprogramm zur Verfügung zu stellen oder über ihren Umgang mit deutschen Kulturgütern zu berichten.[335] Die Rückführung derjenigen Kunstgegenstände, die sich auf sowjetischem Besatzungsgebiet befanden, führten die Sowjets schließlich in eigener Regie ohne Absprache mit den Westalliierten durch.[336]

### *3. Restitutions- und Reparationsregelugen in Bezug auf Kulturgüter in den Friedensverträgen mit Deutschlands Kriegsverbündeten von 1947*[337]

Das Prinzip der Restitution wurde auch in den 1947 mit Deutschlands Kriegsverbündeten geschlossenen Friedensverträgen verwirklicht. Inhaltlich weisen alle fünf Verträge dieselbe Systematik auf. Sie enthalten alle allgemeine Restitutionsklauseln, die sich auch auf Kulturgüter beziehen.[338]

In den insoweit gleich lautenden Art. 75 Ziff. des italienischen Friedensvertrags, Art. 24 Ziff. 3 des Vertrags mit Ungarn und Art. 22 Ziff. 3 des bulgarischen Friedensver-

331 *Turner,* in: Fiedler (Hrsg.), Internationaler Kulturgüterschutz und deutsche Frage, S. 109 ff., 124 f.

332 *Kurtz,* in: Simpson (Hrsg.), The Spoils of War, S. 112 ff., S. 116; *Engstler,* Die territoriale Bindung von Kulturgütern, S. 149 f. spricht sogar von 1 Million Kunstsachen und 4 Millionen Büchern, die bis 1951 in der amerikanischen Zone identifiziert und restituiert wurden.

333 *Kurtz,* Nazi Contraband, S. 163.

334 *Kurtz,* Nazi Contraband, S. 159 f.

335 *Kurtz,* in: Simpson (Hrsg.), The Spoils of War, S. 112 ff., S. 115.

336 *Burchardi/Kalb,* „Beutekunst“ als Chance, S. 9.

337 Die Friedensverträge sind in englischer Sprache und deutscher Übersetzung abgedruckt in: *Menzel,* Die Friedensverträge von 1947.

338 Italien Art. 75; Ungarn Art. 24; Bulgarien Art. 22; Rumänien Art. 23; Finnland Art. 24.

trags wurde auch die restitution in kind für Kulturgüter vorgesehen. In den Verträgen mit Rumänien und Finnland fehlt eine derartige Regelung allerdings.[339]

*a) Friedensvertrag mit Italien*

Im Folgenden soll der Friedensvertrag mit Italien exemplarisch für die mit Deutschlands Kriegsverbündeten getroffenen Regelungen näher untersucht werden.[340]

*aa) Restitutionen im Allgemeinen*

Die für die Restitutionen maßgebliche Rechtsnorm ist Art. 75 des Vertrags. In Ziffer 1 erkennt Italien die Grundsätze der Interalliierten Erklärung vom 5.1.1943 an und verpflichtet sich, innerhalb kürzester Zeit alles aus dem Gebiet eines Mitgliedstaates der Vereinten Nationen entfernte Eigentum zurückzuerstatten.

Zu restituieren ist gem. Art. 75 Ziff. alles in Italien identifizierbare Eigentum, das durch Gewalt oder Zwang von einer der Achsenmächte[341] aus dem Gebiet eines Mitgliedstaates der Vereinten Nationen entfernt wurde.[342] Gewalt bedeutet dabei jede Wegnahme gegen den Willen des Eigentümers, Zwang die Wegführung unter erzwungenem Einverständnis des Besitzers.[343]

Bei den zu restituierenden Gegenständen wird auch keine Differenzierung zwischen öffentlichem und privatem Eigentum vorgenommen.[344]

Für Kulturgüter enthält der italienische Friedensvertrag keine abweichende Regelung, weshalb die Bestimmungen des Art. 75 Ziff. 1 - 7 auch für sie gelten.

*bb) Sonderbestimmung der restitution in kind für Kulturgüter*

Eine bemerkenswerte Sonderbestimmung enthält Art. 75 Ziff. 9[345] für den Fall, dass es in besonderen Fällen unmöglich ist, Objekte von künstlerischem, historischem oder

---

[339] *Turner*, in: Fiedler (Hrsg.), Internationaler Kulturgüterschutz und deutsche Frage, S. 19 ff., S. 64.

[340] Eine ausführliche Darstellung hierzu findet sich bei *Engstler,* Die territoriale Bindung von Kulturgütern, S. 156 ff.

[341] Die Restitutionspflicht bezieht sich also nicht nur auf von Italien selbst entferntes Eigentum, sondern seine Verantwortlichkeit erstreckt sich auf alle Maßnahmen zur Entziehung von Eigentum, die von einem seiner ehemaligen Verbündeten durchgeführt wurden, soweit sich die entzogenen Gegenstände auf seinem Hoheitsgebiet befinden.

[342] Ein im Wesentlichen gleicher Restitutionsbegriff liegt auch Art. 42 des sowjetischen Friedensvertragsentwurfs vom 10.1.1959 zugrunde, der die Restitution aller noch nicht zurückerstatteten identifizierbaren Gegenstände „welche künstlerischen, historischen oder archäologischen Wert besitzen und zum Kulturgut der Verbündeten oder Vereinten Mächte gehören" vorsieht, soweit diese gewaltsam oder zwangsweise vom Territorium dieser Staaten nach Deutschland verschleppt wurden.

[343] So *Engstler,* Die territoriale Bindung von Kulturgütern, S. 158.

[344] *Engstler,* Die territoriale Bindung von Kulturgütern, S. 159.

[345] Art. 75 Ziff. 9 des italienischen Friedensvertrags lautet: „If, in particular cases, it is impossible for Italy to make restitution of objects of artistic, historical or archaeological value, belonging to the cultural heritage of the United Nation from whose territory such objects were removed by force or duress by Italian forces, authorities or nationals, Italy shall transfer to the United Nation concerned objects of the same kind as, and of approximately equivalent value to, the objects removed, insofar

archäologischem Wert, die zum kulturellen Erbe der Vereinten Nationen gehören, von dessen Gebiet sie durch italienische Streitkräfte, Behörden oder Staatsangehörige mit Gewalt oder Zwang entfernt wurden, zurückzuerstatten. Hier ist Italien verpflichtet, den betreffenden Staaten den entfernten Gegenständen gleichartige und annähernd gleichwertige[346] auszuhändigen, soweit derartige Objekte in Italien erhältlich sind. Es handelt sich dabei um eine sog. restitution in kind-Regelung, durch die Schäden, die auf dem Weg der Naturalrestitution nicht mehr wieder gutgemacht werden können, in Form eines Ersatzes durch äquivalente Sachlieferung ausgeglichen werden sollen.[347]

Voraussetzung für einen Anspruch auf restitution in kind ist, dass es sich um ein an sich zu restituierendes Kulturgut handelt, dessen Rückgabe durch äußere Umstände, wie beispielsweise Zerstörung nach der Verbringung aus dem Ursprungsland, unmöglich ist. Dabei muss der Nachweis, dass eine Entfernung durch Gewalt oder Zwang stattgefunden hat, für jedes einzelne Stück oder jede natürliche Sachgesamtheit, für die Ersatz verlangt wird, geführt werden, Pauschalforderungen genügen nicht.[348]

Der Grund für die Unmöglichkeit der Restitution wird in Art. 75 Ziff. 9 des Vertrags nicht genannt, weshalb davon auszugehen ist, dass sowohl die objektive Unmöglichkeit im Fall der Zerstörung als auch das subjektive Unvermögen, wie im Fall des Diebstahls oder bei sonstigem Abhandenkommen davon umfasst ist.[349]

Eine Regelung der Ersatzpflicht wurde in dieser Form in einem Friedensvertrag erstmals vereinbart. Insbesondere unterscheidet sie sich von Art. 247 der Versailler Vertrags, der für die Zerstörung der Bibliothek in Löwen den Ersatz von Bibliotheksgut in Gestalt gleichwertiger Sachwerte anordnete. Vorliegend geht es nämlich nicht um den Ersatz für während des Krieges auf dem Territorium des Gegners zerstörte Kulturgüter, sondern um Schadensersatz für diejenigen an sich restitutionspflichtigen Kulturgüter, die während des Krieges entzogen wurden und deren Restitution unmöglich ist.

Diese Regelung ist in einem Friedensvertrag auch einmalig geblieben. Für das besetzte Deutschland haben die Alliierten – wie unter B.II.4. ausführlich darzustellen sein wird – von einer restitution in kind abgesehen.[350]

*cc) Reparationen: Keine Heranziehung von Kulturgütern*

Die von Italien zu zahlenden Reparationen in Höhe von 360 Millionen Dollar waren in Form von Warenleistungen zu erstatten. Nach einer Schutzklausel sollten Entnahmen aus Italiens laufender Produktion dessen Wiederaufbau nicht gefährden.[351]

---

as such objects are obtainable in Italy." Gleich lautend hiermit sind Art. 24 Ziff. 3 des Vertrags mit Ungarn und Art. 22 Ziff. 3 des bulgarischen Friedensvertrags.

346 "Of the same kind as, and approximately equivalent value to, the objects removed".

347 *Engstler,* Die territoriale Bindung von Kulturgütern, S. 162; zur Frage der rechtlichen Zulässigkeit der restitution in kind vgl. unten 2.Teil, F.II.

348 *Engstler,* Die territoriale Bindung von Kulturgütern, S. 162.

349 *Engstler,* Die territoriale Bindung von Kulturgütern, S. 162.

350 *Clay,* Entscheidung in Deutschland, S. 341. Auch im Überleitungsvertrag gab es eine derartige Klausel nicht. Für identifizierte, aber später zerstörte oder abhanden gekommene Kulturgüter musste die Bundesrepublik Deutschland gem. Art. 4 I, V Teil V lediglich eine Entschädigung in Geld leisten.

Eine Heranziehung von Kulturgütern zu allgemeinen Reparationen hat mithin nicht stattgefunden.

*b) Friedensverträge mit Ungarn, Bulgarien, Rumänien und Finnland*

Art. 24 des ungarischen Friedensvertrags und Art. 22 des Vertrags mit Bulgarien stimmen vollständig, auch hinsichtlich der restitution in kind-Klausel mit Art. 75 des italienischen Friedensvertrags überein.[352]

Im rumänischen Friedensvertrag, Art. 23, fehlt eine restitution in kind-Bestimmung hingegen völlig und die Restitutionsregelungen können durch Spezialabkommen mit dem einzelnen fordernden Staat abweichend geregelt werden (Ziff. 3).

Die in Art. 24 der finnischen Friedensvertrags bestehende Restitutionsregel bezieht sich nur auf die Sowjetunion.[353] Eine restitution in kind-Klausel in Form des Ersatzes für den Fall der Unmöglichkeit der Herausgabe gibt es ebenfalls nicht.

Auch die Friedensverträge mit Rumänien, Ungarn und Finnland sahen Reparationsleistungen in Höhe von jeweils 300 Millionen Dollar und der Friedensvertrag mit Bulgarien in Höhe von 70 Millionen Dollar vor, die ebenfalls in Form von Warenleistungen zu erbringen waren.[354]

*4. Heranziehung deutscher Kulturgüter zu Reparationszwecken bzw. zur restitution in kind seitens der Alliierten im Rahmen des Besatzungsregimes? – Mögliche Rechtsgrundlagen*

Die Möglichkeit der Heranziehung von Kulturgütern zu Reparationen und zur restitution in kind war unter den Alliierten äußerst umstritten. Letztlich kam es zu einer derartigen Heranziehung allerdings nicht, weil bei den Alliierten die Auffassung obsiegte, dass Kulturgüter keine geeigneten Reparationsobjekte sind. Es existiert kein alliiertes Abkommen, das Kunstwerke oder andere Kulturgüter als für Reparationszwecke taugliche Gegenstände nennt.[355] Auch das Prinzip der restitution in kind, dessen Voraussetzungen und Umfang im Einzelnen umstritten und unklar sind,[356] wurde letztlich seitens der Alliierten nicht in die Tat umgesetzt, wenn auch verbal daran festgehalten wurde.[357]

Die sich im Lauf der Zeit wandelnde Einstellung der Alliierten gegenüber einer Heranziehung von Kulturgütern zur Reparation und restitution in kind soll im Folgenden nachgezeichnet werden.

---

351 *Seidl-Hohenveldern,* Kriegsentschädigung, in: Strupp/Schlochauer, Wörterbuch des Völkerrechts, 2. Band, S. 337 ff., S. 342.

352 Vgl. den jeweiligen Text der Friedensverträge bei *Menzel,* Die Friedensverträge von 1947.

353 Siehe hierzu ausführlich *Engstler,* Die territoriale Bindung von Kulturgütern, S. 166.

354 *Seidl-Hohenveldern,* Kriegsentschädigung, in: Strupp/Schlochauer, Wörterbuch des Völkerrechts, 2. Band, S. 337 ff., S. 342.

355 *Kurtz,* in: Simpson (Hrsg.), The Spoils of War, S. 112 ff., S. 114.

356 Vgl. hierzu unten 2. Teil, F.II.

357 *Turner,* in: Fiedler (Hrsg.), Internationaler Kulturgüterschutz und deutsche Frage, S. 109 ff., S. 132 f.

Bevor auf die Verhandlungen der Alliierten in der Kulturgüterfrage im Speziellen eingegangen wird, sollen zunächst die allgemeinen Grundlagen der Reparation und ihre Bedeutung für Kulturgüter dargestellt werden.

*a) Grundlagen der Reparation und zur Behandlung deutschen Vermögens in allgemeiner Hinsicht*

Bereits während des Krieges begannen unter den Alliierten Verhandlungen, wie für den Fall der deutschen Niederlage mit Deutschland zu verfahren sei. Diskutiert wurde hierbei auch über die Frage der von Deutschland zu leistenden Reparationen. In diesen allgemeinen Vereinbarungen findet sich allerdings kein Hinweis auf eine möglicherweise beabsichtigte Heranziehung von Kulturgütern zu Reparationen und zur restitution in kind. In keinem der bis zum Zusammenbruch Deutschlands und darüber hinaus von den Alliierten unterzeichneten Übereinkünfte, Abkommen und Protokolle werden Kulturgüter als taugliche Reparationsobjekte erwähnt.[358] Diese fehlende Erwähnung ist nicht zuletzt die Konsequenz aus den noch darzustellenden Differenzen der Alliierten bezüglich der Kulturgüterfrage.[359]

*aa) Jalta-Erklärung und Protokoll vom 11.2.1945*

Auf der Jalta-Konferenz[360], die vom 4. bis 11.2.1945 bei Jalta auf der Krim stattfand, berieten Churchill, Roosevelt und Stalin über die Kriegs- und Friedensziele der drei alliierten Mächte. Zum Abschluss der Konferenz unterzeichneten die drei Regierungschefs u.a. eine Erklärung über das Ergebnis der Krimkonferenz und ein Protokoll über die deutsche Wiedergutmachung.

In der Erklärung wurde eine erste Entscheidung der Alliierten zur im Hinblick auf Deutschland beabsichtigten Reparationspolitik bekannt gemacht.[361] Es wurde „für Recht befunden, dass Deutschland in größtmöglichem Umfange verpflichtet wird, in gleicher Form Ersatz für den verursachten Schaden zu leisten."[362] Eine Interalliierte Reparationskommission mit Sitz in Moskau sollte die deutschen Reparationen feststellen und als Gesamtsumme der durch Fortschaffen deutschen Nationalvermögens und durch Entnahmen aus der laufenden Produktion zu erbringenden Wiedergutmachung zunächst einen Betrag von 20 Milliarden Dollar zugrundelegen.[363] Dieser Plan wurde allerdings im Potsdamer Abkommen von 1945 fallen gelassen.[364]

Aus dem Protokoll ergibt sich, dass die Objekte, auf die sich die Alliierten zur Heranziehung zu Reparationen verständigt haben Sach- und Geldwerte, Mobilien und

---

[358] *Nahlik*, RdC 120 (1967 I), S. 65 ff., S. 112.

[359] Siehe hierzu unten B.II.4.b).

[360] Vgl. dazu: *Schlochauer* , Jalta-Konferenz von 1945, in: Strupp/Schlochauer, Wörterbuch des Völkerrechts, 2. Band, S. 162 ff.; *Schlochauer,* Yalta Conference, in: EPIL, Vol IV (2000), S. 358 ff.

[361] *Rumpf,* AVR 23 (1985), S. 74 ff., S. 78.

[362] Zitiert nach: *Siegler*, Dokumentation zur Deutschlandfrage, S. 14.

[363] Vgl. auch Ziff. 3 und 4 des Protokolls zur Wiedergutmachung *Siegler*, Dokumentation zur Deutschlandfrage, S. 19.

[364] *Schlochauer* , Jalta-Konferenz von 1945, in: Strupp/Schlochauer, Wörterbuch des Völkerrechts, 2. Band, S. 162 ff., S. 163.

Immobilien, von Industrieausrüstungen über rollendes und schwimmendes Material bis zu Patenten, Urheberrechten und Warenzeichen umfasste. Sie bezogen sich auf deutsches privates und öffentliches Vermögen im In- und Ausland und auf Lieferungen aus laufender Produktion, die nach dem Krieg vor allem von der Sowjetunion aus ihrer Zone entnommen wurde.[365]

Kulturgüter wurden demnach weder ausdrücklich noch konkludent als taugliche Reparationsobjekte angesehen.[366]

Auf der Konferenz von Moskau vom 11.6. bis 14.7.1945 konnte bzgl. der Höhe und der Verteilung der Reparationen keine Einigung erzielt werden.[367] Kulturgüter standen während dieser Gespräche nicht auf der Tagesordnung.[368]

### *bb) Potsdamer Abkommen vom 2.8.1945*

Vom 17.7. bis 2.8.1945 fand in Cäcilienhof bei Potsdam zwischen den Regierungschefs der Vereinigten Staaten, Großbritanniens und der Sowjetunion die sog. Potsdamer Konferenz statt, die die Koordination der Politik der Siegermächte bei Lösung der als erstes anstehenden Probleme der Nachkriegszeit zum Ziel hatte. Am 2.8.1945 unterzeichneten die drei Regierungschefs Truman, Attlee und Stalin einen Bericht, der als Potsdamer Abkommen bezeichnet wird.[369]

Im Einzelnen ist zwar umstritten, welcher Rechtsnatur das als Potsdamer Abkommen bezeichnete Protokoll und der Bericht über die Dreimächtekonferenz ist, insbesondere ob es sich dabei um einen völkerrechtlichen Vertrag im formellen Sinn handelt.[370] Dennoch besteht auch in der Literatur der Bundesrepublik weitgehend Einigkeit darüber, dass die beteiligten Siegermächte zumindest in Teilen des Berichts und Protokolls rechtsverbindliche Abmachungen treffen wollten.[371] Dies trifft gerade auf das Abkommen über die Befriedigung der Reparationsansprüche der Kriegsgegner

---

[365] *Rumpf,* AVR 23 (1985), S. 74 ff., S. 80. Dies sind gem. Ziff. 2 des Protokolls: „ (a) ...Wegschaffungen von deutschem Nationalvermögen, welches sich sowohl auf dem Gebiete Deutschlands selbst als auch außerhalb des Gebiets befindet (Werkzeugmaschinen, Schiffe, rollendes Material, deutsche Investitionen im Auslande, Aktien Industrieller, Transport- und anderer Unternehmungen in Deutschland), welche Wegschaffungen hauptsächlich für den Zweck der Zerstörung des Kriegspotentials Deutschlands durchzuführen sind; (b) jährliche Lieferungen von Gütern von der laufenden Produktion für eine festzusetzende Zeitspanne; (c) Benützung deutscher Arbeitskräfte", zitiert nach *Siegler,* Dokumentation zur Deutschlandfrage, S. 14.

[366] So auch *Nahlik,* RdC 120 (1967 I), S. 65 ff., S. 112.

[367] *Seidl-Hohenveldern,* Kriegsentschädigung, in: Strupp/Schlochauer, Wörterbuch des Völkerrechts, 2. Band, S. 337 ff., S. 339.

[368] *Kurtz,* Nazi Contraband, S. 106.

[369] Ausführlich zum Potsdamer Abkommen: *Von der Heydte,* Potsdamer Abkommen von 1945, in: Strupp/Schlochauer, Wörterbuch des Völkerrechts, 2. Band, S. 786 ff.; *Frowein,* Potsdam Agreements on Germany, in: EPIL, Vol. III (1997), S. 141 ff.

[370] Vgl. hierzu ausführlich *Antoni,* Das Potsdamer Abkommen, S. 41 ff.

[371] *Von der Heydte,* Potsdamer Abkommen von 1945, in: Strupp/Schlochauer, Wörterbuch des Völkerrechts, 2. Band, S. 786 ff., S. 788; *Frowein,* Potsdam Agreements on Germany, in: EPIL, Vol. III (1997), S. 141 ff., S. 144; *Antoni,* Das Potsdamer Abkommen, S. 42.

Deutschlands durch Entnahmen aus den jeweiligen Besatzungszonen und aus deutschen Auslandsguthaben, Abschnitt IV, zu.[372]

Das Potsdamer Abkommen[373] enthält aber keine Bestimmung, die die Heranziehung von Kulturgütern zu Reparationszwecken rechtfertigt und aus der auf eine Billigung der Wegführung deutscher Kulturgüter durch die Alliierten geschlossen werden könnte.

Abschnitt IV des Potsdamer Abkommens behandelt zwar die Frage der deutschen Reparationen. Eine zentrale Erfassung sämtlicher Reparationsleistungen ist hier allerdings aufgegeben worden, da die Sowjetunion zu diesem Zeitpunkt in den von ihr besetzten Gebieten bereits Entnahmen und Demontagen durchgeführt hatte, die sie selbst als Kriegsbeute auffasste, die nach amerikanischer Sichtweise aber als Vorleistung auf die sowjetische Reparationsquote hätte verrechnet werden müssen.[374] Aus diesem Grund wurde im Potsdamer Abkommen eine Verteilung der besetzten Gebiete und Vermögenswerte für Reparationszwecke vorgesehen, aus denen sich die alliierten Reparationsgläubiger befriedigen sollten. Diese Gebiete entsprachen der sowjetischen Zone und den westlichen Zonen.[375]

Begründet wurden die Reparationsansprüche mit den „Verluste(n) und Leiden, die es (Deutschland) den vereinten Nationen verursacht hat und wofür das deutsche Volk der Verantwortung nicht entgehen kann."[376] Die Reparationsgläubiger wurden in zwei Gruppen aufgeteilt, die Sowjetunion und Polen einerseits und die restlichen, westlichen Alliierten andererseits. Die dem Zugriff unterworfenen Werte wurden in eine sog. Schuldenmasse Ost und Schuldenmasse West eingeteilt. Diese Teilung Deutschlands für die Zwecke der Reparationen widersprach der ansonsten angekündigten Absicht, Deutschland als wirtschaftliche Einheit zu behandeln.[377] Die Sowjetunion sollte sich aus ihrer Besatzungszone und aus dem deutschen Auslandsvermögen der von ihr besetzten Länder Osteuropas[378] befriedigen. Den westlichen Verbündeten stand das gleiche Recht in den von ihnen besetzten Zonen und im westlichen Bereich gelegenen Auslandsvermögen zu. Die Sowjetunion verpflichtete sich gem. IV Ziff. 2 außerdem

[372] *Von der Heydte,* Potsdamer Abkommen von 1945, in: Strupp/Schlochauer, Wörterbuch des Völkerrechts, 2. Band, S. 786 ff., S. 788; *Frowein,* Potsdam Agreements on Germany, in: EPIL, Vol. III (1997), S. 141 ff., S. 144.

[373] Im Jahre 1947 wurde durch Großbritannien und die USA ein „Protocol of the Proceedings of the Berlin Conference veröffentlicht. Dieses ist in Bezug auf die Deutschland betreffenden Teile im Wesentlichen identisch mit dem Bericht, in manchen Teilen differieren die beiden Dokumente allerdings. Vgl. hierzu *Frowein,* Potsdam Agreements on Germany, in: EPIL, Vol. III (1997), S. 141 ff., S. 142; *Von der Heydte,* Potsdamer Abkommen von 1945, in: Strupp/Schlochauer, Wörterbuch des Völkerrechts, 2. Band, S. 786 ff., S. 787; Grundlage der hier angestellten Untersuchungen ist aber das als Potsdamer Abkommen bezeichnete Bericht.

[374] *Seidl-Hohenveldern,* Kriegsentschädigung, in: Strupp/Schlochauer, Wörterbuch des Völkerrechts, 2. Band, S. 337 ff., S. 339.

[375] *Rumpf,* ZaöRV 33 (1973), S. 344 ff., S. 345.

[376] Abschnitt IV Potsdamer Abkommen, zit. nach *Siegler*, Dokumentation zur Deutschlandfrage, S. 40 ff.

[377] *Rumpf,* ZaöRV 33 (1973), S. 344 ff., S. 347; *Rumpf,* AVR 23 (1985), S. 74 ff., S. 79.

[378] Finnland, Bulgarien, Ungarn, Rumänien und Ost-Österreich.

dazu, Polen aus ihrem eigenen Anteil an den Reparationen zu befriedigen.[379] Schließlich erhielt die Sowjetunion im Potsdamer Abkommen 25% der in den Westzonen zu demontierenden Industrieanlagen zugesprochen, 15% davon gegen sowjetische Lieferungen von Nahrungsmitteln und Rohstoffen und 10% ohne Gegenleistung.[380]

Diese Regelung der Reparationen im Potsdamer Abkommen, das als Reparationsgüter im Wesentlichen Demontagegüter in Form „industrieller Ausrüstung", neben dem deutschen Auslandsguthaben, nennt, macht deutlich, dass Kulturgüter als taugliche Objekte für die Reparation von den Alliierten nicht in Betracht gezogen wurden, sondern davon ausgenommen blieben.[381]

### *cc) Pariser Reparationsabkommen*

Im Pariser Reparationsabkommen vom 14.1.1946[382] wurde der westliche Reparationsanteil unter sämtlichen Alliierten mit Ausnahme der Sowjetunion und Polens aufgeteilt.[383] Die Sowjetunion boykottierte diese Konferenz und weigerte sich, die Interalliierte Reparationsagentur, die durch das Pariser Abkommen eingerichtet wurde, anzuerkennen.[384]

Die deutschen Reparationsgüter wurden durch das Pariser Abkommen in die Kategorien A und B eingeteilt. Kategorie B umfasste dabei das Demontagegut, also Industrieausrüstungen und andere Produktionsanlagen, und die deutschen See- und Binnenschiffe. Alle übrigen Werte, wie beispielsweise das private deutsche Auslandsvermögen fiel unter Kategorie A.[385] Kulturgüter sind dabei nicht genannt.

Mithin findet sich auch im Pariser Reparationsabkommen keine Bestimmung, die deutsche Kulturgüter als taugliche Objekte von Reparationsansprüchen ausweist und für eine Billigung der Wegführung deutscher Kulturgüter durch die Alliierten spricht.

---

379 „1. Die Reparationsansprüche der UdSSR sollen durch Entnahmen aus der von der UdSSR besetzten Zone in Deutschland und durch angemessene deutsche Auslandsguthaben befriedigt werden.

2. Die UdSSR wird die Reparationsansprüche Polens aus ihrem eigenen Anteil an den Reparationen befriedigen.

3. Die Reparationsansprüche der Vereinigten Staaten, des Vereinigten Königreichs und der anderen zu Reparationsforderungen berechtigten Länder werden aus den westlichen Zonen und den entsprechenden deutschen Auslandsguthaben befriedigt werden." Zitiert nach *Rumpf,* ZaöRV 33 (1973), S. 344 ff., S. 346.

380 *Rumpf,* AVR 23 (1985), S. 74 ff., S. 79. Diese Lieferungen an Demontagegütern wurden allerdings von der US-Militärregierung im Jahre 1946 eingestellt, als die UdSSR mit ihren Gegenleistungen in Verzug geriet.

381 Vgl. auch *Schade,* in: Strocka (Hrsg.), Kunstraub – ein Siegerrecht?, S. 63 ff., S. 68.

382 Abgedruckt bei *Böhmer/Duden/Janssen*, Deutsches Vermögen im Ausland, Bd. 1, S. 10 ff.

383 Vertragspartner des Pariser Reparationsabkommens waren die drei westlichen Alliierten, Albanien, Ägypten, Australien, Kanada, Neuseeland, Indien, die Tschechoslowakei, Jugoslawien und Südafrika, nicht dagegen Deutschland, *Rumpf,* AVR 23 (1985), S. 74 ff., S. 79.

384 *Kurtz*, Nazi Contraband, S. 138.

385 *Seidl-Hohenveldern,* Kriegsentschädigung, in: Strupp/Schlochauer, Wörterbuch des Völkerrechts, 2. Band, S. 337 ff., S. 340.

*dd) Kontrollratsgesetz Nr. 5 vom 30.10.1945*

Im Gesetz des Alliierten Kontrollrats Nr. 5 vom 30.10.1945[386] zur „Übernahme und Erfassung des deutschen Vermögens im Ausland" wurde das deutsche Auslandsvermögen enteignet. Gem. Art. II, III i.V.m. I wurden „alle Rechte und Ansprüche jeglicher Art auf irgendwelches außerhalb Deutschlands befindliches Vermögen, das im Eigentum, Besitz oder unter der Kontrolle einer in Deutschland oder außerhalb Deutschlands befindlichen Person deutscher Staatsangehörigkeit oder einer Niederlassung irgendeines Geschäfts oder einer Körperschaft oder anderen juristischen Person ... steht, ... auf die Kommission übertragen".[387] Da diese Enteignungsbestimmung gem. Art. IX nicht für das deutsche Auslandsvermögen galt, das bereits unter der Oberhoheit eines der Siegerstaaten stand, entfaltete die Regelung vor allem für das deutsche Vermögen im neutralen Ausland Wirkung.[388]

Durch diese Normierung war zwar auch im Ausland befindliches Eigentum an Kulturgütern erfasst, hieraus lässt sich aber keine generelle Befugnis für die Heranziehung von Kulturgütern zu Reparationen bzw. für die Wegführung von Kulturgütern aus Deutschland ableiten.

*ee) Gesetze, Direktiven und Proklamationen des Alliierten Kontrollrats zur Beschlagnahme von Nazivermögen*

Schließlich lassen sich einzelne Direktiven in Bezug auf das Vermögen von „Kriegsverbrechern" bzw. nationalsozialistischer Einrichtungen finden.[389]

So bestimmt die Proklamation Nr. 2 vom 20.9.1945 über „zusätzliche an Deutschland gestellte Forderungen"[390] in Abschnitt XI Ziff. 38 „die NSDAP ist völlig und endgültig aufgelöst und wird als illegal erklärt". In Ziff. 39 wird die Beschlagnahme von Nazi-Eigentum und Fonds angeordnet.

Gesetz Nr. 2 vom 10.10.1945 über die „Auflösung und Liquidierung der Naziorganisationen"[391], ergänzt durch Gesetz Nr. 58 vom 30.8.1947,[392] ordnet in Art. II Folgendes

---

386 Abl. des Kontrollrats Nr. 1 (1945), S. 27 ff.; für das Gebiet der drei westlichen Besatzungszonen wurde das Kontrollratsgesetz Nr. 5 schließlich nach Auflösung des Kontrollrats durch das Gesetz Nr. 63 der Alliierten Hohen Kommission vom 31.8.1951 ersetzt, Abl. der Alliierten Hohen Kommission in Deutschland, S. 1107 ff.

387 Vgl. *Rumpf*, AVR 23 (1985), S. 74 ff., S. 82.

388 *Rumpf*, AVR 23 (1985), S. 74 ff., S. 82.

389 Control Council Proclamation No. 2, Abolition of the Nazi Party, 20.9.1945, Abl. des Kontrollrats in Deutschland, Nr. 1, S. 8 ff.; Control Council Law No. 2, Providing for the Termination and Liquidation of Nazi Organizations, 10.10.1945, Abl. des Kontrollrats in Deutschland, Nr. 1, S. 19 ff.; Control Council Law No. 10, Punishment of Individuals Guilty of War Crimes and Crimes Against Peace and Against Humanity, 20.12.1945, Abl. des Kontrollrats in Deutschland, Nr. 3, S. 50 ff.; Control Council Law No. 58, Addendum to Law No. 2 of the Council, 20.8.1947, Abl. des Kontrollrats in Deutschland, Nr. 17, S. 293; Control Council Directive No. 30, Elimination of German Military and Nazi Monuments and Museums, 13.5.1946, Abl. des Kontrollrats in Deutschland, Nr. 4, S. 154 f.; Control Council Directive No. 38, Arrest and Punishment of War Criminals, 12.10.1946, Abl. des Kontrollrats in Deutschland, Nr. 11, S. 184 ff.

390 Abl. des Kontrollrats in Deutschland, Nr. 1, S. 8 ff.

391 Abl. des Kontrollrats in Deutschland, Nr. 1, S. 19 ff.; hierzu ist laut *Nikandrov*, The Transfer of the Contents of German Repositories into the Custody of the USSR, in: Simpson (Hrsg.), The Spoils of

an: „Jegliche Immobilien, Einrichtungen, Fonds, Konten, Archive, Akten und alles andere Eigentum der durch vorliegendes Gesetz aufgelösten Organisationen sind beschlagnahmt.[393] Die Beschlagnahme wird durch die Militärbefehlsstellen vorgenommen, allgemeine Richtlinien über die Verteilung des beschlagnahmten Eigentums werden durch den Kontrollrat gegeben".

Das Gesetz Nr. 10 über die „Bestrafung von Personen, die sich Kriegsverbrechen, Verbrechen gegen den Frieden oder gegen die Menschlichkeit schuldig gemacht haben" vom 20.12.1945[394] sah in Art. III Ziff. 1 a) vor, dass im Eigentum derartiger Personen[395] stehendes oder deren Verfügungsmacht unterliegendes bewegliches und unbewegliches Vermögen unter Aufsicht gestellt werden sollte, bis darüber endgültig verfügt wird.[396]

In Direktive Nr. 30 vom 13.5.1946[397] über die „Beseitigung deutscher Denkmäler und Museen militärischen und nationalsozialistischen Charakters" wird in Art. I nicht nur die „Planung, der Entwurf, die Errichtung, die Aufstellung und der Anschlag oder die sonstige Zurschaustellung" von derartigen Denkmälern, „die darauf abzielen, die deutsche militärische Tradition zu bewahren und lebendig zu erhalten, den Militarismus wachzurufen oder die Erinnerung an die nationalsozialistische Partei aufrechtzuerhalten,..." untersagt und als gesetzwidrig erklärt. In Art. II wird auch angeordnet, sämtliche bestehende derartige Denkmäler bis zum 1.1.1948 vollständig zu zerstören und zu beseitigen. Ebenso waren sämtliche Museen und Ausstellungen militärischen Charakters in ganz Deutschland bis zum 1.1.1947 zu schließen und aufzulösen.

Schließlich ordnet die Direktive Nr. 38 vom 12.10.1946[398] über die „Verhaftung und Bestrafung von Kriegsverbrechern, Nationalsozialisten und Militaristen und Internierung, Kontrolle und Überwachung von möglicherweise gefährlichen Deutschen" in Art. VIII ff. Sühnemaßnahmen gegen Hauptschuldige, Belastete, Minderbelastete und Mitläufer an. Hierzu zählte je nach Grad der Verantwortlichkeit die Möglichkeit, ihr

---

War, S. 117 ff., S. 119, Befehl Nr. 126 der SMAG vom 31.10.1945 über die Konfiskation von Eigentum der Nationalsozialistischen Partei, ihrer Organe und mit ihr verbundener Organe ergangen, der auch bestimmte, dass alles unbewegliche und bewegliche persönliche Eigentum von durch Militärtribunale zur Konfiskation Verurteilten auf den Sowjetischen Staat überging.

392 Abl. des Kontrollrats in Deutschland, Nr. 17, S. 293.

393 Auf das Kontrollratsgesetz Nr. 2 wird auch ausdrücklich im SMAD-Befehl Nr. 126 vom 31.10.1945 Bezug genommen, durch den die Konfiszierung des Vermögens der NSDAP sowie ihrer Organe und angeschlossenen Organisationen in der sowjetischen Besatzungszone angeordnet wurde, vgl. hierzu näher *Von der Beck*, Die Konfiskationen in der Sowjetischen Besatzungszone, S. 90.

394 Abl. des Kontrollrats in Deutschland, Nr. 3, S. 50 ff.

395 Gemeint waren damit gem. Art. III Ziff. 1 a) 1. HS Personen, die der Begehung eines Verbrechens verdächtig waren, einschließlich derjenigen Personen, die eines Verbrechens seitens einer der Vereinigten Nationen beschuldigt wurden.

396 Das gleiche Ziel verfolgte auch der bereits am 30.10.1945 in der sowjetischen Besatzungszone erlassene SMAD-Befehl Nr. 124. Dieser ordnete die Sequestration bzw. Beschlagnahme des Vermögens der betroffenen Institutionen und Personen, u.a. führender Nationalsozialisten und Kriegsverbrecher, an. Vgl. hierzu ausführlich bei *Von der Beck*, Die Konfiskationen in der Sowjetischen Besatzungszone, S. 90 ff.

397 Abl. des Kontrollrats in Deutschland, Nr. 4, S. 154 f.

398 Abl. des Kontrollrats in Deutschland, Nr. 11, S. 184 ff.

Vermögen einzuziehen (Art. VIII, Ziff. 2 b), ihr Vermögen als Beitrag zur Wiedergutmachung ganz oder teilweise einzuziehen (Art. IX, Ziff. 2), Vermögenswerte, deren Erwerb auf Ausnutzung politischer Beziehungen oder besonderer nationalsozialistischer Maßnahmen wie Arisierung und Aufrüstung beruhen, einzuziehen (Art. X Ziff. 4) oder die Zahlung einmaliger oder laufender Beiträge zu einem Wiedergutmachungsfonds aufzuerlegen (Art. XI, Ziff. 5).

All diese Rechtsnormen hängen mit dem von den Alliierten verfolgten Ziel der Entnazifizierung zusammen. Es geht hier um die Ausrottung des Militarismus und Nazismus. Diese Gesetze, Direktiven und Proklamationen des Alliierten Kontrollrats rechtfertigen aber nicht die Heranziehung deutschen Kulturerbes zu Reparationszwecken und enthalten keine allgemeine Ermächtigung zur Wegnahme von Kulturgütern.[399]

*b) Kulturgüter als tauglicher Gegenstand von Reparation und restitution in kind im Besonderen?*

Wie bereits erwähnt, wurde die Frage der Heranziehung von Kulturgütern zu Reparationszwecken und zur restitution in kind unter den Alliierten heftig diskutiert. Eine Heranziehung zu Reparationen in allgemeiner Hinsicht hat allerdings nicht stattgefunden und auch eine restitution in kind wurde letztlich nicht durchgeführt. Die sich im Lauf der Zeit wandelnde Einstellung der Alliierten in dieser Frage soll im Folgenden nachgezeichnet werden.

*aa) Politischer Hintergrund: Verhandlungen während des Krieges*

Zunächst sind dabei die politischen Hintergründe bis zum Zusammenbruch Deutschlands zu beleuchten.

Während des Krieges spielten sich die Entwicklungen auf verschiedenen Ebenen ab. Zum einen sind hier die im internen Bereich der einzelnen Alliierten zur Frage der Kulturgüter vertretenen Auffassungen zu beachten, zum anderen die auf diplomatischer Ebene zwischen den Alliierten vor der Besetzung Deutschlands insbesondere in der European Advisory Commission (EAC) geführten Gespräche.

*aaa) Haltung der einzelnen Alliierten*

Die amerikanische Haltung in Bezug auf die Heranziehung von Kulturgütern zu Reparationszwecken und zur restitution in kind war zunächst nicht eindeutig.[400] Die anfangs teilweise vertretene Auffassung, deutsche Kulturgüter zu Zwecken der Reparation und zur restitution in kind zu verwenden, wurde spätestens seit Ende 1945 aufgegeben.[401]

---

[399] *Fiedler,* Kulturgüter als Kriegsbeute, S. 17; *Kurtz,* in: Simpson (Hrsg.), The Spoils of War, S. 112 ff., S. 115.

[400] Eine umfassende Darstellung des amerikanischen Vorgehens und der von Amerika eingenommenen Haltung findet sich bei *Kurtz,* Nazi Contraband; vgl. auch *Turner,* in: Fiedler (Hrsg.), Internationaler Kulturgüterschutz und deutsche Frage, S. 109 ff., S. 115 ff.

[401] Vgl. hierzu auch unten B.5.a)aa).

Für die inneramerikanische, inneradministrative Willensbildung waren zwei Gremien maßgeblich. Die Roberts Commission, die seit August 1943 in beratender Funktion mit Fragen des Kulturgüterschutzes im Krieg und der Restitution befasst war[402] und das im April 1944 gegründete Executive Committee on Economic Foreign Policy.[403] Die im Oktober 1944 von der Roberts Commission erarbeiteten Vorschläge zur Restitutionsproblematik enthielten nur ein begrenztes restitution in kind-Programm. Danach sollten sowohl Gegenstände, die bei religiösen Zeremonien verwandt wurden als auch solche, die mit vor 1938 in kirchlichem Eigentum stehenden Gebäuden verbunden waren, von der kompensatorischen Restitution ausgenommen sein. Der Entwurf der Kommission ist geprägt vom Wunsch, jegliches identifizierbare gestohlene Kulturgut zurückzugeben, ohne aber gleichzeitig Deutschland seines kulturellen Erbes zu berauben.[404] Die Vorschläge wurden dem State Department Ende Oktober übermittelt und am 27.2.1944 im Wesentlichen gebilligt.[405]

Die Haltung der anderen Westalliierten tritt vor allem bei den Londoner Verhandlungen der EAC zum Vorschein, weshalb sie auch an dieser Stelle näher beleuchtet werden sollen. Generell lässt sich sagen, dass die Briten strikt gegen eine Verwendung von Kulturgütern zu Reparationszwecken waren, der Idee der restitution in kind aber grundsätzlich zustimmten.[406] Wie die Roberts Commission befürchtet das von Churchill im Mai 1944 ins Leben gerufene MacMillan Committee aber eine Ausplünderung Deutschlands unter dem Titel der restitution in kind.[407] Frankreich dagegen befürwortete sowohl die Heranziehung deutscher Kulturgüter zu Reparationen als auch die breite Verwendung im Rahmen eines restitution in kind-Programms.[408] Diese Haltung wurde von den kleineren europäischen Staaten, wie Belgien, Luxemburg und den Niederlanden, deren Interessenvertretung in dieser Frage durch die sog. Vaucher Commission wahrgenommen wurde, unterstützt.[409]

Die Haltung der Sowjetunion lässt sich nicht zweifelsfrei feststellen. In jedem Fall war den Sowjets aber daran gelegen, freie Hand in der Durchsetzung ihrer Reparationsfragen ohne fremde Einmischung zu haben.[410]

### *bbb) Verhandlungen im Rahmen der European Advisory Commission*

In der in London seit 1943 tagenden European Advisory Commission (EAC), an deren Verhandlungen seit Anfang 1945 auch die Franzosen teilnahmen, trafen die verschiedenen Auffassungen über die Frage der Behandlung der deutschen Kulturgüter

---

402 *Kurtz*, Nazi Contraband, S. 69 ff.

403 *Kurtz*, Nazi Contraband, S. 83 ff.

404 *Kurtz*, Nazi Contraband, S. 91.

405 *Turner*, in: Fiedler (Hrsg.), Internationaler Kulturgüterschutz und deutsche Frage, S. 109 ff., S. 118; *Kurtz*, Nazi Contraband, S. 94 f.

406 *Kurtz*, Nazi Contraband, S. 107; *Turner*, in: Fiedler (Hrsg.), Internationaler Kulturgüterschutz und deutsche Frage, S. 109 ff., S. 118.

407 *Friemuth*, Die geraubte Kunst, S. 67.

408 *Turner*, in: Fiedler (Hrsg.), Internationaler Kulturgüterschutz und deutsche Frage, S. 109 ff., S. 119.

409 *Friemuth*, Die geraubte Kunst, S. 67.

410 *Kurtz*, in: Simpson (Hrsg.), The Spoils of War, S. 112 ff., S. 113.

aufeinander. Während man sich gerade noch auf ein kurzes Dokument zur Kapitulation einigen konnte,[411] blieb die Frage der Reparationen letztlich ungelöst dem Alliierten Kontrollrat und dem Coordinating Committee (CORC) überlassen.[412] Dort wurden die Verhandlungen schließlich von den Vertretern der alliierten Restitutionsabteilungen, Restitution, Deliveries and Reparations Directorate (DRDR) geführt.

Im Rahmen der EAC wurde zunächst die Frage der Kontrolle und Organisation der Restitutionen erörtert. Während die kleinen Länder für die Errichtung einer internationalen Behörde plädierten, befürworteten die Amerikaner in einer Ende November 1944 in der EAC vorgebrachten Draft Directive No. 2 mit dem Titel „Control of Works of Art and Monuments" eine strikte Kontrolle über die in Deutschland lagernden Kulturgüter, die Durchführung der Restitutionen sollte dem zu errichtenden Alliierten Kontrollrat übertragen werden.[413]

Eine Antwort der Briten hierauf erfolgte erst im April 1945. Darin betonten sie, jegliche Möglichkeit der Verwendung von Kulturgütern zu Reparationszwecken ausschließen zu wollen. Forderungen nach restitution in kind sollten aber erfüllt werden. Die Möglichkeit der Geltendmachung von Restitutionsforderungen sollte zeitlich begrenzt werden.[414]

Darauf antworteten die Amerikaner mit dem Entwurf eines „Agreement on Principles Governing Restitution of Cultural Property" vom 7.6.1945[415] und versuchten in einem Kompromiss, verschiedene Möglichkeiten offenzuhalten. Der Vorschlag bestärkte die Londoner Erklärung vom 5.1.1943, in der die generelle Restitution geraubter Kulturgüter vorgesehen war.[416] Die restitution in kind wurde grundsätzlich befürwortet, wobei jedoch u.a. der Vorschlag der Roberts Commission aufgegriffen wurde, bereits vor 1938 religiös genutzte Objekte aus kirchlichem Eigentum hiervon auszunehmen und die restitution in kind so einzugrenzen, dass eine vollständige Beraubung der historischen und künstlerischen Güter Deutschlands ausgeschlossen war.[417] Die

---

[411] Dieses ist auf militärische Fragen, den Verlauf der Grenzen für die künftigen Besatzungszonen und die Einrichtung eines gemeinsamen Kontrollrats zur Verwaltung der besetzten Gebiete beschränkt.

[412] *Kurtz,* in: Simpson (Hrsg.), The Spoils of War, S. 112 ff., S. 113; *Friemuth,* Die geraubte Kunst, S. 67.

[413] *Kurtz,* Nazi Contraband, S. 86 f.

[414] *Kurtz,* Nazi Contraband, S. 106 f.

[415] Abgedruckt bei: *Fiedler* (Hrsg.), Internationaler Kulturgüterschutz und deutsche Frage, S. 284 f.

[416] „1. There shall be an unlimited obligation on Germany to restore identifiable looted works of art, books, artistic or historic archives and other artistic or historic property."

[417] Ziffer 8-11 des Entwurfs lauten:

„8. If works of art, books, historic or artistic archives and other artistic or historic property known to have been looted cannot be found within a period of two years after the unconditional surrender or defeat of Germany, there shall be an obligation on Germany to replace such articles by comparable objects from German public or private collections.

9. Works of art and objects of artistic and historic value used in connection with religious ceremonies or edifices of any faith which have proved ecclesiastical ownership prior to 1938 may noat be used for replacement in kind.

10. Pending the determination of claims for restitution or replacement in kind, works of art, books, artistic or historic archives and other artistic or historic treasures in German public or private collections may not be used for reparations.

streitige Frage der Reparationen wurde aufgeschoben. Bis zur Erledigung der Restitutionsforderungen sollten deutsche Sammlungen in öffentlichem oder privatem Besitz von Reparationsforderungen ausgeschlossen sein.[418]

Dieser amerikanische Entwurf erzielte in der EAC keinen Erfolg. Während die Briten dem Vorschlag grundsätzlich positiv gegenüberstanden, reagierten die Franzosen mit Ablehnung. Sie befürworteten ein breit angelegtes restitution in kind Programm. und plädierten für Reparationen.[419] Der Konflikt zwischen den Franzosen und den Amerikanern lag in der unterschiedlichen Sichtweise des gesamten Restitutions- und Reparationskomplexes begründet. Die USA wollten Reparationen auf bestimmte Kategorien industrieller und landwirtschaftlicher Güter begrenzen, Restitutionen im Wesentlichen auf Kulturgüter, daneben auf Wertpapiere und bestimmte Arten von Kapitalgütern. Die restitution in kind sollte auf einzigartige Güter von großer Seltenheit, wie Kulturgüter begrenzt werden. Die Franzosen favorisierten dagegen eine breite Anwendung des restitution in kind-Prinzips für jegliches kulturelle und auch für anderes deutsches Vermögen.[420] Die Russen schwiegen zum amerikanischen Vorschlag.[421]

Letztlich konnte aufgrund dieser unterschiedlichen Auffassungen auf EAC-Ebene keinerlei Einigung erzielt werden. Die Lösung dieser Probleme wurde so auf später verschoben und der militärischen Führung überlassen.[422]

#### *bb) Verhandlungen zur Kulturgüterfrage im Alliierten Kontrollrat*

##### *aaa) Verhandlungen bis zur Kontrollratsdirektive vom 21.1.1946*

Die Reparationen bzw. die restitution in kind bezüglich Kulturgütern betreffenden Fragen wurden endgültig im Alliierten Kontrollrat und im Coordinating Committee of the Alliied Control Council (CORC) erledigt, nachdem eine Einigung auf EAC-Ebene wie gesehen nicht erreicht werden konnte.

Mittlerweile hatten die USA ihre offizielle Haltung in Bezug auf Kulturgüter geändert. Sie wollten jetzt eine Verwendung von Kulturgütern zu Reparationszwecken nicht mehr zulassen und auch die restitution in kind nur für unersetzbare Einzelstücke erlauben.[423] Die gleiche Haltung nahmen die Briten ein. Auch die UdSSR befürwortete

---

11. In application of the principle of replacement, replacements shall be so limited as not altogether to deprive Germany of artistic or historic materials."

[418] Vgl. Ziffer 10 des Entwurfs.

[419] *Kurtz*, Nazi Contraband, S. 110 f.

[420] *Kurtz*, Nazi Contraband, S. 111.

[421] *Kurtz*, Nazi Contraband, S. 112.

[422] Dieser stand zum Zeitpunkt des Zusammenbruch Deutschlands das Militärregierungsgesetz Nr. 52 zur Sperre und Beaufsichtigung des Vermögens vom 26.9.1944 zur Verfügung, das insbesondere der Sicherstellung von Raubgut diente. Danach war jede Transaktion in Bezug auf Kunstwerke oder kulturelle Gegenstände von Wert oder Bedeutung ohne Rücksicht auf das Eigentum ausdrücklich verboten. Außerdem wurde in par. 1186, Chapter 16 in Part 3 of the Handbook for Military Government in Germany Prior to Defeat or Surrender die Förderung eventueller Restitution von geraubten Kulturgütern durch den Supreme Commander ausdrücklich angeordnet, vgl. *Kurtz*, Nazi Contraband, S. 88 f.

[423] *Turner*, in: Fiedler (Hrsg.), Internationaler Kulturgüterschutz und deutsche Frage, S. 109 ff., S. 123; Clay unterstützte im CORC damit nicht nur die russische Position, die restitution in kind auf Werke

eine strikte Begrenzung der restitution in kind auf seltene Einzelstücke, worunter nach ihrer Auffassung künstlerische oder historische Gegenstände zu verstehen waren. Vor allem wollten sie keine Einmischung in ihre Reparationsmaßnahmen zulassen.[424] Die Franzosen dagegen traten sowohl für eine Verwendung von Kulturgütern zu Reparationszwecken, wie für eine sehr breit angelegte restitution in kind Politik bezüglich Kulturgütern und anderen Gütern ein. In Bezug auf die restitution in kind Problematik befanden sie sich mithin im Einklang mit den kleineren europäischen Staaten,[425] die in einem Anhang zur Schlusserklärung der Pariser Reparationskonferenz ihre Interpretation des Restitutionsbegriffs im Licht der Londoner Erklärung vom 5.1.1943 darlegten. Sie traten für komplette Restitution oder Ersatz durch gleichwertige Objekte für Stücke künstlerischer, religiöser, kultureller, historischer oder wissenschaftlicher Natur ein.[426]

Nach endlosen Debatten im Alliierten Kontrollrat und dem CORC einigte man sich in der Kontrollratsdirektive vom 21.1.1946 nicht nur auf eine Restitutionsdefinition, sondern die Direktive enthält in Ziffer 3 auch einen Kompromiss bezüglich der Zulässigkeit der restitution in kind. Darin wird bestimmt, dass „bei Gütern von einmaligem Charakter, deren Rücklieferung unmöglich ist, eine besondere Anweisung die Art von Gütern festsetzen wird, bei denen ein Ersatz in Frage kommt, die Art dieses Ersatzes und die Bedingungen, unter denen diese Güter durch gleichwertige Gegenstände ersetzt werden können“.[427]

Der am 21.1.1946 akzeptierte Kompromiss autorisierte also nicht zur sofortigen Durchführung eines restitution in kind-Programms, sondern schuf lediglich die Voraussetzung für eine „besondere Anweisung“, die dessen Parameter festlegen sollte.[428]

*bbb) Weitere Verhandlungen bzgl. einer „besonderen Anweisung“ zur Durchführung des restitution in kind-Programms*

Die Ausarbeitung der in Ziffer 3 der Direktive vorgesehenen „besonderen Anweisung“ für die restitution in kind für Güter von einmaligem Charakter beanspruchte schließlich einige Zeit.

Die Verhandlungen dauerten von April bis Juli 1946 und drohten an den unterschiedlichen Standpunkten der Alliierten zu scheitern. So verlangten beispielsweise die Franzosen weiterhin einen umfassenden Ersatz Gegenstand für Gegenstand und die Amerikaner behielten ihre Position bei, dass eine derartige Restitution, die sie als Sonderform der Reparation betrachteten, ein seltener Ausnahmefall bleiben müsse.[429]

---

von einzigartigem Charakter zu begrenzen, sondern er betonte nachdrücklich, dass er „would not commit the United States to replacement of objects of art item for item“, zitiert nach *Kurtz,* in: Simpson (Hrsg.), The Spoils of War, S. 112 ff., S.114.

[424] *Kurtz*, Nazi Contraband, S. 137.

[425] Dies waren Albanien, Belgien, die Tschechoslowakei, Dänemark, Frankreich, Griechenland, Luxemburg, die Niederlande und Jugoslawien.

[426] *Kurtz*, Nazi Contraband, S. 139.

[427] Zitiert nach *Schmoller/Maier/Tobler,* Handbuch des Besatzungsrechts, § 52, S. 23.

[428] *Kurtz*, in: Simpson (Hrsg.), The Spoils of War, S. 112 ff., S. 114.

[429] *Kurtz*, in: Simpson (Hrsg.), The Spoils of War, S. 112 ff., S. 115.

Ein letzter Versuch, eine detaillierte „besondere Anweisung“ auszuarbeiten scheiterte schließlich, trotz der Billigung durch die amerikanischen, französischen und britischen Mitglieder des DRDR am 17.6.1946,[430] als die Sowjetunion sich einer Klausel widersetzte die Folgendes vorsah: „In cases where the request for replacement is submitted by one of the Occupying Powers, the Allied Control Council will require the Commander of the Zone of that Occupying Power to submit a list of all similar or equivalent German-owned property removed from its Zone by the Occupying Power submitting the request and the basis on which removals were made".[431]

Schließlich einigte man sich im CORC am 9.7.1946 auf einen kurzen amerikanischen Entwurf, der fünf Kategorien von Gegenständen enthielt, für die eine restitution in kind möglicherweise in Betracht kommen könne. Es handelt sich dabei um folgende Auflistung: Meisterwerke der Malerei, Graphik oder Skulptur; wichtige Werke von Meistern des Kunsthandwerks und herausragende Werke der Volkskunst; historische Überreste; Handschriften und seltene Bücher; für die Wissenschaftsgeschichte bedeutsame Gegenstände.[432] Das Papier enthielt auch die klare Aussage, dass nur Gegenstände von großer Seltenheit erfasst seien, über die der Alliierte Kontrollrat in einer Einzelfallbetrachtung beraten sollte. Durch diese Beschränkung sollte die Schaffung einer eigens hierfür zuständigen Behörde verhindert werden und so das restitution in kind-Programm möglichst gering gehalten werden.[433] Da Großbritannien und die UdSSR dem amerikanischen Vorschlag zustimmten, mussten auch die Franzosen sich dem anschließen, wenn sie ein restitution in kind-Programm nicht völlig aufgeben wollten.[434]

Damit hätten restitution in kind-Forderungen der DRDR als dem geeigneten Viermächteforum vorgelegt werden müssen. Sie sollten nicht einseitig in jeder Besatzungszone behandelt werden, sondern unter der Beobachtung des Alliierten Kontrollrats stehen. In diesem Sinn setzte die DRDR schließlich fest, dass keine Nation, einschließlich der vier Besatzungsmächte das Recht hatte, auf einem anderen Weg ihren Anspruch auf restitution in kind durchzusetzen, als durch Vorlage einer entsprechenden Forderung auf Basis einer Einzelfallbetrachtung zur Prüfung und Bestätigung durch die DRDR. Derartige Vorlagen an die DRDR hat es allerdings in keinem einzigen Fall gegeben.[435]

Zu einer Durchsetzung des restitution in kind Programmes auf Viermächtebene ist es damit letztlich nicht gekommen. Es scheiterte nicht nur an der Weigerung der Russen, Listen über deutsche Kulturgüter oder andere diesbezügliche Informationen zu erteilen, sondern auch an der Weigerung der USA, an der notwendigen Organisation mitzuarbeiten.[436]

---

430 *Nevelev,* GYIL 42 (1999), S. 337 ff., S. 356.

431 Zitiert nach *Kurtz,* in: Simpson (Hrsg.), The Spoils of War, S. 112 ff., S. 115.

432 *Turner,* in: Fiedler (Hrsg.), Internationaler Kulturgüterschutz und deutsche Frage, S. 109 ff., S. 123.

433 *Kurtz,* Nazi Contraband, S. 149; *Turner,* in: Fiedler (Hrsg.), Internationaler Kulturgüterschutz und deutsche Frage, S. 109 ff., S. 123.

434 *Kurtz,* Nazi Contraband, S. 150.

435 *Kurtz,* in: Simpson (Hrsg.), The Spoils of War, S. 112 ff., S. 115.

436 *Kurtz,* Nazi Contraband, S. 150; *Turner,* in: Fiedler (Hrsg.), Internationaler Kulturgüterschutz und deutsche Frage, S. 109 ff., S. 123. Das faktische Ende des gemeinsamen restitution in kind-

*5. Maßnahmen der einzelnen alliierten Staaten zur Behandlung deutscher Kulturgüter in praktischer Hinsicht*

Im Folgenden soll dargestellt werden, welche Maßnahmen die einzelnen Alliierten in ihrer jeweiligen Besatzungszone in Bezug auf Kulturgüter in tatsächlicher Hinsicht ergriffen haben. Dabei sind insbesondere die Wegführungsmaßnahmen von Interesse.[437]

*a) Wegführung deutschen Kulturguts zur Vorbereitung der Verwendung zu Reparationszwecken durch die Westalliierten?*

Als einzige der drei Westmächte haben die USA deutsches Kulturgut aus Deutschland weggeführt.

Seitens der USA bestanden zwar zunächst durchaus Pläne, deutsche Kulturgüter zu Reparationszwecken heranzuziehen. Dieser Gedanke wurde allerdings bereits bald fallen gelassen. Die Amerikaner betrieben auch keinen systematischen Kunstraub.[438]

*aa) Abtransport und Rückgabe von 202 Bildern durch die Amerikaner*[439]

In einem für die Potsdamer Konferenz ausgearbeiteten Memorandum wurden für die in der amerikanischen Zone aufgefundenen Kulturgüter drei Kategorien aufgestellt. Kategorie A umfasste klar identifiziertes Beutegut, Kategorie B Kulturgüter, für die von den Deutschen angeblich Zahlungen geleistet worden waren und in Kategorie C waren Kulturgüter mit eindeutig deutscher Herkunft enthalten.[440] Für Kulturgüter der

---

Programms unter dem verbalen Festhalten hieran schildert Richard Howard, der Chef der Monuments, Fine Arts and Archives Section im Office of Military Government for Germany (OMGUS) in seinem Schlussbericht vom 18.11.1948 folgendermaßen: „This principle was agreed upon in the European Advisory Commission in 1944 and was vaguely reiterated in the Allied Control Authority definition of restitution. Upon the theory, however, that two wrongs do not make a right, this Headquarters has consistently refused to take steps to implement this general agreement. Also it is believed that it would be impossible to do so without the pooling of information and of available valuable German works of art throughout the four zones. Here again the Soviet removals from their zone gravely affect even a consideration of the problem. It is believed the entire matter should be forgotten," zitiert nach *Kurtz*, Nazi Contraband, S. 150 f.

[437] Nicht untersucht werden dagegen an dieser Stelle die zur Rückführung der Nazibeute ergriffenen Restitutionsmaßnahmen, vgl. hierzu bereits oben B.II.2.c).

[438] Die Aufgaben der sog. „Target-Force-Teams", die für das Ausfindigmachen wissenschaftlich-technischen Materials, das zu Reparationszwecken geeignet erschien, ausgebildet und eingesetzt wurden, bezogen sich zwar auf mit diesem Material zusammenhängende Unterlagen und Vermögenswerte aber nicht auf Kulturgüter, so *Ritter,* UFITA 136 (1998), S. 129 ff., S. 141.

[439] Vgl. hierzu ausführlich *Turner*, in: Fiedler (Hrsg.), Internationaler Kulturgüterschutz und deutsche Frage, S. 109 ff., S. 119 ff. und *Friemuth*, Die geraubte Kunst, S. 103 ff., jeweils m.w.N. Nicht eingegangen werden soll hier auf den Sonderfall der deutschen Kriegs- und Nazikunst, die in die USA verschifft worden ist, wo sie teilweise noch lagert und die zum Teil als legitime Kriegsbeute angesehen wurde, zum Teil aber auch dem Ziel der Verwirklichung der Ausrottung des Militarismus und Nationalsozialismus diente, vgl. hierzu ausführlich: *Turner,* in: Fiedler (Hrsg.), Internationaler Kulturgüterschutz und deutsche Frage, S. 109 ff., S. 134 ff.

[440] Wortlaut des Memorandums abgedruckt bei: *Fiedler (Hrsg.),* Internationaler Kulturgüterschutz und deutsche Frage, S. 286 f.

Kategorie A wurde die sofortige Restitution vorgeschlagen, für diejenigen der Kategorie B die Restitution unter dem Vorbehalt, dass diese Gegenstände später möglicherweise als Reparationsleistungen anzusehen seien. Die Kulturgüter der Kategorie C aber sollten in die USA abtransportiert werden.[441] Offiziell sollte die Verbringung in die Vereinigten Staaten mit Sicherungszwecken begründet werden.[442]

Auf diese amerikanischen Pläne, insbesondere die vorgesehene Wegführung deutscher Kulturgüter, reagierten sowohl die Briten als auch die Russen mit Ablehnung.[443]

Trotz der Widerstände seitens der anderen Alliierten kündigte die amerikanische Regierung schließlich die Verschiffung von 202 Gemälden aus dem Kaiser Friedrich Museum in Berlin zum Zwecke der Sicherung an. Diese Gemälde befanden sich im Wiesbadener Collecting Point. Der Befehl zum Transfer nach Washington wurde am 6.11.1945 erteilt[444] und noch im November durch Verschiffung der Bilder in die USA ausgeführt.[445]

Gegen dieses Vorgehen der amerikanischen Regierung formierte sich allerdings sowohl der Unmut der in Deutschland tätigen Kunstschutzoffiziere der Monuments, Fine Arts and Archives (MFA&A), als auch der amerikanischen Öffentlichkeit.

Ihren Protest brachten die amerikanischen Kunstschutzoffiziere im sog. Wiesbadener Manifest vom 7.11.1945 zum Ausdruck.[446] Darin weisen sie darauf hin, dass durch die Verschiffung ein Präzedenzfall geschaffen wird, der moralisch nicht haltbar ist.[447] Für die Verbringung der Kulturgüter könne nach Beendigung der Kampfhandlungen keinerlei militärische Notwendigkeit zur weiteren Sicherstellung vorgetragen werden, da es ausreichend Depots und ausgebildetes Personal für den Schutz dieser Kulturgüter in Deutschland gebe.[448] Schließlich stellten sie fest, dass keine Kränkung so langlebig sei und so viel gerechtfertigte Verbitterung hervorrufe, wie die aus welchem Grund auch

---

[441] *Kurtz*, Nazi Contraband, S. 125; Der Hintergrund für die Verbringungspläne bezüglich deutscher Kulturgüter war, wie General Clay in einem Telefoninterview mit Sumner McKnight Crosby am 16.4.1981 erklärte, vgl. *Kurtz*, Nazi Contraband, S. 125, dass die Vereinigten Staaten sich die Möglichkeit offen halten wollten, auf diese Gegenstände später zu Reparationszwecken zurückzugreifen.

[442] Dies geht aus einem Schreiben des amerikanischen Vertreters der Reparationskommission Pauley und Assistant Secretary of State Clayton vom 30.7.1945 an den amerikanischen Außenminister Byrnes hervor, in dem es heißt: „We feel, however, that no definite statement should be made at this time as to the future disposition of works of art in class „C", and that if removed to the United States it should be announced that they are being taken there only for care and safekeeping and that their eventual disposition will be subject to future Allied decisions ", zitiert nach: *Turner,* in: Fiedler (Hrsg.), Internationaler Kulturgüterschutz und deutsche Frage, S. 109 ff., S. 120.

[443] Vgl. hierzu *Friemuth*, Die geraubte Kunst, S. 103 f.; *Kurtz*, Nazi Contraband, S. 127; *Turner,* in: Fiedler (Hrsg.), Internationaler Kulturgüterschutz und deutsche Frage, S. 109 ff., S. 120.

[444] *Farmer,* in: Simpson (Hrsg.), The Spoils of War, S. 131 ff., S. 133.

[445] *Turner,* in: Fiedler (Hrsg.), Internationaler Kulturgüterschutz und deutsche Frage, S. 109 ff., S. 121.

[446] Abgedruckt im englischen Wortlaut bei: *Farmer,* in: Simpson (Hrsg.), The Spoils of War, S. 131 ff., S. 133; in deutscher Übersetzung bei *Friemuth,* Die geraubte Kunst, S. 106 ff.

[447] Ziffer 2 a lautet: „...the transportation of these works of art, ... , establishes a precedent which is neither morally tenable nor trustworthy".

[448] Ziffer 2 b: "...The war is at an end, and no doctrine of „military necessity" can now be invoked for the further protection of the objects to be moved, for the reason that depots and personnel, both fully competent for their protection, have been inaugurated and are functioning."

immer erfolgende Wegnahme eines Teils des kulturellen Erbes einer Nation, sei es auch, dass dieses Erbe als Kriegstrophäe aufgefasst wird.[449]

Auch in der amerikanischen Öffentlichkeit formierte sich Anfang 1946 der Protest. Protestschreiben und Petitionen aus Künstler- und akademischen Kreisen brachen auf Washington herein.[450]

Dieser starke inneramerikanische Protest und die strikte britische Ablehnung der amerikanischen Pläne führte schließlich zur Aufgabe des Plans einer weiteren Überführung deutscher Kulturgüter nach Amerika und auch zur Ablehnung einer Verwendung zu Reparationen.[451]

Die amerikanische Regierung sagte letztlich zu, keine weiteren Verschiffungen nach Amerika durchzuführen.[452] Auch die 202 Gemälde sollten nach Deutschland zurückgestellt werden, was allerdings bis ins Jahr 1948/49 dauerte, da sie zuvor in der National Gallery in Washington ausgestellt und anschließend eine Ausstellungstournee durch 12 amerikanische Städte durchgeführt wurde.[453]

Nach der Affäre um die 202 Bilder wurde die offizielle amerikanische Haltung bezüglich der Unantastbarkeit von Kulturgütern für Zwecke der Reparation konsequent durchgehalten, weitere Verschiffungen in die USA fanden nicht statt.

Nicht verhindert werden konnte aber der umfangreiche Kunstraub durch Privatpersonen, vor allem durch Soldaten der amerikanischen Armee, von dem nicht nur privater sondern auch öffentlicher Besitz betroffen war. So ist es immer wieder zu spektakulären Entdeckungen deutscher Kulturgüter in Amerika gekommen, wie beispielsweise der Wiederentdeckung des Quedlinburger Domschatzes in Texas, der von der Kulturstiftung der Länder zurückerworben worden ist.[454]

#### *bb) Alliierter Zugriff auf Archive*

Auch auf deutsche Archive haben die Alliierten Zugriff genommen. Die Darstellung der Fakten beschränkt sich hier auf die Grundzüge.[455]

Auf dem Bereich der Archive arbeiteten die USA eng mit Großbritannien zusammen. Bereits während des Krieges schlossen die Kriegsministerien beider Länder eine Vereinbarung über die Nutzung erbeuteter deutscher Aufzeichnungen, in denen man wichtige Informationen über die deutsche Kriegsführung zu finden hoffte. Diese Vereinbarung wurde im Mai 1945 durch das Bissell-Sinclair-Agreement ersetzt.[456]

---

[449] Ziffer 3: „We wish to state that from our knowledge, no historical grievance will rankle so long, or be the cause of so much justified bitterness, as the removal, for any reason, of a part of the heritage of any nation, even if that heritage may be interpreted as a prize of war. ..."

[450] Vgl. näher hierzu bei *Friemuth*, Die geraubte Kunst, S. 110.

[451] Vgl. hierzu *Turner,* in: Fiedler (Hrsg.), Internationaler Kulturgüterschutz und deutsche Frage, S. 109 ff., S. 120 f.

[452] *Turner,* in: Fiedler (Hrsg.), Internationaler Kulturgüterschutz und deutsche Frage, S. 109 ff., S. 121.

[453] *Friemuth,* Die geraubte Kunst, S. 116 f.

[454] Siehe dazu *Riehl-Heyse*, Eine alte Rechnung in Texas, in: SZ v. 30.1.1996, S. 3.

[455] Eine ausführlichere Darstellung findet sich bei *Turner,* in: Fiedler (Hrsg.), Internationaler Kulturgüterschutz und deutsche Frage, S. 109 ff., S. 142 ff.

[456] *Turner,* in: Fiedler (Hrsg.), Internationaler Kulturgüterschutz und deutsche Frage, S. 109 ff., S. 143, m.w.N.

Nach der Besetzung Deutschlands bestand schließlich die Möglichkeit ungehinderten Zugriffs auf deutsche Archive und Registraturen, von dem die Alliierten umfassenden Gebrauch machten. Die Beschlagnahme erfolgte teilweise durch oder aufgrund Gesetz.[457]

Mit der Beschlagnahme wurden verschiedene Ziele verfolgt wie die Entmilitarisierung und Entnazifizierung, die Vorbereitung der Kriegsverbrecherprozesse und allgemein die umfassende Information über Geschichte, Politik, Wirtschaft, Kultur und Verwaltung der besiegten ehemaligen Gegner. Schließlich diente die Beschlagnahme auch der Erleichterung der Verwaltung der Besatzungszonen. Deshalb wurde überwiegend auch auf Registraturen, also Dokumente der lebenden Verwaltung, nicht dagegen historische Archive, also Archive im engeren Sinne, zugegriffen.[458]

Die beschlagnahmten Akten wurden in zentrale Sammelstellen gebracht und anschließend teilweise nach Großbritannien und in die USA verbracht.[459]

### *b) Maßnahmen der Sowjetunion als Besatzungsmacht: Wegführung deutscher Kulturgüter durch die sog. Trophäenkommissionen*

Auch die Sowjetunion hat Kulturgüter aus ihrer Besatzungszone weggeführt. Diese sind heute Gegenstand der deutsch-russischen Rückführungsverhandlungen und Gegenstand der vorliegenden Untersuchung.

Das Vorgehen der Sowjetunion, das sich wesentlich von den Maßnahmen der anderen Alliierten unterschied und die damit verbundenen Motive sollen im Folgenden aufgezeigt und gleichzeitig überprüft werden, ob aus offiziellen bzw. inoffiziellen Äußerungen hervorgeht, inwiefern die Sowjetunion plante, deutsche Kulturgüter zu Kompensationszwecken heranzuziehen. Auf Viermächte-Ebene hat sich die Sowjetunion wie gesehen nur eingeschränkt mit einer Verwendung von Kulturgütern zur restitution in kind, beschränkt auf seltene Einzelstücke, einverstanden erklärt.

Der sowjetische Zugriff auf in Deutschland befindliches Kulturgut unterscheidet sich von den Maßnahmen der anderen Alliierten, namentlich den amerikanischen, bereits dadurch, dass hierüber keinerlei oder nur sehr wenig Informationen an die Öffentlichkeit gelangten. Das Vorgehen der UdSSR war vielmehr geprägt von Geheimhaltung und Verschleierung. Erst zu Beginn der 90er Jahre des 20. Jahrhunderts konnten Wissenschaftler in die entsprechenden Akten Einsicht nehmen. Dadurch bestätigten sich bislang nur als Vermutungen kursierende Gerüchte, dass sowjetische sog. Trophäenkommissionen nach einem genauen Konzept systematisch sämtliche in der sowjetischen Besatzungszone befindlichen wertvollen Kulturgüter in die UdSSR verbracht hatten, die dort in nur wenigen Personen bekannten und zugänglichen Geheimdepots verschwanden. Kulturgüter, wie der Schatz des Priamos, die für mehr als vierzig Jahre als verschollen bzw. zerstört gegolten hatten, wurden „wieder entdeckt". Zuvor war die Lagerung in den Kellern und Speichern der staatlichen Museen und Bibliotheken der Sowjetunion immer geleugnet worden.

---

457 Bei *Turner,* in: Fiedler (Hrsg.), Internationaler Kulturgüterschutz und deutsche Frage, S. 109 ff., S. 143 findet sich eine Auflistung der einschlägigen Gesetze.

458 Zu den einzelnen beschlagnahmten Akten vgl. *Turner,* in: Fiedler (Hrsg.), Internationaler Kulturgüterschutz und deutsche Frage, S. 109 ff., S. 144.

459 Der größte Teil, nämlich über 95%, blieb allerdings in Deutschland.

Eine Rekonstruktion der tatsächlichen Ereignisse und der subjektiven Seite der „Beutezüge" ist aber auch heute noch schwierig, da bislang nicht alle Archive, die über die vorliegende Problematik Aufschluss geben könnten, zugänglich sind.[460]

Dennoch ist eine möglichst genaue Darstellung der tatsächlichen Ereignisse für die im Zweiten Teil der Abhandlung vorzunehmende rechtliche Beurteilung des sowjetischen Handelns von Bedeutung. Deshalb soll das Vorgehen der Trophäenbrigaden, deren Befehlsstruktur, der Umfang der Beschlagnahmen und die Behandlung der Kulturgüter nach ihrer Verbringung in die Sowjetunion dargestellt werden und soweit möglich ein Überblick über die sowjetische Motivationslage gegeben werden.[461]

*aa) Das Expertenbüro in der Sonderkommission: Erstellung von „Beutelisten" und Pläne für ein Supermuseum*

Der Gedanke, das barbarische Vorgehen der Nationalsozialisten mit einer ähnlichen Vorgehensweise zu beantworten, entstand schon frühzeitig.[462]

So wurde bereits im November 1942 in Moskau eine staatliche Sonderkommission eingesetzt, deren Aufgabe es war „Verbrechen und Zerstörungen durch die faschistische deutsche Besatzungsmacht und deren Verbündete, begangen an Bürgern, Kolchosen, öffentlichen Einrichtungen, Staatsbetrieben und Organen der UdSSR" zu registrieren und zu untersuchen.[463] An den Vorsitzenden dieser Kommission trat im Jahr 1943 der russische Wissenschaftler Grabar mit dem Vorschlag heran, die kulturellen Verluste der Sowjetunion, insbesondere der Museen, durch Bestände des Kriegsgegners zu entschädigen und „in besonderen Fällen Äquivalente als Entschädigung für die durch die deutschen Faschisten verschleppten oder zerstörten Kunstwerke zu sammeln".[464] In diesem Schreiben vom 12.6.1943 riet Grabar der Sonderkommission weiterhin, „eine Spezialeinheit der Sonderkommission ins Leben zu rufen, um eine Auflistung von geeigneten Objekten zu erstellen, die sich in Sammlungen in Deutschland, Österreich, Italien, Ungarn, Rumänien und Finnland befinden".[465] Diesem Vorschlag wurde am 8.9.1943 durch Beschluss Nr. 12 der Sonderkommission entsprochen, in dem das sog. Expertenbüro mit der Auswahl von Kunstwerken aus verschiedenen europäischen Museen zur späteren Verlegung in die UdSSR beauftragt wurde.

Die dem Expertenbüro angehörigen Kunsthistoriker und Museumsfachleute beschäftigten sich nun damit, eine Liste von Kunst- und Kulturgegenständen deutscher, öster-

---

[460] Vgl. *Akinscha/Koslow/Toussaint,* Operation Beutekunst, S. 10.

[461] Vgl. ausführlich zu den Hintergründen der Verlagerung deutscher Kulturgüter bei: *Akinscha/Koslow/Toussaint,* Operation Beutekunst, die sich insbesondere mit den musealen Kulturgütern beschäftigen und auf die sich die vorliegende Darstellung weitgehend stützt; des weiteren *Akinscha/Koslow,* Beutekunst; Eine Dokumentensammlung zur Verschleppung von Büchern aus deutschen Bibliotheken findet sich bei: *Lehmann/Kolasa,* Die Trophäenkommissionen der Roten Armee.

[462] *Schade,* in: Strocka (Hrsg.), Kunstraub – ein Siegerrecht?, S. 63 ff., S. 66.

[463] *Akinscha/Koslow/Toussaint,* Operation Beutekunst, S. 13; *Akinscha/Koslow,* Beutekunst, S. 33; *Burchardi/Kalb,* „Beutekunst" als Chance, S. 7.

[464] Staatsarchiv der Russischen Föderation, Fundus 7021, Inventar 121, Akte 17, S. 144, zitiert nach *Akinscha/Koslow/Toussaint,* Operation Beutekunst, S. 13.

[465] Staatsarchiv der Russischen Föderation, Fundus 7021, Inventar 121, Akte 17, S. 144, zitiert nach *Akinscha/Koslow/Toussaint,* Operation Beutekunst, S. 13.

reichischer, rumänischer, ungarischer, finnischer und italienischer Museen zusammenzustellen, die als Äquivalente verlorener russischer Kunstgegenstände gelten konnten und so geeignet wären, russische Verluste zu kompensieren. In der Kommission gab es aber auch Stimmen, die sich gegen die Heranziehung von Kulturgütern zur Entschädigung für erlittene Verluste aussprachen.[466]

Als schwierig stellte sich im Rahmen der Verhandlungen des Expertenbüros auch die Frage der Bewertung der russischen Verluste dar, die als Grundlage für die sowjetischen Ansprüche dienen und so in späteren Verhandlungen mit den Alliierten deren Zustimmung zur Verbringung von Kulturgütern hervorrufen sollten.[467] Dabei bestand nicht nur die Schwierigkeit, dass es keine Belege der genauen Verluste gab, weil vielfach nicht einmal Inventarlisten existierten. Man war sich auch darüber uneins, auf welcher Basis der Wert eines gestohlenen oder zerstörten Kunstwerks ermittelt werden sollte. Diskutiert wurde unter anderem die Heranziehung des nationalen Werts, materielle Werte wie Material und Arbeitsleistung, aber auch die Heranziehung des auf dem internationalen Kunstmarkt zu erzielenden Realpreises oder der Wert eines Kunstwerks in Russland vor 1917.[468]

Die vorläufigen Ziellisten für die Sonderkommission mit der Auflistung der deutschen Gegenstücke war betitelt „Bericht zur Erfassung von Ausgleichsstücken in deutschen Museen, die zur Verlegung in die UdSSR erbeten werden, um für die Verluste der sowjetischen Museen zu haften“[469] Letzte Korrekturen hierzu schloss das Expertenbüro nach zwei Jahren am 26.2.1945 ab.[470]

Letztendlich waren Listen für Deutschland, Österreich, Ungarn, Rumänien und auch für Italien erstellt worden. Der Hauptanteil der geplanten Beschlagnahmungen lag bei den deutschen Museen. Erfasst waren Gegenstände aus allen deutschen Museen[471], also auch aus den letztlich westlichen Besatzungszonen wie beispielsweise aus den Münchner Museen.

Neben dem Gedanken des Ersatzes für erlittene Verluste spielte bei Erstellung der Listen durch das Expertenbüro insbesondere der im Jahr 1944 gefasste Plan zur Errichtung eines sowjetischen „Supermuseums“ in Moskau zu Ehren Stalins eine Rolle. Dieser von Stalin unterstützte Plan wurde erst zu Beginn der 90er Jahre des 20. Jahrhunderts bekannt. In diesem Trophäenmuseum sollten die Beutestücke ausgestellt wer-

---

466 *Akinscha/Koslow/Toussaint,* Operation Beutekunst, S. 14; *Burchardi/Kalb,* „Beutekunst“ als Chance, S.8; *Schade,* in: Strocka (Hrsg.), Kunstraub – ein Siegerrecht?, S. 63 ff., S. 66.

467 *Burchardi/Kalb,* „Beutekunst“ als Chance, S. 8; *Akinscha/Koslow/Toussaint,* Operation Beutekunst, S. 14.

468 Im Einzelnen vgl. *Akinscha/Koslow/Toussaint,* Operation Beutekunst, S. 14 ff.; Bei der Erstellung der Beutelisten wurde das Expertenbüro zunehmend von nationalistischen Strömungen erfasst, insbesondere der Idee der russischen Überlegenheit und des Panslawismus, also der Vereinigung aller slawischen Völker unter russischer Führung. Dementsprechend versuchte man, in die Listen vor allem solche Kulturgüter aufzunehmen, die für die russische und slawische Kultur von besonderer Bedeutung waren. So wurde schließlich fast jedes Objekt aus deutschen Sammlungen, das auch nur im entferntesten einen Bezug zu Russland hatte, in die abschließenden Beutelisten aufgenommen, näher hierzu *Akinscha/Koslow/Toussaint,* Operation Beutekunst, S. 19.

469 Abgedruckt in russischer Sprache als Dokument 1 bei *Akinscha/Koslow/Toussaint,* Operation Beutekunst, S. 63 f.

470 *Akinscha/Koslow/Toussaint,* Operation Beutekunst, S. 21.

471 Im Einzelnen vgl. *Akinscha/Koslow/Toussaint,* Operation Beutekunst, S. 20 f.

den.[472] Im Entwurf zu einem Dekret des Staatlichen Verteidigungskomitees wird der Plan für ein Supermuseum wie folgt zusammengefasst: „Es ist absolut notwendig, in Moskau ein Zentral-Museum der schönen Künste zu errichten, aufbauend auf dem Puschkin Museum, ... von großer Bedeutung für die All-Union, um ein Licht auf die Entwicklung der Kunst und Weltkultur zu werfen, von den Anfängen bis zum großen vaterländischen Krieg ... Dem neuen Museum muss ausdrücklich das Recht eingeräumt werden, Kunstwerke aus den Sammlungen der Achsenmächte als Entschädigung zu übernehmen."[473]

Die Heranziehung deutscher Kulturgüter als Ersatz für erlittene Verluste stellte also selbst in der Planungsphase allenfalls ein Teilmotiv der vorgesehenen Wegführungen dar. Eine weitaus größere Rolle spielte bei Erstellung der Ziellisten für den geplanten Beutezug aber der Gedanke der Errichtung eines riesigen Trophäenmuseums.[474]

*bb) Wegführung deutscher Kulturgüter durch die sog. Trophäenkommissionen nach Kriegsende*

Nach dem Ende der Kriegshandlungen setzten schließlich massive Raubzüge der Sowjetunion in Deutschland ein. Sie wurden durch die sog. Trophäenbrigaden, bestehend aus Kunst- und Museumsexperten, die sowjetische Militäruniformen trugen, durchgeführt.[475] Die Trophäenbrigaden wurden auf den ausdrücklichen Befehl der sowjetischen Militärführung tätig, wobei die Befehle von Stalin persönlich[476] unterzeichnet worden sind. Es handelt sich bei diesem Vorgehen um eine spezielle Handlungsweise der Sowjetunion, die neben den Planungen der anderen Alliierten lag und zu der keine Zustimmung durch diese vorlag.[477]

Die im besiegten Deutschland geübte Praxis der sog. Trophäenkommissionen, die die Stalinistischen Befehle ausführten, ging über die eben aufgezeigten ursprünglichen Planungen bei weitem hinaus. Es kam zu umfangreichen Kulturgutrequirierungen, die unabhängig von den erstellten Ziellisten wahllos durchgeführt wurden.[478] Trophäenkommissionen verschiedener sowjetischer Ministerien, des Geheimdienstes und anderer Institutionen, die im Rahmen der Roten Armee tätig wurden, schafften den wichtigsten noch vorhandenen Bestand aus Museen, Archiven und Bibliotheken weg.[479] Von den Beschlagnahmen waren nicht nur deutsche Kulturgüter, sondern auch Objekte der deutschen Beute, wie französisches Archivmaterial, jüdische Privatsammlungen aus Ungarn, Kulturgüter aus Weißrussland und der Ukraine ebenso wie Privatsamm-

---

[472] *Akinscha/Koslow,* Beutekunst, S. 48 ff.

[473] Russisches Staatsarchiv für Literatur und Kunst, Fundus 962, Inventar 6, Akte 1345, S. 1-22, zitiert nach *Akinscha/Koslow/Toussaint,* Operation Beutekunst, S. 18.

[474] So auch *Burchardi/Kalb,* „Beutekunst" als Chance, S. 8.

[475] Zur Tätigkeit der Trophäenbrigaden vgl. bspw. *Akinscha/Koslow,* Beutekunst, S. 61 ff.

[476] So *Akinscha/Koslow/Toussaint,* Operation Beutekunst, S. 24.

[477] Vgl. *Fiedler,* in: Strocka (Hrsg.), Kunstraub – ein Siegerrecht?, S. 47 ff., S. 49 f.

[478] *Schade,* in: Strocka (Hrsg.), Kunstraub – ein Siegerrecht?, S. 63 ff., S. 66.

[479] *Fiedler,* in: Strocka (Hrsg.), Kunstraub – ein Siegerrecht?, S. 47 ff., S. 50; *Schade,* in: Strocka (Hrsg.), Kunstraub – ein Siegerrecht?, S. 63 ff., S. 66; *Burchardi/Kalb,* „Beutekunst" als Chance, S. 9.

lungen erfasst.[480] Das Gros der Transporte wurde mittels Eisenbahn und Flugzeug zwischen März 1945 und August 1946 durchgeführt, aber auch im Jahr 1948 kam es noch zu Transporten.[481]

Nach sowjetischen Bestandsaufnahmen wurden bei diesen Aktionen nach dem Zweiten Weltkrieg insgesamt 2.614.874 Kunstgegenstände und 532 Packkisten aus Deutschland weggeführt.[482] Hinzu kommen noch Bücher und Archive. Betroffen von den Beschlagnahmen waren vor allem die Berliner und Dresdner Museen, aber auch Museen, Schlösser und Bibliotheken in Danzig, Leipzig, Weimar, Halle, Gotha, Dessau, Altenburg und anderer Orte.[483]

Die Abtransporte fanden mithin während einer Zeit statt, in der die Alliierten auf Viermächte-Ebene die Heranziehung von Kulturgütern zu Zwecken der Reparation und restitution in kind kontrovers diskutierten und der Nationalsozialist Rosenberg wegen Verstoßes gegen die HLKO aufgrund seiner Verbrechen gegenüber dem kulturellen Erbe der besetzten Staaten vor dem Kriegsverbrechertribunal in Nürnberg stand. Wie gesehen wurde die Heranziehung von Kulturgütern zu Reparationen seitens der Alliierten schließlich völlig abgelehnt, die Verwendung zur restitution in kind auf seltene Einzelstücke begrenzt und letztlich überhaupt nicht praktisch umgesetzt. Keinesfalls kann eine Billigung der Wegführung deutscher Kulturgüter seitens der Alliierten angenommen werden. Das Verhalten der Sowjetunion war mithin konträr zur Auffassung der übrigen Alliierten, aber auch zu ihrer offiziellen Haltung auf Viermächte-Ebene.[484] Dies mag ein Grund dafür gewesen sein, dass die Aktionen unter strenger Geheimhaltung vonstatten gingen und die Kulturgüter auf Weisung aus Moskau hin nicht in das Eigentum der russischen Museen aufgenommen, erforscht oder ausgestellt, sondern in der UdSSR in Geheimdepots eingelagert wurden.[485]

Nach dieser allgemeinen Einführung soll im Folgenden das Vorgehen und die Befehlsstruktur der Trophäenbrigaden, die Beschlagnahmen und Abtransporte und die Behandlung der Kulturgüter nach ihrer Verbringung in die Sowjetunion im Einzelnen näher beleuchtet werden.

#### *aaa) Vorgehen und Befehlsstruktur der Trophäenbrigaden*

##### *(1) Vorgehen und Befehlsstruktur bis Sommer 1945: Einsetzung der Trophäenbrigaden und Aufsicht durch das Verteidigungs- bzw. Sonderkomitee*

Als Reaktion auf die Konferenz von Jalta, in der die Aufteilung Deutschlands in Besatzungszonen beschlossen wurde und die genaue Festlegung der mit den Reparatio-

---

[480] *Schade,* in: Strocka (Hrsg.), Kunstraub – ein Siegerrecht?, S. 63 ff., S. 66.

[481] Vgl. die Auflistung der Abtransporte aus Deutschland bei *Ritter,* Kulturerbe als Beute?, S. 15 ff.

[482] *Fiedler,* in: Strocka (Hrsg.), Kunstraub – ein Siegerrecht?, S. 47 ff., S. 49 f.; *Schade,* in: Strocka (Hrsg.), Kunstraub – ein Siegerrecht?, S. 63 ff., S. 67 f.

[483] *Weber,* HuV-I 1 (1999), S. 36 ff., S. 39.

[484] Hier trat die UdSSR nämlich für eine Begrenzung der restitution in kind auf Einzelfälle ein, vgl. bereits oben B.II.4.b)bb)aaa).

[485] Vgl. hierzu auch *Schade,* in: Strocka (Hrsg.), Kunstraub – ein Siegerrecht?, S. 63 ff., S. 68 f.; *Akinscha/Koslow/Toussaint,* Operation Beutekunst, S. 38 f.

nen zusammenhängenden Fragen einer zu errichtenden alliierten Reparationskommission übertragen wurde, erließ Stalin am 21.2.1945 ein Dekret „Zur Einsetzung von ständigen Kommissionen an den Kampffronten der Roten Armee und zur Wegnahme von Ausrüstung und Material auf den Gebieten Deutschlands und Polens" des Staatlichen Verteidigungskomitees.[486] Aufgabe der Kommissionen war es, dem Verteidigungskomitee Vorschläge für den Abtransport von Produktionsstätten, Ausrüstung, Rohstoffen und Erzeugnissen aller Art zu unterbreiten, die sie vorher ausfindig gemacht hatten. Die Trophäenbrigaden der Roten Armee waren zuständig für Demontage, Verladung und Sicherheit der Beute. Die Mitglieder der Brigaden erhielten, um die Geheimhaltung der von ihnen zu erfüllenden Aufgabe nicht zu gefährden, Uniformen der Roten Armee.[487]

### *(2) Das Sonderkommitee im Verteidigungskomitee*

Alle Kommissionen, die in den von der Roten Armee eroberten Gebieten operierten, unterlagen schließlich der Kontrolle des von Stalin durch Dekret vom 25.2.1945 eingesetzten Sonderkomitees im Verteidigungskomitee. Dieses übernahm viele Funktionen, die vorher das Verteidigungskomitee wahrgenommen hatte. Seine Aktivitäten unterlagen strengster Geheimhaltung. Das Sonderkomitee zeichnete mithin für alle Beutezüge in den von der UdSSR besetzten Staaten verantwortlich. Die technische Durchführung blieb in der Zuständigkeit des Verteidigungsministeriums und unterstand damit der Kontrolle Stalins.[488]

Nach der Kapitulation Deutschlands setzte sich die Zuständigkeit der Sonderkommission im Verteidigungskomitee bei der Verlegung der Kriegsbeute auf allen Ebenen durch. Die Transportanweisungen an die Trophäenbrigaden, die sich nicht nur auf die Verlegung von Museumsgütern, sondern auch auf den Abtransport von Industrieanlagen bis hin zu Sportbooten bezogen, sind alle von Stalin persönlich unterzeichnet worden.[489] Die Trophäenbrigaden gingen wie bereits angedeutet über die ursprünglich angefertigten Ziellisten, die zwar als Anhaltspunkte dienten, bei weitem hinaus.[490]

### *(3) Die Rolle der SMAD beim Abtransport*

Die Rolle der SMAD beim Zugriff auf deutsche Kulturgüter lässt sich derzeit nicht abschließend klären, da noch nicht alle Archive, die hierüber Aufschluss geben könnten, zugänglich sind. Teilweise wird darauf verwiesen, dass die Befehle der Regierung in Moskau die Grundlage für die Wegführung bildeten, zum Teil wird behauptet, die

[486] *Akinscha/Koslow/Toussaint,* Operation Beutekunst, S. 24.

[487] *Akinscha/Koslow/Toussaint,* Operation Beutekunst, S. 26.

[488] *Akinscha/Koslow/Toussaint,* Operation Beutekunst, S. 24.

[489] Vgl. hierzu *Akinscha/Koslow/Toussaint,* Operation Beutekunst, S. 24.

[490] *Schade,* in: Strocka (Hrsg.), Kunstraub – ein Siegerrecht?, S. 63 ff., S. 66; Dies zeigt sich etwa am Beispiel Berlins, für das keine detaillierten Anordnungen für den Abtransport existieren. Anweisungen des Sonderkomitees zur Verbringung von Museumsgütern aus Leipzig, Gotha und anderen Städten gibt es ebenfalls nicht, vgl. *Akinscha/Koslow/Toussaint,* Operation Beutekunst, S. 25.

Befehle der SMAD zum Abtransport seien in den meisten Fällen erst nach Verbringung der Kulturgüter in die UdSSR erlassen worden.[491]

Im Sommer 1945 änderte sich die Befehlsstruktur der Trophäenbrigaden infolge der neuen Rangordnung innerhalb der sowjetischen Militärverwaltung. Dies führte zu gewissen Unstimmigkeiten und Schwierigkeiten bei der Durchführung der Arbeit der Brigaden. Genehmigungen zum Abtransport von deutschen Kulturgütern wurden nun von der sowjetischen Militärverwaltung in Deutschland, deren Verhalten in sich nicht widerspruchsfrei war, erteilt.[492]

Durch die am 2.10.1945 von General Sokolowski, den stellvertretenden Leiter der sowjetischen Militärverwaltung und Oberkommandierenden der sowjetischen Besatzungstruppen in Deutschland erlassene Anweisung Nr. 85, den „Befehl zur Erfassung und Sicherstellung von Museumsgütern und zur Wiederbelebung der Museen der sowjetischen Besatzungszone in Deutschland" wurde die Arbeit der Trophäenkommission weiter verkompliziert.[493] In diesem Befehl wird unter Punkt 2 angeordnet:

„b) bis zum 1. November eine vollständige Erfassung aller herrenlosen Kulturgüter aus staatlichen, städtischen und privaten Sammlungen abzuschließen

c) die Museen unter Schutz zu stellen und sowohl in der Hauptstadt Berlin als auch in den Städten der Landesverwaltungen geeignete Lagerräume zu schaffen,

d) alle vermissten Kunstwerke der staatlichen Museen zu finden und bis zum 15. Oktober an die zentrale Sammelstelle zu überstellen; ausgelagerte und herrenlose Kunstwerke in lokalen Sammellagern zu konzentrieren, dort mit ersten Restaurierungen und Konservierungen zu beginnen und die notwendigen Rückführungen zur Eröffnung der deutschen Museen in die Wege zu leiten."[494]

---

491 *Nevelev*, GYIL 42 (1999), S. 337 ff., S. 341 f.

492 Vgl. hierzu *Akinscha/Koslow/Toussaint,* Operation Beutekunst, S. 25, mit Beispielen.

493 Die schwierige Situation Ende 1945 beschreibt Samoschkin, der neue Leiter der Berliner Sektion des Kunstkomitees in einem Bericht folgendermaßen: „Ich hatte große Schwierigkeiten ... Auf der einen Seite war eine Entscheidung des Sonderkomitees zur Verlegung der deutschen Kulturgüter nicht vorhanden, auf der anderen Seite taucht plötzlich die Anweisung von Marschall Sokolowski auf, der einen Wiederaufbau der deutschen Museen befürwortete. Durch diese Unstimmigkeiten erhielt ich weder von der sowjetischen Militärverwaltung, noch von den Trophäenbrigaden die Erlaubnis zur Inspektion der Lagerungsorte, um als Stellvertreter des Kunstkomitees eine Auswahl zur Beschlagnahme der wichtigen Museumsgüter zu treffen. Ich wandte mich daher persönlich an Marschall Sokolowski und gab meiner festen Überzeugung Ausdruck, dass eine Auswahl der einzigartigen Kunstsammlungen der Museumsinsel in die UdSSR verlegt werden müsste. ... Einige Tage später gab er mir auf meine Anfrage eine positive Entscheidung von Marschall Shukow unter der Bedingung, dass Auswahl und Beschlagnahme der Bestände des Kaiser-Friedrich-Museums, des Deutschen Museums und des Pergamon Museums in kürzester Zeit abgeschlossen sind. ... Meine Anweisungen mit der Gegenzeichnung durch Leutnant Bokow waren die Grundlage, auf der uns die sowjetischen Militärkommandanten der Distrikte und Provinzen die Erlaubnis erteilten, die Kunstschätze aus den Städten Leipzig, Gotha und zahlreichen Schlössern in verschiedenen Regionen des besetzten Deutschland zu beschlagnahmen." Staatsarchiv der Russischen Föderation, Fundus P-8300, Inventar 26, Akte 347, S. 93-96, zitiert nach *Akinscha/Koslow/Toussaint,* Operation Beutekunst, S. 25.

494 Archiv des Forschungsinstituts für Kulturwissenschaft des Ministeriums für Kultur und der Akademie der Wissenschaften der Russischen Föderation, Inventar 1, Akte 300; Zitiert nach *Akinscha/Koslow/Toussaint,* Operation Beutekunst, S. 25 f.

In dieser Anweisung wurden also weder die Transporte von Deutschland in die UdSSR angesprochen, noch die Absicht, deutsche Kulturgüter als Kompensation für die Verluste russischer Museen heranzuziehen. Vielmehr wird im Gegenteil der Wiederaufbau deutscher Museen befürwortet. Da sich die Repräsentanten der sowjetischen Militärverwaltung tatsächlich an diesen Befehl hielten, wurde die Arbeit der Trophäenbrigaden für mehr als zwei Monate lahmgelegt. Erst als Sokolowski eine mündliche Anordnung aussprach, konnten die Transporte fortgesetzt werden. Festzuhalten ist aber, dass die Anweisung Nr. 85 weder durch General Sokolowski, noch von Marschall Shukow formell aufgehoben wurde und auch eine andere Anordnung der sowjetischen Militärverwaltung zum Umgang mit deutschen Museumsgütern nicht mehr erlassen wurde.[495]

Mithin bleibt als Fazit festzuhalten, dass ein großer Teil der Verlagerung der deutschen Kulturgüter in die UdSSR gegen die strikte Anweisung der Militärverwaltung und ohne entsprechende Erlaubnis durch die sowjetische Regierung, insbesondere das Sonderkomitee, erfolgte.[496]

*(4) Das Jahr 1946*

Im Jahr 1946 wurde die Tätigkeit der Trophäenbrigaden erneut in Frage gestellt. Am 21.4.1946 wurde die sozialistische Einheitspartei Deutschlands gegründet. Bereits einige Wochen vorher hatte deshalb Marschall Sokolowski, stellvertretender Leiter der sowjetischen Militärverwaltung in Deutschland, einen Geheimbefehl zur vorübergehenden Aussetzung aller Demontagen und Beschlagnahmungen deutscher Güter bis Mai 1946 ausgegeben.[497]

Die Brigade des Kunstkomitees hatte ihre Arbeit dagegen zunächst fortgesetzt. Die deutschen Kunstschätze wurden eilig in Militärlagern sichergestellt, um sie nicht den Deutschen zu überlassen. Erst im Mai 1946 wurden die Beschlagnahmungen dem Befehl Sokolowskis entsprechend gestoppt.

Am 18.6.1946 erließ die sowjetische Militärverwaltung dann die Anordnung 177, die die Rückgabe derjenigen Kunstwerke an die deutschen Museen betraf, die noch in der sowjetischen Besatzungszone versteckt waren. Diese Anordnung hatte allerdings auf die Tätigkeit der Trophäenbrigaden kaum Auswirkungen. Zu diesem Zeitpunkt war – was der Militärverwaltung auch bekannt war – der Großteil der Beutekunstaktion bereits abgeschlossen. Der größte Teil der Kunstwerke hatte zu dieser Zeit bereits die Museen Moskaus und Leningrads erreicht oder befand sich auf dem Weg dorthin. Der Rest der Beutekunst wurde für den Transport in militärische Einrichtungen vorbereitet.[498]

---

[495] So *Akinscha/Koslow/Toussaint,* Operation Beutekunst, S. 26.

[496] Eine weitergehende Antwort ist nach *Akinscha/Koslow/Toussaint,* Operation Beutekunst, S. 26 bislang allerdings nicht möglich ist, da die in dieser Frage bedeutsamen Akten der Sonderkommission im Verteidigungskomitee immer noch unter strengem Verschluss stehen.

[497] *Akinscha/Koslow/Toussaint,* Operation Beutekunst, S. 35.

[498] *Akinscha/Koslow/Toussaint,* Operation Beutekunst, S. 36.

*bbb) Beschlagnahmungen und Abtransporte im Einzelnen: Umfang und Organisation*

Über das Tätigwerden der Trophäenbrigaden im Einzelnen, so in welchen Museen, Schlössern oder Bibliotheken die Beschlagnahmen vorgenommen wurden und über die erfolgten Transporte kann an dieser Stelle nur ein Überblick gegeben werden.[499]

Der größte Anteil der nach Russland verbrachten Kulturgüter stammte aus den Museen Berlins, Dresdens und Leipzigs.

Die Kulturgüter wurden zunächst beschlagnahmt und in Lager und Sammelstellen gebracht, die teilweise für die Lagerung ungeeignet waren, so dass die Gefahr der Beschädigung der Kunstwerke bestand. Über die Bestände der Lager wurde häufig nur unzureichend Protokoll geführt.[500] Die Gegenstände wurden schließlich verpackt und die Kisten in der Regel auf Züge verladen, teilweise auch in Frachtflugzeuge[501].

*(1) Abtransporte aus Berlin, Dresden, Leipzig*

In Berlin[502] brachten die Sowjets nicht nur die im Flakturm Zoo, der in den Bereich der anglo-amerikanischen Besatzungszone fallen sollte, lagernden Kunstschätze in ihren Besitz, sondern auch andere in den künftigen Westzonen lagernde Objekte. Die dort befindlichen Gegenstände wurden sofort in den östlichen Teil Berlins verlagert.[503] Der für die Auswahl der Stücke aus den Berliner Museen verantwortliche russische Kunsthistoriker Lasarew sprach sich dafür aus, zwar wichtige Stücke aus den Museen zu entnehmen, aber so viele zurückzulassen, dass noch repräsentative Sammlungen zurückblieben und insbesondere Werke deutscher Meister nicht abzutransportieren.[504] Er sah sich aber beispielsweise nicht daran gehindert, Privatsammlungen wie diejenige der Familie Siemens zu beschlagnahmen oder das Eigentum von Staaten, die während des Krieges die Verbündeten der UdSSR waren.[505] Aus Berlin wurden schließlich auch alle noch brauchbaren, am Leitturm Friedrichshain ausgegrabenen Kunstgegenstände[506] sowie die in der Neuen Münzanstalt lagernden Kulturgüter in die UdSSR verbracht. Ebenso wurden die auf der Museumsinsel und in den Kellern der großen Museen (Pergamon, Kaiser-Friedrich-Museum) lagernden Kunstwerke in die UdSSR abtransportiert, was bis zum Sommer 1946 andauerte.[507]

[499] Eine Auflistung der Tätigkeit der Trophäenkommission und der durchgeführten Transporte im Überblick bietet *Ritter*, Kulturerbe als Beute?, S. 15 ff.; ausführlich: *Akinscha/Koslow/Toussaint*, Operation Beutekunst, S. 26 ff.

[500] Vgl. bspw. *Akinscha/Koslow/Toussaint*, Operation Beutekunst, S. 36.

[501] So bspw. der Schatz des Priamos und der Eberswalder Goldschatz, die Berlin am 30.6.1945 in einem Frachtflugzeug mit Richtung Moskau verließen.

[502] S. hierzu ausführlich *Akinscha/Koslow*, Beutekunst, S. 70 ff.

[503] *Akinscha/Koslow/Toussaint*, Operation Beutekunst, S. 26 f.

[504] Vgl. Nachweis bei *Akinscha/Koslow/Toussaint*, Operation Beutekunst, S. 27.

[505] *Akinscha/Koslow/Toussaint*, Operation Beutekunst, S. 28.

[506] Der Leitturm Friedrichshain war einer der Berliner Hauptlager für Kulturgüter, der im Mai 1945 einem Brand zum Opfer fiel. Über die Ursachen dieses Brandes wurde viel spekuliert und es besteht die Vermutung, dass es sich hier um Brandstiftung gehandelt hat, vielleicht um eine vorherige Beraubung zu vertuschen, vgl. *Friemuth*, Die geraubte Kunst, S. 100 f.

[507] *Akinscha/Koslow/Toussaint*, Operation Beutekunst, S. 32.

Auch die meisten der in Dresden lagernden Kunstschätze wurden in die UdSSR verbracht.[508] Hier war nicht nur die Dresdner Trophäenbrigade des Kunstkomitees tätig, sondern auch die geheim operierende GOChRAN-Gruppe des Staatsschutzes. Die Aktionen konzentrierten sich zunächst auf die Dresdner Gemäldegalerie. Das Kunstkomitee hatte sich ausdrücklich dafür ausgesprochen, nur qualitativ hochwertige Kunstwerke auszuwählen, deutsche Bilder sollten nur in geringer Anzahl entfernt werden. Letztlich hielt man sich aber auch hier nicht an diese Maßgabe. Im Fall Dresdens unterstützte Stalin selbst den Abtransport.[509] Am 30.7.1945 verließ schließlich ein Zug mit Gemälden, Skulpturen, Zeichnungen, Drucken und Kunstobjekten der Dresdner Sammlungen die Stadt. Insgesamt erhielt das Puschkin Museum im Jahr 1945 mehr als 500 Kisten.[510]

In Leipzig[511] wurde eine Sammelstelle für Kulturgüter eingerichtet, in die viele der an verschiedenen Orten in Verstecken in der sowjetischen Besatzungszone aufgefundenen Kunstwerke, Bücher und Archivmaterialien vor ihrem Transport in die UdSSR gebracht wurden. Hierhin wurden die auf 14 Lager verteilten Gemälde des Leipziger Museums für bildende Künste und anderer Leipziger Sammlungen, wie die des ägyptischen Museums der Universität Leipzig und des Grassi-Museums ebenso gebracht, wie die in Schloss Friedenstein in Gotha lagernden Kunstschätze, z.B. die Sammlung der Herzöge von Coburg-Gotha, die im Jagdschloss Reinhardsbrunn lagernden Museumssammlungen aus Gotha und Danzig und Bände der Schlossbibliothek Friedenstein.[512]

Nachdem die zum Abtransport bestimmten Stücke ausgewählt worden waren verließ schließlich am 11.3.1946 ein Güterzug mit 19 Waggons, angefüllt mit Museumsstücken und Büchern, Leipzig mit dem Ziel Moskau.

### *(2) Umfang der Transporte*

Die meisten Transporte fanden in der Zeit von März 1945 bis August 1946 statt, insgesamt dauerte der Abtransport der Beutekunst aber bis 1948.

---

[508] Vgl. hierzu *Akinscha/Koslow,* Beutekunst, S. 136 ff.

[509] Vgl. Nachweis bei *Akinscha/Koslow/Toussaint,* Operation Beutekunst, S. 32.

[510] Darunter befanden sich 48 Kisten mit westeuropäischen Gemälden, 31 Kisten mit Miniaturen, 117 Kisten mit Skulpturen und 32 Kisten mit Möbelstücken. 52 Kisten enthielten insgesamt 146.258 Münzen und Medaillen. Die Sammlung des Historischen Museums Dresden umfasste 384 Kisten, die vom Puschkin Museum in die Eremitage weitergeleitet wurden. Auch die GOChRAN Gruppe überführte im März 1946 22 Gemälde der Dresdner Gemäldegalerie. Weitere Transporte dieser Gruppe umfassten die paläonthologischen und ornithologischen Sammlungen, die in Schloss Königstein ausgelagerten Sammlungen des „Grünen Gewölbes" und die Sammlung des Münzkabinetts, vgl. *Akinscha/Koslow/Toussaint,* Operation Beutekunst, S. 33.

[511] Vgl. hierzu *Akinscha/Koslow,* Beutekunst, S. 172 ff.

[512] Die in den Magdeburger Salzstöcken aufgefundenen Kulturgüter, wozu die Ausstellungsstücke und die Bibliothek des Berliner Zeughauses, ethnographische Sammlungen aus dem Völkerkundemuseum, archäologisches Material aus dem Preußischen Kulturbesitz und eine unglaubliche Anzahl an Büchern und Archivmaterialien zählten, wurden dagegen in das Lager Nummer 2 in Berlin gebracht, *Akinscha/Koslow/Toussaint,* Operation Beutekunst, S. 34.

Die den Ladungen beiliegenden Transportpapiere waren häufig falsch oder unvollständig, darüber hinaus kam es auf den Transporten auch zu Diebstählen.[513]

Der erste mit Kunstbeute beladene Zug aus Berlin startete am 27.9.1945. Danach entstand eine längere Pause, nicht zuletzt hervorgerufen durch die bereits erwähnte Anweisung Nr. 85 vom 2.10.1945 durch die die Wiederherstellung der deutschen Museen angeordnet worden war. Der nächste Zug konnte Berlin erst am 15.1.1946 in Richtung Leningrad verlassen, der nächste Zug folgte am 18.2.. Im Frühjahr 1946 trafen dann häufiger Beutezüge aus Deutschland in Moskau ein, jetzt auch aus Leipzig und Danzig. Im Sommer gelangten die Transporte hauptsächlich nach Leningrad. Einer der letzten Kunsttransporte fand Ende 1948 statt, als die Privatsammlung Otto Krebs, die erst jetzt in Holzdorf bei Weimar entdeckt worden war, in die Eremitage nach Leningrad versandt wurde.[514]

Insgesamt wurden alleine durch das Kunstkomitee zwölf Züge und drei Frachtflugzeuge mit Kunstschätzen in die Sowjetunion geschickt.[515]

*cc) Behandlung der Kulturgüter nach ihrer Verbringung in die UdSSR*

*aaa) Registrierung und Verteilung*

Nach Ankunft der Beutezüge und Frachtflugzeuge in der UdSSR entschied zunächst die Erfassungskommission, auf welche Museen die Kulturgüter verteilt werden sollten. Die besten Stücke wurden für die großen Museen bestimmt und der Rest in die Provinz geschickt. Es bereitete große Schwierigkeiten, die Unmenge an Kunstschätzen unterzubringen.[516]

*bbb) Pläne für die Behandlung der Beutestücke: Legalisierung durch Eingliederung in die eigenen Sammlungen?*

Nach Eintreffen der großen Lieferungen übertrug das Kunstkomitee die Durchführung der Erfassung dem Puschkin Museum. Damit war nun die Regierung für das weitere Schicksal der Kunstwerke verantwortlich. Ursprünglich sollten die Kunstwerke aus deutschen Sammlungen in die ständigen Sammlungen der russischen Museen integriert und so der russische Eigentumsanspruch auf die Kunstwerke verdeutlicht werden.[517] Hierzu ist es letztlich allerdings gerade nicht gekommen, wie im Folgenden aufgezeigt werden soll.

---

[513] *Akinscha/Koslow/Toussaint,* Operation Beutekunst, S. 37.

[514] Vgl. hierzu im Einzelnen *Akinscha/Koslow/Toussaint,* Operation Beutekunst, S. 35 ff.

[515] *Akinscha/Koslow/Toussaint,* Operation Beutekunst, S. 37.

[516] Vgl. hierzu *Akinscha/Koslow/Toussaint,* Operation Beutekunst, S. 37.

[517] Dies machte Chraptschenko, Leiter des Kunstkomitees, in einem Bericht an den Sekretär des Rates der Volkskommissare vom 22.8.1945 deutlich: „Das Kunstkomitee beim Rat der Volkskommissare der UdSSR hat beschlossen, die Dresdner Sammlung in die ständige Sammlung des Puschkin Museums zu integrieren. Gemeinsam eröffnen die beiden Sammlungen die Möglichkeit, in Moskau ein Museum der Weltkunst von ähnlicher Bedeutung wie der Louvre in Paris, das Britische Museum in London und die staatliche Eremitage in Leningrad zu errichten.“, zitiert nach *Akinscha/Koslow/Toussaint,* Operation Beutekunst, S. 38, m.w.N.

Am 30.10.1945 wurden im Kunstkomitee Pläne für eine Ausstellung aus Beständen des Puschkin Museums und den aus Dresden geraubten Werken erörtert. Alle Werke der Dresdner Gemäldegalerie sollten Bestandteil der neuen Sammlung werden und mit einer Eröffnungsausstellung der Öffentlichkeit vorgestellt werden. Viele andere Kunstgegenstände aus Deutschland, wie beispielsweise das Gold aus Troja, sollten aber auch nach diesen Plänen zunächst in den Depots verbleiben, da es für sie keine Ausstellungsfläche und Vitrinen gab.[518] Nicht alle Mitglieder des Kunstkomitees plädierten allerdings für eine derart auffällige Ausstellung. Sie befürworteten vielmehr eine „diskrete Verschmelzung“ der erbeuteten Sammlungen mit den Museumsbeständen.[519] Im Dezember 1945 wurde schließlich der endgültige Plan für eine gemischte Sammlung durch die wissenschaftliche Abteilung des Puschkin Museums veröffentlicht. Im Sommer 1946 erhielt der Direktor des Museums auch eine entsprechende Freigabe durch das Kunstkomitee. Die Wiedereröffnung des Museums mit einer Ausstellung, in die auch ein Teil der erbeuteten Gemälde integriert werden sollte, war für September 1946 geplant. Diese Ausstellung fand jedoch nicht statt. Obwohl die Einladungen bereits verschickt waren, verhinderte das Kunstkomitee die Ausstellung schließlich.[520]

Auch die in Leningrad gefassten Pläne, den Pergamonaltar in die ständige Sammlung der Eremitage zu integrieren, wurde plötzlich aus Moskau gestoppt. Einige Gemälde, die bereits in die ständigen Sammlungen integriert worden waren mussten entfernt werden und verschwanden in geheime Depots. Durch die Rückkehr zur Geheimhaltung wurde auch die Verteilung der restlichen Kulturgüter an die Provinzmuseen zunichte gemacht. Entsprechend einer Anordnung des Leiters des Kunstkomitees sollte die Verteilung der Beutestücke so lange ausgesetzt werden, bis ein besonderer Befehl erfolgt.[521] Ein derartiger Befehl wurde allerdings nicht mehr erlassen.

Von jetzt an lagerten die aus Deutschland weggeführten Kulturgüter – mit Ausnahme der in den 50er Jahren an die DDR restituierten Gegenstände[522] - bis zu ihrer „Wiederentdeckung“ zu Beginn der 90er Jahre des 20. Jahrhunderts in Geheimdepots, zu denen ab 1949 nur noch Restauratoren Zutritt hatten.[523] Die Geheimhaltungspraxis, die mit Beginn der 50er Jahre einsetzte hatte politische Gründe[524] und lässt auch darauf schließen, dass die UdSSR die Fragwürdigkeit ihres Verhaltens in völkerrechtlicher Hinsicht erkannte und deshalb die Tatsache des Vorhandenseins der deutschen Kulturgüter verschleiern wollte.

Seitens der Staatsorgane der UdSSR hat es nach Kriegsende vielmehr keinen irgendwie gearteten Rechtsakt gegeben, durch den ein Eigentumsrecht der UdSSR an den deutschen Kulturgütern erhoben worden wäre. Deutsche Museumsgüter erschienen in keiner Bestandsliste eines staatlichen russischen Museums, wurden also nicht in

---

518 *Akinscha/Koslow/Toussaint,* Operation Beutekunst, S. 38 f.

519 Vgl. hierzu *Akinscha/Koslow/Toussaint,* Operation Beutekunst, S. 39.

520 *Akinscha/Koslow/Toussaint,* Operation Beutekunst, S. 39.

521 *Akinscha/Koslow/Toussaint,* Operation Beutekunst, S. 40.

522 Vgl. hierzu unten B.II.5.c).

523 *Akinscha/Koslow/Toussaint,* Operation Beutekunst, S. 40.

524 *Koulichov,* in: Simpson (Hrsg.), The Spoils of War, S. 171 ff., S. 172.

die eigenen Bestände integriert.[525] Die UdSSR sah sich also selbst nicht als Eigentümerin dieser Gegenstände an.[526]

*dd) Zusammenfassung: Motive für die Beschlagnahme und den Abtransport deutscher Kulturgüter*

Abschließend soll nun nochmals zusammenfassend auf die Frage nach der Motivation für die Beschlagnahmen und den Abtransport eingegangen werden.

Auf Viermächte-Ebene schwiegen die Vertreter der UdSSR entweder zum Thema der Heranziehung von Kulturgütern zu Reparationen und zur restitution in kind bzw. sprachen sie sich für eine Begrenzung der restitution in kind auf seltene Einzelstücke aus. Gegen die amerikanische Verschiffungspolitik protestierten sie zwar, andererseits konnte sie ihnen als Alibi für die eigenen Abtransporte dienen.[527]

In den sowjetischen bzw. russischen Akten finden sich widersprüchliche Begründungen für die Beschlagnahmungen und die Wegführungen. Deshalb liegt die Vermutung nahe, dass insbesondere die Kulturoffiziere nicht über die Hintergründe ihres Handelns aufgeklärt waren.[528]

Zwar hat es wie gesehen während des Krieges ursprünglich Pläne zur Aneignung derjenigen deutschen Kulturgüter, die in den Ziellisten aufgeführt wurden, gegeben, bei der Durchführung der Beuteaktionen sind die Trophäenbrigaden aber über diese ursprünglichen Pläne bei weitem hinausgegangen und handelten teilweise auch ohne Befehl der sowjetischen Führung.

Die UdSSR hat sich weder während der Aktionen der Trophäenbrigaden noch danach, etwa während der Restitution an die DDR in den Jahren 1955 bzw. 1958, offiziell im Sinne einer geplanten Aneignung geäußert.[529] Auch in den Akten findet sich kein Hinweis hierauf.[530] Der Auffassung, die Kunstwerke dienten der Heranziehung zu Reparationsleistungen, wurde seitens der für den Abtransport verantwortlichen Offiziere gegenüber deutschen Museumsarbeitern, die bei der Beutekunstaktion Mithilfe leisten mussten, vielmehr sogar widersprochen.[531] Es mag allerdings fraglich erschei-

---

[525] *Boguslavsky,* in: Simpson (Hrsg.), The Spoils of War, S. 186 ff., S. 189.

[526] So auch *Fiedler,* Kulturgüter als Kriegsbeute, S. 13; *Hartwig,* EuGRZ 1999, S. 553 ff., S. 557; *Dolzer,* NJW 2000, S. 560 ff., S. 561; *Schoen,* NJW 2001, S. 537 ff., S. 539; *Fastenrath,* in: FAZ v. 16.4.1997, S. 8.

[527] *Friemuth,* Die geraubte Kunst, S. 112.

[528] *Schade,* Kulturbeute und Friedensordnung, in: Strocka (Hrsg.), Kunstraub – ein Siegerrecht?, S. 63 ff., S. 77.

[529] *Fiedler,* in: Strocka (Hrsg.), Kunstraub – ein Siegerrecht?, S. 47 ff., S.50; *Gattini,* EJIL 7 (1996), S. 67 ff., S. 75.

[530] Lediglich in einem Bericht Lasarews über die Schlösser Potsdams findet sich eine Andeutung hinsichtlich der Entschädigung sowjetischer Verluste durch konfiszierte deutsche Sammlungen: „Es ist akzeptabel, 20-30 Möbelstücke des 18. Jahrhunderts zu entfernen, mit denen unsere von den Nazis zerstörten Schlösser in den Außengebieten Leningrads wieder gefüllt werden könnten“, zitiert nach *Akinscha/Koslow/Toussaint,* Operation Beutekunst, S. 27.

[531] So erklärte Oberst Tulpanow, Leiter der Kulturabteilung der sowjetischen Militäradministration auf die Frage eines Dresdner Ministerialbeamten nach der Rückgabe der verlagerten Dresdner Kunstwerke: „Die Dresdner Gemälde gehören weder Ihnen noch uns. Sie sind Schätze der Weltkultur. Aber ich muss Ihnen sagen, dass das deutsche Volk diese Schätze schlecht behütet hat. Sie haben

nen, ob die russischen Kulturoffiziere gegenüber der deutschen Öffentlichkeit die wahren Hintergründe ihres Handelns bewusst verschleiern wollten, oder ob sie nicht vielmehr selbst von der politischen und militärischen Führung in Moskau im Unklaren gelassen worden waren.[532]

Selbst wenn ursprünglich Pläne bestanden, die Kulturgüter zu Reparationszwecken heranzuziehen, muss jedoch aus dem Verhalten der Sowjetunion geschlossen werden, dass hiervon schließlich abgerückt wurde. Insbesondere die Einlagerung der Kulturgüter in Geheimdepots und die Tatsache der über 40jährigen Geheimhaltung spricht gegen den Kompensationsgedanken. Vielmehr weist dieses Vorgehen darauf hin, dass die Sowjetunion sich der Fragwürdigkeit ihres Handelns bewusst war und sie erkannt hatte, dass ihr die Kulturgüter nicht zustanden. Einen Rechtsakt, durch den sich die Sowjetunion die Kulturgüter aneignete, hat es nicht gegeben. Die Sowjetunion hielt sich also selbst nicht für die Eigentümerin der Kulturgüter.[533]

Erst im russischen Kulturgütergesetz von 1998 wurden die deutschen Kulturgüter zu russischem Eigentum erklärt.

*c) Restitution von Kulturgütern durch die UdSSR an die DDR während der 50er Jahre des 20. Jahrhunderts*

In den 50er Jahren des 20. Jahrhunderts hat die Sowjetunion schließlich umfangreiche Kulturgutbestände an die Museen der DDR zurückgegeben, was einen Beweis dafür liefert, dass eine Heranziehung der Kulturgüter zu Kompensationszwecken seitens der Sowjetunion gerade nicht erfolgt ist.

Die Rückführung der Kulturgüter lässt sich mit der veränderten (außen)politischen Situation erklären. Zurückgegeben wurden nur Kulturgüter, die aus dem Gebiet der DDR stammten. Sie wurde in den Vereinbarungen zwischen der UdSSR und der DDR mit der „Festigung und weiteren Entwicklung der freundschaftlichen Beziehungen zwischen der UdSSR und DDR" begründet.[534]

Im Jahr 1955 wurden die Sammlungen der Dresdner Gemäldegalerie restituiert, im Jahr 1958 Bestände aus Berliner Museen, die Gothaer Bibliothek und die Bestände des Grünen Gewölbes in Dresden. Insgesamt wurden auf diese Weise ca. 1,5 Millionen

---

die Bitte ausgesprochen, wenigstens einen Teil der Werke zurückzugeben, so dass der historische Überblick hergestellt werden könnte. Doch Sie verstehen nicht, dass wir uns nicht an den Schätzen anderer Völker bereichern wollen. Von Ihrer Arbeit wird es abhängen, wann wir dem deutschen Volk das Vertrauen schenken können, zuverlässiger Hüter dieser Schätze zu sein. Zu diesem Zeitpunkt werden mit Fahnen geschmückte Züge nach Dresden fahren und Ihnen alle Schätze vollständig und unbeschädigt zurückbringen", zitiert nach *Schade,* in: Strocka (Hrsg.), Kunstraub – ein Siegerrecht?, S. 63 ff., S. 77.

[532] *Schade,* in: Strocka (Hrsg.), Kunstraub – ein Siegerrecht?, S. 63 ff., S. 77.

[533] So auch *Fiedler,* Kulturgüter als Kriegsbeute, S. 13; *Hartwig,* EuGRZ 1999, S. 553 ff., S. 557; *Dolzer,* NJW 2000, S. 560 ff., S. 561; *Schoen,* NJW 2001, S. 537 ff., S. 539; *Fastenrath,* in: FAZ v. 16.4.1997, S. 8.

[534] Zitiert nach *Turner,* in: Fiedler (Hrsg.), Internationaler Kulturgüterschutz und deutsche Frage, S. 109 ff., S. 127.

Objekte an die DDR zurückgegeben.[535] Bei der Rückführung wurde durch die Sowjetunion deutlich gemacht, dass es sich bei diesen Kulturgütern um Objekte handelte, die „für die Geschichte der nationalen Kultur Deutschlands“ besondere Bedeutung hätten.[536] 1958 erklärten die DDR und die Sowjetunion, dass alle von der Roten Armee „geretteten“ und „zeitweilig sichergestellten“ Kulturgüter aus ihren sowjetischen Verwahrungsorten wieder an ihre deutschen Herkunftsorte zurückgekehrt seien. Dennoch vorhandene Lücken in deutschen Museen, Bibliotheken und Archiven wurden der offiziellen sowjetischen Version entsprechend als Kriegsverluste abgebucht.[537] Der übrige Teil der deutschen Kulturgüter, egal ob private Sammlungen oder öffentlicher Besitz, darunter auch unzählige Büchersammlungen und die Archive, wurde in den Magazinen verschiedener Museen, Klöster und Bibliotheken St. Petersburgs, Moskaus und anderer Orte eingelagert und vor der Öffentlichkeit mit Ende der fünfziger Jahre auf eine fast absurd anmutende Weise streng geheim gehalten.[538]

Gerüchten um Geheimdepots, in denen deutsche Kulturgüter gelagert seien, hat die Sowjetunion fast 50 Jahre lang widersprochen,[539] bis diese durch Zufall im Jahr 1991 entdeckt wurden. Seitdem ist die Beutekunst Gegenstand der deutsch-russischen Verhandlungen.[540]

*aa) Erste Rückführungswelle im Jahr 1955*

Die Wiederaufnahme der Debatte über die Zukunft der deutschen Kulturgüter und die erste Rückführungswelle im Jahr 1955[541] fällt mit der veränderten außenpolitischen Situation, unter anderem der Tatsache, dass sich die UdSSR den neuen Bündnispartnern des in diesem Jahr gegründeten Warschauer Pakts in besonderer Weise verpflichtet fühlte, zusammen. Am 3.3.1955 formuliert Molotow die Problematik in einem Schreiben an das Zentralkomitee der KPdSU folgendermaßen: „Es gibt zwei Möglichkeiten, das Problem anzugehen. Die Sowjetunion könnte verlautbaren lassen, dass die Kulturschätze der Dresdner Gemäldegalerie dem sowjetischen Volk als Siegesbeute zustehen, oder wir überlassen es dem deutschen Volk als legitimes Kulturerbe“.[542]

In einer Geheimabstimmung des Zentralkomitees der KPdSU im März 1955 wurde schließlich die Rückgabe der Dresdner Gemäldegalerie beschlossen. In einer großangelegten Pressekampagne sowjetischer Zeitungen wurde die „weise und humanistische Entscheidung“ der Rückgabe verherrlicht. Die „barbarischen Akte“ der Amerikaner, die mit ihren Luftangriffen die Paläste und Museen Dresdens vernichtet hatten und die „noch teuflischeren Pläne“ der Nationalsozialisten zur völligen Zerstörung der Dresdner Gemäldegalerie wurden den heroischen und humanistischen Taten der Roten Ar-

---

[535] *Burchardi/Kalb,* „Beutekunst“ als Chance, S. 10; *Burchardi,* Der deutsch-russische Streit um die Kulturgüter, S. 14; *Fiedler,* in: Strocka (Hrsg.), Kunstraub – ein Siegerrecht?, S. 47 ff., S. 51; *Schade,* in: Strocka (Hrsg.), Kunstraub – ein Siegerrecht?, S. 63 ff., S. 79 f.

[536] *Fiedler,* in: Strocka (Hrsg.), Kunstraub – ein Siegerrecht?, S. 47 ff., S. 51.

[537] *Schade,* in: Strocka (Hrsg.), Kunstraub – ein Siegerrecht?, S. 63 ff., S. 79.

[538] *Weber,* HuV-I 1 (1999), S. 36 ff., S. 40.

[539] *Gattini,* EJIL 7 (1996), S. 67 ff., S. 74.

[540] Zu den deutsch-russischen Verhandlungen vgl. unten C.II.

[541] Vgl. hierzu *Akinscha/Koslow,* Beutekunst, S. 232 ff.

[542] Zitiert nach *Akinscha/Koslow/Toussaint,* Operation Beutekunst, S. 41.

mee gegenübergestellt. Diese hätte die deutsche Kultur nicht zerstört, sondern gerettet.[543]

Nach der Restaurierung der Gemälde wurden die schönsten Stücke in den Räumen des Puschkin Museums ausgestellt, bevor am 27.11.1955 das Abschlussprotokoll über die Übergabe der Gemälde der Dresdner Galerie durch die Sowjetunion und deren Übernahme durch die DDR geschlossen wurde.[544] Gesprochen wurde darin von den durch die Sowjettruppen als Teil des deutschen Kulturerbes „geretteten" Kulturgüter, die zwecks Erhaltung und Restaurierung in die Sowjetunion zur vorübergehenden Aufbewahrung gebracht worden waren.[545] In den Übergabeprotokollen wird weder der Begriff der Beute im Sinn sowjetischen Eigentums, noch der Reparation gebraucht. Die Anordnung der Rückgabe der deutschen Kulturgüter erfolgte vielmehr bedingungslos und ohne Kompensation.[546]

*bb) Die zweite Rückführungswelle*

Im Jahr 1958 erfolgte schließlich die zweite große Rückführungswelle deutscher Kulturgüter.[547] Bis in die achtziger Jahre hinein kam es dann nur noch zu kleineren Rückgaben an die DDR.[548]

Die Verhandlungen um die Rückführung weiterer Kulturgüter wurden im Jahr 1957 aufgenommen. Am 5.1.1957 überreichte der ostdeutsche Außenminister Bolz eine Verlustliste aus den Museen von Berlin und Dresden an seinen sowjetischen Verhandlungspartner Sorin und am 31.5.1957 übergab die Botschaft der DDR die Auflistung weiterer seit dem Kriegsende vermisster ostdeutscher Sammlungen an die UdSSR.[549]

Daraufhin wurde durch Erlass des Präsidiums im Zentralkomitee der KPdSU vom 21.5.1957 die Überprüfung der sich zur „vorübergehenden" Aufbewahrung in der Sowjetunion befindenden Kulturgüter angeordnet.[550]

Alle seitens der russischen Museen, insbesondere des Puschkin Museums in Moskau und der Eremitage in Leningrad daraufhin erstellten Listen[551] wurden im Kulturministerium schließlich im Dokument „über den Bestand von Kulturgütern der Deutschen Demokratischen Republik, zur vorübergehenden Aufbewahrung in der UdSSR" zusammengefasst. Danach belief sich die Gesamtzahl an Kulturgütern auf 2.614.874

---

[543] Vgl. *Akinscha/Koslow/Toussaint,* Operation Beutekunst, S. 41; Die amerikanische Presse hatte in Bezug auf die sog. „Rettungsaktion" ein anderes Bild, vgl. bspw. Nachweis bei *Hollander,* The international law in art, S. 51.

[544] Das Protokoll ist abgedruckt in: Dokumente zur Außenpolitik der DDR, Band IV, S. 51.

[545] Abschlussprotokoll über die Übergabe der Gemälde der Dresdner Galerie durch die Sowjetunion und deren Übernahme durch die DDR, Dokumente zur Außenpolitik der DDR, Band IV, S. 51; Protokoll über die Übereignung von deutschen Kunstwerken an die Regierung der DDR, ebenda, S. 171; Protokoll über die Übergabe deutscher Kulturgüter, die sich zeitweilig zur Aufbewahrung in der UdSSR befinden, an die DDR, Dokumente zur Außenpolitik der DDR, Band VI, S. 452 f.

[546] *Hiller,* in: Simpson (Hrsg.), The Spoils of War, S. 179 ff., S. 180.

[547] Ausführlich *Akinscha/Koslow,* Beutekunst, S. 244 ff.

[548] *Schade,* in: Strocka (Hrsg.), Kunstraub – ein Siegerrecht?, S. 63 ff., S. 79.

[549] *Lehmann/Kolasa,* Die Trophäenkommissionen der Roten Armee, Dokument Nr. 44, S. 238 f.

[550] *Akinscha/Koslow/Toussaint,* Operation Beutekunst, S. 44.

[551] Vgl. hierzu im Einzelnen *Akinscha/Koslow/Toussaint,* Operation Beutekunst, S. 44 f.

Stücke.[552] 108.338 Werke stammten aus Privatbesitz, bei mehr als 50.000 Werken ließ sich die Herkunft nicht mehr feststellen.[553]

Vor ihrer Rückgabe sollten die Kulturgüter restauriert werden. Dies war nötig, um den Mythos der „geretteten Meisterwerke" aufrechterhalten zu können, denn in Wahrheit wiesen viele der Kunstwerke Beschädigungen durch Verpackung oder Transport auf, hatten Stockflecken infolge mangelhafter Lagerung, Einstiche, Einschüsse oder Löcher. Viele der Kunstwerke waren mittlerweile bereits unwiederbringlich zerstört. Das ehrgeizige Projekt der kompletten Restaurierung aller Kunstwerke musste schließlich im Sommer 1958 aufgeben werden, „da ein Abschluss der Anstrengungen nicht absehbar ist und die Restaurierung unserer eigenen Museumsschätze um Jahre verzögert werden könnte".[554]

Schließlich musste eine Entscheidung darüber getroffen werden, welche Gegenstände zurückgegeben werden sollten. In der von Kulturminister Michailow am 30.7.1957 unterzeichneten Resolution wurden die abschließenden Vorschläge der Restitutionskommission zur Rückführung von Kulturgütern an die DDR niedergelegt.[555] Bezüglich der sowjetischen Verluste wurde vorgeschlagen, die Verlustlisten der Staatlichen Sonderkommission von 1945 den Deutschen als Forderung zu überreichen. Im zweiten Teil befasste sich die Resolution mit dem „Kulturerbe der DDR, das in sowjetischen Sonderdepots aufgefunden werden konnte". Danach sollten alle Archive, die ursprünglich aus der sowjetischen Besatzungszone kamen, in einem zu errichtenden Sonderarchiv erfasst werden, das dann den Vertretern der zentralen Staatsorgane zur Verfügung stehen würde. Die Rückgabe der deutschen Bibliotheken – abgesehen von erlesenen Bibliothekssammlungen – war ebenfalls nicht vorgesehen. Schließlich sollten „alle Wertgegenstände von kultureller Bedeutung, die entweder aus Privatbesitz stammen oder deren Herkunft nicht geklärt werden konnte und alle Sammlungen, die von den Nationalsozialisten in Drittstaaten erbeutet wurden, von einer Rückführung" ausgenommen werden.[556] Ebenso waren alle Sammlungen westdeutscher Herkunft für den Verbleib in sowjetischen Depots vorgesehen.[557]

---

552 Vgl. *Lehmann/Kolasa,* Die Trophäenkommissionen der Roten Armee, Dokument Nr. 45, S. 240.

553 *Akinscha/Koslow/Toussaint,* Operation Beutekunst, S. 45.

554 Zitiert nach *Akinscha/Koslow/Toussaint,* Operation Beutekunst, S. 46, die hierzu ausführlich berichten.

555 Abgedruckt in russischer Sprache als Dokument Nr. 5 in *Akinscha/Koslow/Toussaint,* Operation Beutekunst, S. 73 ff.

556 Gubenko Archiv, Bericht des Kulturministeriums, Juli 1957, zitiert nach *Akinscha/Koslow/Toussaint,* Operation Beutekunst, S. 48.

557 Im von Michailow übernommenen Vorschlag der Kommission heißt es dazu wörtlich: „Die Kommission hält das Folgende für die Rückgabe nicht geeignet: a) Kulturgüter, die Privatpersonen gehörten, die Sammlungen Hitlers, Görings. b) Exponate und Kollektionen, deren Zuordnung nicht geklärt ist (502.046 Objekte), es könnte sich hier um Erzeugnisse aus Polen, Holland, Frankreich oder anderen Ländern handeln. c) Einzelne Fragmente oder beschädigte Gegenstände, die durch Beschädigung ihre künstlerische und historische Bedeutung verloren haben (7.720 Einzelstücke). d) Bücher und Zeitschriften, welche auf die wissenschaftlichen Bibliotheken der Sowjetunion verteilt wurden und einer Zensurbearbeitung unterlagen. Von Büchern sollen nur einzigartige Ausgaben und Alben mit Original-Gravuren zurückgegeben werden. Für die weitere Aufbewahrung in der UdSSR ist Archivmaterial bestimmt, das von wissenschaftlichem, operativem und politischem Interesse für Behörden und Organisationen der UdSSR ist," zitiert nach *Lehmann/Kolasa,* Die Trophäenkommissionen der Roten Armee, Dokument 45, S. 240 f.

Bei den zum Verbleib bestimmten westdeutschen Sammlungen, Privatsammlungen, Fundstücken aus Drittländern, Sammlungen unbekannter Herkunft und zahlreichen Archiven und Bibliotheken handelt es sich letztlich im Wesentlichen um diejenigen Kulturgüter, die auch heute noch in der UdSSR lagern und den Verhandlungsgegenstand der deutsch-russischen Konsultationen bilden.

Die Restitution der übrigen Kulturgüter sollte Zug um Zug gegen russische Kulturgüter erfolgen. Es ging um einen gleichberechtigten Austausch aller Beutestücke. Dabei wurde außer Acht gelassen, dass die Trophäenbrigaden der Roten Armee unmittelbar nach Kriegsende bereits alle Lager im sowjetischen Sektor durchsucht hatten und aus Deutschland 21 Güterwagen mit Kunstwerken aus russischen, weißrussischen und ukrainischen Museen nach Moskau gekommen waren, weshalb keine weiteren Entdeckungen zu erwarten waren.[558] Darüber hinaus wurde seitens der Restitutionskommission verschwiegen, dass die Abteilung für Reparation, Versorgung und Restitution der sowjetischen Militärverwaltung in Deutschland zwischen 1945 und 1948 von amerikanischen Kunstschutzoffizieren insgesamt 534.120 Kunstwerke[559] zurückerhalten hatten,[560] eine Tatsache, die auch in den heutigen Verhandlungen zwischen der Bundesrepublik Deutschland und Russland russischerseits nicht zur Kenntnis genommen wird.

Am 19.10.1957 erklärte die DDR, dass sie „trotz umfangreicher Nachforschungen im Rahmen staatlicher Untersuchungen feststellen musste, dass sich Kulturgüter aus der UdSSR nicht mehr in der DDR befinden".[561]

Nach etlichen Diskussionen um eine mögliche Reduktion der russischen Rückführungen[562] beschloss Chruschtschow im Sekretariat des Zentralkomitees am 13.5.1958 schließlich eine um 400.000 Kunstwerke reduzierte Rückgabe der deutschen Kulturgüter. Dennoch sollte die DDR fast alle in ihren Verlustlisten aufgeführten Sammlungen zurückerhalten.[563] Die Rückführungen sollten am 15.10.1958 beginnen und am 1.1.1959 abgeschlossen sein.

Am 28.6.1958 wurde die deutsche Delegation in Moskau schließlich über die angebliche Zahl der „gefundenen" bisher vermissten Kunstwerke informiert. Über den wahren Umfang der in der UdSSR lagernden Kulturgüter wurden sie dagegen im Unklaren gelassen. Die darüber hinaus in den Sammlungen der Museen vorhandenen Lücken wurden nach der offiziellen Version mit der Zerstörung im Krieg erklärt.[564]

Am 30.7.1958 wurde das „Protokoll über die Übergabe deutscher Kulturgüter, die sich zeitweilig zur Aufbewahrung in der Union der Sozialistischen Sowjetrepubliken befinden, an die DDR"[565] unterschrieben. Von einer gleichwertigen Rückgabe war darin nicht mehr die Rede.

---

558 *Akinscha/Koslow/Toussaint,* Operation Beutekunst, S. 47 f.

559 *Ritter,* DA 27 (1994 II), S. 1190 ff., S. 1191, spricht von 328.965 Objekten.

560 *Akinscha/Koslow/Toussaint,* Operation Beutekunst, S. 48 f.

561 Zitiert nach *Akinscha/Koslow/Toussaint,* Operation Beutekunst, S. 48.

562 Reduktion der rückzuführenden Stücke auf 1.375.000 statt der geplanten Anzahl von 1.992.391, *Lehmann/Kolasa,* Die Trophäenkommissionen der Roten Armee, Dokument Nr. 45, S. 242.

563 So *Akinscha/Koslow/Toussaint,* Operation Beutekunst, S. 50.

564 *Schade,* in: Strocka (Hrsg.), Kunstraub – ein Siegerrecht?, S. 63 ff., S. 79; *Friemuth,* Die geraubte Kunst, S. 101; *Seidl-Hohenveldern,* RGDIP 97 (1993), S. 395 ff., S. 399.

565 Dokumente zur Außenpolitik der Regierung der DDR, Band VI, S. 452 f.

Bevor die deutschen Kunstwerke, genau 1.569.176,[566] in über 300 Eisenbahnwaggons im Jahr 1959 in die DDR zurückkehrten, wurden sie noch im Puschkin Museum und der Eremitage ausgestellt.

Der „Rest“ der Kulturgüter, mehr als eine Million, blieb dagegen in den Geheimdepots. Über ihren Verbleib drang nichts an die Öffentlichkeit, ihre Existenz wurde verschwiegen.[567]

Als Fazit lässt sich ziehen, dass auch bei den Rückgabeaktionen an die DDR eine Politik der Verschleierung praktiziert wurde. Die Rückgaben erfolgten aus politischem Kalkül heraus. Die ursprüngliche Verbringung in die UdSSR wurde während der Verhandlungen und in den Rückgabeprotokollen als vorübergehend und zur Rettung der Kulturgüter bezeichnet. Es wurde der Eindruck erweckt, als seien alle in die Sowjetunion verbrachten Kulturgüter zurückgegeben worden. Offiziell wurde nie der Versuch gemacht, die Verbringung mit der Verwendung zu Reparationen bzw. zu Kompensationszwecken zu rechtfertigen.

## *C. Entwicklung der deutsch-russischen „Beutekunst“kontroverse seit der Wiedervereinigung Deutschlands*

### *I. „Wiederentdeckung“ deutscher Kulturgüter in russischen Depots und der Abschluss der deutsch-sowjetischen bzw. -russischen Verträge in den Jahren 1990 und 1992*

Im Zuge der politischen Wende in Osteuropa und in der Sowjetunion zu Beginn der neunziger Jahre wurden auch die sowjetischen Archive, Depots und Magazine, in denen die deutschen Kulturgüter eingelagert worden waren, wieder geöffnet und die Kulturgüter „wieder entdeckt“. Erst dadurch wurde der gesamte Umfang der aus Deutschland verbrachten Kulturgüter, die für nahezu vierzig Jahre als verschollen bzw. vernichtet gegolten hatten und unter strenge Geheimhaltung gestellt worden waren, einer breiteren Öffentlichkeit bekannt. Viele dieser „wieder entdeckten“ Kulturgüter wurden seitdem in Russland in Ausstellungen präsentiert.[568]

Mit der Öffnung der UdSSR zum Westen und im Zusammenhang mit der deutschen Wiedervereinigung wurden auch Verhandlungen über den Verbleib bzw. die Rückführung der Kulturgüter möglich und die Gelegenheit schien günstig, das Problem der „Beutekunst“ einer raschen Lösung zuzuführen.

Am 9. 11.1990 schloss die Bundesrepublik Deutschland mit der Union der Sozialistischen Sowjetrepubliken einen Vertrag über gute Nachbarschaft, Partnerschaft und Zusammenarbeit.[569] Dessen Art. 16 II enthält eine gegenseitige Verpflichtung zur Rückgabe „verschollener oder unrechtmäßig verbrachter Kunstschätze ... an den Eigentümer oder seinen Rechtsnachfolger“. Im nahezu gleich lautenden[570] Art. 15 des nach

---

[566] *Akinscha/Koslow/Toussaint,* Operation Beutekunst, S. 51.

[567] *Schmidt,* in: Simpson (Hrsg.), The Spoils of War, S. 95 ff., S. 97.

[568] Eine Übersicht über die verschiedenen Ausstellungen findet sich bei *Burchardi/Kalb,* „Beutekunst“ als Chance, S. 15 f.

[569] BGBl. 1991 II, S. 702 ff.

[570] Hier heißt es „Kulturgüter“ anstelle von „Kunstschätzen“.

Auflösung der Sowjetunion geschlossenen Abkommens zwischen der Regierung der Bundesrepublik Deutschland und der Regierung der russischen Föderation über kulturelle Zusammenarbeit vom 16.12.1992[571] wurde diese wechselseitige Verpflichtung bestätigt.

Mit dem Nachbarschaftsvertrag vom November 1990, der von einer Reihe bedeutender bi- und multilateraler Verträge zur Beendigung des Ost-West-Konflikts und der Spaltung Europas eingerahmt wird, so vom sog. Zwei-plus-Vier-Vertrag vom 12.9.1990, dem Vertrag über die Entwicklung einer umfassenden Zusammenarbeit auf dem Gebiet der Wirtschaft, Industrie, Wissenschaft und Technik vom 9.11.1990 und der Charta von Paris für ein neues Europa auf dem KSZE Gipfel vom 21.11.1990, sollte eine neue Ära der partnerschaftlichen Zusammenarbeit und Freundschaft zwischen der Bundesrepublik Deutschland und Russland beginnen und die Schatten der Vergangenheit überwunden werden.[572] Die Einbeziehung der Rückgabe von Kulturgütern in die Neuregelung der gegenseitigen Beziehungen stellt den Versuch dar, auch mit diesem Kapitel der Vergangenheit abzuschließen, das Problem der sog. Beutekunst einer zukunftsorientierten Lösung zuzuführen und so gegenseitige Belastungen der Beziehungen auszuräumen.[573]

## *II. Deutsch-russische Rückführungsverhandlungen seit 1993*

Im Februar 1993 nahmen Deutschland und Russland schließlich Verhandlungen über die Organisation der Rückführung und die Umsetzung der deutsch-russischen Verträge auf.

### *1. Gegenstand der deutsch-russischen Verhandlungen*

Bevor der Verlauf der Verhandlungen dargestellt wird, soll kurz der Gegenstand der deutsch-russischen Konsultationen skizziert werden.

Bekannt ist inzwischen, dass sich in Russland noch ca. eine Million Museums- und Sammlungsobjekte – davon 200.000 von besonderer kunst- und kulturhistorischer Bedeutung – sowie ca. 4,6 Millionen Bücher und drei Kilometer Archivgut befinden.[574]

Seit 1991 versuchten Bund und Länder eine Gesamtübersicht der kriegsbedingt vermissten und nach Russland verbrachten Kulturgüter zu erstellen. Zunächst wurden nach der Wiedervereinigung die Fehlbestände und das noch Vorhandene in den Museen, Bibliotheken und Archiven im Westen und Osten untereinander abgeglichen. Die erste Übersichtsliste der vermissten Gegenstände wurde den Russen 1993 überreicht. Im Bestandsverzeichnis, das Russland 1994 übergeben wurde, werden 200.000 Museumsobjekte, zwei Millionen Bücher und über drei Kilometer Archivgut aufgezählt.[575]

---

571 BGBl. 1993 II, S. 1256 ff.

572 *Gattini*, EJIL 7 (1996), S. 67 ff., S. 77.

573 Vgl. auch *Fiedler,* Kulturgüter als Kriegsbeute, S. 2.

574 So *Ritter,* UFITA 136 (1998), S. 129 ff., S. 136; so auch *Schoen,* NJW 2001, S. 537 ff., S. 538 f.; *Gattini*, EJIL 7 (1996), S. 67 ff., S. 75 spricht dagegen von 200.000 Museumsobjekten, ca. zwei Mio. Büchern und drei Kilometern Archivgut.

575 Vgl. auch Ziffer 4 des Bonner Protokolls vom 30.6.1994, abgedruckt bei *Fiedler,* Kulturgüter als Kriegsbeute, S. 45 f., S. 46; eine Auflistung der in Russland lagernden Kulturgüter einschließlich

Bei den in Russland befindlichen Kulturgütern handelt es sich um eine heterogene Masse an Objekten, die Museumsbestände in staatlichem Besitz ebenso umfasst, wie Privatsammlungen, aber auch von den Nationalsozialisten in Frankreich und den Niederlanden „gekaufte“ Kulturgüter, in Polen beschlagnahmtes Kulturgut und durch die Nazis konfisziertes jüdisches Eigentum.[576]

Es befinden sich darunter nicht nur der berühmte „Schatz des Priamos“, auf den sich zwar das öffentliche Interesse fokussiert, der aber nicht das Kernstück der in Russland lagernden Bestände und der Rückgabeverhandlungen bildet. Vielmehr gibt es daneben andere Kulturgüter, deren Rückgabe für die Bundesrepublik besonders vordringlich ist, weil sie mit der Geschichte Deutschlands und seiner Bevölkerung in besonderer Weise verbunden sind. Es handelt sich um Kulturgüter, die die kulturelle Identität und die Geschichte der nationalen Kultur betreffen, wie der sog. Eberswalder Goldfund aus der späten Bronzezeit, der zur Sammlung des Museums für Vor- und Frühgeschichte der Staatlichen Museen zu Berlin gehört, weiterhin 177 Gemälde aus den Schlössern von Potsdam und Berlin oder zwei Gutenberg-Bibeln der Deutschen Bücherei bzw. der Universitätsbibliothek zu Leipzig.[577]

*a) Kunstwerke aus staatlichen Museen, staatliche Bibliotheken und Archive*

Zu dem noch in Russland lagernden Eigentum staatlicher Sammlungen gehören vor allem solche Kunstwerke, die von den sowjetischen Restitutionen ausgenommen waren, weil sie aus zu West-Berlin oder der Bundesrepublik gehörenden Gebieten stammten. Weiterhin zählen hierzu Gegenstände aus Sammlungen, die vermeintlich bereits in ihrer Gesamtheit nach 1955 an die DDR zurückgegeben worden sind.[578]

Eine große Kategorie von Kulturgütern bilden die von der Sowjetunion nach 1955 nur teilweise restituierten Bibliotheken, wie z.B. Bücher aus der Berliner Staatsbibliothek.[579] Auch staatliche Archive, wie das Geheime Staatsarchiv Preußischer Kulturbesitz lagern noch in Russland.[580]

Ein großer Teil der Kulturgüter ist mithin rechtlich dem Bund, den Ländern und Kommunen zuzuordnen.[581]

---

ihres Herkunftsorts und derzeitigen Aufbewahrungsorts findet sich bei *Burchardi/Kalb,* „Beutekunst“ als Chance, S. 11 ff.

576 *Fiedler,* in: Strocka (Hrsg.), Kunstraub – ein Siegerrecht?, S. 47 ff., S. 53 f.; Auflistung bei *Burchardi/Kalb,* „Beutekunst“ als Chance, S. 11 ff.

577 Nähere Ausführungen zur Art der in Russland lagernden Kulturgüter vgl. *Fiedler,* in: Strocka (Hrsg.), Kunstraub – ein Siegerrecht?, S. 47 ff., S. 51 ff.

578 Eine Auflistung der einzelnen Sammlungen, Bibliotheken und Archive findet sich bei *Burchardi/Kalb,* „Beutekunst“ als Chance, S. 11 ff.; des weiteren vgl. *Schmidt,* in: Simpson (Hrsg.), The Spoils of War, S. 95 ff., S. 97.

579 Vgl. im Einzelnen *Burchardi/Kalb,* „Beutekunst“ als Chance, S. 13; *Schmidt,* The Loss of German Artistic Property as a Result of World War II, in: Simpson (Hrsg.), The Spoils of War, S. 95 ff., S. 97 f.

580 *Burchardi/Kalb,* „Beutekunst“ als Chance, S. 13

581 Nach Schätzungen der Bundesregierung ist der überwiegende Teil der Kulturgüter Eigentum der Länder und Kommunen, http://www.bundesregierung.de/dokumente/Themen-A- Z/Kultur/Ruec.../ix6227_10414.

*b) Privateigentum*

Einen beträchtlichen Anteil an der noch in Russland lagernden Beutekunst haben aber auch Kunstwerke aus nichtstaatlichen Einrichtungen, privaten Sammlungen und individueller Eigentümer.[582] Diese machen laut Bundesregierung ca. 35% der deutschen Kulturgutverluste aus.[583] Zu den privaten Sammlungen, die noch in Russland lagern, zählt beispielsweise die Sammlung Gerstenberg, die Sammlung Friedrich von Siemens, die Sammlung Krebs, die Sammlung Koehler, die Sammlung Else von Goldhammer, die Sammlung Quandt, das persönliche Eigentum Wilhelm von Humboldts, die Dresdner Sammlung Victor von Klemperers, die zuvor bereits von den Nationalsozialisten im Jahr 1940 als jüdisches Eigentum beschlagnahmt worden war und das Eigentum des Hauses Wettin.[584]

Auch private Bibliotheken und Privatarchive zählen zu den in Russland lagernden Kulturgütern, ebenso wie Kulturgüter, die in kirchlichem Eigentum stehen, wie die berühmten Glasfenster aus der Marienkirche in Frankfurt an der Oder, deren Restitution allerdings mittlerweile erfolgt ist.

Schließlich befindet sich auch bereits vor der Beschlagnahme durch die UdSSR von den Nazis konfisziertes Privateigentum, insbesondere jüdisches Eigentum unter den Beutestücken.[585]

*c) Sonderfall: Private Plünderungen durch einzelne Soldaten*

Die bisher genannten Kulturgüter wurden in der bereits beschriebenen,[586] vom sowjetischen Staat angeordneten, planmäßig angelegten Aktion beschlagnahmt und befinden sich aufgrund Abtransports durch die Rote Armee während der Besatzungszeit in Russland.

Davon zu unterscheiden sind die Fälle, in denen Private oder einzelne Militärangehörige unter Verstoß gegen interne Anordnungen Kunstgegenstände für sich persönlich haben „mitgehen lassen".[587] Derartige Private Plünderungen hat es auch durch sowjetische Soldaten gegeben. In letzter Zeit tauchen immer häufiger gerade derartige Objekte aus Privatbesitz auf dem internationalen Kunstmarkt auf.

---

582 Vgl. *Fiedler,* DA 1/1998, S. 258 ff., S. 268. Eine Auflistung der einzelnen betroffenen Museen, Sammlungen, etc. findet sich bei *Burchardi/Kalb,* „Beutekunst" als Chance, S. 11 ff.

583 http://www.bundesregierung.de/dokumente/Themen-A-Z/Kultur/Ruec.../ix6227_10414.ht.

584 *Schmidt,* in: Simpson (Hrsg.), The Spoils of War, S. 95 ff., S. 98; *Burchardi/Kalb,* „Beutekunst" als Chance, S. 11.

585 *Fiedler,* DA 1/1998, S. 258 ff., S. 268.

586 Vgl. oben B.II.5.b).

587 Genannt sei hier nur der Fall des Quedlinburger Domschatzes. Hier hatte im April 1945 ein amerikanischer Soldat ein Evangeliar und mehrere Gegenstände aus Quedlinburg entwendet und per Feldpost in seinen Heimatort Whitewright in Texas geschickt. Als seine Erben diese Gegenstände mehrere Jahrzehnte später im internationalen Kunsthandel verkaufen wollten, wurde auch die ursprüngliche Eigentümerin, die Domgemeinde St. Servatii in Quedlinburg darauf aufmerksam und kaufte sie schließlich mit Hilfe staatlicher Mittel für knapp 3 Mio. US-Dollar zurück, vgl. hierzu *Müller-Katzenburg,* NJW 1999, S. 2551 ff., S. 2552, m.w.N.

Diese Fälle privat geraubter Gegenstände zählen in erster Linie allerdings nicht zum Verhandlungsgegenstand der deutsch-russischen Konsultationen, sondern werden in der Regel auf dem Gerichtsweg geklärt.[588]

*2. Gemeinsame Sitzung der Regierungskommissionen der Bundesrepublik Deutschland und der Russischen Föderation in Dresden vom 9.-10.2.1993*

Auf dem Treffen in Dresden vom 9.-10.2.1993 legten sowohl Deutschland als auch Russland ihre grundlegenden Auffassungen von den Aufgaben und Zielen der Verhandlungen dar. Dabei wurde betont, „dass die Fragen der Rückführungen komplizierte politische, historische, kulturelle, wirtschaftliche, juristische und moralische Aspekte der deutsch-russischen Beziehungen berühren und einen verantwortlichen und sorgfältigen Ansatz erfordern".[589]

Mit dem „Dresdner Protokoll" von Februar 1993 wurde offiziell vereinbart, eine „Gemischte Regierungskommission" sowie vier Fachgruppen, zuständig für Museen und Sammlungen, Archive, Bibliotheken, Rechtsfragen einzurichten, um die Durchführung der Rückgabe zu besprechen.[590]

*3. Sitzungen der Gemeinsamen Kommission und Fachgruppen*

Die erste Sitzung der Gemeinsamen deutsch-russischen Kommission zur beidseitigen Rückführung von Kulturgütern fand im März 1994 in Moskau statt, die zweite im Juni 1994 in Bonn. Während der Sitzungen der Rechtsgruppe kam es zu Meinungsverschiedenheiten über die Vertragsinterpretation der zwischen Deutschland und Russland geschlossenen Verträge.[591]

Während der Moskauer Sitzung kamen beide Seiten darin überein, dass ... „Gegenstand der Tätigkeit der Gemeinsamen Kommission diejenigen Kulturgüter sind, die während und infolge des Zweiten Weltkriegs verbracht worden sind".[592] Beide Seiten garantierten während dieser Sitzung auch den freien Zugang für Experten zu den seit vierzig Jahren versteckten Kulturgütern.[593]

---

[588] Im Zusammenhang mit der gerichtlichen Klärung der Fälle „privat" geraubter Kulturgüter ergeben sich vor allem international-privatrechtliche Probleme. Diese sind allerdings im Wesentlichen denjenigen Fragen gleichgelagert, die sich im Zusammenhang mit Klagen auf Rückgabe von Kulturgütern ergeben, die aus der „Beutemasse" der Roten Armee stammen und auf dem internationalen Kunstmarkt auftauchen. Die hierzu unten 3. Teil, D.II. gemachten Ausführungen können deshalb auf die Fälle privat geraubter Kulturgüter grundsätzlich übertragen werden.

[589] Ziffer 5 des Dresdner Protokolls vom 10.2.1993, abgedruckt bei *Fiedler,* Kulturgüter als Kriegsbeute, S. 36 ff., S. 37.

[590] Vgl. Ziffer 6 des Dresdner Protokolls vom 10.2.1993, abgedruckt bei *Fiedler,* Kulturgüter als Kriegsbeute, S. 36 ff., S .37 f.

[591] *Boguslavsky,* in: Simpson (Hrsg.), The Spoils of War, S. 186 ff., S. 186.

[592] Ziffer 5 des Moskauer Protokolls vom 24.3.1994, abgedruckt bei *Fiedler,* Kulturgüter als Kriegsbeute, S. 41 ff., S. 42.

[593] Ziffer 3 des Moskauer Protokolls vom 24.3.1994, abgedruckt bei *Fiedler,* Kulturgüter als Kriegsbeute, S. 41 ff., S. 42 lautet: „Beide Seiten halten eine engere und offenere Zusammenarbeit zwischen den durch die jeweilige Seite bevollmächtigten zuständigen Experten zwecks gemeinsamer Ausarbeitung von Vorschlägen zur Feststellung und listenmäßigen Erfassung von Kulturgütern,

Gemäß Ziffer 3 des Moskauer Protokolls vom 24.3.1994 wurde die Fachgruppe für Rechtsfragen beauftragt, nach den Regeln des Völkerrechts und unter Berücksichtigung des Dresdner Protokolls Vorschläge bezüglich der Rechtsauslegung der Vereinbarungen, die in den beiderseitigen Verträgen festgelegt sind, sowie Empfehlungen für effektive Verfahrensregeln zu ihrer zügigen Umsetzung auszuarbeiten.[594] Diese Rechtsdiskussion führte aufgrund der Unvereinbarkeit der deutschen und russischen Seite zu einer erheblichen Blockierung der weiteren Verhandlungen.

Auf der vom 29.-30.6.1994 in Bonn abgehaltenen Sitzung der Gemeinsamen Kommission übergab die deutsche Seite als Anlage zur Verbalnote vom 29.6.1994 eine Zusammenstellung aller bisher bekannten Fälle deutscher Kulturgüter, die nach ihrer Auffassung Gegenstand ihrer Rückführungsansprüche sind, nämlich ca. 200.000 Museumsgüter, 2 Mio. Bücher und 3 km Archivgut. Dabei behielt sie sich die Notifizierung weiterer Ansprüche vor.[595] Die russische Seite übergab ihrerseits als Anlage zur Verbalnote Nr. 34 vom 29.6.1994 Listen von Kulturgütern, die ihrer Auffassung nach der Rückführung unterliegen. Allerdings erklärte sie gleichzeitig, dass diese Listen nicht abschließend seien.[596] Eine vollständige Gesamtübersicht seiner in Deutschland vermuteten kriegsbedingt verbrachten Kulturgüter hat Russland im Rahmen der Regierungsverhandlungen indes bis heute nicht vorgelegt. Bislang hat Russland im Juli 1999 lediglich drei Bände einer auf fünfzig Bände veranschlagten Gesamtpublikation über verschleppte und verschollene russische Kunstschätze vorgelegt.[597]

Die Verhandlungen in den einzelnen Gesprächsrunden der Fachgruppen verliefen sehr unterschiedlich. Während die Sitzungen der Fachgruppe Bibliotheken außerordentlich produktiv verliefen,[598] war die Arbeit in der Kommission für Museen und Sammlungen wesentlich schwieriger.[599]

Im Moskauer Protokoll über die Sitzung der Fachgruppe „Rechtsfragen" vom 9.-10.6.1994 in Moskau wurde sogar festgestellt, dass „die Arbeitsgruppe trotz intensiver Verhandlungen wegen grundsätzlich divergierender Rechtsauffassungen eine Einigung nicht erzielen könne".[600] Der Streit wird hier insbesondere hinsichtlich der Frage ausgetragen, ob die Verbringung der deutschen Kulturgüter zwischen 1945 und 1949

---

welche Gegenstand der Rückführung sein könnten, für unverzichtbar. Hierfür gewährleisten beide Seiten diesen Experten freien Zugang zu diesen Kulturgütern an ihrem Aufbewahrungsort zwecks Durchführung einer gemeinsamen Identifizierung und spezialisierter Expertisen und werden ihnen günstige Arbeitsbedingungen schaffen."

594 Vgl. Ziffer 3 des Moskauer Protokolls vom 24.3.1994, abgedruckt bei *Fiedler,* Kulturgüter als Kriegsbeute, S. 41 ff., S. 42.

595 Vgl. Ziffer 4 des Bonner Protokolls vom 30.6.1994, abgedruckt bei *Fiedler,* Kulturgüter als Kriegsbeute, S. 45 f., S. 46.

596 Vgl. Ziffer 4 des Bonner Protokolls vom 30.6.1994, abgedruckt bei *Fiedler,* Kulturgüter als Kriegsbeute, S. 45 f., S. 46.

597 *Holm,* In Großmachtlaune, in: FAZ v. 2.8.1999, S. 39.

598 Die Buchbestände wurden von der Fachgruppe in solche Bestände eingeteilt, die nach Deutschland zurückgegeben werden sollten, in solche, die in Russland verbleiben und schließlich solche, die nach Erstellung von Kopien beiden Ländern zur Verfügung stehen sollen.

599 *Burchardi,* Der deutsch-russische Streit um die Kulturgüter, S. 17.

600 Ziffer 2 des Moskauer Protokolls vom 10.6.1994, abgedruckt bei *Fiedler,* Kulturgüter als Kriegsbeute, S. 44 f., S. 45

rechtmäßig gewesen ist, denn nur „unrechtmäßig verbrachte" Kunstschätze erklären die Verträge für restitutionspflichtig.[601]

### *III. Verhärtung der Fronten: Entwicklung bis zum russischen Kulturgütergesetz vom 15.4.1998 und dem hierzu ergangenen Urteil des Russischen Verfassungsgerichts vom 20.7.1999*

#### *1. Zunahme nationalistischer Tendenzen in Russland*

Die zunächst erfolgreich angelaufenen Gespräche in der Gemischten Regierungskommission und den einzelnen Fachgruppen gerieten zunehmend, nicht zuletzt aufgrund der unterschiedlichen Auffassung über die Interpretation des Art. 16 II des Nachbarschaftsvertrags ins Stocken. Schließlich tagten die gemeinsamen Kommissionen überhaupt nicht mehr.

Der Grund für die geänderte Einstellung der Russen in der Frage der „Beutekunst" ist in der veränderten innenpolitischen Situation in Russland zu suchen. Durch die Herstellung eines nationalistischen Wertehorizonts versuchte das ökonomisch, politisch und sozial geschwächte Land zu einer Stabilisierung zu gelangen. In diesem Zusammenhang ist die Beutekunst von Bedeutung für die Bewertung der russischen Geschichte und für das nationale Selbstverständnis.[602] Die deutschen Kulturgüter erinnern an den Krieg, in dem die russische Bevölkerung unsagbar unter den Gräueln der Deutschen gelitten hat, aus dem die UdSSR aber schließlich im Kampf gegen die Nazis als Sieger hervorgegangen ist. Sie erinnern mithin auch an die seit dem Untergang der Sowjetunion nicht mehr bestehende einstige nationale sowjetische Größe. Nicht zuletzt deshalb stößt die geplante Rückgabe der Kunstschätze an den einstigen Aggressor und Kriegsverlierer Deutschland innerhalb der russischen Bevölkerung auf Unverständnis und Widerstand.[603]

Bereits im Jahr 1994 begannen Teile der russischen Medien eine national gefärbte Kampagne gegen die Rückführung. Dies und die Zunahme der nationalistischen Tendenz, insbesondere in der innerrussischen Politik, in der die nationalistische Opposition drohte, jegliche Restitution von Kulturgütern an Deutschland als Zeichen politischer Schwäche auszulegen, beeinflusste auch die innerhalb der Fachgruppe Recht vertretene russische Position.[604]

#### *2. Russisches Kulturgütergesetz und hierzu ergangenes Urteil des Verfassungsgerichts*

Die nationalistische Wende in der Frage der Beutekunst gipfelte schließlich in der Verabschiedung des Kulturgütergesetzes im Jahr 1998, in dem das russische Parlament die Beutekunst trotz des Vetos des damaligen Präsidenten Jelzin zu russischem Staats-

---

[601] Zur Vertragsinterpretation vgl. unten 3.Teil, A.6.d).

[602] So *Burchardi/Kalb,* „Beutekunst" als Chance, S. 18.

[603] *Lemmermeier,* Die letzten Kriegsgefangenen, in: Die Woche vom 10.2.1995, S. 36.

[604] *Fiedler,* in: Bryne-Sutton/Geisinger-Mariéthoz (Hrsg.), Resolution Methods for Art-Related Disputes, S. 199 ff., S. 209.

eigentum erklärte und das mittlerweile durch das Urteil des russischen Verfassungsgerichts vom 20. Juli 1999 für verfassungsgemäß erklärt worden ist.[605]

Im April 1994 hatte die Duma, die erste Kammer des russischen Parlaments, erstmals gegen die vertraglich vereinbarte Rückführung deutscher Kulturgüter gestimmt. Im März 1995 wurde der Entwurf eines Gesetzes verabschiedet, durch das die deutschen Kulturgüter zu russischem Nationaleigentum gemacht werden sollte. Trotz des Protests von Jelzins Regierung wurde das Gesetz im Juli 1996 von der Duma verabschiedet. Zwar lehnte der Föderationsrat, die zweite Kammer des russischen Parlaments, das Gesetz zunächst ab. Im März 1997 bestätigte er es aber schließlich. Präsident Jelzin, der zunächst seine Unterschrift verweigert hatte, wurde im April 1998 vom durch das Parlament angerufenen Verfassungsgericht zur Bestätigung des strittigen Gesetzes gezwungen.

Jelzin rief nun seinerseits das Verfassungsgericht an, um das Gesetz auf seine Übereinstimmung mit der russischen Verfassung überprüfen zu lassen.[606] Der Präsident rügte unter anderem, dass das Gesetz den in der russischen Verfassung festgeschriebenen Primat des Völkerrechts vor den Bestimmungen des russischen Rechts ignoriert. Das russische Verfassungsgericht entschied allerdings im Juli 1999 zugunsten der Duma und erklärte es für verfassungsgemäß. Gesetz und Urteil stoßen in der russischen Öffentlichkeit auf Zustimmung. So bezeichnet der ehemalige Kulturminister der UdSSR, Nikolaj Gubenko das Gesetz als ein „aus moralischer und ethischer Sicht ... beispiellos nachsichtiges Gesetz“: „Das heißt, wir erlauben Deutschland, das nicht berechtigt ist, Anspruch auf eine Restitution zu erheben, Verhandlungen über einen gleichwertigen Austausch zu führen, obwohl diese Materie äußerst delikat ist“.[607]

Die Bundesregierung insistiert seit Erlass des Gesetzes zwar weiterhin auf der vertraglich vereinbarten Verpflichtung Russlands zur Restitution der deutschen Kulturgüter. Eine energische Reaktion auf die durch das Gesetz verursachte Vertragsverletzung seitens der Bundesregierung unterblieb allerdings.[608]

---

[605] Vgl. hierzu im Einzelnen unten 3. Teil, C.III.

[606] *Burchardi,* Der deutsch-russische Streit um die Kulturgüter, S. 20 f.

[607] *Gubenko,* „Von einem loyaleren Gesetz brauchen die Deutschen nicht zu träumen“, in: Moskauer Deutsche Zeitung, Juni 1998, S. 14.

[608] Vgl. hierzu die Kritik des im Januar 2001 in einem offenen Brief an Kulturstaatsminister Julian Nida-Rümelin vom Vorsitz in der Fachgruppe Museen bei der deutsch-russischen Regierungskommission zur Rückführung von Kulturgut zurückgetretenen früheren Generaldirektor der Staatlichen Kunstsammlungen Dresden, Werner Schmidt. Dieser kritisierte insbesondere, dass die Bundesregierung nicht energisch reagiert habe, als sich die Duma und das russische Verfassungsgericht über die Rückgabebestimmungen der Verträge von 1990 und 1992 hinweggesetzt haben. Insbesondere ein Protest gegen das Kulturgütergesetz sei unterblieben, vgl. das Interview mit Werner Schmidt „Wir sind gescheitert“ in: Der Spiegel 3/2001 vom 15.1.2001; Vorwürfe an Regierung: Schmidt verlässt „Beutekunst“-Fachgruppe, in: Berliner Morgenpost vom 6.1.2001.

### *IV. Entwicklung seit dem Urteil vom 20.7.1999: Resignation und Stillstand oder erneute Hoffnung?*

Eine endgültige und umfassende Lösung der Rückgabeproblematik schien durch das das russische Kulturgütergesetz bestätigende Urteil zunächst wieder in weite Ferne gerückt.[609]

Allerdings sind die Verhandlungen durch das Gesetz nicht zum Erliegen gekommen. Das Kulturgütergesetz lässt Ausnahmen der Rückgabe in den Fällen zu, in denen es sich um religiöses Eigentum oder Eigentum aus Privatbesitz handelt. Nicht erfasst werden vom Rückgabeausschluss des Gesetzes nach dem Urteil des Verfassungsgerichts auch privat bzw. durch einzelne Soldaten geplünderte Kunstschätze.[610]

Seither war die Beutekunst auch immer wieder Thema der deutsch-russischen Regierungskonsultationen, so bspw. am 9./10. April 2002 in Weimar.[611]

Die Verhandlungen über die Beutekunst verlaufen zwar großenteils eher schleppend, dennoch konnten auch schon Erfolge verzeichnet werden, die für die Zukunft zumindest hoffnungsvoll stimmen.

So konnten bereits Ende April 2000 anlässlich der Rückgabe eines Mosaiks und einer Kommode aus dem Bernsteinzimmer[612] an Russland 101 Grafiken an die Bremer Kunsthalle zurückgegeben werden.[613] Die Rückgabe der Grafiken war vor allem deshalb möglich, weil es sich dabei um privat geraubtes Kulturgut handelte, das vom Anwendungsbereich des Gesetzes ausgenommen ist.[614]

Vereinbart wurde zu diesem Zeitpunkt auch die Einsetzung einer Kommission, die die Gespräche und Verhandlungen um die Rückführung der Beutekunst wieder aufnehmen sollte[615] und sich zunächst über die Rückgabe von Kulturgütern aus privaten

---

609 *Burchardi,* Der deutsch-russische Streit um die Kulturgüter, S. 9.

610 Vgl. hierzu unten 3. Teil, C.III.1.

611 Vgl. hierzu *Becker,* Wladimir, hilf!, in: Die Welt v. 11.4.2002; *Hirsch,* Eine „Kultur des Vertrauens", in: Thüringische Landeszeitung v. 11.4.2002.

612 Dieses wird derzeit mit Hilfe von Geldern der Ruhrgas AG wiederhergestellt.

613 Die 101 Zeichnungen und graphischen Blätter der Bremer Kunsthalle hatten sich schon seit 1993 in der deutschen Botschaft in Moskau befunden, wo sie ein ehemaliger Sowjetoffizier, der die Kunstwerke in der Nähe von Berlin aufgelesen hatte, abgegeben hatte. Russland hatte seitdem die Ausfuhrgenehmigung verweigert, vgl. *Holm,* Retter der Heimat, in: FAZ v. 29.04.2000, S. 41; *Beaucamp,* Beutekunst auf dem Basar, FAZ v. 29.04.2000, S. 1.

614 Anlässlich der Rückgabe bekräftigten beide Seiten nochmals die jeweiligen nationalen Standpunkte bzgl. der Rückgabefrage. Nach russischer Auffassung ist die deutsche Beute der seinerzeitigen Besatzer ins Eigentum Russlands übergegangen. Deutschland bestreitet dies und verweist u.a. auf die Haager Landkriegsordnung, die in Art. 56 jeden Kunstraub verbietet und auf Art. 16 des deutsch-sowjetischen Vertrags von 1990 bzw. Art. 15 des Regierungsabkommens mit Moskau aus dem Jahr 1992, vgl. *Müller-Wirth,* Die Kerze des Zaren, in: FAZ v. 02.05.2000, S. 49. Ihre gegensätzlichen Rechtsauffassungen darüber, wem die Beutestücke rechtmäßig gehören, bekräftigten der russische Kulturminister Schwydkoi und Kulturstaatsminister Naumann erneut während des Besuchs des russischen Präsidenten Putin im Juni 2000 in Berlin. Allerdings zeigte sich Naumann bereit, die russische Auffassung pragmatisch anzuerkennen und praktische Lösungen zu suchen, vgl. FAZ v. 17.06.2000, S. 2; *Müller-Wirth,* Zügig, in: FAZ v. 17.06.2000, S. 49.

615 *Heuwagen,* Kommission für Beutekunst, in: SZ v. 02.05.2000, S. 6; Dieser Kommission sollen von deutscher Seite Mitglieder der Bundesregierung, des Bundesrats, des Bundestags und Experten der Stiftung Preußischer Kulturbesitz angehören.

Sammlungen oder aus kirchlichem Eigentum, für die auch das Kulturgütergesetz die Rückgabe nicht ausschließt, beschäftigen sollte.[616] Mittlerweile wurde diese Expertenkommission durch Gespräche auf hoher Ebene ersetzt.[617]

Als hoffnungsvolles Zeichen in Bezug auf die Zukunft der Verhandlungen über die Beutekunst kann schließlich die von russischer Seite zugesicherte und mittlerweile erfolgte Rückgabe[618] der berühmten Glasfenster aus der Marienkirche in Frankfurt/Oder aus dem 14. Jahrhundert gewertet werden. Die Duma hatte der Rückgabe, der auch nach dem russischen Kulturgütergesetz nichts entgegenstand, da es sich um Kirchenbesitz handelt, am 5. April 2002 zugestimmt,[619] nachdem darüber bereits im Oktober 2000 zwischen Deutschland und Russland verhandelt worden war. Verschwiegen werden darf allerdings nicht, dass sich die deutsche Seite verpflichtet hatte, „im Gegenzug“[620] die im Krieg von der deutschen Wehrmacht zerstörte Mariä-Entschlafungs-Kirche in Nowgorod wiederherzustellen, wofür die deutsche Wintershall AG Gelder zur Verfügung stellt.[621]

Seit den Weimarer Konsultationen im April 2002 ist aber nicht nur aufgrund der Zusicherung und tatsächlichen Durchführung der Rückgabe der Frankfurter Kirchenfenster Hoffnung aufgekeimt. Putin kündigte an, dass es weitere derartige Gesten Russlands geben werde und auch Schwydkoi sicherte zu, „dass alles, was auf gesetzlicher Grundlage zurückgegeben werden kann, auch zurückgegeben werden soll“.[622] Der damalige Kulturstaatsminister Nida-Rümelin kündigte an, dass die Beutekunst-Frage künftig nicht wie bisher isoliert betrachtet werden solle, sondern in einen politischen und ökonomischen Kontext eingebunden werden müssten. Einer deutsch-russischen

---

616 Die Tatsache, dass es sich um die Verhandlung über Einzelfälle handelt, die im Rahmen des restriktiven Kulturgütergesetzes lösbar seien, bekräftigten auch Kulturminister Schwydkoi und Kulturstaatsminister Naumann während ihres Treffens im Oktober 2000, vgl. Berliner Morgenpost vom 06.10.2000; Normale Forschung muss sein, Die Welt vom 07.10.2000.

617 So Kulturstaatsminister Nida-Rümelin, vgl. Keine Kompensationsgeschäfte für Beutekunst, in: Berliner Zeitung v. 8.9.2001. So hatten Nida-Rümelin und der russische Kulturminister Schwydkoi bereits am Rande der Regierungskonsultation im April 2001 in St. Petersburg über die Beutekunst verhandelt. Bundeskanzler *Schröder,* Deutsche Russlandpolitik – europäische Ostpolitik, in: Die Zeit 15/2001, hatte vor seinem Treffen mit Präsident Putin im April 2001 Folgendes angemahnt: „Ein immer engeres Beziehungsgeflecht zwischen unseren Gesellschaften wird auch ein Klima begünstigen, in dem die Frage der Rückführung der während des Zweiten Weltkrieges verbrachten Kulturgüter auf der Basis des Völkerrechts einvernehmlich gelöst werden kann. Fast 60 Jahre nach dem deutschen Angriff auf die damalige Sowjetunion wird es Zeit, diese Überbleibsel aus der Vergangenheit endlich fair zu regeln. Wir sollten daran interessiert sein, dass ein Problem, das in der Umgangssprache mit dem hässlichen Namen „Beutekunst“ belegt ist, unsere guten Beziehungen nicht weiter belastet“.

618 Am 29.06.02 sind die Fenster 56 Jahre nach ihrem Abtransport in die Sowjetunion nach Frankfurt/Oder zurückgekehrt, vgl. Berliner Morgenpost v. 30.06.02.

619 Vgl. *Brössler,* Putin und Schröder wollen Schuldenproblem lösen, in: SZ v. 10.4.2002; Westfalenpost v. 6.4.2002.

620 Offiziell wird allerdings die Freiwilligkeit der Maßnahme betont und die Anerkennung einer Rechtspflicht hierzu durch die deutsche Seite vermieden.

621 Beutekunst, in FAZ v. 6.6.2001, S. 57.

622 Vgl. *Becker,* Wladimir, hilf!, in: Die Welt v. 11.4.2002; *Leissling,* Weimar: Hört die Signale, in: Thüringer Allgemeine Zeitung v. 11.4.2002; *Hirsch,* Eine „Kultur des Vertrauens“, in: Thüringische Landeszeitung v. 11.4.2002.

Kulturstiftung zur konservatorischen Sicherung strittiger Kunstgüter räumte er dagegen „keine Priorität" ein.[623]

Übersehen werden sollte schließlich nicht, dass weder die Rückgabe der Glasfenster noch die russische Zusicherung weiterer Rückgaben mit einer Lösung der Gesamtproblematik gleichbedeutend ist. Zu „Zugeständnissen" zeigt sich die russische Seite bislang nur in den Fällen bereit, in denen eine Rückgabe ohnehin bereits nach ihrer eigenen Gesetzgebung vorgesehen ist.[624] Die deutsche Seite sollte aber weiterhin um eine Gesamtlösung auf dem Boden des geltenden (Völker)rechts bemüht sein.

Es steht mithin zu erwarten, dass die Beutekunstproblematik auch in absehbarer Zukunft eine Rolle in den deutsch-russischen Beziehungen spielen wird. Die weitere Entwicklung bleibt abzuwarten.

[623] *Hirsch,* Eine „Kultur des Vertrauens", in: Thüringische Landeszeitung v. 11.4.2002. Deutscherseits bemüht man sich derzeit vorrangig um die Rückführung des Rathenau-Archivs, des Nachlasses von Ferdinand Lasalle, der Gothaer Bibliothek, der Sammlungen des Bremer Kunstvereins und Victor von Klemperers, *Leissling,* Weimar: Hört die Signale, in: Thüringer Allgemeine Zeitung v. 11.4.2002. Eine ähnliche Auffassung in dieser Frage vertritt auch die derzeitige Kulturstaatsministerin Weiss, vgl. hierzu http://www.mdr.de/nachrichten/kultur/547264.html.

[624] So auch *Ritter*, zitiert in: Russisches Parlament bewilligt Ausfuhr der „Beutekunst"-Fenster, in: Westfalenpost v. 6.4.2002. *Ritters* Empfehlung, die Bundesregierung solle Russland die Schulden aus dem Transferrubel erlassen, „wenn unsere Kulturgüter nach Deutschland zurückkehren" wurde allerdings nicht entsprochen. Ein Großteil der Schulden, nämlich über 5 Mrd. Euro, wurde Russland mittlerweile während der Regierungskonsultationen in Weimar am 9./10.4.2002 erlassen, ohne dieses Zugeständnis an die Rückgabe der Beutekunst zu knüpfen, vgl. FAZ v. 11.4.2002, S. 1.

# Zweiter Teil: Völkerrechtliche Analyse der sowjetischen Beschlagnahme- und Verbringungsmaßnahmen in Bezug auf deutsche Kulturgüter

Den Gegenstand der aktuellen Rückführungsverhandlungen zwischen der Bundesrepublik Deutschland und Russland bilden wie eben gesehen die nach dem Zweiten Weltkrieg auf Befehl der sowjetischen Führung beschlagnahmten und in die UdSSR verbrachten Kulturgüter, die sich heute noch in Russland befinden. Im Folgenden soll nun die Frage der Rechtmäßigkeit dieses im Ersten Teil näher beschriebenen Zugriffs der sowjetischen Besatzungsmacht auf die deutschen Kulturgüter untersucht werden, da dies die Grundlage für die Beurteilung der Restitutionsproblematik bildet, die Gegenstand des Dritten Teils der Abhandlung ist.

Dabei geht es vorliegend in erster Linie um die Frage, ob der Sowjetunion aus ihrer Stellung als Besatzungsmacht besondere Befugnisse und Rechte erwachsen sind, welche die Rechtmäßigkeit der in Bezug auf die deutschen Kulturgüter ergriffenen sowjetischen Maßnahmen begründen können.

Prüfungsmaßstab ist deshalb das Völkerrecht als Grundlage und Schranke der Ausübung von Besatzungsgewalt.

## *A. Völkerrechtliches Beuterecht als Rechtsgrundlage?*

Als Argument für die Rechtmäßigkeit der Verbringung der Kulturgüter wird insbesondere von russischer Seite vorgetragen, diese ergebe sich aus der Tatsache, dass die Kulturgüter als Kriegsbeute einer der siegreichen Parteien über das Naziregime beschlagnahmt worden sind.

Ein derartiges Beuterecht des Siegers bestand im Jahr 1945 aber auch für die Alliierten nicht. Dem steht, wie im Folgenden aufzuzeigen sein wird, das völkergewohnheitsrechtlich anerkannte Verbot des Beutemachens in Bezug auf Kulturgüter entgegen, das seinen Ausdruck in Art. 56 der Haager Landkriegsordnung aus dem Jahre 1899 bzw. 1907 gefunden hat.

Das Beuterecht im Krieg war zwar für Jahrhunderte ein anerkannter Gewohnheitsrechtssatz. Alles auf dem Schlachtfeld erbeutete bewegliche Eigentum der besiegten gegnerischen Partei ging, unabhängig davon, ob es sich um öffentliches oder privates Eigentum handelte, in das Eigentum der beutemachenden Soldaten über.[1] Dies galt auch für Kulturgüter.

Erst unter dem Einfluss der Aufklärung und insbesondere der Lehre Rousseaus ändert sich die Auffassung gegenüber dem Krieg und mit ihr auch diejenige hinsichtlich des Bestehens eines Beuterechts, bei dem man nun zwischen öffentlichem und privatem Eigentum unterscheidet.[2] Die Ausgliederung des Privateigentums aus dem allge-

---

[1] Vgl. *Berber,* Lehrbuch des Völkerrechts, Bd. II, S. 175; *Schorlemer,* GYIL 41 (1998), S. 317 ff., S. 328.

[2] *Berber,* Lehrbuch des Völkerrechts, Bd. II, S. 176.

meinen Kriegsbeuterecht hatte sich bereits im frühen 19. Jahrhundert durchgesetzt.[3] Parallel zu dieser Entwicklung bildet sich für Kulturgüter eine Sonderbehandlung heraus.[4] Sie werden zunehmend dem Privateigentum gleichgestellt.[5] Spätestens im Verlauf des 19. Jahrhunderts setzt sich die Auffassung von der rechtlichen Unzulässigkeit der Wegführung von Kulturgütern und einer daraus resultierenden Restitutionspflicht durch.[6]

Das Wegnahme- bzw. Beuteverbot wurde schließlich in Art. 56 der Haager Landkriegsordnung von 1899 bzw. 1907 kodifiziert und so die völkergewohnheitsrechtliche Entwicklung des 19. Jahrhunderts schriftlich fixiert. Der Inhalt des Art. 56 HLKO gilt über deren Vertragspartner hinaus gleichzeitig als Völkergewohnheitsrechtssatz.[7]

Auf die Frage, ob die HLKO angesichts der besonderen Situation Deutschlands nach der bedingungslosen Kapitulation und während der anschließenden Besetzung anwendbar ist, muss deshalb an dieser Stelle noch nicht im Einzelnen eingegangen werden, da feststeht, dass das Vorgehen der UdSSR in jedem Fall gegen das völkergewohnheitsrechtlich anerkannte Verbot des Beutemachens in Bezug auf Kulturgüter verstieß.[8]

Allerdings wird von der Geltung der HLKO auch für die Zeit des Zweiten Weltkriegs insbesondere im Urteil des Nürnberger Militärgerichtshofs ausgegangen.[9]

Selbst wenn man gemäß der in der Präambel der HLKO angelegten Möglichkeit davon ausgeht, dass die Alliierten die HLKO fortschreiben und so ihre Ziele der Entmilitarisierung, Entnazifizierung und Demokratisierung verwirklichen konnten, ergibt sich hieraus nicht die Befugnis zur Beschlagnahme von Kulturgütern, insbesondere nicht unter dem Gesichtspunkt der Sicherung und Festigung der Besatzungsherrschaft. Auch bei weitgehender Auslegung der Befugnisse der Alliierten für die Zeit der Besatzung kann nicht von der Erlaubnis der Missachtung des in Art. 56 niedergelegten fundamentalen Prinzips des geltenden Völkerrechts in Bezug auf Kulturgüter ausgegangen wer-

---

3 *Fiedler*, in: FS Doehring, S. 199 ff., S. 208 f.

4 Zur Entwicklung eines Beuteverbots im Hinblick auf Kulturgüter vgl. bereits im Ersten Teil, insbesondere die Zusammenfassung unter A.III.

5 So *Fiedler*, in: FS Doehring, S. 199 ff., S. 217.

6 Der genaue Zeitpunkt für die Entstehung eines entsprechenden Völkergewohnheitsrechtssatzes ist allerdings im Einzelnen umstritten. Teilweise angenommen, dass die auf Anordnung durch den Wiener Kongress im Jahr 1815 durchgeführte Restitution der Napoleonischen Kriegsbeute die Festigung einer bereits zu Beginn des 19. Jahrhunderts bestehenden völkergewohnheitsrechtlichen Rechtslage im Hinblick auf ein Beuteverbot und eine Restitutionspflicht bedeute, so *Fiedler*, in: FS Doehring, S. 199 ff., S. 217. Nach anderer Meinung hat sich die Auffassung von der rechtlichen Unzulässigkeit der Wegführung von Kulturgütern erst im Verlauf des 19. Jahrhunderts durchgesetzt und um die Wende vom 19. zum 20. Jahrhundert mit Abschluss der Haager Landkriegsordnung verfestigt, so *Doehring*, Ruperto Carola Nr. 76, 39. Jahrg. (Juli 1987), S. 138 ff., S. 139; *Siehr*, SJZ 1981, S. 189 ff., S. 193.

7 Vgl. hierzu bereits oben 1. Teil, A.II.1.c)dd)ccc).

8 Vgl. hierzu aber ausführlich unten C.I.2.a)aa).

9 AJIL 41 (1947), S. 248 f.; *Schorlemer*, GYIL 41 (1998), S. 317 ff., S. 327 f.

den.[10] Ein dem Sieger unabhängig vom Völkerrecht zustehendes Beuterecht gab es auch 1945 nicht.[11]

Die Sowjetunion konnte sich im Hinblick auf die Wegnahme und Verbringung der deutschen Kulturgüter also nicht auf ein Beuterecht berufen. Vielmehr verstieß ihr Vorgehen gegen Art. 56 HLKO bzw. den diesem zugrunde liegenden Völkergewohnheitsrechtssatz, wonach das Beutemachen im Hinblick auf Kulturgüter, unabhängig davon, ob sie aus öffentlichem oder privatem Eigentum stammen, verboten ist.

Für die aus privatem Eigentum stammenden Kulturgüter liegt darüber hinaus auch ein Verstoß gegen Art. 46 II HLKO bzw. den entsprechenden Völkergewohnheitsrechtssatz vor, der die Einziehung verbietet.

## *B. Völkerrechtliche Bindungslosigkeit der Alliierten aufgrund der „bedingungslosen Kapitulation"?*

Als mögliches Argument für die Rechtmäßigkeit der umfangreichen Beschlagnahmen und der Verbringung deutscher Kulturgüter in die Sowjetunion könnte auch der Untergang des Deutschen Reichs infolge der bedingungslosen Kapitulation vom 7./8. Mai 1945[12] und des Zusammenbruchs der seit Hitlers Tod amtierenden Reichsregierung Dönitz durch Absetzung und Gefangennahme am 5.5.1945 herangezogen werden. Demnach wären die Kulturgüter herrenlos gewesen und konnten von demjenigen, der mit Herrschaftswillen handelte, angeeignet werden.[13]

Dies setzt allerdings voraus, dass das Deutsche Reich als Völkerrechtssubjekt tatsächlich untergegangen ist.

Hierzu wurden in der völkerrechtlichen Literatur von Anfang an sehr unterschiedliche Meinungen vertreten.

Während Kelsen[14] die Ansicht vertritt, das Deutsche Reich habe infolge Debellation seine selbstständige staatliche Existenz verloren, weshalb die Alliierten bei Errichtung und Ausübung der Besatzungsgewalt ungebunden durch völkerrechtliche Verpflichtungen gegenüber Deutschland handeln konnten, geht die herrschende Meinung innerhalb der Völkerrechtswissenschaft, wie im Folgenden aufzuzeigen sein wird, allerdings zurecht davon aus, dass das Deutsche Reich auch nach der bedingungslosen Kapitulation im Mai 1945 fortexistierte.[15]

---

[10] So auch *Fiedler*, Kulturgüter als Kriegsbeute, S. 20; ähnlich *Turner*, in: Fiedler (Hrsg.), Internationaler Kulturgüterschutz und deutsche Frage, S. 109 ff., S. 134.

[11] Ebenso *Lambsdorff*, in: Braun (Hrsg.), Zu Kunst und Kunstpolitik, S. 85 ff., S. 86.

[12] Am 7.5.1945 wurden in Reims und am 8.5.1945 in Berlin-Karlshorst die Urkunden über die bedingungslose militärische Kapitulation der deutschen Streitkräfte von den Oberkommandierenden der deutschen Wehrmacht und der alliierten Streitkräfte unterzeichnet.

[13] Vgl. *Schorlemer*, GYIL 41 (1998), S. 317 ff., S. 328.

[14] *Kelsen*, AJIL 39 (1945), S. 518 ff., S. 519 ff.; ausführliche Auseinandersetzung mit der Auffassung *Kelsens* bei: *Stödter*, Deutschlands Rechtslage, S. 39 ff.; ebenfalls vom Untergang des deutschen Staates geht *Virally*, Internationale Verwaltung, S. 24 ff., S. 96 ff. aus, der allerdings der Ansicht ist, dass das Rechtssubjekt Deutschland trotz des Untergangs des deutschen Staates fortbesteht.

[15] Vgl. bspw. *Stödter*, Deutschlands Rechtslage, S. 36 ff., 52 ff.; *Schmoller/Maier/Tobler*, Handbuch des Besatzungsrechts, § 4, S. 2 ff.; *Von Laun*, AJIL 45 (1951), S. 267 ff., S. 268 ff.; *Kaufmann*, Deutschlands Rechtslage, S. 9 ff., m.w.N.; *Blumenwitz*, Grundlagen eines Friedensvertrags mit Deutschland, S. 76 ff.; *Blumenwitz*, Deutschland seit 1945, in: Seidl-Hohenveldern (Hrsg.), Lexi-

### *I. Fortbestand des Völkerrechtssubjekts „Deutsches Reich" nach 1945 oder Untergang infolge Debellation und Annexion?*

Die völlige militärische Niederlage Deutschlands und die bedingungslose Kapitulation, die vollständige Besetzung des deutschen Staatsgebiets und die Beseitigung der Reichsregierung werfen die Frage nach dem Untergang des Völkerrechtssubjekts „Deutsches Reich" durch Debellation, also den faktischen Zustand der völligen Unterwerfung, auf.

Ohne an dieser Stelle näher auf den im Einzelnen streitigen Begriff der Debellation[16] einzugehen, insbesondere darauf, ob die zum Untergang eines Völkerrechtssubjekts führende Annexion selbst Bestandteil der Debellation ist[17] oder nicht, ist Voraussetzung für die Bindungslosigkeit der Alliierten der Untergang des Völkerrechtssubjekts „Deutsches Reich".

Solange die konstitutiven Elemente des Völkerrechtssubjekts, nämlich Staatsvolk, Staatsgebiet und Staatsgewalt vorhanden sind, ist allerdings von dessen Kontinuität auszugehen.[18]

Dabei sind insbesondere Änderungen im Bereich der Staatsgewalt von Bedeutung und hier vor allem die Einbuße der unabhängigen Handlungsfähigkeit. Von der Handlungsfähigkeit ist aber die Rechtsfähigkeit zu unterscheiden.[19] Die Aufhebung der eigenen, unabhängigen Handlungsfähigkeit, also der Übergang der Wahrnehmung der Rechte und Pflichten eines Völkerrechtssubjekts durch ein anderes Völkerrechtssub-

---

kon des Rechts – Völkerrecht, S. 52 ff., S. 52; *Blumenwitz,* Überwindung der deutschen Teilung, S. 81 ff.; *Waitz von Eschen,* Völkerrechtliche Kompetenz der Vier Mächte, S. 1 ff.; *Berber,* Lehrbuch des Völkerrechts, Bd. II, S. 100; *Ress,* Germany, Legal Status after World War II, in: EPIL, Vol. II (1995), S. 567 ff.

16 Vgl. zum Debellationsbegriff etwa *Meyn,* Debellatio, in: EPIL, Instal. 3 (1982), S. 145 ff., *Berber,* Lehrbuch des Völkerrechts, Bd. II, S. 99 ff.; *Virally,* Internationale Verwaltung, S. 20 ff., *Schmoller/Maier/Tobler,* Handbuch des Besatzungsrechts, § 4, S. 2, *Stödter,* Deutschlands Rechtslage, S. 52 ff.; *Grewe,* Besatzungsstatut für Deutschland, S. 48 ff. Insbesondere besteht keine Einigkeit über die Unterscheidung zwischen „debellatio" und anderen Begriffen wie bspw. Eroberung, Annexion oder Unterwerfung und über das Verhältnis dieser Konzepte untereinander. Die überwiegende Mehrheit in der Literatur vertritt aber die Auffassung, dass Debellation gleichbedeutend ist mit Subjugation und eng verbunden mit der Annexion. Debellation in diesem Sinn meint Vernichtung der Streitkräfte und Eroberung des Gebiets des Gegners, gefolgt von einer Annexion, die wiederum zum Untergang des besiegten Staates führt. Nach *Berber,* Lehrbuch des Völkerrechts, Bd. II, S. 100, wird die Debellation allerdings nicht nur durch Annexion herbeigeführt, sondern durch jede Verfügung des Siegers, die die Völkerrechtspersönlichkeit des Besiegten endgültig beseitigt. Ähnlich *Grewe,* Besatzungsstatut für Deutschland, S. 48 ff., nach dem neben der Annexion als Grund für den Untergang des Staates auch die debellatio mit anschließendem Staatszerfall oder mit anschließender Staatszergliederung in Betracht kommt.

17 So *Meyn,* Debellatio, in: EPIL, Instal. 3 (1982), S. 145 ff., S. 146; *Berber,* Lehrbuch des Völkerrechts, Bd. II, S. 99 f.; *Grewe,* Besatzungsstatut für Deutschland, S. 48 ff.; nach anderer Auffassung ist die Annexion nicht selbst Bestandteil der Debellation was zur Folge hat, dass die debellatio selbst nicht zum Untergang führt, sondern darüber hinaus eine Annexion erforderlich ist, vgl. *Meng,* War, in: EPIL IV (2000), S. 1334 ff., S. 1341; ebenso: *Blumenwitz,* Kriegsende, in: Seidl-Hohenveldern (Hrsg.), Lexikon des Rechts – Völkerrecht, S. 241 ff., S. 242.

18 Ausführlicher zur Kontinuitätsproblematik *Waitz von Eschen,* Völkerrechtliche Kompetenz der Vier Mächte, S. 2 ff.

19 *Verdross/Simma,* Universelles Völkerrecht, § 393, S. 233.

jekt oder durch Organe der Völkerrechtsgemeinschaft selbst,[20] führt grundsätzlich nicht zur Aufhebung der Rechtsfähigkeit und damit nicht zum Untergang eines Völkerrechtssubjekts. Vom Fortbestand der Rechtsfähigkeit ist vielmehr solange auszugehen, wie die anderen Völkerrechtssubjekte von ihrem Fortbestand ausgehen und ihre Staatenpraxis daran ausrichten.[21]

### *1. Untergang Deutschlands durch bedingungslose Kapitulation und Verhaftung der letzten Reichsregierung?*

Immer wieder wurde der Versuch unternommen, in der Unterzeichnung der Kapitulationsurkunden am 7. Mai 1945 in Reims und am 8. Mai in Berlin-Karlshorst[22] die Übertragung der Souveränität Deutschlands auf die Siegermächte zu sehen und dies als Beweis für den Untergang des Deutschen Reiches heranzuziehen. Eine derart weit reichende Bedeutung kommt der bedingungslosen Kapitulation aber nicht zu, wenn auch die Alliierten selbst die bedingungslose Kapitulation dahingehend auslegten, dass sie infolgedessen bei der Besetzung Deutschlands freie Hand besessen hätten.[23]

Bei der bedingungslosen Kapitulation handelt es sich um einen militärischen Akt, der die rechtliche Substanz der deutschen Staatsgewalt nicht entscheidend treffen konnte.[24] Ihr kommt nur Bedeutung im militärischen Bereich zu, weil sie nicht durch eine vertretungsberechtigte Regierung unterzeichnet worden ist, sondern durch Vertreter des deutschen Oberkommandos im Rahmen ihrer Zuständigkeit.[25] Schließlich enthält auch der Text der Kapitulationserklärung keine über das Militärische hinausgehende Bedeutung.[26]

Auch die Verhaftung der Regierung Dönitz am 23. Mai 1945 in Flensburg hatte letztlich keinen Einfluss auf den Fortbestand des Deutschen Reiches. Damit gab es in Deutschland zwar keine Regierung mehr. Auch eine Nachfolgeregierung wurde nicht eingesetzt. Das Deutsche Reich, das nun nicht mehr fähig war, einen Willen zu bilden und diesen nach innen oder außen durchzuführen, hatte damit zwar seine Handlungsfähigkeit verloren,[27] nicht aber seine Rechtsfähigkeit. Der Bestand des Staates wird durch den Fortfall einer Regierung nicht angegriffen,[28] da die Staatsgewalt nicht vom Schicksal eines ihrer Funktionsträger bzw. eines die Staatsgewalt ausübenden Organs

---

[20] *Berber,* Lehrbuch des Völkerrechts, Bd. I, S. 247.

[21] *Waitz von Eschen,* Völkerrechtliche Kompetenz der Vier Mächte, S. 4 f.

[22] Text der Militärischen Kapitulationsurkunde vom 8. Mai 1945 in: Abl. des Kontrollrats in Deutschland, Ergänzungsblatt Nr. 1, S. 6.

[23] Vgl. hierzu *Schöbener,* Der Staat 34 (1995), S. 163 ff.; *Schmoller/Maier/Tobler,* Handbuch des Besatzungsrechts, § 4, S. 3.

[24] *Blumenwitz,* Was ist Deutschland, S. 33; *Blumenwitz,* Deutschland seit 1945, in: Seidl-Hohenveldern (Hrsg.), Lexikon des Rechts – Völkerrecht, S. 52 ff, S. 52; *Stödter,* Deutschlands Rechtslage, S. 27 ff., m.w.N.; *Grewe,* Besatzungsstatut für Deutschland, S. 18 ff.; *Schmoller/Maier/Tobler,* Handbuch des Besatzungsrechts, § 4, S. 10.

[25] *Schenk,* Viermächteverantwortung für Deutschland als Ganzes, S. 3, m.w.N.

[26] Vgl. *Schmoller/Maier/Tobler,* Handbuch des Besatzungsrechts, § 4, S. 10.

[27] *Blumenwitz,* Überwindung der deutschen Teilung, S. 84.

[28] *Schmoller/Maier/Tobler,* Handbuch des Besatzungsrechts, § 4, S. 3; *Stödter,* Deutschlands Rechtslage, S. 45 ff.

abhängt.[29] Zudem wurde deutsche Staatsgewalt auch weiterhin auf mittlerer und unterer Ebene ausgeübt.[30]

### *2. Hinweis auf eine Annexion in der Staatenpraxis der Alliierten?*

Für die Annexion ist neben der Inbesitznahme des Gebiets, die im Falle Deutschlands zweifelsohne vorliegt, auch der Wille zur endgültigen Aneignung und zum Erwerb der territorialen Souveränität erforderlich.[31] Wie im Folgenden anhand der Untersuchung der Staatenpraxis der Alliierten zu zeigen sein wird, entsprach es aber gerade nicht dem Willen der alliierten Sieger, durch Annexion einen Untergang des Deutschen Reiches herbeizuführen. Eine endgültige Entscheidung sollte vielmehr aufgeschoben werden, um die Existenz eines Schuldners für alle Kriegsforderungen und ein Mitspracherecht in allen Status- und Sicherheitsfragen in Mitteleuropa zu sichern.[32]

#### *a) Alliierte Absprachen bis zur Berliner Erklärung vom 5. Juni 1945*

In den alliierten Absprachen bis zur Berliner Erklärung vom 5.6.1945 findet sich kein Hinweis auf einen Annexionswillen der Alliierten in Bezug auf Deutschland.

Wenn auch während der Vorbereitung der alliierten Nachkriegspolitik in den Erklärungen und Plänen der Alliierten zunächst der Wille zum Ausdruck kommt, eine Zerstückelung Deutschlands herbeizuführen, so deutete sich eine Wende in dieser Frage im Lauf der Konferenz von Jalta vom 4. bis 11.2.1945 an.[33] Hier wurde deutlich, dass keiner der Alliierten ein Interesse an der Zerstückelung Deutschlands hatte, was insbesondere in Bezug auf die Reparationsfrage – Teil 3 des Berichts über die Krim-Konferenz[34] – zum Ausdruck kommt. In Teil 2 wird zwar die Aufteilung Deutschlands in Besatzungszonen bestimmt, gleichzeitig sollte aber „eine koordinierte Verwaltung und Kontrolle durch eine Zentralkontrollkommission“ erfolgen.

Von besonderer Bedeutung für die Frage der Fortexistenz des Deutschen Reichs nach 1945 ist schließlich die Berliner Erklärung vom 5. Juni 1945.[35] Im Gegensatz zu den während der Kriegskonferenzen der späteren Siegermächte ausgearbeiteten Dokumenten handelt es sich bei der Berliner Erklärung ebenso wie beim Potsdamer Abkommen um verbindliche Rechtsakte der Alliierten.[36]

Gem. Abs. 5 der Präambel der Erklärung vom 5.6.1945 übernahmen die Alliierten die „oberste Regierungsgewalt (supreme authority) in Deutschland einschließlich aller

[29] *Blumenwitz,* Deutschland seit 1945, in: Seidl-Hohenveldern (Hrsg.), Lexikon des Rechts – Völkerrecht, S. 52 ff., S. 52 f., *Stödter,* Deutschlands Rechtslage, S. 45 f.

[30] *Schenk,* Viermächteverantwortung für Deutschland als Ganzes, S. 4.

[31] *Bindschedler,* Annexion, in: Strupp/Schlochauer, Wörterbuch des Völkerrechts, 1. Band, S. 68 ff., S. 68; *Bindschedler,* Annexation, in: EPIL, Vol. I (1992), S. 168 ff., S. 168 f.; *Berber,* Lehrbuch des Völkerrechts, Bd. I, S. 360 ff.

[32] *Blumenwitz,* Deutschland seit 1945, in: Seidl-Hohenveldern (Hrsg.), Lexikon des Rechts – Völkerrecht, S. 52 ff., S. 52.

[33] *Waitz von Eschen,* Völkerrechtliche Kompetenz der Vier Mächte, S. 7.

[34] Text in: Abl. des Kontrollrats in Deutschland, Ergänzungsblatt Nr. 1, S. 4 ff.

[35] Abl. des Kontrollrats in Deutschland, Ergänzungsblatt Nr. 1, S. 7 ff.

[36] *Zieger,* in: Blumenwitz/Meissner (Hrsg.), Überwindung der europäischen Teilung, S. 47 ff., S. 47.

Befugnisse der deutschen Regierung, des Oberkommandos der Wehrmacht und der Regierungen, Verwaltungen oder Behörden der Länder, Städte und Gemeinden". Dieser Vorgang, also die umfassende und wirksame Besetzung fremden Territoriums unter Beseitigung der ursprünglichen Staatsgewalt, erfüllt zwar grundsätzlich den objektiven Tatbestand einer Annexion.[37] Allerdings wäre darüber hinaus in subjektiver Hinsicht ein entsprechender Annexionswille erforderlich gewesen, der seinen Ausdruck in einer Annexionserklärung oder einer gleichartigen Handlung findet.[38] Gerade hieran fehlt es aber im vorliegenden Fall. Die Alliierten lehnen eine Annexion in Abs. 5 der Präambel[39] vielmehr sogar explizit ab, obwohl sie dazu – abgesehen von den Zweifeln an der völkerrechtlichen Zulässigkeit der Annexion[40] – tatsächlich in der Lage gewesen wären.

Die territoriale Souveränität bzw. die völkerrechtliche oder staatsrechtliche Hoheitsgewalt über Deutschland war von den Alliierten also nicht gewollt. Die Übernahme der obersten Regierungsgewalt durch die Alliierten erklärt sich vielmehr eher aus praktischen und konkreten Problemen der Verwaltung des besiegten Landes, was sich auch aus der Formulierung der Abs. 2 bis 5 der Präambel der Berliner Erklärung ergibt.[41]

Mithin berührt die in der Berliner Erklärung ausgesprochene Übernahme der obersten Regierungsgewalt in Deutschland nicht den Fortbestand des Deutschen Reiches.

*b) Potsdamer Abkommen*

Vom Fortbestand des Deutschen Reiches gingen die Alliierten auch in den Verhandlungen während der Potsdamer Konferenz[42] und den dort gefassten Beschlüssen aus.[43]

In diesen Beschlüssen wurden die Rechte der Alliierten in Deutschland gegenüber der Übernahme der obersten Regierungsgewalt in der Berliner Erklärung nicht erweitert,[44] sondern die Ziele des alliierten Regimes konkretisiert.[45] Aus den Ausführungen

---

37 *Blumenwitz,* Überwindung der deutschen Teilung, S. 85; *Verdross/Simma,* Universelles Völkerrecht, § 970, S. 606.

38 *Berber,* Lehrbuch des Völkerrechts, Bd. I, S. 362.

39 Dieser lautet: „Die Übernahme zu den ... genannten Zwecken der besagten Regierungsgewalt und Befugnisse bewirkt nicht die Annektierung Deutschlands", Abl. des Kontrollrats in Deutschland, Ergänzungsblatt Nr. 1, S. 7 ff.

40 *Schenk,* Viermächteverantwortung für Deutschland als Ganzes, S. 5; *Seidl-Hohenveldern/Stein,* Völkerrecht, Rdnr. 1158, S. 213, Rdnr. 1391 ff., S. 254.

41 Näher hierzu: *Blumenwitz,* Überwindung der deutschen Teilung, S. 86.

42 Text des Potsdamer Abkommens: Abl. des Kontrollrats in Deutschland, Ergänzungsblatt Nr. 1, S. 13 ff.; ausführlich zum Potsdamer Abkommen s. *Antoni,* Das Potsdamer Abkommen.

43 *Schenk,* Viermächteverantwortung für Deutschland als Ganzes, S. 7; *Zieger,* in: Blumenwitz/Meissner (Hrsg.), Überwindung der europäischen Teilung, S. 47 ff., S. 60.

44 Vgl. *Waitz von Eschen,* Völkerrechtliche Kompetenz der Vier Mächte, S. 12; eine andere Auffassung wurde insoweit von der Sowjetunion vertreten, die sich zur Begründung und Rechtfertigung ihrer Besatzungsmaßnahmen nach außen stets auf die Potsdamer Beschlüsse berief und diese somit zur Quelle der von ihr beanspruchten Besatzungsbefugnisse in Deutschland machte, vgl. *Von der Beck,* Die Konfiskationen in der Sowjetischen Besatzungszone, S. 180.

in der Einleitung zu Teil III „Deutschland“ des Potsdamer Protokolls wird deutlich, dass die Alliierten eine einheitliche Behandlung ganz Deutschlands beabsichtigten und ihr Regime nur während einer Übergangszeit ausgeübt werden sollte, um die Wiedereingliederung Deutschlands in die Völkergemeinschaft zu ermöglichen. Dies setzt aber die Kontinuität Deutschlands voraus.[46]

Die Fortexistenz des Deutschen Reiches lag auch aus anderen Gründen im Interesse der Alliierten. Forderungen, die Deutschland von den Alliierten auferlegt werden sollten, können nur an ein Rechtssubjekt gerichtet werden.[47] Eine Zerschlagung Deutschlands hätte zudem zur wirtschaftlichen Schwächung Deutschlands geführt und damit die von den Alliierten geforderten Reparationsleistungen aus Deutschland gefährdet.[48]

*c) Alliierte Besatzungspraxis*

Im Übrigen lässt sich auch aus der Besatzungspraxis der Alliierten ablesen, dass sie am Fortbestand des Deutschen Reichs festhielten.[49]

So haben sie beispielsweise das Territorium des Deutschen Reiches und dessen Bewohner nicht in seiner Gesamtheit in ihre Staatsgebiete und Staatsvölker eingegliedert, sondern Deutschland weiterhin als Ausland und die Deutschen weiterhin als Ausländer behandelt.[50] Insbesondere erhielten sie die deutsche Staatsangehörigkeit aufrecht, was den Fortbestand des Deutschen Reichs voraussetzt.[51]

*3. Fazit: Kein Untergang des Deutschen Reichs*

Das Deutsche Reich ist als Völkerrechtssubjekt nach der vollständigen Besiegung und bedingungslosen Kapitulation im Mai 1945 nicht untergegangen. Damit waren die Alliierten bei der Besetzung Deutschlands nicht bindungslos, sondern hatten die Regeln des Völkerrechts zu beachten. Wird wie im Fall Deutschlands auf eine Annexion verzichtet und bleibt der besetzte Staat bestehen, so hat dieser ein Recht auf Anwendung des Völkerrechts.[52] Auch während und nach dem Zweiten Weltkrieg war also die HLKO von 1907 als Teil des Völkergewohnheitsrechts, wie noch näher darzustellen sein wird,[53] anwendbar, auch wenn einzelne Bestimmungen von den Kriegsbeteiligten

---

45 Teil III „Deutschland“ des Potsdamer Protokolls: „... Auf der Konferenz wurde eine Übereinkunft erzielt über die politischen und wirtschaftlichen Grundsätze der gleichgeschalteten Politik der Alliierten in Bezug auf das besiegte Deutschland in der Periode der alliierten Kontrolle“.

46 So auch *Blumenwitz,* Überwindung der deutschen Teilung, S. 87.

47 *Schenk,* Viermächteverantwortung für Deutschland als Ganzes, S. 8.

48 *Waitz von Eschen,* Völkerrechtliche Kompetenz der Vier Mächte, S. 12.

49 Vgl. hierzu ausführlich *Waitz von Eschen,* Völkerrechtliche Kompetenz der Vier Mächte, S. 13 ff.; *Blumenwitz,* Überwindung der deutschen Teilung, S. 87 ff. Lediglich Frankreich strebte eine Aufteilung Deutschlands in mehrere Staaten an, *Waitz von Eschen,* Völkerrechtliche Kompetenz der Vier Mächte, S. 15, m.w.N.

50 *Antoni,* Das Potsdamer Abkommen, S. 85.

51 *Zieger,* in: Blumenwitz/Meissner (Hrsg.), Überwindung der europäischen Teilung, S. 47 ff., S. 60 m.w.N.; *Schenk,* Viermächteverantwortung für Deutschland als Ganzes, S. 8; *Nevelev,* GYIL 42 (1999), S. 337 ff., S. 367.

52 *Schmoller/Maier/Tobler,* Handbuch des Besatzungsrechts, § 4, S. 10.

53 Vgl. unten C.I.2.a)aa).

missachtet wurden.[54] Aufgrund der Anwendbarkeit des Art. 56 der HLKO gab es kein unbegrenztes Recht des Siegers, sich Kulturgüter anzueignen, selbst wenn die Alliierten grundsätzlich die Möglichkeit hatten, die HLKO gemäß der Martens'schen Klausel für ihr jeweiliges Besatzungsgebiet fortzuschreiben.[55]

### *II. Umfang der alliierten Befugnisse bei Annahme des Untergangs des Deutschen Reichs*

Selbst wenn man entgegen der hier vertretenen Auffassung vom Untergang des Deutschen Reichs infolge der bedingungslosen Kapitulation ausgehen wollte, lässt sich hieraus nicht ableiten, dass die Alliierten bei der Besetzung Deutschlands bindungslos waren und somit die UdSSR berechtigt, die deutschen Kulturgüter wegzuführen.

#### *1. Fortgeltung des Landkriegsrechts als Völkergewohnheitsrecht*

Auch die Annahme des Untergangs des Deutschen Reichs und die Errichtung einer alliierten Kollektivgewalt führt nicht zwangsläufig zur Ablehnung jeglicher völkerrechtlichen Beschränkung der alliierten Hoheitsgewalt.[56] Selbst in diesem Fall ist von einer Geltung des Landkriegsrechts in Form allgemein anerkannter Grundsätze des Völkerrechts auszugehen.[57] Zu den grundlegenden Prinzipien der HLKO, die gleichzeitig allgemein anerkannte Prinzipien des Völkerrechts bilden, gehört aber gerade auch das in Art. 56 HLKO zum Ausdruck kommende Verbot der Beschlagnahme von Kulturgütern.[58]

#### *2. Kulturgüterschutz im Rahmen des kulturellen Selbstbestimmungsrechts*

Ein Verbot der Wegführung von Kulturgütern kann weiterhin selbst für den Fall der Annahme des Untergangs des Deutschen Reichs aus dem kulturellen Selbstbestimmungsrecht abgeleitet werden.

Auch beim Untergang des deutschen Staats ist vom Fortbestand des deutschen Volkes und seiner Kultur auszugehen. Als Volk stand der deutschen Bevölkerung aber grundsätzlich das Selbstbestimmungsrecht gegenüber der alliierten Besatzungsmacht zu,[59] das auch einen Anspruch auf Achtung der Kultur enthält. Die Selbstbestimmungsidee hatte zur Zeit des Zweiten Weltkriegs bereits völkerrechtliche Relevanz, wenn auch erst die Staatenpraxis nach Ende des Zweiten Weltkriegs die Verankerung eines Rechts auf Selbstbestimmung brachte und zur Herausbildung der gewohnheitsrechtlichen Geltung führte.[60]

---

[54] *Fiedler,* Kulturgüter als Kriegsbeute, S. 18 f.; *Schorlemer,* GYIL 41 (1998), S. 317 ff., S. 328 f.

[55] *Fiedler,* Kulturgüter als Kriegsbeute, S. 20.

[56] *Antoni,* Das Potsdamer Abkommen, S. 84.

[57] *Antoni,* Das Potsdamer Abkommen, S. 85 m. w. N.

[58] *Turner,* in: Fiedler (Hrsg.), Internationaler Kulturgüterschutz und deutsche Frage, S. 109 ff., S. 115; *Schorlemer,* GYIL 41 (1998), S. 317 ff., S. 328 f.

[59] Vgl. hierzu *Ipsen,* Völkerrecht, S. 355, Rdnr. 3 ff.

[60] *Ipsen,* Völkerrecht, S. 341 ff., Rdnr. 1 ff.; die endgültige völkerrechtliche Verankerung des Selbstbestimmungsrechts vollzog sich nicht zuletzt durch Fixierung in Art. 1 Nr. 2, 55 der SVN,

Gerade von der Sowjetunion wurde das Selbstbestimmungsrecht bereits 1917 in der von Lenin und Stalin gemeinsam unterzeichneten „Deklaration der Rechte der Völker Russlands“ vom 15.11.1917 anerkannt.[61] Die UdSSR hat außerdem wesentlich zur völkerrechtlichen Verankerung des Selbstbestimmungsrechts nach dem Zweiten Weltkrieg beigetragen.[62] Nach der sowjetischen Völkerrechtslehre zählt zum Selbstbestimmungsrecht auch das Recht auf Bestimmung des kulturellen Status, der die kulturelle Ordnung und das Erziehungs- und Bildungswesen umfasst.[63]

Aus dem kulturellen Selbstbestimmungsrecht kann auch ein Verbot der Verbringung abgeleitet werden, denn die Existenz und Erhaltung von Kulturgütern im Land ist ein grundlegender Faktor für die Schaffung von Kunst und das intellektuelle Leben einer Nation. Darüber hinaus ist das Kulturgut für die Identität eines Volkes von grundlegender Bedeutung und mithin der Genuss des Kulturerbes für jedes Volk die Voraussetzung für seine Selbstverwirklichung.[64] Mithin ergibt sich das Erfordernis eines besonderen Kulturgüterschutzes auch aus dem kulturellen Selbstbestimmungsrecht, dessen Träger ein Volk und dessen Existenz deshalb unabhängig vom Bestehen eines bestimmten Staates ist. Das nach dem Zweiten Weltkrieg fortbestehende deutsche Volk hatte somit einen Anspruch auf den besonderen Schutz „seines“ Kulturerbes vor Wegführung.

Dies stellt auch keinen Widerspruch zum Ausgangspunkt des Kulturgüterschutzes dar. Dieser nahm die Zuordnung von Kulturgütern zum Staat als dem wesentlichen Völkerrechtssubjekt vor, weshalb im Vordergrund des internationalen Kulturgüterschutzes der Territorialbezug stand, der die Souveränität des Staates und die Zuordnung zum menschlichen Substrat, der Bevölkerung, symbolisierte. Mit der Zuordnung zum Einzelstaat schien auch die geistige Identität des Staatsvolkes gewährleistet zu sein.[65] Territorialbezug meint indessen aber nicht nur die Zuordnung zu einem bestimmten Staat, sondern auch zu dessen auf dem Staatsterritorium lebender Bevölkerung. Die deutsche Bevölkerung blieb aber – abgesehen von den aus den ehemals deutschen Ostgebieten Vertriebenen – auf dem ihr angestammten Territorium.

Darüber hinaus trägt der Kulturgüterschutz auch dem humanitären Schutzgedanken Rechnung. So wurde bereits in der HLKO eine personenbezogene, humanitäre und so auch die jeweilige Leistung eines Volkes schützende Schranke errichtet. Nach 1945 begann sich auch auf dem Gebiet des Kulturgüterschutzes eine Kombination von Staatenschutz mit humanitär orientierten Schutzinstrumenten unter Aufnahme des „Heritage“-Aspekts zu entwickeln.[66]

---

Kodifikation des subjektiven Rechts aller Völker auf Selbstbestimmung in den beiden UN-Menschenrechtspakten vom 16.12.1966 und in der Friendly Relations Deklaration am 24.10.1970.

61 Siehe M*eissner,* in: Meissner, Außenpolitik und Völkerrecht der Sowjetunion, S. 132 ff., S. 135.

62 Vgl. hierzu *Meissner,* in: Meissner, Außenpolitik und Völkerrecht der Sowjetunion, S. 132 ff., S. 136.

63 *Meissner,* in: Meissner, Außenpolitik und Völkerrecht der Sowjetunion, S. 132 ff., S. 139 f.

64 *Schorlemer*, Internationaler Kulturgüterschutz, S. 42 f.

65 Ebenso *Fiedler*, in: Fechner/Oppermann/Prott (Hrsg.), Prinzipien des Kulturgüterschutzes, S. 159 ff., S. 166.

66 *Fiedler*, Law and State 56 (1997), S. 82 ff., S. 87.

### *3. Kulturgüterschutz im Rahmen der Staatensukzession*

Die Tatsache, dass die Alliierten in Bezug auf die Kulturgüter auch bei Annahme eines Untergangs des Deutschen Reichs nicht völlig bindungslos waren, lässt sich auch aus einem Vergleich mit der Stellung von Kulturgütern im Rahmen der Staatensukzession, die hier gerade nicht vorlag, ableiten.

Selbst in diesem Fall unterliegen Kulturgüter einem besonderen Schutz.[67] Im Einzelnen sind die Rechtsfolgen einer Staatensukzession im Völkerrecht nach wie vor umstritten und es bestehen nur wenige allgemein anerkannte Gewohnheitsrechtssätze.[68]

Festzuhalten ist aber, dass bezüglich der Verteilung des beweglichen Vermögens des Staates, zu dem auch Kunstschätze zu zählen sind, verschiedene Prinzipien vorherrschen. Diese reichen von der Formel der Billigkeit und Treu und Glauben, dem Grundsatz der ungerechtfertigten Bereicherung bis zur Lebensfähigkeit des Territoriums, der Zweckbestimmung der Güter und der Erhaltung des kulturellen Erbes der Bevölkerung des Territoriums.[69]

Grundsätzlich wird der Kulturgüterschutz bei der Staatennachfolge in doppelter Hinsicht gewährleistet. Zum einen durch Belassung von Kulturgütern auf dem Sukzessionsgebiet unter Aufrechterhaltung ihrer territorialen Bindung und zum anderen durch Rückstellung auf dieses Territorium, also Wiederherstellung der zeitweise unterbrochenen territorialen Bindung.[70]

Insbesondere für Archive, aber auch für andere Kulturgüter hat sich das Prinzip der Zuordnung nach ihrer Herkunft aus dem von der Sukzession betroffenen Gebiet durchgesetzt, sog. Provenienzprinzip. Dies bedeutet, dass Archivalien unter Wahrung des Registraturzusammenhangs entsprechend ihrer Herkunft aus einer bestimmten Behörde aufbewahrt werden.[71]

Für andere Kulturgüter besteht seit dem Wiener Frieden von 1866 die Praxis, dass diejenigen Kulturgüter, die während der Beherrschung des von der Sukzession betroffenen Territoriums entfernt wurden, zurückzustellen sind.[72] Angeordnet wird diese Repatriierung von Kunstwerken in deren Herkunftsgebiet oder in das Gebiet, dessen „patrimoine intellectuel" bzw. kulturelles Erbe oder „cultural heritage" sie bilden.[73] Erreicht werden soll so der Schutz des kulturellen Erbes eines Gebiets durch Rückstellung.[74]

---

67 Vgl. ausführlich hierzu bspw. *Engstler,* Die territoriale Bindung von Kulturgütern, S. 227 ff.; *Turner*, in: Fiedler (Hrsg.), Internationaler Kulturgüterschutz und deutsche Frage, S. 19 ff., S. 74 ff.; *Schorlemer*, Internationaler Kulturgüterschutz, S. 313 ff.; allgemein zu den Auswirkungen der Staatensukzession auf die Zuordnung von Staatseigentum: *O'Connell,* State Succession, S. 199 ff.

68 *Schorlemer*, Internationaler Kulturgüterschutz, S. 344.

69 *Turner*, in: Fiedler (Hrsg.), Internationaler Kulturgüterschutz und deutsche Frage, S. 19 ff., S. 80.

70 *Engstler,* Die territoriale Bindung von Kulturgütern, S. 272.

71 *Turner*, in: Fiedler (Hrsg.), Internationaler Kulturgüterschutz und deutsche Frage, S. 19 ff., S. 82. Allerdings sagt das archivalische Provenienzprinzip grundsätzlich nichts über den Ort der Aufbewahrung aus, ebenda S. 83 f.

72 *Turner*, in: Fiedler (Hrsg.), Internationaler Kulturgüterschutz und deutsche Frage, S. 19 ff., S. 84.

73 *Engstler,* Die territoriale Bindung von Kulturgütern, S. 274.

74 *Turner*, in: Fiedler (Hrsg.), Internationaler Kulturgüterschutz und deutsche Frage, S. 19 ff., S. 85.

Außerdem wird für die Zuordnung beweglicher Kulturgüter auch auf ihre Zugehörigkeit zu einer auf dem Territorium belegenen, unbeweglichen öffentlichen Einrichtung als deren wesentlicher Bestandteil oder Zubehör abgestellt.[75] Hier wird ohne Rücksicht auf die Herkunftsverhältnisse und die nationale Beziehung der Einzelstücke auf die Integrität bedeutender Kunst- und historischer Kollektionskörper abgestellt, es erfolgt also eine Fixierung auf den Standort der Sammlung.[76] Damit wird eine Verpflichtung des Vorgängerstaates aufgestellt, diejenigen Güter, die Bestandteil einer derartigen unbeweglichen Einrichtung sind, auf dem ursprünglichen Territorium zu belassen oder im Fall der Entfernung zu restituieren.[77]

Mithin hätte selbst im Fall der Staatennachfolge eine Verpflichtung der UdSSR bestanden, die Kulturgüter nicht nur wegen ihrer Zugehörigkeit zum nationalen Kulturerbe Deutschlands, sondern auch als Gegenstände der besonderen Museumskultur Deutschlands an ihrem angestammten Platz in den verschiedenen Museen zu belassen oder im Fall ihrer Entfernung zu restituieren.

## *C. Besatzungsrechtliche Problematik: Alliiertes Besatzungsregime als Grundlage des einseitigen Zugriffs auf deutsche Kulturgüter*

Die Wegnahme deutscher Kulturgüter durch die UdSSR als Besatzungsmacht kann letztlich auch nicht auf das besondere in Deutschland errichtete alliierte Besatzungsregime gestützt werden, was im Folgenden dargelegt werden soll. Hiervon scheint allerdings das russische Verfassungsgericht in seinem Urteil vom 20.7.1999 zum russischen Kulturgütergesetz auszugehen.[78]

Voraussetzung für die Erschließung von Art und Umfang der durch die sowjetische Besatzungsmacht innegehabten Befugnisse ist indessen die Klärung der Rechtsnatur des Besatzungsregimes in Deutschland.

### *I. Rechtsnatur und Reichweite der Besetzung Deutschlands*

In Anbetracht der Übernahme der „obersten Regierungsgewalt“ durch die Alliierten gemäß der Berliner Erklärung vom 5.6.1945 stellt sich die Frage nach dem Wesen der Besetzung Deutschlands sowie dem Umfang der sich aus ihr tatsächlich ergebenden Befugnisse.[79]

In den Jahren seit 1945 wurde in der Völkerrechtswissenschaft immer wieder der Versuch unternommen, das alliierte Besatzungsregime und die in Anspruch genommenen Befugnisse einer rechtlichen Einordnung zuzuführen, was zu einer Fülle ver-

---

75 *O'Connell,* State Succession, S. 204; *Turner*, in: Fiedler (Hrsg.), Internationaler Kulturgüterschutz und deutsche Frage, S. 19 ff., S. 81.

76 *Engstler,* Die territoriale Bindung von Kulturgütern, S. 276.

77 *Turner*, in: Fiedler (Hrsg.), Internationaler Kulturgüterschutz und deutsche Frage, S. 19 ff., S. 81; in der Konvention zur Staatennachfolge in Staatsvermögen, Archive und Schulden von 1983 wurde allerdings auf dieses Kriterium der Zugehörigkeit zu einer unbeweglichen Einrichtung verzichtet.

78 Vgl. Ziffer 4 der Urteilsgründe, Übersetzung in EuGRZ 1999, S. 591 und unten 3. Teil, C.III.3.a) und c)aa).

79 Es wird dabei im Folgenden von der Fortexistenz des Völkerrechtssubjekts Deutsches Reich ausgegangen, die im Vorhergehenden eingehend begründet worden ist, vgl. oben B.I.

schiedener Erklärungsmodelle geführt hat. Es bereitet allerdings große Schwierigkeiten, alle Maßnahmen und die von den Alliierten verfolgten Ziele unter Berufung auf ein Rechtsinstitut pauschal zu rechtfertigen.

Im Folgenden soll eine Darstellung der wichtigsten in der Völkerrechtswissenschaft diskutierten Modelle für das Besatzungsregime der Alliierten erfolgen und geprüft werden, inwieweit hieraus Schranken für das alliierte Handeln in allgemeiner Hinsicht erwachsen.

Die zunächst in allgemeiner Hinsicht gefundenen völkerrechtlichen Schranken für das alliierte Handeln müssen schließlich für die Frage der Beschlagnahme und Wegnahme von Kulturgütern konkretisiert werden, wobei die Besonderheiten des Kulturgüterschutzes zu berücksichtigen sind.

### *1. Eigene Sichtweise der Alliierten in Bezug auf die Besetzung Deutschlands*

#### *a) Allgemeines*

Die Alliierten selbst verhielten sich nicht wie Inhaber völkerrechtlich beschränkter Besatzungsgewalt. Sie fühlten sich nicht durch die HLKO oder sonstiges allgemeines Völkerrecht gebunden, sondern lediglich durch einige allgemeine Rechtsgrundsätze.[80] Die alliierten Regierungen und bedeutende Völkerrechtslehrer außerhalb Deutschlands teilten die Auffassung, dass es sich bei der Besetzung Deutschlands nach Bekanntmachung der Berliner Erklärung vom 5.6.1945 nicht um eine kriegerische Besatzung i.S. der HLKO handelte.[81] Die Haltung der Alliierten kommt in folgender Aussage des Oberbefehlshabers der britischen Zone, General Robertson zum Ausdruck: „There is no German Government: supreme authority in Germany is exercised by the Four Commanders in Chief, each in his own Zone of Occupation, and also jointly in matters affecting Germany as whole. In view of the supreme authority vested in them, there is no limit on their powers save those which they choose to adopt“.[82]

#### *b) Sichtweise der UdSSR*

Die Sichtweise der UdSSR bezüglich des Kriegs- und Besatzungsrechts und folglich auch ihrer Befugnisse als Besatzungsmacht entspricht der Grundlinie der sowjetischen Völkerrechtslehre[83] auf anderem Gebiet.

Die mit der Ausübung von Besatzungsgewalt verbundenen rechtlichen Vorstellungen der Sowjetunion sind geprägt von der marxistisch-leninistischen Auffassung vom We-

---

[80] *Schenk,* Viermächteverantwortung für Deutschland als Ganzes, S. 15; *Nevelev,* GYIL 42 (1999), S. 337 ff., S. 358 f.

[81] Vgl. *Nevelev,* GYIL 42 (1999), S. 337 ff., S. 358; als Autoren, die die Rechtsnatur der Besetzung Deutschlands als occupatio bellica verneinen sind dort Lauterpacht, Kelsen, Jennings, Mann, Verzijl, Kunz, Fried und Fahy genannt.

[82] Zitiert nach *Stödter,* Deutschlands Rechtslage, S. 154.

[83] Zur Entwicklung der sowjetischen Völkerrechtslehre vgl. bspw. *Schweisfurth,* in: Geyer/Meissner (Hrsg.), Osteuropa-Handbuch, Sowjetunion, Band 3: Völkerrechtstheorie und Vertragspolitik, 27 ff.; *Meissner,* Außenpolitik und Völkerrecht der Sowjetunion, ausgewählte Beiträge.

sen des Rechts und der daraus resultierenden, zur Zeit des Zweiten Weltkriegs gültigen Völkerrechtslehre.

Nach sowjetischem Verständnis von Recht wird dessen Inhalt von den Interessen der jeweils herrschenden Klasse bestimmt. Die Rolle des Rechts kann also definiert werden als Mittel der Herrschaft, der sozialen Gestaltung und Steuerung im Interesse der herrschenden Klasse.[84]

Diese Sichtweise, die zunächst für die innerstaatliche Rechtsordnung beschrieben wurde, erstreckte sich auch auf die Betrachtung der internationalen Rechtsordnung.[85]

Das Völkerrecht wurde für die sowjetische Außenpolitik instrumentalisiert, was sich am deutlichsten in den Lehren Pasukanis zeigt, der das Völkerrecht als „Form der Außenpolitik" ansah und vollständig politisierte. Nach Gründung des Sowjetstaates sei die proletarische Kampfpolitik auf die internationale Ebene übertragen worden und usurpiere das Völkerrecht als eine Form des Kampfes beider Systeme.[86]

Infolge der außenpolitischen und militärischen Erfordernisse während des Zweiten Weltkriegs erfuhr die sowjetische Völkerrechtslehre eine Umorientierung hin zur Anerkennung der zwischenstaatlichen Zusammenarbeit. Diese wurde allerdings nur insoweit propagiert, als die UdSSR auf eine derartige Zusammenarbeit angewiesen war.[87]

In Bezug auf den Krieg wurde schon von Lenin Folgendes vertreten: „Der Krieg ist die Fortsetzung der Politik, die die herrschenden Klassen der kriegführenden Mächte lange vor dem Krieg getrieben haben, mit Mitteln der Gewalt. Der Frieden ist die Fortsetzung der gleichen Politik unter Berücksichtigung jener Veränderungen im Kräfteverhältnis der Gegner, die durch die Kriegshandlungen eingetreten sind."[88]

Dies entspricht auch der sowjetischen Auffassung, dass zwischen gerechten und ungerechten Kriegen unterschieden werden muss.[89]

Wenn das Wesen und die Legitimierung des Krieges in der Fortsetzung sowjetischer Politik zu sehen ist, so gilt das auch für die theoretischen Grundlagen der Ausübung von Besatzungsgewalt. Diese erfolgt ebenfalls als Fortsetzung sowjetischer Politik unter den Besonderheiten der Besetzung fremden Staatsgebiets.[90]

Aus Sicht der Sowjetunion stellte die Besetzung Deutschlands zumindest keine occupatio bellica im klassischen Sinn dar, wenngleich sie auch unter dem Gesichtspunkt der occupatio bellica bewertet wird.[91]

---

[84] *Schweisfurth,* in: Geyer/Meissner (Hrsg.), Osteuropa-Handbuch, Sowjetunion, Band 3: Völkerrechtstheorie und Vertragspolitik, 27 ff., S. 27.

[85] *Schweisfurth,* in: Geyer/Meissner (Hrsg.), Osteuropa-Handbuch, Sowjetunion, Band 3: Völkerrechtstheorie und Vertragspolitik, 27 ff., S. 27.

[86] *Schweisfurth,* in: Geyer/Meissner (Hrsg.), Osteuropa-Handbuch, Sowjetunion, Band 3: Völkerrechtstheorie und Vertragspolitik, 27 ff., S. 36.

[87] Vgl. hierzu *Schweisfurth,* in: Geyer/Meissner (Hrsg.), Osteuropa-Handbuch, Sowjetunion, Band 3: Völkerrechtstheorie und Vertragspolitik, 27 ff., S. 36.

[88] Zitiert nach *Von der Beck,* Die Konfiskationen in der Sowjetischen Besatzungszone, S. 176.

[89] *Akademie der Wissenschaften der UdSSR*, Völkerrecht, S. 415 ff.

[90] *Von der Beck,* Die Konfiskationen in der Sowjetischen Besatzungszone, S. 177.

[91] Vgl. *Akademie der Wissenschaften der UdSSR*, Völkerrecht, S. 441; an dieser Stelle wird im Zusammenhang mit der Abhandlung der militärischen Okkupation Folgendes ausgeführt: „Die besetzende Gewalt hat alle von ihr abhängigen Vorkehrungen zu treffen, um nach Möglichkeit die öf-

Vor dem Hintergrund des sowjetischen Völkerrechtsverständnisses ist davon auszugehen, dass sich die rechtlichen Dimensionen des sowjetischen Besatzungsregimes in Deutschland vor allem durch die politischen Zielsetzungen der sowjetischen Führung definieren und rechtfertigen.[92] Diese waren bestimmt von der geplanten sozialökonomischen Umgestaltung in den durch die Rote Armee besetzten Gebieten.[93]

Nach außen berief sich die Sowjetunion zur Begründung und Rechtfertigung ihrer Besatzungsmaßnahmen stets auf die in Potsdam gefassten Beschlüsse vom 2.8.1945. Sie machte sie zur Quelle der von ihr beanspruchten Besatzungsbefugnisse in Deutschland. Dieser Rechtsstandpunkt geht beispielsweise aus einer an die Westmächte gerichteten Note der Sowjetregierung vom 27.11.1958 hervor.[94] Die Praxis des sowjetischen Besatzungsregimes und die Auslegung der Potsdamer Beschlüsse richtete sich dabei nach den politischen Zielsetzungen der Sowjetischen Militäradministration in Deutschland (SMAD), ohne dass darüber hinaus eine theoretische sowjetische Konzeption erkennbar wäre.[95]

Abschließend lässt sich feststellen, dass der sowjetischen Sichtweise der rechtlichen Qualität der Besatzungsherrschaft in Deutschland keine aussagekräftige Konzeption zugrunde liegt. Die Inanspruchnahme von Befugnissen aus der HLKO wird zwar nicht ausgeschlossen, deren rechtliche Grenzen aber in praktisch beliebigem, politisch vorgegebenem Umfang überschritten. Die konkrete Durchführung der Besatzung musste dabei den Maßgaben der stalinistischen Machtpolitik und der sowjetischen Völkerrechtslehre entsprechen.[96]

---

fentliche Ordnung und das öffentliche Leben wiederherzustellen und aufrechtzuerhalten, und zwar, soweit kein zwingendes Hindernis besteht, unter Beachtung der Landesgesetze."

92 So *Von der Beck*, Die Konfiskationen in der Sowjetischen Besatzungszone, S. 179.

93 *Von der Beck*, Die Konfiskationen in der Sowjetischen Besatzungszone, S. 179.

94 *Meissner*, in: Klein/Meissner (Hrsg.), Potsdamer Abkommen und Deutschlandfrage, S. 43 ff., S. 55 f.

95 Oberst Tjulpanov beschreibt im Jahr 1967 die politischen Zielsetzungen und deren förmliche Abstützung durch das Potsdamer Abkommen folgendermaßen: „Eine grundlegende Demokratisierung des ganzen Lebens in Deutschland bedeutete umfassende sozialökonomische Umgestaltungen, die Beseitigung der ökonomischen Grundlage des deutschen Imperialismus und Militarismus, die Vernichtung seiner politischen Positionen, die Überwindung der Hinterlassenschaft der faschistischen Ideologie. Die in den Potsdamer Beschlüssen fixierten demokratischen Prinzipien waren jederzeit die völkerrechtliche Grundlage der Tätigkeit der SMAD und später der sowjetischen Außenpolitik in der deutschen Frage". ... „Die Sowjetregierung hatte keine ausgearbeitete Theorie der Besatzungsadministration, aber sie ließ sich in ihrer von der SMAD ausgeübten Tätigkeit von den allgemeinen Grundsätzen der marxistisch-leninistischen Theorie leiten, vom Charakter des Zweiten Weltkriegs, der ein antifaschistischer Befreiungskrieg auch gegenüber dem deutschen Volk war." Zitiert nach *Von der Beck*, Die Konfiskationen in der Sowjetischen Besatzungszone, S. 180 f.

96 *Von der Beck*, Die Konfiskationen in der Sowjetischen Besatzungszone, S. 181.

## 2. *Einzelne Rechtsinstitute und Konzeptionen*

### *a) Occupatio bellica*

Für die völkerrechtliche Rechtfertigung des alliierten Besatzungsregimes kommt zunächst eine occupatio bellica i.S. der Art. 42-56 der Haager Landkriegsordnung vom 18.10.1907 in Betracht.[97]

#### *aa) Anwendbarkeit der HLKO für die Zeit nach 1945 im Allgemeinen*

Allerdings könnten sich bereits bezüglich der grundsätzlichen Anwendbarkeit der HLKO auf die Zeit während und nach dem Zweiten Weltkrieg auf mehreren Gründen Bedenken ergeben.

##### *aaa) Allbeteiligungsklausel und Bindung der UdSSR an die HLKO*

Die Anwendbarkeit der HLKO auf den Zweiten Weltkrieg könnte bereits an der sog. Allbeteiligungsklausel scheitern, wonach diese nur Anwendung findet, wenn alle am Krieg beteiligten Staaten Mitglieder des IV. Haager Abkommens sind.[98] Die UdSSR hatte die HLKO aber nicht selbst unterzeichnet, sondern das zaristische Russland, weshalb deren unmittelbare Anwendung auf den Zweiten Weltkrieg problematisch erscheint.[99] Gleiches gilt für die Anwendbarkeit auf die Zeit der Besetzung Deutschlands nach der bedingungslosen Kapitulation.

Deshalb soll nun zunächst die Frage der formalen Bindung der Sowjetunion an die HLKO untersucht werden.

###### *(1) Formale Bindung der UdSSR an die HLKO*

Die UdSSR hat die Identität mit dem zaristischen Russland zunächst abgelehnt und fühlte sich auch nicht an die von diesem geleistete Unterzeichnung des IV. Haager Abkommens gebunden.[100] Die Sowjetregierung vertrat vielmehr ursprünglich die Auffassung, dass die durch das vorrevolutionäre Russland geschlossenen Verträge nicht generell für die Sowjetunion gelten könnten, sondern hierüber von Fall zu Fall entschieden werden müsste.[101]

---

97 Zur occupatio bellica s. *Berber,* Lehrbuch des Völkerrechts, Bd. II, S. 122 ff.; Nachweise über deutsche Rechtsprechung zur Anwendbarkeit der HLKO bei: *Hahn*, ZaöRV 14 (1951/52), S. 252 ff., S. 281 ff.

98 Vgl. Art. 2 des IV. Haager Abkommens.

99 *Oppenheim/Lauterpacht*, International Law, Vol. II, § 69 a, S. 235.

100 *Grewe,* Besatzungsstatut für Deutschland, S. 108; zur Bindung der Sowjetunion an die HLKO vgl. ausführlich *Meissner,* Sowjetunion und Haager LKO.

101 *Meissner,* in: OsteuropaR 1/2 (1955/56), S. 96 ff., S. 96, bei dem ein entsprechendes Schreiben der Sowjetregierung an das Institut Intermédiaire International vom 2.4.1924 wiedergegeben ist. Dies vertraten auch die sowjetischen Völkerrechtler Korovin und Pasukanis in ihren Lehrbüchern, so *Meissner,* Sowjetunion und Haager LKO, S. 7. Zur Frage der Anerkennung der HLKO vertrat Korovin zwar in den zwanziger Jahren die Auffassung, dass auch die Sowjetunion an diese gebunden

Zur Frage der Geltung der HLKO hat sich die Sowjetunion bis zu ihrem Eintritt in den Zweiten Weltkrieg von offizieller Seite nicht geäußert.[102]

Erst im Juli/August 1941 hat sich das Volkskommissariat für Auswärtige Angelegenheiten, nicht zuletzt unter dem Eindruck der militärischen Bedrängnis und der hieraus resultierenden Notwendigkeit der Zusammenarbeit mit Staaten anderer Gesellschaftsordnung, in Noten an Schweden, Großbritannien, Japan und Bulgarien bereit erklärt, unter Voraussetzung der Gegenseitigkeit die HLKO gegenüber Deutschland anzuwenden.[103] Die Anerkennung der durch das zaristische Russland mit Ratifizierung der HLKO eingegangenen völkerrechtlichen Verpflichtungen durch die Sowjetunion geht auch aus den Zirkularnoten des sowjetischen Außenministers Molotow vom 25.11.1941 und 27.4.1942 hervor.[104]

Die Streitfrage der formellen Bindung der Sowjetunion an die HLKO wurde schließlich durch die Note des sowjetischen Außenministeriums an die niederländische Botschaft in Moskau vom 7.3.1955, in der die Geltung der HLKO ausdrücklich bestätigt wurde, endgültig geklärt.[105]

Im Ergebnis ist deshalb bereits von einer vertragsrechtlichen Bindung der Sowjetunion an die für die kriegerische Besetzung geltenden Regeln der HLKO für die Zeit der deutschen Besetzung zwischen 1945 und 1949 auszugehen,[106] wenn es hierauf auch, wie im Folgenden aufzuzeigen sein wird, letztlich nicht ankommt.

---

sei. Allerdings gelte ihr Inhalt wegen der clausula rebus sic stantibus notwendig nur im Hinblick auf eine „Ausrichtung auf die soziale Revolution". Allerdings rückte er später von dieser Auffassung wieder ab, vgl. *Schweisfurth*, in: Geyer/Meissner (Hrsg.), Osteuropa-Handbuch, Sowjetunion, Völkerrechtstheorie und Vertragspolitik, S. 27 ff., S. 36.

102 So *Von der Beck*, Die Konfiskationen in der Sowjetischen Besatzungszone, S. 177.

103 *Meissner*, in: OsteuropaR 1/2 (1955/56), S. 96 ff., S. 97; *Schweisfurth*, SBZ-Konfiskationen privaten Eigentums, S. 23.

104 *Schweisfurth*, SBZ-Konfiskationen privaten Eigentums, S. 23 f.; *Meissner*, in: OsteuropaR 1/2 (1955/56), S. 96 ff., S. 97; Wortlaut der Zirkularnote vom 27.4.1942, zitiert nach *Tomson*, in: Geyer/Meissner (Hrsg.), Osteuropa-Handbuch, Sowjetunion, Völkerrechtstheorie und Vertragspolitik, S. 122 ff., S. 127, FN 22: „... Trotz all dem hat die Sowjetregierung, getreu den Grundsätzen der Menschlichkeit und in Einhaltung ihrer internationalen Verpflichtungen, sogar unter den gegebenen Umständen nicht die Absicht, Vergeltungsmaßnahmen gegenüber deutschen Kriegsgefangenen anzuwenden und wird nach wie vor die von der Sowjetunion eingegangenen Verpflichtungen in Bezug auf das Regime für Kriegsgefangene, wie es durch die Haager Landkriegsordnung des Jahres 1907 bestimmt wurde, einhalten, obwohl diese, von den Deutschen gleichfalls unterzeichnet, von ihnen in jedem einzelnen Punkt mutwillig verletzt wurde".

105 *Meissner*, in: OsteuropaR 1/2 (1955/56), S. 96 ff., S. 99; Note abgedruckt bei *Tomson*, in: Geyer/Meissner (Hrsg.), Osteuropa-Handbuch, Sowjetunion, Völkerrechtstheorie und Vertragspolitik, S. 122 ff., S. 128 f.; Auch nach Auflösung der UdSSR bleibt die Russische Föderation an die HLKO gebunden, da sowohl im völkerrechtlichen Verkehr der Staaten als auch von Russland selbst von der Fortsetzung der völkerrechtlichen Identität der Sowjetunion durch die Russische Föderation ausgegangen wird, vgl. hierzu *Von der Beck*, Die Konfiskationen in der Sowjetischen Besatzungszone, S. 339 ff. und unten 3. Teil, A.I.6.b)aa).

106 So auch *Schweisfurth*, SBZ-Konfiskationen privaten Eigentums, S. 23; aA *Von der Beck*, Die Konfiskationen in der Sowjetischen Besatzungszone, S. 155.

*(2) Bindung an die in der HLKO niedergelegten Grundsätze des Völkergewohnheitsrechts*

Selbst wenn man die formale Bindung an die HLKO ablehnt, beansprucht sie doch ihrem Inhalt nach auch Geltung für die UdSSR.

Die HLKO wird als Kodifikation bzw. Ausdruck völkerrechtlichen Gewohnheitsrechts angesehen.[107] Der Charakter der HLKO als Kodifizierung bestehenden Völkergewohnheitsrechts kommt in der sog. „Martenschen Klausel“ in der Präambel zum Ausdruck,[108] in der es heißt, „dass in den Fällen, die in den Bestimmungen der von ihnen angenommenen Ordnung nicht einbegriffen sind, die Bevölkerung und die Kriegführenden unter dem Schutz und der Herrschaft der Grundsätze des Völkerrechts bleiben, wie sie sich ergeben aus den unter gesitteten Völkern feststehenden Gebräuchen, aus den Gesetzen der Menschlichkeit und aus den Forderungen des öffentlichen Gewissens“.

Diese Grundsätze des allgemeinen Völkerrechts binden auch Nichtvertragsstaaten, so dass der Einwand der Allbeteiligungsklausel letztlich nicht durchgreift.[109]

Die gewohnheitsrechtliche Geltung der Vorschriften der HLKO über ihre Vertragsstaaten hinaus wurde für die Zeit des Zweiten Weltkriegs auch im Urteil des Nürnberger Internationalen Militärgerichtshofs festgestellt: „... these rules laid down in the convention were recognized by all civilized nations, and were regarded as being declaratory of the laws and customs of war...“[110] Diese Bestätigung der völkergewohnheitsrechtlichen Geltung der HLKO ist auch insofern von Bedeutung, als das Urteil des Nürnberger Militärgerichtshofs auch die Unterschrift des sowjetischen Richters trägt.[111] Die Sowjetunion kann sich somit nicht auf die Nichtanerkennung bzw. Nichtgeltung der Grundsätze der HLKO berufen.

Mithin ist zumindest von der Geltung der in der HLKO niedergelegten völkergewohnheitsrechtlichen Rechtssätze auch für die Sowjetunion auszugehen.

*bbb) Anwendbarkeit auf den Weltkonflikt*

Weiterhin stellt sich die Frage, ob die HLKO überhaupt auf einen Weltkonflikt anwendbar ist, was insbesondere von den Angeklagten der Nürnberger Kriegsverbrecher-Prozesse bestritten wurde. Dieser Argumentation hat sich das Kriegsverbrecher-Tribunal allerdings gerade nicht angeschlossen, sondern ging vielmehr bei seiner An-

---

[107] Vgl. bspw. *Berber,* Lehrbuch des Völkerrechts, Bd. II, S. 124; *Schmoller/Maier/Tobler,* Handbuch des Besatzungsrechts, § 5, S. 5 f.; *Verdross/Simma,* Universelles Völkerrecht, § 581, S. 367; *Greenwood,* in: Fleck (Hrsg.), Handbuch des humanitären Völkerrechts, Nr. 126, S. 21; *Laun,* Haager Landkriegsordnung, S. 53; vgl. zur Anwendbarkeit der HLKO während des Zweiten Weltkriegs die deutsche Rechtsprechung, dargestellt bei *Hahn,* ZaöRV 14 (1951/52), S. 252 ff., S. 281 ff.

[108] *Grewe,* Besatzungsstatut für Deutschland, S. 109; *Schmoller/Maier/Tobler,* Handbuch des Besatzungsrechts, § 5, S. 6.

[109] Vgl. *Berber,* Lehrbuch des Völkerrechts, Bd. II, S. 124; *Laun,* Haager Landkriegsordnung, S. 53 f. *Von der Beck,* Die Konfiskationen in der Sowjetischen Besatzungszone, S. 155.

[110] AJIL 41 (1947), S. 248 f.; *Schorlemer*, Internationaler Kulturgüterschutz, S. 275.

[111] *Fiedler,* Kulturgüter als Kriegsbeute, S. 22.

klage und Verurteilung von einer Verletzung der HLKO, auch im Hinblick auf deren Art. 56 aus.[112]

Der Auffassung von der Anwendbarkeit der HLKO auf den Weltkonflikt ist zuzustimmen.

Im Jahr 1907 war zwar nicht voraussehbar, welche Veränderungen sich durch die moderne Kriegstechnik im totalen Krieg ergeben würden. Allein hieraus lässt sich aber nicht auf die Unanwendbarkeit der HLKO schließen.[113] Vielmehr liefert die HLKO für ihre Anwendbarkeit auch unter den geänderten Vorzeichen des Krieges selbst die beste Argumentation. In der Präambel der HLKO wird eingeräumt, dass diese sich nicht auf alle künftig in der Praxis vorkommenden Fälle erstrecken kann.[114] Für die Fälle, die zum Zeitpunkt des Erlasses der HLKO noch nicht geregelt werden konnten, wurde mit der sog. „Martens'schen Klausel"[115] ein Leitfaden geschaffen, der die für künftige Fälle der Anwendung der HLKO unter geänderten Vorzeichen zu beachtenden Grundsätze festlegte.[116] Die HLKO ist also zukunftsgerichtet und – nicht zuletzt technischen – Veränderungen der Kriegsführung geöffnet,[117] weshalb sie auch auf den Weltkonflikt und die hieraus resultierende Besetzung anwendbar ist.

*ccc) Nichtanwendbarkeit wegen Verstoßes Deutschlands gegen die HLKO während des Zweiten Weltkriegs?*

Gegen die Anwendbarkeit der HLKO in Bezug auf die deutsche Besetzung nach 1945 wird auch die vorangegangene Verletzung ihrer Bestimmungen durch das Deutsche Reich im Zweiten Weltkrieg vorgebracht.

Diese Argumentation wurde insbesondere seitens der Alliierten im Hinblick auf die Inanspruchnahme weit reichender Befugnisse vorgetragen.[118] Das Deutsche Reich habe

---

[112] *Fiedler,* in: Fechner/Oppermann/Prott (Hrsg.), Prinzipien des Kulturgüterschutzes, S. 159 ff., S. 164.

[113] *Schmoller/Maier/Tobler,* Handbuch des Besatzungsrechts, § 5, S. 6.

[114] Präambel der HLKO vom 18. Okt. 1907 (RGBl. 1910, S. 107): „Es war indessen nicht möglich, sich schon jetzt über Bestimmungen zu einigen, die sich auf alle in der Praxis vorkommenden Fälle erstrecken".

[115] Danach bleiben „in den Fällen, die in den Bestimmungen der von ihnen [den hohen vertragsschließenden Teilen] angenommenen Ordnung nicht einbegriffen sind, die Bevölkerung und die Kriegsführenden unter dem Schutze und der Herrschaft der Grundsätze des Völkerrechts, wie sie sich ergeben aus den unter gesitteten Völkern feststehenden Gebräuchen, aus den Gesetzen der Menschlichkeit und aus den Forderungen des öffentlichen Gewissens", vgl. Präambel der HLKO vom 18. Okt. 1907, RGBl. 1910, S. 107; *Fiedler,* Kulturgüter als Kriegsbeute, S. 19 f.

[116] *Fiedler,* in: Strocka (Hrsg.), Kunstraub – ein Siegerrecht?, S. 47 ff., S. 57; *Fiedler,* in: Fechner/Oppermann/Prott (Hrsg.), Prinzipien des Kulturgüterschutzes, S. 159 ff., S. 164.

[117] *Fiedler,* in: Fechner/Oppermann/Prott (Hrsg.), Prinzipien des Kulturgüterschutzes, S. 159 ff., S. 164.

[118] So hielt der amerikanische Militärgouverneur Clay auf die anlässlich einer Pressekonferenz an ihn gerichtete Frage, inwieweit die Entscheidungen des Alliierten Kontrollrats auf den Bestimmungen der HLKO basierten als „unpassend" im Hinblick auf die jahrelange Nichtbeachtung durch die Deutschen selbst, vgl. *Grewe,* Besatzungsstatut für Deutschland, S. 111.

sich durch seine Vertragsverletzungen und Aggressionen außerhalb des Rechts gestellt und könne deshalb keinen völkerrechtlichen Schutz mehr genießen.[119]

Dem ist entgegenzuhalten, dass die HLKO nicht zwischen gerechten und ungerechten Kriegen unterscheidet. Die Rechte aus der HLKO müssen vielmehr auch der Armee und der Bevölkerung desjenigen Staates zustehen, der den Krieg schuldhaft verursacht hat.[120] Eine Friedloserklärung lässt sich mit den allgemeinen Grundsätzen des Völkerrechts nicht begründen und birgt die Gefahr willkürlicher, schrankenloser Präventiv- und Repressivmaßnahmen.[121]

Mithin ist die HLKO auch für die Zeit der deutschen Besetzung nach dem Zweiten Weltkrieg grundsätzlich anwendbar.

*bb) Allgemeine Voraussetzungen der occupatio bellica*

Im Folgenden sind nun die allgemeinen Voraussetzungen für das Vorliegen der occupatio bellica i.S. der Art. 42-56 HLKO zu klären.

Die erste Voraussetzung ist die Ausübung tatsächlicher Gewalt eines Kriegsführenden über feindliches Gebiet i.S.v. Art. 42 HLKO. Diese lag für das Deutsche Reich mit der Gewinnung der vollständigen Kontrolle über das gesamte deutsche Staatsgebiet durch die alliierten Truppen im Mai 1945 zweifellos vor.[122] Die Tatsache, dass nicht nur ein Teil, sondern das gesamte Staatsgebiet besetzt war, hat für die Anwendbarkeit der Regeln der HLKO keine Bedeutung.[123]

Fraglich und umstritten ist hingegen die zweite Voraussetzung, die Frage der zeitlichen Ausdehnung der occupatio bellica. Für die Anwendbarkeit der Regeln über die kriegerische Besetzung wird einerseits das Andauern der Feindseligkeiten, also der kriegerischen Auseinandersetzung, gefordert,[124] nach der Gegenmeinung soll das Fortdauern des Kriegszustands genügen.[125]

---

[119] Vgl. Nachweise bei *Blumenwitz*, in: Meissner/Zieger (Hrsg.), Staatliche Kontinuität, S. 47 ff., S. 50, Fn. 22.

[120] *Schmoller/Maier/Tobler*, Handbuch des Besatzungsrechts, § 5, S. 6 f.

[121] *Blumenwitz*, in: Meissner/Zieger (Hrsg.), Staatliche Kontinuität, S. 47 ff., S. 50, *Blumenwitz*, Feindstaatenklauseln, S. 76 ff. Dem völkerrechtswidrigen Verhalten einer Kriegspartei kann grundsätzlich nur mit der sog. Repressalie begegnet werden. Diese erfüllt zwar als solche ebenfalls den Tatbestand einer Völkerrechtsverletzung, ist aber aufgrund ihres Charakters als Repressalie völkerrechtlich gerechtfertigt, siehe *Grewe*, Besatzungsstatut für Deutschland, S. 112 f. Die Repressalie muss aber proportional sein und ist nur solange zulässig, wie das rechtswidrige Verhalten andauert, weshalb nach Kriegsbeendigung im Jahr 1945 und dem damit verbundenen Abschluss der Unrechtshandlungen auch mittels Repressalie nicht mehr reagiert werden konnte, so auch *Schmoller/Maier/Tobler*, Handbuch des Besatzungsrechts, § 5, S. 7. Zu den Voraussetzungen der Kriegsrepressalie im Einzelnen vgl. *Berber*, Lehrbuch des Völkerrechts, Bd. II, S. 235 ff.

[122] *Blumenwitz*, in: Meissner/Zieger (Hrsg.), Staatliche Kontinuität, S. 47 ff., S. 47; *Schenk*, Viermächteverantwortung für Deutschland als Ganzes, S. 10; *Von der Beck*, Die Konfiskationen in der Sowjetischen Besatzungszone, S. 153.

[123] *Schmoller/Maier/Tobler*, Handbuch des Besatzungsrechts, § 5, S. 7.

[124] So *Maier*, Besatzungsregime nach dem Zweiten Weltkrieg, in: Strupp/Schlochauer, Wörterbuch des Völkerrechts, Band 1, S. 190 ff., S. 190; *Grewe*, Besatzungsstatut für Deutschland, S. 117; *Antoni*, Das Potsdamer Abkommen, S. 82.

[125] Vgl. *Berber*, Lehrbuch des Völkerrechts, Bd. II, S. 124 f.

Die überzeugenderen Gründe sprechen hier für die zweite Meinung. Die wichtigste Grundlage der occupatio bellica ist die Effektivität der Hoheitsgewalt der Besatzungsmacht im besetzten Gebiet. Diese liegt aber in der Regel gerade auch nach Beendigung der Kampfhandlungen vor, wenn der besiegte Staat völlig der fremden Gewalt ausgeliefert ist, im Fall der bedingungslosen Kapitulation der Möglichkeit beraubt ist, die Einzelheiten seines Verhältnisses zum Besiegten rechtlich zu regeln und deshalb des in der HLKO verbürgten Mindeststandards besonders bedarf.[126]

Die äußerste zeitliche Grenze für die Anwendbarkeit der Vorschriften der HLKO stellt mithin nicht die Beendigung der Kampfhandlungen, sondern die Beendigung des Kriegszustands mit Außerkraftsetzung des Kriegsrechts dar.[127]

Nach den Regeln des Kriegsvölkerrechts liegt eine völkerrechtswirksame Beendigung des Kriegszustands mit Deutschland aber bis 1949 nicht vor.[128] Diese erfolgte im Falle Deutschlands durch faktische Wiederaufnahme der friedlichen Beziehungen und stillschweigende Hinnahme, so dass die Beendigung des Kriegszustands zwischen 1945 und 1951 eingetreten sein muss.[129]

Letztlich kann die Frage der zeitlichen Grenze für die Anwendbarkeit aber offen bleiben, da die HLKO als Ausdruck von Völkergewohnheitsrecht zumindest entsprechend anwendbar ist.[130] Dieses stellt vorrangig auf die Ausübung der tatsächlichen Gewalt ab, ist hinsichtlich der zeitlichen Begrenzung aber offen.[131]

*cc) Anwendbarkeit der Regeln der occupatio bellica auf das Besatzungsregime in Deutschland im Einzelnen*

Die Regeln der occupatio bellica sind mithin auf die Besetzung Deutschlands durch die Alliierten grundsätzlich anwendbar.

Es bleibt nun noch zu prüfen, ob sich das Besatzungsregime auch in Art und Umfang der tatsächlich beanspruchten Befugnisse im Rahmen einer occupatio bellica gehalten hat.

Die Art. 42 bis 56 HLKO gewähren einen völkerrechtlichen Titel zur Ausübung einer gebietsfremden, mit der verdrängten Staatsgewalt nicht identischen Besatzungsgewalt, die sich durch einen transitorischen und provisorischen Charakter auszeich-

[126] *Berber,* Lehrbuch des Völkerrechts, Bd. II, S. 127; *Von der Beck,* Die Konfiskationen in der Sowjetischen Besatzungszone, S. 154.

[127] *Waitz von Eschen,* Völkerrechtliche Kompetenz der Vier Mächte, S. 21; *Von der Beck,* Die Konfiskationen in der Sowjetischen Besatzungszone, S. 154; *Blumenwitz,* Überwindung der deutschen Teilung, S. 91.

[128] *Berber,* Lehrbuch des Völkerrechts, Bd. II, S. 99 ff.; *Blumenwitz,* Überwindung der deutschen Teilung, S. 91.

[129] *Berber,* Lehrbuch des Völkerrechts, Bd. II, S. 102; *Blumenwitz,* Überwindung der deutschen Teilung, S. 117 f. Die Beendigungserklärungen der drei Westmächte im Jahr 1951 und der Sowjetunion im Jahr 1955 hatten deshalb nur deklaratorische Bedeutung.

[130] *Berber,* Lehrbuch des Völkerrechts, Bd.II, S. 123 f.; *Antoni,* Das Potsdamer Abkommen, S. 82 f.; *Grewe,* Besatzungsstatut für Deutschland, S. 119; *Blumenwitz,* Überwindung der deutschen Teilung, S. 91.

[131] *Blumenwitz,* Überwindung der deutschen Teilung, S. 91.

net.[132] Nach Art. 43 HLKO geht die gesetzmäßige Gewalt tatsächlich in die Hände des Besetzenden über. Dieser Gewaltübergang bedeutet die Ausübung einer besonderen, von derjenigen des besetzten und des okkupierenden Staates unterschiedlichen Hoheitsgewalt, die auf Kriegsvölkerrecht beruht.[133] Die auf Grundlage dieser Herrschaftsgewalt gesetzten Rechtsnormen sind in zweifacher Hinsicht Bindungen unterworfen, nämlich derjenigen an die höheren Normen des Okkupierenden und an die Normen des Völkerrechts.[134]

Ein weiteres Merkmal der occupatio bellica i.S. der HLKO ist ihr provisorischer Charakter,[135] der sich daran zeigt, dass der besetzende Staat gem. Art. 43 HLKO an die Gestaltungsvorstellungen und die bestehende Ordnung des besetzten Landes gebunden ist, eine fremdbestimmte Umwälzung hingegen nicht zugelassen wird.[136]

Zum Schutz ihrer militärischen Interessen und zur Wiederherstellung und Aufrechterhaltung der öffentlichen Ordnung und des öffentlichen Lebens steht der Besatzungsmacht zwar zu, Rechtsnormen zu erlassen, allerdings gem. Art. 43 HLKO grundsätzlich unter Beachtung der Landesgesetze. Hiervon darf nur bei Bestehen eines zwingenden Hindernisses abgewichen werden. Unter den „zwingenden Hindernissen" sind grundsätzlich militärische Erfordernisse zu verstehen und die Notwendigkeit, die öffentliche Ordnung, die unter den Landesgesetzen gestört war, wiederherzustellen.[137] Die Aufrechterhaltung der öffentlichen Ordnung kann beispielsweise die Aufhebung inhumaner, diskriminierender Gesetze erfordern, was für die Auflösung der NSDAP und die nationalsozialistischen Gesetze gegen Juden durch die Alliierten in Deutschland nach 1945 gelten muss.[138]

Zu weitgehend ist aber die im Hinblick auf die Situation des besiegten und besetzten Deutschlands vertretene Auffassung, den alliierten Besatzern stünde im Rahmen der occupatio bellica die Befugnis zu, alle gesetzgeberischen Maßnahmen zu treffen, die sie nach ihrem bloßen politischen Interesse für erforderlich hielten, die Besatzungsgewalt bestimme sich also nach den von der Besatzungsmacht verfolgten Kriegszielen.[139]

Dies verkennt, dass die HLKO und deren völkergewohnheitsrechtliche Grundlagen vom Prinzip der Nichtintervention und des Selbstbestimmungsrechts ausgehen und einem möglichst weitgehenden Schutz dieser Rechtsgüter dienen. Deshalb sind alle

---

132 So *Blumenwitz*, in: Meissner/Zieger (Hrsg.), Staatliche Kontinuität, S. 47 ff., S. 47; S. auch *Berber*, Lehrbuch des Völkerrechts, Bd. II, S. 130.

133 *Berber*, Lehrbuch des Völkerrechts, Bd. II, S. 129; *Von der Beck*, Die Konfiskationen in der Sowjetischen Besatzungszone, S. 155; *Waitz von Eschen*, Völkerrechtliche Kompetenz der Vier Mächte, S. 21 f.

134 *Berber*, Lehrbuch des Völkerrechts, Bd. II, S. 129.

135 *Berber*, Lehrbuch des Völkerrechts, Bd. II, S. 130; *Schenk*, Viermächteverantwortung für Deutschland als Ganzes, S. 18; *Von der Beck*, Die Konfiskationen in der Sowjetischen Besatzungszone, S. 156.

136 Art. 43 HLKO bestimmt, dass „der Besetzende alle von ihm abhängenden Vorkehrungen zu treffen [hat], um nach Möglichkeit die öffentliche Ordnung und das öffentliche Leben wiederherzustellen und aufrechtzuerhalten, und zwar, soweit kein zwingendes Hindernis besteht, unter Beachtung der Landesgesetze".

137 *Berber*, Lehrbuch des Völkerrechts, Bd. II, S. 133.

138 *Berber*, Lehrbuch des Völkerrechts, Bd. II, S. 134; *Von der Beck*, Die Konfiskationen in der Sowjetischen Besatzungszone, S. 156.

139 So aber *Stödter*, Deutschlands Rechtslage, S. 230 ff., 235 ff.

Abweichungen hiervon äußerst restriktiv zu handhaben, da ansonsten der schrankenlose Missbrauch der Besatzungsgewalt zu befürchten wäre.[140]

Vergleicht man die von den Alliierten in Anspruch genommenen Befugnisse mit diesen Vorgaben, wird deutlich, dass das Besatzungsregime von der occupatio bellica i.S. der HLKO verschieden war.[141]

Die Maßnahmen der Alliierten hatten endgültigen Charakter, sie zielten auf einen endgültigen und vollständigen Wechsel des politischen Systems und auf eine grundlegende Reform der politischen Struktur in Deutschland ab.[142] Wie in Abschnitt 2 und 3 des Berichts über die Krim-Konferenz[143] grundsätzlich festgelegt und in Abschnitt III[144] und IV des Potsdamer Abkommens[145] erneut bestätigt, wollten die Alliierten den deutschen Militarismus und den Nationalsozialismus ausrotten, durch Friedensliebe und Demokratie ersetzen, Deutschland militärisch und industriell entwaffnen, die deutsche Wirtschaft dezentralisieren[146] und Deutschland in größtmöglichem Umfang zur Wiedergutmachung der Schäden, die durch den Angriffskrieg, für den es die Verantwortung trägt, verursacht worden sind, heranziehen.[147] Die Alliierten strebten also eine grundlegende Neuordnung der sozialen, wirtschaftlichen und politischen Struktur Deutschlands an.

Das alliierte Regime lässt sich somit als aktiv interventionistisch, revolutionär und auf endgültige Wirkung abzielend bezeichnen.[148]

Auch bei der weitestmöglichen Auslegung der alliierten Befugnisse auf Grundlage der occupatio bellica kommt der Besatzungsmacht aber nicht die Befugnis zu, ihre Kriegsziele eigenhändig durch entsprechende Maßnahmen vorweg zu verwirklichen. Dies bleibt vielmehr der Regelung in einem Friedensvertrag vorbehalten.[149] Dazu zählen insbesondere Entscheidungen über die endgültige Rechtsstellung des besetzten Gebiets,[150] ebenso wie die Frage nach Art und Umfang der Reparationen[151].

---

[140] *Schmoller/Maier/Tobler,* Handbuch des Besatzungsrechts, § 6, S. 2 f.; *Guggenheim*, Lehrbuch des Völkerrechts, Band II, S. 928; *Waitz von Eschen,* Völkerrechtliche Kompetenz der Vier Mächte, S. 23; *Antoni,* Das Potsdamer Abkommen, S. 64; *Von der Beck,* Die Konfiskationen in der Sowjetischen Besatzungszone, S. 157, m.w.N.

[141] Ebenso *Waitz von Eschen,* Völkerrechtliche Kompetenz der Vier Mächte, S. 23; *Von der Beck,* Die Konfiskationen in der Sowjetischen Besatzungszone, S. 157.

[142] *Schenk,* Viermächteverantwortung für Deutschland als Ganzes, S. 10; *Virally,* Internationale Verwaltung, S. 16 f.; *Blumenwitz,* in: Meissner/Zieger (Hrsg.), Staatliche Kontinuität, S. 47 ff., S. 48.

[143] Deutscher Text in: Abl. des Kontrollrats in Deutschland, Ergänzungsblatt Nr. 1, S. 4 f.

[144] Insbesondere in Abschnitt III A 3 und B 12.

[145] Deutscher Text in: Abl. des Kontrollrats in Deutschland, Ergänzungsblatt Nr. 1, S. 13 ff.

[146] Abschnitt III B 12 Potsdamer Abkommen.

[147] Vgl. Abschnitt II und insbesondere III des Berichts über die Krim-Konferenz; Abschnitt IV Potsdamer Abkommen.

[148] *Schenk,* Viermächteverantwortung für Deutschland als Ganzes, S. 10; *Virally,* Internationale Verwaltung, S. 45; *Blumenwitz,* in: Meissner/Zieger (Hrsg.), Staatliche Kontinuität, S. 47 ff., S. 48.

[149] *Blumenwitz,* in: Meissner/Zieger (Hrsg.), Staatliche Kontinuität, S. 47 ff., S. 48; *Guggenheim,* Lehrbuch des Völkerrechts, Band II, S. 928; *Schenk,* Viermächteverantwortung für Deutschland als Ganzes, S. 11; *Von der Beck,* Die Konfiskationen in der Sowjetischen Besatzungszone, S. 157.

[150] *Berber,* Lehrbuch des Völkerrechts, Bd. II, S. 132 f.; *Virally,* Internationale Verwaltung, S. 15; *Kelsen,* AJIL 39 (1945), S. 518 ff., S. 519; *Schenk,* Viermächteverantwortung für Deutschland als Ganzes, S. 11; *Blumenwitz,* in: Meissner/Zieger (Hrsg.), Staatliche Kontinuität, S. 47 ff., S. 48.

Das alliierte Besatzungsregime in Deutschland nach 1945 unterscheidet sich mithin von der kriegerischen Besetzung i.S. der HLKO und überschreitet deren Grenzen bei weitem. Die grundlegende territoriale Neuordnung, die Umgestaltung des politischen Systems und der Verfassungsgrundlage, die Veränderung der wirtschaftlichen und sozialen Struktur in Deutschland durch die Alliierten war mit deren begrenzten Besatzungsbefugnissen nicht vereinbar.[152]

Dies führt jedoch nicht zum Ausschluss des Bestehens und der Inanspruchnahme von Befugnissen und Pflichten aus dem Rechtsinstitut der occupatio bellica.[153] Die Regeln der HLKO gelten mithin nicht nur für, sondern auch gegen die Alliierten, d.h. es ergeben sich aus ihr sowohl Rechte als auch Pflichten für die Besatzer.[154]

Insbesondere hatten die Alliierten die sich aus den humanitären Normen der HLKO ergebenden Pflichten zu beachten. Dies betrifft nicht nur die Verpflichtung zur Aufrechterhaltung der öffentlichen Ordnung zum Schutz der Bevölkerung des besetzten Staates gem. Art. 43 HLKO.[155] Vielmehr gehört zu den Normen mit humanitärer Schutzrichtung gerade auch Art. 56 HLKO,[156] der jegliche Beschlagnahme und die einseitige Wegnahme von Kulturgütern verbietet.

Mithin waren die von der Sowjetunion durchgeführten Wegnahmen und Verbringungen deutscher Kulturgüter aufgrund des ausdrücklichen Verbots in Art. 56 HLKO im Rahmen der occupatio bellica unzulässig.[157]

*b) Treuhand*

Von einigen Autoren wurde versucht, für die Rechtfertigung des alliierten Regimes den Gedanken der Treuhand heranzuziehen.[158]

Hierbei erscheinen allerdings einige Punkte in Bezug auf die besondere Situation Deutschlands problematisch, was im Folgenden dargelegt werden soll.

---

[151] Nach h.M. entsteht der Anspruch auf Wiedergutmachung zwar durch völkerrechtswidriges Verhalten. Was im Einzelnen nach Art und Umfang an Wiedergutmachung zu leisten ist, ist in einem Vertrag festzulegen, vgl. *Ipsen*, Völkerrecht, S. 571 f., Rdnr. 65 f.; so auch *Guggenheim*, Lehrbuch des Völkerrechts, Band II, S. 568; *Kelsen*, ZföR, XII (1932), S. 481 ff., 545 ff., 556; nach *Schüle*, Wiedergutmachung, in: Strupp/Schlochauer, 3. Band, S. 843 f., S. 843 lässt sich dagegen auch der Inhalt der Wiedergutmachung aus Gewohnheitsrecht ableiten.

[152] So *Schenk*, Viermächteverantwortung für Deutschland als Ganzes, S. 12; *Kaufmann*, Deutschlands Rechtslage, S. 16.

[153] *Blumenwitz*, „Rechte und Verantwortlichkeiten" der Vier Mächte, in: Meissner/Zieger (Hrsg.), Staatliche Kontinuität, S. 47 ff., S. 48; *Blumenwitz*, Überwindung der deutschen Teilung, S. 92; *Schenk*, Viermächteverantwortung für Deutschland als Ganzes, S. 12; *Kelsen*, AJIL 39 (1945), S. 518 ff., S. 519; *Virally*, Internationale Verwaltung, S. 17, 25.

[154] *Von Laun*, AJIL 45 (1951), S. 267 ff., S. 274.

[155] *Schmoller/Maier/Tobler*, Handbuch des Besatzungsrechts, § 5, S. 9 m.w.N.; *Von Laun*, AJIL 45 (1951), S. 267 ff., S. 275.

[156] Vgl. hierzu ausführlich unten 3. Teil, A. I. 1. a)bb).

[157] Vgl. hierzu ausführlich unten C.II.2.

[158] Vgl. hierzu *Grewe*, Besatzungsstatut für Deutschland, S. 87 ff., 141 ff.; *Kaufmann*, Deutschlands Rechtslage, S. 18 ff.; *Antoni*, Das Potsdamer Abkommen, S. 64; *Von der Beck*, Die Konfiskationen in der Sowjetischen Besatzungszone, S. 158 m.w.N.

*aa) Voraussetzungen*

Der allgemeine Rechtsgrundsatz der Treuhandschaft ist über das Privatrecht hinaus auch im öffentlichen Recht und insbesondere im Völkerrecht verankert.[159] Seine wichtigsten Ausgestaltungen hat es hier im Mandatssystem des Völkerbunds und dem internationalen Treuhandsystem der Art. 75 ff. SVN erfahren.[160] Wesensmerkmal des Treuhandgedankens im Völkerrecht ist, dass ein oder mehrere Völkerrechtssubjekte für ein anderes handlungsunfähiges Völkerrechtssubjekt gleichermaßen die Verwaltung übernehmen. Sie können dabei Rechtsakte sowohl im Völkerrechtsverkehr setzen als auch Hoheitsgewalt im innerstaatlichen Bereich ausüben.[161] In diesem Zusammenhang ist häufig problematisch worin die Rechtsgrundlage liegt, wer Treugeber ist, an welche Grundsätze der Treunehmer bei der Ausübung der Treuhandgewalt gebunden ist und inwieweit er die Interessen des Treugebers und der betroffenen Bevölkerung zu wahren hat.[162] In jedem Fall steht fest, dass die Treuhandschaft ein vorübergehender Rechtszustand ist, deren Voraussetzungen nach Wiedererlangung der vollständigen Handlungsfähigkeit entfällt.[163] Die Ausübung der Treuhandschaft hat darüber hinaus nach Ziel und Zweck grundsätzlich uneigennützig zu erfolgen. Der Treuhänder darf daneben aber auch eigennützige Ziele verfolgen, soweit diese nicht so bestimmend und gravierend für den unter Treuhandschaft stehenden Staat werden, dass dies mit dem Treuhandgedanken unvereinbar ist.[164]

*bb) Anwendbarkeit für Situation in Deutschland*

In Bezug auf die Annahme einer Treuhandbesetzung Deutschlands stellt sich bereits die Frage, von wem die Alliierten ihre Stellung als Treuhänder erwerben konnten. Als Treugeber kommen weder das Deutsche Reich noch die Vier Mächte, noch die Vereinten Nationen, noch die Völkerrechtsgemeinschaft in Betracht.[165] Das Deutsche Reich war zum Zeitpunkt der Erwerbs der alliierten Besatzungshoheit handlungsunfähig, die Alliierten hatten ihm durch Absetzung seiner Regierung die Möglichkeit genommen, eine Übergabe der Treuhandschaft zu bewirken. Die Annahme der Vier Mächte als Treugeber der durch sie selbst ausgeübten Treuhandschaft widerspricht aufgrund der Konfusion von Treugeber und Treunehmer dem Treuhandgedanken. Auch die Vereinten Nationen scheiden als Treugeber aus, da es an einem analog Art. 79 SVN zu fordernden Übergabeabkommen fehlt. Eine Treugeberschaft der Völkerrechtsgemeinschaft begegnet ebenfalls aus verschiedenen Gründen Bedenken. Sie resultieren zum einen daraus, dass die Völkerrechtsgemeinschaft eine wenig konkrete Gestalt aufweist,

---

159 *Waitz von Eschen,* Völkerrechtliche Kompetenz der Vier Mächte, S. 24; *Verdross/Simma,* Universelles Völkerrecht, § 180 ff., S. 114 ff.; *Berber,* Lehrbuch des Völkerrechts, Bd. I, S. 157 ff.

160 *Verdross/Simma,* Universelles Völkerrecht, § 180 ff., S. 114 ff.

161 *Wengler*, Völkerrecht, Bd. 2, S. 1161 f.; *Waitz von Eschen,* Völkerrechtliche Kompetenz der Vier Mächte, S. 24 f.

162 *Waitz von Eschen,* Völkerrechtliche Kompetenz der Vier Mächte, S. 25, m.w.N.

163 *Verdross/Simma,* Universelles Völkerrecht, § 393, S. 233 f.; *Von der Beck,* Die Konfiskationen in der Sowjetischen Besatzungszone, S. 159.

164 *Von der Beck,* Die Konfiskationen in der Sowjetischen Besatzungszone, S. 159, m.w.N.

165 *Blumenwitz,* in: Meissner/Zieger (Hrsg.), Staatliche Kontinuität, S. 47 ff., S. 48, m.w.N.

überdies ließe die Annahme der Treugeberschaft durch die Völkerrechtsgemeinschaft das Vorhandensein einer internationalen Kontrolle der Treuhandverwaltung erwarten, die im Fall der Besetzung Deutschlands jedoch fehlt.[166]

In der Literatur wird die Frage des Zustandekommens in nicht befriedigender Weise gelöst. Es wird teilweise lediglich darauf verwiesen, dass ein Treuhandverhältnis nicht von Anfang an bestanden haben müsse, sondern sich aus der Ausübung eines auf anderer Rechtsgrundlage erworbenen Rechts auch noch nachträglich entwickeln könne.[167]

Problematisch erscheint auch das Vorliegen der Vorläufigkeit der Treuhandverwaltung. Zwar sahen die Alliierten selbst ihre Herrschaft über Deutschland als provisorisch an.[168] In der Praxis waren allerdings viele Maßnahmen der Alliierten auf dauerhafte Veränderungen gerichtet, wie beispielsweise die in der sowjetischen Besatzungszone durchgeführten, auf gesellschaftliche und politische Umschichtung gerichteten Maßnahmen der demokratischen Bodenreform. Hier hat die Besatzungsmacht die Grenzen des rechtlich Zulässigen überschritten.[169]

Schließlich widerspricht der Annahme einer Treuhandschaft auch, dass die Alliierten sich, entgegen der im Rahmen der Treuhandverwaltung geforderten grundsätzlichen Fremdnützigkeit, bei Durchführung ihrer Maßnahmen von eigenen Interessen leiten ließen und eine Bindung an andere oder übergeordnete Interessen ablehnten.[170] Zwar beriefen sich die Alliierten teilweise auf ein Vorgehen zugunsten der Vereinten Nationen.[171] Problematisch erscheint die Annahme der Fremdnützigkeit zugunsten der Völkerrechtsgemeinschaft allerdings zum einen deshalb, weil deren Interessen zu wenig konkretisiert sind[172] und zum anderen aufgrund der Tatsache, dass die Alliierten eine internationale Kontrolle ihrer Verwaltung ablehnten.[173] Möglicherweise kommt aber eine Fremdnützigkeit zugunsten des handlungsunfähigen Deutschen Reiches in Betracht. Auch hierfür finden sich Anhaltspunkte in den Erklärungen der Alliierten, so beispielsweise in der Präambel zum III. Abschnitt des Potsdamer Protokolls.[174] Aller-

---

[166] Vgl. zu dieser Problematik *Von der Beck,* Die Konfiskationen in der Sowjetischen Besatzungszone, S. 159 f.

[167] *Waitz von Eschen,* Völkerrechtliche Kompetenz der Vier Mächte, S. 26; *Blumenwitz,* in: Meissner/Zieger (Hrsg.), Staatliche Kontinuität, S. 47 ff., S. 48.

[168] Dies zeigt sich insbesondere in Art. 10, 11 des Londoner Abkommens über die Kontrolleinrichtungen vom 14.11.1944, abgedruckt bei: *Berber,* Völkerrecht, Dokumentensammlung, Band II, S. 2271 ff. und in Art. 8 der Feststellung über das Kontrollverfahren in Deutschland vom 5.6.1945, Abl. des Kontrollrats in Deutschland 1945, Ergänzungsblatt Nr. 1, S. 10.

[169] Vgl. *Von der Beck,* Die Konfiskationen in der Sowjetischen Besatzungszone, S.161.

[170] *Schmoller/Maier/Tobler,* Handbuch des Besatzungsrechts, § 6, S. 3; *Schenk,* Viermächteverantwortung für Deutschland als Ganzes, S. 14.

[171] So in Abs. 4 der Präambel der Berliner Erklärung, in der davon gesprochen wird, dass die Übernahme der obersten Regierungsgewalt in Deutschland im Interesse der Vereinten Nationen übernommen werde.

[172] *Schmoller/Maier/Tobler,* Handbuch des Besatzungsrechts, § 6, S. 4.

[173] *Von der Beck,* Die Konfiskationen in der Sowjetischen Besatzungszone, S. 161.

[174] „Die Alliierten wollen dem deutschen Volk die Möglichkeit geben, sich darauf vorzubereiten, sein Leben auf einer demokratischen Grundlage von neuem wiederaufzubauen. Wenn die Anstrengungen des deutschen Volkes unablässig auf die Erreichung dieses Zieles gerichtet sein werden, wird es ihm möglich sein, zu gegebener Zeit seinen Platz unter den friedlichen Völkern der Welt einzunehmen", abgedruckt in Abl. des Kontrollrats in Deutschland, Ergänzungsblatt Nr. 1, S. 13 ff.

dings handelt es sich hierbei lediglich um einen Aspekt des alliierten Besatzungsregimes, der nicht dazu geeignet ist, dessen Charakter umfassend zu umschreiben.

Letztlich verfolgten die Alliierten bei der Besetzung Deutschlands überwiegend eigene Interessen und sahen keine Bindung an die Interessen Deutschlands.[175] Neben eigennützigen militärischen, wirtschaftlichen und politischen Elementen wies das Besatzungsregime zwar auch Aspekte treuhänderischen Charakters auf, so insbesondere dort, wo staatliche Funktionen aufgrund des Fehlens einer deutschen Regierung übernommen wurden. Es handelt sich hier aber nicht um eine Besonderheit der deutschen Besetzung. Dieser treuhänderische Charakter ist vielmehr jeder Besetzung eigentümlich. Denn aus der Übernahme hoheitlicher Kompetenzen auf dem besetzten Gebiet folgt gleichzeitig die Fürsorgepflicht für diejenigen, die der Besatzungsgewalt unterworfen sind.[176]

*cc) Ergebnis*

Das Institut der Treuhandbesetzung ist mithin nur sehr eingeschränkt auf die Besetzung Deutschlands anwendbar und keinesfalls geeignet, als alleinige Rechtsgrundlage hierfür herangezogen zu werden.[177]

Aus dem Gedanken der Treuhandbesetzung lässt sich längst nicht für alle von den Alliierten ergriffenen Maßnahmen eine Rechtsgrundlage ableiten.

Geht man bezüglich der Übernahme der obersten Regierungsgewalt durch die Alliierten von einem Treuhandverhältnis aus, so fehlen klar formulierte Befugnisnormen wie die der HLKO. Diese müssen aus dem Sinn und Zweck des allgemeinen Treuhandgedankens abgeleitet werden.[178]

In der Ausübung der Staatsgewalt ist der Treunehmer in zweifacher Hinsicht gebunden: Einerseits durch die speziellen Anforderungen des konkreten Treuhandverhältnisses, andererseits durch die allgemeinen Regeln des Völkerrechts, denen jedes völkerrechtliche Treuhandverhältnis unterliegt.[179] Hier ist insbesondere das völkerrechtliche Interventionsverbot und das Selbstbestimmungsrecht der Völker von besonderer Bedeutung. Aus diesem Grund können sich für eine Umgestaltung in Status- und Gebietsfragen keine Befugnisse ergeben.[180]

Auch die Wegführung deutscher Kulturgüter in die UdSSR kann nicht unter Berufung auf ein Treuhandverhältnis gerechtfertigt werden. Zweifelhaft ist bereits das Vorliegen von Vorläufigkeit. Einerseits hat sich die Sowjetunion zwar bei der Beschlagnahme und Verbringung nicht zu deren Zweck geäußert und im Rahmen der Rückführungsmaßnahmen von Kulturgütern an die DDR während der fünfziger Jahre des 20. Jahrhunderts von einer „vorübergehenden“ Verbringung gesprochen. Andererseits be-

---

175 *Blumenwitz,* in: Meissner/Zieger (Hrsg.), Staatliche Kontinuität, S. 47 ff., S. 48.

176 *Schmoller/Maier/Tobler,* Handbuch des Besatzungsrechts, § 6, S. 4.

177 *Blumenwitz,* Überwindung der deutschen Teilung, S. 95; *Blumenwitz,* in: Meissner/Zieger (Hrsg.), Staatliche Kontinuität, S. 47 ff., S. 48; *Waitz von Eschen,* Völkerrechtliche Kompetenz der Vier Mächte, S. 31; *Schmoller/Maier/Tobler,* Handbuch des Besatzungsrechts, § 6, S. 4.

178 *Waitz von Eschen,* Völkerrechtliche Kompetenz der Vier Mächte, S. 52.

179 *Grewe,* Besatzungsstatut für Deutschland, S. 87 ff.

180 *Waitz von Eschen,* Völkerrechtliche Kompetenz der Vier Mächte, S. 30 f., *Blumenwitz,* Überwindung der deutschen Teilung, S. 95

finden sich die im Streit befindlichen Kunstgegenstände auch heute noch in Russland. Auch eine Fremdnützigkeit der Verbringung ist nicht erkennbar. Die Verbringung „zu Erhaltungszwecken", wie sie in den 50er Jahren von sowjetischer Seite vorgetragen wurde, war nur vorgeschoben. Zur Zeit der Verbringung waren die Kampfhandlungen beendet und die Kulturgüter nicht mehr in ihrem Bestand gefährdet. Darüber hinaus hätte die Verbringung zu Erhaltungszwecken lediglich eine vorübergehende Verbringung gerechtfertigt.[181]

*c) Mandat*

Teilweise wurde das in Deutschland errichtete Besatzungsregime auch mit dem Mandatsbegriff in Art. 22 der Völkerbundsatzung[182] verglichen. Allerdings fehlt es im Falle Deutschlands an der für das Mandat i.S. der Völkerbundsatzung charakteristischen Übertragung des Mandats durch eine internationale Organisation, an der Ausübung in deren Namen und der Kontrolle durch diese. Den Vier Mächten wurde die oberste Autorität über Deutschland nicht durch eine internationale Organisation übertragen, sondern vielmehr von ihnen selbst übernommen.[183] Die Kontrolle der Ausübung der obersten Autorität durch eine internationale Organisation sollte gem. Art. 53 und 107 SVN vielmehr gerade ausgeschlossen sein.[184]

*d) Kondominium oder Koimperium*

Der Versuch, das alliierte Besatzungsregime unter den Begriff des Kondominiums, also die gemeinsame Herrschaftsausübung durch zwei oder mehrere Staaten in einem ihnen gehörenden Gebiet, zu fassen, geht ebenfalls fehl. Dies hätte eine Annexion ganz Deutschlands vorausgesetzt, die aber wie bereits erörtert[185] gerade nicht stattgefunden hat. Vielmehr ist das deutsche Territorium unter der territorialen Souveränität des Deutschen Reichs geblieben.[186]

Auch der Begriff des Koimperiums ist in Bezug auf das alliierte Besatzungsregime in Deutschland nicht geeignet. Dieser bezeichnet nur das Innenverhältnis der Alliierten untereinander, nicht ihr Verhältnis zum besetzten Deutschland.[187]

*e) Interventionsbesetzung*

Die umfangreichen Maßnahmen der Alliierten wurden auch mit dem Begriff der Interventionsbesetzung[188] und insbesondere unter Hinweis auf die Erforderlichkeit einer Humanitätsintervention[189] zu rechtfertigen versucht.

---

[181] Vgl. hierzu auch unten C.II.2.a).

[182] *Berber,* Völkerrecht, Dokumentensammlung, Bd. I, S. 1 ff., S.9.

[183] *Blumenwitz,* in: Meissner/Zieger (Hrsg.), Staatliche Kontinuität, S. 47 ff., S. 48.

[184] *Virally,* Internationale Verwaltung, S. 25 f.

[185] Vgl. oben B.I.2.

[186] *Blumenwitz,* in: Meissner/Zieger (Hrsg.), Staatliche Kontinuität, S. 47 ff., S. 48; aA *Kelsen,* AJIL 39 (1945), S. 518 ff., S. 523 f. Dieser geht vom Untergang des Deutschen Reichs aus und kann deshalb ein Kondominium bejahen.

[187] *Waitz von Eschen,* Völkerrechtliche Kompetenz der Vier Mächte, S. 20.

Betrachtet man die von den Alliierten im Rahmen ihrer Besatzung ergriffenen Maßnahmen, so stellt man fest, dass der Begriff der Interventionsbesetzung in zutreffender Weise die von den Alliierten im Potsdamer Protokoll vorgesehenen und später durchgeführten Eingriffe in die staatliche Ordnung des Deutschen Reiches durch „endgültige Umgestaltung des deutschen politischen Lebens auf demokratischer Grundlage" charakterisiert – nämlich als einschneidende Interventionen.

Dies sagt allerdings nichts über die rechtliche Zulässigkeit dieser Handlungsweise aus.

Grundsätzlich ist eine Intervention als gewollte Einwirkung auf die inneren Verhältnisse eines Staates nach allgemeinem Völkerrecht unzulässig, wenn sie nicht ausnahmsweise im Einzelfall durch einen Rechtfertigungsgrund gedeckt ist.[190] Deshalb ist es grundsätzlich nicht möglich, das alliierte Regime umfassend mit dem Interventionsbegriff zu charakterisieren. Vielmehr können nur Einzeleingriffe gerechtfertigt werden. Dennoch wurden die alliierten Einzelmaßnahmen in Deutschland als Maßnahme einer kollektiven humanitären Intervention angesehen, gerichtet gegen die seitens des nationalsozialistischen deutschen Staates begangenen umfangreichen und langwährenden Menschenrechtsverletzungen.[191] Eine Wiederholung der begangenen Verbrechen gegen die Menschlichkeit sollte so verhindert werden.

Die humanitäre Intervention ist im Völkerrecht zwar teilweise anerkannt, im Einzelnen aber äußerst umstritten.[192] Vor allem ist nicht eindeutig, was unter diesen Begriff zu fassen ist. Im Schrifttum und in der Staatenpraxis werden hierzu verschiedene Fälle diskutiert. Zum einen fallen hierunter militärische Maßnahmen eines oder mehrerer Staaten zum Schutz von Bevölkerungsteilen eines anderen Staates vor Menschenrechtsverletzungen oder Völkermord. Zum anderen wird Waffengewalt zum Schutz der Bevölkerungsteile von anderen Staaten eingesetzt, die durch den Sicherheitsrat autorisiert worden sind. Davon zu unterscheiden ist der Fall der Rettung eigener Staatsangehöriger mit militärischer Gewalt von einem fremden Territorium und Hilfsmaßnahmen humanitärer Organisationen in allen aufgezeigten Fallkonstellationen.[193] Soweit die humanitäre Intervention im völkerrechtlichen Schrifttum als zulässig erachtet wird, ist sie an noch engere Grenzen als die occupatio bellica gebunden.[194]

---

188 Vgl. hierzu *Grewe,* Besatzungsstatut für Deutschland, S. 126 ff; *Waitz von Eschen,* Völkerrechtliche Kompetenz der Vier Mächte, S. 31 ff, m.w.N.

189 *Hoffmann,* Strafrechtliche Verantwortlichkeit im Völkerrecht, S. 115, 118 f., m.w.N.

190 *Berber,* Lehrbuch des Völkerrechts, Bd. I, S. 186 f.; *Antoni,* Das Potsdamer Abkommen, S. 64; *Schmoller/Maier/Tobler,* Handbuch des Besatzungsrechts, § 6, S. 5.

191 *Hoffmann,* Strafrechtliche Verantwortlichkeit im Völkerrecht, S. 115, 118 f., m.w.N.; *Waitz von Eschen,* Völkerrechtliche Kompetenz der Vier Mächte, S. 32.

192 Vgl. hierzu *Ipsen,* Völkerrecht, S. 942, Rdnr. 26; *Geiger,* Grundgesetz und Völkerrecht, S. 364 f.; *Verdross/Simma,* Universelles Völkerrecht, § 473, S. 290 f., § 1208, S. 797 f., der sie ablehnt; *Schmoller/Maier/Tobler,* Handbuch des Besatzungsrechts, § 6, S. 5; *Schenk,* Viermächteverantwortung für Deutschland als Ganzes, S. 20 f.; *Berber,* Lehrbuch des Völkerrechts, Bd. I, S. 192 f.; *Blumenwitz,* in: Meissner/Zieger (Hrsg.), Staatliche Kontinuität, S. 47 ff., S. 49.

193 *Ipsen,* Völkerrecht, S. 942, Rdnr. 26.

194 *Blumenwitz,* in: Meissner/Zieger (Hrsg.), Staatliche Kontinuität, S. 47 ff., S. 50.

Insbesondere kommt es auf die Erforderlichkeit der angewandten Mittel zur Erreichung des legitimen Interventionszwecks an.[195]

Aufgrund der Unschärfe des Begriffs der humanitären Intervention ist diese nicht geeignet, zur Bewertung der alliierten Besetzung Deutschlands herangezogen zu werden.

Auch unter dem Aspekt des gemeinschaftlichen Einschreitens der Völkergemeinschaft gegen Störer der Völkerrechtsordnung können umfassende Interventionsbefugnisse nicht begründet werden.[196]

Eine pauschal zulässige gewaltsame Intervention gegenüber einem Verletzer des völkerrechtlichen Aggressions- und Gewaltverbots würde alle völkerrechtlichen Regeln zur Begrenzung der Auswirkungen gewaltsamer Konflikte aushebeln.[197] Deshalb ist gegenüber dem Aggressor lediglich die kollektiv wahrnehmbare Befugnis zur Selbstverteidigung als Ausnahme vom generellen Gewaltverbot zulässig, die allerdings die innere Ordnung des Friedensstörers nicht zur beliebigen Disposition einzelner Staaten stellt.[198]

Bedenklich erscheint auch der Versuch, eine umfassende Interventionsbefugnis mit der Annahme eines „stillen Plebiszits" zu begründen.[199] Hierbei wird angenommen, das deutsche Volk habe in Ermangelung einer Regierung, die es hätte vertreten können, durch Akklamation zu verstehen gegeben, es erkenne die Intervention der Besatzungsmächte als rechtmäßig an.[200] Die Konstruktion eines derartigen Einverständnisses ist allerdings nicht zuletzt deshalb abzulehnen, weil sie geeignet ist, jegliches Besatzungshandeln leichtfertig zu rechtfertigen.

Festzuhalten bleibt, dass der Begriff der Interventionsbesetzung insgesamt nicht geeignet ist, das alliierte Regime völkerrechtlich zu charakterisieren. Er birgt zudem die Gefahr des Missbrauchs zur Umgehung des völkerrechtlichen Gewalt- und Interventionsverbots[201] und ist deshalb abzulehnen.

#### *f) Weitere Konzeptionen zur Begründung alliierter Befugnisse*

Nach 1945 wurden noch einige weitere Konzeptionen zur Begründung der von den Alliierten in Anspruch genommenen Befugnisse diskutiert. Diesen ist gemeinsam, dass sie mehr oder weniger deutlich die Absicht verfolgen, eine völkerrechtliche Bindungslosigkeit der Alliierten bei der Besetzung Deutschlands zu begründen.

---

195 *Schmoller/Maier/Tobler,* Handbuch des Besatzungsrechts, § 6, S. 5; *Antoni,* Das Potsdamer Abkommen, S. 65.

196 Für die Zulässigkeit einer Intervention in diesem Fall aber die frühere kommunistische Völkerrechtslehre, vgl. Nachweise bei *Schenk,* Viermächteverantwortung für Deutschland als Ganzes, S. 18; *Schmoller/Maier/Tobler,* Handbuch des Besatzungsrechts, § 6, S. 5; *Antoni,* Das Potsdamer Abkommen, S. 65.

197 So *Waitz von Eschen,* Völkerrechtliche Kompetenz der Vier Mächte, S. 33; im Einzelnen vgl. *Schenk,* Viermächteverantwortung für Deutschland als Ganzes, S. 18 ff.

198 *Von der Beck,* Die Konfiskationen in der Sowjetischen Besatzungszone, S. 164.

199 So auch *Von der Beck,* Die Konfiskationen in der Sowjetischen Besatzungszone, S. 165, m.w.N.

200 Vgl. Stellungnahmen hierzu bei *Grewe,* Besatzungsstatut für Deutschland, S.133; *Schmoller/Maier/Tobler,* Handbuch des Besatzungsrechts, § 6, S. 6.

201 *Blumenwitz,* in: Meissner/Zieger (Hrsg.), Staatliche Kontinuität, S. 47 ff., S. 49.

*aa) Schluss von der Faktizität auf die Normativität*

Auch ein Schluss von der Faktizität auf die Normativität ist unzulässig.[202] Allein aus der Tatsache, dass die Alliierten weit reichende, mit der HLKO nicht in Einklang zu bringende Befugnisse für sich in Anspruch genommen haben, lässt sich die Unanwendbarkeit der HLKO und die Rechtmäßigkeit dieser Maßnahmen nicht ableiten. Das Völkerrecht muss vielmehr, wie andere Rechtsordnungen, unabhängig davon gelten, ob es im Einzelfall eingehalten wird oder nicht.[203]

Übergriffe und Völkerrechtsverletzungen dürfen nicht als neue Kategorie der occupatio bellica und mithin völkerrechtskonform dargestellt werden.[204]

*bb) Heranziehung des argumentum a maiore ad minus*

Bedenklich erscheint auch die Heranziehung des argumentum a maiore ad minus zur Rechtfertigung umfassender Befugnisse bis hin zur Bindungslosigkeit der Vier Mächte bei der Besetzung Deutschlands. Die Vertreter dieser Auffassung[205] gelangen unter Annahme einer Debellation Deutschlands zum Schluss, dass die Besatzungsmächte dieses auch hätten annektieren können, um so über das untergegangene Völkerrechtssubjekt verfügen zu können. Wäre dies aber möglich gewesen, so müssten den Alliierten beim ausdrücklichen Verzicht auf eine Annexion wie im Fall Deutschlands erst recht alle von ihnen beanspruchten Kompetenzen und Befugnisse zustehen.

Dieser Ansicht ist entgegenzuhalten, dass sie die völkerrechtlich bestehenden Grenzen zwischen Annexion und kriegerischer Besetzung aufweicht. Die Siegermacht kann den besiegten Staat entweder annektieren oder die occupatio bellica wählen. Eine willkürliche occupatio sui generis, die mit praktisch unbegrenzten Machtbefugnissen dem Prinzip „Macht geht vor Recht“ entspricht, muss hingegen ausscheiden.[206] Dieses Prinzip widerspricht dem Völkerrecht,[207] mag auch das tatsächliche Erscheinungsbild der alliierten Besatzung Deutschlands durch die „occupatio sui generis“ in zutreffender Weise charakterisiert werden.

Will die Siegermacht die Rechte aus der Annexion für sich in Anspruch nehmen, so muss sie diese auch durchführen[208] und die Nachteile, wie den Verlust des Partners und Schuldners für einen möglichen Friedensvertrag in Kauf nehmen.[209]

Findet eine Annexion wie im Falle Deutschlands dagegen nicht statt,[210] gibt es keine konkrete vertragliche Vereinbarung zwischen Sieger und Besiegtem und gehen die von der Siegermacht ergriffenen Maßnahmen über die HLKO hinaus, so handelt es sich um eine kriegerische Besetzung verbunden mit unzulässigen Interventionen.[211]

*cc) Bindungslosigkeit der Alliierten im Hinblick auf vorhergehende Völkerrechtsverletzung durch das Deutsche Reich?*

Die Inanspruchnahme weit reichender Befugnisse der Alliierten bei der Besetzung Deutschlands wurde auch mit der vorangegangenen Überschreitung des Völkerrechts

---

[202] Vgl. aber die Darstellung dieser Argumentation bei: *Stödter,* Deutschlands Rechtslage, S. 122 ff.

[203] *Schmoller/Maier/Tobler,* Handbuch des Besatzungsrechts, § 5, S. 8.

[204] *Berber,* Lehrbuch des Völkerrechts, Bd. II, S. 126.

in Form von Vertragsverletzungen und Aggressionen durch das Deutsche Reich im Zweiten Weltkrieg, wie der Verletzung des Briand-Kellogg-Paktes[212] durch Führen eines Angriffskrieges und zahlreicher Verletzungen der HLKO, begründet.

Der Grundsatz der völkerrechtlichen Staatenverantwortlichkeit für die von einem Staat begangene Aggression soll demnach zulassen, gegen den Aggressor Sanktionen jeglicher Art einschließlich politischer Beschränkungen und Gebietsabtretungen erlassen zu können.[213]

Nach der Präambel des Kellogg-Paktes,[214] durch den die Staaten auf das souveräne Recht des freien Krieges verzichteten, war zwar vorgesehen, dass der Aggressor aufgrund Vertragsverletzung der Vorteile, die der Vertrag gewährt, verlustig gehen sollte.[215] Der vertragsbrüchige Staat kann seinerseits mit Krieg von allen anderen Staaten überzogen werden. Der Verlust der Vorteile des Vertrags darf aber nur so lange andauern, bis die rechtsverletzende Aktion durch Abstandnehmen von ihr beendet ist. Eine allgemeine, dauernde Rechtlosmachung des Verletzers ist nach dem Pakt nicht vorgesehen.[216]

Eine Friedloserklärung kann auch aus den allgemeinen Rechtsgrundsätzen des Völkerrechts nicht begründet werden und birgt im Übrigen erhebliche Gefahren, da mit ihr die Möglichkeit zu willkürlichen und schrankenlosen Kriegsfolge- und Präventivmaßnahmen eröffnet wäre.[217]

Auch unter Hinweis auf das als Gegenmaßnahme gegen völkerrechtswidriges Verhalten einer Kriegspartei grundsätzlich zulässige Institut der Kriegsrepressalie kann die Annahme weit reichender Besatzungsbefugnisse im Fall der Besetzung Deutschlands nach der bedingungslosen Kapitulation nicht begründet werden.[218] Dies würde

---

205 Vgl. Nachweise bei *Schenk,* Viermächteverantwortung für Deutschland als Ganzes, S. 17.

206 *Blumenwitz,* Grundlagen eines Friedensvertrages, S. 83; *Blumenwitz,* in: Meissner/Zieger (Hrsg.), Staatliche Kontinuität, S. 47 ff., S. 49; *Schenk,* Viermächteverantwortung für Deutschland als Ganzes, S. 17.

207 *Berber,* Lehrbuch des Völkerrechts, Bd. II, S. 128.

208 *Berber,* Lehrbuch des Völkerrechts, Bd. II, S. 127.

209 *Blumenwitz,* Grundlagen eines Friedensvertrages, S. 83

210 Vgl. Abs. 5 der Präambel der Berliner Erklärung vom 5.6.1945.

211 *Blumenwitz,* Grundlagen eines Friedensvertrages, S. 83; *Blumenwitz,* in: Meissner/Zieger (Hrsg.), Staatliche Kontinuität, S. 47 ff., S. 49.

212 Die Verletzung des am 27.8.1928 unterzeichneten Briand-Kellogg-Paktes durch Deutschland wurde vom internationalen Militärgerichtshof in Nürnberg in allen Fällen, in denen die Anklageschrift Deutschland einen Angriffskrieg vorwarf, bejaht, siehe *International Military Tribunal,* Der Prozess gegen die Hauptkriegsverbrecher, Band 1, S. 243.

213 So insbesondere die östliche, kommunistische Völkerrechtslehre, vgl. Nachweise bei *Schenk,* Viermächteverantwortung für Deutschland als Ganzes, S. 18, Fn. 101.

214 Abgedruckt bei: *Berber,* Völkerrecht, Dokumentensammlung, Bd. II, S. 1674.

215 Der Briand-Kellogg-Pakt, der von fast allen zur Zeit seines Abschlusse am 28.8.1928 bestehenden Staaten ratifiziert worden war, und mittlerweile als universelles Gewohnheitsrecht anzusehen ist, stellt damit eine Umkehrung des bisherigen Rechts dar, *Berber,* Lehrbuch des Völkerrechts, Bd. II, S. 35.

216 *Berber*, Lehrbuch des Völkerrechts, Bd. II, S. 39.

217 *Blumenwitz*, Feindstaatenklauseln, S. 76 ff.

218 *Von der Beck,* Die Konfiskationen in der Sowjetischen Besatzungszone, S. 170, m.w.N.

die zeitlichen Schranken der Repressalie überschreiten, da das rechtswidrige Verhalten des Deutschen Reichs nach dessen Besiegung bereits beendet war.

### *dd) Die Feindstaatenklauseln der UNO-Charta als Grundlage für alliierte Befugnisse*

Die Verneinung der völkerrechtlichen Bindung der Alliierten während der Besetzung Deutschlands und das Zugeständnis weit reichender Befugnisse wurde auch auf Grundlage der sog. Feindstaatenklauseln in der Satzung der Vereinten Nationen, Art. 53 und 107 SVN,[219] zu begründen versucht.[220]

Gem. Art. 107 SVN werden Maßnahmen, „welche die hierfür verantwortlichen Regierungen als Folge des Zweiten Weltkriegs in Bezug auf einen Staat ergreifen oder genehmigen, der während dieses Krieges Feind eines Unterzeichnerstaates dieser Charta war, ... durch diese Charta weder außer Kraft gesetzt noch untersagt".

Objekt der von Art. 107 SVN genannten Maßnahmen ist mithin auch das Deutsche Reich als Feind eines Unterzeichnerstaates der UN-Charta. Die Regierungen der Vier Mächte, die die oberste Autorität in Deutschland übernommen haben, sind die für solche Maßnahmen verantwortlichen Regierungen.[221]

Durch die Vorschrift des Art. 107 SVN sollte insbesondere das Gewaltverbot des Art. 2 Ziff. 4 SVN und das Verbot des Eingriffs in die inneren Angelegenheiten eines Staates gem. Art. 2 Ziff. 7 SVN im Verhältnis zu den Feindstaaten außer Kraft gesetzt werden.[222] Als völkerrechtlicher Vertrag zwischen den Mitgliedern der Vereinten Nationen kann die UN-Charta zwar die Anwendung dieser Normen der SVN zwischen ihren Mitgliedern ausschließen. Bereits bestehende völkerrechtliche Positionen des Deutschen Reiches, insbesondere die Rechtsnormen des allgemeinen Völkerrechts, zu denen bereits 1945 das Gewaltverbot und das Verbot des Eingriffs in die inneren Angelegenheiten eines Staates gehörten, konnten aber nicht durch Vertrag zu Lasten Dritter aufgehoben werden, denn die UN-Charta stellte für die Nichtmitglieder, mithin auch Deutschland, eine res inter alios gesta dar.[223]

Die Feindstaatenklauseln schaffen mithin keine neuen, besonderen Befugnisse zur Gewaltanwendung oder zu Interventionen, sondern enthalten lediglich eine Befreiung von den Verbotsnormen der SVN[224] und entziehen derartige Maßnahmen der Kontrolle durch die Vereinten Nationen. Die Grundsätze des allgemeinen Völkerrechts können den Maßnahmen der Alliierten aber weiterhin entgegengehalten werden.

---

[219] Diese Artikel wurden von den Gründern der Vereinten Nationen im Hinblick auf ihre Kriegsgegner, die Achsenmächte des Zweiten Weltkriegs, in die Charta aufgenommen.

[220] Vgl. zu Inhalt und Entstehung ausführlich *Blumenwitz*, Feindstaatenklauseln, S. 15 ff., 23 ff.; *Trützschler von Falkenstein*, Bedeutung der Feindstaatenartikel, S. 1 ff.

[221] *Blumenwitz*, Feindstaatenklauseln, S. 25 ff.

[222] *Waitz von Eschen*, Völkerrechtliche Kompetenz der Vier Mächte, S. 34.

[223] *Schenk*, Viermächteverantwortung für Deutschland als Ganzes, S. 24; *Blumenwitz*, Feindstaatenklauseln, S. 79; *Blumenwitz*, Überwindung der deutschen Teilung, S. 97 f.; *Waitz von Eschen*, Völkerrechtliche Kompetenz der Vier Mächte, S. 35; *Trützschler von Falkenstein*, Bedeutung der Feindstaatenartikel, S. 29.

[224] *Trützschler von Falkenstein*, Bedeutung der Feindstaatenartikel, S. 16 ff., 26 ff.; *Blumenwitz*, Feindstaatenartikel, S. 73 ff.; *Blumenwitz*, in: Meissner/Zieger (Hrsg.), Staatliche Kontinuität, S. 47 ff., S. 50.

Zur Änderung des geltenden Völkerrechts bezüglich des Gewalt- und Interventionsverbots wäre im Übrigen eine umfassendere Repräsentation der Völkerrechtsgemeinschaft nötig gewesen.[225] Tatsächlich gehörten den Vereinten Nationen im Jahr 1945 nur die 51 Gründungsmitglieder an,[226] was eine viel zu geringe Anzahl an Staaten darstellt, um darin die Völkerrechtsgemeinschaft in rechtssetzungsfähiger Weise repräsentiert ansehen zu können.

Die Feindstaatenklauseln der SVN konnten somit keine pauschale Rechtsgrundlage für die Maßnahmen der Alliierten während der Besetzung Deutschlands bilden.

### *3. Doppelnatur des Besatzungsregimes*

Aus den vorangegangenen Ausführungen ergibt sich, dass die Alliierten bei der Besetzung Deutschlands nicht völlig bindungslos waren.

Wie gesehen, ist es vor dem Hintergrund der Eigenart des alliierten Besatzungsregimes aber auch nicht möglich, dessen Rechtsnatur einheitlich zu bestimmen. Ein Völkerrechtsinstitut allein ist nicht geeignet und ausreichend, um die von den Alliierten in Anspruch genommenen Befugnisse nach Art und Umfang umfassend zu charakterisieren.

Die extensive Interpretation einzelner Rechtsinstitute wie beispielsweise der occupatio bellica birgt die Gefahr der Aushöhlung des jeweiligen Instituts in sich und findet deshalb weder im Völkerrecht selbst noch in der völkerrechtlichen Praxis eine Grundlage.

Erweiterte Befugnisse gegenüber denjenigen aus allgemeinem Völkerrecht hätten die Besatzungsmächte allein aufgrund vertraglicher Regelung mit dem besiegten Deutschland erlangen können. Ein solcher Vertrag ist aber gerade nicht zustande gekommen.[227]

Die herrschende Ansicht geht deshalb davon aus, dass das alliierte Regime eine Doppelnatur aufweist.[228] Nach dieser Lehre haben die Besatzungsmächte auf der einen Seite die sich aus der HLKO ergebenden Befugnisse wahrgenommen, was insoweit auch die Bindung an die HLKO zur Folge hat. Auf der anderen Seite steht die in der Berliner Erklärung vom 5.6.1945 erfolgte treuhänderische Übernahme der obersten Regierungsgewalt in Deutschland, bei deren Ausübung die Alliierten den sich aus dem Treuhandgedanken ergebenden Bindungen unterlagen.[229] Die von den Alliierten gesetzten Rechtsakte und Maßnahmen sind demnach in ihrer Rechtmäßigkeit danach zu

---

[225] So aber die UdSSR, die aus Art. 53, 107 SVN insbesondere Interventionsrechte ableitete, vgl. Nachweise bei *Schenk,* Viermächteverantwortung für Deutschland als Ganzes, S. 24, Fn. 140.

[226] Das waren im Wesentlichen nur die Kriegsgegner Deutschlands und seiner Verbündeten an. Selbst neutrale Staaten wie Irland, Portugal, Spanien oder die Schweiz waren nicht vertreten, *Berber,* Lehrbuch des Völkerrechts, Bd. II, S. 255.

[227] Vgl. *Blumenwitz,* in: Meissner/Zieger (Hrsg.), Staatliche Kontinuität, S. 47 ff., S. 49.

[228] So *Waitz von Eschen,* Völkerrechtliche Kompetenz der Vier Mächte, S. 37, m.w.N.; *Von der Beck,* Die Konfiskationen in der Sowjetischen Besatzungszone, S. 172; *Blumenwitz,* Überwindung der deutschen Teilung, S. 98, m.w.N.; ebenfalls von einer Einordnung unter (allerdings vier) verschiedene Besatzungsformen, nämlich die militärische Sicherungsbesetzung, die Interventionsbesetzung, die Sequestrationsbesetzung und die wirtschaftliche Sicherungsbesetzung geht *Grewe,* Besatzungsstatut für Deutschland, S. 106 ff. aus.

[229] Vgl. *Waitz von Eschen,* Völkerrechtliche Kompetenz der Vier Mächte, S. 37; *Von der Beck,* Die Konfiskationen in der Sowjetischen Besatzungszone, S. 172, jeweils m.w.N.

beurteilen, ob es sich um Maßnahmen in Ausübung der Befugnisse der occupatio bellica handelt oder um hoheitsrechtliche Befugnisse der treuhänderisch ausgeübten deutschen Staatsgewalt.

Die Theorie von der Doppelnatur des Besatzungsrechts bietet gegenüber den monokausalen Theorien und den Gemengetheorien den Vorteil, dass sie ermöglicht, nach Rechtsetzungsbereichen zu differenzieren.[230]

Die Alliierten waren grundsätzlich nur insoweit berechtigt, ihre Kriegsziele eigenhändig vorweg zu verwirklichen, als sie sich im Rahmen der von der occupatio bellica und vom treuhandähnlichen Verhältnis gesteckten Grenzen hielten.[231]

Eine Fortentwicklung der HLKO kam dabei lediglich insoweit in Betracht, als diese sich im Rahmen der sog. Martens'schen Klausel hielt, die vorsieht, dass in den Fällen, die von der HLKO noch nicht ausdrücklich erfasst sind, die Bevölkerung und die Kriegsführenden unter dem Schutz und der Herrschaft der Grundsätze des Völkerrechts bleiben sollen, „wie sie sich ergeben aus den unter gesitteten Völkern feststehenden Gebräuchen, aus den Gesetzen der Menschlichkeit und aus den Forderungen des öffentlichen Gewissens".[232]

Auch im Rahmen der Lehre von der Doppelnatur lässt sich deshalb die Gesamtheit der von den Alliierten ergriffenen Maßnahmen nicht erklären und rechtfertigen. Ein großer Teil des Besatzungsgebarens ist vielmehr als unzulässig und völkerrechtswidrig anzusehen.[233]

Inwiefern der Zugriff auf deutsche Kulturgüter unter dieser Prämisse zu den unter dem alliierten Besatzungsregime völkerrechtswidrigen oder –mäßigen Maßnahmen zu zählen ist, wird im Folgenden zu klären sein.

### *II. Vereinbarkeit des sowjetischen Zugriffs auf Kulturgüter mit den aus der Doppelnatur des Besatzungsregimes folgenden völkerrechtlichen Schranken*

Die Beschlagnahme und Verbringung deutscher Kulturgüter war – wie sich aus den folgenden Ausführungen ergibt – mit den eben bestimmten, aus der Doppelnatur des

---

230 *Waitz von Eschen,* Völkerrechtliche Kompetenz der Vier Mächte, S. 37 f.

231 Ebenso wie hier *Blumenwitz,* in: Meissner/Zieger (Hrsg.), Staatliche Kontinuität, S. 47 ff., S. 48, 50; *Schenk,* Viermächteverantwortung für Deutschland als Ganzes, S. 11; *Guggenheim,* Lehrbuch des Völkerrechts, Band II, S. 928 f.; a.A. *Turner,* in: Fiedler (Hrsg.), Internationaler Kulturgüterschutz und deutsche Frage, S. 109 ff., S. 113 ff.; *Stödter,* Deutschlands Rechtslage, S. 230 ff., 232, 235 ff.; auch *Turner,* a.a.O., der die grundsätzliche Möglichkeit der eigenhändigen Kriegszielverwirklichung bejaht, geht aber davon aus, dass die auf Grundlage des besonderen Besatzungsregimes getroffenen Maßnahmen völkerrechtlichen Schranken unterworfen sind.

232 So *Fiedler,* Kulturgüter als Kriegsbeute, S. 19 f., nach dessen Ansicht deshalb insbesondere unter dem Gesichtspunkt der Entmilitarisierung, Entnazifizierung und Demokratisierung Fortentwicklungen denkbar waren und auch realisiert wurden.

233 *Waitz von Eschen,* Völkerrechtliche Kompetenz der Vier Mächte, S. 51; *Von der Beck,* Die Konfiskationen in der Sowjetischen Besatzungszone, S. 173; insbesondere Entscheidungen über die endgültige Rechtsstellung des Gebiets bleiben einem Friedensvertrag vorbehalten, *Berber,* Lehrbuch des Völkerrechts, Bd. II, 2. Auflage, S. 132 f., ebenso wie nicht in die Verfassung des besetzten Gebiets eingegriffen oder grundlegende Institutionen in Verwaltung und Gerichtsbarkeit wesentlich verändert werden dürfen, *Berber,* Lehrbuch des Völkerrechts, Bd. II, S. 135; *Guggenheim,* Lehrbuch des Völkerrechts, Band II, S. 928 f.

Besatzungsregimes resultierenden Schranken nicht vereinbar und deshalb völkerrechtswidrig.

*1. Unvereinbarkeit mit den Grundsätzen eines Treuhandverhältnisses*

Die Rechtswidrigkeit des Zugriffs unter Zugrundelegung eines Treuhandverhältnisses wurde bereits oben dargelegt.[234]
Es fehlt diesbezüglich sowohl an der Vorläufigkeit der Maßnahmen, als auch an der Fremdnützigkeit.

*2. Unvereinbarkeit mit den Befugnissen aus der HLKO*

Die Beschlagnahme und Verbringung der Kulturgüter widersprach wegen Verstoßes gegen Art. 56 HLKO grundsätzlich auch den Befugnissen im Rahmen der kriegerischen Besetzung i.S. der HLKO.
Danach ist „jede Beschlagnahme, jede absichtliche Zerstörung oder Beschädigung ... von geschichtlichen Denkmälern oder von Werken der Kunst und Wissenschaft untersagt". Dieses Beschlagnahmeverbot des Art. 56 II HLKO bezieht sich dabei sowohl auf Kulturgüter aus staatlichem als auch aus privatem Eigentum.[235]
Die in privater Hand befindlichen Kulturgüter sind zwar bereits vom Schutz des Art. 46 II HLKO erfasst, wonach Privateigentum auf besetztem Gebiet nicht eingezogen werden darf.[236] Art. 56 erreicht diesen Schutz auch für Kulturgüter in öffentlichem Eigentum, indem er in Absatz 1 besagt, dass auf besetztem Gebiet das Eigentum der der Kunst gewidmeten Anstalten als Privateigentum zu behandeln ist. Durch diese Verweisung auf Art. 46 II HLKO werden Kulturgüter also im Wege der Fiktion wie Privateigentum behandelt.[237]
Es ist auch nicht ersichtlich, warum Besonderheiten der Besatzung, die zwar wie gesehen grundsätzlich zusätzliche Maßnahmen im Sinne einer Fortbildung der HLKO ermöglichen, es nötig erscheinen lassen, Kulturgüter unter Missachtung des Art. 56 HLKO abzutransportieren.[238] Das Problem der Organisation, der Sicherung und Festigung der Besatzungsherrschaft wird durch das kulturelle Eigentum des Staates oder Privater nicht berührt.[239] Hinweise auf eine erweiterte Beschlagnahmemöglichkeit in Bezug auf Kulturgüter ergeben sich hieraus nicht.[240]
Auch aus folgenden Gründen lassen sich die sowjetischen Maßnahmen nicht rechtfertigen.

---

[234] Siehe oben C.I.2.b)cc).

[235] *Turner*, in: Fiedler (Hrsg.), Internationaler Kulturgüterschutz und deutsche Frage, S. 19 ff., S. 59.

[236] So auch *Turner*, in: Fiedler (Hrsg.), Internationaler Kulturgüterschutz und deutsche Frage, S. 19 ff., S. 59.

[237] *Schorlemer*, Internationaler Kulturgüterschutz, S. 265.

[238] Ähnlich *Fiedler*, Kulturgüter als Kriegsbeute, S. 20.

[239] *Fiedler*, in: Briat/Freedberg (Hrsg.), Legal Aspects of International Trade in Art, S. 175 ff., S. 182.

[240] Ähnlich zu dieser Frage *Turner*, in: Fiedler (Hrsg.), Internationaler Kulturgüterschutz und deutsche Frage, S. 109 ff., S. 134.

*a) Wegführung zu Sicherungs- und Erhaltungszwecken?*

Eine Verbringung deutscher Kulturgüter in die Sowjetunion zum Schutz der Kulturgüter vor Kriegsbeschädigung oder –zerstörung im Wege der Sicherung und Aufbewahrung wäre zwar mit Art. 56 HLKO vereinbar gewesen.[241]

Sicherungsmaßnahmen im Interesse des Kulturguts können grundsätzlich nicht als völkerrechtswidrig angesehen werden. Nach seinem Sinn und Zweck verbietet Art. 56 HLKO nämlich nur „kulturfeindliche“ Beschlagnahmehandlungen, nicht aber „kulturfreundliche“.[242]

Bei den sowjetischen Beschlagnahme- und Verbringungsmaßnahmen handelte es sich aber gerade nicht um Sicherungsmaßnahmen.

Zwar wurde die Verbringung derjenigen Kunstgegenstände, die die Sowjetunion in den 50er Jahren an die DDR restituierte, von sowjetischer Seite offiziell mit der Notwendigkeit der Sicherung vor Kriegszerstörung begründet.[243]

Für die Rechtfertigung des Abtransports von Kulturgütern zu deren Sicherung und Erhaltung ist aber objektiv die Gefährdung der Kulturgüter erforderlich und in subjektiver Hinsicht muss der Wille der Besatzungsmacht auf ein Rettungshandeln gerichtet sein.[244]

Im Fall der deutschen Kulturgüter begegnet aber bereits das Vorliegen der ersten Voraussetzung Bedenken. Wie oben[245] bereits ausführlich dargelegt, fanden die Abtransporte nach Einstellung der Kampfhandlungen statt, weshalb eine Gefährdung der Kulturgüter grundsätzlich nicht mehr vorlag.

Mithin machten weder Erhaltungs- noch Sicherungsgründe den Transport wertvollen deutschen Kulturguts aus der sowjetischen Besatzungszone in die Sowjetunion erforderlich.[246] Darüber hinaus befanden sich die Kulturgüter überwiegend an gut gesicherten und für ihre Aufbewahrung ausreichend Schutz gewährenden Repositorien, weshalb die Kulturgüter auch bei ihrem Verbleib auf deutschem Territorium vor äußeren Zugriffen hätten geschützt werden können.[247]

Gegen das Vorliegen des subjektiven Elements spricht auch die Titulierung der mit der Verbringung beauftragten Sonderkommissionen als „Trophäenkommissionen“.

---

241 *Fiedler,* in: Briat/Friedberg (Hrsg.), Legal Aspects of International Trade in Art, S. 175 ff., S. 182; *Schorlemer*, GYIL 41 (1998), S. 317 ff., S. 329.

242 *Engstler,* Die territoriale Bindung von Kulturgütern, S. 188; *Körbs,* HuV-I 3 (1996), S. 138 ff., S. 147.

243 Vgl. hierzu bereits oben 1. Teil B.5.c). Die einheitliche Sprachregelung in den Vereinbarungen zwischen der DDR und der UdSSR lautete, dass es sich um „deutsche Kulturgüter [handelte], die in der Zeit des Zweiten Weltkriegs während der Kampfhandlungen auf dem Territorium Deutschlands von den sowjetischen Truppen gerettet wurden“, Dokumente zur Außenpolitik der DDR, Band VI (1958), S. 452, 469.

244 *Höhn,* HuV-I 8 (1995), S. 26 ff., S. 29; *Turner,* in: Fiedler (Hrsg.), Internationaler Kulturgüterschutz und deutsche Frage, S. 109 ff., S. 129.

245 Vgl. oben 1. Teil, B.II.5.b)bb).

246 *Höhn,* HuV-I 8 (1995), S. 26 ff., S. 29, m.w.N.; *Engstler,* Die territoriale Bindung von Kulturgütern, S. 135; *Schorlemer*, GYIL 41 (1998), S. 317 ff., S.329, m.w.N.; *Turner,* in: Fiedler (Hrsg.), Internationaler Kulturgüterschutz und deutsche Frage, S. 109 ff., S. 130.

247 *Turner,* in: Fiedler (Hrsg.), Internationaler Kulturgüterschutz und deutsche Frage, S. 109 ff., S. 130; *Körbs,* HuV-I 3 (1996), S. 138 ff., S. 147.

Dies lässt es zumindest fraglich erscheinen, ob das Hauptinteresse der Sowjetunion in der Rettung deutscher Kunstwerke vor Zerstörung lag.[248]

Im Übrigen hätten die Kulturgüter, selbst wenn man das Vorliegen einer echten Schutzverlagerung unterstellen wollte, nach Abschluss der Feindseligkeiten und dem damit verbundenen Wegfall des Sicherungszwecks an ihren alten Standort zurückgestellt werden müssen.[249]

*b) Rechtfertigung des eigenhändigen Zugriffs unter dem Gesichtspunkt der Heranziehung zu Reparationszwecken oder zur restitution in kind bzw. deren Vorbereitung?*

Der eigenhändige Zugriff der Sowjetunion auf die deutschen Kulturgüter lässt sich auch nicht unter dem Gesichtspunkt der (späteren) Verwendung zu Reparationen oder zur restitution in kind rechtfertigen – abgesehen davon, dass ein derartiger Wille über die Verbringung in die UdSSR hinaus ohnehin nach außen nicht wirksam geworden ist, weshalb es an einer Heranziehung deutscher Kulturgüter zu diesem Zweck in tatsächlicher Hinsicht fehlt.[250]

Der einseitige Zugriff auf Kulturgüter ist gem. Art. 56 HLKO generell unzulässig, auch unter dem Aspekt der möglichen späteren Verwendung zu Reparationszwecken und zur restitution in kind.

Noch in Art. 36 des Lieber Codes[251] aus dem 19. Jahrhundert war zwar das Recht der Besatzungsmacht enthalten, Kulturgüter zu beschlagnahmen und abzutransportieren, wobei das endgültige Schicksal in einem Friedensvertrag geregelt werden musste. Es handelt sich hierbei um einen Vorgriff auf Kulturgüter als Reparationsobjekte, wegen des Erfordernisses eines Vertragsabschlusses hingegen nicht um Beute im engeren Sinn.[252]

Mit Art. 56 HLKO wurde aber schließlich nicht nur die Rechtmäßigkeit des Beutemachens in Bezug auf Kulturgüter ausgeschlossen. Nach dem Wortlaut des Art. 56 HLKO ist vielmehr jede Beschlagnahme von Kulturgütern untersagt. Dieses Verbot umfasst auch die einseitige Beschlagnahme zum Zweck der Zurückbehaltung für Reparationsleistungen vor einer vertraglichen Vereinbarung.[253] Genau um eine solche

---

[248] *Schorlemer*, GYIL 41 (1998), S. 317 ff., S. 330.

[249] *Engstler,* Die territoriale Bindung von Kulturgütern, S. 188.

[250] Dieses Motiv für die Wegnahme hat die UdSSR offiziell weder während der Transportaktionen, noch später angeführt, es taucht erstmals im Rahmen der Rückgabeverhandlungen nach Abschluss der deutsch-russischen Verträge bzw. im russischen Kulturgütergesetz von 1998 auf. Bis zu diesem Zeitpunkt ging die UdSSR selbst nicht davon aus, Eigentümerin der verbrachten Kulturgüter zu sein, vgl. bereits Darstellung oben 1. Teil, B.II.5.b)dd); so auch *Fiedler,* Kulturgüter als Kriegsbeute, S. 13; *Schoen,* NJW 2001, S. 537 ff., S. 539; *Fastenrath,* in: FAZ v. 16.4.1997, S. 8; *Hartwig,* EuGRZ 1999, S. 553 ff., S. 557; *Dolzer,* NJW 2000, S. 560 ff., S. 561.

[251] „If such works of art ... belonging to a hostile nation or government can be removed without injury, the ruler of the conquering State or nation may order them to be seized and removed for the benefit of the said nation.", zit. nach *Gattini,* EJIL 7 (1996), S. 67 ff., S. 70.

[252] *Turner,* in: Fiedler (Hrsg.), Internationaler Kulturgüterschutz und deutsche Frage, S. 109 ff., S. 133.

[253] *Fiedler*, in: Briat/Freedberg (Hrsg.), S. 175 ff., S. 179; auch *Schorlemer*, GYIL 41 (1998), S. 317 ff., S. 331 bezweifelt die Zulässigkeit der restitution in kind als besondere Form der Reparation ohne bzw. außerhalb eines Friedensvertrags, auch gegen den Willen des besiegten Landes oder wie

eigenhändige, gewaltsame Wegnahme handelt es sich vorliegend, wenn auch der Wille der Verwendung zur Reparation nicht zum Ausdruck gekommen ist.

Für das Verbot der eigenhändigen Durchsetzung von Reparationsleistungen vor Abschluss eines Friedensvertrags[254] spricht auch Sinn und Zweck des Art. 56 HLKO. Dieser hat – dem Grundverständnis des internationalen Kulturgüterschutz folgend – zum Ziel, die geistigen Leistungen einer Bevölkerungsgruppe, ausgedrückt in der Schaffung von Kulturgütern, vor den Auswirkungen des Krieges zu schützen.[255]

Ein eigenhändiger Zugriff auf die Kulturgüter ist somit sowohl als Vorgriff auf Reparationen bzw. eine restitution in kind als auch zu deren Durchsetzung nach Art. 56 HLKO verboten.[256] Die Maßnahmen der Sowjetunion stellen insofern völkerrechtswidrige Interventionen dar. Derartige Maßnahmen sind nur insoweit zulässig, als sie zum Schutz der militärischen Interessen der Besatzungstruppen erforderlich scheinen. Dagegen gewährt die HLKO der Besatzungsmacht nicht das Recht, ihre Reparationsforderungen mit Gewalt einzutreiben.[257]

Abgesehen davon erscheint fraglich, ob Kulturgüter überhaupt tauglicher Gegenstand von Reparationen sein können und ob die restitution in kind im Völkerrecht anerkannt ist, worauf unter F.II. näher eingegangen wird.

### *III. Fazit*

Eine Rechtfertigung der Wegnahme allein aus der Stellung der Alliierten als Besatzungsmacht kommt wegen Verstoßes dieses Verhaltens gegen die auch hier zu beachtenden Schranken des Art. 56 HLKO unter keinem Gesichtspunkt in Betracht, weder als Wegnahme zu Beutezwecken noch zur eigenhändigen Durchsetzung von Reparationen und der restitution in kind.

---

im Fall Deutschlands ohne seine Kenntnis; nach *Gattini*, EJIL 7 (1996), S. 67 ff., S. 70 löst Art. 56 HLKO dagegen das Problem, ob Kulturgüter des besiegten Landes Teil der Reparationsforderungen bilden können, sei es innerhalb oder außerhalb eines Friedensvertrages nicht.

254 Zur Möglichkeit der Ausbedingung von Kulturgütern als Reparationsleistung in einem Friedensvertrag vgl. unten F.III.4.

255 *Fiedler,* Kulturgüter als Kriegsbeute, S. 25.

256 Ebenso bzgl. des Verbots von Vorgriffen auf Reparationen in allgemeiner Hinsicht *Grewe,* Besatzungsstatut für Deutschland, S. 159.

257 *Blumenwitz,* Grundlagen eines Friedensvertrages, S. 179, Fn. 164; zum Ergebnis der Völkerrechtswidrigkeit wegen Verstoßes gegen den auch im Rahmen des besonderen Besatzungsregimes zu beachtenden Art. 56 HLKO gelangt auch *Turner,* in: Fiedler (Hrsg.), Internationaler Kulturgüterschutz und deutsche Frage, S. 109 ff., S. 115, 131, 133 f. der entgegen der hier vertretenen Auffassung sowohl die Bestimmung des Umfangs der deutschen Reparations- und Restitutionsschulden, als auch deren eigenhändige Vollstreckung durch die Alliierten für grundsätzlich zulässig erachtet.

## D. „Ermächtigung" zur Wegnahme und Verbringung deutscher Kulturgüter nach Interalliiertem Recht und insbesondere durch den Alliierten Kontrollrat

Nicht zuletzt deshalb, weil sich die russische Seite auf die Existenz entsprechender Dokumente beruft,[258] soll der Frage nachgegangen werden, ob es Anhaltspunkte dafür gibt, dass die Alliierten selbst – insbesondere in den vom Alliierten Kontrollrat gesetzten Normen und Direktiven – die Wegnahme deutscher Kulturgüter erlaubt haben – unabhängig von der Frage nach der Rechtmäßigkeit derartiger Normen. Die folgenden Ausführungen zeigen jedoch, dass es eine generelle „Ermächtigung" zum Kunstraub durch den Alliierten Kontrollrat nicht gegeben hat.[259]

### I. Innenverhältnis der Alliierten untereinander

Ohne auf das Innenverhältnis der Alliierten untereinander näher eingehen zu wollen,[260] bleibt festzuhalten, dass es sich bei den Besatzungsmächten um gleichgeordnete Partner handelte, weshalb diese für das Tätigwerden in ihren Besatzungszonen grundsätzlich keiner Ermächtigung durch den Alliierten Kontrollrat bedurften.

Die durch die Besatzungsmächte in ihren Zonen wahrgenommenen Befugnisse stellten deren originär erworbene Besatzungsrechte dar. Mithin bestand zwischen den Vier Mächten eine vollständige statusmäßige Gleichordnung. Insbesondere leiteten sich die Befugnisse der Besatzungsmächte nicht in der Weise vom Alliierten Kontrollrat ab, dass die Besatzungsrechte den Alliierten nur zur gesamten Hand zugestanden hätten und vom zentralen Besatzungsorgan an die Zonenbefehlshaber delegiert worden wären. Der Alliierte Kontrollrat fungierte vielmehr nur als Koordinierungsorgan der Besatzungsmaßnahmen der einzelnen Zonen.[261] Er war das oberste Verwaltungsorgan für alle Deutschland als Ganzes betreffenden Angelegenheiten und damit das Hauptorgan der gemeinschaftlichen Organisation.[262] Die Zonenbefehlshaber waren nicht der Autorität des Alliierten Kontrollrats untergeordnet. Mithin traten die vom Alliierten Kontrollrat verabschiedeten Gesetze in jeder Besatzungszone auch nicht automatisch in Kraft, sondern infolge spezieller Erlasse der Oberbefehlshaber.[263]

---

[258] Vgl. Nachweis bei *Schorlemer*, GYIL 41 (1998), S. 317 ff., S. 329, Fn. 44.

[259] So auch *Fiedler*, Kulturgüter als Kriegsbeute, S. 17 f.

[260] Vgl. hierzu ausführlich *Schenk*, Viermächteverantwortung für Deutschland als Ganzes, S. 28 ff.; *Waitz von Eschen*, Völkerrechtliche Kompetenz der Vier Mächte, S. 61 ff.; *Virally*, Internationale Verwaltung, S. 132 ff., S. 136; *Blumenwitz*, in: Meissner/Zieger (Hrsg.), Staatliche Kontinuität, S. 47 ff., S. 51 ff.

[261] *Von der Beck*, Die Konfiskationen in der Sowjetischen Besatzungszone, S. 152, insbes. Fn. 29; *Waitz von Eschen*, Völkerrechtliche Kompetenz der Vier Mächte, S. 65.

[262] *Blumenwitz*, in: Meissner/Zieger (Hrsg.), Staatliche Kontinuität, S. 47 ff., S. 51; *Nevelev*, GYIL 42 (1999), S. 337 ff., S. 350.

[263] *Ress*, Germany, Legal Status after World War II, in: EPIL, Vol. II (1995), S. 567 ff., S. 568; *Nevelev*, GYIL 42 (1999), S. 337 ff., S. 350.

Beschlüsse des Kontrollrats konnten nur einstimmig gefasst werden. Mithin hatte jede der Vier Mächte ein Vetorecht.[264] Lag objektiv eine Deutschland als Ganzes betreffende Angelegenheit vor und verneinte der Kontrollrat seine Zuständigkeit nicht, war es ihm aber nicht möglich, eine einstimmige Entscheidung zu treffen, wurde die Zuständigkeit von den einzelnen Zonenbefehlshabern wahrgenommen.[265] War eine Materie aber einmal durch den Alliierten Kontrollrat geregelt, so konnten die Zonenbefehlshaber nicht mehr auf diesem Gebiet tätig werden.[266]

Die Existenz oder das Abhandensein entsprechender Vorschriften zur Kulturgüterverbringung ist mithin nicht nur als Indiz für die Haltung der Alliierten in dieser Frage von Bedeutung und lässt Rückschlüsse auf die allgemeine Anerkennung der Vorgehensweise der Sowjetunion durch die Alliierten zu.

## *II. Alliierte Vereinbarungen zur Behandlung deutschen Vermögens im Allgemeinen*

### *1. Auf alliierten Konferenzen zwischen 1945 und 1946 getroffene Vereinbarungen*

Wie bereits im Ersten Teil dargelegt,[267] lässt sich feststellen, dass in keinem der bis zum Zusammenbruch Deutschlands und darüber hinaus von den Alliierten unterzeichneten Übereinkünfte, Abkommen und Protokolle, die sich in allgemeiner Hinsicht mit der Behandlung deutschen Vermögens und der Frage der Reparationen beschäftigen, Kulturgüter als taugliche Reparationsobjekte erwähnt werden und mithin ihre Wegführung zu diesem Zweck gebilligt worden wäre.

#### *a) Jalta-Erklärung und Protokoll vom 11.2.1945*

In der Jalta-Erklärung wurde nicht nur die in Bezug auf Deutschland beabsichtigte Reparationspolitik bekannt gemacht, sondern im Jalta-Protokoll vielmehr auch die Arten der zu entnehmenden Reparationen bzw. die Reparationsobjekte festgelegt.[268]

Kulturgüter werden dabei weder ausdrücklich genannt,[269] noch lässt sich konkludent darauf schließen, dass sie als taugliche Reparationsobjekte angesehen wurden.[270]

---

[264] *Blumenwitz,* in: Meissner/Zieger (Hrsg.), Staatliche Kontinuität, S. 47 ff., S. 52; *Nevelev,* GYIL 42 (1999), S. 337 ff., S. 350; trotz der Koordinierungspflicht gab es allerdings – nicht zuletzt aufgrund des Einstimmigkeitsprinzips – bald kein einheitliches Besatzungsregime mehr, *Waitz von Eschen,* Völkerrechtliche Kompetenz der Vier Mächte, S. 65.

[265] *Nevelev,* GYIL 42 (1999), S. 337 ff., S. 350.

[266] *Blumenwitz,* in: Meissner/Zieger (Hrsg.), Staatliche Kontinuität, S. 47 ff., S. 53.

[267] Vgl. oben 1. Teil, B.II.4.a).

[268] Vgl. hierzu bereits oben 1. Teil, B.II.4.a)aa); siehe auch *Seidl-Hohenveldern,* Kriegsentschädigung, in: Strupp/Schlochauer, Wörterbuch des Völkerrechts, 2. Band, S. 337 ff., S. 339.

[269] Vgl. Ziff. 2 des Protokolls, abgedruckt bei *Siegler,* Dokumentation zur Deutschlandfrage, S. 19; *Rumpf,* AVR 23 (1985), S. 74 ff., S. 80.

[270] So auch *Nahlik,* RdC 120 (1967 I), S. 65 ff., S. 112.

*b) Potsdamer Abkommen vom 2.8.1945*

Auch das Potsdamer Abkommen vom 2.8.1945 enthält keine Bestimmung, aufgrund derer auf die Billigung der Wegführung von Kulturgütern, insbesondere zu Reparationszwecken geschlossen werden könnte.[271]

Als Reparationsgüter wurden im Potsdamer Abkommen insbesondere die Demontage von „industrieller Ausrüstung“, neben dem deutschen Auslandsguthaben, genannt. Dies macht deutlich, dass von den Alliierten Kulturgüter nicht als taugliche Objekte für die Reparation in Betracht gezogen wurden, sondern davon ausgenommen blieben.[272]

*c) Pariser Reparationsabkommen*

Aus dem Pariser Reparationsabkommen vom 14.1.1946,[273] durch das der westliche Reparationsanteil unter sämtlichen Alliierten mit Ausnahme der Sowjetunion und Polens aufgeteilt wurde, ergibt sich ebenfalls kein Hinweis darauf, dass die Alliierten Kulturgüter zu Reparationen heranziehen wollten und mithin auch keine Bestimmung, die die Wegführung als solche gerechtfertigt hätte.

*2. Gesetze, Direktiven und Proklamationen des Alliierten Kontrollrats*

Die Gesetze, Direktiven und Proklamationen des Alliierten Kontrollrats enthalten ebenfalls keine generelle Erlaubnis zur Beschlagnahme und Wegführung deutscher Kulturgüter.

*a) Kontrollratsgesetz Nr. 5 vom 30.10.1945*

Durch das Gesetz des Alliierten Kontrollrats Nr. 5 vom 30.10.1945[274] zur „Übernahme und Erfassung des deutschen Vermögens im Ausland“ wurde das deutsche Auslandsvermögen enteignet.[275]

Davon war zwar grundsätzlich auch das im Ausland befindliche Eigentum an Kulturgütern erfasst. Hieraus lässt sich aber gerade keine generelle Befugnis für die Wegführung von Kulturgütern aus Deutschland ableiten.

*b) Gesetze, Direktiven und Proklamationen zur Beschlagnahme von Nazivermögen*

In einzelnen, im Ersten Teil[276] näher beschriebenen, das Vermögen von „Kriegsverbrechern“ bzw. nationalsozialistischen Einrichtungen betreffenden Gesetzen, Direkti-

---

[271] Vgl. hierzu bereits oben 1. Teil, B.II.4.a)bb).

[272] Vgl. auch *Schade,* in: Strocka (Hrsg.), Kunstraub – ein Siegerrecht?, S. 63 ff., S. 68.

[273] Vgl. hierzu bereits oben 1. Teil, B.II.4.a)cc).

[274] Abl. des Kontrollrats Nr. 1 (1945), S. 27 ff.; für das Gebiet der drei westlichen Besatzungszonen wurde das Kontrollratsgesetz Nr. 5 schließlich nach Auflösung des Kontrollrats durch das Gesetz Nr. 63 der Alliierten Hohen Kommission vom 31.8.1951 ersetzt, Abl. der Alliierten Hohen Kommission in Deutschland, S. 1107 ff.

[275] Vgl. hierzu bereits oben 1. Teil, B.II.4.a)dd).

ven und Proklamationen[277] wird die Beschlagnahme bzw. Einziehung des Vermögens der dort genannten Personen und Einrichtungen angeordnet.

All diese Rechtsnormen hängen aber mit dem von den Alliierten verfolgten Ziel der Entnazifizierung zusammen. Es geht hier um die Ausrottung des Militarismus und Nazismus. Eine allgemeine Ermächtigung zur Wegnahme von Kulturgütern und für die immensen Wegführungen durch die Sowjetunion lässt sich hieraus nicht ableiten. Diese Gesetze, Direktiven und Proklamationen des Alliierten Kontrollrats rechtfertigen auch nicht die Heranziehung deutschen Kulturerbes zu Reparationszwecken.[278]

### *III. Alliierte Vereinbarungen zur Behandlung von Kulturgütern im Speziellen*

Weiteren Aufschluss über die Frage einer möglichen „Ermächtigung" zur Wegführung deutscher Kulturgüter, insbesondere zum Zweck der Heranziehung von Kulturgütern zur restitution in kind, bringt die Kontrollratsdirektive vom 21.1.1946.[279]

Den Alliierten kam es vor allem auf die Rückerstattung der von den Nazis geraubten Kunstschätze an,[280] weshalb diese Problematik innerhalb der Verhandlungen über die durchzuführenden Restitutionen einen breiten Rahmen einnahm. Die von den Alliierten erlassenen Restitutionsregelungen[281] sehen aber grundsätzlich nicht die Wegführung deutscher Kulturgüter vor, sondern dienen der Rückführung während des Krieges zwangsweise oder gewaltsam nach Deutschland gelangter Gegenstände.

Darüber hinaus war insbesondere die Durchführung eines für den Ersatz verloren gegangener Kulturgüter diskutierten restitution in kind-Programms, das unter Einhaltung besonderer Voraussetzungen auch die Wegführung von Kulturgütern gerechtfertigt hätte, unter den Alliierten heftig umstritten und wurde, wie im Folgenden zu zeigen sein wird, schließlich fallen gelassen.[282]

---

276 Vgl. oben 1. Teil, B.II.4.a)ee).

277 Control Council Proclamation No. 2, Abolition of the Nazi Party, 20.9.1945, Abl. des Kontrollrats in Deutschland, Nr. 1, S. 8 ff.; Control Council Law No. 2, Providing for the Termination and Liquidation of Nazi Organizations, 10.10.1945, Abl. des Kontrollrats in Deutschland, Nr. 1, S. 19 ff.; Control Council Law No. 10, Punishment of Individuals Guilty of War Crimes and Crimes Against Peace and Against Humanity, 20.12.1945, Abl. des Kontrollrats in Deutschland, Nr. 3, S. 50 ff.; Control Council Law No. 58, Addendum to Law No. 2 of the Council, 20.8.1947, Abl. des Kontrollrats in Deutschland, Nr. 17, S. 293; Control Council Directive No. 30, Elimination of German Militrary and Nazi Monuments and Museums, 13.5.1946, Abl. des Kontrollrats in Deutschland, Nr. 4, S. 154 f.; Control Council Directive No. 38, Arrest and Punishment of War Criminals, 12.10.1946, Abl. des Kontrollrats in Deutschland, Nr. 11, S. 184 ff.

278 *Fiedler,* Kulturgüter als Kriegsbeute, S. 17; *Kurtz,* in: Simpson (Hrsg.), The Spoils of War, S. 112 ff., S. 115.

279 Vgl. bereits oben 1. Teil, B.II.4.b)bb)aaa).

280 *Clay,* Entscheidung in Deutschland, S. 341; *Clay,* Entscheidung in Deutschland, S. 342, schreibt hierzu lapidar: „Bei sämtlichen Kulturgütern war die Rückerstattung selbstverständlich.

281 Siehe hierzu bereits oben 1. Teil, B.II.2.

282 *Clay,* Entscheidung in Deutschland, S. 341 ff.; *Kurtz,* in: Simpson (Hrsg.), The Spoils of War, S. 112 ff., S. 113 ff., 114.

*1. Verhandlungen bis zur Kontrollratsdirektive vom 21.1.1946*

Die Behandlung von Kulturgütern stellt ein äußerst umstrittenes Kapitel während der alliierten Verhandlungen dar. Einigkeit bestand unter den Alliierten lediglich darüber, dass eine Restitution der von den Nazis geraubten Kulturgüter zu erfolgen hat.[283]
Eine Heranziehung von Kulturgütern zu Reparationszwecken in allgemeiner Hinsicht wurde letztlich nicht in Erwägung gezogen.[284]
Die Frage der Heranziehung von Kulturgütern zur restitution in kind in Form des Ersatzes kriegsentzogener, an sich restitutionspflichtiger Kulturgüter, deren Restitution aber unmöglich ist, durch gleichwertige Gegenstände, war dagegen sehr umstritten.[285]
Nachdem eine Einigung auf EAC-Ebene nicht erreicht werden konnte, wurden die die restitution in kind bezüglich Kulturgütern betreffenden Fragen endgültig im Alliierten Kontrollrat und im Coordinating Committee of the Alliied Control Council (CORC) erledigt. Nach endlosen Debatten einigte man sich in der Kontrollratsdirektive vom 21.1.1946[286] auf eine Restitutionsdefinition.[287]
Die Kontrollratsdirektive vom 21.1.1946 enthält in Ziffer 3 aber auch einen Kompromiss bezüglich der Zulässigkeit der restitution in kind. Darin wird bestimmt, dass „bei Gütern von einmaligem Charakter, deren Rücklieferung unmöglich ist, eine besondere Anweisung die Art von Gütern festsetzen wird, bei denen ein Ersatz in Frage kommt, die Art dieses Ersatzes und die Bedingungen, unter denen diese Güter durch gleichwertige Gegenstände ersetzt werden können."[288]
Mithin autorisiert dieser am 21.1.1946 akzeptierte Kompromiss nicht zur sofortigen Durchführung eines restitution in kind-Programms und damit zur Wegführung der Kulturgüter, sondern schuf lediglich die Voraussetzung für eine „besondere Anweisung", die deren Parameter festlegen sollte.[289]

*2. Verhandlungen bzgl. einer „besonderen Anweisung" zur Durchführung des restitution in kind-Programms*

Die Ausarbeitung einer nach der Kontrollratsdirektive erforderlichen „besonderen Anweisung" für die restitution in kind für Güter von einmaligem Charakter nahm beträchtliche Zeit in Anspruch.

---

[283] Vgl. ausführlich hierzu bereits oben 1. Teil, B.II.2.

[284] Vgl. hierzu *Turner,* in: Fiedler (Hrsg.), Internationaler Kulturgüterschutz und deutsche Frage, S. 109 ff., S. 115 ff.

[285] Vgl. hierzu bereits oben 1. Teil, B.4.b).

[286] In deutscher Übersetzung bei *Schmoller/Maier/Tobler,* Handbuch des Besatzungsrechts, § 52, S. 23.

[287] Nach Ziffer 2 der Direktive unterliegen der Restitution in erster Linie „identifizierbare Güter, ..., die zur Zeit der Besetzung ... vom Feind gewaltsam aus dem Gebiet des Landes weggeführt wurden".

[288] Zitiert nach *Schmoller/Maier/Tobler,* Handbuch des Besatzungsrechts, § 52, S. 23.

[289] *Kurtz,* in: Simpson (Hrsg.), The Spoils of War, S. 112 ff., S. 114.

Der Versuch, eine solche detaillierte „besondere Anweisung" auszuarbeiten, scheiterte schließlich, trotz der Billigung durch die amerikanischen, französischen und britischen Mitglieder des RDRD am 17.6.1946[290] am Widerstand der Sowjetunion.[291]

Schließlich einigte man sich im CORC am 9.7.1946 auf einen kurzen amerikanischen Entwurf, der fünf Kategorien von Gegenständen enthielt, für die eine restitution in kind möglicherweise in Betracht kommen könne.[292] Erfasst sein sollten nur Gegenstände von großer Seltenheit, über die der Alliierte Kontrollrat in einer Einzelfallbetrachtung beraten sollte. Durch diese Beschränkung wollte man verhindern, dass die Schaffung einer eigens hierfür zuständigen Behörde nötig wurde, um so das restitution in kind-Programm möglichst gering zu halten.[293] Die Forderungen nach restitution in kind sollten nicht einseitig in jeder Besatzungszone behandelt werden, sondern in der RDRD als dem geeigneten Viermächteforum. Ansprüche auf restitution in kind sollten auf keinem anderen Weg, als durch Vorlage einer entsprechenden Forderung auf Basis einer Einzelfallbetrachtung zur Prüfung und Bestätigung durch die RDRD durchgesetzt werden können.

Eine derartige Vorlage an die RDRD hat es allerdings in keinem einzigen Fall gegeben.[294]

Damit ist es zu einer Durchsetzung des restitution in kind Programmes auf Viermächtebene letztlich nicht gekommen. Es scheiterte nicht zuletzt an der Weigerung der Russen, Listen über deutsche Kulturgüter oder andere diesbezügliche Informationen zu erteilen[295] und an der Weigerung der USA, an der notwendigen Organisation mitzuarbeiten.[296]

## *IV. Fazit*

Aus dem eben Erörterten ergibt sich, dass es eine generelle „Ermächtigung" zur Wegführung deutscher Kulturgüter durch den Alliierten Kontrollrat nicht gegeben

---

290 *Nevelev,* GYIL 42 (1999), S. 337 ff., S. 356.

291 Die Sowjetunion widersetzte sich einer Klausel, die Folgendes vorsah: „In cases where the request for replacement is submitted by one of the Occupying Powers, the Allied Control Council will require the Commander of the Zone of that Occupying Power to submit a list of all similar or equivalent German-owned property removed from its Zone by the Occupying Power submitting the request and the basis on which removals were made", zitiert nach *Kurtz,* in: Simpson (Hrsg.), The Spoils of War, S. 112 ff., S. 115.

292 Es handelt sich dabei um folgende Auflistung: Meisterwerke der Malerei, Graphik oder Skulptur; wichtige Werke von Meistern des Kunsthandwerks und herausragende Werke der Volkskunst; historische Überreste; Handschriften und seltene Bücher; für die Wissenschaftsgeschichte bedeutsame Gegenstände, vgl. *Turner,* in: Fiedler (Hrsg.), Internationaler Kulturgüterschutz und deutsche Frage, S. 109 ff., S. 123.

293 *Kurtz,* Nazi Contraband, S. 149; *Turner,* in: Fiedler (Hrsg.), Internationaler Kulturgüterschutz und deutsche Frage, S. 109 ff., S. 123.

294 *Kurtz,* in: Simpson (Hrsg.), The Spoils of War, S. 112 ff., S. 115.

295 Hinzu kam die Weigerung, einem interzonalen Austausch von Kulturgütern zuzustimmen, wie er schließlich unter den drei Westalliierten durchgeführt wurde, und die Verweigerung des Zutritts anderer Restitutionskommissionen zur sowjetischen Zone, vgl. hierzu auch *Kurtz,* in: Simpson (Hrsg.), The Spoils of War, S. 112 ff., S. 115.

296 *Kurtz,* Nazi Contraband, S. 150.

hat.[297] Es finden sich lediglich einzelne Dokumente zur Einziehung des Vermögens von „Kriegsverbrechern“ und nationalsozialistischer Einrichtungen, die aber keine generelle Erlaubnis zur Wegnahme beinhalten.

Eine Heranziehung deutscher Kulturgüter zu Reparationszwecken haben die Alliierten nicht in Betracht gezogen bzw. erlaubt, es existiert kein entsprechendes alliiertes Dokument.[298] Das restitution in kind-Programm wurde letztlich nicht in die Tat umgesetzt.

## *E. Rechtmäßigkeit der Wegführung als Konsequenz der Staatenverantwortlichkeit wegen des Auslösens eines Angriffskriegs?*

Eine Rechtsgrundlage für die Wegführung deutscher Kulturgüter, insbesondere zur Durchsetzung von Ansprüchen auf restitution in kind, könnte sich auch aus dem völkerrechtlichen Grundsatz der Verantwortlichkeit des Aggressorstaats für das Auslösen und Führen eines Angriffskriegs ergeben.[299]

### *I. Allgemeine Voraussetzungen*

Voraussetzung für einen Anspruch auf Wiedergutmachung aus Staatenverantwortlichkeit ist die Verletzung des Völkerrechts durch einen Staat.[300]

Als derartige die völkerrechtliche Verantwortlichkeit nach sich ziehende Verletzungshandlung kommt hier die Kriegseröffnung und das Führen eines Angriffskriegs durch das Deutsche Reich in Betracht. Dies setzt voraus, dass die Kriegsführung bereits im Jahr 1939 verboten war und mithin völkerrechtliches Unrecht darstellte. Hierfür sprechen allerdings gute Gründe. Seit Unterzeichnung des Briand-Kellogg-Paktes am 27.8.1928 durch fast alle zu dieser Zeit bestehenden Staaten[301] wurde der Krieg als Mittel zur Lösung internationaler Streitigkeiten verurteilt und festgelegt, dass die Beilegung oder Lösung aller zwischen den Vertragsparteien entstehenden Streitigkeiten ausschließlich durch friedliche Mittel unternommen werden darf.[302] Mithin war die Kriegsführung seit Abschluss des Briand-Kellogg-Paktes verboten und stellte ein völkerrechtliches Delikt dar.[303] Die Einordnung der Führung eines Angriffskriegs als Verstoß gegen das Völkerrecht hat auch der Internationale Militärgerichtshof in Nürnberg in seinem Urteil vom 1.10.1946 vorgenommen.[304]

---

[297] So auch *Fiedler,* Kulturgüter als Kriegsbeute, S. 17, *Fiedler*, in: Meissner/Eisfeld (Hrsg.), 50 Jahre sowjetische und russische Deutschlandpolitik, S. 263 ff., S. 266; *Schorlemer*, GYIL 41 (1998), S. 317 ff., S. 329.

[298] Vgl. auch *Kurtz*, in: Simpson (Hrsg.), The Spoils of War, S. 112 ff., S. 114.

[299] *Nevelev,* GYIL 42 (1999), S. 337 ff., S. 372 ff.; *Hartwig,* EuGRZ 1999, S. 553 ff., S. 555.

[300] *Ipsen,* Völkerrecht, S. 534, Rdnr. 1; *Berber,* Lehrbuch des Völkerrechts, Bd. III, S. 4.

[301] Für die Sowjetunion trat der Briand-Kellogg-Pakt bspw. am 24.7.1929 in Kraft, vgl. BGBl. Fundstellennachweis B.

[302] *Berber,* Lehrbuch des Völkerrechts, Bd. II, S. 35.

[303] *Skubiszewski,* Peace and War, in: EPIL, Vol. III (1997), S. 909 ff., S. 912.

[304] Vgl. *International Military Tribunal,* Der Prozess gegen die Hauptkriegsverbrecher, Band 1, S. 243.

Über den Briand-Kellogg-Pakt hinaus war Deutschland durch den deutsch-polnischen Vertrag vom 26.1.1934, in dem sich die Vertragspartner verpflichteten „unter keinen Umständen ... zum Zweck der Austragung solcher Streitfragen zur Anwendung von Gewalt zu schreiten," gebunden.[305] Durch seinen Angriff auf Polen im Jahr 1939 verletzte Deutschland also sowohl den Briand-Kellogg-Pakt, als auch den deutsch-polnischen Vertrag. Darüber hinaus stellt der Angriff Deutschlands auf die Sowjetunion am 22.6.1941 einen Bruch des zwischen Deutschland und der UdSSR am 23.8.1939 geschlossenen Nicht-Angriffs-Pakts dar.[306]

Mithin sind die allgemeinen Voraussetzungen für einen Anspruch aus der Staatenverantwortlichkeit, nämlich die Verletzung des Völkerrechts durch das Führen eines Angriffskriegs, erfüllt.

### *II. Rechtsfolge: Pflicht zur Wiedergutmachung*

Steht hiermit die Verantwortlichkeit des Deutschen Reiches infolge der Begehung völkerrechtlichen Unrechts fest, so ergibt sich hieraus nach herrschender Meinung ein Anspruch des Verletzten auf Wiedergutmachung.[307]

Der Wiedergutmachungsanspruch ist also unmittelbare Unrechtsfolge des deliktischen Verhaltens. Damit haftet Deutschland als Aggressor den verletzten Staaten und auch der Sowjetunion grundsätzlich nach allgemeinem Völkerrecht für den durch die Kriegseröffnung entstandenen Schaden.[308] Wird in einem Friedensvertrag nichts besonderes geregelt, so gelten auch für die Art der Schadensersatzleistung die Regeln des allgemeinen völkerrechtlichen Haftungsrechts. Eine über die Beschränkungen des allgemeinen Völkerrechts hinausgehende Haftung ist ohne vertragliche Regelung nicht möglich.[309]

Trotz der grundsätzlich feststehenden Haftung Deutschlands aus dem Grundsatz der Staatenverantwortlichkeit stellt sich die Frage, ob der hieraus resultierende Anspruch des Geschädigten auf Wiedergutmachung einseitig durchgesetzt werden kann oder ob es zur Festsetzung seines Inhalts, seiner Höhe und seiner Vollstreckung eines Vertrags bedarf. Zum anderen ist fraglich, ob aus der Staatenverantwortlichkeit abgeleitet werden kann, dass mit dem gesamten staatlichen Vermögen gehaftet wird. Dies erscheint aber gerade bezüglich der Heranziehung von Kulturgütern zu allgemeinen Reparati-

---

305 *Blumenwitz,* Grundlagen eines Friedensvertrages, S. 177, Fn. 157.

306 *Nevelev,* GYIL 42 (1999), S. 337 ff., S. 373; zwar berief sich Deutschland darauf, dass der Angriff auf die Sowjetunion gerechtfertigt gewesen sei, weil diese einen Angriff auf Deutschland plante und Vorbereitungen zu diesem Zweck getroffen habe. Dies stellt aber eine grundlose Behauptung dar, die auch vom Nürnberger Kriegsverbrechertribunal zurückgewiesen wurde, vgl. *International Military Tribunal,* Der Prozess gegen die Hauptkriegsverbrecher, Band 1, S. 237 ff.

307 *Schüle,* Wiedergutmachung, in: Strupp/Schlochauer, 3. Band, S. 843 f., S. 843; *Blumenwitz,* Grundlagen eines Friedensvertrages, S. 177; *Berber,* Lehrbuch des Völkerrechts, Bd. III, S. 4 ff.; *Ipsen,* Völkerrecht, S. 571, Rdnr. 65; aA *Guggenheim,* Lehrbuch des Völkerrechts, Band II, S. 568; *Kelsen,* Unrecht und Unrechtsfolge im Völkerrecht, ZföR, XII (1932), S. 481 ff., 556.

308 Bedenken gegen diese Argumentation äußert *Grewe,* Besatzungsstatut für Deutschland, S. 163 ff.

309 *Berber,* Lehrbuch des Völkerrechts, Bd. II, S. 240; *Blumenwitz,* Grundlagen eines Friedensvertrages, S. 177. Näher zu den sich aus dem allgemeinen Regeln ergebenden Grenzen für die Reparationsleistungen Deutschlands s. *Blumenwitz,* Grundlagen eines Friedensvertrages, S. 177 ff.

onsleistungen und zur restitution in kind äußerst zweifelhaft, da diese einem besonderen völkerrechtlichen Schutzregime unterstellt sind.[310]

### *1. Ermächtigung zur einseitigen Vollstreckung?*

Wiedergutmachungsansprüche, insbesondere der UdSSR, sind zwar automatisch durch die Aggression Deutschlands entstanden. Diese bestehen aber nur dem Rechtsgrunde nach und berechtigen den Anspruchsinhaber grundsätzlich nicht zur einseitigen Vollstreckung.

Was nach Art und Umfang an Wiedergutmachung zu leisten ist und die Modalitäten ihrer Erfüllung müssen grundsätzlich vertraglich vereinbart werden,[311] wobei die Wiedergutmachungspflicht nach allgemeinem Völkerrecht nur in dem Maß bestehen kann, als adäquat Unrecht verursacht wurde.[312] Aus dem Prinzip der zumindest formell einverständlichen Wiedergutmachungsleistung ergibt sich das Verbot, wider den Willen des Besiegten oder unter seiner Ausschaltung einseitig eine Zwangsverwaltung bzw. -vollstreckung durchzuführen. Hierzu bedarf es der Vereinbarung in einem Vertrag.[313]

Nach dem bis 1945 allgemein geltenden Völkerrecht kann der Rechtsbrecher nur gezwungen werden, sich dem Recht zu unterwerfen. Die Durchsetzung von Rechten darf aber nicht unter Ausschaltung des Schädigers geschehen.[314]

Mithin stellt die eigenmächtige Verbringung deutscher Kulturgüter in die UdSSR vor Abschluss eines Friedensvertrags – soweit man dieser als Motiv die einseitige Durchsetzung von Wiedergutmachungsansprüchen unterstellt – eine völkerrechtswidrige Handlungsweise dar.

Die Rechtmäßigkeit des sowjetischen Vorgehens erscheint auch aus einem anderen Grund fraglich. Bei der Wiedergutmachung wird wie gesehen nur der adäquat-kausal verursachte Schaden berücksichtigt.[315] Dazu ist es erforderlich, dass der erlittene Schaden überhaupt feststeht. Die meisten Kulturgüter wurden aber beschlagnahmt und in die UdSSR verbracht, bevor der vollständige Schaden der sowjetischen Kultureinrichtungen überhaupt objektiv festgestellt worden war. Außerdem war zu diesem Zeitpunkt auch das alliierte Restitutionsprogramm bezüglich in Deutschland befindlicher Kulturgüter aus ehemals deutsch besetzten Gebieten, unter denen sich auch eine große Anzahl russischer Kulturgüter befand, noch nicht abgeschlossen. Vielmehr hat die Russische Föderation das Ausmaß ihrer kulturellen Verluste auch mehr als fünfzig Jahre nach Beendigung des Zweiten Weltkriegs noch nicht vollständig und systema-

---

[310] Vgl. hierzu unten F.II.

[311] *Ipsen*, Völkerrecht, S. 571, Rdnr. 66; *Grewe*, Besatzungsstatut für Deutschland, S. 164; *Guggenheim*, Lehrbuch des Völkerrechts, Band II, S. 568; *Kelsen*, Unrecht und Unrechtsfolge im Völkerrecht, ZföR XII (1933), S. 481 ff., S. 556.

[312] *Blumenwitz*, Grundlagen eines Friedensvertrages, S. 178.

[313] *Schmoller/Maier/Tobler*, Handbuch des Besatzungsrechts, § 52, S. 17.

[314] So *Blumenwitz*, Grundlagen eines Friedensvertrages, S. 179, m.w.N.; *Grewe*, Besatzungsstatut für Deutschland, S. 164; anerkannt werden kann höchstens eine wirtschaftliche Sicherungsbesetzung, die über den Rahmen der HLKO hinaus den Zweck verfolgt, durch einstweilige Sicherungsmaßnahmen die Vereitelung des im Einzelnen festzusetzenden Anspruchs zu verhindern, vgl. *Grewe*, Besatzungsstatut für Deutschland, S. 167.

[315] *Ipsen*, Völkerrecht, S. 572, Rdnr. 66; *Blumenwitz*, Grundlagen eines Friedensvertrages, S. 178.

tisch katalogisiert. Mithin war die Frage der Proportionalität zwischen Schaden und Wiedergutmachung zum Zeitpunkt der Verbringung der deutschen Kulturgüter reine Spekulation und ist es auch heute noch.[316]

### 2. *Haftung mit dem gesamten staatlichen Vermögen?*

Schließlich ist zweifelhaft, ob aus dem Grundsatz der Staatenverantwortlichkeit eine Pflicht zur restitution in kind bezüglich Kulturgütern abgeleitet werden kann.

Denn aus dem Grundsatz Staatenverantwortlichkeit ergibt sich nicht, dass generell mit dem gesamten staatlichen Vermögen gehaftet wird.[317] Gerade im Hinblick auf Kulturgüter ist der besondere völkerrechtliche Schutz, unter dem diese stehen, zu beachten, weshalb die Heranziehung zur restitution in kind letztlich ausgeschlossen ist.[318]

## *F. Kulturgüter als Gegenstand von Reparationen in Form der restitution in kind?*

Zu klären ist schließlich, ob der Zugriff und die Verbringung deutscher Kulturgüter während der Besetzung Deutschlands seit 1945 unter dem Gesichtspunkt einer möglichen Heranziehung zu Reparationen bzw. zur restitution in kind als rechtmäßig zu beurteilen ist.

Dabei ist auf die Frage einzugehen, ob Kulturgüter im Völkerrecht als taugliche Objekte für Kompensationszwecke angesehen werden und ob es zur Zeit der Wegnahme eine Völkerrechtsregel gab, die die restitution in kind für Kulturgüter erlaubte.[319]

### *I. Vorbemerkung: Fehlende Heranziehung der deutschen Kulturgüter zum Zweck der restitution in kind durch die Sowjetunion in tatsächlicher Hinsicht*

Bevor auf die rechtliche Möglichkeit der Heranziehung von Kulturgütern zu Kompensationszwecken eingegangen wird, ist allerdings klarzustellen, dass eine Verwendung hierzu in tatsächlicher Hinsicht gerade nicht stattgefunden hat.

Dies ergibt sich bereits aus dem Verhalten der UdSSR bei der Verbringung der Kulturgüter, die oft heimlich erfolgte, und aus der Tatsache, dass die Kulturgüter nach der Wegführung in von den russischen Museumsbeständen getrennten Geheimdepots eingelagert wurden.[320] Im Übrigen war im Zusammenhang mit dem Abtransport von Kulturgütern offiziell nicht von Wiedergutmachung in irgendeiner Form die Rede, sondern vielmehr nur von „Sicherungsmaßnahmen“ zu deren Schutz.[321]

Bis zum Erlass des russischen Kulturgütergesetzes im Jahr 1998 findet sich vielmehr kein Rechtsakt der Sowjetunion oder der Russischen Föderation, wonach verbrachte

---

316 Vgl. hierzu auch *Nevelev,* GYIL 42 (1999), S. 337 ff., S. 385 f.

317 So *Hartwig,* EuGRZ 1999, S. 553 ff., S. 555.

318 Vgl. hierzu ausführlich unten F.II.

319 Zur Definition der Begriffe Reparation, Restitution und restitution in kind vgl. bereits oben 1. Teil, B.II.1.

320 Vgl. hierzu bereits ausführlich oben 1. Teil, B.II.5.cc).

321 *Fastenrath,* in: FAZ v. 16.4.1997, S. 8.

Kulturgüter aufgrund einer kompensatorischen Restitution als russisches Eigentum qualifiziert worden sind, worauf im Folgenden näher eingegangen werden soll.[322]

### *1. Geheimhaltung*

Gegen eine Heranziehung zur restitution in kind spricht bereits, dass die UdSSR fast fünfzig Jahre lang die Existenz der deutschen Kulturgüter in sowjetischen bzw. russischen Geheimdepots geleugnet hat. Diese galten infolgedessen als verschollen, bis sie zu Beginn der neunziger Jahre des vergangenen Jahrhunderts eher zufällig entdeckt wurden. Diese Politik des Leugnens und Vertuschens spricht aber dafür, dass die Sowjetunion die Rechtmäßigkeit ihres eigenen Verhaltens selbst anzweifelte und eine Aneignung zu Kompensations- oder Beutezwecken gerade nicht stattgefunden hat bzw. der Eindruck eines derartigen Vorgehens vermieden werden sollte. Das wiederholte Abstreiten der Existenz deutscher Kulturgüter in der UdSSR durch offizielle Stellen ist nur schwer mit einem potentiellen Willen, diese als legitime Reparationsleistungen bzw. Beute zu besitzen in Einklang zu bringen.[323] Denn „geheime Trophäen" deuten nicht auf das Vorhandensein eines Bewusstseins der Sowjetunion hin, das üblicherweise mit der Bezeichnung als „Trophäe" verbunden ist. Anstelle die Kulturgüter wie Waren zweifelhafter Herkunft zu verstecken, würde man vielmehr erwarten, dass die „Beute" mit gewissem Stolz vorgezeigt wird.[324]

### *2. Reparationsverzicht vom 22.8.1953*

Im Rahmen ihrer Reparationsverzichtserklärung vom 22.8.1953[325] hat die UdSSR nicht auf die Kulturgüterfrage hingewiesen. Für den Bereich der DDR hat die Sowjetunion im Protokoll vom 22.8.1953 „über den Erlass der deutschen Reparationszahlungen und über andere Maßnahmen zur Erleichterung der finanziellen und wirtschaftlichen Verpflichtungen der DDR, die mit den Folgen des Krieges verbunden sind", vom 1.1.1954 an verzichtet.[326] Dieser Reparationsverzicht erstreckt sich auch auf einen möglicherweise bestehenden Restanspruch der Sowjetunion auf Reparationsleistungen aus den Westzonen, also der späteren Bundesrepublik Deutschland. Nach dem Protokoll vom 22.8.1953 ist „Deutschland von der Zahlung staatlicher Nachkriegsschulden an die Sowjetunion frei." Dieser Wortlaut deutet darauf hin, dass der Verzicht nicht nur für die DDR, sondern für ganz Deutschland Gültigkeit besitzen sollte.[327] Es handelt

---

[322] So auch *Dolzer,* NJW 2000, S. 560 ff., S. 561; *Hartwig,* EuGRZ 1999, S. 553 ff., S. 557; *Fastenrath,* in: FAZ v. 16.4.1997, S. 8; *Fiedler,* Kulturgüter als Kriegsbeute, S. 13; *Schoen,* NJW 2001, S. 537 ff., S. 539; *Boguslavsky,* in: Simpson (Hrsg.), The Spoils of War, S. 186 ff., S. 189.

[323] *Gattini,* EJIL 7 (1996), S. 67 ff., S. 82.

[324] *Seidl-Hohenveldern,* RGDIP 97 (1993), S. 395 ff., S. 400.

[325] Text in: *Blumenwitz,* Das Offenhalten der Vermögensfrage, S. 128 ff.

[326] *Rumpf,* ZaöRV 33 (1973), S. 344 ff., S. 350.

[327] *Antoni,* Das Potsdamer Abkommen, S. 265 f.; diese Haltung der UdSSR ist bereits in ihrer Note an die Westmächte vom 15.8.1953 betreffend die Notwendigkeit der Befreiung Deutschlands von Reparationsschulden zu erkennen, auf die auch in der Präambel des Protokolls vom 22.8.1953 Bezug genommen wird; von einer Begünstigung ganz Deutschlands durch den Reparationsverzicht geht auch *Blumenwitz,* in: FS Steinberger, S. 63 ff., S. 73, aus.

sich dabei um einen materiellen Verzicht, nicht nur um einen Aufschub. Dass dieser gegenüber der Bundesrepublik Deutschland gilt, wurde auch in den Diskussionen über die Ostverträge von August und Dezember 1970 deutlich.[328]

Zum Zeitpunkt des Reparationsverzichts hatte die Sowjetunion aber noch kein Eigentum an den deutschen Kulturgütern im Wege der Reparation bzw. restitution in kind erlangt, da wie gesehen eine entsprechende Erklärung fehlt und auch im Zusammenhang mit dem Reparationsverzicht unerwähnt blieb. Wäre die Absicht der UdSSR gewesen, die Kulturgüter als Kompensation für eigene Verluste heranzuziehen, so wäre sie in ihrem eigenen Interesse verpflichtet gewesen, dies im Zusammenhang mit dem Reparationsverzicht deutlich zu machen und über den zu diesem Zeitpunkt nicht bekannten Umfang der in der UdSSR befindlichen Gegenstände zu informieren. Ihre Geheimniskrämerei verhinderte dagegen eine derartige Regelung. Nach dem Reparationsverzicht konnten die Kulturgüter deshalb nicht mehr zu Reparations- und Kompensationszwecken herangezogen werden, sondern hätten zurückgegeben werden müssen.

Auch wenn man davon ausgehen wollte, dass die UdSSR, wie verschiedentlich von russischer Seite vorgebracht, die deutschen Kulturgüter als Pfand zurückhalten wollte, um eine zufrieden stellende Lösung in Bezug auf geplündertes russisches Kulturgut zu erreichen, so wäre es ihre Pflicht gewesen, diese Position klar zum Ausdruck zu bringen.[329]

### *3. Äußerungen im Zusammenhang mit der Rückführung deutscher Kulturgüter in die DDR in den Jahren 1955 und 1958/59*

Als die Sowjetunion in zwei großen Rückführungswellen während der 50er Jahre[330] umfangreiche Bestände an die Museen der DDR zurückgab tat sie dies unter dem Hinweis, die ursprüngliche Verbringung in die UdSSR habe dem Schutz vor Zerstörung durch Kampfhandlungen und der Erhaltung der Kulturgüter gedient. Die deutschen Kulturgüter seien „in der Zeit des Zweiten Weltkriegs während der Kampfhandlungen auf dem Territorium Deutschlands von den sowjetischen Truppen gerettet" worden.[331] Diese Argumentation war zwar wie gesehen unzutreffend,[332] sie zeigt aber, dass eine Aneignung der Kulturgüter durch die Sowjetunion nicht erfolgt ist. Die Existenz weiterer in den Geheimdepots versteckter deutscher Kulturgüter wurde geleugnet. Dies spricht ebenfalls dagegen, dass die UdSSR sich als rechtmäßige Eigentümerin dieser in der UdSSR verbliebenen Gegenstände ansah.[333]

---

[328] *Rumpf,* ZaöRV 33 (1973), S. 344 ff., S. 351; *Rumpf,* AVR 23 (1985), S. 74 ff., S. 98.

[329] *Gattini,* EJIL 7 (1996), S. 67 ff., S. 86.

[330] Siehe hierzu oben 1. Teil, B.II.5.c).

[331] Dokumente zur Außenpolitik der DDR, Band VI, S. 452, 469.

[332] Die Kampfhandlungen waren zum Zeitpunkt der Verbringung bereits beendet.

[333] So auch *Fastenrath,* in: FAZ v. 16.4.1997, S. 8.

### *4. Sowjetischer Friedensvertragsentwurf vom 10.1.1959*

Im sowjetischen Friedensvertragsentwurf vom 10.1.1959[334] wurde die Frage der Kompensation russischer Kriegsverluste an Kulturgütern durch deutsche Kulturgüter im Wege der restitution in kind ebenfalls nicht angesprochen.

Zwar enthält der Friedensvertragsentwurf in Art. 42 S. 1 eine Vorschrift, die die Rückgabe von Kulturgütern betrifft. Demnach soll Deutschland verpflichtet sein „Gegenstände, welche künstlerischen, historischen oder archäologischen Wert besitzen und zum Kulturgut der Verbündeten und Vereinten Mächte gehören und gewaltsam oder zwangsweise von ihrem Territorium nach Deutschland verschleppt wurden, in gutem Zustand zurückzuerstatten". Diese Bestimmung legt für Kulturgüter im Wesentlichen den gleichen Restitutionsbegriff zugrunde, wie er in Art. 75 Ziff. 2 des Friedensvertrags mit Italien verwendet wurde.[335] Eine darüber hinausgehende restitution in kind Regel bezüglich an sich restitutionspflichtiger Kulturgüter, deren Rückgabe unmöglich ist, enthält der Vertragsentwurf hingegen gerade nicht. Dies spricht gegen den Willen der Sowjetunion, in russischen Geheimdepots zurückgehaltene Kulturgüter zu Kompensationszwecken heranziehen zu wollen. Vielmehr wurde die Reparationsfrage in Art. 41 „als vollständig geregelt" bezeichnet und ein Verzicht der ehemaligen Kriegsgegner „auf alle Ansprüche an Deutschland hinsichtlich der weiteren Zahlung von Reparationen" ausgesprochen.[336] Dies stellt allerdings eine Wiederholung bereits bestehender Tatsachen dar, da seit dem erwähnten Reparationsverzicht aus dem Jahr 1953 die Reparationen auch in der DDR abgeschlossen waren.[337] Deshalb wäre eine Heranziehung von Kulturgütern zu Kompensationszwecken ohnehin nicht mehr möglich gewesen.

### *5. Ausblick: Die Behandlung der Kulturgüterfrage im Zusammenhang mit der deutschen Wiedervereinigung*

Als weiteres Indiz dafür, dass die UdSSR eine Heranziehung von Kulturgütern zur restitution in kind nicht beabsichtigte bzw. vorgenommen hat, können die in Zusammenhang mit der deutschen Wiedervereinigung stehenden Verträge unter sowjetischer Beteiligung herangezogen werden.[338] Die UdSSR hat weder während der Verhandlungen zum 2-plus-4-Vertrag einen Vorbehalt zugunsten einer Kompensation in Form der restitution in kind angebracht noch enthält der „Vertrag über die abschließende Regelung in bezug auf Deutschland" vom 12.9.1990 selbst, sog. Zwei-plus-Vier-Vertrag,[339] einen entsprechenden Vorbehalt. Dies wäre aber der geeignete Ort hierfür gewesen, wenn die UdSSR zu diesem Zeitpunkt den Standpunkt vertreten hätte, die deutschen Reparationsverpflichtungen seien entgegen dem Reparationsverzicht von 1953 noch nicht vollständig erfüllt worden.[340] Zwar stellt der Zwei-plus-Vier-Vertrag keinen Frie-

---

[334] Text in: AdG vom 12.1.1959, S. 7491 ff.; ausführlich hierzu: *Scheuner,* ROW 1959, S. 89 ff.

[335] *Engstler,* Die territoriale Bindung von Kulturgütern, S. 165.

[336] *Rumpf,* ZaöRV 33 (1973), S. 344 ff., S. 351.

[337] *Scheuner,* ROW 1959, S. 89 ff., S. 99.

[338] *Körbs,* HuV-I 3 (1996), S. 138 ff., S. 148.

[339] BGBl. 1990 II, S. 1317 ff.

[340] *Körbs,* HuV-I 3 (1996), S. 138 ff., S. 148.

densvertrag im klassischen Sinn dar, weil er keine Regelungen über die naturgemäß zum Inhalt einer friedensvertraglichen Vereinbarung zählenden kriegsbedingt entstandenen Rechtsfragen, wie eben auch die Frage der Reparationen und Restitutionen, enthält, und er auch in anderen Punkten vom Muster der nach 1945 geschlossenen Friedensverträge abweicht.[341] Dennoch handelt es sich um eine abschließende Regelung in Bezug auf Deutschland. Dies wird aus Halbsatz 12 der Präambel deutlich. Damit wird klargestellt, dass es zwischen Deutschland und den Vier Alliierten keine weiteren vertraglichen Regelungen bzgl. rechtlicher Fragen aus Krieg und Besatzung geben wird, die bisher nicht stillschweigend oder durch frühere Verträge geregelt sind und nicht im Zwei-plus-Vier-Vertrag geregelt sind.[342]

Aus der Tatsache, dass der Zwei-plus-Vier-Vertrag eine „abschließende" Regelung in Bezug auf Deutschland enthält, ist zu schließen, dass den bislang nicht geregelten Fragen, also auch der Reparationsfrage, die Regelungsbedürftigkeit abgesprochen wird und mithin als zwischen den Vertragspartnern erledigt anzusehen ist.[343]

Die UdSSR hat also die letzte Möglichkeit, einen Vorbehalt zugunsten einer restitution in kind anzubringen, verstreichen lassen.

Auch der von Bundesaußenminister Genscher und dem Außenminister der DDR de Maizière im Zusammenhang mit der Unterzeichnung des Zwei-plus-Vier-Vertrags an die Außenminister der Sowjetunion, Frankreichs, Großbritanniens und der Vereinigten Staaten übergebene „Gemeinsame Brief" vom 12.9.1990[344] ist auf die hier vorliegende Problematik, unabhängig von der rechtlichen Qualität des Gemeinsamen Briefes[345] und der Frage, ob er sich überhaupt auf Kulturgüter bezieht[346] – aus folgendem Grund nicht anwendbar. Zwar wird in Ziffer 1 des Gemeinsamen Briefs der Wortlaut des Kerns der Gemeinsamen Erklärung vom 15.6.1990 wiedergegeben, worin die beiden deutschen Regierungen bekräftigen, dass die Enteignungen auf besatzungsrechtlicher und besatzungshoheitlicher Grundlage nicht mehr rückgängig zu machen sind. Da es eine Enteignung in Bezug auf die deutschen Kulturgüter bis zu diesem Zeitpunkt nicht gegeben hat, kann diese auch keinen Bestand haben.[347]

Schließlich haben sich die Sowjetunion und Russland in den Verträgen mit der Bundesrepublik Deutschland aus dem Jahr 1990 und 1992 zur Restitution „unrechtmäßig verbrachter" Kulturgüter verpflichtet.[348] Hierzu zählen, wie im Dritten Teil ausführlich darzulegen sein wird,[349] gerade die nach Russland verbrachten deutschen Kulturgüter.

Der Gedanke der restitution in kind bzw. der Kompensation russischer Kriegsverluste wurde weder bei der Aushandlung der geltenden vertraglichen Vereinbarungen vor-

[341] *Blumenwitz*, NJW 1990, S. 3041 ff., S. 3042; *Gornig*, ROW 1991, S. 97 ff., S. 105.

[342] *Rauschning*, DVBl. 1990, S. 1279.

[343] *Gornig*, ROW 1991, S. 97 ff., S. 105.

[344] Text in: Bulletin Nr. 109 vom 14.9.1990, S. 1156 f.

[345] Vgl. hierzu ausführlich: Blumenwitz, BayVBl. 1993, S. 705 ff., S. 708 ff.; *Von der Beck*, Die Konfiskationen in der Sowjetischen Besatzungszone, S. 345 ff.

[346] Vgl. hierzu auch unten 3. Teil, C.I.4.b)bb) und *Hartwig*, EuGRZ 1999, S. 553 ff., S. 556.

[347] *Fastenrath*, in: FAZ v. 16.4.1997, S. 8; *Hartwig*, EuGRZ 1999, S. 553, S. 556 f.

[348] Art. 16 II des Vertrags von 1990, BGBl. 1991 II, S. 702 ff.; Art. 15 des Regierungsabkommens von 1992, BGBl. 1993 II, S. 1256 ff.

[349] Vgl. unten 3. Teil, A.6.d)dd).

gebracht, noch kommt er im Wortlaut der Rückführungsartikel oder an einer anderen Stelle der Verträge in irgendeiner Weise zum Ausdruck.[350]

### *II. Zur Anerkennung des Prinzips der restitution in kind in Bezug auf Kulturgüter im Völkerrecht*

Trotz der fehlenden Heranziehung der deutschen Kulturgüter zur restitution in kind in tatsächlicher Hinsicht ist der Frage nachzugehen, ob eine Verwendung hierzu in rechtlicher Hinsicht in Betracht gekommen wäre.

Wie die folgenden Ausführungen zeigen, wird der Kompensationsgedanke und damit auch die Möglichkeit der Heranziehung zur restitution in kind in Bezug auf Kulturgüter aber durch elementare Regeln des internationalen Kulturgüterschutzes beschränkt.[351]

#### *1. Völkerrechtliche Zulässigkeit der Heranziehung von Kulturgütern zur restitution in kind im Jahr 1945*

Zunächst stellt sich die Frage, ob nach dem Völkerrecht eine Verwendung von Kulturgütern zur restitution in kind,[352] also einer besonderen Form der Reparation, zum Zeitpunkt der Verbringung in Betracht gekommen wäre.

Die Existenz einer Völkerrechtsregel, die die restitution in kind in Bezug auf Kulturgüter erlaubt, war allerdings bereits damals äußerst umstritten und ist letztlich abzulehnen.

##### *a) Stand des Völkerrechts im Jahr 1945*

Der zur Zeit des Zweiten Weltkriegs geltende Art. 56 HLKO verbietet zumindest die einseitige Wegnahme von Kulturgütern ohne bzw. vor Abschluss eines Friedensvertrags. Von diesem Verbot ist auch die einseitige Wegnahme zum Zweck der Durchsetzung der restitution in kind erfasst.[353]

---

[350] *Auswärtiges Amt*, Die vertraglichen Vereinbarungen zwischen Deutschland und Russland zur Rückführung kriegsbedingt verbrachter Kulturgüter, S. 8, Nr. 28; *Fiedler*, Legal Issues bearing on the Restitution of German Culturals Property in Russia, in: Simpson (Hrsg.), The Spoils of War, S. 175 ff., S. 178; *Fiedler*, Kulturgüter als Kriegsbeute, S. 27; *Fiedler*, „Kriegsbeute" im internationalen Recht, in: Strocka (Hrsg.), Kunstraub – ein Siegerrecht?, S. 47 ff., S. 56.

[351] *Fiedler*, Kulturgüter als Kriegsbeute, S. 27 f.; *Schorlemer*, GYIL 41 (1998), S. 317 ff., S. 330, m.w.N.

[352] Diese zielt auf die Leistung gleichwertigen Ersatzes für grundsätzlich restitutionspflichtige, aber untergegangene, im Krieg zerstörte oder abhanden gekommene Objekte ab, *Turner*, in: Fiedler (Hsrg.), Internationaler Kulturgüterschutz und deutsche Frage, S. 21 ff., S. 37, 116; *Seidl-Hohenveldern*, RGDIP 97 (1993), S. 395 ff., S. 399. Zu den Voraussetzungen der Restitutionspflicht und zur Definition der restitution in kind im Einzelnen vgl. oben 1. Teil, B.II.1.

[353] *Turner*, in: Fiedler (Hrsg.), Internationaler Kulturgüterschutz und deutsche Frage, S. 109 ff., S. 133; *Fiedler*, in: Briat/Freedberg (Hrsg.), Legal Aspects of International Trade in Art, S. 175 ff., S. 178 f..

Für die Ausbedingung in einem Friedensvertrag oder auf vergleichbare einvernehmliche vertragliche Weise ist dies zwar nicht so eindeutig.[354] Eine solche einvernehmliche Wegführung ist nach 1945 aber gerade nicht erfolgt und die Alliierten haben mit Deutschland nach Beendigung des Zweiten Weltkriegs auch keinen Friedensvertrag geschlossen, weshalb es auf die Klärung dieser Frage nicht ankommt.[355]

*b) Staatenpraxis*

Die Staatenpraxis in Bezug auf die restitution in kind ist zwar nicht einheitlich, es finden sich hierfür aber nur zwei historische Beispiele im Vertragsrecht.

*aa) Versailler Vertrag*

Art. 247 des Versailler Vertrags enthält eine entsprechende restitution in kind-Bestimmung.[356] Die restitution in kind wird hier aber auf einen ganz bestimmten Einzelfall begrenzt. Deutschland wird verpflichtet, innerhalb von 3 Monaten nach Aufforderung durch die Reparationskommission ebenso viele und gleichwertige Handschriften, Inkunabeln, Bücher, Karten und Sammlungsgegenstände an die Universität Löwen zu liefern, wie durch den Brand der berühmten Bibliothek im September 1914 zerstört wurden.[357] Kulturgüter werden hier also nur ausnahmsweise, in einem genau umschriebenen Umfang und unter Zugrundelegung eines besonderen Verfahrens zur restitution in kind herangezogen.[358] Das Motiv für diese Restitutionsregel war, Belgien für die schwerwiegenden Verluste, die es infolge der deutschen Aggression erlitten hatte, zu entschädigen.

Es handelt sich vorliegend also um einen genau beschriebenen, konkreten Einzelfall des Ersatzes von während des Krieges zerstörter Kulturgüter, aus dem keinesfalls die generelle Zulässigkeit einer restitution in kind abgeleitet werden kann.

*bb) Friedensverträge des Jahres 1947*

Eine restitution in kind-Regel enthalten auch einzelne der mit Deutschlands Kriegsverbündeten geschlossenen Friedensverträge aus dem Jahr 1947,[359] so Art. 75 IX des Friedensvertrags mit Italien, Art. 42 III des Friedensvertrags mit Ungarn und Art. 22 III des Friedensvertrags mit Bulgarien, die insoweit gleich lautend sind.[360] Die Frie-

---

[354] Vgl. hierzu unten F.III.4.

[355] Spätestens nach heutigem Recht ist die Ausbedingung von Kulturgütern aber auch in einem Friedensvertrag als unzulässig anzusehen, was gerade die im Folgenden zu untersuchende Staatenpraxis nach dem Zweiten Weltkrieg belegt, vgl. *Turner,* in: Fiedler (Hrsg.), Internationaler Kulturgüterschutz und deutsche Frage, S. 109 ff., S. 133 und unten F.III.4.

[356] Vgl. hierzu bereits oben 1. Teil, A.II.2.a)bb).

[357] *Engstler,* Die territoriale Bindung von Kulturgütern, S. 127; vgl. auch Turner, in: Fiedler, Internationaler Kulturgüterschutz und deutsche Frage, S. 63 f.

[358] *Hartwig,* EuGRZ 1999, S. 553, S. 554.

[359] Siehe dazu oben 1. Teil, B.II.3.

[360] Wortlaut der Verträge bei *Menzel,* Die Friedensverträge von 1947.

densverträge mit Finnland und Rumänien beinhalten indessen keine derartigen Klauseln.

Anders als im Versailler Vertrag geht es hier nicht um den Fall der Reparation für während des Krieges zerstörte Kulturgüter, sondern um den Ersatz kriegsentzogener, an sich restitutionspflichtiger Kulturgüter, deren Restitution nicht möglich ist.[361]

Art. 75 IX[362] des Friedensvertrags mit Italien, der hier exemplarisch dargestellt werden soll, ist dabei weitergehend als die Bestimmung des Versailler Vertrags. Hier wird Italien für den Fall, dass es ihm „in besonderen Fällen unmöglich ist, Objekte von künstlerischem, historischem oder archäologischem Wert, die zum kulturellen Erbe eines Mitgliedstaates der Vereinten Nationen gehören, von dessen Gebiet sie durch italienische Streitkräfte, Behörden oder Staatsangehörige mit Gewalt oder Zwang entfernt wurden, zurückzuerstatten“, verpflichtet, „den in Frage stehenden Mitgliedstaaten der Vereinten Nationen den entfernten Gegenständen gleichartige und annähernd gleichwertige zu überlassen, soweit derartige Objekte in Italien erhältlich sind“.[363]

Auch diese insoweit gleich lautenden Bestimmungen der Friedensverträge mit Italien, Ungarn und Bulgarien zeugen von einer gewissen Zurückhaltung bezüglich des Instituts der restitution in kind, da die Verpflichtungen genau vertragsrechtlich, also mit dem Willen der betroffenen Staaten, festgelegt sind.[364]

Sie haben nicht zur Bildung einer anerkannten Völkerrechtsregel bezüglich der restitution in kind oder einer akzeptierten Staatenpraxis geführt.[365] Hierfür spricht nicht zuletzt die Tatsache, dass nicht alle Friedensverträge mit Deutschlands ehemaligen Verbündeten entsprechende Regeln enthalten, sondern vielmehr im Fall Rumäniens und Finnlands fehlen.

#### *cc) Behandlung der Frage der restitution in kind in Bezug auf das besetzte Deutschland*

Das Fehlen einer entsprechenden anerkannten Regel des Völkerrechts zum Zeitpunkt der sowjetischen Kulturgutverbringung lässt sich gerade auch durch die in Bezug auf Deutschland in dieser Frage eingenommenen Haltung der Alliierten nach dem Zweiten Weltkrieg belegen. Im Rahmen der alliierten Beratungen während des Krieges und danach war die Anwendung der restitution in kind zur Befriedigung von aus dem Krieg herrührender Forderungen wie gesehen äußerst umstritten.[366] Auf eine Durchfüh-

---

[361] Vgl. *Engstler,* Die territoriale Bindung von Kulturgütern, S. 164.

[362] Text bei *Menzel,* Die Friedensverträge von 1947.

[363] *Engstler,* Die territoriale Bindung von Kulturgütern, S.161 f.; Turner, in: Fiedler, Internationaler Kulturgüterschutz und deutsche Frage, S. 64.

[364] *Hartwig,* EuGRZ 1999, S. 553 ff., S. 555.

[365] So bspw. auch *Fiedler,* in: Briat/Freedberg (Hrsg.), Legal Aspects of International Trade in Art, S. 175 ff., S. 180; *Hartwig,* EuGRZ 1999, S. 553 ff., S. 554 f.; aA *Boguslavsky,* in: Simpson (Hrsg.), The Spoils of War, S. 186 ff., S. 188, der gerade auch aus der Einfügung entsprechender Klauseln in die Friedensverträge des Jahres 1947 auf die Existenz einer einer entsprechenden Völkergewohnheitsrechtsregel schließt.

[366] Vgl. zu den Hintergründen und der historischen Entwicklung bis zur Kontrollratsdirektive vom 21.1.1946 ausführlich oben 1. Teil, B.II.4.b); *Turner,* in: Fiedler (Hrsg.), Internationaler Kulturgüterschutz und deutsche Frage, S. 109 ff., S. 115 ff., 122 ff.; *Gattini,* EJIL 7 (1996), S. 67 ff., S. 73 f., Fn. 23.

rung der restitution in kind in Bezug auf Kulturgüter wurde hier aber letztlich verzichtet.

Während die Amerikaner die restitution in kind zunächst befürworteten, änderte sich diese Einstellung im Lauf des Jahres 1945 und führte schließlich von der Forderung der Begrenzung des Instituts zu dessen völliger Ablehnung im Jahr 1947.[367] Die Briten standen dem Institut von Anfang an skeptisch gegenüber und auch die Sowjetunion trat während der Verhandlungen im Kontrollrat bzw. im CORC für eine Begrenzung auf seltene Einzelstücke von besonderer Bedeutung ein.[368] In großem Umfang gefordert wurde die restitution in kind im Alliierten Kontrollrat lediglich von Frankreich, dessen Auffassung von den kleineren Staaten, die von Deutschland besetzt waren oder sich im Krieg mit diesem befunden hatten, geteilt wurde.[369]

Nach zähem Ringen wurde – wie bereits gesehen[370] – in die Kontrollratsdirektive vom 21. Januar 1946 mit Ziffer 3 eine Bestimmung eingefügt, wonach „bei Gütern von einmaligem Charakter, deren Rücklieferung unmöglich ist, eine besondere Anweisung die Art von Gütern festsetzen wird, bei denen ein Ersatz in Frage kommt, die Art dieses Ersatzes und die Bedingungen, unter denen diese Güter durch gleichwertige Gegenstände ersetzt werden können".[371] Damit wurde die restitution in kind zwar grundsätzlich zugelassen, aber auf Güter von einmaligem Charakter beschränkt und die Feststellung des Ersatzes einer besonderen Anweisung vorbehalten, die das Verfahren für die Durchführung vorsehen sollte.

Ein im CORC am 9.7.1946 gebilligter Entwurf sah vor, die restitution in kind auf Gegenstände von großer Seltenheit zu beschränken, über die der Alliierte Kontrollrat in einer Einzelfallbetrachtung zu beraten hätte. Entsprechende Vorlagen sollten der DRDR als dem geeigneten Viermächteforum vorgelegt werden.[372]

Darüber hinaus wurden fünf Kategorien von Objekten aufgestellt, die möglicherweise für eine restitution in kind in Betracht kommen sollten.[373] Es handelt sich dabei um folgende Auflistung: Meisterwerke der Malerei, Graphik oder Skulptur; wichtige Werke von Meistern des Kunsthandwerks und herausragende Werke der Volkskunst; histo-

---

[367] *Nevelev,* GYIL 42 (1999), S. 337 ff., S. 381; in Art. 17 einer amerikanischen Direktive an den Commander in Chief der Vereinigten Staaten vom Juli des Jahres 1947 heißt es: „You will not consent to any extensive program for replacement of looted or displaced property which has been destroyed or cannot be located whenever such replacement can be accomplished only at the expense of ... the cultural heritage of the German people", zitiert nach *Williams,* Protection of movable cultural property, S. 20.

[368] *Turner,* in: Fiedler (Hrsg.), Internationaler Kulturgüterschutz und deutsche Frage, S. 109 ff., S. 123.

[369] *Turner,* in: Fiedler (Hrsg.), Internationaler Kulturgüterschutz und deutsche Frage, S. 109 ff., S. 123.

[370] Vgl. oben 1. Teil, B.II.4.b)bb)aaa).

[371] Zitiert nach *Schmoller/Maier/Tobler,* Handbuch des Besatzungsrechts, § 52, S. 23.

[372] *Kurtz,* Nazi Contraband, S. 149; *Turner,* in: Fiedler (Hrsg.), Internationaler Kulturgüterschutz und deutsche Frage, S. 109 ff., S. 123.

[373] Vgl. oben 1. Teil, B.II.4.b)bb)bbb); *Kurtz,* Nazi Contraband, S. 149 f.; *Turner,* in: Fiedler (Hrsg.), Internationaler Kulturgüterschutz und deutsche Frage, S. 109 ff., S. 123.

rische Überreste; Handschriften und seltene Bücher; für die Wissenschaftsgeschichte bedeutsame Gegenstände.[374]

Zu einer Durchführung des restitution in kind Programmes auf Viermächteebene kam es, wie gesehen, aber letztlich nicht, da es Vorlagen an die DRDR nicht gegeben hat und mithin eine Anweisung für die Durchführung der restitution in kind in keinem einzigen Fall erlassen worden ist.[375]

Letztlich haben sich die Alliierten von der restitution in kind in Form eines Ersatzes aus Beständen des deutschen Kulturerbes entschieden distanziert.[376]

Dies zeigt, dass das Institut als unbefriedigend und unzeitgemäß empfunden wurde und in der Praxis letztlich endgültig davon abgerückt wurde.[377]

*dd) Fazit*

Die restitution in kind wurde in den beiden Fällen ihrer Anwendung nur durch Vertrag zwischen Verletzer und Verletztem bewirkt. Sie war limitiert auf Einzelfälle und Gegenstände von hoher Seltenheit und wurde nur vorgesehen, wenn vergleichbare Stücke im Verletzerstaat erhältlich waren. Beispiele für eine einseitige Durchführung der restitution in kind finden sich in der Staatenpraxis nicht.[378] Im Fall Deutschlands wurde sie letztlich überhaupt nicht durchgesetzt.[379]

Darüber hinaus erfassen die beiden Beispiele für eine restitution in kind in der Staatenpraxis unterschiedliche Fälle. Während es im Versailler Vertrag um den Ersatz kriegsbedingt zerstörter, auf dem Territorium des Gegners befindlicher Kulturgüter ging, stand in den Friedensverträgen von 1947 der Ersatz für während des Krieges abhanden gekommenes Kulturgut im Vordergrund, dessen Rückgabe wegen Untergang oder aus sonstigen Gründen unmöglich geworden war.

Damit fehlt es im Jahr 1945 an einer eindeutigen, gefestigten Staatenpraxis, aus der sich die Existenz einer entsprechenden, die Zulässigkeit der restiution in kind in Bezug auf Kulturgüter begründenden Völkerrechtsregel ableiten ließe.[380]

Eine Rechtfertigung für die umfangreichen sowjetischen Wegführungen in unbestimmtem Umfang, sei es als Kompensation für im eigenen Land während der Kampfhandlungen zerstörtes Kulturgut oder für kriegsbedingt entzogenes, restitutionspflichtiges Kulturgut, dessen Rückgabe unmöglich ist, lässt sich aus dieser Staatenpraxis damit nicht herleiten.

---

[374] *Turner,* in: Fiedler (Hrsg.), Internationaler Kulturgüterschutz und deutsche Frage, S. 109 ff., S. 123.

[375] *Kurtz,* in: Simpson (Hrsg.), The Spoils of War, S. 112 ff., S. 115.

[376] *Engstler,* Die territoriale Bindung von Kulturgütern, S. 164; vgl. den bereits oben Fn. 367 zitierten Art. 17 der Direktive an den Commander in Chief der amerikanischen Besatzungsstreitkräfte.

[377] *Turner,* in: Fiedler (Hrsg.), Internationaler Kulturgüterschutz und deutsche Frage, S. 109 ff., S. 133.

[378] So auch *Hartwig,* EuGRZ 1999, S. 553 ff., S. 555.

[379] *Nevelev,* GYIL 42 (1999), S. 337 ff., S. 384.

[380] *Turner,* in: Fiedler (Hrsg.), Internationaler Kulturgüterschutz und deutsche Frage, S. 109 ff., S. 133; *Körbs,* HuV-I 3 (1996), S. 138 ff., S. 148.

### c) *Fehlen eines eindeutigen Inhalts des Prinzips der restitution in kind*

Selbst wenn man von der grundsätzlichen völkerrechtlichen Zulässigkeit einer restitution in kind ausgehen wollte, ergeben sich Bedenken gegenüber diesem Institut auch aus der Tatsache, dass dessen Inhalt und Umfang im Einzelnen ungeklärt ist.

#### aa) *Umfang: Restitution in kind für den Fall der „Unmöglichkeit" der Leistung?*

In den bereits dargelegten Fällen der restitution in kind der Staatenpraxis wurde der Umfang der Ersatzpflicht unterschiedlich festgelegt.

Während in Art. 247 I des Versailler Vertrags Ersatz für während der Kampfhandlungen „zerstörtes" Kulturgut verlangt wird, betreffen die weiter gefassten restitution in kind-Klauseln der Friedensverträge von 1947 weggeführtes, „mit Gewalt oder Zwang entferntes", an sich restitutionspflichtiges Eigentum, dessen Restitution unmöglich erscheint. Damit wird hier, anders als im Fall des Versailler Vertrags nicht die Kompensation für vorher während der Kampfhandlungen zerstörtes Kulturgut angestrebt, sondern Schadensersatz für nach gewaltsamer oder zwangsweiser Entfernung untergegangenes Kulturgut.[381] Mithin besteht ein konzeptioneller Unterschied zwischen Art. 247 Versailler Vertrag und den Friedensverträgen von 1947.[382] In Ziffer 3 des nicht in die Praxis umgesetzten alliierten Restitutionskompromisses vom 21.1.1946 geht es ebenfalls um den Ersatz für restitutionspflichtige Güter von einmaligem Charakter, „deren Rücklieferung unmöglich ist". Das „Warum" der Unmöglichkeit der Restitution ist nicht umschrieben. Deshalb muss davon ausgegangen werden, dass sowohl die objektive Unmöglichkeit der Restitution aufgrund Zerstörung des zu restituierenden Gegenstandes, als auch das subjektive Unvermögen, etwa im Fall eines Diebstahls oder bei sonstigem Abhandenkommen der betreffenden Sache umfasst ist.[383]

Aufgrund dieser unterschiedlichen Ausdehnung des Umfangs der restitution in kind kann von einem generell gültigen Prinzip deshalb gerade nicht gesprochen werden.

#### bb) *Definition des Kriteriums der Vergleichbarkeit bzw. Gleichwertigkeit*

Auch an der Schwierigkeit einer Definition des Begriffs der „Vergleichbarkeit" bzw. „Gleichwertigkeit" der als Ersatz zu leistenden Objekte, wie sie sowohl in 247 des Versailler Vertrags als auch in den Friedensverträgen von 1947 gefordert wird, zeigt sich die Ungeeignetheit der restitution in kind für den Ersatz zerstörter oder abhanden gekommener Kulturgüter durch andere Kulturgüter.

Mit dem Kriterium der Gleichartigkeit bzw. Gleichwertigkeit ist die allgemein mit Kulturgütern verbundene Schwierigkeit ihrer Bewertung aufgeworfen. Gerade im kulturellen Bereich ist die Individualität entscheidend, eine wertmäßige Messbarkeit und Vergleichbarkeit ist weitgehend unmöglich und stößt auf erhebliche praktische

---

[381] Vgl. Art. 75 IX des Friedensvertrags mit Italien; Ziffer 2 der Kontrollratsdirektive vom 21.1.1946.

[382] So auch *Engstler,* Die territoriale Bindung von Kulturgütern, S. 164; *Gattini,* EJIL 7 (1996), S. 67 ff., S. 73, hält diese Unterscheidung dagegen für künstlich. Demnach handele es sich tatsächlich in beiden Fällen um eine restitution in kind. Der einzige Unterschied sei die Ausdehnung der Regel.

[383] *Engstler,* Die territoriale Bindung von Kulturgütern, S. 162.

Schwierigkeiten.[384] Hier ergibt sich das Problem festzulegen, nach welchen Kriterien die Bewertung erfolgen soll. Zwar können hierfür objektive Kriterien wie Gattung, Epoche und Spezies herangezogen werden. Demnach wäre beispielsweise geeignetes Ersatzobjekt für ein Gemälde seinerseits ein Gemälde aus der gleichen Epoche.

Darüber hinaus stellt sich aber die Frage, ob das Kriterium der „Gleichartigkeit" bzw. „Gleichwertigkeit" eine besondere Verbindung des auszuhändigenden Gegenstands mit dem fordernden Staat, ähnlich derjenigen des Herkunftslandes, erfordert. Ist Gleichwertigkeit also nur bezüglich solcher Stücke anzunehmen, die aus der nationalen Kultur des beraubten Landes stammen oder aus anderen Gründen, etwa einer langen Verbundenheit mit seiner Geschichte, zu dessen nationalen Kulturerbe zählen?[385] Im Friedensvertrag von 1947 wird eine derartige Verbindung zum verletzten Staat zwar gefordert, dies ist aber nur eine Möglichkeit des Ausdrucks des Konzepts der restitution in kind.[386]

Kulturgüterschutz im Krieg zielt nicht allein darauf hin, das nationale Kulturerbe[387] bzw. Kulturgüter, die in besonderer Beziehung zur Kultur des beraubten Staates stehen, zu schützen, sondern bezweckt den Schutz allgemeiner kultureller Interessen.[388] Deshalb erscheint als Ersatz objektiv auch solches Kulturgut geeignet, das nicht aus dem nationalen Kulturgut des betroffenen Landes stammt.

Andererseits kann sich umgekehrt eine Beschränkung der Herausgabepflicht für das verpflichtete Land gerade auch aus der Abwägung mit dessen kulturellen Interessen ergeben.[389] Die Ersatzpflicht darf nicht so weit gehen, dass Ersatz durch das nationale Kulturerbe des verpflichteten Staates geschuldet ist, das mit dem fordernden Staat in keinerlei Beziehung steht. Dies ergibt sich gerade aus dem Zweck der restitution in kind, der Schaffung möglichst gleichwertigen Ersatzes. So erscheint es höchst fragwürdig, wie ein Dürer eine Ikone aus dem 16. Jahrhundert ersetzen soll, da diese beiden Kunstwerke ihrem Wesen nach nichts gemein haben. Ein Dürer hat ebenso wenig

---

384 *Engstler,* Die territoriale Bindung von Kulturgütern, S. 163.

385 Vgl. hierzu *Gattini*, EJIL 7 (1996), S. 67 ff., S. 73; Turner, in: Fiedler, Internationaler Kulturgüterschutz und deutsche Frage, S. 65; *Engstler,* Die territoriale Bindung von Kulturgütern, S. 162 f.

386 So auch *Gattini*, EJIL 7 (1996), S. 67 ff., S. 82; *Engstler,* Die territoriale Bindung von Kulturgütern, S. 163, sieht dagegen gerade in der im Friedensvertrag von 1947 gewählten Formulierung einen Hinweis darauf, dass es entscheidend darauf ankommt, dass es sich bei den als Ersatz in Frage kommenden Objekten in erster Linie um Kulturgüter der jeweiligen Provenienz des anspruchstellenden Staats handelt; diese Meinung ablehnend *Turner*, in: Fiedler (Hrsg.), Internationaler Kulturgüterschutz und deutsche Frage, S. 19 ff., S. 65.

387 Im Übrigen ist auch der Begriff des nationalen Kulturerbes unscharf. Zwar lässt sich dies noch recht eindeutig für den Fall bejahen, dass es sich beim Künstler um einen Angehörigen mit der Nationalität des fordernden Staates handelt, der das Kunstwerk auf dessen Territorium geschaffen hat. Schwierig wird eine eindeutige Aussage aber bereits, wenn es sich um einen ausländischen Künstler handelt oder um einen einheimischen Künstler, der seine Kunstwerke in einem anderen Land als dem fordernden geschaffen hat. Gleiches gilt für die Frage, ob bspw. auch Kulturgüter, die zwar weder von einem einheimischen Künstler, noch auf dem Territorium des betreffenden Staates geschaffen wurden, sich aber schon seit langer Zeit bspw. als Museumsgüter dort befinden, zum nationalen Kulturerbe zu zählen sind. Vgl. hierzu unten 3. Teil, B.II.

388 So auch *Turner*, in: Fiedler (Hrsg.), Internationaler Kulturgüterschutz und deutsche Frage, S. 19 ff., S. 65.

389 *Turner*, in: Fiedler (Hrsg.), Internationaler Kulturgüterschutz und deutsche Frage, S. 19 ff., S. 65.

ideologische und kulturelle Verbindungen zu Russland, wie eine Ikone Bezug zu Deutschland besitzt.[390]

Im Sinne einer Gleichwertigkeit ist deshalb, sofern man die restitution in kind überhaupt anerkennen will, auf einer besonderen Beziehung des Ersatzgegenstandes zum fordernden Land zu bestehen. Selbst dann lässt sich aber nicht eindeutig bestimmen, wann zwei Kulturgüter vergleichbar bzw. gleichwertig sind.

*cc) Kriterium der Einzigartigkeit*

Schließlich ist bezüglich des Umfangs der restitution in kind unklar, ob ein Ersatz nur für Kulturgüter von einmaligem Charakter oder für alle Kulturgüter in Betracht kommt. Eine Ersatzpflicht für alle während eines Krieges zerstörten oder weggeführten Kulturgüter wurde wie gesehen in der Staatenpraxis nie verlangt und ist abzulehnen. Im Falle Deutschlands wollten die Alliierten die letztlich nicht durchgeführte restitution in kind auf Güter von „einmaligem Charakter" und großer Seltenheit beschränken. Aber selbst wenn man sie auf solche beschränkt, ergibt sich die Schwierigkeit, zu bestimmen, wann ein Objekt als „einzigartig" anzusehen ist. Bei Kulturgütern, insbesondere Kunstwerken, handelt es sich ihrem Charakter nach grundsätzlich immer um „einzigartige" Objekte, da kein Objekt dem anderen ähnelt.

Hierbei ist eine Bewertung allein nach objektiven Kriterien nicht möglich. Fraglich ist allerdings, wessen Ansicht bei der Bestimmung des Werts, Interesses und der Bedeutung zu berücksichtigen ist. Die Frage, welches Kulturgut von solchem Wert ist, dass es „ersetzenswert" ist, muss sicher dem verletzten Staat überlassen sein. Sollte dies aber auch bezüglich der Entscheidung gelten, inwieweit ein anderes Kulturgut hierfür „gleichwertigen" Ersatz darstellt?

Hier zeigt sich, dass das Kriterium der Einzigartigkeit wenig Trennschärfe aufweist, was allerdings nicht dazu führen darf, alle Kulturgüter von der restitution in kind erfassen zu wollen.

*d) Bewertung: Unvereinbarkeit des Konzepts einer restitution in kind mit der Eigenart von Kulturgütern und den Grundgedanken des internationalen Kulturgüterschutzes*

Die bisherigen Ausführungen haben verdeutlicht, dass sich die restitution in kind, sei es als Ersatz für im Krieg zerstörte Kulturgüter oder zwangsweise entfernte Kulturgüter, deren Rückgabe unmöglich ist, in der Staatenpraxis bis zum Zweiten Weltkrieg nur vereinzelt nachweisen lässt und gerade in Bezug auf Deutschland letztlich nicht in die Praxis umgesetzt wurde. Darüber hinaus ist auch ihr Inhalt und Ausmaß unbestimmt. Dies zeigt, dass das Konzept der restitution in kind zur Zeit der Verbringung der deutschen Kulturgüter durch die Sowjetunion nicht den Status einer anerkannten Völkerrechtsregel erlangt hatte, sondern im Gegenteil vielmehr als unzulässig abzulehnen ist.[391] Aus diesem Grund war die Heranziehung von Kulturgütern zu Kompensationszwecken in rechtlicher Hinsicht bereits im Jahr 1945 ausgeschlossen.

---

[390] So *Seidl-Hohenveldern*, RGDIP 97 (1993), S. 395 ff., S. 399.

[391] So auch *Schorlemer*, GYIL 41 (1998), S. 317 ff., S. 331; *Fiedler*, Kulturgüter als Kriegsbeute, S. 25; *Fiedler*, in: Meissner/Eisfeld (Hrsg.), 50 Jahre sowjetische und russische Deutschlandpolitik, S. 263 ff., S. 267; *Turner*, in: Fiedler (Hrsg.), Internationaler Kulturgüterschutz und deutsche Frage,

Neben dem bereits Vorgebrachten lässt sich dies auch folgendermaßen begründen.

Aus der Tatsache, dass es sich bei Kulturgütern, insbesondere bei Kunstwerken, ihrem Charakter nach grundsätzlich immer um „einzigartige" Objekte handelt, für die „gleichwertiger" Ersatz durch ein anderes Kulturgut nur begrenzt realisierbar ist, ergibt sich, dass das Prinzip der restitution in kind für Kulturgüter schlichtweg unangemessen ist. Eine Bewertung, welche Kulturgüter untereinander vergleichbar sind, erscheint kaum möglich. Dies mag höchstens für Kunstwerke der gleichen Epoche, des gleichen Genres und des gleichen Künstlers oder bezüglich des Marktwerts gelten. Ginge es aber andererseits nur um den in einem Kunstwerk verkörperten Geldwert, könnte ebenso gut Ersatz in Geld geleistet werden.

Daneben darf in der Diskussion um die Zulässigkeit der restitution in kind nicht übersehen werden, dass eine Verwendung von Kulturgütern zu Kompensationszwecken, gerade in Form der restitution in kind, den Grundprinzipien des Kulturgüterschutzes widerspricht.

Wie schon dargestellt,[392] nahmen Kulturgüter bereits im 18. Jahrhundert in der Diskussion um ein Beuterecht im Krieg eine Sonderstellung ein und mit Restitution der Napoleonischen Kunstbeute infolge des Wiener Kongress im Jahr 1815 fand das Beuteverbot in Bezug auf Kulturgüter seine erste Anerkennung durch eine Staatengemeinschaft. Fragt man nach den Gründen für den besonderen Schutz von Kulturgütern, so stößt man zunächst auf Tendenzen, die die religiösen und kultischen Aspekte der Kulturgüter betonen. Bereits zu Beginn des 19. Jahrhunderts wurde aber auch der Gesichtspunkt des gemeinsamen Erbes der Menschheit in die Diskussion um den Kulturgüterschutz eingeführt, wenn er auch erst im 20. Jahrhundert vorrangig herangezogen wurde.[393] Dieses Konzept eines kulturellen Erbes der Menschheit verdeutlicht das humanitäre Element des Kulturgüterschutzes. Die Verschleppung kulturellen Eigentums eines anderen Volkes betrifft einerseits dessen kulturelle Existenz selbst, andererseits aber auch internationale Verwicklungen des nationalen kulturellen Erbes.[394] Kulturgüter haben über ihr Herkunftsland hinaus und unabhängig von ihrer im Einzelnen schwer zu bestimmenden Eigenschaft als „nationales" Kulturgut[395] Bedeutung als Zeugnis für die Errungenschaften der Menschheit im Sinne eines Erbes der Menschheit und bedürfen auch aus diesem Grund eines besonderen Schutzes. Der humanitäre Charakter des internationalen Kulturgüterschutzes macht deutlich, dass die Wegnahme von Kulturgütern jeder Art ein Vergehen gegen die geistige Substanz eines Volkes darstellt und gegen den „human heritage-Gedanken" verstößt.

Diesem „humanitären" Charakter trägt Art. 56 HLKO, die wichtigste zur Zeit des Zweiten Weltkriegs gültige Normierung des internationalen Kulturgüterschutzes, Rechnung.[396] Genauso wie die Haager Konvention insgesamt vor allem den Schutz der am Krieg beteiligten Menschen und Völker dient, und nicht vorrangig dem Schutz

---

S. 109 ff., S. 133 f.; *Körbs,* HuV-I 3 (1996), S. 138 ff., S. 148; Für eine Anwendbarkeit der restitution in kind auf Kulturgüter dagegen: *Nahlik,* RdC 120 (1967 I), S. 65 ff., S. 148.

392 Vgl. oben 1. Teil, A.IV.

393 *Fiedler,* in: Fechner/Oppermann/Prott (Hrsg.), Prinzipien des Kulturgüterschutzes, S. 159 ff., S. 162.

394 *Fiedler,* in: Briat/Freedberg (Hrsg.), Legal Aspects of International Trade in Art, S. 175 ff., S. 180.

395 Vgl. hierzu unten 3. Teil, B.II.

396 So auch *Fiedler,* Kulturgüter als Kriegsbeute, S. 24 f.

staatlicher Institutionen, ist Art. 56 Ausdruck für den Schutz der Menschen und Völker.[397]

Aus diesen historischen Grundlagen des internationalen Kulturgüterschutzes lässt sich ableiten, dass Kulturgüter aufgrund ihres besonderen völkerrechtlichen Rangs nicht geeignet sind, zur restitution in kind herangezogen zu werden.[398]

Darüber hinaus ergibt sich hieraus aber auch, dass eine Heranziehung von Kulturgütern zur Reparationsleistungen im Sinn des Ausgleichs allgemeiner Kriegsschäden ebenso ausgeschlossen ist.[399] Kulturgüter stehen aufgrund ihrer besonderen Bedeutung für die Menschen nicht zur beliebigen Verwertung in wirtschaftlicher und finanzieller Hinsicht zur Verfügung. Sie sind nicht in erster Linie Handelsgut und Vermögensgegenstand, die dazu benutzt werden können, finanzielle Notlagen einzelner Staaten zu bessern.[400] Nicht zuletzt die innere Verbindung zum Volk des Herkunftsstaats und die Einzigartigkeit von Kulturgütern verdeutlicht, dass diese unter dem Gesichtspunkt des finanziellen Ausgleichs oder der Reparation, bei der es auf Wertersatz ankommt, als solche ungeeignet sind.

*2. Ausblick: Weiterentwicklung des Kulturgüterschutzes nach dem Zweiten Weltkrieg als Hindernis für die nachträgliche Heranziehung zur restitution in kind*

Wenn auch, wie gesehen, eine Heranziehung deutscher Kulturgüter zu Kompensationszwecken bereits 1945 unzulässig war, so unterstreicht die Weiterentwicklung des Kulturgüterschutzes nach dem Zweiten Weltkrieg, dass auch eine nachträgliche Heranziehung zur restitution in kind rechtlich unzulässig ist. In den seit 1945 durchgeführten Kodifikationen wurde der Kulturgüterschutz – auch hinsichtlich des Schutzes vor Wegnahme und in Bezug auf die Rückstellung unrechtmäßig verbrachter Kulturgüter – entscheidend weiterentwickelt.

*a) Haager Konvention von 1954*

Die Haager Kulturgüterschutzkonvention vom 14.5.1954[401] enthält in Art. 4 III ein umfassendes Wegnahmeverbot, das Protokoll zur Konvention[402] beschäftigt sich mit der Frage der Rückführung verbotswidrig in Besitz genommener Kulturgüter. In Art. 1

---

[397] *Fiedler,* Kulturgüter als Kriegsbeute, S. 24 f.

[398] *Fiedler,* Kulturgüter als Kriegsbeute, S. 25; *Fiedler,* in: Meissner/Eisfeld (Hrsg.), 50 Jahre sowjetische und russische Deutschlandpolitik, S. 263 ff., S. 267; *Fiedler,* in: Simpson (Hrsg.), The Spoils of War, S. 175 ff., S. 178; *Fiedler,* in: Briat/Freedberg (Hrsg.), Legal Aspects of International Trade in Art, S. 175 ff., S. 180; *Turner,* in: Fiedler (Hrsg.), Internationaler Kulturgüterschutz und deutsche Frage, S. 109 ff., S. 133; *Fastenrath,* in: FAZ v. 16.4.1997, S. 8.

[399] *Fiedler,* Kulturgüter als Kriegsbeute, S. 25; *Fiedler,* in: Meissner/Eisfeld (Hrsg.), 50 Jahre sowjetische und russische Deutschlandpolitik, S. 263 ff., S. 267; *Fiedler,* in: Briat/Freedberg (Hrsg.), Legal Aspects of International Trade in Art, S. 175 ff., S. 180; *Fiedler,* in: Simpson (Hrsg.), The Spoils of War, S. 175 ff., S. 178; *Turner,* in: Fiedler (Hrsg.), Internationaler Kulturgüterschutz und deutsche Frage, S. 109 ff., S. 133; *Fastenrath,* in: FAZ v. 16.4.1997, S. 8.

[400] So *Fiedler,* Kulturgüter als Kriegsbeute, S. 25; *Fiedler,* in: Meissner/Eisfeld (Hrsg.), 50 Jahre sowjetische und russische Deutschlandpolitik, S. 263 ff., S. 267.

[401] BGBl. 1967 II, S. 1233 ff.; vgl. hierzu bereits oben 1. Teil, A.II.2.d)bb).

[402] BGBl. 1967 II, S. 1301 ff.

III des Protokolls verpflichten sich die Vertragsparteien dazu, rechtswidrig ausgeführtes Kulturgut des früher besetzten Gebiets zurückzugeben. Weiterhin wird hier bestimmt, dass solches Gut in keinem Fall für Reparationszwecke zurückgehalten werden darf. Diese Regelung geht zwar nicht wesentlich über Art. 56 II HLKO hinaus, weil der Fall des Zurückbehaltens nach eigenhändigem Zugriff bereits nach der HLKO ausgeschlossen ist,[403] dennoch stellt sie eine Bekräftigung des bestehenden Verbots der Heranziehung zu Reparationen nach einseitigem Zugriff während der Besetzung dar.

*b) Tätigkeit der UNESCO in den siebziger Jahren des 20. Jahrhunderts*

Gerade in den siebziger Jahren des 20. Jahrhunderts hat sich – nicht zuletzt durch die Kodifikationen seitens der UNESCO – eine erhöhte Sensibilität und Aufmerksamkeit gegenüber den Anliegen des internationalen Kulturgüterschutzes in der internationalen Gemeinschaft entwickelt.[404] Die Einrichtung des „Intergovernmental Committee for Promoting the Return of Cultural Property to the Countries of Origin or its Restitution in Case of Illicit Appropriation" durch die UNESCO im Jahr 1978[405] trug zur internationalen Anerkennung der Schutzbedürftigkeit der inneren Verbindung zwischen kulturellem Eigentum und seinem Herkunftsland bei.[406]

Man bemühte sich jetzt verstärkt um einen Schutz von Kulturgütern gegen Verschleppung auch in Friedenszeiten.

Die UNESCO-Konvention von 1970[407] stellt den Versuch dar, die Einfuhr von Kulturgütern zu verhindern, die aus einem anderen Staat illegal ausgeführt wurden. Eine gegen die Konventionsbestimmungen verstoßende Einfuhr, Ausfuhr und Übereignung von Kulturgut wird gem. Art. 3 für rechtswidrig erklärt und in Art. 7, 11 und 13 enthält die Konvention wichtige Bestimmungen zum Verbot der rechtswidrigen Aneignung und zur Restitution von rechtswidrig erlangtem Kulturgut. Nach Art. 11 der Konvention gilt die erzwungene Ausfuhr und Übereignung von Kulturgut, die sich mittelbar oder unmittelbar aus der Besetzung eines Landes durch eine fremde Macht ergibt, als unzulässig. Aus Art. 7 lit. b ii) und 13 lit. b) ergibt sich, dass aus der illegalen Einfuhr, Ausfuhr oder Übereignung von Kulturgütern eine Pflicht zur Restitution und ein entsprechender Anspruch des Berechtigten folgt.[408]

*c) UNIDROIT-Konvention vom 24.6.1995*

Erst in jüngster Zeit trägt die UNIDROIT-Konvention vom 24.6.1995 über gestohlene oder rechtswidrig ausgeführte Kulturgüter[409] dem Bedürfnis auf Schutz des Kultur-

---

[403] *Turner*, in: Fiedler (Hrsg.), Internationaler Kulturgüterschutz und deutsche Frage, S. 19 ff., S. 71; *Gattini*, EJIL 7 (1996), S. 67 ff., S. 83 f.

[404] *Gattini*, EJIL 7 (1996), S. 67 ff., S. 84.

[405] *Gattini*, EJIL 7 (1996), S. 67 ff., S. 84, Fn. 57; dem wurde auch seitens der Generalversammlung der Vereinten Nationen durch Resolution 34764 vom 27.11.1979 "Return or Restitution of Cultural Property to the Countries of Origin" Rechnung getragen.

[406] *Gattini*, EJIL 7 (1996), S. 67 ff., S. 84 f.

[407] Vgl. hierzu ausführlich oben 1. Teil, A.III.1.

[408] *Körbs*, HuV-I 3 (1996), S. 138 ff., S. 144.

[409] Deutsche Übersetzung in: *Reichelt (Hrsg.)*, Neues Recht zum Schutz von Kulturgut, S. 163 ff.

erbes insbesondere gegenüber illegalem Kunsthandel Rechnung. Die Konvention legt dabei Bestimmungen für die zwischenstaatliche Rückführung gestohlener oder rechtswidrig ausgeführter Kulturgüter fest.[410]

*d) Fazit*

Das Bewusstsein des Erfordernisses eines besonderen Schutzes für Kulturgüter hat sich also seit dem Zweiten Weltkrieg weiter verstärkt.

Nicht zuletzt die Staatenpraxis des Zweiten Weltkriegs, die Kulturgüter zu allgemeinen Reparationsleistungen überhaupt nicht heranzog und die grundsätzliche Verwendung des Prinzips der restitution in kind in den Friedensverträgen von 1947 nicht in die Praxis umsetzte, stellt einen überzeugenden Beweis dafür dar, dass sich in den Jahrzehnten seit dem Zweiten Weltkrieg eine Rechtsüberzeugung herausgebildet hat, die die Zurückbehaltung oder die Aushändigung von Kulturgütern zu Reparationszwecken in jeder Form zugunsten des Prinzips der Verbindung zwischen Kulturgut und seinem Ursprungsland ausschließt.[411]

Aus einer Zusammenschau aller Kulturgutschutzbestimmungen und der Staatenpraxis seit dem Zweiten Weltkrieg ist deshalb davon auszugehen, dass die Heranziehung von Kulturgütern zu Zwecken der restitution in kind gegen geltendes Völkergewohnheitsrecht verstößt.[412]

Deshalb kann sich Russland aus rechtlichen Gründen auch nicht nachträglich auf eine Heranziehung der deutschen Kulturgüter zur restitution in kind berufen.

---

[410] Vgl. hierzu ausführlicher oben 1. Teil, A.III.2.

[411] So *Turner,* in: Fiedler (Hrsg.), Internationaler Kulturgüterschutz und deutsche Frage, S. 109 ff., S. 133; Skeptisch dagegen *Gattini*, EJIL 7 (1996), S. 67 ff., S. 84.

[412] In den Debatten International Law Commission (ILC) zur Staatenverantwortlichkeit wurde die Frage der Wiedergutmachung durch Kulturgüter indessen, soweit ersichtlich, bislang nicht angesprochen. Dies lässt den Schluss zu, dass dies schlichtweg vergessen wurde, so auch *Gattini*, EJIL 7 (1996), S. 67 ff., S. 85. Die Thematik der Heranziehung von Kulturgütern zu Reparationszwecken bzw. zur restitution in kind findet sich nicht in den Arbeitsberichten der ILC zur ersten Lesung des Entwurfs zur Staatenverantwortlichkeit, vgl. hierzu unter Angabe der Fundstellen der Arbeitsberichte, *Gattini*, EJIL 7 (1996), S. 67 ff., S. 85. Auch während der zweiten Lesung des Entwurfs in der 53. Sitzungsperiode der ILC vom 23.4.-1.6. und 1.7.-10.8.2001, vgl. http://www.un.org/law/ilc/sessions/53/53sess.htm#state, die mit dem Beschluss eines weiteren Entwurfs von Vertragsartikeln vom 26.7.2001, UN Doc. A/CN.4/L.602./Rev.1 = http://www.un.org/law/ilc/sessions/53/english/602rev1e.pdf, abgeschlossen wurde, wurde die Problematik einer restitution in kind in Bezug auf Kulturgüter nicht diskutiert, vgl. den Dritten Special Report on States Responsibility des Berichterstatters Crawford vom 15.3.2000, UN Doc. A/CN.4/507 = http://www.un.org/law/ilc/sessions/52/english/acn4507e.pdf. und den Report of the International Law Commission on the work of its fifty-second session, Chapter IV, http://www.un.org/law/ilc/reports/2000/english/chp4e.pdf. Vielmehr geht es hier bei den Passagen, die sich mit der Wiedergutmachung beschäftigen, Special Report S. 7, S. 10 ff., Report of the International Law Commission on the work of its fifty-second session, Chapter IV Ziff. 170 ff., um das Vorrangverhältnis zwischen Restitution und Kompensation und um den Inhalt der Restitution, insbesondere um die Problematik, ob Restitution „restitutio in integrum“ bedeutet.

### *III. Zur rechtlichen Zulässigkeit der einseitigen Durchsetzung von restitution in kind-Forderungen ohne bzw. vor Abschluss eines Friedensvertrags*

Selbst wenn man die völkerrechtliche Zulässigkeit einer Heranziehung von Kulturgütern zur restitution in kind entgegen der hier vertretenen Auffassung bejahen wollte, erscheint darüber hinaus fraglich, ob ein eigenhändiger Zugriff zur Durchsetzung entsprechender Forderungen ohne bzw. vor Abschluss eines Friedensvertrag, also ohne Zustimmung des besiegten Landes oder wie im vorliegenden Fall sogar ohne Wissen Deutschlands,[413] rechtmäßig ist. Dies ist allerdings im Ergebnis zu verneinen, wobei im Wesentlichen auf die bereits im Vorhergehenden zur Möglichkeit der einseitigen Durchsetzung alliierter Ansprüche gemachten Ausführungen verwiesen werden kann.

#### *1. Nach der HLKO*

Ein derartiges Recht zur eigenhändigen Durchsetzung von Reparationsansprüchen bzw. Ansprüchen auf restitution in kind kann, wie bereits oben dargelegt,[414] aus der HLKO nicht abgeleitet werden.[415] Art. 56 HLKO verbietet vielmehr jegliche einseitige Wegnahme von Kulturgütern.

#### *2. Aus dem besonderen Besatzungsregime bzw. Besatzungsrecht*

Ein Recht zur eigenhändigen Durchsetzung ihrer Ansprüche auf restitution in kind kam der UdSSR auch nicht aus dem besonderen Besatzungsregime als solchem oder dem Besatzungsrecht zu.

Deutschland ist als Völkerrechtssubjekt weder infolge der bedingungslosen Kapitulation, noch durch Übernahme der Obersten Regierungsgewalt in der Berliner Erklärung vom 5.6.1945 untergegangen,[416] weshalb sich für die Alliierten keine unbegrenzten Befugnisse, insbesondere auf eigenhändige Durchsetzung von Reparationen und restitution in kind ergeben konnten.

Das Besatzungsregime in Deutschland wies eine Doppelnatur auf, wobei nur solche Maßnahmen der Besatzungsmächte als völkerrechtsgemäß anzusehen sind, die entweder mit den Befugnissen aus der HLKO oder dem Treuhandgedanken vereinbar sind. Die eigenmächtige Durchsetzung von Reparations- und Restitutionsforderungen gehört hierzu aber gerade nicht.[417]

Auch die Beschlüsse der Alliierten von Jalta und Potsdam, in denen die Alliierten eine deutsche Reparationspflicht vorsahen, die unabhängig vom Abschluss eines Friedensvertrags realisiert werden sollte,[418] stellen kein Sondervölkerrecht dar, das abweichend vom allgemeinen Völkerrecht die einseitige Durchsetzung von Reparationen

---

[413] *Schorlemer*, GYIL 41 (1998), S. 317 ff., S. 331, m.w.N.

[414] Vgl. oben C.II.2.b).

[415] Vgl. auch *Blumenwitz,* Grundlagen eines Friedensvertrages, S. 179, Fn. 164; *Grewe,* Besatzungsstatut für Deutschland, S. 159.

[416] Vgl. bereits oben B.I.

[417] Vgl. hierzu oben C.II.2.b).

[418] Vgl. Bericht über die Krimkonferenz, Abschnitt III; Amtliche Verlautbarung über die Konferenz von Potsdam, Abschnitt IV.

und der restitution in kind gerechtfertigt hätte – abgesehen davon, dass wie gesehen[419] weder die Beschlüsse von Jalta noch das Potsdamer Abkommen Bestimmungen enthielten, wonach die Heranziehung von Kulturgütern überhaupt beabsichtigt gewesen wäre.

Sowohl die auf der Konferenz von Jalta gefassten Beschlüsse als auch das Potsdamer Abkommen vom 2.8.1945 sind für Deutschland als res inter alios gesta nicht rechtsverbindlich. Das Potsdamer Abkommen wurde nie durch eine für Deutschland als Völkerrechtssubjekt handelnde Regierung unterzeichnet oder akzeptiert.[420] Zwar lag es im Interesse der Alliierten, auch Deutschland an das Potsdamer Abkommen zu binden. Der bloße Wille der Alliierten schafft allerdings kein verbindliches Völkerrecht.[421] Das Völkerrecht kann grundsätzlich nur durch Verträge oder die eindeutige Wandlung der allgemeinen Rechtsüberzeugung gewandelt werden, nicht durch einseitiges Diktat der Sieger.[422]

Mit den Festlegungen im Potsdamer Abkommen gingen die Alliierten aber bei weitem über das hinaus, was im Jahr 1945 nach den Regeln der Besetzung als zulässig erachtet wurde.[423] Aus dem Recht der Besetzung kann nicht die Befugnis abgeleitet werden, einseitig Reparationen und mithin auch Ansprüche auf restitution in kind durchzusetzen und zu vollstrecken. Die Festlegung der Vollstreckung dem Grunde nach bestehender Reparationsforderungen ist einem Friedensvertrag vorbehalten.[424]

### *3. Aus Staatenverantwortlichkeit wegen Auslösen eines Angriffskriegs*

Auch aus dem Grundsatz der Staatenverantwortlichkeit kann wie bereits festgestellt nicht das Recht zur einseitigen Vollstreckung bestehender Wiedergutmachungsansprü-

---

419 Vgl. oben D.2.a) und b).

420 *Frowein,* Potsdam Agreements on Germany, in: EPIL, Vol. III (1997), S. 141 ff., S. 145; aA *Antoni,* Das Potsdamer Abkommen, S. 77 ff., der letztlich davon ausgeht, dass Deutschland im August 1945 durch die Vier Mächte vertraglich an die Deutschland betreffenden Bestimmungen gebunden wurde, allerdings nur insoweit, als die Siegermächte nach Völkerrecht für Deutschland Regelungskompetenz besaßen. Erst die Bundesrepublik Deutschland und die DDR haben die Bestimmungen des Potsdamer Abkommens in der jeweiligen Interpretation der für sie maßgebenden Siegermächte durch Abschluss des Generalvertrags, BGBl. 1955 II, S. 301, 305 bzw. des Vertrags vom 20.9.1955, GBl. der DDR 1955 I 917 zumindest stillschweigend übernommen und sich verpflichtet die dort niedergelegten Grundsätze entsprechend den Ansichten und Zielen der jeweiligen Siegermacht durchzuführen, *Blumenwitz,* Grundlagen eines Friedensvertrages, S. 116, Fn. 93. Die Bundesrepublik hat allerdings die bindende Kraft des Potsdamer Abkommens als solches nie anerkannt. Sie hat aber die rechtlichen Konsequenzen aus dem Abkommen respektiert und sich zumindest verpflichtet, nicht gegen die im Potsdamer Abkommen niedergelegten grundlegenden Ziele der gemeinsamen Politik der vier Siegermächte gegenüber Deutschland zu verstoßen, *Frowein,* Potsdam Agreements on Germany, in: EPIL, Vol. III (1997), S. 141 ff., S. 145; *Antoni,* Das Potsdamer Abkommen, S. 91.

421 *Antoni,* Das Potsdamer Abkommen, S. 48.

422 *Grewe,* Besatzungsstatut für Deutschland, S. 161.

423 *Frowein,* Potsdam Agreements on Germany, in: EPIL, Vol. III (1997), S. 141 ff., S. 145.

424 *Blumenwitz,* Grundlagen eines Friedensvertrages, S. 179.

che abgeleitet werden.[425] Deren Art und Umfang muss vielmehr grundsätzlich vertraglich festgelegt werden.[426]

### *4. Zulässigkeit der Ausbedingung von Kulturgütern als Reparation bzw. restitution in kind im Friedensvertrag?*

Die einseitige Wegnahme von Kulturgütern war nach den vorangegangenen Ausführungen auch zum Zweck der restituton in kind bereits 1945 verboten – unabhängig davon, dass nach der hier vertretenen Auffassung eine Heranziehung von Kulturgütern zu Kompensationszwecken ohnehin bereits rechtlich unzulässig war.

Nicht so eindeutig ist dagegen, ob auch Ausbedingung von Kulturgütern zu Reparationszwecken bzw. zur restitution in kind in einem Friedensvertrag bereits für die Zeit unmittelbar nach Beendigung des Zweiten Weltkriegs verboten war. Hierauf kommt es vorliegend zwar nicht an, da im Fall der in die UdSSR verschleppten deutschen Kulturgüter gerade keine friedensvertragliche Regelung existiert, sondern es sich bei der Wegführung um einen nach Art. 56 HLKO verbotenen Tatbestand des eigenhändigen Zugriffs handelt. Dennoch soll im Folgenden kurz auf diese Frage eingegangen werden.

Die Ausbedingung von Kulturgütern als Reparation bzw. restitution in kind auf vertraglichem Weg im Friedensvertrag ohne vorherige Beschlagnahme und Wegführung ist nach dem Wortlaut des Art. 56 HLKO zwar nicht ausdrücklich ausgeschlossen.[427] Es sprechen allerdings dennoch starke Anhaltspunkte dafür, dass dieses Vorgehen bereits 1945 verboten war.[428]

Die Zulässigkeit der Heranziehung von Kulturgütern zur Wiedergutmachung in einem Friedensvertrag wurde in der Literatur bereits im Jahr 1919 zumindest stark angezweifelt.[429] Dementsprechend gibt es auch nur einen Fall eines Friedensvertrags, der eine allgemeine Reparationspflicht im Sinn des Ausgleichs allgemeiner Kriegsschäden enthält. Dies ist Art. 247 II des Versailler Vertrages.[430] Auch zur restitution in kind wurden Kulturgüter, wie gesehen, nur in zwei Fällen, nämlich im Versailler Vertrag und einem Teil der Friedensverträge mit Deutschlands Kriegsverbündeten aus dem

---

[425] Vgl. oben E.II.1.

[426] *Ipsen,* Völkerrecht, S. 571, Rdnr. 66; *Grewe,* Besatzungsstatut für Deutschland, S. 164; *Guggenheim,* Lehrbuch des Völkerrechts, Band II, S. 568.

[427] *Gattini,* EJIL 7 (1996), S. 67 ff., S.70; *Turner,* in: Fiedler (Hrsg.), Internationaler Kulturgüterschutz und deutsche Frage, S. 109 ff., S. 133.

[428] Gegen eine Verwendung zum Ausgleich allgemeiner Kriegsschäden s. auch: *Fastenrath,* in: FAZ v. 16.4.1997, S. 8

[429] So stellt *Scholz,* Privateigentum im besetzten und unbesetzten Feindesland, S. 38, Folgendes fest: „Es widerspricht der heutigen Kulturauffassung, wenn es auch nicht rechtlich verpönt ist, im Friedensvertrage sich die Auslieferung von Kunstschätzen seitens des rechtmäßigen Besitzstaates auszubedingen."

[430] *Turner,* in: Fiedler (Hrsg.), Internationaler Kulturgüterschutz und deutsche Frage, S. 109 ff., S.133. In Art. 247 II wird die Auslieferung der Seitenflügel zweier berühmter Altäre, des mystischen Lamms der Gebrüder van Eyck aus der Genter St. Bavon Kathedrale und des Abendmahls von Dierick Bouts aus der St. Peters Kirche in Löwen verlangt, die im 19. Jahrhundert auf legale Weise durch Kauf in deutsche Museen gelangt waren.

Jahr 1947 herangezogen, woraus nicht auf die generelle völkerrechtliche Zulässigkeit dieses Vorgehens geschlossen werden kann.

Zumindest zum heutigen Zeitpunkt kann die Ausbedingung von Kulturgütern als Reparationsleistungen in einem Friedensvertrag nicht mehr als rechtmäßig angesehen werden,[431] wenn ein derartiges Verbot auch bis heute nicht ausdrücklich normiert ist. Ausdrücklich verboten ist lediglich die Zurückhaltung von Kulturgütern zu Reparationszwecken nach vorherigem eigenhändigem Zugriff durch Art. I Ziff. 3 S. 2 des Protokolls zur Haager Kulturgutkonvention von 1954.[432]

Für das Bestehen eines entsprechenden Verbots bietet aber nicht zuletzt die Staatenpraxis des Zweiten Weltkriegs einen überzeugenden Beweis. Wie gesehen wurden hier Kulturgüter zu allgemeinen Reparationsleistungen überhaupt nicht herangezogen und die restitution in kind trotz grundsätzlicher Verwendung in einem Teil der Friedensverträge von 1947 nicht in die Praxis umgesetzt.[433]

## *IV. Resümee*

Bereits zum Zeitpunkt der Verbringung deutscher Kulturgüter ab 1945 existierte im internationalen Recht keine Regel, die die restitution in kind erlaubte. Mit der restitution in kind konnte die Wegführung also nicht gerechtfertigt werden.

Selbst wenn man eine restitution in kind entgegen der hier vertretenen Auffassung für völkerrechtlich zulässig erachten wollte, hätte die UdSSR deren im Einzelnen allerdings wie gesehen umstrittene Voraussetzungen und die in der Rechtsfigur selbst angelegten Begrenzungen einhalten müssen.[434]

Insbesondere wird von der restitution in kind nur der Ersatz für tatsächliche Verluste an Kulturgütern in Form konkreter Kulturgüter, welche in Art und Wert den abhanden gekommenen Kulturgütern entsprechen, umfasst.[435] Dies zeigt sich gerade auch in den beiden von ihren Befürwortern als Beleg für die Zulässigkeit der restitution in kind herangezogenen Bestimmungen des Art. 247 Versailler Vertrag und den Klauseln der Friedensverträge von 1947. Darüber hinaus bezieht sich das Instrument nur auf die Kompensation für herausragende, in diesem Sinn einmalige Objekte durch eine „entsprechende" Leistung. Die Möglichkeit einer mengenmäßigen pauschalen Kompensation auf breiter Ebene kommt dagegen nicht in Betracht.[436] Auch im Falle Deutschlands sollte die letztlich nicht in die Praxis umgesetzte restitution in kind von einer besonderen Anweisung abhängig gemacht werden und nur nach genauer Zuordnung

---

[431] Ebenso *Turner,* in: Fiedler (Hrsg.), Internationaler Kulturgüterschutz und deutsche Frage, S. 109 ff., S. 134.

[432] Dies entspricht allerdings Art. 56 HLKO, nach dem der Fall des Zurückbehaltens nach vorherigem eigenhändigen Zugriff ebenfalls bereits ausgeschlossen ist, vgl. *Turner,* in: Fiedler (Hrsg.), Internationaler Kulturgüterschutz und deutsche Frage, S. 19 ff., S. 71.

[433] *Turner,* in: Fiedler (Hrsg.), Internationaler Kulturgüterschutz und deutsche Frage, S. 109 ff., S. 133.

[434] *Fiedler,* in: Strocka (Hrsg.), Kunstraub – ein Siegerrecht?, S. 47 ff., S. 56.

[435] *Nevelev,* GYIL 42 (1999), S. 337 ff., S. 384.

[436] *Fiedler,* in: Strocka (Hrsg.), Kunstraub – ein Siegerrecht?, S. 47 ff., S. 56.

von verloren gegangenem Kulturgut und zu leistendem Ersatz verlangt werden können.[437]

Mithin konnte die UdSSR keinesfalls ohne vorherige Feststellung ihres eigenen Verlustes Kulturgüter aus Deutschland in willkürlicher Weise und Umfang wegführen. Die russische Seite hat aber bis zum heutigen Tag keine vollständige Liste ihrer Kriegsverluste an Kulturgütern aufgestellt und auch nicht festgelegt, welches der aus Deutschland verbrachten Kulturgütern das entsprechende im Krieg abhanden gekommene oder zerstörte russische Kulturgut ersetzen soll.[438]

Darüber hinaus setzt die bisherige Praxis der restitution in kind ein entsprechendes Verfahren für deren Durchführung voraus, wonach auch der zur Leistung verpflichtete Staat beteiligt sein muss, u.U. über eine internationale Kommission, die die zu übertragenden Kulturgüter festsetzt. Eine einseitige Auswahl der Kulturgüter durch den die restitution in kind fordernden Staat hat es bislang in der völkerrechtlichen Praxis nicht gegeben.[439]

---

[437] *Hartwig,* EuGRZ 1999, S. 553 ff., S. 559.

[438] *Hartwig,* EuGRZ 1999, S. 553, S. 559

[439] *Hartwig,* EuGRZ 1999, S. 553, S. 559; vgl. Art. 447 I 2 des Versailler Vertrags der bestimmt, dass die Einzelheiten der restitution in kind durch die Reparationskommission festgelegt werden. Die Friedensverträge von 1947 setzen zwar kein entsprechendes Verfahren fest, geben aber nach ihrem Wortlaut den zur Leistung verpflichteten Staaten ein Recht zur Auswahl geeigneter Kunstgegenstände. Die Kontrollratsdirektive vom 21.1.1946 verlangt eine besondere Anweisung im Hinblick auf die zu ersetzenden und als Ersatz zu leistenden Kulturgüter und diejenigen Kulturgüter, die als Ersatz zu leisten sind. Ähnlich *Fastenrath,* in: FAZ v. 16.4.1997, S. 8.

# Dritter Teil: Rechtsfragen der Rückführung deutscher Kulturgüter aus Russland

Die Beschlagnahme und Verbringung der deutschen Kulturgüter durch die Sowjetunion stellte wie eben im Zweiten Teil aufgezeigt ein völkerrechtswidriges Verhalten dar, das unter keinem Gesichtspunkt zu rechtfertigen war. Der durch diese Maßnahmen geschaffene rechtwidrige Zustand der Verlagerung dauert indessen bis zum heutigen Zeitpunkt an. Aus diesem Grund sollen im Folgenden die mit der Rückführung der Kulturgüter verbundenen Rechtsfragen umfassend dargestellt werden.

Hierzu erfolgt zunächst eine Auseinandersetzung mit den völkerrechtlichen Rechtsgrundlagen der Rückführung (A.) und dem Umfang der Rückgabeverpflichtung (B.). Wichtigste Grundlagen der Restitution bilden dabei die HLKO und der deutsch-sowjetische Vertrag aus dem Jahr 1990 bzw. der deutsch-russische Vertrag aus dem Jahr 1992. Aufzuklären ist aber auch, ob Ausschlussgründe für die Rückführung existieren und welche Auswirkungen das russische Kulturgütergesetz und das hierzu ergangene Urteil des russischen Verfassungsgerichts auf die deutschen Restitutionsansprüche hat (C.). Schließlich ist angesichts der immer wieder stockenden, emotionsbesetzten bilateralen Verhandlungen einerseits und der Notwendigkeit, möglichst bald zu einer effektiven Gesamtlösung der Problematik im Sinne der Kriegsfolgenbeseitigung und Schaffung einer dauerhaften Friedensordnung in Europa zu gelangen andererseits, auf die Möglichkeiten zur Durchsetzung der Rückführungsansprüche und der gerichtlichen und außergerichtlichen Lösung des deutsch-russischen Konflikts einzugehen (D.). Dabei sollen nicht nur Durchsetzungs- und Lösungsmöglichkeiten auf völkerrechtlicher und politischer Ebene berücksichtigt werden, sondern auch auf die Möglichkeiten der Streitbeilegung auf zivilrechtlicher Ebene eingegangen werden. Dies ist insbesondere deshalb von Interesse, weil zu befürchten ist, dass immer mehr Kulturgüter auf dem internationalen Kunstmarkt auftauchen, je länger die Diskussion um die Beutekunst andauert. In einem Ausblick soll die gesteigerte internationale Verantwortung der Bundesrepublik Deutschland bei der Lösung der deutsch-russischen Kontroverse herausgestellt werden (E.)

## *A. Völkerrechtliche Rechtsgrundlagen der Rückführung*

### *I. Vertragsrecht: Multi- und bilaterale Abkommen*

#### *1. Die Haager Landkriegsordnung von 1907*

Die erste wichtige Anspruchsgrundlage für die deutschen Restitutionsforderungen bildet – wie im Folgenden näher auszuführen sein wird – die Haager Landkriegsordnung (HLKO) und zwar Art. 56 HLKO i.V.m. Art. 3 des IV. Haager Abkommens, betreffend die Gesetze und Gebräuche des Landkriegs von 1907.[1]

---

[1] Das Abkommen betreffend die Gesetze und Gebräuche des Landkriegs vom 18.10.1907 nebst der als Anlage beigefügten „Ordnung der Gesetze und Gebräuche des Landkriegs“ (Haager Land-

*a) Verstoß der sowjetischen Maßnahmen gegen Art. 56 HLKO*

*aa) Allgemeines*

Wie bereits im Zweiten Teil festgestellt,[2] verstießen die Maßnahmen der Sowjetunion gegen das in Art. 56 HLKO normierte Beschlagnahmeverbot für Kulturgüter und zwar unabhängig davon, ob die Kulturgüter aus staatlichen oder privaten Sammlungen stammen.[3]

Die aus Deutschland verbrachten Kulturgüter fallen als „Werke der Kunst und Wissenschaft" bzw. „der Kunst und Wissenschaft gewidmete Anstalten" auch unter den in Art. 56 HLKO verwandten Kulturgutbegriff. Zwar liegt eine Schwäche der Haager Schutzbestimmungen gerade darin, dass sie bei der Präzisierung der geschützten Objekte Lücken aufweisen.[4] So wird nicht näher definiert, was unter „Werken der Kunst und Wissenschaft" i. S. des Art. 56 II HLKO zu verstehen ist, weshalb diese Begriffe auszulegen sind.[5] Ungeachtet der Schwierigkeiten, die sich im Einzelnen bei der Definition des Begriffs „Kunstwerk" ergeben,[6] können als „Kunstwerke" nach der gewöhnlichen Bedeutung des Wortes bei weiter Auslegung diejenigen Objekte gelten, die vom Menschen geschaffen, unverwechselbar und mithin einzigartig sind.[7] Darunter fallen also beispielsweise Gemälde, Zeichnungen, Graphiken, Kupferstiche, Tapisserien, Basreliefs, Plastiken, Keramiken und Skulpturen,[8] um nur einige „typische" Kunstwerke aufzuzählen. Bei derartigen aus Deutschland abtransportierten Gegenständen handelt es sich mithin eindeutig um von Art. 56 HLKO gegen Beschlagnahme geschützte Objekte.

---

kriegsordnung) stellt die revidierte, in den Kulturgutschutzregelungen fast wörtlich übernommene Fassung der Haager Konvention von 1899 dar, vgl. hierzu bereits oben 1. Teil, A.II.1.c)dd).

2 Vgl. hierzu oben 2. Teil, C.II.2.

3 Eine Auflistung der einzelnen betroffenen Sammlungen, Bibliotheken und Archive findet sich bei *Burchardi/Kalb,* „Beutekunst" als Chance, S. 11 ff. Die Bundesregierung spricht davon, dass das Eigentum der Länder und Kommunen den überwiegenden Teil der Kulturgüter bildet. Einen großen Anteil an der noch in Russland lagernden Beutekunst haben aber auch Kunstwerke aus nichtstaatlichen Einrichtungen, privaten Sammlungen und individueller Eigentümer. Diese machen laut Bundesregierung ca. 35% der deutschen Kulturgutverluste aus, vgl. hierzu http://www.bundesregierung.de/dokumente/Themen-A-Z/Kultur/Ruec.../ix6227_10414.ht.

4 *Schorlemer*, Internationaler Kulturgüterschutz, S. 265.

5 Dabei kommt es auf die Auslegung nach Treu und Glauben, in Übereinstimmung mit der gewöhnlichen, seinen Bestimmungen in ihrem Zusammenhang zukommenden Bedeutung und im Lichte seines Zieles und Zweckes an. Diese Regeln, die mittlerweile in Art. 31 WVK kodifiziert worden sind, waren bereits vor Inkrafttreten der Wiener Vertragsrechtskonvention Völkergewohnheitsrecht und sind mithin auch auf die Auslegung der aus dem Jahr 1907 stammenden HLKO anwendbar, *Verdross/Simma,* Universelles Völkerrecht, § 775, S. 491; *Rosenne,* Vienna Convention on the Law of Treaties, in: EPIL, Vol. IV (2000), S. 1308 ff., S. 1311; *Bülck,* Vertragsauslegung, in: Strupp/Schlochauer, Wörterbuch des Völkerrechts, 3. Band, S. 547 ff., S. 548 ff.

6 „Kunstwerke" bilden eine Untergruppe des Begriffs „Kulturgut", für den es seinerseits keine universell gültige Definition gibt, vgl. hierzu *Schorlemer*, Internationaler Kulturgüterschutz, S. 46 ff.; *Hipp,* Schutz von Kulturgütern in Deutschland, S. 6 ff.; *Fechner,* in: Fechner/Oppermann/Prott (Hrsg.), Prinzipien des Kulturgüterschutzes, S. 11 ff., S. 17 ff.

7 *Schorlemer*, Internationaler Kulturgüterschutz, S. 71.

8 *Engstler,* Die territoriale Bindung von Kulturgütern, S. 13.

Aber auch die in großer Menge in Russland befindlichen, in der Regel aus Bibliotheken stammenden Bücher und die Archive[9] zählen zu den von Art. 56 HLKO geschützten Kulturgütern. Sie fallen ebenso wie Museen, Gemälde- und Skulpturensammlungen zu den der Beschlagnahme entzogenen „der Wohltätigkeit, dem Unterrichte, der Kunst und der Wissenschaft gewidmeten Anstalten".[10] Besonders aufwendig gearbeitete Bücher und insbesondere mittelalterliche Handschriften lassen sich im Einzelfall möglicherweise sogar unter den Begriff eines „Werks der Kunst" subsumieren.

*bb) Anwendbarkeit des Art. 56 HLKO*

Bedenken bezüglich der grundsätzlichen Anwendbarkeit der HLKO auf die Zeit während und nach dem Zweiten Weltkrieg wurden bereits oben[11] ausgeräumt. Die HLKO stellt nach allgemeiner Auffassung die Kodifikation völkerrechtlichen Gewohnheitsrechts dar, weshalb die der HLKO zugrunde liegenden Rechtssätze, selbst wenn man von der formalen Nichtanwendbarkeit der HLKO ausgeht, gewohnheitsrechtlich gelten.[12]

Die Anwendbarkeit des Art. 56 HLKO für die vorliegende Problematik lässt sich auch mit der Tatsache begründen, dass es sich hierbei um eine Norm mit humanitärer Schutzrichtung handelt, deren Anwendbarkeit auch für die Zeit des Zweiten Weltkriegs und der anschließenden Besetzung Deutschlands anerkannt ist.[13] Dies wird deutlich, wenn man die Hintergründe und die Herkunft des besonderen Schutzes von Kulturgütern betrachtet. Dabei stößt man zunächst auf Tendenzen, die die religiösen und kultischen Aspekte der Kulturgüter betonen. Auch der Gesichtspunkt des gemeinsamen Erbes der Menschheit wurde bereits zu Beginn des 19. Jahrhunderts für kurze Zeit

---

9 Bei Archiven muss es sich allerdings nach h.M. um historische Archive handeln, damit sie unter den Begriff der „der Wissenschaft gewidmeten Anstalten" subsumiert werden können und unter den Schutz des Art. 56 HLKO gestellt sind, vgl. *Turner,* in: Fiedler (Hrsg.), Internationaler Kulturgüterschutz und deutsche Frage, S. 109 ff., S. 146, m.w.N. Nicht unter den Schutz von Art. 56 HLKO fallen hingegen lebende Registraturen, vgl. hierzu im Einzelnen *Turner,* in: Fiedler (Hrsg.), Internationaler Kulturgüterschutz und deutsche Frage, S. 109 ff., S. 146 ff. Bei diesen ist zwischen privaten und öffentlichen Archiven zu unterscheiden. Private Archive sind gem. Art. 46 II, 47 über den Schutz des Privateigentums ebenfalls gegen Beschlagnahme geschützt. Für lebende öffentliche Registraturen bestehen grundsätzlich Eingriffsmöglichkeiten nach Art. 53 I HLKO, soweit die Akten geeignet sind, den Kriegsunternehmungen zu dienen, sowie nach Art. 43, wenn die Verwaltung des besetzten Gebietes es erfordert, *Turner,* in: Fiedler (Hrsg.), Internationaler Kulturgüterschutz und deutsche Frage, S. 109 ff., 146. Die Anwendbarkeit des Art. 53 HLKO auf den Abtransport der Akten nach Beendigung der Kampfhandlungen zwischen den Jahren 1945 und 1949 scheidet aber aus. Art. 53 HLKO zählt vielmehr zu denjenigen Vorschriften, die den unmittelbaren Fortgang oder die mögliche Wiederaufnahme von Kriegshandlungen voraussetzen, und deshalb auf die Situation Deutschlands nicht anwendbar ist, *Schmoller/Maier/Tobler,* Handbuch des Besatzungsrechts, § 5, S. 9 f. Über die Erfordernisse der Verwaltung i.S. von Art. 43 HLKO gingen die Maßnahmen der Beschlagnahme und des Abtransports weit hinaus, *Turner,* in: Fiedler (Hrsg.), Internationaler Kulturgüterschutz und deutsche Frage, S. 109 ff., 147.

10 *Engstler,* Die territoriale Bindung von Kulturgütern, S. 207, Fn. 665.

11 Vgl. oben 2. Teil, C.I.2.a)aa).

12 *Schmoller/Maier/Tobler,* Handbuch des Besatzungsrechts, § 5, S. 5, 6.

13 Für die Anwendbarkeit der Normen mit humanitärer Schutzrichtung plädiert bspw. *Schmoller/Maier/Tobler,* Handbuch des Besatzungsrechts, § 5, S. 9 f.

in die Diskussion um den Kulturgüterschutz eingeführt und schließlich im 20. Jahrhundert vorrangig herangezogen.[14] Gerade dieses Konzept eines kulturellen Erbes der Menschheit verdeutlicht das humanitäre Element des Kulturgüterschutzes. Neben den religiösen Aspekten als Grundlage der Entwicklung des Kulturgüterschutzes begannen Werke der Kunst und Wissenschaft eine immer bedeutendere Rolle als Symbole der Identität und der Errungenschaften eines Staates oder einer Nation zu spielen.[15]

Diesem humanitären Charakter des Kulturgüterschutzes trägt Art. 56 HLKO Rechnung. Ebenso wie die Bestimmungen der HLKO insgesamt eine personale Schutzrichtung aufweisen, indem sie nicht vorrangig dem Schutz staatlicher Institutionen, sondern insbesondere dem Schutz der am Krieg beteiligten Menschen und Völker dienen, gilt dies gerade auch für Art. 56 HLKO. Dieser erreicht den Schutz der Menschen dadurch, dass er den Bestand der geistigen Leistungen einer Bevölkerungsgruppe, ausgedrückt in der Schaffung von Kulturgütern, gewährleistet.[16]

Darüber hinaus gewinnt Art. 56 HLKO seinen Charakter als Norm des humanitären Völkerrechts durch die Gleichstellung des Eigentums an Kulturgütern mit Privateigentum i.S. des Art. 46 HLKO, der seinerseits den Schutz der Bevölkerung bewirkt und damit zu den Normen mit humanitärem Schutzcharakter zählt.[17]

Mithin wurde durch die völkervertragliche und völkergewohnheitsrechtliche Festigung der Rückführung von im Krieg geraubtem Kulturgut eine personenbezogene, humanitäre, die jeweilige historische Leistung eines Volkes schützende Schranke errichtet.[18]

*cc) Fehlende Rechtfertigung der Maßnahmen der UdSSR*

Wie bereits im Zweiten Teil der Ausführungen festgestellt, kommt auch keine Rechtfertigung des sowjetischen Verhaltens in Betracht.

Eine im Einklang mit Art. 56 HLKO stehende Verbringung der Kulturgüter zu Sicherungs- und Erhaltungszwecken lag hier nicht vor.[19] Beschlagnahmungen zu diesem Zweck sind deshalb nicht völkerrechtswidrig, weil es sich um „kulturfreundliche", im Sinne des Kulturguts liegende Beschlagnahmehandlungen handelt.[20] Eine Situation, die die Wegführung zum Schutz vor Zerstörung notwendig gemacht hätte, lag indes zum Zeitpunkt der Verbringung zwischen 1945 und 1949 nach Beendigung der Kampfhandlungen nicht vor. Darüber hinaus wäre selbst bei deren Vorliegen nur die vorübergehende Verbringung gerechtfertigt gewesen.

---

[14] *Fiedler*, in: Fechner/Oppermann/Prott (Hrsg.), Prinzipien des Kulturgüterschutzes, S. 159 ff., S. 162.

[15] *Fiedler*, in: Briat/Friedberg (Hrsg.), Legal Aspects of International Trade in Art, S. 175 ff., S. 179 f.

[16] *Fiedler*, Kulturgüter als Kriegsbeute, S. 24 f.

[17] *Fiedler*, in: Fechner/Oppermann/Prott (Hrsg.), Prinzipien des Kulturgüterschutzes, S. 159 ff., S. 163. Art. 46 HLKO zählt gleichzeitig zu den zwingenden Normen des humanitären Völkerrechts, *Schweisfurth*, SBZ-Konfiskationen privaten Eigentums, S. 38.

[18] *Fiedler*, in: Fechner/Oppermann/Prott (Hrsg.), Prinzipien des Kulturgüterschutzes, S. 159 ff., S. 163.

[19] Vgl. hierzu bereits oben 2. Teil, C.II.2.a).

[20] *Engstler*, Die territoriale Bindung von Kulturgütern, S. 188.

Der Zugriff der UdSSR auf deutsche Kulturgüter kann auch nicht unter Hinweis auf die Vorbereitung der Heranziehung zu Reparationszwecken und zur restitution in kind gerechtfertigt werden. Abgesehen davon, dass keine Verwendung hierzu in tatsächlicher Hinsicht erfolgt ist, widerspricht die Heranziehung von Kulturgütern zu Reparationszwecken und auch zur restitution in kind – wie bereits im Zweiten Teil ausführlich dargestellt – dem Grundgedanken des Kulturgüterschutzes und insbesondere dessen humanitärem Charakter. Die Wegnahme zu Kompensationszwecken stellt ein Vergehen gegen die geistige Substanz eines Volkes dar. Nicht zuletzt aus diesem Grund wurden Kulturgüter zu Reparationszwecken nach dem Zweiten Weltkrieg überhaupt nicht herangezogen und auch von einer restitution in kind letztlich Abstand genommen.[21]

*b) Rechtsfolge: Völkerrechtlicher Restitutionsanspruch der Bundesrepublik Deutschland*

Die Wegnahme der deutschen Kulturgüter war damit wegen Verstoßes gegen Art. 56 HLKO rechtswidrig. Darüber hinaus verstieß die Entziehung von im Privateigentum stehenden Kulturgütern auch gegen Art. 46 II HLKO, der die Einziehung privaten Eigentums verbietet. Zu klären ist deshalb, welche Rechtsfolgen sich hieraus ergeben.

Zwar verpflichtet Art. 56 HLKO seinem Wortlaut nach nicht ausdrücklich zur Restitution für den Fall, dass dem dort normierten Verbot zuwidergehandelt wird,[22] sondern ordnet lediglich an, dass ein Verstoß geahndet werden soll. Allerdings ist jede Kriegspartei, die gegen die Bestimmungen der Landkriegsordnung verstößt, nach Art. 3 S. 1 der Konvention zum Schadensersatz verpflichtet.[23]

Nach allgemeinem Völkerrecht bedeutet Schadensersatz wegen begangenen völkerrechtlichen Unrechts aber in erster Linie restitutio in integrum, also die Verpflichtung zur Wiederherstellung der völkerrechtsgemäßen Lage durch Wiedergutmachung.[24] Mithin ist die Wiederherstellung desjenigen Zustands geschuldet, der ohne das schadenstiftende Ereignis bestehen würde, sog. Naturalrestitution.[25] Deshalb resultiert aus der unter Verstoß gegen das Verbot des Art. 56 II HLKO erfolgten rechtswidrigen Wegnahme von Kulturgütern eine Rückgabepflicht.[26]

Der Gedanke der Naturalrestitution ist letztlich auch aus der HLKO selbst zu entnehmen. Die in Art. 56 II HLKO getroffene Anordnung, dass Verstöße gegen das Beschlagnahmeverbot geahndet werden sollen, kann nach ihrem Sinn und Zweck nur bedeuten, dass in erster Linie Restitution geschuldet ist. Dies lässt sich auch aus der Bestimmung in Art. 53 II 2 HLKO schließen, wonach rechtmäßig beschlagnahmte Vermögensgegenstände Privater beim Friedensschlusse zurückgegeben werden müssen. Wenn schon rechtmäßig beschlagnahmtes Vermögen zurückgegeben werden muss, dann gilt dies erst recht für rechtswidrig beschlagnahmtes Kulturgut.

---

21 Vgl. hierzu oben 1. Teil, B.II.4.

22 *Körbs*, HuV-I 3 (1996), S. 138 ff., S. 146.

23 *Buhse*, Schutz von Kulturgut im Krieg, S. 8.

24 *Ipsen*, Völkerrecht, S. 571 f., Rdnr. 65 f.; *Walter*, Rückführung von Kulturgut, S. 103 f.

25 *Walter*, Rückführung von Kulturgut, S. 77; *Höhn*, HuV-I 8 (1995), S. 26 ff., S. 27.

26 So auch *Schorlemer*, GYIL 41 (1998), S. 317 ff., S. 319; *Höhn*, HuV-I 8 (1995), S. 26 ff., S. 27; *Walter*, Rückführung von Kulturgut, S. 77; *Körbs*, HuV-I 3 (1996), S. 138 ff., S. 146.

Der Restitutionsanspruch ist als zwischenstaatlicher Anspruch ausgestaltet. Er kann auch bei Völkerrechtsverletzungen zu Lasten natürlicher oder juristischer Personen nur vom verletzten Staat geltend gemacht werden.[27] Dieser reklamiert die Kulturgüter, die seiner Hoheitsgewalt unterstehenden Privatpersonen entzogen wurden kraft eigenem Recht.[28] Die privaten Eigentümer selbst sind dazu dagegen nicht befugt. Adressat der Ansprüche ist der Staat, der die rechtswidrige Wegnahme begangen hat oder sie sich zurechnen lassen muss, nicht der gegenwärtige Inhaber der entfernten Sache. Somit ist der ursprüngliche Eigentümer der Sache nicht darauf angewiesen, gegen den jetzigen Besitzer Klage vor den Zivilgerichten des Standortstaates erheben zu müssen.[29] Eine derartige Klage ist allerdings nicht ausgeschlossen.[30]

Anspruchsberechtigt ist damit die mit dem seinerzeit besetzten Staat „Deutsches Reich" subjektidentische Bundesrepublik Deutschland.[31] Anspruchsgegner ist die Russische Föderation, die die Sowjetunion rechtlich fortsetzt.[32]

Bezüglich der in Privateigentum stehenden entzogenen Kulturgüter ergibt sich ein Restitutionsanspruch der Bundesrepublik Deutschland gegenüber der Russischen Föderation auch aus der Verletzung des Art. 46 II HLKO.[33]

*2. Das Vierte Genfer Abkommen vom 12.8.1949*

Ein Rückgabeanspruch wegen Verstoßes gegen das in Art. 33 II, IV. Genfer Abkommen zum Schutze von Zivilpersonen in Kriegszeiten[34] normierte Plünderungsverbot scheidet dagegen aus.

Es handelt sich hierbei nicht um eine spezielle Kulturgüterschutzbestimmung, sondern um ein allgemeines Plünderungsverbot, das zwar grundsätzlich auch für Kulturgüter gilt.[35]

Allerdings findet die genannte Vorschrift auf den vorliegenden Fall keine Anwendung. Denn die Genfer Zivilkonvention war zum Zeitpunkt der Verbringung deutscher Kulturgüter während der sowjetischen Besetzung noch nicht in Kraft getreten. Sie trat vielmehr erst am 21.10.1950 in Kraft und ist damit auf diesen Sachverhalt grundsätzlich nicht anwendbar. Darüber hinaus gibt es aber auch keine Anhaltspunkte für eine rückwirkende Anwendbarkeit der Konvention.

---

27 *Engstler,* Die territoriale Bindung von Kulturgütern, S. 189; *Schweisfurth,* SBZ-Konfiskationen privaten Eigentums, S. 44, m.w.N.

28 *Engstler,* Die territoriale Bindung von Kulturgütern, S. 189.

29 *Engstler,* Die territoriale Bindung von Kulturgütern, S. 190.

30 Vgl. hierzu unten D.II.

31 Vgl. hierzu *Schweisfurth,* SBZ-Konfiskationen privaten Eigentums, S. 46.

32 Zur Problematik des Fortbestands der Sowjetunion in der Russischen Föderation vgl. *Blumenwitz,* BayVBl. 1993, S. 705 ff., S. 706 f. und unten A.I.6.b)aa); a.A. *Ipsen,* Völkerrecht, S. 63 f., Rdnr. 15, S. 396 f., der vom Untergang der UdSSR durch Dismembration ausgeht.

33 Vgl. hierzu im Einzelnen *Schweisfurth,* SBZ-Konfiskationen privaten Eigentums, S. 43 ff., der allerdings die Problematik der sog. demokratischen Bodenreform zwischen 1945 und 1949 behandelt.

34 BGBl. 1954 II, 917.

35 *Berndt,* Internationaler Kulturgüterschutz, S. 30; vgl. hierzu auch oben 1. Teil, A.II.2d)aa).

### 3. *Die Haager Kulturgutschutzkonvention und das Protokoll vom 14.5.1954*[36]

Eine weitere Grundlage für die deutschen Rückgabeforderungen könnte die Haager Kulturgutschutzkonvention und das Protokoll von 1954 bilden.[37]

Die Konvention und das Protokoll haben die strikte Regel verfestigt, dass kein Kulturgut zum Beuteobjekt werden darf, sondern an sein Herkunftsland zu restituieren ist.[38]

#### *a) Wegnahmeschutz und Restitution im Rahmen der Kulturgutschutzkonvention*

##### *aa) Verstoß gegen Art. 4 III der Konvention*

Die Beschlagnahme und Verbringung deutscher Kulturgüter in die Sowjetunion durch sowjetische Truppen während der Besatzungszeit in den Jahren zwischen 1945 und 1949 stellt zwar grundsätzlich eine Verletzung des Art. 4 III 2 der Konvention dar, in dem die Vertragsparteien ausdrücklich erklären, davon Abstand zu nehmen, „bewegliches Kulturgut, das sich auf dem Hoheitsgebiet einer anderen Hohen Vertragspartei befindet, zu beschlagnahmen".

Gem. Art. 18 II finden die Konventionsbestimmungen gerade auch „in allen Fällen teilweiser oder vollständiger Besetzung des Gebiets einer der Hohen Vertragsparteien Anwendung".

##### *bb) Zeitlicher Anwendungsbereich: Unanwendbarkeit wegen fehlender Rückwirkung*

Die Konvention ist letztlich aber auf die Vorkommnisse während der sowjetischen Besatzung nicht direkt anwendbar. Denn ein Sachverhalt, aufgrund dessen ein Recht erworben oder ein Rechtsverhältnis begründet wird, ist nach den Normen zu beurteilen, die im Zeitpunkt des jeweiligen Vorfalls Geltung besaßen.[39]

Damit kommt die direkte Anwendbarkeit der Konvention nur in Betracht, wenn sie zu diesem Zeitpunkt bereits in Kraft war oder wenn sie mit Rückwirkung ausgestattet ist. Beides ist aber nicht der Fall.

Gem. Art. 33 I tritt die Konvention drei Monate nach Hinterlegung von fünf Ratifikationsurkunden in Kraft. Dies war am 7.8.1956, also nach Verbringung der deut-

---

[36] BGBl. 1967 II, S. 1233 ff.; für die Bundesrepublik Deutschland in Kraft getreten am 11.11.1967, BGBl. 1967 II, S. 2471; für die Russische Föderation sind Konvention und Protokoll am 4.4.1957 in Kraft getreten, BGBl. Fundstellennachweis B, Vertragspartei war bis zu ihrer Auflösung die Sowjetunion.

[37] Vgl. zur Haager Konvention von 1954 und zum Fakultativprotokoll vgl. bereits oben 1. Teil, A.II.2.d)bb)aaa) und bbb).

[38] *Schorlemer*, GYIL 41 (1998), S. 317 ff., S. 320, m.w.N. Die Konvention selbst ist zwar hauptsächlich auf den Zerstörungsschutz konzentriert. Art. 4 III enthält aber ein umfassendes Wegnahmeverbot, mit dem versucht wird, alle denkbaren Wegnahmehandlungen, von Diebstahl über Plünderung oder andere widerrechtliche Inbesitznahme bis zum Verbot der Beschlagnahme, zu verhindern, *Engstler,* Die territoriale Bindung von Kulturgütern, S. 219. Wichtige Regelungen in Bezug auf die Restitution widerrechtlich während bewaffneter Konflikte und Besatzung ausgeführter Kulturgüter enthält schließlich das Protokoll zur Konvention, vgl. Art. I Ziff. 3 des Protokolls.

[39] Vgl. hierzu *Ipsen,* Völkerrecht, S. 215, Rdnr. 19.

schen Kulturgüter in die Sowjetunion während der sowjetischen Besatzungszeit, der Fall.[40]

Die Konvention von 1954 entfaltet auch keine Rückwirkung für die vor ihrem Inkrafttreten liegende Zeit. Dafür hätte es einer ausdrücklichen Vereinbarung durch die Parteien bedurft.[41] Vorliegend wurde der Vertrag aber weder in Art. 33 noch in einer anderen Vorschrift ausdrücklich mit rückwirkender Kraft ausgestattet.

Auch eine indirekte Rückwirkung des Vertrags in der Form, dass er auf Vorgänge Anwendung finden soll, die vor seinem Inkrafttreten vollzogen wurden und ihm an sich nicht unterfallen,[42] lässt sich aus den Vertragsbestimmungen nicht ablesen.

Aus der in Art. 18, der den Anwendungsbereich der Konvention festlegt, verwandten Wortwahl lässt sich vielmehr ableiten, dass die Konvention zukunftsgerichtet ist und keine Gültigkeit für in der Vergangenheit liegende bewaffnete Konflikte bzw. Fälle der Besetzung[43] entfalten soll. In Art. 18 I heißt es hierzu: „... diese Konvention findet Anwendung im Falle eines erklärten Krieges oder eines anderen bewaffneten Konflikts, der zwischen zwei oder mehreren Hohen Vertragsparteien *entsteht*,...".[44]

Auch Art. 34 spricht nach seinem Wortlaut[45] für eine allein in die Zukunft gerichtete Anwendbarkeit der Konvention.

Fraglich ist, ob auf den vorliegenden Fall die Loizidou-Rechtsprechung des EGMR im Rahmen des Art. 1 1.ZP übertragen werden kann, in der dieser die Anwendbarkeit des 1. Zusatzprotokolls zur EMRK ausnahmsweise nicht ratione temporis ausgeschlossen hatte, weil die bereits vor Inkrafttreten der EMRK bzw. ihrer Geltung für den entsprechenden Staat geschaffene Lage eine fortdauernde Verletzung des nach Art. 1 1.ZP geschützten Eigentums darstellte.[46] Eine Übertragung dieser Rechtsprechung hätte zur Folge, dass in Abweichung vom eben gefundenen Ergebnis die Anwendbarkeit der Haager Konvention auf den vor ihrem Inkrafttreten liegenden Zeitpunkt der Verbringung in Betracht käme, weil durch die Beschlagnahme und die anschließende, noch andauernde Verlagerung eine „fortdauernde" Verletzung der Konvention besteht.

Es geht also um die Frage der Geltung der Konvention für einen in der Vergangenheit begonnenen, aber noch nicht abgeschlossenen Sachverhalt, also einen Fall der unechten Rückwirkung.

---

40 *Williams,* Protection of movable cultural property, S. 34; für die UdSSR bzw. die Russische Föderation ist Konvention dagegen erst am 4.4.1957 und für die Bundesrepublik Deutschland am 11.11.1967 in Kraft getreten.

41 *Ipsen,* Völkerrecht, S. 129, Rdnr. 15; *Berber,* Lehrbuch des Völkerrechts, Bd. I, S. 429 f., S. 461; Vgl. auch Art. 28 WVK.

42 *Berber,* Lehrbuch des Völkerrechts, Bd. I, S. 461.

43 Gem. Art. 18 II findet die Konvention nämlich auch in allen Fällen teilweiser oder vollständiger Besetzung eines Gebietes Anwendung.

44 Hervorhebung durch die Verfasserin.

45 „Jeder Staat, der bei Inkrafttreten dieser Konvention Vertragspartei ist, hat alle erforderlichen Maßnahmen zu treffen, um ihre wirksame Durchführung binnen sechs Monaten nach Inkrafttreten zu gewährleisten."

46 Vgl. das Urteil des EGMR vom 18. Dezember 1996 im Fall Titina Loizidou gegen Türkei, abgedruckt in EuGRZ 1997, S. 555 ff. Im Fall Loizidou ging es um eine seit 1974 bestehende Zutrittsverweigerung zum Eigentum der Klägerin durch türkische Sicherheitskräfte. Hierbei hat der EGMR angenommen, dass der Beschwerdegegenstand eine „fortdauernde Lage" und keinen augenblicksbezogenen Akt darstellt, EuGRZ 1997, S. 555 ff., S. 558.

Eine Übertragbarkeit dieser speziell im Rahmen der EMRK vom EGMR geprägten Rechtsprechung auf die Haager Konvention 1954 ist aber abzulehnen. Es handelt sich bei der Rechtsprechung um einen Spezialfall des Eigentumsschutzes, der sich nicht ohne weiteres auf die vorliegende Situation übertragen lässt. Zum einen ist Schutzgut der Haager Konvention bereits nicht das Eigentum, sondern Kulturgut als solches.[47] Zum anderen stellt Art. 4 III der Haager Konvention für die Verletzung der Konvention grundsätzlich auf den punktuellen Akt der Beschlagnahme ab, und nicht auf die durch die Beschlagnahme und Verbringung geschaffene Lage.

Deshalb ist eine Anwendbarkeit der Konvention im Sinne einer „fortdauernden Verletzung" abzulehnen.

Eine rückwirkende Anwendung der Konvention auf Fälle des Abhandenkommens von Kulturgütern, die vor ihrem Inkrafttreten liegen, kommt mithin nicht in Betracht. Dies entspricht auch der ganz herrschenden Auffassung.[48]

Die Haager Konvention von 1954 ist deshalb auf die vorliegende deutsch-russische Problematik nicht direkt anwendbar. Aus ihren Bestimmungen kann folglich kein eigenständiger Rückgabegrund abgeleitet werden.

*b) Die Restitutionsregelungen des Protokolls zur Haager Konvention von 1954*

Auch ein Restitutionsanspruch der Bundesrepublik Deutschland gegenüber Russland aus dem Fakultativprotokoll zur Haager Kulturgüterschutzkonvention von 1954 ist letztlich abzulehnen.[49]

*aa) Restitutionsverpflichtung aus Art. I Ziffer 3 i.V.m. Ziffer 1*

Zwar enthält Art. I Ziff. 3 S. 1 eine Restitutionspflicht für unter Verletzung des Art. I Ziff. 1 ausgeführte Kulturgüter und normiert darüber hinaus gem. Art. I Ziff. 3 S. 2 das Verbot, diese Kulturgüter als Reparationsleistung zurückzuhalten.

*bb) Zeitlicher Anwendungsbereich: Unanwendbarkeit wegen fehlender Rückwirkung*

Allerdings war das Protokoll – ebenso wie die Haager Konvention – zur Zeit der Wegführung der deutschen Kulturgüter während der Besetzung Deutschlands weder in Kraft, noch entfaltet es Rückwirkung, weshalb seine direkte Anwendbarkeit ausscheidet.

Nach Art. III Ziff. 10 a) tritt das Protokoll drei Monate nach Hinterlegung von 5 Ratifikationsurkunden in Kraft, was am 7.8.1956 der Fall war.[50]

---

47 Nach Art. 2 der Konvention umfasst der Schutz des Kulturguts dabei dessen Sicherung und Respektierung.

48 *Fastenrath,* in: FAZ v. 16.4.1997, S. 8; *Fiedler,* Pazifik-Forum, Bd. 5 (1995), S. 217 ff., S. 226; *Walter,* Rückführung von Kulturgut, S. 72, 76; *Schorlemer*, GYIL 41 (1998), S. 317 ff., S. 320; *Körbs,* HuV-I 3 (1996), S. 138 ff., S. 146.

49 Vgl. bereits oben Erster Teil.

50 *Williams,* Protection of movable cultural property, S. 34; für die UdSSR bzw. die Russische Föderation ist es dagegen erst am 4.4.1957 und für die Bundesrepublik Deutschland am 11.11.1967 in Kraft getreten.

Darüber hinaus enthält das Protokoll auch keine Vorschrift, die es ausdrücklich mit Rückwirkung ausstattet. Deshalb geht die h.M. davon aus, dass sich die im Protokoll enthaltene Rückgabeverpflichtung nur auf solche Kulturgüter beziehen kann, die erst nach dem Inkrafttreten des Protokolls abhanden gekommen sind, nicht dagegen auf vor 1954 liegende Sachverhalte.[51] Folgt man dieser Ansicht, scheidet eine direkte Anwendbarkeit auf die im Wesentlichen zwischen 1945 und 1949 verlagerten deutschen Kulturgüter aus.

Eine Anwendbarkeit des Protokolls trotz grundsätzlich fehlender Rückwirkung wegen des Dauerzustands der Verlagerung der deutschen Kulturgüter nach Russland seit ihrer Beschlagnahme und Verbringung während der Besatzungszeit ist ebenfalls abzulehnen.

Anknüpfungspunkt wäre dann nicht die Beschlagnahme und Verbringung zwischen 1945 und 1949, sondern die andauernde Verlagerung im Sinne einer „fortdauernden Verletzung“ des Protokolls. Zwar scheint der Wortlaut des Art. I Ziff. 3 S. 1 die Anknüpfung an die andauernde Verlagerung auf den ersten Blick zu stützen. Nach dieser Bestimmung[52] wird für die Rückgabe daran angeknüpft, dass die Kulturgüter aus während der Feindseligkeiten besetzten Gebieten ausgeführt wurden und sich nach Beendigung noch auf dem Gebiet der früheren Besatzungsmacht befinden, eine Situation, die auf die in Russland lagernden deutschen Kulturgüter zutrifft. Andererseits muss aber auch berücksichtigt werden, welche Konflikte vom Anwendungsbereich des Protokolls erfasst sind.

Hierüber gibt Art. III Ziffer 10 c) des Protokolls Auskunft. Dort wird auf die in Artikel 18 und 19 der Haager Kulturgüterschutzkonvention vorgesehene Lage Bezug genommen. Hiernach findet die Konvention und aufgrund Verweisung auch das Protokoll aber wie gesehen nur auf seit Inkrafttreten der Konvention entstandene bewaffnete Konflikte und Fälle der Besetzung Anwendung.[53]

Aus diesem Grund scheidet eine direkte Anwendbarkeit für vor 1954 liegende Konflikte auch im Hinblick auf das Protokoll zur Kulturgüterschutzkonvention aus.

### *4. Die UNESCO-Konvention vom 14.11.1970*

Eine Verpflichtung zur Restitution der während der Besetzung Deutschlands in die ehemalige UdSSR verbrachten deutschen Kulturgüter könnte sich grundsätzlich auch aus der UNESCO-Konvention von 1970 ergeben.[54]

---

50 *Williams,* Protection of movable cultural property, S. 34; für die UdSSR bzw. die Russische Föderation ist es dagegen erst am 4.4.1957 und für die Bundesrepublik Deutschland am 11.11.1967 in Kraft getreten.

51 *Walter,* Rückführung von Kulturgut, S. 76; *Fiedler,* Pazifik-Forum, Bd. 5 (1995), S. 217 ff., S. 226; *Körbs,* HuV-I 3 (1996), S. 138 ff., S. 146; *Schorlemer*, GYIL 41 (1998), S. 317 ff., S. 320; *Fastenrath,* in: FAZ v. 16.4.1997, S. 8.

52 Art. I Ziff. 3 S. 1 des Protokolls: "Jede Hohe Vertragspartei verpflichtet sich, bei Beendigung der Feindseligkeiten auf ihrem Gebiet befindliches Kulturgut den zuständigen Behörden des früher besetzten Gebiets zurückzugeben..."

53 Art. 18 I der Konvention: „ ...findet diese Konvention Anwendung im Falle eines erklärten Krieges oder eines anderen bewaffneten Konflikts, der zwischen zwei oder mehreren Hohen Vertragsparteien *entsteht*, ...“.

54 Zur UNESCO-Konvention 1970 vgl. bereits oben 1. Teil, A.III.1.

Eine Regelung für den Export von Kulturgütern im Besetzungsfall enthält Art. 11 der Konvention. Demnach gilt „die erzwungene Ausfuhr und Übereignung von Kulturgut, die sich mittelbar oder unmittelbar aus der Besetzung eines Landes durch eine fremde Macht ergeben, ... als unzulässig". Damit stellt Art. 11 zwar selbst keine Restitutionspflicht auf. Aus der Zusammenschau insbesondere von Art. 7 b ii und Art. 13 b, die eine Restitutionspflicht für nach diesen Vorschriften widerrechtlich entfernte Kulturgüter aufstellen, ergibt sich aber, dass die UNESCO-Konvention 1970 die Restitutionspflicht für illegal eingeführtes, ausgeführtes oder übereignetes Kulturgut als selbstverständlich ansieht und aus diesem Tatbestand ein entsprechender Restitutionsanspruch des Berechtigten gefolgert werden kann, dem die Vertragsstaaten durch nationale Maßnahmen Rechnung tragen müssen.[55]

Die Anwendbarkeit der Konvention auf den Fall der Verbringung der deutschen Kulturgüter in die Sowjetunion während der Besatzungszeit erscheint allerdings aus folgenden Gründen problematisch.

Zunächst entfaltet die UNESCO-Konvention von 1970 keine Rückwirkung. Dies ergibt sich für den Restitutionsanspruch des Art. 7 b ii direkt aus dessen Wortlaut, wonach ein solcher Anspruch nur für Kulturgüter besteht, die nach Inkrafttreten der Konvention in beiden betreffenden Staaten gestohlen wurden.[56] Die Konvention entfaltet aber auch insgesamt keine Rückwirkung.[57] Gem. Art. 21 tritt das Übereinkommen erst drei Monate nach Hinterlegung der dritten Ratifikations-, Annahme– oder Beitrittsurkunde für diejenigen Staaten in Kraft, die bis zu diesem Zeitpunkt ihre Urkunden hinterlegt haben, für jeden weiteren Staat drei Monate nach der Ratifikation.[58] Zwar wurde während der Kodifikationsarbeiten gerade im Hinblick auf Art. 11 eine Geltung auch für die Vergangenheit gefordert, wobei die Einfügung der Worte „including any such action in the past" vorgeschlagen wurde.[59] Hierzu ist es aber letztlich nicht gekommen.

Das Abkommen findet deshalb keine Anwendung auf diejenigen illegalen Importe, Exporte oder Übereignungen von Kulturgütern, die bereits vor Inkrafttreten des Übereinkommens stattgefunden haben. Dementsprechend ist es auf den vorliegenden Fall der Verbringung während der Besetzung Deutschlands seit 1945, lange Zeit vor Inkrafttreten der Konvention, nicht direkt anwendbar.

Darüber hinaus scheidet die Anwendbarkeit im deutsch-russischen Verhältnis auch deshalb aus, weil nicht beide betreffenden Staaten Mitglieder der Konvention sind, die Konvention aber nur zwischen Vertragsstaaten Gültigkeit besitzt.[60] Nach Art. 7 b ii ist Voraussetzung für die Rückgabe von Kulturgut, dass dieses nach Inkrafttreten der

---

[55] *Körbs,* HuV-I 3 (1996), S. 138 ff., S. 144.

[56] *Freytag,* in: Fechner/Oppermann/Prott (Hrsg.), Prinzipien des Kulturgüterschutzes, S. 175 ff., S. 181; *Jote,* International Legal Protection of Cultural Heritage, S. 215.

[57] *Williams,* Protection of movable cultural property, S. 185.

[58] *Prott,* The Role of UNESCO "Intergovernmental Committee for Promoting the Return of Cultural Property" in the Resolution of Disputes Concerning Cultural Property Removed in Consequence of the Second World War, http://www.dhh-3.de/biblio/bremen/sow4/sr1.html; *Körbs,* HuV-I 3 (1996), S. 138 ff., S. 146.

[59] Vgl. hierzu Nachweise bei *Schorlemer,* Internationaler Kulturgüterschutz, S. 304.

[60] *Wiederkehr-Schuler,* Kulturgüterschutz – Freier Kunstmarkt, S. 34.

Konvention für beide betreffenden Staaten widerrechtlich eingeführt wurde.[61] Für die Russische Föderation ist die Konvention zwar seit dem 28.4.1988, dem Zeitpunkt ihres Inkrafttretens in der ehemaligen Sowjetunion, anwendbar. Die Bundesrepublik hat die UNESCO-Konvention von 1970 aber bis zum heutigen Zeitpunkt nicht ratifiziert.

### *5. Das Erste Genfer Zusatzprotokoll vom 8.6.1977*

Auch aus einer Verletzung des Ersten Genfer Zusatzprotokolls von 1977[62] könnte sich ein Rückgabeanspruch der Bundesrepublik Deutschland ergeben.[63]

Die für den Kulturgüterschutz wichtigste Bestimmung des Ersten Zusatzprotokolls ist Art. 53. Dieser verbietet „feindselige Handlungen gegen geschichtliche Denkmäler, Kunstwerke oder Kultstätten zu begehen, die zum kulturellen oder geistigen Erbe der Völker gehören," (lit. a), „solche Objekte zur Unterstützung des militärischen Einsatzes zu verwenden (lit. b) oder „zum Gegenstand von Repressalien zu machen" (lit. c).

Eine „feindselige Handlung" i.S. des Art. 53 a) des Protokolls liegt hier zwar wohl nicht vor. Darunter ist nämlich insbesondere die Zerstörung jeglichen unter dem besonderen Schutz stehenden Objekts zu verstehen.[64] An die Wegnahme von Kulturgüter als „feindselige Handlung" war hier dagegen nicht gedacht, was sich auch aus dem Zusammenhang mit Art. 85 IV d) des Protokolls erschließt, der als schwere Verletzung des Protokolls „weitgehende *Zerstörungen* verursachende *Angriffe*, die gegen eindeutig erkannte geschichtliche Denkmäler, Kunstwerke oder Kultstätten gerichtet sind ..." nennt.[65]

In Betracht kommt vorliegend aber möglicherweise ein Verstoß des sowjetischen Verhaltens gegen das in Art. 53 c) enthaltene Verbot, Kulturgüter zum Gegenstand von Repressalien zu machen. Dies bedeutet, dass nicht nur die Zerstörung von Kulturgütern als Repressalie verboten ist, sondern auch deren Wegnahme.[66]

Allerdings erscheint problematisch, ob sich die Maßnahmen der Sowjetunion unter den Begriff der Repressalie subsumieren lassen, da diese nur solange zulässig ist, bis der Gegner sein rechtswidriges Verhalten beendet hat. Im Fall des besiegten Deutschlands war eine Beendigung des rechtswidrigen Verhaltens aber bereits eingetreten.

---

[61] Art. 7 b ii: „ ... auf Ersuchen des Ursprungsstaates, der Vertragspartei dieses Übereinkommens ist, ergreifen sie geeignete Maßnahmen zur Wiedererlangung und Rückgabe von Kulturgut, das nach Inkrafttreten dieses Übereinkommens für beide betreffenden Staaten eingeführt wurde...".

[62] Erstes Zusatzprotokoll vom 8.6.1977 zu den Genfer Abkommen vom 12. August 1949 über den Schutz der Opfer internationaler bewaffneter Konflikte, BGBl. 1990 II, S. 1551 ff. Sowohl die Bundesrepublik Deutschland als auch die Russische Föderation sind Vertragspartner des Zusatzprotokolls, für die Bundesrepublik Deutschland in Kraft getreten am 14.8.1991, für die Russische Föderation am 29.3.1990, wobei Vertragspartei bis zu ihrer Auflösung die Sowjetunion war, vgl. BGBl. Fundstellennachweis B.

[63] Für die vorliegende Konstellation ist allein das I. Zusatzprotokoll von 1977, das auf internationale bewaffnete Konflikte Anwendung findet, von Interesse, nicht dagegen das II. Zusatzprotokoll, das auf nicht internationale bewaffnete Konflikte Anwendung findet.

[64] *Sandoz/Swinarski/Zimmermann*, Commentary on the Additional Protocols of June 1977 to the Geneva Conventions of 12 August 1949, Protocol I, Art. 53, Rdnr. 2070.

[65] Hervorhebung durch die Verfasserin.

[66] Das Verbot, die Plünderung als Repressalie einzusetzen findet sich allerdings bereits in Art. 33 II der IV. Genfer Konvention, vgl. *Berber*, Lehrbuch des Völkerrechts, Bd. II, S. 176.

Damit erscheint bereits die Erfüllung des Tatbestands des Art. 53 des Ersten Zusatzprotokolls fraglich.
Diese Frage kann vorliegend aber offen bleiben. Das Erste Zusatzprotokoll ist auf den vorliegenden Sachverhalt nämlich nicht anwendbar, weil es zum Zeitpunkt der Verbringung der deutschen Kulturgüter in die UdSSR in der Zeit zwischen 1945 und 1949 noch nicht in Kraft war. Für die Bundesrepublik Deutschland und Russland sind sie vielmehr erst am 14.8.1991 bzw. am 29.3.1990 in Kraft getreten. Es spricht auch nichts dafür, dass diese Verträge rückwirkend angewendet werden sollten.[67]

Damit scheidet ein Rückgabeanspruch wegen Verletzung des Ersten Zusatzprotokolls aus.

### *6. Der deutsch-sowjetische Nachbarschaftsvertrag vom 9.11.1990 und das deutsch-russische Kulturabkommen vom 16.12.1992*

Die zweite wichtige Anspruchsgrundlage für die deutschen Restitutionsforderungen neben der HLKO bilden, wie im Folgenden im Einzelnen aufzuzeigen sein wird, der deutsch-sowjetische Nachbarschaftsvertrag von 1990[68] und der deutsch-russische Vertrag von 1992[69].
In Art. 16 II des Nachbarschaftsvertrags von 1990 heißt es: „Sie [die Bundesrepublik Deutschland und die Union der Sozialistischen Sowjetrepubliken][70] stimmen darin überein, dass verschollene oder unrechtmäßig verbrachte Kunstschätze, die sich auf ihrem Territorium befinden, an den Eigentümer oder seinen Rechtsnachfolger zurückgegeben werden."

Diese in Artikel 16 des deutsch-sowjetischen Vertrags enthaltene Rückgabeverpflichtung wurde durch Art. 15 des deutsch-russischen Abkommens über kulturelle Zusammenarbeit vom 16. Dezember 1992, das nach dem Zerfall der Sowjetunion abgeschlossen wurde, bekräftigt. Er ist im Wesentlichen inhalts- und wortgleich mit Art. 16 II.[71]

Die beiden bilateralen Verträge bekräftigen somit das in der internationalen Staatengemeinschaft anerkannte Prinzip, das die Rückgabe in Zeiten des Krieges und der Besatzung weggeführten kulturellen Eigentums fordert.[72]

Während der deutsch-russischen Konsultationen über die Kulturgüterrückführung sind allerdings zwischen den beiden Staaten unterschiedliche Auffassungen über die

---

[67] Ebenso bspw. *Fastenrath,* in: FAZ v. 16.4.1997, S. 8.

[68] Vertrag vom 9. November 1990 über gute Nachbarschaft, Partnerschaft und Zusammenarbeit zwischen der Bundesrepublik Deutschland und der Union der Sozialistischen Sowjetrepubliken, BGBl. 1991 II, S. 703 ff.

[69] Abkommen zwischen der Regierung der Bundesrepublik Deutschland und der Regierung der Russischen Föderation über kulturelle Zusammenarbeit vom 16. Dezember 1992, BGBl. 1993 II, S. 1256 ff.

[70] Anmerkung der Verfasserin.

[71] Der einzige sprachliche Unterschied besteht darin, dass Art. 16 II des Nachbarschaftsvertrags von 1990 von „Kunstschätzen", Art. 15 des Kulturabkommens von 1992 dagegen von „Kulturgütern" spricht.

[72] *Siehr,* RdC 243 (1993 VI), S. 9 ff., S. 119; *Hiller,* in: Simpson (Hrsg.), The Spoils of War, S. 179 ff., S. 179.

Auslegung des Art. 16 bzw. 15, insbesondere die Begriffe der „verschollenen“ bzw. „unrechtmäßig verbrachten“ Kulturgüter aufgetreten, weshalb im Folgenden eine nähere Auseinandersetzung mit diesen Bestimmungen erfolgen soll.

Da die Vertragsbestimmungen bezüglich der Rückführung von Kulturgütern im Wesentlichen gleich lautend sind und es sich um einen einheitlichen Sachverhalt handelt, können sie im Folgenden weitgehend gemeinsam abgehandelt werden.

*a) Hintergründe und politischer Rahmen des Vertragsschlusses*

Von Bedeutung, gerade für die Auslegung und rechtliche Einordnung der Verträge, ist insbesondere der politische Rahmen, in dem sie geschlossen wurden. Im Jahr 1990, als der Kalte Krieg und die Spaltung Europas beendet wurde, entschieden sich Deutschland und die Sowjetunion, für eine Zukunft in partnerschaftlicher Zusammenarbeit einzutreten. Die Rückgabe der Kulturgüter wurde deshalb in die Regelung der gegenseitigen Beziehungen einbezogen, um aus dieser ungelösten Frage resultierende Belastungen im bilateralen Verhältnis zu beseitigen.[73] Der Abschluss des bilateralen Vertrags war umrahmt von einer Reihe historischer multilateraler Entscheidungen zur Beendigung des Ost-West-Konflikts – vom Abschluss des sog. „Zwei-plus-Vier-Vertrags“ zwischen den ehemaligen Besatzungsmächten und den beiden deutschen Staaten am 12. September 1990 bis zur Verabschiedung der „Charta von Paris für ein neues Europa“ auf dem KSZE-Gipfel am 21. November 1990.[74]

*b) Fortgeltung des Vertrags von 1990 und Bedeutung des Vertrags von 1992*

*aa) Weitergeltung des Vertrags von 1990 trotz Zerfalls der UdSSR*

Die grundlegenden Wandlungen in der UdSSR in der zweiten Hälfte des Jahres 1991 könnten Zweifel an der Fortgeltung des deutsch-sowjetischen Vertrags von 1990 im Verhältnis zwischen der Bundesrepublik Deutschland und der Russischen Föderation aufkommen lassen. Für diese Frage ist von Bedeutung, ob die Gründung der Russischen Föderation und die Bildung der Gemeinschaft Unabhängiger Staaten (GUS) zu einem Untergang der Sowjetunion als Staat im Sinne des Völkerrechts geführt hat und diese damit als Subjekt völkerrechtlicher Ansprüche und Bindungen untergegangen ist.[75]

Diese Frage war zunächst strittig.[76] Die völkerrechtliche Staatenpraxis geht aber mittlerweile ganz einheitlich von der rechtlichen Kontinuität der Sowjetunion in der Russischen Föderation aus.[77]

---

[73] Vgl. auch die Präambel des Vertrags; ebenso *Fiedler,* Kulturgüter als Kriegsbeute, S. 2.

[74] *Fiedler,* Kulturgüter als Kriegsbeute, S. 2; *Auswärtiges Amt,* Die vertraglichen Vereinbarungen zwischen Deutschland und Rußland zur Rückführung kriegsbedingt verbrachter Kulturgüter, (unveröffentlichte Stellungnahme), S. 1 f., Nr. 3-6.

[75] Vgl. hierzu ausführlicher: *Blumenwitz,* BayVBl. 1993, S. 705 ff., S. 706 f.; *Von der Beck,* Die Konfiskationen in der Sowjetischen Besatzungszone, S. 339 ff.

[76] Sowohl von Stimmen in der Literatur, so bspw. *Seiffert,* Osteuropa Recht 1992, S. 79 ff., weitere Nachweise bei *Von der Beck,* Die Konfiskationen in der Sowjetischen Besatzungszone, S. 339, Fn. 112, wie auch in der politischen Praxis, so bspw. durch den Gebrauch des Begriffs der „Nachfolge-

Auch die Russische Föderation selbst hat keinen Zweifel daran gelassen, dass sie als der Staat angesehen werden will, der in die Rechtsposition der Sowjetunion eingetreten ist und sie als Völkerrechtssubjekt fortsetzt.

Damit ist davon auszugehen, dass die Russische Föderation rechtlich mit der Sowjetunion identisch ist und deren völkerrechtliche Rechte und Pflichten wahrnimmt.[78]

Der deutsch-sowjetische Nachbarschaftsvertrag von 1990 gilt mithin zwischen der Bundesrepublik Deutschland und der Russischen Föderation fort.

*bb) Bedeutung des deutsch-russischen Kulturabkommens von 1992*

Wie bereits erwähnt, wurde die gegenseitige Rückgabeverpflichtung in Art. 15 des deutsch-russischen Kulturabkommens von 1992 bekräftigt.

Nach den eben gemachten Ausführungen ist zwar deutlich geworden, dass es dieser Bekräftigung aufgrund der rechtlichen Identität der Russischen Föderation mit der Sowjetunion nicht bedurft hätte.[79] Auf diese Weise hat Russland aber unterstrichen, dass es bereit ist, die von der Sowjetunion, seinem Rechtsvorgänger, eingegangenen rechtlichen Verpflichtungen, deutsches Kulturgut zurückzugeben, zu akzeptieren.[80]

---

staaten der Sowjetunion" durch das Bundeskanzleramt, siehe Nachweise hierzu bei: *Blumenwitz,* BayVBl. 1993, S. 705 ff., S. 706, wurde von einem Untergang der Sowjetunion durch Dismembration ausgegangen. Die Frage des Übergangs völkerrechtlicher Positionen auf die Nachfolgestaaten regelt sich in diesem Fall nach der im Einzelnen äußerst umstrittenen Lehre von der Staatennachfolge, vgl. hierzu bspw. *Ipsen,* Völkerrecht, S. 306 ff.; *Von der Beck,* Die Konfiskationen in der Sowjetischen Besatzungszone, S. 339 f.

77 Dies wurde vom Auswärtigen Amt bereits am 30. Januar 1992 im Rahmen der Beantwortung einer entsprechenden Anfrage im Deutschen Bundestag vertreten: „Der Präsident der Russischen Föderation hat dem Generalsekretär der Vereinten Nationen am 24. Dezember 1991 mitgeteilt, dass Russland die Mitgliedschaft der Sowjetunion in den Vereinten Nationen fortsetzt und die Verantwortung für alle Rechte und Verpflichtungen der Sowjetunion gemäß der Charta der Vereinten Nationen in vollem Umfang beibehält. Die Bundesrepublik Deutschland hat mit Schreiben des Bundespräsidenten vom 26. Dezember 1991 an Präsident Jelzin zur Kenntnis genommen, dass die Russische Föderation die ehemalige Sowjetunion fortsetzt", siehe Nachweis hierzu bei *Blumenwitz,* BayVBl. 1993, S. 705 ff., S. 706. Diese vom Auswärtigen Amt eingenommene Haltung entspricht auch derjenigen der EG-Mitgliedstaaten, vgl. Brüsseler Erklärung zum künftigen Status Russlands und anderer ehemaliger Sowjetrepubliken", Bulletin Nr. 3 vom 9.1.1992, S. 18. und der Praxis der Vereinten Nationen, die von einer Fortführung der Sowjetunion durch die Russische Föderation ausgehen. Insbesondere hat die Russische Föderation nach entsprechender Erklärung des russischen Präsidenten Jelzin an den UN-Generalsekretär und unter ausdrücklicher oder stillschweigender Billigung der übrigen Mitgliedstaaten der Vereinten Nationen den gem. Art. 23 SVN der Union der Sozialistischen Sowjetrepubliken eingeräumten ständigen Sitz im Sicherheitsrat übernommen, was ohne Satzungsänderung nur auf Grundlage der rechtlichen Identität von UdSSR und Russischer Föderation möglich war, *Blumenwitz,* BayVBl. 1993, S. 705 ff., S. 707; Vgl. hierzu auch *Ipsen,* Völkerrecht, S. 396, der allerdings von einer Dismembration der UdSSR ausgeht.

78 Ebenso *Blumenwitz,* BayVBl. 1993, S. 705 ff., S. 707.

79 So auch *Fiedler,* in: Meissner/Eisfeld (Hrsg.), 50 Jahre sowjetische und russische Deutschlandpolitik, S. 263 ff., S. 264.

80 *Schorlemer,* GYIL 41 (1998), S. 317 ff., S. 322.

*c) Russische und deutsche Sichtweise hinsichtlich der Auslegung der Rückgabeklauseln*

Der deutsch-russische Streit über die Rückgabe hat sich, wie bereits angedeutet, nicht zuletzt an der Auslegung der in den Rückgabeklauseln enthaltenen Begriffe der „verschollenen" und „unrechtmäßig verbrachten" Kulturgüter entzündet.

Deshalb soll – bevor auf die Auslegung der Rückgabeklauseln im Einzelnen eingegangen wird – an dieser Stelle zunächst die von der russischen bzw. deutschen Seite vertretene Auffassung bezüglich der streitigen Textpassagen erörtert werden.

*aa) Auffassungen zum Begriff „verschollen"*

Das Vorliegen des Tatbestandsmerkmals „verschollen" hinsichtlich der deutschen Kulturgüter verneint die russische Seite unter dem Hinweis darauf, dass einige sowjetische Regierungsmitglieder deren Aufbewahrungsort kannten, wobei offiziell die Existenz deutscher Kulturgüter mehr als 40 Jahre lang geleugnet worden war.[81]

Die deutsche Seite argumentiert dagegen dahingehend, dass es für die Kenntnis auf den rechtmäßigen Besitzer ankommt. Mithin seien alle diejenigen Kulturgüter als verschollen anzusehen, von deren Verbleib bzw. Aufbewahrungsort die Bundesrepublik Deutschland und die rechtmäßigen deutschen Eigentümer zur Zeit des Vertragsabschlusses im November 1990 keine Kenntnis hatten.[82]

*bb) Auffassungen zum Begriff „unrechtmäßig verbracht"*

Auch über die Auslegung des Begriffs „unrechtmäßig verbracht" gehen die deutsche und russische Auffassung auseinander, allerdings nur, soweit es sich um die in die UdSSR verbrachten deutschen Kulturgüter handelt.

Denn die Völkerrechtswidrigkeit des durch die Nationalsozialisten erfolgten umfangreichen Kunstraubs hat die deutsche Seite nie bestritten. Soweit die von den Nazis geraubten Kulturgüter noch nicht im Rahmen der alliierten Rückführungsaktionen in den Jahren zwischen 1945 und 1948 in die Sowjetunion zurückgelangt sind, ist die Bundesrepublik Deutschland bemüht, noch verbliebene Beutestücke aufzufinden, um sie dann zurückzugeben.[83]

Über die Rechtswidrigkeit der Verbringung der deutschen Kulturgüter durch die Sowjetunion zwischen 1945 und 1949 gehen die Auffassungen dagegen auseinander. Hier geht die deutsche Seite davon aus, dass der Begriff „unrechtmäßig verbracht" als ein auf die gemeinsame Auffassung im Jahr 1990 bezogener Begriff zu verstehen ist,

---

[81] *Schorlemer*, GYIL 41 (1998), S. 317 ff., S. 321.

[82] *Auswärtiges Amt*, Die vertraglichen Vereinbarungen zwischen Deutschland und Rußland zur Rückführung kriegsbedingt verbrachter Kulturgüter, (unveröffentlichte Stellungnahme), S. 5, Nr. 15 ff.; *Hiller*, in: Simpson (Hrsg.), The Spoils of War, S. 179 ff., S. 183, Nr. 15 ff; *Fiedler*, Kulturgüter als Kriegsbeute, S. 13 f.; *Schorlemer*, GYIL 41 (1998), S. 317 ff., S. 321.

[83] *Auswärtiges Amt*, Die vertraglichen Vereinbarungen zwischen Deutschland und Rußland zur Rückführung kriegsbedingt verbrachter Kulturgüter, (unveröffentlichte Stellungnahme), S. 4, 6, Nr. 11, 19.

der die Auseinandersetzungen um die Ereignisse 1945 und danach vermeiden will.[84] Zwar sei man sich der unterschiedlichen Rechtsauffassungen über die Situation der aus Deutschland in die Sowjetunion verbrachten Kulturgüter bei Vertragsabschluss bewusst gewesen. Es sei aber nicht Wille der Vertragspartner gewesen, mit den Worten „unrechtmäßig verbracht" lediglich auf ungelöste Kontroversen über die Vergangenheit zu verweisen. Vielmehr wollte man mit der Vergangenheit erklärtermaßen abschließen.[85] Die beiden Seiten hätten sich 1990 und 1992 bestätigt, dass die Fortdauer der einseitigen Verlagerung von Kulturgütern nach ihrer jetzigen gemeinsamen Auffassung einen unrechtmäßigen Zustand bedeute und die einseitig verlagerten Kulturgüter heute als unrechtmäßig verbracht anzusehen seien und damit zurückgegeben werden müssen.[86]

Aber auch bei einer auf den Zeitpunkt der Verbringung bezogenen Bewertung ergibt sich nach deutscher Auffassung kein anderes Ergebnis. Die Rechtswidrigkeit der Verbringung deutscher Kulturgüter wird aus der Haager Landkriegsordnung von 1907, insbesondere aus Art. 56 und 46 II, abgeleitet, wonach „Werke der Kunst und Wissenschaft" und „der Kunst und der Wissenschaft gewidmete Anstalten" auf besetztem Gebiet vor Beschlagnahme geschützt sind und zwar unabhängig davon, ob sie sich in privatem oder öffentlichem Eigentum befinden.[87] Ein vom Völkerrecht losgelöstes Siegerrecht, das jegliche Art von Beschlagnahmungen und Beutenahmen erlaubt, gibt es nicht und gab es auch 1945 nicht.[88]

Die russische Seite sieht in der auf Anordnung sowjetischer Regierungsorgane und militärischer Kommandostellen erfolgten Verlagerung deutschen Kulturguts dagegen keinen Verstoß gegen das Völkerrecht. Die Kulturgüter befinden sich danach rechtmäßig in Russland,[89] weshalb die Rückgabeklausel der deutsch-russischen Verträge nicht greift. Zur Begründung der Rechtmäßigkeit der Verbringung beruft sich die russische Seite auf die bedingungslose Kapitulation vom 7./8. Mai 1945, angebliche Beschlüsse des Alliierten Kontrollrats, auf die mit Deutschlands Kriegsverbündeten im Jahr 1947 geschlossenen Friedensverträge und auf Art. 107 SVN, sog. Feindstaatenklausel.[90] Die Beschlagnahme sei als Reaktion auf die durch die Deutschen verursachten Schäden an

---

[84] *Hiller,* in: Simpson (Hrsg.), The Spoils of War, S. 179 ff., S. 183 f., Nr. 22; *Auswärtiges Amt,* Die vertraglichen Vereinbarungen zwischen Deutschland und Rußland zur Rückführung kriegsbedingt verbrachter Kulturgüter, (unveröffentlichte Stellungnahme), S. 6, Nr. 22.

[85] So *Auswärtiges Amt,* Die vertraglichen Vereinbarungen zwischen Deutschland und Rußland zur Rückführung kriegsbedingt verbrachter Kulturgüter, (unveröffentlichte Stellungnahme), S. 6, Nr. 19.

[86] So *Auswärtiges Amt,* Die vertraglichen Vereinbarungen zwischen Deutschland und Rußland zur Rückführung kriegsbedingt verbrachter Kulturgüter, (unveröffentlichte Stellungnahme), S. 6 f., Nr. 22; *Hiller,* in: Simpson (Hrsg.), The Spoils of War, S. 179 ff., S. 184, Nr. 22.

[87] *Auswärtiges Amt,* Die vertraglichen Vereinbarungen zwischen Deutschland und Rußland zur Rückführung kriegsbedingt verbrachter Kulturgüter, (unveröffentlichte Stellungnahme), S. 7, Nr. 24.

[88] Vgl. *Auswärtiges Amt,* Die vertraglichen Vereinbarungen zwischen Deutschland und Rußland zur Rückführung kriegsbedingt verbrachter Kulturgüter, (unveröffentlichte Stellungnahme), S. 7, Nr. 24; *Hiller,* in: Simpson (Hrsg.), The Spoils of War, S. 179 ff., S. 184, Nr. 24.

[89] Vgl. hierzu *Burchardi,* Der deutsch-russische Streit um die Kulturgüter, S. 19 f.; *Burchardi/Kalb,* „Beutekunst" als Chance, S. 18 f.

[90] Siehe auch *Burchardi,* Der deutsch-russische Streit um die Kulturgüter, S. 19 f.; *Burchardi/Kalb,* „Beutekunst" als Chance, S. 18 f.; *Schorlemer,* GYIL 41 (1998), S. 317 ff., S. 327.

russischem Kulturgut zu verstehen und die Verbringung sei als zum Zweck der Reparation in Form der kompensatorischen Restitution erfolgt gerechtfertigt.[91]

Dieser russischen Forderung nach restitution in kind hat die deutsche Seite widersprochen.[92] Zwar sei ein Kompensationsverlangen im Hinblick auf die schmerzliche Geschichte des Zweiten Weltkriegs verständlich, sie finde aber keine Stütze im allgemeinen Völkerrecht, wenn es hierfür auch Beispiele im Vertragsrecht gebe, so Art. 247 Versailler Vertrag und einzelne Friedensverträge mit Deutschlands Kriegsverbündeten. Vor allem aber sei diese Auffassung weder bei der Aushandlung der geltenden vertraglichen Vereinbarungen vorgetragen worden, noch komme sie im Wortlaut der Rückführungsartikel der Verträge von 1990 und 1992 in irgendeiner Weise zum Ausdruck.[93]

### *d) Eigene Auslegung der Rückgabeklauseln*

#### *aa) Methodische Vorbemerkung zur Auslegung völkerrechtlicher Verträge*

Bevor auf die Auslegung der Rückgabeklauseln im Einzelnen eingegangen wird, ist zunächst zu ermitteln, anhand welcher rechtlichen Kriterien und Prinzipien die Auslegung eines völkerrechtlichen Vertrages zu erfolgen hat.

Grundsätzlich erfolgt die Auslegung entsprechend dem zur Zeit des Vertragsabschlusses geltenden Recht. Dies gilt auch für die deutsch-russischen Verträge.[94] Deshalb ist für die offenen Auslegungsfragen der Verträge aus den Jahren 1990 und 1992 auch die Wiener Vertragsrechtskonvention von 1969[95] heranzuziehen.[96] Die allgemeine Auslegungsnorm findet sich hier in Art. 31 WVK,[97] der eine wörtliche, systematische

---

[91] *Schorlemer*, GYIL 41 (1998), S. 317 ff., S. 322; *Weber*, HuV-I 1 (1999), S. 36 ff., S. 46. Die russische Seite hat die Forderung erhoben, dass „im Falle der Unmöglichkeit der Rückführung der während des Zweiten Weltkriegs aus dem Hoheitsgebiet der Sowjetunion verbrachten Kulturgüter diese durch Objekte derselben Art und der gleichen Qualität ersetzt werden, darunter durch Kulturgüter, die nach der Beendigung der Kampfhandlungen aus Deutschland in die Sowjetunion verbracht worden sind," siehe *Auswärtiges Amt*, Die vertraglichen Vereinbarungen zwischen Deutschland und Rußland zur Rückführung kriegsbedingt verbrachter Kulturgüter, (unveröffentlichte Stellungnahme), S. 8, Nr. 27.

[92] Vgl. *Auswärtiges Amt*, Die vertraglichen Vereinbarungen zwischen Deutschland und Rußland zur Rückführung kriegsbedingt verbrachter Kulturgüter, (unveröffentlichte Stellungnahme), S. 8, Nr. 28; *Hiller*, in: Simpson (Hrsg.), The Spoils of War, S. 179 ff., S. 184, Nr. 28.

[93] *Auswärtiges Amt*, Die vertraglichen Vereinbarungen zwischen Deutschland und Russland zur Rückführung kriegsbedingt verbrachter Kulturgüter, (unveröffentlichte Stellungnahme), S. 8, Nr. 28.

[94] *Fiedler*, Kulturgüter als Kriegsbeute, S. 14.

[95] BGBl. 1985 II, S. 926 ff.; für die Bundesrepublik Deutschland in Kraft am 20.8.1987, für die Sowjetunion am 29.5.1986, vgl. Fundstellennachweis B.

[96] So auch *Fiedler*, Kulturgüter als Kriegsbeute, S. 15; *Fiedler*, in: Simpson (Hrsg.), The Spoils of War, S. 175 ff., S. 177.

[97] Art. 31 WVK: „Ein Vertrag ist nach Treu und Glauben in Übereinstimmung mit der gewöhnlichen, seinen Bestimmungen in ihrem Zusammenhang zukommenden Bedeutung und im Lichte seines Zieles und Zweckes auszulegen."

und teleologische Auslegung vorsieht.[98] Damit folgt Art. 31 WVK dem objektiven Auslegungsansatz, Ausgangspunkt der Auslegung ist der Vertragstext.[99]

Die Auslegungsgrundsätze, beispielsweise welche Dokumente zum bei der Auslegung zu berücksichtigenden Vertragszusammenhang außer dem Vertragswortlaut samt Präambel und Anlagen zu zählen ist, werden in Art. 31 II – IV WVK näher bestimmt. Schließlich nennt Art. 32 WVK als ergänzende Auslegungsmittel die vorbereitenden Arbeiten und die Umstände der Vertragsabschlusses, denen dann Bedeutung zukommt, wenn die Auslegung anhand der Auslegungsprinzipen des Art. 31 WVK abgeschlossen ist und kein eindeutiges Ergebnis erbracht hat.

Gerade aus dem Vertragszusammenhang, insbesondere der Präambel des deutsch-sowjetischen Vertrages, wird deutlich, dass mit den vertraglichen Bestimmungen seit 1990 eine Grundlage für die künftige Entwicklung gelegt werden sollte und eine zukunftsorientierte abschließende Regelung, befreit von den Lasten der Vergangenheit, gefunden werden sollte.[100] Mit der Vergangenheit sollte endgültig abgeschlossen werden und durch Verständigung und Versöhnung ein gewichtiger Beitrag zur Überwindung der Trennung Europas geleistet werden.[101]

Schließlich ist für die Auslegung vorliegend auch bedeutsam, dass in Art. 1 VI des Nachbarschaftsvertrags von 1990 den allgemeinen Regeln des Völkerrechts der Vorrang eingeräumt wird.[102]

*bb) Kulturgüterbegriff*

Zu untersuchen ist zunächst, was in abstrakter Hinsicht Gegenstand der Rückgabeforderungen ist, wozu bestimmt werden muss, was unter „Kulturgütern" i.S. der deutsch-russischen Verträge zu verstehen ist.

Hierzu heißt es in Ziffer 5 des Moskauer Protokolls der ersten Sitzung der gemeinsamen deutsch-russischen Rückführungskommission vom 24. März 1994[103]: „Beide Seiten stimmen überein, dass ... Gegenstand der Tätigkeit der gemeinsamen Kommission diejenigen Kulturgüter sind, die während und infolge des Zweiten Weltkriegs verbracht worden sind."

Vom in den Verträgen verwandten Begriff der Kunstschätze bzw. Kulturgüter sind Kunstgegenstände im engeren Sinn, wie Museums- bzw. Sammlungsobjekte, Bücher bzw. Bibliotheken und Archive erfasst. Dies zeigt sich nicht zuletzt in der Einrichtung

---

98 Zur Vertragsauslegung im Allgemeinen vgl. bspw. *Ipsen,* Völkerrecht, S. 114 ff.; *Verdross/Simma,* Universelles Völkerrecht, §§ 774 ff. und nach der Wiener Vertragsrechtskonvention: *Rosenne,* Vienna Convention on the Law of Treaties, in: EPIL, Vol. IV (2000), S. 1308 ff.

99 Der objektive Ansatz hat sich mithin gegenüber dem subjektiven Ansatz, bei dem sich die Auslegung subjektiv am Parteiwillen orientiert, durchgesetzt und ist heute herrschende Meinung, *Ipsen,* Völkerrecht, S. 116, Rdnr. 5.

100 *Fiedler,* Kulturgüter als Kriegsbeute, S. 15; *Auswärtiges Amt,* Die vertraglichen Vereinbarungen zwischen Deutschland und Rußland zur Rückführung kriegsbedingt verbrachter Kulturgüter, (unveröffentlichte Stellungnahme), S. 5 f., Nr. 18 f.

101 Vgl. die Präambel des Nachbarschaftsvertrags.

102 „Sie (die Vertragsparteien) gewährleisten den Vorrang der allgemeinen Regeln des Völkerrechts in der Innen- und internationalen Politik und bekräftigen ihre Entschlossenheit, ihre vertraglichen Verpflichtungen gewissenhaft zu erfüllen".

103 Abgedruckt bei *Fiedler,* Kulturgüter als Kriegsbeute, S. 41 ff.

entsprechender mit der Rückführung befasster Fachgruppen für Archive, Bibliotheken und Museen/Sammlungen.[104]

In der als Anlage zur Verbalnote vom 29.6.1994 auf der zweiten Sitzung der Gemeinsamen Kommission in Bonn übergebenen Zusammenstellung aller bisher bekannten Fälle deutscher Kulturgüter, die nach deutscher Auffassung Gegenstand ihrer Rückführungsansprüche sind, waren ca. 200.000 Museumsgüter, 2 Mio. Bücher und 3 km Archivgut erfasst. Dabei hat sich die deutsche Seite die Notifizierung weiterer Ansprüche vorbehalten.[105] Mittlerweile ist bekannt, dass sich in Russland noch ca. eine Million Museums- und Sammlungsobjekte – davon 200.000 von besonderer kunst- und kulturhistorischer Bedeutung – sowie ca. 4.6 Mio. Bücher und 3 Kilometer Archivgut befinden.[106] Auch die russische Seite übergab als Anlage zur Verbalnote Nr. 34 vom 29.6.1994 Listen von Kulturgütern, die ihrer Auffassung nach der Rückführung unterliegen. Allerdings erklärte sie gleichzeitig, dass diese Listen nicht abschließend seien.[107] Im Juli 1999 hat Russland schließlich drei Bände über verschleppte und verschollene russische Kunstschätze vorgelegt. Dies sind allerdings lediglich die ersten Bände einer auf fünfzig Bände veranschlagten Gesamtpublikation.[108]

*cc) „Verschollene" Kulturgüter*

Beim Begriff der „verschollenen" Kulturgüter in den Rückgabeklauseln der Verträge handelt es sich nach dem klaren Wortlaut des Vertrages um eine eigenständige Kategorie von Kulturgütern neben den „unrechtmäßig verbrachten" Kulturgütern. Dies kommt in der Wahl des Verbindungswortes „oder" zwischen den beiden Kategorien „verschollen" und „unrechtmäßig verbracht" zum Ausdruck.[109] Eine Rückgabepflicht besteht damit bereits beim Vorliegen nur eines der beiden Tatbestandsmerkmale.

Bei der Interpretation des Begriffs „verschollen" ist insbesondere zu klären, auf wessen Sicht bzw. Kenntnis abzustellen ist. Vergegenwärtigt man sich, dass die Existenz der deutschen Kulturgüter in der Sowjetunion fast fünfzig Jahre lang geleugnet wurde, stellt sich die Frage, ob die Informationslage des Staates oder privaten Eigentümers, der die entsprechenden Kulturgüter vermisst, maßgeblich ist oder ob auf die Kenntnis einiger weniger sowjetischer Regierungsmitglieder abzustellen ist, die über den Aufbewahrungsort informiert waren. Wollte man der letztgenannten Auffassung, die von der russischen Seite vertreten wird,[110] folgen, würde diese Vertragsbestimmung weitgehend leer laufen.

---

[104] Vgl. Ziffer 6 d des Dresdner Protokolls vom 10. Februar 1993, abgedruckt bei *Fiedler,* Kulturgüter als Kriegsbeute, S. 36 ff.

[105] Vgl. Ziffer 4 des Bonner Protokolls vom 30.6.1994, abgedruckt bei *Fiedler,* Kulturgüter als Kriegsbeute, S. 45 f., S. 46; Näher zur Art der rückgabepflichtigen Kulturgüter vgl. oben 1. Teil, C.II.1.

[106] Vgl. *Schoen,* NJW 2001, S. 537 ff., S. 538 f.; *Ritter,* UFITA 136 (1998), S. 129 ff., S. 136.

[107] Vgl. Ziffer 4 des Bonner Protokolls vom 30.6.1994, abgedruckt bei *Fiedler,* Kulturgüter als Kriegsbeute, S. 45 f., S. 46.

[108] *Holm,* In Großmachtlaune, in: FAZ v. 2.8.1999, S. 39.

[109] *Auswärtiges Amt,* Die vertraglichen Vereinbarungen zwischen Deutschland und Rußland zur Rückführung kriegsbedingt verbrachter Kulturgüter, (unveröffentlichte Stellungnahme), S. 4 f., Nr. 14.

[110] Vgl. oben A.I.6.c)aa).

Geht man von der gewöhnlichen Bedeutung des Worts „verschollen“ im allgemeinen Sprachgebrauch aus, so sind darunter solche Dinge zu verstehen, über deren Verbleib nichts bekannt ist. Damit ist allerdings noch nichts darüber ausgesagt, auf wessen Wahrnehmung dabei abzustellen ist. Im Rahmen der Rückführungsartikel kann sinnvollerweise aber nur die Wahrnehmung derjenigen Seite maßgeblich sein, die die Kulturgüter vermisst. Als „verschollen“ im Sinne der Vertragsbestimmung haben deshalb diejenigen Kulturgüter zu gelten, deren Verbleib den Berechtigten zum Zeitpunkt des Vertragsabschlusses unbekannt war. Die der jeweils anderen Seite nicht zugängliche mögliche Kenntnis staatlicher Stellen kann an der Verschollenheit im Sinn der Verträge nichts ändern. Dies gilt umso mehr, als die Sowjetunion bis zu ihrer Auflösung immer bestritten hatte, noch deutsche Kulturgüter in ihrem Besitz zu haben.

Nur beim Abstellen auf die Kenntnis derjenigen, die die Kulturgüter vermissen, erhalten die Vertragsbestimmungen einen vernünftigen Sinn und werden dem Sinn und Zweck der Rückführungsbestimmungen, nämlich einer möglichst umfassenden Bereinigung der infolge des Zweiten Weltkriegs bestehenden Situation und der Beseitigung von Belastungen des bilateralen Verhältnisses für die Zukunft im Sinne einer zukunftsgerichteten Lösung gerecht.[111]

Damit sprechen gute Gründe dafür, dass ein großer Teil der zwischen 1945 und 1949 in die UdSSR verbrachten Kulturgüter bereits unter die Kategorie der „verschollenen“ Kulturgüter fällt, da für fast fünfzig Jahre weder die Bundesrepublik Deutschland noch die privaten Eigentümer über den Verbleib der Kulturgüter Kenntnis hatten und auch zum Zeitpunkt des Vertragsabschlusses im Jahr 1990 noch nicht hatten.

Erst im Jahr 1991 erlangten die Berechtigten nach Öffnung der russischen Geheimdepots und infolge des Erscheinens eines Artikels in der amerikanischen Kunstzeitschrift „Art News“ im April 1991[112] über die in Moskau und Leningrad existierenden Geheimdepots, in denen die Kulturgüter lagern, erste Kenntnisse über den Verbleib der vermissten Kulturgüter.[113]

Auch wenn man das Tatbestandsmerkmal „verschollen“ im Hinblick auf die Kulturgüter verneinen wollte,[114] bleibt noch die Möglichkeit einer Rückgabeverpflichtung Russlands aus dem Umstand der unrechtmäßigen Verbringung der Kulturgüter, worauf im Folgenden näher eingegangen werden soll.

#### *dd) „Unrechtmäßig verbrachte“ Kulturgüter*

Die Auslegung des Begriffs der „unrechtmäßig verbrachten“ Kulturgüter zeigt, dass sich die seit 1945 aus Deutschland in die Sowjetunion verbrachten Kulturgüter hierunter subsumieren lassen.

---

[111] So auch *Fiedler,* Kulturgüter als Kriegsbeute, S. 14.

[112] Vgl. hierzu *Akinscha/Koslow/Toussaint,* Operation Beutekunst, S. 9.

[113] Siehe auch *Burchardi/Kalb,* „Beutekunst“ als Chance, S. 10.

[114] Etwa aufgrund der Tatsache, dass bei Abschluss des deutsch-russischen Kulturabkommens im Jahr 1992 beide Seiten wussten, dass große Mengen an deutschen Kunstwerken in russischen Depots lagern, vgl. *Akinscha/Koslow,* Beutekunst, S. 298.

*aaa) Wortlautauslegung: Rechtswidrigkeit der Kulturgüterverbringung durch die UdSSR nach geltendem Völkerrecht*

Im gewöhnlichen Sprachgebrauch bedeutet „unrechtmäßig" Recht und Gesetzen widersprechend. Nach der gewöhnlichen Bedeutung des Wortes ist von einer Unrechtmäßigkeit der Verbringung also insbesondere dann auszugehen, wenn durch die Verbringung gegen völkerrechtliche Regeln bzw. gegen Gesetze verstoßen wurde. Deshalb ist im Folgenden zu untersuchen, ob die Verbringung gegen das Völkerrecht verstieß.

Der Wortlaut „unrechtmäßig verbracht" in Art. 16 II, 15 der deutsch-russischen Verträge weist auf einen Sachverhalt in der Vergangenheit, nämlich die Verbringung der Kulturgüter während der Besatzungszeit, hin. Für die Beurteilung ihrer Rechtmäßigkeit ist deshalb zunächst auf diesen Zeitpunkt abzustellen. Denn ein Sachverhalt, aufgrund dessen ein Recht erworben oder ein Rechtsverhältnis begründet wird, ist nach den Normen zu beurteilen, die zu jener Zeit galten.[115] Dieser Grundsatz wurde auch durch das Institut de droit international bestätigt: „ ... any fact, action or situation must be assessed in the light of the rules of law that are contemporaneous with it."[116]

Dies führt dazu, dass im Rahmen der Wortlautauslegung des Begriffs der „unrechtmäßig verbrachten Kulturgüter" der Stand des internationalen Rechts am Ende des Zweiten Weltkriegs untersucht werden muss, um zu verifizieren, ob es eine Regel gab, die die Wegnahme von Kulturgütern aus dem besiegten Land erlaubte.

Hierbei kann im Wesentlichen auf die bereits im Zweiten Teil der Abhandlung vorgenommene ausführliche rechtliche Würdigung der sowjetischen Beschlagnahme- und Verbringungsmaßnahmen verwiesen werden, die ergeben hat, dass die Maßnahmen der sowjetischen Besatzungsmacht unter keinem Gesichtspunkt als rechtmäßig angesehen werden können. Deshalb beschränkt sich die Darstellung auf eine kurze Beschreibung der dort gefundenen Ergebnisse.

*(1) Völkerrechtliches Beuterecht*

Auf ein Beuterecht kann die Beschlagnahme und Verbringung nicht gestützt werden.

Wenn auch über Jahrhunderte das Beutemachen an Kulturgütern zum allgemeinen Beuterecht zählte, so hat sich doch im Lauf des 19. Jahrhunderts ein Völkergewohnheitsrechtssatz herausgebildet, der dies verbietet.[117]

Dieser Rechtssatz wurde schließlich in Art. 56 der Haager Landkriegsordnung kodifiziert. Diese findet auch auf die Zeit des Zweiten Weltkriegs und der Besetzung Deutschlands Anwendung, wenn auch den Alliierten im Rahmen der Martens'schen Klausel grundsätzlich die Möglichkeit der Fortbildung der HLKO zustand. Allerdings ergeben sich, wie gesehen, unter keinem Aspekt, auch nicht unter demjenigen der Si-

---

[115] *Ipsen,* Völkerrecht, S. 215, Rdnr. 19, vgl. ICJ Rep. 1951, 142; 1952, 183; siehe auch: Island of Palmas case, The Netherlands v. USA, 1928, 2 UN Report of International Arbitration Awards (RIAA), zitiert bei *Gattini,* EJIL 7 (1996), S. 67 ff., S. 69: „a juridical fact must be appreciated in the light of the law contemporary with it, and not of the law in force at the time when a dispute in regard to it arises or falls to be settled".

[116] AIDI 56 (1975), S. 537, zitiert nach *Ipsen,* Völkerrecht, S. 215, Rdnr. 19, m.w.N.

[117] Vgl. hierzu bereits oben 1. Teil, A.IV. und 2. Teil, A.

cherung und Festigung des Besatzungsregimes, erweiterte Beschlagnahmemöglichkeiten in Bezug auf Kulturgüter.[118] Selbst wenn man die direkte Anwendbarkeit der HLKO verneinen wollte, gilt das in Art. 56 HLKO zum Ausdruck kommende fundamentale Prinzip des Kulturgüterschutzes als Teil des Völkergewohnheitsrechts fort. An dieses waren die Alliierten und mithin auch die Sowjetunion bei der Besetzung Deutschlands gebunden.

Das Verbot der Einziehung von im Privateigentum stehenden Kulturgütern ergibt sich darüber hinaus auch aus Art. 46 II HLKO.

*(2) „Bedingungslose Kapitulation" als Rechtsgrundlage?*

Auch mit der bedingungslosen Kapitulation des Deutschen Reichs am 7./8. Mai 1945 lässt sich die Rechtmäßigkeit der sowjetischen Maßnahmen in Bezug auf die Kulturgüter nicht begründen.[119]

Die bedingungslose Kapitulation hat nicht zum Untergang des Deutschen Reichs und daraus resultierender völkerrechtlicher Bindungslosigkeit der Alliierten geführt. Vertreter dieser Auffassung verkennen die Bedeutung der Kapitulation als rein militärischem Akt. Eine zum Untergang des Deutschen Reichs führende Annexion haben die Alliierten in der Berliner Erklärung vom 5.6.1945 dagegen gerade abgelehnt.

Wird auf eine Annexion verzichtet und bleibt der besetzte Staat bestehen, so hat er auch Anspruch auf die Anwendung des Völkerrechts.

Während der Besetzung verbietet aber Art. 56 HLKO die Beschlagnahme und Wegführung von Kulturgütern.

*(3) Alliiertes Besatzungsregime als Grundlage des einseitigen sowjetischen Zugriffs auf deutsche Kulturgüter?*

Der Versuch, die Rechtmäßigkeit des einseitigen Zugriffs der Sowjetunion auf deutsches Kulturgut mit den erweiterten Befugnissen der Alliierten im Rahmen des alliierten Besatzungsregimes zu begründen, scheitert ebenfalls.[120]

Die Untersuchung der Rechtsnatur des alliierten Regimes im Zweiten Teil der Abhandlung hat ergeben, dass dieses eine Doppelnatur aufweist. Die alliierten Maßnahmen waren nur insoweit rechtmäßig und völkerrechtskonform, als sie sich im Rahmen der occupatio bellica oder einem treuhandsähnlichen Verhältnis für Deutschland als Ganzes bewegen.

Im Hinblick auf die deutschen Kulturgüter bedeutet dies, dass die Alliierten an die im Rahmen des Art. 56 HLKO gesetzten Schranken gebunden waren, der jede Beschlagnahme von Kulturgütern – auch als Vorgriff auf Reparationen bzw. zur einseitigen Durchsetzung von Reparationszwecken und zum Zweck der restitution in kind vor Abschluss eines Friedensvertrags – verbietet.

---

[118] So auch *Fiedler,* Kulturgüter als Kriegsbeute, S. 20.

[119] Siehe hierzu im Einzelnen oben 2. Teil, B.I.

[120] Vgl. hierzu ausführlich oben 2. Teil, C.

*(4) Fehlende „Ermächtigung" zur Wegnahme und Verbringung nach Interalliiertem Recht und insbesondere durch den Alliierten Kontrollrat*

Eine generelle „Ermächtigung" zur Beschlagnahme und Verbringung deutscher Kulturgüter bzw. deren Billigung findet sich in keinem alliierten Dokument, auch nicht unter dem Gesichtspunkt der (späteren) Heranziehung zu Kompensationszwecken.[121] Es finden sich nur einzelne Gesetze, Direktiven und Proklamationen zur Einziehung des Vermögens von Kriegsverbrechern bzw. nationalsozialistischer Einrichtungen, die jedoch nicht den Kunstraub in allgemeiner Weise legitimiert haben.[122]

Gerade die Möglichkeit der Heranziehung von Kulturgütern zu Reparationen und insbesondere zur restitution in kind war, wie gesehen, unter den Alliierten äußerst umstritten. Die Kontrollratsdirektive vom 21.1.1946 sah die Möglichkeit der restitution in kind für „Güter von einmaligem Charakter" zwar grundsätzlich vor, machte sie aber von einer besonderen Anweisung abhängig. Eine derartige Anweisung hat es aber in keinem Fall gegeben, die restitution in kind wurde mithin nicht in die Praxis umgesetzt.

*(5) Rechtmäßigkeit der Wegführung als Konsequenz der Staatenverantwortlichkeit wegen des Auslösens eines Angriffskrieges*

Auch aus dem Grundsatz der Verantwortlichkeit wegen Auslösens eines Angriffskrieges ergibt sich keine Grundlage für die Wegführung der deutschen Kulturgüter.[123]

Zwar sind die allgemeinen Voraussetzungen für das Vorliegen eines Anspruchs aus der Staatenverantwortlichkeit erfüllt. Dies berechtigt aber weder zur einseitigen Vollstreckung entsprechender Wiedergutmachungsansprüche, noch ergibt sich aus diesem Grundsatz, dass mit dem gesamten Vermögen eines Staates gehaftet wird. Einer Haftung auch mit Kulturgütern steht das besondere völkerrechtliche Schutzregime, unter dem diese stehen, entgegen.

*(6) Rechtliche Zulässigkeit des Zugriffs auf deutsche Kulturgüter als Gegenstand von Reparationsleistungen in Form der restitution in kind?*

Eine Verwendung von Kulturgütern zu Reparationsleistungen in Form der restitution in kind war – wie die im Zweiten Teil erfolgte Untersuchung ergeben hat – bereits im Zeitpunkt der Verbringung seit 1945 mit geltendem Völkerrecht nicht vereinbar, abgesehen davon, dass die UdSSR die Heranziehung zu Kompensationszwecken während der Verbringung in tatsächlicher Hinsicht nicht geltend gemacht hat und die Möglichkeit der einseitigen Durchsetzung von Reparationen bzw. der restitution in kind vor Abschluss eines Friedensvertrags ohnehin abzulehnen ist.[124] Das Institut der restitution in kind findet im Völkerrecht keine Stütze. Es existiert hierzu keine einheitliche Staatenpraxis. Es gibt nur zwei Beispiele für eine restitution in kind in der Staatenpraxis,

[121] Siehe eingehend oben 2. Teil, D.II.
[122] Vgl. hierzu bereits oben 1. Teil, B.II.4.a)ee) und 2. Teil D.II.2.b).
[123] Siehe oben 2. Teil, E.
[124] Vgl. ausführlich hierzu oben 2. Teil, F.

nämlich Art. 247 Versailler Vertrag und drei der fünf Friedensverträge mit Deutschlands Kriegsverbündeten von 1947.[125] Hieraus kann nicht auf die generelle Zulässigkeit dieses Instituts geschlossen werden. Darüber hinaus ist auch der Inhalt der restitution in kind vage. Unklar ist insbesondere, in welchen Fällen eine restitution in kind gewährt werden soll – nur im Fall der Zerstörung von Kulturgut oder in jedem Fall der Unmöglichkeit der Rückgabe. Weiterhin bleibt offen, wann Kulturgüter als gleichwertig zu gelten haben bzw. ob bei Kulturgütern überhaupt von Vergleichbarkeit gesprochen werden kann. Die restitution in kind ist schließlich nicht mit den Prinzipien des Kulturgüterschutzes, insbesondere mit seinem humanitären Charakter, vereinbar. Kulturgüter haben Bedeutung als Zeugnis für die Errungenschaften der Menschheit und als Symbol der Identität eines Staates bzw. einer Nation. Deshalb widerspricht es dem Sinn und Zweck des Kulturgüterschutzes, das kulturelle Erbe eines Volkes dadurch wiederherstellen zu wollen, dass ein anderes Volk gezwungen wird, mit seinem nationalen Kulturerbe Ersatz zu leisten.

Bereits im Zeitpunkt der Verbringung war eine Heranziehung von Kulturgütern zu Reparationszwecken mithin ausgeschlossen.

*(7) Resümee: Rechtswidrigkeit der Kulturgutverbringung*

Eine Rechtmäßigkeit der Verbringung nach dem in den Jahren zwischen 1945 und 1949 geltenden Völkerrecht lässt sich also unter keinem Aspekt begründen. Die deutschen Kulturgüter sind mithin nach der gewöhnlichen Bedeutung des Begriffs als „unrechtmäßig verbracht“ i.S. der Vertragsbestimmungen anzusehen und unterliegen deshalb einer Rückgabepflicht.

*bbb) Systematische und teleologische Auslegung*

Auch eine zukunftsorientierte Auslegung, die den systematischen Zusammenhang, in dem die Verträge stehen und deren Sinn und Zweck berücksichtigt, führt zu keinem anderen Ergebnis. Der Abschluss der deutsch- russischen Verträge nach Beendigung des Kalten Kriegs und zu Beginn einer Ära partnerschaftlicher Zusammenarbeit war eingebettet in eine Reihe multilateraler Entscheidungen zur Beendigung des Ost-West-Konflikts.[126] Ziel des deutsch-sowjetischen Vertrags von 1990 war es, wie bereits im Titel des Vertrags angedeutet, die gute Nachbarschaft, Partnerschaft und Zusammenarbeit zwischen der Bundesrepublik Deutschland und der Union der Sozialistischen Sowjetrepubliken zu erreichen. Er wurde im Geist der Freundschaft geschlossen und beweist den Willen, die Frage der nach dem Zweiten Weltkrieg zerstreuten Kulturgüter zu regeln.[127] Die Förderung des „kulturellen und geistigen Erbes“ Europas findet sich auch in der im gleichen Jahr geschlossenen Charta von Paris für ein neues Euro-

[125] Es handelt sich dabei um die Friedensverträge mit Italien, Bulgarien und Ungarn.

[126] Vgl. *Auswärtiges Amt*, Die vertraglichen Vereinbarungen zwischen Deutschland und Rußland zur Rückführung kriegsbedingt verbrachter Kulturgüter, (unveröffentlichte Stellungnahme), S. 1 f., Nr. 4; *Hiller,* in: Simpson (Hrsg.), The Spoils of War, S. 179 ff., S. 181, Nr. 4.

[127] So auch *Schorlemer*, GYIL 41 (1998), S. 317 ff., S. 326.

pa.[128] Ziel und Zweck der Verträge war es außerdem, wie es in der Präambel des Vertrags von 1990 zum Ausdruck kommt, „mit der Vergangenheit endgültig abzuschließen und durch Verständigung und Versöhnung einen gewichtigen Beitrag zur Überwindung der Trennung Europas zu leisten, ... ein vereintes Europa aufzubauen und eine dauerhafte und gerechte Friedensordnung einschließlich stabiler Strukturen der Sicherheit zu schaffen, ...“. Gerade diesen Zielen dient aber auch die in Art. 16 II bzw. 15 vereinbarte Rückgabeverpflichtung bzgl. Kulturgütern.[129] Sie hat zum Ziel, letzte Kriegsfolgen zu beseitigen und sicherzustellen, dass das deutsch-russische Verhältnis künftig frei von emotionalen Störfaktoren infolge der immer noch ungeklärten Situation in Bezug auf die kriegsbedingt verlagerten Kulturgüter gestaltet werden kann, deren Verlagerung als unrechtmäßig erkannt wurde. Deshalb war eine umfassende Restitution beabsichtigt.

Gelänge man zu einer anderen Auffassung, würde die Bestimmung im Wesentlichen leer laufen, da dann nur die Verbringung durch einzelne Soldaten oder Privatpersonen, die ohne Befehl erfolgte, als unrechtmäßig anzusehen wäre.

*e) Gegenseitigkeit der Forderungen*

Die Rückgabeverpflichtung nach den Verträgen von 1990 und 1992 ist gegenseitig ausgestaltet, wenn auch in der vorliegenden Abhandlung die deutschen Forderungen im Vordergrund stehen und sich das Verhältnis bezüglich der Anzahl der rückführungspflichtigen Kulturgüter aus heutiger Sicht einseitig gestaltet. In der Bundesrepublik Deutschland können nämlich kaum Kulturgüter russischer Herkunft ermittelt werden, die zurückzuführen sind. Dennoch kann hinsichtlich der Rückgabeverpflichtung nicht von einer „Asymmetrie“ zulasten Russlands gesprochen werden,[130] was deutlich wird, wenn man sich Folgendes vergegenwärtigt.

Die deutsche Verpflichtung bezieht sich auf die Rückgabe der von den Nazis in völkerrechtswidriger Weise während des Krieges aus der Sowjetunion nach Deutschland abtransportierten Kulturgüter. Diese wurden allerdings nach der Niederlage Deutschlands von den Alliierten in sog. „Collecting Points“ gesammelt und in mehreren Rücktransporten in die Sowjetunion zurückgebracht.[131] Die Übergaben durch die Collecting Points sind auch von russischen Offizieren quittiert worden.[132] Darüber hinaus führten die Sowjets diejenigen Kunstgegenstände, die sich auf sowjetischem Besatzungsgebiet befanden, in eigener Regie zurück.[133] Deshalb ist davon auszugehen, dass die weitaus

[128] Vgl. hierzu *Fiedler,* Kulturgüter als Kriegsbeute, S. 32 f.; *Schorlemer*, GYIL 41 (1998), S. 317 ff., S. 326.

[129] Vgl. hierzu auch *Auswärtiges Amt,* Die vertraglichen Vereinbarungen zwischen Deutschland und Rußland zur Rückführung kriegsbedingt verbrachter Kulturgüter, (unveröffentlichte Stellungnahme), S. 6 ff., Nr. 18 ff.

[130] So auch *Fiedler*, in: Meissner/Eisfeld (Hrsg.), 50 Jahre sowjetische und russische Deutschlandpolitik, S. 263 ff., S. 268.

[131] Siehe hierzu bereits oben 1. Teil, B.II.2.c).

[132] *Burchardi/Kalb,* „Beutekunst“ als Chance, S. 9; *Burchardi,* Der deutsch-russische Streit um die Kulturgüter, S. 14.

[133] *Burchardi/Kalb,* „Beutekunst“ als Chance, S. 9.

überwiegende Zahl der aus der Sowjetunion nach Deutschland gelangten Kunstwerke bereits in den ersten Nachkriegsjahren zurückverbracht wurde.

Soweit in Deutschland aber noch während des Krieges durch die Nazis verbrachte sowjetische Kulturgüter gefunden werden, sind diese an Russland zurückzugeben.

*f) Territorialaspekt*

Nach dem insoweit eindeutigen Wortlaut des Vertrags sind nur diejenigen Kulturgüter zurückzugeben, die sich tatsächlich auf dem Hoheitsgebiet einer Vertragspartei befinden. Nicht umfasst von der Rückgabepflicht sind dagegen solche Kulturgüter, die in einem Drittland aufbewahrt werden. Mithin trifft die Bundesrepublik Deutschland grundsätzlich auch nicht die Pflicht, russische Kulturgüter, die auf unbekannte Weise ins Ausland gelangt sind, dort anzukaufen und nach Russland zurückzuschaffen.[134]

*g) Aufnahme des Kompensationsgedankens in die Verträge?*

Ein weiterer Aspekt, auf den hier eingegangen werden soll, ist die Frage, ob sich im Vertrag Anhaltspunkte für den Gedanken der Kompensation und insbesondere der „restitution in kind“ finden, unabhängig davon, dass deren rechtliche Zulässigkeit, wie festgestellt, bereits für den Zeitpunkt der Verbringung der deutschen Kulturgüter zu verneinen ist.

In der Entwicklung, die der Kulturgüterschutz seit dem Zweiten Weltkrieg genommen hat, hat sich das Verbot der Heranziehung von Kulturgütern zur restitution in kind verfestigt.[135] Zu den Grundlagen des internationalen Kulturgüterschutzes zählt es, dass Kulturgüter aufgrund ihres Sonderstatus nicht zur Wiedergutmachung bzw. zu Reparationen herangezogen werden dürfen.[136] Kompensation kann nach geltendem Völkerrecht nur durch Geld oder Wirtschaftsleistungen erbracht werden, nicht aber durch unbegrenzten Zugriff auf Kulturgüter des Gegners.[137]

Nicht zuletzt deshalb wurde die Forderung nach kompensatorischer Restitution bei der Aushandlung der vertraglichen Vereinbarungen des deutsch-sowjetischen Nachbarschaftsvertrags und des deutsch-russischen Kulturabkommens nicht vorgetragen und der Kompensationsgedanke fehlt im Wortlaut der Verträge.[138] Vielmehr verpflichteten sich die Vertragspartner wie gesehen zur gegenseitigen Rückgabe verschollener oder unrechtmäßig verbrachter Kulturgüter.

Die Nichtaufnahme des Kompensationsgedankens in die deutsch-russischen Verträge von 1990 und 1992 entspricht damit auch dem seitens der Sowjetunion in dieser Frage

---

[134] Vgl. hierzu auch *Fiedler,* in: Strocka (Hrsg.), Kunstraub – ein Siegerrecht?, S. 47 ff., S. 55.

[135] Vgl. hierzu bereits oben 2. Teil, F.II.2.

[136] *Fiedler,* in: Strocka (Hrsg.), Kunstraub – ein Siegerrecht?, S. 47 ff., S. 56.

[137] Vgl. hierzu bereits oben 2. Teil, F.II.1.d); so auch *Fiedler,* in: Strocka (Hrsg.), Kunstraub – ein Siegerrecht?, S. 47 ff., S. 56; *Fiedler,* Kulturgüter als Kriegsbeute, S. 27 f.

[138] *Auswärtiges Amt,* Die vertraglichen Vereinbarungen zwischen Deutschland und Rußland zur Rückführung kriegsbedingt verbrachter Kulturgüter, (unveröffentlichte Stellungnahme), S. 8, Nr. 28; *Fiedler,* Kulturgüter als Kriegsbeute, S. 27; *Fiedler,* in: Simpson (Hrsg.), The Spoils of War, S. 175 ff., S.178; *Fiedler,* in: Strocka (Hrsg.), Kunstraub – ein Siegerrecht?, S. 47 ff., S. 56.

gezeigten Verhalten in der Vergangenheit.[139] Die UdSSR hat sich weder während der Verbringung noch später im Sinne einer Heranziehung deutscher Kulturgüter zur Kompensation eigener Kriegsverluste geäußert. Die Existenz der deutschen Kulturgüter wurde vielmehr fast fünfzig Jahre lang geleugnet und die Gegenstände in separaten Geheimdepots aufbewahrt, anstatt sie in die Bestandslisten russischer Museen aufzunehmen.[140] Die Sowjetunion hat sich weder bei den Rückgabeaktionen deutscher Kulturgüter an die DDR in den fünfziger Jahren, noch anlässlich des Reparationsverzichts im Jahr 1953, in dem die UdSSR auf weitere Reparationsleistungen gegenüber Deutschland verzichtete, auf eine Kompensation berufen. Mit diesem Verzicht ist folglich die Möglichkeit, die deutschen Kulturgüter zur Wiedergutmachung oder Kompensation heranzuziehen, erloschen.[141] Auch im Zusammenhang mit dem sowjetischen Friedensvertragsentwurf von 1959 blieb die Frage der Kulturgüter unerwähnt. Ebenso wenig wurde im Zusammenhang mit den Verhandlungen zum Zwei-plus-Vier-Vertrag ein Vorbehalt zugunsten einer Kompensation angebracht.[142]

Kompensatorische Restitution für den Fall der Unmöglichkeit der Rückgabe wurde von der russischen Seite vielmehr erstmals während der deutsch-russischen Rückgabeverhandlungen nach Abschluss der deutsch-russischen Verträge von 1990 und 1992 gefordert[143] und diese Position später im Kulturgütergesetz bestätigt.

### *h) Resümee*

Ein Rückgabeanspruch der Bundesrepublik Deutschland bezüglich der während des Krieges und der Besatzungszeit rechtswidrig in die Sowjetunion verlagerten Kulturgüter gegenüber Russland ergibt sich mithin auch aus Art. 16 II des deutsch-sowjetischen bzw. Art. 15 des deutsch-russischen Vertrags.

An diese Rückgabeverpflichtung ist die Russische Föderation aus dem in Art. 26 WVK kodifizierten Grundsatz pacta sunt servanda gebunden. Gültige Vertragsbestimmungen müssen eingehalten werden und können nur durch neue Regelungen revidiert werden.[144]

Zwar ist der von einigen Stimmen in der Literatur vorgebrachten Kritik[145] zuzustimmen, dass die Regelung der Rückgabe in nur einem Satz ungenau geblieben und recht allgemein gehalten ist und aufgrund der Wortwahl Raum für unterschiedliche Auslegung zulässt.

---

[139] Vgl. hierzu bereits oben 2. Teil, F.I.

[140] *Boguslavsky,* in: Simpson (Hrsg.), The Spoils of War, S. 186 ff., S. 189.

[141] Vgl. dazu bereits oben 2. Teil, F.I.2.

[142] Siehe oben 2. Teil, F.I.5.

[143] „Im Falle der Unmöglichkeit der Rückführung der während des Zweiten Weltkriegs aus dem Hoheitsgebiet der Sowjetunion verbrachen Kulturgüter werden diese durch Objekte derselben Art und der gleichen Qualität ersetzt, darunter durch Kulturgüter, die nach Beendigung der Kampfhandlungen aus Deutschland in die Sowjetunion verbracht worden sind, “ zitiert nach: *Auswärtiges Amt,* Die vertraglichen Vereinbarungen zwischen Deutschland und Rußland zur Rückführung kriegsbedingt verbrachter Kulturgüter, (unveröffentlichte Stellungnahme), S. 8, Nr. 27.

[144] *Schorlemer,* GYIL 41 (1998), S. 317 ff., S. 326.

[145] *Fiedler,* in: Bryne-Sutton/Geisinger-Mariéthoz, Resolution Methods for Art-Related Disputes, S. 199 ff., S. 210 f.; *Weber,* HuV-I 1 (1999), S. 36 ff., S. 48.

Eine Ergänzung bzw. Konkretisierung durch zusätzliche Abkommen, die nähere Einzelheiten der Rückgabe regeln, erscheint deshalb angebracht.

Zu weitgehend ist aber die Auffassung, es handele sich bei den umstrittenen Vertragsbestimmungen eher um eine allgemeine Prinzipienerklärung und nicht um eine konkrete und unmittelbar anwendbare Vertragsverpflichtung.[146]

Es liegt hier vielmehr materiell eine einwandfreie Rückgabezusage vor, ein Anspruch auf Rückgabe ergibt sich somit direkt aus dem Vertrag.

Der Restitutionsanspruch ist wie im Fall der HLKO als zwischenstaatlicher Anspruch ausgestaltet. Er kann auch bezüglich der im Privateigentum natürlicher oder juristischer Personen stehender verschollener oder unrechtmäßig verbrachter Kulturgüter nur von der Bundesrepublik Deutschland kraft eigenen Rechts gegenüber der Russischen Föderation geltend gemacht werden. Die privaten Eigentümer selbst sind dazu dagegen nicht befugt.[147]

### *7. Die UNIDROIT-Konvention über gestohlene oder rechtswidrig ausgeführte Kulturgüter vom 24.6.1995*[148]

Ein Anspruch der Bundesrepublik Deutschland auf Restitution der in die Sowjetunion verbrachten Kulturgüter gegenüber der Russischen Föderation könnte sich auch aus der am 1. Juli 1998 in Kraft getretenen UNIDROIT-Konvention von 1995 ergeben.

Hier wäre an einen Rückforderungsanspruch der Bundesrepublik Deutschland für rechtswidrig ausgeführte Kulturgüter gem. Art. 5 zu denken.[149] Allerdings ist bereits fraglich, ob es sich bei den deutschen Kulturgütern um i.S. der Konvention „rechtswidrig ausgeführte Kulturgüter" handelt. Dies sind nach Art. 1 b der Konvention nämlich nur Kulturgüter, die aus dem Hoheitsgebiet eines Vertragsstaates unter Verletzung seiner Rechtsvorschriften, welche die Ausfuhr von Kulturgütern im Hinblick auf den Schutz seines kulturellen Erbes regeln, entfernt wurden.

Unabhängig von dieser Frage hat die UNIDROIT-Konvention auf die Restitutionsforderungen der Bundesrepublik Deutschland aber aus folgenden Gründen keine Auswirkungen.

Die Konvention entfaltet keine Rückwirkung. Nach Art. 10 II der Konvention ist diese nur auf Kulturgüter anwendbar, die nach ihrem Inkrafttreten sowohl im um Rückgabe ersuchenden Staat als auch in dem Staat, in dem der Anspruch auf Rückgabe geltend gemacht wird, rechtswidrig ausgeführt wurden. Auch Rückgabeforderungen für gestohlene Kulturgüter können gem. Art. 10 I nur dann geltend gemacht werden, wenn sich der Diebstahl in einem Zeitpunkt ereignet hat, in welchem die Konvention für den Staat, auf dessen Hoheitsgebiet das Kulturgut gestohlen wurde, bereits in Kraft

---

146 So aber *Weber*, HuV-I 1 (1999), S. 36 ff., S. 48.

147 Die privaten Eigentümer können aber Klage auf Rück- bzw. Herausgabe vor den Zivilgerichten des Standortstaates einreichen, vgl. hierzu näher unten D.II.

148 Nichtamtliche deutsche Übersetzung abgedruckt bei: *Reichelt (Hrsg.),* Neues Recht zum Schutz von Kulturgut, S. 163 ff.

149 Bzgl. der durch Private oder einzelne Angehörige der Roten Armee geplünderte Kulturgüter kommt ein Rückgabeanspruch nach Art. 3 der Konvention in Betracht, der auch von Privatpersonen geltend gemacht werden kann.

war. Derjenige Staat, in dem die Klage erhoben wird, muss gem. Art. 10 I erst im Zeitpunkt der Klageerhebung Vertragsstaat sein.[150]

Bislang hat aber weder die Bundesrepublik Deutschland, noch die Russische Föderation die Konvention ratifiziert. Darüber hinaus erfolgte die rechtswidrige Ausfuhr der deutschen Kulturgüter bereits lange Zeit vor Inkrafttreten der Konvention im Jahre 1998.

Für die Rückgabe eines vor Inkrafttreten der Konvention gestohlenen oder illegal exportierten Kulturguts kann sich ein Kläger aber auf außerhalb des Übereinkommens liegende Ansprüche stützen. Dies wird in Art. 10 III der Konvention für den Fall ihrer Nichtanwendbarkeit unterstrichen, wonach „dieses Übereinkommen in keiner Weise weder ein wie auch immer geartetes rechtswidriges Geschäft, das vor dem Inkrafttreten des Übereinkommens erfolgt ist oder aufgrund der Absätze 1 und 2 dieses Artikels nicht in dessen Anwendungsbereich fällt" rechtfertigt, „noch das Recht eines Staates oder jeder anderen Person beschränkt, außerhalb des Rahmens dieses Übereinkommens eine Klage auf Rückgabe oder Rückführung eines vor dem Inkrafttreten des Übereinkommens gestohlenen oder rechtswidrig ausgeführten Kulturgutes zu erheben". Die Bestimmungen der UNIDROIT-Konvention schließen also andere Ansprüche in Bezug auf frühere Konflikte, wie die Erbeutung deutscher Kunst zwischen 1945 und 1949, nicht aus.[151]

## *II. Völkergewohnheitsrecht*

Neben den völkervertragsrechtlichen Ansprüchen aus Art. 56 HLKO und aus den bilateralen deutsch-russischen Verträgen von 1990 und 1992 kann ein Rückgabeanspruch der Bundesrepublik Deutschland auch aus dem Völkergewohnheitsrecht abgeleitet werden.

### *1. Bestehen eines völkergewohnheitsrechtlichen Restitutionsanspruchs*

Ein Restitutionsanspruch für im Krieg abhanden gekommene Kulturgüter aus Völkergewohnheitsrecht[152] ist heute unumstritten.[153] Er korrespondiert mit dem völkergewohnheitsrechtlichen Verbot, Kulturgüter als Kriegsbeute oder Trophäen zu nehmen.

---

[150] Für den beklagten Staat wird die fehlende Rückwirkung damit insofern relativiert, als er möglicherweise erst zu einem viel späteren Zeitpunkt Vertragsstaat sein muss, *Wiederkehr-Schuler*, Kulturgüterschutz – Freier Kunstmarkt, S. 12.

[151] *Schorlemer*, GYIL 41 (1998), S. 317 ff., S. 323.

[152] Etwas anderes gilt bezüglich des Bestehens eines völkergewohnheitsrechtlichen Anspruchs für in Friedenszeiten abhanden gekommenes Kulturgut, vgl. hierzu *Freytag*, in: Fechner/Oppermann/Prott (Hrsg.), Prinzipien des Kulturgüterschutzes, S. 175 ff., S. 183 ff.: Betrachtet man die Staatenpraxis, lässt sich feststellen, dass es bislang außerhalb auf vertraglicher Verpflichtung beruhender Rückführungen nur wenige Rückführungen illegal exportierter oder gestohlener Kulturgüter gegeben hat, weshalb nicht von einer dauerhaften, einheitlichen und verbreiteten Übung gesprochen werden kann. Deshalb ist die Existenz eines gewohnheitsrechtlichen Rückgabeanspruchs mangels entsprechender Staatenpraxis letztlich auch abzulehnen. Dennoch zeigen sich in der Rechtsüberzeugung der Staaten Tendenzen, die in Zukunft zu einer Änderung der Staatenpraxis und schließlich der gewohnheitsrechtlichen Anerkennung eines allgemeinen Rückgabeanspruchs führen könnten. Insbesondere die Entscheidungen nationaler Gerichte können hierzu beitragen,

Für die nach dem Zweiten Weltkrieg aus Deutschland weggeführten Kulturgüter kann sich ein Rückgabeanspruch aus Völkergewohnheitsrecht allerdings nur unter der Bedingung ergeben, dass bereits zu dieser Zeit sowohl die Rechtsüberzeugung bestand, dass bei rechtswidriger Verbringung von Kulturgütern in einen anderen Staat dieser zur Rückgabe verpflichtet ist, als auch eine einheitliche Staatenpraxis in Bezug auf diese Regel.[154]

Die Untersuchung hierzu ergibt, dass die Entstehung einer gewohnheitsrechtlichen Verpflichtung zur Rückgabe von im Krieg abhanden gekommenem Kulturgut parallel zur Entstehung des völkergewohnheitsrechtlichen Beuteverbots verlief, denn der Verstoß gegen das Verbot des Beutemachens zieht in der Regel die Verpflichtung nach sich, die gegen das Verbot weggenommenen Kulturgüter zurückzugeben.[155]

Der genaue Entstehungszeitpunkt des völkergewohnheitsrechtlichen Beuteverbots an Kulturgütern und des hieraus resultierenden Rückgabeanspruchs ist im Einzelnen umstritten. Teilweise wird angenommen, dass bereits die Verpflichtung Frankreichs zur Restitution der napoleonischen Kriegsbeute im Jahr 1815 Ausdruck eines entsprechenden Völkergewohnheitsrechtssatzes ist.[156] Andere Autoren gehen dagegen davon aus, dass eine Verfestigung des Gedankens der die Restitutionspflicht auslösenden rechtlichen Unzulässigkeit der Wegführung von Kulturgütern im Krieg im Lauf des

---

wenn darin eine neue Verhaltensweise des Staates in den internationalen Beziehungen deutlich wird. So hat der BGH in der „Nigeria-Kulturgutentscheidung“, BGHZ 59, S. 82 ff., festgestellt, dass es ein „nach heutiger Auffassung allgemein zu achtendes Interesse aller Völker an der Erhaltung von Kulturwerten an Ort und Stelle“ gebe, BGHZ 59, S. 82 ff., S. 85. Er versagte der Ausfuhr von Kulturgut entgegen einem Verbot des Ursprungsstaats den bürgerlich-rechtlichen Schutz unter ausdrücklicher Betonung, dass „die in früherer Zeit übliche und geduldete Missachtung des Wunsches der Völker, im Besitz ihrer Kunstschätze zu bleiben, nicht als Maßstab des nach heutiger Auffassung mit den guten Sitten Verträglichen gemacht“ werden könne, BGHZ 59, S. 82 ff., S. 87. Damit nimmt der BGH das Bestehen völkergewohnheitsrechtlicher Regeln auf dem Gebiet der Rückgabe von in Friedenszeiten abhanden gekommenem bzw. illegal exportiertem Kulturgut an. Zu entsprechenden Gerichtsentscheidungen anderer Länder und zur „Temple of Preah Vihear-Entscheidung“ des IGH s. *Freytag,* in: Fechner/Oppermann/Prott (Hrsg.), Prinzipien des Kulturgüterschutzes, S. 175 ff., S. 185 ff. Anerkannt ist schließlich bereits ein Rückgabeanspruch auf aus historisch gewachsenen und öffentlichen Sammlungen gestohlenes Kulturgut und auf solches, das im Rahmen des internationalen Leihverkehrs unter Museen trotz Zusicherung freien Geleits einbehalten worden ist, *Mußgnug,* Das Kunstwerk im internationalen Recht, in: Kunst und Recht, S. 15 ff., S. 29; *Engstler,* Die territoriale Bindung von Kulturgütern, S. 281; *Freytag,* in: Fechner/Oppermann/Prott (Hrsg.), Prinzipien des Kulturgüterschutzes, S. 175 ff., S. 189.

[153] *Schorlemer*, GYIL 41 (1998), S. 317 ff., S. 323; *Doehring*, Ruperto Carola Nr. 76, 39. Jahrg. (Juli 1987), S. 138 ff., S. 139; *Siehr*, RdC 243 (1993 VI), S. 9 ff., S. 120; *Rudolf,* in: FS Doehring, S. 853 ff., S. 860; *Fraoua,* Le traffic illicite des biens culturels, S. 134; *Höhn,* HuV-I 8 (1995), S. 26 ff., S. 28, m.w.N.; *Körbs,* HuV-I 3 (1996), S. 138 ff., S. 146 m.w.N., *Walter,* Rückführung von Kulturgut, S. 78 ff.; *Nahlik*, RdC 120 (1967 I), S. 65 ff., S. 135; *Engstler,* Die territoriale Bindung von Kulturgütern, S. 223 f.; Allgemein zur Völkergewohnheitsrechtsproblematik im Kulturgüterschutz vgl. *Fiedler*, in: FS Doehring, S. 199 ff.

[154] *Schorlemer*, GYIL 41 (1998), S. 317 ff., S. 323.

[155] Unzutreffend insofern *Walter,* Rückführung von Kulturgut, S. 79, der davon spricht, dass es eine „völlig andere Frage“ sei, „ob ein Staat gewohnheitsrechtlich zur Rückgabe von im Krieg abhanden gekommenem Kulturgut verpflichtet ist“. Diese Regel habe sich erst viel später entwickelt. Nach *Walter,* Rückführung von Kulturgut, S. 80 setzt die Rückführungspflicht aufgrund Gewohnheitsrechts mit dem 2. Weltkrieg ein.

[156] So bspw. *Fiedler*, in: FS Doehring, S. 199 ff., S. 217; *Strebel*, ZaöRV 16 (1955/56), S. 35 ff., S. 38.

19. Jahrhunderts stattfand und diese Entwicklung ihren Abschluss in der Kodifikation des Wegnahmeverbots in Art. 56 der HLKO im Jahr 1899 bzw. 1907 fand.[157] Unabhängig von der Festlegung auf einen genauen Zeitpunkt für die Entstehung des entsprechenden Völkergewohnheitsrechtssatzes ist aber der Auffassung zuzustimmen, dass die Aufnahme des Beschlagnahmeverbots in Art. 56 der HLKO von 1899 bzw. 1907 lediglich die schriftliche Fixierung eines zu diesem Zeitpunkt bereits bestehenden Völkergewohnheitsrechtssatzes darstellt.[158]

Die Tatsache der völkergewohnheitsrechtlichen Geltung der Bestimmungen der HLKO und damit auch des Beuteverbots nebst Rückgabeverpflichtung bezüglich Kulturgütern bereits zu Beginn des Zweiten Weltkriegs kommt nicht zuletzt im Urteil des Nürnberger Militärgerichtshofs vom 1. Oktober 1946 zum Ausdruck.[159]

Auch die Staatenpraxis nach Beendigung des Zweiten Weltkriegs stützt die Rechtsüberzeugung bezüglich des Bestehens eines völkergewohnheitsrechtlichen Rückgabeanspruchs infolge rechtswidriger Wegführung.[160] So wurden zwar zuvor von der deutschen Armee oder Naziorganisationen weggenommene Kunstwerke, nachdem sie an sog. collecting points gesammelt worden waren,[161] an die Herkunftsländer restituiert. Aber auch die UdSSR restituierte, wie im Ersten Teil dargelegt, in den 50er Jahren des 20. Jahrhunderts eine bedeutende Anzahl nach 1945 in die Sowjetunion verbrachter Kunstwerke an die DDR.[162]

Mithin steht der Bundesrepublik gegen die Russische Föderation auch ein völkergewohnheitsrechtlicher Rückgabeanspruch infolge des Verstoßes gegen das bereits 1945 geltende völkergewohnheitsrechtliche Beschlagnahme- und Wegführungsverbot zu.

Fraglich ist, in welchem Umfang eine sowjetische Rückgabeverpflichtung besteht. Dies ist zwar im Einzelnen streitig.[163] Anerkannt ist aber eine völkergewohnheitsrechtliche Rückgabeverpflichtung im in der HLKO vorgesehenen Umfang. Staaten haben

---

[157] *Doehring*, Ruperto Carola Nr. 76, 39. Jahrg. (Juli 1987), S. 138 ff., S. 139; *Siehr*, SJZ 1981, S. 189 ff., S. 193.

[158] So auch *Fiedler*, in: FS Doehring, S. 199 ff., S. 217.

[159] „These rules laid down in the convention were recognized by all civilized nations, and were regarded as being declaratory of the laws and customs of war“, AJIL 41 (1947), S. 248 f.; so auch *Körbs*, HuV-I 3 (1996), S. 138 ff., S. 146, *Walter*, Rückführung von Kulturgut, S. 80 f.

[160] *Schorlemer*, GYIL 41 (1998), S. 317 ff., S. 324.

[161] Vgl. hierzu oben 1. Teil, B.II.2.c).

[162] Siehe hierzu oben 1. Teil, B.II.5.c); *Schorlemer*, GYIL 41 (1998), S. 317 ff., S. 324.

[163] So ist umstritten, ob der Staat wie i.S. der HLKO nur für seine Truppen haftet oder ob ihn darüber hinaus eine generelle Fürsorgepflicht trifft, wie in der Haager Kulturgüterschutzkonvention von 1954 vorgesehen. Unklar ist weiterhin, ob die gewohnheitsrechtliche Rückgabeverpflichtung auch am Konflikt nicht beteiligte Staaten betrifft. Es geht also um die Frage, ob die gewohnheitsrechtliche Rückgabeverpflichtung im Rahmen der Haager Landkriegsordnung oder der insofern weit reichenderen Vorschriften des Haager Abkommens von 1954 besteht. *Fraoua*, Le traffic illicite des biens culturels, S. 134, vertritt letzteres, *Walter*, Rückführung von Kulturgut, S. 82 f. tritt für die völkergewohnheitsrechtliche Verpflichtung nur im Rahmen der HLKO ein. Dem ist zu folgen, denn letztlich gibt es seit dem Zweiten Weltkrieg keine umfangreiche Staatenpraxis, aus der sich das Bestehen einer völkergewohnheitsrechtlichen Rückgabepflicht für nicht am Konflikt beteiligte Staaten zweifelsfrei feststellen ließe. Gleiches gilt für die in der Haager Konvention von 1954 vorgesehene Fürsorgepflicht, ebenso *Walter*, Rückführung von Kulturgut, S. 83, m.w.N.

also dafür Sorge zu tragen, dass ihre Truppen die Wegnahme fremder Kulturgüter unterlassen und entgegen diesem Verbot entwendetes Kulturgut zurückzugeben.[164]

Vom völkergewohnheitsrechtlichen Rückgabeanspruch sind mithin alle durch die sowjetischen Truppen entwendeten deutschen Kulturgüter erfasst.

*2. Geltung der völkergewohnheitsrechtlichen Restitutionsverpflichtung für die UdSSR bzw. die Russische Föderation*

Einwände gegen das Bestehen eines völkergewohnheitsrechtlichen Restitutionsanspruchs mit der Begründung, die UdSSR bzw. die Russische Föderation als deren Rechtsnachfolger sei an diesen Völkergewohnheitsrechtsgrundsatz nicht gebunden, sind nicht stichhaltig.

Nach herrschender Ansicht war die UdSSR an das bei ihrer Entstehung im Jahr 1917 geltende Völkergewohnheitsrecht gebunden.[165] Mithin galt für sie auch das Wegnahmeverbot und die hieraus folgende Restitutionspflicht.

Selbst wenn man dieser Auffassung nicht folgt und die Geltung des Völkergewohnheitsrechts von einer Selbstbindung der UdSSR abhängig machen will[166] ist von einer Anerkennung des kriegsrechtlichen Völkergewohnheitsrechtssatzes des Beuteverbots bezüglich Kulturgütern durch die Sowjetunion auszugehen.

Die allgemein in der sowjetischen Völkerrechtslehre eingenommene Haltung gegenüber Völkergewohnheitsrecht[167] betont zwar den Vorrang des Vertragsrechts gegenüber dem Gewohnheitsrecht.[168] Das Bestehen von Gewohnheitsrecht wurde aber selbst während der Entwicklung der sowjetischen Völkerrechtslehre[169] nie völlig geleugnet. Mithin muss die grundsätzliche Bindung der Sowjetunion an das Kriegsgewohnheitsrecht bejaht werden. Die Ausmaße der materiellen Bindung ergeben sich aus der prinzipiellen Stellung der Sowjetunion zum allgemeinen Völkerrecht.[170] Anhaltspunkte für eine Ablehnung der UdSSR bezüglich des Beuteverbots hinsichtlich Kulturgütern finden sich indessen nicht.

Eine Anwendbarkeit des völkergewohnheitsrechtlichen Beuteverbots und der Restitutionspflicht scheidet auch nicht aufgrund der Tatsache aus, dass die Sowjetunion bzw. die Russische Föderation als „persistent objector" zu gelten hat. Dies würde voraussetzen, dass sich die UdSSR bzw. Russland kontinuierlich der Entstehung des gewohnheitsrechtlichen Beuteverbots bezüglich Kulturgütern und der aus einem entspre-

---

[164] So auch *Walter,* Rückführung von Kulturgut, S. 83 f.

[165] *Ipsen,* Völkerrecht, S. 191, Rdnr. 29.

[166] Vgl. zu dieser „These vom notwendigen Konsens" *Ipsen,* Völkerrecht, S. 191 f., Rdnr. 30.

[167] Zur sowjetischen Auffassung bzgl. der Entstehung und Geltungsgrundlage des Völkergewohnheitsrechts vgl. *Brunner,* in: Geyer (Hrsg.), Osteuropa-Handbuch, Sowjetunion, 3. Völkerrechtstheorie und Vertragspolitik, S. 49 ff., S. 55 f.

[168] *Akademie der Wissenschaften der UdSSR,* Völkerrecht, S. 5; *Meissner,* Sowjetunion und Haager LKO, S. 15.

[169] Vgl. hierzu *Meissner,* Sowjetunion und Haager LKO, S. 15 ff.; *Meissner,* in: Meissner, Außenpolitik und Völkerrecht der Sowjetunion, S. 34 ff., S.38.

[170] Ausführliche Darstellung der Entwicklung der sowjetischen Stellung zum allgemeinen Völkerrecht und zur Entwicklung der sowjetischen Völkerrechtslehre bei: *Meissner,* Sowjetunion und Haager LKO, S. 18 ff.; *Meissner,* in: Meissner, Außenpolitik und Völkerrecht der Sowjetunion, S. 34 ff., S. 38 ff.

chenden Verstoß resultierenden Restitutionsverpflichtung widersetzt hätte, indem sie durch fortlaufende Proteste zu erkennen gegeben hätte, eine eventuelle Bindungswirkung dieser Norm nicht anerkennen zu wollen.[171]

Die UdSSR hätte dadurch zwar nicht die Entstehung des entsprechenden Völkergewohnheitsrechtssatzes verhindern können, wäre aber durch die entstandene Norm nicht gebunden. Ein einmaliger, auch sehr nachdrücklicher Protest genügt hierfür allerdings nicht, die Gegenposition muss vielmehr dauerhaft nachzuweisen sein. Fehlt es an einem derartigen beharrlichen Widerspruch, so entfaltet die gewohnheitsrechtliche Norm ihre Bindungswirkung auch gegenüber denjenigen Völkerrechtssubjekten, die sie weder ausdrücklich noch stillschweigend akzeptiert haben.[172]

Der Ausschluss der Anwendbarkeit gegenüber dem persistent objector setzt auch voraus, dass sich die völkergewohnheitsrechtliche Norm noch in der Phase der Entstehung befindet. Da es sich beim gewohnheitsrechtlichen Beuteverbot aber um zum Zeitpunkt der Wegführung der deutschen Kulturgüter bereits entstandenes Völkergewohnheitsrecht handelt und ein möglicher Protest der UdSSR ersichtlich nicht bis zur Entstehung dieser Norm während des 19. Jahrhunderts zurückreicht, scheidet die Möglichkeit der Nichtanwendbarkeit als persistent objector sowohl gegenüber der UdSSR als auch deren Rechtsnachfolger, der Russischen Föderation, aus.

Ein Protest der Russischen Föderation gegen die Restitutionspflicht aus Völkergewohnheitsrecht zum heutigen Zeitpunkt hätte also keinen Einfluss auf das Bestehen eines entsprechenden Rückgabeanspruchs.

### *III. Allgemeine Rechtsgrundsätze*

Subsidiär und ergänzend zu den völkervertraglichen und völkergewohnheitsrechtlichen Verpflichtungen der Russischen Föderation zur Rückgabe der nach dem Zweiten Weltkrieg verbrachten deutschen Kulturgüter könnte sich die Rückgabeverpflichtung auch aus allgemeinen Rechtsgrundsätzen i.S. des Art. 38 I c IGH-Statut ergeben.[173]

Hierbei handelt es sich um anerkannte Rechtsprinzipien, die allen bzw. den meisten Rechtsordnungen gemeinsam sind. Allgemeine Rechtsgrundsätze sind damit ihrem Ursprung nach völkerrechtsfremde Normen, die nicht im völkerrechtlichen Rechtserzeugungsverfahren entstanden sind.[174]

Als allgemeine Rechtsgrundsätze kommen nur diejenigen Grundsätze in Betracht, die für die nationalen Rechtssysteme von grundlegender Bedeutung sind oder Leitprinzipien dieser Rechtsordnungen darstellen.[175]

Zu den allgemeinen Rechtsgrundsätzen zählt beispielsweise das Prinzip der ungerechtfertigten Bereicherung.[176] Danach muss eine Person, die sich auf Kosten einer an-

---

[171] Vgl. m.w.N. *Schorlemer*, GYIL 41 (1998), S. 317 ff., S. 324, Fn. 25.

[172] *Ipsen*, Völkerrecht, S. 191, Rdnr. 26 f.

[173] Zu den allgemeinen Rechtsgrundsätzen vgl. *Ipsen*, Völkerrecht, S. 198 ff., Rdnr. 1 ff.; *Mosler*, General Principles of Law, in: EPIL, Vol. II (1995), S. 511 ff.

[174] Deshalb sind sie auch nicht gleichbedeutend mit den allgemeinen Grundsätzen des Völkerrechts, die dem Völkergewohnheitsrecht zuzuordnen sind.

[175] *Ipsen*, Völkerrecht, S. 199, Rdnr. 3.

deren ohne rechtlichen Grund bereichert hat entweder das Objekt der Bereicherung zurückgeben bzw. den vorherigen Zustand wiederherstellen oder Kompensation dafür leisten.[177] Die Anwendung des Konzepts der ungerechtfertigten Bereicherung wurde im internationalen Bereich insbesondere im Zusammenhang mit der Enteignung ausländischen Eigentums diskutiert und angewandt.[178] Problematisch ist allerdings, dass sich das Ausmaß der Verpflichtung zur Kompensation nicht aus dem Prinzip der ungerechtfertigten Bereicherung selbst erschließen lässt. Dieses variiert vielmehr je nach Rechtssystem korrespondierend mit dem variablen Element des „sine causa“ bzw. Fehlens eines rechtfertigenden Grundes für die Bereicherung.[179] Dennoch ist das Grundprinzip im internationalen Recht anwendbar, da das gleiche Problem auch zwischen Staaten entstehen kann. Ausgangspunkt muss dabei die Grundidee der restitutio in integrum sein, wobei bei der Anwendung des Prinzips die spezifische Beziehung zwischen den beiden Subjekten des internationalen Rechts berücksichtigt werden muss.[180]

Als derartige ungerechtfertigte Bereicherung Russlands, für die kein rechtlicher Grund bestand, könnte vorliegend die Wegnahme der deutschen Kulturgüter durch Einzelne und Angehörige der Roten Armee nach 1945 angesehen werden.[181] Die Beschlagnahme und Wegführung deutscher Kulturgüter durch die frühere Sowjetunion war gerade nicht gerechtfertigt, weshalb auch kein rechtlicher Grund hierfür bestand. Auch das russische Kulturgütergesetz, dessen Rechtmäßigkeit im Juli 1999 vom russischen Verfassungsgericht bestätigt wurde, stellt keine gesetzliche Rechtfertigung der Beschlagnahme dar.[182]

Ein Rückgabeanspruch kann sich mithin grundsätzlich auch aus dem allgemeinen Rechtsgrundsatz der ungerechtfertigten Bereicherung ergeben. Allerdings folgt aus der systematischen Stellung des Art. 38 I c IGH-Statut, dass allgemeine Rechtsgrundsätze nur dann anzuwenden sind, wenn im Vertrags- und Gewohnheitsrecht keine einschlägigen Regeln existieren. Es handelt sich also um eine subsidiäre Rechtsquelle.[183]

Da vorliegend sowohl vertrags- wie gewohnheitsrechtliche Restitutionsregelungen existieren, kommt lediglich eine die Anwendung dieser Regelungen ergänzende Heranziehung des Grundsatzes der ungerechtfertigten Bereicherung in Betracht.[184]

---

[176] *Ipsen,* Völkerrecht, S. 200 Rdnr. 4; *Mosler,* General Principles of Law, in: EPIL, Vol. II (1995), S. 511 ff., S. 520; *Schreuer,* Unjust Enrichment, in: EPIL, Vol. IV (2000), S. 1243 ff.; *Schreuer,* AJCL 22 (1974), S. 281 ff.; *Francioni,* ICLQ 24 (1975), S. 255 ff., S. 272.

[177] *Mosler,* General Principles of Law, in: EPIL, Vol. II (1995), S. 511 ff., S. 520.

[178] *Schreuer,* Unjust Enrichment, in: EPIL, Vol. IV (2000), S. 1243 ff., S. 1245.

[179] *Francioni,* ICLQ 24 (1975), S. 255 ff., S. 274.

[180] *Mosler,* General Principles of Law, in: EPIL, Vol. II (1995), S. 511 ff., S. 520.

[181] Nach nationalem (deutschen) Recht muss der rechtliche Grund bspw. im Moment der Begehung des zur Bereicherung führenden Akts vorgelegen haben, vgl. § 812 I 1 2. Alt. BGB; vgl. hierzu auch *Schorlemer*, GYIL 41 (1998), S. 317 ff., S. 325.

[182] Vgl. hierzu im Einzelnen unten C.III.

[183] *Ipsen,* Völkerrecht, S. 200, Rdnr. 6.

[184] *Ipsen,* Völkerrecht, S. 200 f., Rdnr. 6.

### *B. Umfang der Rückgabeverpflichtung: Zuordnung von Kulturgütern im Völkerrecht und hieraus folgende Empfangsberechtigung der Bundesrepublik Deutschland*

Nachdem festgestellt wurde, dass der Bundesrepublik Deutschland sowohl aus Völkervertragsrecht als auch aus Völkergewohnheitsrecht Rückgabeansprüche zustehen, ist im Folgenden auf die Frage einzugehen, auf welche der verbrachten Kulturgüter sich die Rückgabeverpflichtung im Einzelnen bezieht.[185]

Dies ist gerade unter dem Gesichtspunkt bedeutsam, dass sich unter den in die Sowjetunion verschleppten Kulturgütern neben solchen, die zur historischen Leistung des deutschen Volkes zu zählen sind und eine innere Verbindung zum deutschen Volk aufweisen, auch Objekte wie der Schatz des Priamos oder Gemälde französischer Impressionisten befinden, die weder auf deutschem Territorium noch von deutschen Künstlern geschaffen wurden. Insbesondere bezüglich dieser Werke stellt sich die Frage, inwiefern sie die historische Leistung und Identität des deutschen Volkes symbolisieren.[186]

Es ist also die Frage der Zuordnung von Kulturgütern zu erörtern.[187] Insbesondere ist zu klären, inwiefern Voraussetzung für die Rückgabe ist, dass seitens der Bundesrepublik Deutschland eine besonders gesteigerte Beziehung der Kulturgüter zur Bundesrepublik Deutschland nachgewiesen wird.

#### *I. Zuordnung im Kriegsvölkerrecht: Grundsatz der territorialen Bindung an den Staat der früheren Belegenheit*

Das Wegnahmeverbot gem. Art. 56 HLKO wird nicht von einer ursprünglichen nationalen oder sonstigen besonderen Beziehung der Kulturgüter zum Belegenheitsstaat abhängig gemacht. Der Restitutionsanspruch folgt alleine aus der Tatsache der früheren Belegenheit des Kulturguts im fordernden Staat.

Dieser Grundsatz der territorialen Bindung von Kulturgütern an ihren Belegenheitsstaat vor der Verbringung ist im Kriegsrecht allgemein anerkannt.[188] Auf eine besonders gesteigerte Beziehung der Kulturgüter gerade zur Bevölkerung des besetzten Staates kommt es nicht an, sondern es geht um den Schutz allgemeiner Kulturinteressen, die sich auch auf Kulturgüter anderer Kulturen erstrecken.[189]

---

[185] Dass der Bundesrepublik Deutschland bzgl. der zuvor von den Nazis geraubten oder „gekauften" Kulturgütern jüdischer Eigentümer oder aus Drittstaaten wie Frankreich oder der Niederlande kein Rückgabeanspruch zusteht, wird hier vorausgesetzt.

[186] In diesem Sinne kritisch: *Gattini*, EJIL 7 (1996), S. 67 ff., S. 86 f.

[187] Vgl. hierzu im Einzelnen *Gornig,* in: Gornig/Schiller/Wesemann (Hrsg.), S. 61 ff., S. 66; Gornig schildert hier fünf verschiedene Prinzipien der Zuordnung, die Zuordnung nach der Zugehörigkeit zu einer unbeweglichen Einrichtung, das Prinzip des Zusammenhaltens von Sammlungen, die Zuordnung von Kulturgütern nach ihrer Herkunft, das Recht der Kulturgüter im Fall eines Bevölkerungsaustauschs und die Zuordnung von Gütern nach dem Prinzip des billigen Ausgleichs.

[188] *Engstler,* Die territoriale Bindung von Kulturgütern, S. 78 ff.; *Schulze,* Die Restitution von Kunstwerken, S. 34; *Rudolf,* in: FS Doehring, S. 853 ff., S. 861; *Höhn,* HuV-I 8 (1995), S. 26 ff., S. 28.

[189] *Turner*, in: Fiedler (Hrsg.), Internationaler Kulturgüterschutz und deutsche Frage, S. 19 ff., S. 60.

Aus der territorialen Bindung ergibt sich nach dieser Auffassung zumindest indirekt der Gedanke, dass diese Kunstwerke insoweit auch nationale Werte darstellen.[190]

Gemäß der im Kriegsrecht geltenden territorialen Bindung von Kulturgütern an den ursprünglichen Ort der Belegenheit ergibt sich also, dass sich die Rückgabeansprüche der Bundesrepublik gegen die Russische Föderation auf alle aus Deutschland verbrachten Kulturgüter beziehen – abgesehen von den vorher durch die Nazis geraubten Kulturgütern. Dies gilt sowohl für den Anspruch aus Art. 56 HLKO als auch für die Ansprüche aus den deutsch-russischen Verträgen, die letztlich an den Tatbestand der Verbringung während des Kriegs und der Besatzungszeit anknüpfen.

### *II. Erfordernis einer besonderen Bindung – Problematik des „nationalen Kulturguts"*

Grundsätzlich besteht damit ein umfassender Rückgabeanspruch der Bundesrepublik Deutschland. Dennoch soll an dieser Stelle noch auf die Problematik des „nationalen" Kulturguts eingegangen werden.

In der wissenschaftlichen Diskussion wird heute teilweise die Auffassung vertreten, dass das bloße Vorhandensein eines Kunstwerks auf dem Gebiet eines Staates auch bei längerer Dauer nicht ausreicht, um es zum nationalen Kulturgut eines Staates zählen zu können[191] und Rückgabeansprüche auszulösen. Neben die Tatsache der früheren Belegenheit des Kunstwerks im rückfordernden Staat muss danach zur Anerkennung eines Rückgabeanspruchs noch eine besondere Beziehung zum Staat treten.[192]

Dieses Konzept des „nationalen Kulturpatrimoniums" beruht auf der Einordnung von Kulturgütern nach nationalen und staatlichen Gesichtspunkten. Kulturgüter werden einem Staat oder Volk zugeordnet, die Eigentümer und Bewahrer des Kulturgutes sind.[193]

Dabei tritt nicht nur die Schwierigkeit auf, festlegen zu müssen, wer für die Bestimmung als „nationales Kulturgut" zuständig ist. Keine uneingeschränkte Zustimmung genießt die Auffassung, dass die Bestimmung dessen, was kulturelles Erbe von grundlegender Bedeutung ist, nur durch das Volk geschehen kann, das sein kulturelles Erbe verloren hat, weil es sich hierbei um einen Akt der kulturellen Selbstbestimmung handelt.[194]

Unklar ist auch, wann von einem nationalen Kulturgut gesprochen werden kann. Die Bestimmung erfolgt sowohl über das Territorium, die Herkunft des Künstlers und den besonderen Bezug des Kunstwerks zur Nation. Dabei ergeben sich allerdings generelle Definitions- und Zuordnungsprobleme.[195] So stellt sich beispielsweise bereits die Frage, was unter dem Herkunftsterritorium bzw. -land zu verstehen ist.[196] Nach dem Prin-

[190] *Seidl-Hohenveldern,* in: FS Trinkner, S. 51 ff., S. 54.

[191] Vgl. Nachweise bei *Seidl-Hohenveldern,* in: FS Trinkner, S. 51 ff., S. 56.

[192] Zur Problematik der besonderen nationalen Verbundenheit als Voraussetzung der Restitution vgl. auch die ausführliche Darstellung bei *Turner*, Das Restitutionsrecht des Staates, S. 52 ff.

[193] *Rudolf,* in: FS Doehring, S. 853 ff., S. 861; *Gornig,* in: Gornig/Schiller/Wesemann (Hrsg.), S. 61 ff., S. 68 f.

[194] Vgl. hierzu *Ganslmayr,* VN 1980, S. 88 ff., S. 91.

[195] *Gornig,* in: Gornig/Schiller/Wesemann (Hrsg.), S. 61 ff., S. 69.

[196] Vgl. hierzu auch *Seidl-Hohenveldern*, RGDIP 97 (1993), S. 395 ff., S. 397 f.

zip des „district d'origine", kommt es nur darauf an, dass die auszuliefernden Güter sich auf dem betreffenden Territorium befanden und von dort weggebracht wurden. Damit ist der district d'origine nicht identisch mit dem Entstehungsort. Entscheidend ist lediglich die Bindung der Kulturgüter an ihren Herkunftsort.[197] Dieses Abstellen allein auf das Kriterium der physischen Herkunft bietet dabei den Vorteil, dass es einfach zu handhaben ist, hat aber andererseits zu sehr den Besitzer im Blick.[198] Deshalb gilt nach dem Prinzip des „patrimoine intellectuel" (kulturellen Erbes) als Herkunftsterritorium das Gebiet, das die engsten Bindungen mit dem Kulturgut aufweist. Es kommt dabei letztlich darauf an, ob die Kulturgüter in enger Beziehung zur von den auf dem Gebiet lebenden Menschen entwickelten Kultur stehen.[199]

Darüber hinaus stellt sich die Frage, ob ein Kulturgut auch dann zum nationalen Kulturerbe zählen kann, wenn es weder von Künstlern der Staatsangehörigkeit des fordernden Staats, noch auf seinem Gebiet geschaffen wurde noch sich auf dieses bezieht.[200]

Den Zweifeln bezüglich der Bestimmung als nationales Kulturgut bei Fehlen dieser Kriterien kann allerdings die im Zusammenhang mit der Problematik der Staatennachfolge entwickelte Auffassung entgegengehalten werden, dass auch eine im Verlauf von Jahrhunderten gewachsene und etablierte Sammlung, die selbst eine Einheit bildet und ein historisches Monument ist, Teil des nationalen kulturellen Eigentums bildet, unabhängig von einer darüber hinausgehenden ideologischen Verbindung.[201]

Nach diesem Prinzip unterliegt beispielsweise auch der Schatz des Priamos als Teil der Sammlungen des Museums für Vor- und Frühgeschichte in Berlin als Bestandteil der besonderen Museumskultur Deutschlands der Rückgabe.

Selbst wenn man also über die im Kriegsrecht geltende territoriale Bindung hinaus eine besondere Beziehung der verschleppten Kulturgüter zu Deutschland in dem Sinn fordern wollte, dass es sich um Kulturgüter von nationaler Bedeutung handelt, gelangt man ebenfalls zu einem umfassenden Rückgabeanspruch der Bundesrepublik Deutschland. Auch diejenigen Kulturgüter, die nicht von „deutschen" Künstlern oder auf „deutschem" Boden geschaffen wurden, haben eine ideologische Beziehung zum Herkunftsstaat Deutschland. Sie alle sind Teile von in Jahrhunderten gewachsenen Sammlungen und Ausdruck der besonderen Museumskultur Deutschlands. Als solche stellen sie ebenfalls „nationales" Kulturgut dar und unterfallen auch der Rückgabeverpflichtung.

---

[197] Vgl. *Gornig,* in: Gornig/Schiller/Wesemann (Hrsg.), S. 61 ff., S. 69, m.w.N.

[198] *Seidl-Hohenveldern,* RGDIP 97 (1993), S. 395 ff., S. 398.

[199] Vgl. hierzu *Gornig,* in: Gornig/Schiller/Wesemann (Hrsg.), S. 61 ff., S. 70 ff.

[200] Diese Fragen wirft *Seidl-Hohenveldern,* in: FS Trinkner, S. 51 ff., S. 55 auf.

[201] *Seidl-Hohenveldern,* in: FS Trinkner, S. 51 ff., S. 55 f.; *Seidl-Hohenveldern,* RGDIP 97 (1993), S. 395 ff., S. 403; *Seidl-Hohenveldern,* IPRax 1996, S. 410 ff., S. 412.

## *C. Mögliche Ausschlussgründe der Rückführung*

### *I. Rückgabeausschluss aufgrund nachträglicher Anerkennung der Rechtmäßigkeit der sowjetischen Maßnahmen*

Im Folgenden sollen verschiedene völkerrechtliche Dokumente daraufhin untersucht werden, ob sie zu einem Rückgabeausschluss bezüglich der deutschen Kulturgüter aufgrund nachträglicher Anerkennung der Rechtmäßigkeit der sowjetischen Maßnahmen geführt haben.

#### *1. Feindstaatenklausel, Art. 107 UN-Charta*

Den deutschen Rückführungsansprüchen kann Art. 107 SVN – entgegen der russischen Auffassung[202] - nicht entgegengehalten werden. Insbesondere ergibt sich hieraus nicht die Anerkennung der rechtlichen Zulässigkeit der Verbringung der deutschen Kulturgüter.[203]

Die Feindstaatenklausel wird nach allgemeiner Auffassung auf alle Akte der Alliierten angewendet, die infolge des Zweiten Weltkrieges ergangen sind, wozu auch Maßnahmen zum Zweck der Reparation zählen.[204]

Nach herrschender Meinung befreien die Feindstaatenklauseln zwar von den durch die SVN auferlegten Verpflichtungen, nicht aber von denjenigen des allgemeinen Völkerrechts.[205] Nur aus der UN-Satzung selbst ergibt sich mithin keine Rechtswidrigkeit der alliierten Maßnahmen. Getrennt davon ist aber zu beurteilen, ob ein Verstoß gegen sonstiges Völkerrecht, etwa das geltende Kriegsrecht vorliegt.[206] Die Feindstaatenklauseln legitimieren mithin nicht zur Anwendung von Gewalt oder zur Durchführung von Kriegsfolgemaßnahmen, sondern entziehen sie nur der Kontrolle durch die Vereinten Nationen. Im Wortlaut des Art. 107 SVN[207] ist weder die Rede von einem Dispens bzgl. der Verbote des allgemeinen Völkerrechts noch wurden besondere Befugnisse zur Gewaltanwendung oder zu Interventionen geschaffen.[208]

---

202 Auf Art. 107 SVN wird in Art. 2 des russischen Kulturgütergesetzes Bezug genommen und diese Vorschrift wird auch in Ziffer 4 der Urteilsgründe des russischen Verfassungsgerichts als Beweis für die nachträgliche Anerkennung des Verbringens der Kulturgüter als besatzungsrechtlicher Maßnahme herangezogen.

203 Vgl. hierzu bereits oben 2. Teil, C.I.2.f)dd).

204 *Hartwig,* EuGRZ 1999, S. 553 ff., S. 556.

205 *Trützschler von Falkenstein,* Bedeutung der Feindstaatenartikel, S. 29 m. w. N.; *Blumenwitz,* Überwindung der deutschen Teilung, S. 97; *Schenk,* Viermächteverantwortung für Deutschland als Ganzes, S. 24.

206 *Hartwig,* EuGRZ 1999, S. 553 ff., S. 555 f. m. w. N.

207 Art. 107 SVN: „Maßnahmen, welche die hierfür verantwortlichen Regierungen als Folge des Zweiten Weltkriegs in Bezug auf einen Staat ergreifen oder genehmigen, der während dieses Krieges Feind eines Unterzeichnerstaates dieser Charta war, werden durch diese Charta weder außer Kraft gesetzt noch untersagt".

208 *Trützschler von Falkenstein,* Bedeutung der Feindstaatenartikel, S. 16 ff., 26 ff.; *Blumenwitz,* Feindstaatenartikel, S. 73 ff.; *Blumenwitz,* in: Meissner/Zieger (Hrsg.), Staatliche Kontinuität, S. 47 ff., S. 50.

Dies gilt zumindest solange, wie ein Feindstaat noch nicht Mitglied der UNO ist. Denn für Nichtmitglieder ist die SVN eine res inter alios gesta, die sie weder verpflichten, noch ihnen Rechte entziehen kann, die ihnen nach allgemeinem Völkerrecht zustehen.[209] Die Aufhebung bereits bestehender völkerrechtlicher Rechtspositionen des Deutschen Reiches würde einen unzulässigen Vertrag zu Lasten Dritter darstellen.[210] Deshalb kann aus der Feindstaatenklausel gem. Art. 107 SVN nicht die allgemeine Anerkennung der Völkerrechtsmäßigkeit der Maßnahmen der Besatzungsmächte abgeleitet werden, lediglich aus der SVN ergibt sich keine Rechtswidrigkeit.

Darüber hinaus werden die Feindstaatenklauseln nach zwar umstrittener aber überwiegender Meinung mit Aufnahme eines ehemaligen Feindstaates gegenstandslos.[211] Dies wird mit Art. 4 I SVN begründet, der voraussetzt, dass der aufzunehmende Staat friedliebend ist. Mit Aufnahme der DDR und der Bundesrepublik Deutschland in die UNO am 18.9.1973 sind die Feindstaatenklauseln mithin bedeutungslos geworden. Nach Aufnahme aller „Feindstaaten" in die UNO haben diese keine praktische Relevanz mehr.[212] Dieses Ergebnis rechtfertigt sich sowohl durch die Einordnung des Art. 107 in das Kapitel XVII, Übergangsbestimmungen betreffend die Sicherheit, als auch damit, dass die „Feindstaaten" durch den Beitritt zur UN-Charta dem Gewalt- und Interventionsverbot, Art. 2 Ziff. 4 und 7 SVN, unterliegen. Letztlich verbietet auch das Prinzip der souveränen Gleichheit der Staaten gem. Art. 2 Ziff. 1 SVN eine Diskriminierung der „Feindstaaten" durch Art. 53, 107 SVN.[213]

Spätestens mit Aufhebung der Rechte und Verantwortlichkeiten der Vier Mächte in Bezug auf Deutschland seit Unterzeichnung des Zwei-plus-Vier-Vertrags im Jahr 1990 haben die Feindstaatenklauseln keine praktische Relevanz mehr.[214]

### 2. *Friedensverträge mit Deutschlands Kriegsverbündeten*

Auch die mit Deutschlands Kriegsverbündeten im Jahr 1947 geschlossenen Friedensverträge[215] haben nicht zu einem Rückgabeausschluss geführt.

Die in diesen Verträge enthaltenen Klauseln, wonach die ehemaligen Kriegsverbündeten Deutschlands auf jegliche Ansprüche gegen die alliierten Mächte verzichten, welche diese im Krieg oder als kriegsführende Partei gegen den jeweiligen verbünde-

---

[209] *Trützschler von Falkenstein,* Bedeutung der Feindstaatenartikel, S. 29 m. w. N.

[210] *Blumenwitz,* Feindstaatenklauseln, S. 79; *Blumenwitz,* in: Meissner/Zieger (Hrsg.), Staatliche Kontinuität, S. 47 ff., S. 50; *Blumenwitz,* Überwindung der deutschen Teilung, S. 97 f.; *Waitz von Eschen,* Völkerrechtliche Kompetenz der Vier Mächte, S. 35; *Trützschler von Falkenstein,* Bedeutung der Feindstaatenartikel, S. 29.

[211] *Trützschler von Falkenstein,* Bedeutung der Feindstaatenartikel, S. 100 m. w. N.

[212] *Blumenwitz,* Feindstaatenklauseln, S. 94 f., m.w.N.; *Ipsen,* Völkerrecht, S. 417, Rdnr. 29; *Blumenwitz,* Enemy States Clause, in: EPIL, Vol. II (1995), S. 90 ff., S. 93.

[213] *Ipsen,* Völkerrecht, S. 417, Rdnr. 29.

[214] *Blumenwitz,* Enemy States Clause, in: EPIL, Vol. II (1995), S. 90 ff., S. 95; *Heberlein,* AVR 29 (1991), S. 85 ff.

[215] Auf diese wird in Art. 2 des russischen Kulturgütergesetzes ebenfalls Bezug genommen und sie werden in Ziffer 4 der Urteilsgründe des Russischen Verfassungsgerichts als Verzichtserklärung zitiert.

ten Staat durchgeführt haben,[216] beinhalten gerade nicht die Anerkennung der Rechtmäßigkeit der diesen Ansprüchen zugrunde liegenden Maßnahmen.[217]

Darüber hinaus bindet der völkervertragsrechtlich festgelegte Verzicht auf die Anspruchserhebung grundsätzlich nur die Vertragsparteien, nicht hingegen das an den Verträgen nicht beteiligte Deutschland. Für einen über die an den Verträgen beteiligten Parteien hinausreichenden völkerrechtlichen Grundsatz, wonach in ähnlicher Situation ein Anspruchsverzicht vorgesehen ist, gibt es keine Anhaltspunkte.[218]

### *3. Einwendungsverzicht und Klagestopp im Überleitungsvertrag*

Der Geltendmachung von Rückgabeansprüchen könnte auch der Verzicht auf die Erhebung von Einwendungen und auf die Einlegung von Klagen in den zwischen der Bundesrepublik Deutschland und den drei Westmächten geschlossenen Bonner und Pariser Verträgen von 1952 und 1954 entgegenstehen.[219] Das Vertragswerk und insbesondere der sog. Überleitungsvertrag[220] enthält, ohne selbst ein Friedensvertrag zu sein, zahlreiche Regelungen, wie sie für Friedensverträge üblich sind.[221]

#### *a) Einschlägige Vorschriften des Überleitungsvertrags (ÜV)*

Der Geltendmachung deutscher Rückgabeansprüche bezüglich entgegen Art. 56 HLKO beschlagnahmter und verbrachter Kulturgüter könnten zwei Vorschriften dieses Vertrages entgegenstehen. In Art. 3, Teil VI[222] und Art. 1, Teil IX[223] verzichtet die

---

[216] So Artikel 28 I des Friedensvertrags mit Bulgarien, Art. 32 I des Friedensvertrags mit Ungarn, Art. 30 I des Friedensvertrags mit Rumänien, Art. 76 I des Friedensvertrags mit Italien und Art. 29 I des Friedensvertrags mit Finnland.

[217] Ebenso *Hartwig,* EuGRZ 1999, S. 553 ff., S. 556, m.w.N.

[218] Siehe dazu auch *Hartwig,* EuGRZ 1999, S. 553 ff., S. 556.

[219] Durch das Bonner Vertragswerk vom 26.5.1952 fand das Besatzungsregime in der Bundesrepublik Deutschland nach dem Zweiten Weltkrieg seine offizielle Beendigung und die Bundesrepublik Deutschland erhielt ihre Souveränität, allerdings gemindert um Vorbehaltsrechte der drei Westalliierten, vgl. hierzu ausführlich *Waitz von Eschen,* Die völkerrechtliche Kompetenz der Vier Mächte, S. 124 ff.; *Höhn,* HuV-I 8 (1995), S. 26 ff., S. 30 m. w. N.

[220] Der „Vertrag zur Regelung aus Krieg und Besatzung entstandener Fragen", der sog. Überleitungsvertrag vom 26.5.1952, einer der Bonner Verträge, wurde durch das in Paris unterzeichnete „Protokoll über die Beendigung des Besatzungsregimes in der Bundesrepublik Deutschland" vom 23.10.1954 geändert.

[221] *Engstler,* Die territoriale Bindung von Kulturgütern, S. 144; *Turner,* in: Fiedler (Hrsg.), Internationaler Kulturgüterschutz und deutsche Frage, S. 109 ff., S. 149.

[222] Gem. Art. 3 I, Teil VI verpflichtet sich die Bundesrepublik Deutschland „in Zukunft keine Einwendungen gegen die Maßnahmen zu erheben, die gegen das deutsche Auslands- oder sonstige Vermögen durchgeführt worden sind oder werden sollen, das beschlagnahmt worden ist für Zwecke der Reparation oder Restitution oder auf Grund des Kriegszustandes oder auf Grund von Abkommen, die die Drei Mächte mit anderen alliierten Staaten, neutralen Staaten oder ehemaligen Bundesgenossen Deutschlands geschlossen haben oder schließen werden". Nach Art. 3 III, Teil VI des Überleitungsvertrags werden „Ansprüche und Klagen gegen Personen, die auf Grund der in Absatz (1) ... dieses Artikels bezeichneten Maßnahmen Eigentum erworben oder übertragen haben, sowie Ansprüche und Klagen gegen internationale Organisationen, ausländische Regierungen oder

Bundesrepublik Deutschland für die Zeit bis zum Abschluss eines Friedensvertrags auf jegliche Geltendmachung von Rechten im Hinblick auf Vermögensgüter, die im Zusammenhang mit dem Krieg in Beschlag genommen wurden.

Diese Vorschriften sind mittlerweile als endgültig anzusehen, da sie gem. Ziffer 3 des Notenwechsels vom 27. September 1990 zwischen der Bundesrepublik und den drei Westmächten auch mit Inkrafttreten des 2 + 4 Vertrags in Kraft bleiben.[224]

Da die Verbringungen deutscher Kulturgüter im Wesentlichen in der Zeit nach der bedingungslosen Kapitulation am 7./8.5.1945 vollzogen wurden, sich der in Art. 1, Teil IX enthaltene Verzicht aber auf die Erhebung von Ansprüchen gegen in der Zeit zwischen dem 1.9.1939 und dem 5.6.1945 ergriffene Maßnahmen bezieht, beschränken sich die folgenden Ausführungen auf Art. 3, Teil VI des Überleitungsvertrags.

Der Einwendungsverzicht und der Klageausschluss wurden mit dem Ziel erlassen, einen Schlussstrich unter die im Zusammenhang mit dem Zweiten Weltkrieg erfolgten Maßnahmen gegen deutsches Auslands- oder sonstiges Vermögen zu ziehen.[225] Bezüglich der Anwendbarkeit dieser Bestimmungen im deutsch-russischen Verhältnis bestehen allerdings erhebliche Zweifel. Einwendungsausschluss und Klagestopp greifen nämlich nur ein, wenn die in Art. 3 I bzw. Art. 3 III i.V.m. I, Teil VI des Überleitungsvertrags genannten Voraussetzungen vorliegen, was im Fall der Kulturgüter fraglich erscheint.

*b) Anwendbarkeit auf Kulturgüter*

Die Anwendbarkeit des Art. 3, Teil VI Überleitungsvertrag scheidet zwar nicht bereits deshalb aus, weil es sich bei den aus Deutschland verbrachten Kulturgütern nicht um „deutsches Auslandsvermögen" handelt. Art. 3, Teil VI ÜV findet nicht nur auf deutsches Auslandsvermögen Anwendung,[226] sondern erfasst auch dasjenige Vermögen, das aus Deutschland im Wege der Reparation oder Restitution weggebracht wur-

Personen, die auf Anweisung dieser Organisationen oder Regierungen gehandelt haben, ... nicht zugelassen".

223 Gemäß Art. 1 und 2, Teil IX ist festgelegt, dass weder die Bundesrepublik noch deren Staatsangehörige – vorbehaltlich der Bestimmungen eines Friedensvertrages mit der Bundesrepublik – „Ansprüche irgendwelcher Art erheben werden" wegen Maßnahmen in der Zeit zwischen dem 1. September 1939 und dem 5. Juni 1945 von Staaten, die sich mit Deutschland im Krieg befunden haben.

224 In dem Notenwechsel vom 27. September 1990 zwischen den Regierungen der drei Westmächte und der Regierung der Bundesrepublik Deutschland, abgedruckt im BGBl. 1990 II, S. 1386 ff., wurde zwar in Ziff. 1 und 2 vereinbart, dass der Deutschlandvertrag und der Überleitungsvertrag mit dem Inkrafttreten des Vertrags über die abschließende Regelung in Bezug auf Deutschland außer Kraft treten. Gemäß Ziffer 3 der Vereinbarung bleiben jedoch einige Bestimmungen des Überleitungsvertrags in Kraft, darunter auch die hier interessierenden Art. 3 Absätze 1 und 3 des Sechsten Teils und Art. 1 des Neunten Teils.

225 So *Schoen*, NJW 2001, S. 537 ff., S. 541 für den Klageausschluss.

226 So aber fälschlicherweise LG Köln, IPRax 1996, S. 419 ff., S. 421 unter Bezugnahme auf BGHZ 62, 340, 346 ff.: „...Weiterhin gilt diese Regelung [gemeint ist Art. 3 III, Teil VI] nur für deutsches Auslandsvermögen, Voraussetzung für ihre Anwendbarkeit ist also, dass das enteignete Vermögen im Gebiet des enteignenden Staates belegen ist, sogenanntes Teritorialitätsprinzip." Diese Auffassung wird wiederholt bei BVerfG, VIZ 1998, S. 202.

de.[227] Dies ergibt sich bereits aus dem Wortlaut des Art. 3 I, Teil VI ÜV, der neben dem deutschen Auslandsvermögen auch das „sonstige Vermögen" nennt.

Allerdings ist fraglich, ob die Bestimmungen des Art. 3, Teil VI ÜV überhaupt auf Kulturgüter Anwendung finden sollten. Nach der deutschen Rechtsprechung[228] ist für die Auslegung dieser Bestimmung, insbesondere für die Frage der Heranziehung zu Reparationszwecken und für die Frage, ob es sich beim beschlagnahmten Vermögen um „deutsches" Vermögen gehandelt hat, die Sichtweise desjenigen Staates maßgeblich, der das deutsche Vermögen in Anspruch genommen hat. Danach muss auch die Klärung der Frage, ob die Vertragspartner Kulturgüter in die Bestimmung des Art. 3, Teil VI ÜV einbeziehen wollten, im Einklang mit der Praxis der Alliierten in Bezug auf Kulturgüter erfolgen.

Gerade die Staatenpraxis der Alliierten nach dem Zweiten Weltkrieg beweist aber, dass die Anwendung des Art. 3, Teil VI ÜV auf Kulturgüter nicht dem Willen der Alliierten entsprach, auch wenn man aus dem umfassend formulierten Wortlaut auf eine Anwendbarkeit schließen könnte.[229] Die Alliierten haben Kulturgüter nicht als für Reparationsleistungen oder restitution in kind taugliche Objekte angesehen.[230] Vom anfangs gefassten Plan, deutsche Kulturgüter zu Reparationszwecken zu verwenden, sind die Alliierten schon bald abgerückt. Die Heranziehung deutscher Kulturgüter zur sog. restitution in kind war zwar umstrittener. In Ziff. 3 der Kontrollratsdirektive vom 21. Januar 1946 wurde die restitution in kind schließlich auf einzigartige Objekte beschränkt und vom Erlass einer besonderen Anordnung abhängig gemacht. In die Praxis wurde das als unzeitgemäß empfundene Institut der restitution in kind von den Alliierten in keinem einzigen Fall umgesetzt.[231]

Unter Berücksichtigung dieser Praxis kann die Auslegung der genannten Vorschriften des Überleitungsvertrages nur ergeben, dass die Westalliierten deutsche Kulturgü-

---

[227] Vgl. hierzu *Kutscher/Grewe,* Bonner Vertrag, S. 219, 222: Die Anwendbarkeit auch auf anderes Vermögen ergibt sich aus der wesentlichen Übereinstimmung des Art. 3 III ÜV mit Art. 3 des AHKG Nr. 63. Das AHKG Nr. 63 gilt aber seinerseits nicht nur für das deutsche Auslandsvermögen, sondern auch für die Gegenstände, die aus Deutschland im Wege der Reparation oder Rückerstattung weggebracht wurden. Art. 3 AHKG Nr. 63 erklärt die Erhebung von Ansprüchen oder Klagen in Bezug auf die Übertragung, Liquidierung oder Übergabe der unter das Gesetz fallenden Vermögensgegenstände für unzulässig. Aus dieser wesentlichen Entsprechung des Art. 3 AHKG Nr. 63 mit Art. 3 III, Teil VI folgt, dass sich der Klageausschluss auch im Fall des Art. 3 III, Teil VI des Überleitungsvertrags neben dem deutschen Auslandsvermögen auf sonstiges aus Deutschland verbrachtes Vermögen beziehen soll.

[228] Vgl. hierzu LG Köln, IPRax 1996, S. 419 ff., bei dem es um die Konfiskation eines Gemäldes des Fürsten von Liechtenstein in der Tschechoslowakei als „deutsches" Eigentum geht und das sich auf zwei Entscheidungen des BGH (BGHZ 8, 378, 383 und BGHZ 32, 170, 172 f.) bezieht, m. krit. Würdigung durch *Seidl-Hohenveldern,* IPRax 1996, S. 410 ff.; siehe weiterhin BVerfG, VIZ 1998, S. 202, m. krit. Würdigung durch *Doehring,* IPRax 1998, S. 465 ff.; ferner *Fassbender,* NJW 1999, S. 1445 ff.

[229] *Schorlemer,* GYIL 41 (1998), S. 317 ff., S. 332; *Höhn,* HuV-I 8 (1995), S. 26 ff., S. 30; *Turner,* in: Fiedler (Hrsg.), Internationaler Kulturgüterschutz und deutsche Frage, S. 109 ff., S. 151 ff.; zur Staatenpraxis der Alliierten in Bezug auf Kulturgüter vgl. ausführlich bereits oben 1. Teil, B.II.4.

[230] Vgl. hierzu auch *Turner,* in: Fiedler (Hrsg.), Internationaler Kulturgüterschutz und deutsche Frage, S. 109 ff., S. 151.

[231] Siehe hierzu bereits oben 2. Teil, B.II.4.b)bb)bbb); ähnlich *Turner,* in: Fiedler (Hrsg.), Internationaler Kulturgüterschutz und deutsche Frage, S. 109 ff., S. 133.

ter nicht in ihre Regelungen einbeziehen wollten, weil sie nicht als taugliche Reparationsobjekte angesehen wurden.[232]

*c) Anwendbarkeit des Überleitungsvertrags im deutsch-russischen Verhältnis*

Darüber hinaus findet der Überleitungsvertrag im deutsch-russischen Verhältnis überhaupt keine Anwendung. Er wurde zwischen den drei westlichen Alliierten und der Bundesrepublik Deutschland geschlossen und regelt damit grundsätzlich nur die Beziehungen zwischen diesen Vertragspartnern. Der Überleitungsvertrag betrifft also nur deutsches Vermögen, das in westliche Länder gebracht wurde und ist nicht auf die Wegführung deutscher Kulturgüter in die UdSSR anwendbar.[233] Diesen Regelungen entsprechende Vereinbarungen mit der UdSSR gibt es hingegen nicht.[234] Damit war und ist die Bundesrepublik Deutschland gegenüber der Russischen Föderation durch den Überleitungsvertrag auch nicht daran gehindert, sich auf die Völkerrechtswidrigkeit der Beschlagnahme- und Verbringungsmaßnahmen zu berufen und ihre Rückgabeansprüche geltend zu machen. Diese Möglichkeit ist auch nicht durch die deutscherseits während der Zwei-plus-Vier-Verhandlungen eingegangenen völkerrechtlichen Verpflichtungen weggefallen,[235] worauf im Folgenden noch einzugehen sein wird.

Selbst wenn man aber entgegen der hier vertretenen Auffassung von der Anwendbarkeit der Bestimmungen des Überleitungsvertrags in Bezug auf Kulturgüter ausgehen und sie auch im deutsch-russischen Verhältnis für anwendbar halten wollte, müssten die weiteren für das Eingreifen des Art. 3 I bzw. III, Teil VI ÜV erforderlichen Voraussetzungen vorliegen.

Insbesondere müssten die Kulturgüter „für Zwecke der Reparation“ beschlagnahmt worden sein, um von einer zum Einwendungsausschluss führenden Maßnahme i. S. des Art. 3 I, Teil VI ÜV die auch Voraussetzung für das Eingreifen des Klagestopps i.S. des Art. 3 III, Teil VI ÜV ist, ausgehen zu können. Hieran bestehen vorliegend aber begründete Zweifel, gerade wenn man das sowjetische Verhalten nach der Beschlagnahme und Verbringung in die Betrachtung einbezieht. In zwei Rückführungswellen während der fünfziger Jahre des 20. Jahrhunderts hat die Sowjetunion Kunstschätze unter dem Hinweis an die DDR zurückgegeben, dass diese Kulturgüter aus Schutzgründen und zur Restaurierung in die Sowjetunion verlagert worden waren.[236] Die Existenz weiterer Kulturgüter hat sie dagegen bis in die neunziger Jahre des 20. Jahrhunderts hinein geleugnet und diese in Geheimdepots, getrennt von den eigenen Beständen der russischen Museen gelagert.[237] Durch dieses Verhalten hat die Sowjetunion selbst zu verstehen gegeben, dass sie sich nicht als Eigentümerin dieser Kulturgüter ansah und mithin eine Heranziehung zum Zweck der Reparation gerade nicht

---

[232] So auch *Turner,* in: Fiedler (Hrsg.), Internationaler Kulturgüterschutz und deutsche Frage, S. 109 ff., S. 151; *Höhn,* HuV-I 8 (1995), S. 26 ff., S. 30 m. w. N.

[233] *Schorlemer*, GYIL 41 (1998), S. 317 ff., S. 332; *Turner,* in: Fiedler (Hrsg.), Internationaler Kulturgüterschutz und deutsche Frage, S. 109 ff., S. 150.

[234] *Höhn,* HuV-I 8 (1995), S. 26 ff., S. 32.

[235] Vgl. hierzu unten C.I.4.

[236] Vgl. hierzu bereits oben, 1. Teil, B.II.5.c).

[237] *Boguslavsky,* in: Simpson (Hrsg.), The Spoils of War, S. 186 ff., S. 189.

erfolgt ist.[238] Vielmehr hat die Sowjetunion bereits im Jahr 1953 auf weitere Reparationen gegenüber Deutschland verzichtet, ohne vorher oder in diesem Zusammenhang darauf hinzuweisen, dass auch Kulturgüter zu Reparationsleistungen herangezogen worden sind oder noch herangezogen werden sollten.[239] Auch im Zusammenhang mit den Verhandlungen zur Wiedervereinigung hat die Sowjetunion nicht vorgetragen, dass die Kulturgüter zur Wiedergutmachung beansprucht worden sind oder werden sollen.[240] Mithin liegt eine Beschlagnahme der Kulturgüter „zum Zweck der Reparation" i. S. des Art. 3 I, Teil VI des Überleitungsvertrags nicht vor.

Damit scheidet ein Ausschluss der Rückführungsansprüche wegen fehlender Tatbestandserfüllung des Art. 3, Teil VI ÜV selbst dann aus, wenn man entgegen der hier vertretenen Auffassung von einen Anwendbarkeit des Überleitungsvertrags im deutsch-russischen Verhältnis ausgehen wollte.

Darüber hinaus sprechen gute Gründe dafür, dass die Art. 56 HLKO verletzenden sowjetischen Beschlagnahmemaßnahmen wegen Verstoß gegen ius cogens nicht nur rechtswidrig, sondern nichtig sind.[241] Nichtige Maßnahmen führen aber nicht zu einem Einwendungsausschluss,[242] weshalb der Überleitungsvertrag der Rückgabe der deutschen Kulturgüter auch aus diesem Grund nicht entgegengehalten werden kann.

*d) Überlagerung des Überleitungsvertrags durch den deutsch-sowjetischen Vertrag von 1990 bzw. den deutsch-russischen Vertrag von 1992*

Schließlich ist selbst bei der Annahme, der Überleitungsvertrag schließe die Geltendmachung der deutschen Rückgabeansprüche aus, zu bedenken, dass die UdSSR und Russland mit Deutschland in den Jahren 1990 und 1992 zwei Verträge geschlossen haben, die in besonderer Weise auf die Frage der Rückgabe der Kulturgüter eingehen. Die dort getroffene Rückgabeverpflichtung überlagert nach dem Grundsatz lex posterior derogat legi priori den Einwendungsausschluss aus dem Überleitungsvertrag. Diese Verträge haben als später abgeschlossene Verträge den Vorrang gegenüber dem Überleitungsvertrag.[243] Sie wurden abgeschlossen, als die Fortgeltung des Einwendungsausschlusses bereits seit September 1990 feststand, nämlich im November 1990 bzw. im Jahr 1992.[244]

Der Vorrang der deutsch-russischen Verträge ergibt sich auch aus dem Grundsatz des lex specialis derogat legi generali, da sich diese – anders als der Überleitungsvertrag – gerade mit der Frage der Kulturgüterrückgabe beschäftigen.[245]

Damit ist die Bundesrepublik Deutschland unter keinem Gesichtspunkt aufgrund des Überleitungsvertrags an der Geltendmachung ihrer Rückgabeansprüche gegenüber der Russischen Föderation gehindert.

---

[238] So bspw. auch *Schoen*, NJW 2001, S. 537 ff., S. 539, 541.

[239] Siehe oben 2. Teil, F.I.2.

[240] Vgl. ausführlich hierzu bereits oben 2. Teil, F.I.5.

[241] Zur ius cogens-Problematik vgl. ausführlich unten D.II.2.b)bb)bbb)(3)(b).

[242] *Schoen*, NJW 2001, S. 537 ff., S. 541.

[243] *Schorlemer*, GYIL 41 (1998), S. 317 ff., S. 332 f.; *Schoen*, NJW 2001, S. 537 ff., S. 541.

[244] *Schoen*, NJW 2001, S. 537 ff., S. 542.

[245] Vgl. *Schorlemer*, GYIL 41 (1998), S. 317 ff., S. 332 f.

*4. Zwei-plus-Vier-Vertrag und begleitender Gemeinsamer Brief vom 12.9.1990*

Die Rückgabe der deutschen Kulturgüter ist auch nicht aufgrund Verzichts der Bundesrepublik Deutschland hierauf im Zwei-plus-Vier-Vertrag[246] oder dem Gemeinsamen Brief vom 12.9.1990[247] ausgeschlossen.

*a) Der Zwei-plus-Vier-Vertrag*

Während der Verhandlungen zum Zwei-plus-Vier-Vertrag hat die UdSSR die Frage der Kulturgüter nicht angesprochen und keinen Vorbehalt zugunsten einer Kompensation russischer Kriegsverluste durch die in Russland lagernden deutschen Kulturgutbestände angebracht.[248] Auch der Text des Zwei-plus-Vier-Vertrags selbst enthält keine Aussagen zur Kulturgüterfrage. Insbesondere wird hier die auch in diesem Zusammenhang bedeutsame Frage der Reparationen und Restitutionen nicht geregelt.
Mithin kann aus dem Zwei-plus-Vier-Vertrag kein Verzicht auf die Geltendmachung von Rückgabeansprüchen bezüglich der kriegsbedingt verlagerten Kulturgüter durch die Bundesrepublik Deutschland abgeleitet werden.

*b) Der Gemeinsame Brief vom 12.9.1990*

*aa) Allgemeines*

Ein Rückgabeausschluss wegen Verzichts auf die Geltendmachung von Ansprüchen ergibt sich schließlich auch nicht aus dem Gemeinsamen Brief[249] der beiden deutschen Außenminister an die Außenminister der Vier Mächte anlässlich der Unterzeichnung des „Zwei-plus-Vier-Vertrags" am 12. September 1990 in Moskau. Dieser Gemeinsame Brief informiert die Vertragspartner im Zwei-plus-Vier-Prozess über die im vereinten Deutschland bestehende Rechtslage, insbesondere über die zwischen den beiden deutschen Staaten getroffenen Vereinbarungen.[250] In Nr. 1 dieses Briefs wurden aus der Gemeinsamen Erklärung der beiden deutschen Regierungen vom 15. Juni 1990 zur Regelung offener Vermögensfragen, die über Art. 41 als Anlage III auch Teil des Einigungsvertrags sind, u.a. folgende Sätze zitiert: „Die Enteignungen auf besatzungsrechtlicher bzw. besatzungshoheitlicher Grundlage (1945 bis 1949) sind nicht mehr rückgängig zu machen. Die Regierungen der Sowjetunion und der Deutschen Demokratischen Republik sehen keine Möglichkeit, die damals getroffenen Maßnahmen zu revidieren. Die Regierung der Bundesrepublik Deutschland nimmt dies im Hinblick auf die historische Entwicklung zur Kenntnis".[251]

---

[246] BGBl. 1990 II, S. 1317 ff.

[247] Text des Gemeinsamen Briefs in Bull. Nr. 19 vom 14.9.1990, S .1156 f.

[248] Vgl. bereits oben 2. Teil, F.I.5.

[249] Text des Gemeinsamen Briefs in Bull. Nr. 19 vom 14.9.1990, S. 1156 f.

[250] Vgl. den Einleitungssatz des Briefes.

[251] Auf diese Gemeinsame Erklärung vom 15. Juni 1990 und nicht auf den Gemeinsamen Brief vom 12. September 1990 stützt sich auch das Russische Verfassungsgericht in Ziffer 4 der Urteilsgründe zum Kulturgütergesetz zum Beweis des Verzichts der Bundesrepublik Deutschland auf die Geltendmachung von Rückgabeansprüchen in Bezug auf Kulturgüter. Ein Bindungswille der Bundes-

Hieraus könnte gefolgert werden, dass Deutschland seine Ansprüche auf Rückführung von Kulturgütern aufgegeben hat. Allerdings bestehen unter mehreren Gesichtspunkten begründete Zweifel an der Einschlägigkeit der Ziffer 1 des Gemeinsamen Briefes für die Frage der in die Sowjetunion verbrachten Kulturgüter.

Die umstrittene Frage nach der rechtlichen Qualität des Briefes vom 12.9.1990 und die Problematik, ob die Bundesrepublik Deutschland durch den Gemeinsamen Brief eine völkerrechtliche Bindung gegenüber der Sowjetunion eingegangen ist, soll hier nicht näher untersucht werden.[252] In jedem Fall wurden durch den Gemeinsamen Brief diejenigen Gesichtspunkte der Gestaltung der deutschen Rechtsordnung, die für die Vertragspartner Deutschlands von Bedeutung sind, in völkerrechtlich beachtlicher Weise festgehalten, wenn sie auch nicht in den Vertragstext integriert wurden. Es handelt sich hierbei um eine Urkunde i. S. von Art. 31 II lit. b WVK, die zur Auslegung des Zwei-plus-Vier-Vertrags heranzuziehen ist.[253]

*bb) Reichweite des Gemeinsamen Briefes: Anwendbarkeit auf Kulturgüter?*

Unabhängig von der rechtlichen Qualität des Briefes vom 12.9.1990 sind die im Gemeinsamen Brief enthaltenen Ausschnitte der Gemeinsamen Erklärung der beiden deutschen Regierungen vom 15. Juni 1990 bezüglich der Frage der Kulturgüter aber aus folgenden Gründen nicht einschlägig.

*aaa) Gültigkeit nur für Bodenreform*

In der dem Gemeinsamen Brief zugrunde liegenden Gemeinsamen Erklärung ging es, wie sich aus deren Präambel ergibt, um die dauerhafte Sicherung des Rechtsfriedens in einem künftigen Deutschland. Die Erklärung bezieht sich auf die innerdeutschen Eigentumsfragen, betrifft also das in den neuen Bundesländern belegene Produktivvermögen[254] und erfasst nicht Eigentumsfragen zu Kulturgütern, die von der Sowjetunion aus dem Gebiet des Deutschen Reiches verbracht worden sind.[255]

---

republik Deutschland gegenüber der Sowjetunion ist aber nur aus dem Gemeinsamen Brief vom 12.9.1990 ableitbar. Denn erst im Gemeinsamen Brief haben die Bundesrepublik Deutschland und die Deutsche Demokratische Republik die nur von den Regierungen der beiden deutschen Staaten abgegebene Gemeinsame Erklärung der Regierung der Sowjetunion und den anderen Vertragspartnern der Zwei-plus-Vier-Verhandlungen mitgeteilt. Deshalb wird im Folgenden lediglich auf den die Gemeinsame Erklärung enthaltenden Gemeinsamen Brief vom 12.9.1990 Bezug genommen.

[252] Vgl. hierzu ausführlich *Blumenwitz*, BayVBl. 1993, S. 705 ff., S. 709 ff.; *Von der Beck*, Die Konfiskationen in der Sowjetischen Besatzungszone, S. 345 ff.; untersucht wird hier insbesondere, ob es sich beim Gemeinsamen Brief um einen integrierenden Bestandteil des Zwei-plus-Vier-Vertrags oder einen eigenständigen völkerrechtlichen Vertrags handelt, was beides abgelehnt wird. Das Vorliegen eines einseitigen Versprechens wird ebenso verneint, wie eine Bindung aus dem estoppel-Prinzip. Letztlich gehen beide Autoren davon aus, dass es sich beim Gemeinsamen Brief um eine Urkunde i.S. von Art. 31 II lit. b WVK handelt.

[253] *Blumenwitz*, NJW 1990, S. 3041 ff., S. 3048; *Blumenwitz*, BayVBl. 1993, S. 705 ff., S. 714; *Von der Beck*, Die Konfiskationen in der Sowjetischen Besatzungszone, S. 352 ff.

[254] Vgl. Erläuterungen der Bundesregierung zum Gesetz zur Regelung offener Vermögensfragen, BT-Drs. 11/7831.

[255] *Hartwig*, EuGRZ 1999, S. 553 ff., S. 556; so auch der Standpunkt der deutschen Regierung, vgl. *Auswärtiges Amt*, Die vertraglichen Vereinbarungen zwischen Deutschland und Rußland zur Rück-

Tatsächlich ging es in dem Brief um die Frage der Bodenreform auf dem Gebiet der ehemaligen DDR. Er ist Ausdruck des während der Zwei-plus-Vier-Verhandlungen zum Ausdruck gekommenen sowjetischen Anliegens,[256] sich die Unumkehrbarkeit der Enteignungen durch die Bodenreform in der sowjetischen Besatzungszone von 1945 bis 1949 zusichern zu lassen.[257]

Eine darüber hinausgehende Anerkennung der Verlagerung deutscher Kulturgüter in die Sowjetunion stand in den Verhandlungen des Jahres 1990 aber nie zur Debatte.[258] Ein Verzicht auf die in die Sowjetunion verbrachten und dort lagernden Kulturgüter wurde deshalb auch nicht vereinbart.[259]

*bbb) Anwendbarkeit nur für Enteignungen*

Eine Anwendbarkeit des Gemeinsamen Briefes vom 12. September 1990 auf die Frage der Kulturgüter ist darüber hinaus auch deshalb ausgeschlossen, weil er sich, wie sich aus dem Wortlaut ergibt, ausschließlich auf Enteignungsmaßnahmen bezieht.

Die Beschlagnahme und Verbringung der Kulturgüter in die UdSSR ist aber nicht mit deren Enteignung gleichzusetzen.[260] Vielmehr waren diese Maßnahmen, soweit bislang ersichtlich, auch nach sowjetischer Sicht nicht mit der Aneignung durch die Sowjetunion gleichbedeutend.[261] Die Beschlagnahmungen der Kulturgüter durch die sowjetischen Trophäenkommissionen erfolgten in der Regel ohne dass die anordnenden Stellen schon den Zweck der Maßnahmen offen darlegten. Die Verbringung diente nicht ausdrücklich zu dem Zweck, Eigentum zu erlangen. Weder Stalin noch die KPDSU erklärten, dass die in die Sowjetunion verbrachten Kulturgüter sowjetisches

führung kriegsbedingt verbrachter Kulturgüter, (unveröffentlichte Stellungnahme), S. 9, Nr. 30; *Hiller,* in: Simpson (Hrsg.), The Spoils of War, S. 179 ff., S. 184 f., Nr. 30.

[256] Dieses sowjetische Anliegen findet sich bspw. in der Formulierung eines Papiers über die Grundprinzipien für eine abschließende völkerrechtliche Regelung mit Deutschland, das am 22. Juni 1990 bei einem Außenministertreffen im Zwei-plus-Vier-Rahmen in Berlin unterbreitet wurde: „Das vereinte Deutschland wird die Legitimität jener Maßnahmen und Verfügungen anerkennen, die von den Vier Mächten gemeinsam oder in jeder ihrer ehemaligen Besatzungszonen hinsichtlich der Entnazifizierung, der Entmilitarisierung und der Demokratisierung getroffen wurden. Die Rechtmäßigkeit dieser Beschlüsse, einschließlich der Vermögens- und Bodenfragen, wird einer Überprüfung bzw. Revision durch deutsche Gerichte bzw. durch andere deutsche Staatsorgane nicht unterliegen," *Auswärtiges Amt*, Die vertraglichen Vereinbarungen zwischen Deutschland und Russland zur Rückführung kriegsbedingt verbrachter Kulturgüter, (unveröffentlichte Stellungnahme), S. 9, Nr. 31; *Hiller,* in: Simpson (Hrsg.), The Spoils of War, S. 179 ff., S. 185, Nr. 31.

[257] *Hartwig,* EuGRZ 1999, S. 553 ff., S. 556; *Gattini,* EJIL 7 (1996), S. 67 ff., S. 78; *Schoen,* NJW 2001, S. 537 ff., S. 541.

[258] *Auswärtiges Amt,* Die vertraglichen Vereinbarungen zwischen Deutschland und Russland zur Rückführung kriegsbedingt verbrachter Kulturgüter, (unveröffentlichte Stellungnahme), S. 9 f., Nr. 32; vgl. hierzu auch *Hartwig,* EuGRZ 1999, S. 553 ff., S. 556.

[259] *Schoen,* NJW 2001, S. 537 ff., S. 541; kritisch hierzu *Hirsch,* NJW 2001, S. 1627.

[260] *Hartwig,* EuGRZ 1999, S. 553 ff., S. 557.

[261] *Hartwig,* EuGRZ 1999, S. 553 ff., S. 556 f.; *Schoen,* NJW 2001, S. 537 ff., S. 539; *Fastenrath,* in: FAZ v. 16.4.1997, S. 8; *Fiedler,* Kulturgüter als Kriegsbeute, S. 13; Zur sowjetischen Motivation bei der Beschlagnahme und Verbringung vgl. bereits oben 1. Teil, B.5.b)dd).

Eigentum wurden.[262] Die Tatsache, dass die Sowjetunion selbst nicht von ihrer Eigentümerstellung bezüglich der Kulturgüter ausging, zeigt auch das von ihr nach der Verbringung an den Tag gelegte Verhalten, insbesondere die Lagerung in geheimen Depots, getrennt von den russischen Museumsbeständen.[263]

Bis zum 15. Juni 1990, dem Zeitpunkt des Erlasses der Gemeinsamen Erklärung bzw. bis zum 12. September 1990, an dem der Gemeinsame Brief übersandt wurde, findet sich auch kein Rechtsakt der Sowjetunion, demzufolge die verbrachten Kulturgüter als russisches Eigentum qualifiziert worden sind.[264]

Da sich der Gemeinsame Brief vom 12.9.1990 aber ausschließlich auf Enteignungsmaßnahmen bezieht, ist er auf Kulturgüter nicht anwendbar.[265] Wo es an einer Enteignung fehlt, kann auch ihr Bestand nicht zugesichert werden.

### *II. Rückgabeausschluss aufgrund Verjährung oder Estoppel-Prinzip*

Zu untersuchen bleibt weiterhin, ob die gegenüber der Russischen Föderation bestehenden völkerrechtlichen Rückgabeansprüche der Bundesrepublik Deutschland aufgrund Zeitablaufs erloschen oder nicht durchsetzbar sind.

Hier kommt insbesondere die Verjährung der Ansprüche in Betracht, die vom Estoppel-Prinzip abzugrenzen sind.

#### *1. Verjährung*

Im Völkerrecht wird zwischen erwerbender Verjährung (acquisitive prescription, Ersitzung) und erlöschender Verjährung (extinctive prescription) unterschieden.[266]

Die erwerbende Verjährung bzw. Ersitzung, bei der durch Zeitablauf ein neuer Erwerbstitel begründet wird, wird im Völkerrecht allerdings grundsätzlich nur in Verbindung mit Gebietserwerb angesprochen und angewandt, weshalb sie dem Rückgabeanspruch auf Kulturgut nicht entgegengehalten werden kann.[267]

Die erlöschende Verjährung gilt seit ihrer Aufnahme in eine Reihe von Resolutionen des Institut de Droit im Jahr 1925 als ein von den zivilisierten Nationen anerkannter

---

[262] *Fiedler,* in: Simpson (Hrsg.), The Spoils of War, S. 175 ff., S. 177; Eine Ausnahme hiervon bildete lediglich die Anordnung der Konfiskation von Nazi-Kunst und militaristischen Kunstgegenständen sowie von Kulturgütern aus dem Vermögen von verurteilten Personen, *Hartwig,* EuGRZ 1999, S. 553 ff., S. 557, Fn. 31; vgl. hierzu auch *Nikandrov,* in: Simpson (Hrsg.), The Spoils of War, S. 117 ff., S. 119.

[263] *Schoen,* NJW 2001, S. 537 ff., S. 541; *Hartwig,* EuGRZ 1999, S. 553 ff., S. 557.

[264] *Fastenrath,* in: FAZ v. 16.4.1997, S. 8; *Hartwig,* EuGRZ 1999, S. 553 ff., S. 557.

[265] *Hartwig,* EuGRZ 1999, S. 553, S. 557; *Fastenrath,* in: FAZ v. 16.4.1997, S. 8.

[266] *Fleischhauer,* Verjährung, in: Strupp/Schlochauer, Wörterbuch des Völkerrechts, 3. Band, S. 509 ff., S. 509.

[267] *Fleischhauer,* Verjährung, in: Strupp/Schlochauer, Wörterbuch des Völkerrechts, 3. Band, S. 509 ff., S. 509; *Fleischhauer,* Prescription, in: EPIL, Vol. III (1997), S. 1105 ff., S. 1106; *Walter,* Rückführung von Kulturgut, S. 86 m. w. N.; aA *Doehring,* Ruperto Carola Nr. 76, 39. Jahrg. (Juli 1987), S. 138 ff., S. 140, nach dem die Ersitzung als Rechtstitel zwar im Völkerrecht in erster Linie in Bezug auf Territorialbesitz verstanden worden ist, aber a maiore ad minus auch auf andere Vermögensgegenstände anwendbar ist.

Grundsatz und ist damit Bestandteil des Völkerrechts.[268] Sie ist mithin auch ein allgemein anerkannter Rechtssatz i. S. des Art. 38 I c IGH-Statut.

Fraglich ist im Einzelnen auch, wann die Verjährung beginnt, wann sie unterbrochen wird und wann sie endet.[269] Jedenfalls wird sie aber durch gerichtliche oder diplomatische Geltendmachung des Anspruchs gestoppt bzw. unterbrochen.[270] Damit ist die Verjährung vorliegend zumindest seit der Vereinbarung der Rückgabe der kriegsbedingt verlagerten Kulturgüter im deutsch-sowjetischen Nachbarschaftsvertrag von 1990 unterbrochen, falls sie zu diesem Zeitpunkt nicht bereits abgelaufen war.

Im Völkerrecht existieren nach allgemeiner Auffassung – im Gegensatz zu den entsprechenden Instituten im innerstaatlichen Recht – keine genau festgelegten Verjährungsfristen, außer sie sind vertraglich festgelegt.[271] Sie sind vielmehr flexibel, wobei bei Bestimmung des Zeitraums die Umstände des Einzelfalls zu berücksichtigen sind.[272]

Im vorliegenden Fall kann die Verjährung den Rückgabeansprüchen allerdings nicht entgegengehalten werden.

Zum einen neigt die Literatur in den Fällen der Restitution von Kulturgütern dazu, die Verjährung in den Beziehungen zwischen Staaten für unanwendbar zu halten.[273] Gerade bei Kunstgegenständen gibt es Beispiele dafür, dass deren rechtswidriger Transfer auch nach Jahrhunderten noch nicht als konsolidiert angesehen wird.[274]

Eine Ausnahme von der Verjährbarkeit der Rückführungsansprüche käme zum anderen auch dann in Betracht, wenn es sich bei der während der Besatzungszeit erfolgten Kulturgutbeschlagnahme und –verlagerung um ein Kriegsverbrechen handelt. Kriegsverbrechen sollen nach internationalem Recht von der Verjährung ausgenommen werden.[275] Nach der mit der Mehrheit der Staaten von der Generalversammlung der Vereinten Nationen in der Resolution 2391 angenommenen Convention on the non-applicability of statuory limitations to war crimes against humanity[276] soll ermöglicht werden, dass Kriegsverbrecher auch noch nach langer Zeit strafrechtlich belangt werden können. Für die Definition von Kriegsverbrechen verweist die Konvention in ihrem Art. 1 a auf die Charta des Internationalen Militärtribunals. Neben der dort in Art. 6 b enthaltenen Kriegsverbrechen-Definition als Verletzung der Kriegsgesetze oder –

---

[268] *Fleischhauer*, Verjährung, in: Strupp/Schlochauer, Wörterbuch des Völkerrechts, 3. Band, S. 509 ff., S. 511; *Fleischhauer,* Prescription, in: EPIL, Vol. III (1997), S. 1105 ff., S. 1107; Resolutionen abgedruckt bei *Walter,* Rückführung von Kulturgut, S. 88, entnommen aus 32 Annu. de l' Institut de Droit Internat. (1925), S. 558 f.; aA *Schorlemer*, GYIL 41 (1998), S. 317 ff., S. 333 m.w.N.

[269] Vgl. dazu *Walter,* Rückführung von Kulturgut, S. 90.

[270] *Walter,* Rückführung von Kulturgut, S. 90.

[271] *Fleischhauer*, Verjährung, in: Strupp/Schlochauer, Wörterbuch des Völkerrechts, 3. Band, S. 509 ff., S. 512; *Doehring*, Ruperto Carola Nr. 76, 39. Jahrg. (Juli 1987), S. 138 ff., S. 140; *Walter,* Rückführung von Kulturgut, S. 89 f., m.w.N.; *Schorlemer*, GYIL 41 (1998), S. 317 ff., S. 333.

[272] *Fleischhauer,* Prescription, in: EPIL, Vol. III (1997), S. 1105 ff., S. 1107; *Walter,* Rückführung von Kulturgut, S. 90; *Doehring*, Ruperto Carola Nr. 76, 39. Jahrg. (Juli 1987), S. 138 ff., S. 140.

[273] *Nahlik*, RdC 120 (1967 I), S. 65 ff., S. 100; *Gattini*, EJIL 7 (1996), S. 67 ff., S. 79 m. w. N.; *Schorlemer*, GYIL 41 (1998), S. 317 ff., S. 333.

[274] Siehe Beispiele bei *Nahlik*, RdC 120 (1967 I), S. 65 ff., S. 100.

[275] *Fleischhauer,* Prescription, in: EPIL, Vol. III (1997), S. 1105 ff., S. 1108; *Walter,* Rückführung von Kulturgut, S. 92.

[276] UN Doc. A/Res. 2391 (XXIII) of Dec. 9, 1968.

gebräuche ist als ein Beispiel hierfür die Plünderung öffentlichen oder privaten Eigentums aufgeführt.[277] Damit könnte der Täter im Sinne der Konvention ohne zeitliche Grenzen bestraft werden. Diese Vorschrift macht aber nur Sinn, wenn nicht nur der Täter bestraft wird, sondern wenn auch der belegene Staat für die zeitlich unbegrenzte Rückgabe der geplünderten Kulturgüter, zumindest soweit sie noch im Besitz des Täters sind, an den fordernden Staat Sorge trägt.[278]

Damit würde dem kriegsführenden Staat das Fehlverhalten seiner Truppen als eigenes Kriegsverbrechen zugerechnet, mit der Folge, dass er ohne zeitliche Begrenzung für die Rückführung geplünderter Kunstwerke einzustehen hat.[279]

Dieses Ergebnis überzeugt umso mehr, wenn wie im vorliegenden Fall der sowjetische Staat als Besatzungsmacht selbst die Truppen zur Verbringung der Kulturgüter angehalten hat und sich die „Beute" noch im Besitz dieses Staates bzw. dessen Rechtsnachfolger befindet.

Mithin kann den völkerrechtlichen Rückgabeansprüchen der Bundesrepublik Deutschland gegenüber der Russischen Föderation die Verjährung nicht entgegengehalten werden.

### *2. Estoppel-Prinzip*

Den deutschen Rückgabeansprüchen kann auch die Verwirkung, im Völkerrecht als Estoppel-Prinzip bezeichnet, nicht entgegengehalten werden.[280]

Von Verwirkung spricht man dann, wenn der Verpflichtete aufgrund vorhergehenden Verhaltens des Berechtigten nicht mehr damit rechnen muss, mit Forderungen überzogen zu werden. Ein Anspruch ist demnach verwirkt, wenn seine Geltendmachung als Rechtsmissbrauch gedeutet werden müsste, weil vorhergehendes Verhalten des Anspruchsinhabers erwarten lässt, dass dieser seinen Anspruch nicht mehr erheben wird. Macht derjenige, der den Rechtsschein gesetzt hat, dennoch Ansprüche geltend, kann ihm der Vorwurf des Handelns gegen Treu und Glauben, das venire contra factum proprium entgegengesetzt werden.[281]

Aus der Untätigkeit über einen längeren Zeitraum könnte auch auf einen Verzicht der Geltendmachung geschlossen werden. Das Institut des Verzichts ergänzt das Estoppel-Prinzip inhaltlich.[282] Ein Verzicht kann durch schlüssige Handlung konkludent zum Ausdruck gebracht werden und muss nicht ausdrücklich erklärt werden. Er kann aber auch stillschweigend, in der Weise erfolgen, dass das Ausbleiben einer aus-

---

[277] Das Statut des Internationalen Militärgerichtshofs ist abgedruckt in: *International Military Tribunal*, Der Prozess gegen die Hauptkriegsverbrecher, Band 1, S. 10 ff.; so auch *Walter*, Rückführung von Kulturgut, S. 92.

[278] *Walter*, Rückführung von Kulturgut, S. 92 f.; *Höhn*, HuV-I 8 (1995), S. 26 ff., S. 29.

[279] *Walter*, Rückführung von Kulturgut, S. 93.

[280] Zum Estoppel-Prinzip vgl. *Müller/Cottier*, Estoppel, in: EPIL, Vol. II (1995), S. 116 ff.; *Menzel*, in: Strupp/Schlochauer, Wörterbuch des Völkerrechts, 1. Band, S. 441 ff.; *Doehring*, Ruperto Carola Nr. 76, 39. Jahrg. (Juli 1987), S. 138 ff., S. 141.

[281] *Walter*, Rückführung von Kulturgut, S. 89.

[282] *Doehring*, Ruperto Carola Nr. 76, 39. Jahrg. (Juli 1987), S. 138 ff., S. 141; vgl. hierzu auch *Müller/Cottier*, Acquiescence, in: EPIL, Vol. I (1992), S. 14 ff.

drücklichen Erklärung als Zustimmung zu einem bestimmten Verhalten gewertet werden kann, sog. qualifiziertes Schweigen.[283]

Damit wird deutlich, dass Verwirkung und Verzicht im Fall der Geltendmachung von Restitutionsansprüchen in Bezug auf Kulturgüter insbesondere dann Bedeutung erlangen können, wenn das Ursprungsland über einen längeren Zeitraum Kenntnis vom Ort der Belegenheit des fraglichen Kulturguts hatte und der Belegenheitsstaat aufgrund des Verhaltens des Ursprungslands auf das Nichtbestehen oder die Nichtgeltendmachung eines Rückgabeanspruchs vertrauen durfte.

Deshalb kann für die aus deutschen Museen, Büchereien und Archiven verbrachten Kulturgütern nicht von einem Verzicht durch die Bundesrepublik Deutschland bzw. die Bundesregierung ausgegangen werden. Die Bundesregierung und die Eigentümer wussten bis zu Beginn der neunziger Jahre des 20. Jahrhunderts gerade nichts vom Schicksal der in geheimen Depots lagernden Kulturgüter. Aufgrund der fehlenden Kenntnis des Verbleibs konnten sie auch keine Restitutionsansprüche geltend machen. Es käme einem venire contra factum proprium gleich, wenn man aus der Tatsache der jahrzehntelangen Nichtgeltendmachung der Restitutionsansprüche konkludent auf einen Verzicht durch die Bundesrepublik Deutschland schließen wollte.[284] Die Geltendmachung der Restitutionsansprüche zum heutigen Zeitpunkt stellt auch kein rechtsmissbräuchliches Verhalten dar, mit dem nicht gerechnet werden musste und das zur Verwirkung geführt hätte, da die Ansprüche aufgrund der fehlenden Kenntnis über die Belegenheit gerade nicht früher geltend gemacht werden konnten.[285]

Den deutschen Rückgabeansprüchen kann damit weder die Verwirkung, noch ein Verzicht entgegengehalten werden.

### *III. Auswirkungen des russischen Kulturgütergesetzes vom 15.4.1998 und des Urteils des russischen Verfassungsgerichts vom 20.7.1999 auf die Rückgabeforderungen*

Das Gesetz über die infolge des Zweiten Weltkriegs in die UdSSR verbrachten und sich im Hoheitsgebiet der Russischen Föderation befindenden Kulturgüter (Kulturgütergesetz - KulturgüterG) vom 15.4.1998[286] erklärt in Art. 6, 4 IV die infolge des Zweiten Weltkriegs aus Deutschland und anderen ehemaligen Feindstaaten in die UdSSR verbrachten Kulturgüter zu russischem Eigentum.[287]

Im Folgenden soll deshalb der Frage nachgegangen werden, ob das Gesetz Auswirkungen im deutsch-russischen Verhältnis und insbesondere auf die deutschen Rückgabeforderungen hat. Dabei sollen zunächst der Anwendungsbereich, die wesentlichen

---

[283] *Engelhardt,* Verzicht, in: Strupp/Schlochauer, Wörterbuch des Völkerrechts, 3. Band, S. 587 ff., S. 587; *Doehring*, Ruperto Carola Nr. 76, 39. Jahrg. (Juli 1987), S. 138 ff., S. 141.

[284] Ausdrücklich wurde ein Verzicht, wie oben C.I. geprüft, ebenfalls nicht erklärt.

[285] So auch *Schorlemer*, GYIL 41 (1998), S. 317 ff., S. 334; *Gattini*, EJIL 7 (1996), S. 67 ff., S. 79 f., bezweifelt eine entprechende fehlende Kenntnis der Regierung der DDR allerdings für aus ostdeutschen Sammlungen stammende Kulturgüter, lässt aber die hieraus möglicherweise für die Rückgabeansprüche folgenden Konsequenzen offen.

[286] Veröffentlicht in der Rossiskaja gaseta vom 21.4.1998; deutsche Übersetzung in: AVR 38 (2000), S. 72ff.

[287] Zur Entstehungsgeschichte des russischen Kulturgütergesetzes vgl. bereits oben 1. Teil, C.III.

Bestimmungen des Kulturgütergesetzes und ihre Modifikation bzw. Bestätigung durch das russische Verfassungsgericht dargestellt und anschließend kritisch gewürdigt werden.

### *1. Anwendungsbereich*

Nach seiner Präambel dient das russische Kulturgütergesetz der Regelung der rechtlichen Beziehungen, „die mit Kulturgütern zusammenhängen, die infolge des Zweiten Weltkriegs in die UdSSR verlagert wurden und sich auf dem Gebiet der Russischen Föderation befinden".[288]

Der im Gesetz verwendete Kulturgutbegriff ist sehr weit gefasst. Gem. Art. 4 III KulturgüterG fallen hierunter Vermögenswerte religiöser oder weltlicher Art, die historische, künstlerische und wissenschaftliche oder andere kulturelle Bedeutung haben, wie Kunstwerke, Bücher, Manuskripte, Inkunabeln, Archivmaterialien, Elemente und Fragmente von architektonischen, geschichtlichen und künstlerischen Denkmälern sowie Gesamtkunstwerke und andere Kategorien von Gegenständen.

Nach Art. 4 IV BeutekunstG sind unter „verbrachten Kulturgütern", auf die das Gesetz Anwendung findet, nur die Kulturgüter zu verstehen, die in Durchführung der kompensatorischen Restitution nach Maßgabe der Befehle der militärischen Führung der Sowjetischen Armee und der Sowjetischen Militäradministration in Deutschland oder der Verfügungen anderer zuständiger Organe der UdSSR aus dem Hoheitsgebiet Deutschlands und dem seiner ehemaligen militärischen Verbündeten Bulgarien, Ungarn, Italien, Rumänien und Finnland in die UdSSR verbracht worden sind und sich heute auf dem Hoheitsgebiet der Russischen Föderation befinden. Damit wird deutlich, dass Kulturgüter, die rechtswidrig durch einzelne sowjetische Militärangehörige oder Zivilpersonen als persönliche Trophäen ohne Befehl der militärischen Führung der Sowjetischen Armee oder ohne die Verfügung anderer zuständiger Organe der UdSSR in diese verbracht wurden, nicht in den Anwendungsbereich des Gesetzes fallen.[289] Restitutionsforderungen in Bezug auf solche Kulturgegenstände sind mithin durch das russische Kulturgütergesetz gerade nicht ausgeschlossen. Dies hat das russische Verfassungsgericht in seiner Entscheidung zum Kulturgütergesetz nochmals klargestellt.[290]

Das Gesetz findet schließlich grundsätzlich unabhängig davon Anwendung, ob die Kulturgüter bisher in staatlichem oder privatem Eigentum standen, Art. 4 VI, VIII KulturgüterG.

### *2. Wesentlicher Inhalt*

Im Folgenden sollen die wesentlichen Vorschriften des russischen Kulturgütergesetzes, die teilweise durch das Urteil des russischen Verfassungsgerichts vom 20.7.1999

---

[288] Vgl. auch *Schröder,* Osteuropa-Recht 2000, S. 29 ff., mit Abdruck des Urteils des Verfassungsgerichts der Russischen Föderation vom 20.7.1999.

[289] So auch *Schorlemer,* GYIL 41 (1998), S. 317 ff., S. 336; *Schröder,* Osteuropa-Recht 2000, S. 29 ff., S. 30; *Schoen,* NJW 2001, S. 537 ff., S. 540.

[290] Ziffer 2 der Urteilsgründe, Übersetzung in EuGRZ 1999, S. 590.

modifiziert und mittlerweile entsprechend novelliert[291] worden sind, dargestellt werden.

*a) Heranziehung verbrachter Kulturgüter zur kompensatorischen Restitution, Art. 6 KulturgüterG*

Die wesentliche Aussage des Gesetzes wird in Art. 6 getroffen. Danach sind „alle verbrachten Kulturgüter, die in die UdSSR in Wahrnehmung ihres Rechts auf kompensatorische Restitution eingeführt wurden und sich im Hoheitsgebiet der Russischen Föderation befinden, ..., Eigentum der Russischen Föderation“. Dieser Wortlaut legt nahe, dass der russische Gesetzgeber davon ausgeht, dass das Gesetz für den Eigentumserwerb nur von deklaratorischer Bedeutung ist, dieser also zum Zeitpunkt des Erlasses des Gesetzes bereits vollzogen war. Konstitutiv für den Eigentumserwerb sollte vielmehr die kompensatorische Restitution sein. Hiervon geht auch das Russische Verfassungsgericht aus.[292] Tatsächlich aber ist das Gesetz für den Eigentumserwerb konstitutiv und soll nachträglich die rechtliche Grundlage für den Verbleib der Kulturgüter in der Russischen Föderation schaffen und deren wirtschaftliche Verwertung ermöglichen, worauf im Folgenden näher einzugehen sein wird.[293] Gerade das Verhalten der Sowjetunion bis zum Beginn der deutsch-russischen Rückgabeverhandlungen lässt nämlich darauf schließen, dass sich die Russen nicht als Eigentümer der Kulturgüter gesehen haben und ein Wille zur Konfiskation nicht bestand.[294] Beim russischen Kulturgütergesetz handelt es sich also um ein Enteignungsgesetz.[295]

Erfasst als „verbrachte“ Kulturgüter werden in Art. 3, 5, 6 des Gesetzes grundsätzlich auch Kulturgüter aus Ländern, die im Krieg von Deutschland und seinen Verbündeten ganz oder teilweise besetzt waren,[296] ebenso wie herrenlose Kulturgüter. Kulturgüter aus betroffenen Staaten[297] sind gem. Art. 5 2. Spiegelstrich, Art. 8 I KulturgüterG dann Eigentum der Russischen Föderation geworden, wenn die betroffenen Staaten ihre Restitutionsansprüche nicht innerhalb bestimmter Fristen geltend gemacht ha-

[291] Die Vorgaben des Verfassungsgerichts wurden durch Änderungsgesetz zum Kulturgütergesetz vom 25.5.2000 umgesetzt.

[292] Ziffer 4 der Urteilsgründe, Übersetzung in EuGRZ 1999, S. 591.

[293] Vgl. unten C.III.3.c)cc); so auch *Schoen,* NJW 2001, S. 537 ff., S. 539 f.; *Hartwig,* EuGRZ 1999, S. 553 ff., S. 557 geht zwar davon aus, dass sich bis zum Kulturgütergesetz kein Rechtsakt der Sowjetunion findet, wonach verbrachte Kulturgüter aufgrund kompensatorischer Restitution als russisches Eigentum eingeordnet worden sind. Im Übrigen scheint er die Auffassung zu teilen, dass die kompensatorische Restitution für den Eigentumserwerb konstitutiv sein sollte. Allerdings dürfte nach *Hartwig,* EuGRZ 1999, S. 553 ff., S. 563, der Nachweis, ob eine restitution in kind im Einzelfall tatsächlich stattgefunden hat, in der Regel ausscheiden.

[294] Vgl. bereits oben 2. Teil F.I.; *Schoen,* NJW 2001, S. 537 ff., S. 539; *Fiedler,* Kulturgüter als Kriegsbeute, S. 13; *Dolzer,* NJW 2000, S. 560 ff., S. 561.

[295] *Schorlemer*, GYIL 41 (1998), S. 317 ff., S. 336; *Schoen,* NJW 2001, S. 537 ff., S. 539.

[296] Die von Deutschland besetzten Staaten werden in Art. 4 VIII als „betroffene Staaten“ definiert, nämlich solche, deren Hoheitsgebiet vollständig oder teilweise von Truppen der ehemaligen Feindstaaten besetzt war.

[297] „Betroffene Staaten“ sind dabei gem. Art. 4 VII Staaten, deren Hoheitsgebiet vollständig oder teilweise von Truppen der ehemaligen Feindstaaten besetz war.

ben.[298] Die Fristen sind den in Art. 8 I KulturgüterG genannten Übereinkünften und Rechtsvorschriften zu entnehmen. Dieser Rückgabeausschluss bezüglich Kulturgütern aus betroffenen Staaten nach Fristablauf wurde vom Verfassungsgericht allerdings für verfassungswidrig erklärt und das Gesetz zwischenzeitlich entsprechend novelliert.[299]

Die kompensatorische Restitution, auf die zur Begründung des Eigentumserwerbs abgestellt wird, wird schließlich in Art. 4 II KulturgüterG definiert als Art der materiellen völkerrechtlichen Haftung eines Aggressorstaats, die in den Fällen angewandt wird, „in denen die Durchführung seiner Haftung in Form einer gewöhnlichen Restitution nicht möglich ist, und die in der Verpflichtung dieses Staates besteht, den einem anderen Staat zugefügten materiellen Schaden durch Übergabe von Gegenständen der gleichen Art wie die geraubten und vom Aggressorstaat unrechtmäßig aus dem Hoheitsgebiet des geschädigten Staates ausgeführten zu kompensieren“.

### *b) Ausnahmen vom Rückgabeausschluss*

Vom Grundsatz des Eigentumserwerbs aufgrund kompensatorischer Restitution und dem damit verbundenen Rückgabeausschluss gibt es nach dem Gesetz mehrere Ausnahmen.

#### *aa) Art. 8 I – III KulturgüterG*

Nach Art. 8 I KulturgüterG sind Kulturgüter von Staaten, deren Hoheitsgebiet vollständig oder teilweise von Truppen der ehemaligen Feindstaaten besetzt waren, dann zurückzugeben, wenn diese Staaten ihre Restitutionsansprüche fristgerecht gegenüber den ehemaligen Feindstaaten geltend gemacht haben. Das Abhängigmachen der Rückgabe von der Bedingung der Fristeinhaltung wurde durch das Verfassungsgericht aber für verfassungswidrig erklärt.[300]

Gem. Art. 8 II KulturgüterG fallen weiterhin „Kulturgüter, die Eigentum religiöser Organisationen oder privater Wohltätigkeitseinrichtungen waren, ausschließlich zu religiösen oder wohltätigen Zwecken verwandt wurden und nicht den Interessen des Militarismus und Faschismus gedient haben“ nicht unter Art. 6 KulturgüterG. Gleiches gilt gem. Art. 8 III KulturgüterG für „Kulturgüter, die Personen gehört haben, denen diese Güter wegen ihres aktiven Kampfes gegen den Nationalsozialismus, auch im Zusammenhang mit einer Beteiligung am nationalen Widerstand gegen die Besatzungsregimes der ehemaligen Feindstaaten oder gegen Regimes der Kollaboration und wegen ihrer rassischen, religiösen oder nationalen Zugehörigkeit entzogen worden sind“.

---

[298] Dabei nennt das Gesetz zur Fristbestimmung die Friedensverträge mit Bulgarien, Ungarn, Italien, Rumänien und Finnland aus dem Jahr 1947. In Bezug auf Deutschland ist die Verfügung Nr. 466-rs des Ministerrats der UdSSR von 1950 maßgeblich.

[299] *Schoen,* NJW 2001, S. 537 ff., S. 540.

[300] Vgl. bereits eben C.III.2.a).

*bb) Verfahrensvorschriften für die Rückgabe*

In verfahrensrechtlicher Hinsicht ist die Geltendmachung der Restitutionsansprüche in Bezug auf diese Kulturgüter an mehrere Voraussetzungen geknüpft. Gem. Art. 9 I, 10 I i. V. m. Art. 18 I KulturgüterG kann die Geltendmachung nur auf Regierungsebene, nicht aber durch natürliche bzw. juristische Personen erfolgen. Deren Ansprüche werden zur Bearbeitung nicht entgegengenommen. Mittlerweile hat das Russische Verfassungsgericht allerdings klargestellt, dass die gerichtliche Geltendmachung von Restitutionsansprüchen durch diese Bestimmung nicht ausgeschlossen ist[301] und das Kulturgütergesetz sieht nach entsprechender Novellierung derartige Individualklagen nun ausdrücklich vor.[302]

Bestehende Rückgabeansprüche muss ein betroffener Staat gem. Art. 9 I bzw. ein ehemaliger Feindstaat gem. Art. 10 I KulturgüterG binnen 18 Monaten nach Inkrafttreten des Gesetzes geltend machen. Die Rückgabe kann ein betroffener Staat nur verlangen, wenn er der Russischen Föderation nach dem völkerrechtlichen Prinzip der Gegenseitigkeit nicht weniger günstige Voraussetzungen für die etwaige Rückerstattung russischer Kulturgüter einräumt, Art. 9 I 2 KulturgüterG. Von ehemaligen Feindstaaten wird darüber hinaus gefordert, besondere gesetzgeberische Maßnahmen zu ergreifen, um die Erfüllung ihrer Verpflichtung gegenüber der Russischen Föderation zur unentgeltlichen Rückgabe ihrer von den ehemaligen Feindstaaten geraubten und unrechtmäßig ausgeführten Kulturgütern zu gewährleisten, Art. 10 I 2 KulturgüterG. Für den Fall, dass der Anspruch nicht binnen 18 Monaten nach Inkrafttreten des Kulturgütergesetzes geltend gemacht und bewiesen wird, werden die Kulturgüter Eigentum der Föderation, Art. 9 II bzw. 10 II KulturgüterG.

Damit wären diese Kulturgüter eigentlich bereits im Oktober 1999 in russisches Eigentum übergegangen. Allerdings hat das russische Verfassungsgericht einen anderen Zeitpunkt für den Fristbeginn festgelegt, worauf im Folgenden noch einzugehen sein wird.[303]

Die Übergabe eines verbrachten Kulturguts an den beanspruchenden Staat bedarf schließlich gem. Art. 18 II KulturgüterG eines Gesetzes und damit der Zustimmung durch das russische Parlament. Ohne die Verabschiedung eines entsprechenden föderalen Gesetzes kann gem. Art. 18 III KulturgüterG kein verbrachtes Kulturgut Gegenstand einer Übergabe, einer Schenkung, eines Tauschs oder irgendeiner anderen Form der Veräußerung zugunsten eines Staates, einer Organisation oder einer Einzelperson sein. Darüber hinaus hängt die Übergabe des Kulturguts gem. Art. 18 IV KulturgüterG von der Erstattung der Kosten für die Identifizierung, Begutachtung, Verwahrung und Restaurierung des Kulturguts sowie dessen Transport durch den beanspruchenden Staat ab. Auch diese Bestimmungen hat das Russische Verfassungsgericht mittlerweile teilweise für verfassungswidrig erklärt.[304]

---

[301] Vgl. Ziffer 9 der Urteilsgründe, Übersetzung in EuGRZ 1999, S. 594.

[302] So *Schröder*, EuGRZ 2002, S. 3 ff., S. 3.

[303] Vgl. hierzu näher unten C.III.3.b)bb)ccc).

[304] Siehe hierzu unten C.III.3.b)bb)bbb).

*cc) Ausnahme vom Rückgabeausschluss gem. Art. 12 KulturgüterG*

Eine weitere Ausnahme vom Rückgabeausschluss besteht schließlich bezüglich Familienandenken. Diese können gem. Art. 12, 19 KulturgüterG, auch wenn sie nach Art. 6 KulturgüterG in das Eigentum der Russischen Föderation übergegangen sind, gegen Zahlung ihres Wertes und der Kosten für ihre Identifizierung, Begutachtung, Verwahrung und Restaurierung sowie der Ausgaben für ihre Übergabe, zurückgegeben werden. Der Antrag auf Rückgabe kann gem. Art. 19 I KulturgüterG von Familienangehörigen selbst beim Kultusministerium der Russischen Föderation gestellt werden.

*3. Bestätigung und Modifikation des Kulturgütergesetzes durch das Urteil des Russischen Verfassungsgerichts vom 20.7.1999*

Nachdem das Russische Verfassungsgericht bereits im April 1998 im Zusammenhang mit dem Kulturgütergesetz in einem von beiden Kammern des Parlaments initiierten Organstreitverfahren über die Kompetenzverteilung zwischen Duma, Föderationsrat und Präsident, dessen Rechte es restriktiv ausgelegt hat, entschieden hatte,[305] musste es sich im Jahr 1999 in einem Normenkontrollverfahren erneut mit dem Gesetz auseinandersetzen. Präsident Jelzin hatte Klage vor dem russischen Verfassungsgericht eingelegt und den Antrag auf Überprüfung der Verfassungsmäßigkeit einzelner Regelungen sowie des Verfahrens zur Verabschiedung des Föderationsgesetzes gestellt.[306] Jelzin bezweifelte insbesondere die Verfassungsmäßigkeit des Art. 3, 5-10 und 18 KulturgüterG sowie des Gesetzgebungsverfahrens.[307] Er stützte seinen Antrag auch auf die durch Völkerrechtswidrigkeit des Gesetzes verursachte Verletzung des in Art. 15 IV der russischen Verfassung festgelegten Vorrangs der Regeln des internationalen Rechts.

In seinem Urteil vom 20. Juli 1999[308] hat das Verfassungsgericht das russische Kulturgütergesetz im Wesentlichen für verfassungsgemäß erklärt.

*a) Bestätigung der Enteignung zum Zweck der kompensatorischen Restitution*

Das Russische Verfassungsgericht hat insbesondere die wesentliche Aussage des Kulturgütergesetzes bestätigt, wonach alle Kulturgüter, die aus Deutschland oder mit ihm verbündeten Staaten in die UdSSR in Verwirklichung ihres Rechts auf kompensatorische Restitution verlagert wurden und sich auf russischem Territorium befinden, russisches Eigentum sind.[309] Dabei geht das Verfassungsgericht wie selbstverständlich

---

[305] Zum ersten Urteil des Verfassungsgerichts vgl. *Hartwig,* EuGRZ 1998, S. 369 ff.; *Schröder,* Osteuropa-Recht 1999, S. 44 ff.

[306] Deutsche Übersetzung des Antrags: *Nußberger,* EuGRZ 1998, S. 423 ff.

[307] Vgl. den Antrag des Präsidenten, deutsche Übersetzung bei *Nußberger,* EuGRZ 1998, S. 423 ff., S.423.

[308] Deutsche Übersetzung: *Hartwig,* EuGRZ 1999, S. 589 ff.; siehe auch AVR 38 (2000), S. 63 ff., S. 85 ff.

[309] Vgl. Ziffer 4 der Urteilsgründe, Ziffer 1 des Tenors, Übersetzung in EuGRZ 1999, S. 591, 598.

von der rechtlichen Zulässigkeit der kompensatorischen Restitution gegenüber den ehemaligen Feindstaaten der UdSSR aus.[310]

Nach dem Verfassungsgericht hat sich der Eigentumserwerb der UdSSR durch rechtmäßige Konfiszierung und in Ausübung ihres Rechts auf kompensatorische Restitution aufgrund völkerrechtlicher bzw. besatzungsrechtlicher Bestimmungen aus den Jahren 1945 bis 1949 vollzogen.[311] Demnach misst das Gericht dem Kulturgütergesetz in der Frage des russischen Eigentumserwerbs an den Kulturgütern nur deklaratorische Bedeutung zu und stellt klar, dass die entsprechenden Rechte an den Kulturgütern auf die Russische Föderation als Rechtsnachfolger der UdSSR übergegangen sind. Der deklaratorischen Bedeutung des Gesetzes entsprechend zieht das Verfassungsgericht nur diejenigen völkerrechtlichen bzw. besatzungsrechtlichen Bestimmungen als Prüfungsmaßstab heran, die für den Eigentumserwerb in den Jahren zwischen 1945 und 1949 nach seiner Auffassung konstitutiv waren. Die Verpflichtung der ehemaligen Feindstaaten zur gewöhnlichen und kompensatorischen Restitution von Kulturgütern, die nach dem russischen Verfassungsgericht bedingt ist „durch das Prinzip der völkerrechtlichen Haftung eines Aggressorstaates für die Entfesselung und Führung eines Angriffskriegs“[312] und die abstrakte Möglichkeit der Alliierten, Reparationsforderungen gegenüber den ehemaligen Feindstaaten auch im Wege der restitution in kind einseitig durchzusetzen, leitet das Verfassungsgericht aus dem Abkommen vom 14. November 1944 über den Kontrollmechanismus in Deutschland, die Erklärung vom 5. Juni 1945 in Anbetracht der Niederlage Deutschlands und der Übernahme der obersten Regierungsgewalt hinsichtlich Deutschlands, dem Abkommen vom 25. Juli 1945 über zusätzliche an Deutschland gestellte Forderungen, dem Urteil des Nürnberger Militärgerichtshofs vom 1. Oktober 1946 und den Friedensverträgen von 1947 mit den ehemaligen militärischen Verbündeten Deutschlands ab. Darüber hinaus verweist es pauschal auf die auf besatzungsrechtlicher und besatzungshoheitlicher Grundlage von 1945 bis 1949 erlassenen Rechtsvorschriften und auf „zur Regelung der mit der Vermögenshaftung der ehemaligen Feindstaaten ... auf der Grundlage der genannten Rechtsvorschriften“ erlassenen „Befehle der militärischen Führung der sowjetischen Armee sowie der sowjetischen Militäradministration in Deutschland und Verordnungen der anderen zuständigen Organe der UdSSR“.[313] Beispiele für derartige konkrete Rechtsakte oder bestimmte Textstellen, aus denen sich die Zulässigkeit einer kompensatorischen Restitution ergeben könnten, werden dagegen nicht angeführt.[314]

Die Wirksamkeit aller Maßnahmen der Siegermächte in Bezug auf Deutschland und mithin auch der kompensatorischen Restitution wird mit Art. 107 UN-Charta begründet.[315] Zum Beweis eines Verzichts der ehemaligen Feindstaaten auf alle Ansprüche, die unmittelbar mit dem Krieg oder mit infolge des bestehenden Kriegszustandes ergriffenen Maßnahmen zusammenhängen, wird auf die Friedensverträge mit Deutsch-

---

[310] Zur Kritik bzw. Bedenken bzgl. dieser Auffassung vgl. unten C.III.3.c).

[311] Ziffer 4 der Urteilsgründe, Übersetzung in EuGRZ 1999, S. 591; vgl. *Rossi/ Syssoeva*, AVR 38 (2000), S. 63 ff., S. 67.

[312] Ziffer 4 der Urteilsgründe, Übersetzung in EuGRZ 1999, S. 591.

[313] Ziffer 4 der Urteilsgründe, Übersetzung in EuGRZ 1999, S. 591; vgl. auch *Rossi/ Syssoeva*, AVR 38 (2000), S. 63 ff., S. 67.

[314] *Rossi/ Syssoeva*, AVR 38 (2000), S. 63 ff., S. 67.

[315] Ziffer 4 der Urteilsgründe, Übersetzung in EuGRZ 1999, S. 591.

lands Kriegsverbündeten von 1947 hingewiesen, für die Unumkehrbarkeit der auf besatzungsrechtlicher und besatzungshoheitlicher Grundlage vorgenommenen Enteignungen auf die „Gemeinsame Erklärung der Regierungen der Bundesrepublik Deutschland und der Deutschen Demokratischen Republik vom 15. Juni 1990 zur Regelung offenen Vermögensfragen, die Bestandteil des Einigungsvertrags vom 31. August 1990 ist.[316]

Als Fazit stellt das russische Verfassungsgericht fest, dass die Rückgabe der „im Wege der kompensatorischen Restitution auf gesetzlicher Grundlage in die UdSSR verbracht"en Kulturgüter „im Wege des gegenseitigen Tausches im Rahmen der völkerrechtlichen Zusammenarbeit auf der Grundlage des Abschlusses von völkerrechtlichen Verträgen oder als freundlicher Akt Russlands im Verhältnis zu einem ehemaligen Feindstaat zum Beweis des guten Willens und des Humanismus stattfinden" kann.[317]

*b) Begrenzungen des Gesetzes durch das Urteil vom 20.7.1999*

In einigen Punkten hat das Verfassungsgericht das Kulturgütergesetz allerdings auch für verfassungswidrig erklärt, was mittlerweile zu einer entsprechenden Novellierung des Gesetzes geführt hat.[318]

*aa) Verfassungswidrigkeit der Enteignung von Kulturgütern betroffener Staaten und herrenloser Kulturgüter*

Anders als im Fall der aus ehemaligen Feindstaaten in die UdSSR verbrachten Kulturgüter hat das russische Verfassungsgericht den in Art. 3, 5 und 6 KulturgüterG enthaltenen Übergang des Eigentums an verlagerten Kulturgütern aus betroffenen, während des Zweiten Weltkriegs von Truppen der ehemaligen Feindstaaten besetzten Staaten auf die Russische Föderation ebenso für verfassungswidrig erklärt, wie den Eigentumsübergang an herrenlosen Kulturgütern.[319]

Insbesondere die in Art. 8 I i.V.m. Art. 2, 5 II, 6 und 9 I KulturgüterG enthaltene Bestimmung, dass betroffene Staaten vom Anspruch auf Rückerstattung ihrer Kulturgüter ausgeschlossen sind, wenn sie es versäumt haben, ihre Restitutionsansprüche innerhalb der Fristen, die in den in Art. 8 I KulturgüterG genannten Übereinkünften und Rechtsvorschriften festgelegt sind, gegenüber Deutschland und seinen ehemaligen Kriegsverbündeten geltend zu machen, hat das Gericht für verfassungswidrig erklärt.[320]

Nach der Argumentation des russischen Verfassungsgerichts normierten die im Gesetz zitierten Restitutionsbestimmungen der Friedensverträge von 1947 und die

---

[316] Ziffer 4 der Urteilsgründe, Übersetzung in EuGRZ 1999, S. 591.

[317] Ziffer 4 der Urteilsgründe, Übersetzung in EuGRZ 1999, S. 591.

[318] Die entsprechenden Vorgaben des Verfassungsgerichts wurden durch Änderungsgesetz zum Kulturgütergesetz vom 25.5.2000 umgesetzt. Vgl. hierzu *Schröder,* EuGRZ 2002, S. 3 ff., S. 3, siehe auch Südwestpresse vom 27.4.2000, Main Post vom 25.5.2000.

[319] Vgl. Ziffern 5-7 der Urteilsgründe, Übersetzung in EuGRZ 1999, S. 592 f.; Tenor Ziffern 1, 3 Übersetzung in EuGRZ 1999, S. 598 f. Das Gesetz wurde entsprechend novelliert, vgl. *Schoen,* NJW 2001, S. 537 ff., S. 540.

[320] Ziffer 5, 6 der Urteilsgründe, Übersetzung in EuGRZ 1999, S. 592 f.; Tenor Ziffer 3.

Deutschland betreffende Verordnung des Ministerrats der UdSSR Nr. 466-rs ihrem Sinn nach keine Ausschlussfristen, sondern bezweckten die vereinfachte Durchsetzung von Restitutionsansprüchen auf administrativer Ebene in einem beschleunigten Verfahren im Rahmen intergouvernementaler Beziehungen. Das dadurch vorgesehene Verfahren der Restitution hatte aber nicht zum Ziel, die Eigentümer von im Verlauf des Zweiten Weltkriegs durch die Besatzer gewaltsam beschlagnahmten oder gestohlenen Kulturgütern im Vergleich zu Opfern gewöhnlicher Straftaten gegen das Eigentum schlechter zu stellen.[321]

Darüber hinaus könne die kompensatorische Restitution laut Verfassungsgericht nur auf Kulturgüter angewandt werden, die sich bis zu ihrer Verbringung auf gesetzlicher Grundlage im Eigentum der ehemaligen Feindstaaten befanden. Ein Erwerb durch die Russische Föderation an im Eigentum betroffener Staaten stehender Kulturgüter komme nicht in Betracht. Ansonsten würde Russland seine Schäden auf Kosten solcher Länder ersetzen, die selbst Opfer der Aggression waren.[322]

Der Eigentumsverlust der betroffenen Staaten für den Fall der nicht fristgemäßen Anspruchserhebung verstößt nach dem Urteil des Verfassungsgerichts auch gegen die verfassungsrechtlichen Garantien des Eigentumsrechts und die Grenzen der zulässigen Beschränkungen dieses Rechts gem. Art. 8 I, 35, 55 III und 62 III der Russischen Verfassung.[323]

Auch die automatische Zuordnung herrenloser Kulturgüter, deren staatliche Zugehörigkeit bislang nicht geklärt werden konnte, zum föderalen Eigentum der Russischen Föderation gem. Art. 3, 5 und 6 KulturgüterG erklärte das Gericht wegen Unvereinbarkeit mit dem verfassungsrechtlich verbürgten Eigentumsschutzes gem. Art. 8 II, 17 I, 35, 55 III und 62 III der Russischen Verfassung für verfassungswidrig.[324] Zwingende Bedingung des Eigentumserwerbs an einer herrenlosen Sache durch Ersitzung sei der gutgläubige offene Besitz. Die auf dem Gebiet der Russischen Föderation befindlichen verbrachten Kulturgüter seien aber bis vor kurzem in geschlossenen Depots von Museen und anderen Kultureinrichtungen aufbewahrt worden. Vor einer Ersitzung müsse den möglichen Eigentümern deshalb durch die Veröffentlichung entsprechender Informationen, insbesondere die Aufstellung einer vollständigen Auflistung der auf dem Gebiet der Russischen Föderation befindlichen Kulturgüter, und die Einräumung einer vernünftigen Frist die Möglichkeit gegeben werden, ihr Eigentum zu identifizieren und etwaige Herausgabeansprüche geltend zu machen.[325]

*bb) Verfassungswidrigkeit verfahrensrechtlicher Vorschriften*

Schließlich erklärte das Verfassungsgericht auch einzelne verfahrensrechtliche Vorschriften und Bedingungen, die das Gesetz an die Rückübertragung für von der kompensatorischen Restitution gem. Art. 8 KulturgüterG nicht erfasste Kulturgüter knüpf-

[321] Ziffer 5 der Urteilsgründe, Übersetzung in EuGRZ 1999, S. 592.
[322] Ziffer 5 der Urteilsgründe, Übersetzung in EuGRZ 1999, S. 592.
[323] Ziffer 5 der Urteilsgründe, Übersetzung in EuGRZ 1999, S. 592, Ziffer 3 des Tenors.
[324] Ziffer 7 der Urteilsgründe, Übersetzung in EuGRZ 1999, S. 593, Ziffer 1 des Tenors.
[325] Ziffer 7 der Urteilsgründe, Übersetzung in EuGRZ 1999, S. 593.

te, für verfassungswidrig. Dies kommt insbesondere möglichen privaten Anspruchsberechtigten zugute.[326]

*aaa) Zur Zulässigkeit eines gerichtlichen Verfahrens neben dem zwischenstaatlichen Rückgabeverfahren*

Das Verfassungsgericht hat insbesondere klargestellt, dass neben dem zwischenstaatlichen Rückgabeverfahren, das für die Rückgabe i. S. von Art. 8 KulturgüterG privilegierter Kulturgüter gem. Art. 18 I KulturgüterG vorgesehen ist, ein allgemeines gerichtliches Verfahren zur Durchsetzung gerade auch privater Eigentumsrechte nicht ausgeschlossen ist. Das in Art. 18 KulturgüterG vorgeschriebene außergerichtliche Verfahren stellt nur eine von mehreren Möglichkeiten der Anspruchserhebung in der Russischen Föderation dar. Es berührt dagegen nicht das Recht jedes, gerade auch privaten Eigentümers eines privilegierten Kulturguts, seine Forderungen in einem Gerichtsverfahren geltend zu machen. Demnach sind Privatpersonen nach verfassungskonformer Auslegung des Art. 18 I 2. HS KulturgüterG berechtigt, ihre Rückgabeansprüche aus Eigentum im normalen Gerichtsverfahren geltend zu machen und sind nicht allein darauf angewiesen, dass sich ihre Regierung beim russischen Kultusministerium für sie einsetzt und dort ihre Rückgabeansprüche geltend macht.[327] Dies zeigt, dass das russische Verfassungsgericht das verfassungsgerichtliche Prinzip des effektiven Rechtsschutzes ernst nimmt.[328] Seit entsprechender Novellierung sind Individualklagen nun im russischen Kulturgütergesetz ausdrücklich vorgesehen.[329]

*bbb) Zum Erfordernis eines föderalen Gesetzes als Voraussetzung der Rückgabe*

Hat ein russisches Gericht die Rückgabe eines Kulturguts angeordnet, bedarf es entgegen Art. 18 II, III KulturgüterG keines besonderen föderalen Gesetzes zur Durchführung der Rückgabe. Das Erfordernis eines föderalen Gesetzes ist nach dem Urteil des Verfassungsgerichts mit der Eigenständigkeit und Unabhängigkeit der rechtsprechenden Gewalt und dem darauf gründenden Prinzip der Bindungswirkung gerichtlicher Entscheidungen nicht vereinbar.[330] Die Bestimmungen des Art. 18 II und III KulturgüterG sind mithin auf die gerichtlich angeordnete Kulturgutrückgabe nicht anwendbar.

Das Verfassungsgericht hat Art. 18 II, III KulturgüterG wegen Verstoßes gegen Art. 10, 110 und 114 I d der Russischen Verfassung[331] schließlich in dem Maße für verfas-

[326] So auch *Rossi/ Syssoeva*, AVR 38 (2000), S. 63 ff., S. 70; zu den Auswirkungen des Gesetzes in verfahrensrechtlicher Hinsicht, insbesondere zu den Erfolgsaussichten der Geltendmachung vor einem Zivilgericht vgl. unten D.II.2.c)aa) und bb).

[327] Ziffer 9 der Urteilsgründe, Übersetzung in EuGRZ 1999, S. 594; Ziffer 8 des Tenors, Übersetzung in EuGRZ 1999, S. 599.

[328] So auch *Rossi/ Syssoeva*, AVR 38 (2000), S. 63 ff., S. 70.

[329] Vgl. *Schröder,* EuGRZ 2002, S. 3 ff., S. 3.

[330] Ziffer 11 der Urteilsgründe, Übersetzung in EuGRZ 1999, S. 595.

[331] Diese Artikel behandeln die Problematik der Gewaltenteilung und der Kompetenzen der Regierung. In Art. 114 I d ist festgelegt, dass die Regierung der Russischen Föderation das Föderationseigentum verwaltet.

sungswidrig erklärt, wie sie die Verabschiedung eines besonderen föderalen Gesetzes über die Übergabe jeden verbrachten Kulturguts unabhängig davon voraussetzen, ob es von einzigartigem Charakter oder besonderer kulturhistorischer Bedeutung ist.[332] Dies widerspreche der Kompetenzverteilung zwischen Exekutive und Legislative. Im Wege der Entscheidung von Fragen eines nicht-normativen Charakters durch den Gesetzgeber im genannten Fall werde die ungerechtfertigte Einmischung in die laufende Tätigkeit der Organe der ausführenden Gewalt bei der Verwaltung des föderalen Eigentums zugelassen.

Seit der infolge des Urteils erfolgten Novellierung des Kulturgütergesetzes im Jahr 2000 erfordert nur noch die Rückgabe von Kulturgut, das einzigartig oder von besonders großer historischer, künstlerischer, wissenschaftlicher oder anderer kultureller Bedeutung ist, im zwischenstaatlichen Verfahren ein russisches Gesetz. In den anderen Fällen bedarf es einer Verordnung der Regierung der Russischen Föderation.[333]

*ccc) Zur 18-Monatsfrist gem. Art. 9, 10 KulturgüterG*

Schließlich hat sich das Gericht auch mit der in Art. 9 und 10 KulturgüterG festgelegten 18 Monatsfrist für die Geltendmachung der Rückgabeansprüche bezüglich Kulturgütern i.S. von Art. 8 KulturgüterG auseinandergesetzt. Die Gültigkeit dieser Bestimmung hätte zur Präklusion der Geltendmachung entsprechender Ansprüche nach dem 15. Oktober 1999 geführt.

Das russische Verfassungsgericht erklärte zwar die Festlegung einer Frist für die Geltendmachung von Forderungen auf Rückgabe unrechtmäßig konfiszierten Eigentums grundsätzlich für zulässig. Auch die Festlegung dieser Frist auf 18 Monate, also auf eine kürzere als die allgemein in der Zivilgesetzgebung der Russischen Föderation vorgesehene Frist der Klageverjährung[334] wird im Ergebnis nicht beanstandet.[335]

Allerdings hat das Verfassungsgericht die Regelung, dass die Frist mit Inkrafttreten des Gesetzes in Gang gesetzt wird, für verfassungswidrig erklärt. Dies begründete es damit, dass nicht alle Informationen über die sich im Hoheitsgebiet der Russischen Föderation befindenden verbrachten Kulturgüter allgemein zugänglich sind. Unter diesen Umständen sei den Eigentümern, die nach dem Gesetz und unter Berücksichtigung des Urteils ein Recht auf Rückgabe der ihnen gehörenden verbrachten Kulturgüter haben, jedoch zur Zeit wegen des Fehlens allgemein zugänglicher Angaben keine Information darüber haben oder haben können, ob sich die entsprechenden Gegenstände im Hoheitsgebiet der Russischen Föderation befinden, die Möglichkeit tatsächlich genommen, ihre Ansprüche anzumelden. Außerdem würden sie im Vergleich zu den Personen ungleich behandelt, die zum Zeitpunkt des Inkrafttretens des Gesetzes bereits ihre Ansprüche anmelden konnten, weil die Informationen über die ihnen gehörenden Kulturgüter zu diesem Zeitpunkt allgemein zugänglich waren.[336]

---

[332] Ziffer 11 der Urteilsgründe, Übersetzung in EuGRZ 1999, S. 595, Ziffer 9.

[333] *Schoen,* NJW 2001, S. 537 ff., S. 540.

[334] Diese beträgt gem. Art. 196 des Zivilgesetzbuchs der Russischen Föderation drei Jahre.

[335] Ziffer 10 der Urteilsgründe, Übersetzung in EuGRZ 1999, S. 594 f.

[336] Ziffer 10 der Urteilsgründe, Übersetzung in EuGRZ 1999, S. 595.

Damit verstoße die bisherige Regelung sowohl gegen die verfassungsmäßigen Garantien des staatlichen Schutzes des Eigentumsrechts und die Forderungen der Verfassung nach Gleichheit aller vor dem Gesetz und vor Gericht gem. Art. 19 I, II, 45 I , 8 II, 35, 46 I und 62 III der Verfassung der Russischen Föderation.[337]

Nach dem Urteil des Gerichts darf der Fristlauf deshalb erst ab dem Zeitpunkt beginnen, zu dem der Berechtigte Kenntnis erlangt hat oder tatsächlich die Möglichkeit gehabt hätte zu erfahren, dass sich ein verbrachtes Kulturgut, welches ihm gehört hat, im Hoheitsgebiet der Russischen Föderation befindet.[338]

*cc) Resümee*

Das Urteil des Verfassungsgerichts hat zwar zur Klarstellung der Rechtslage beigetragen und einen Teil der infolge des Kulturgütergesetzes bestehenden Missstände in Bezug auf die verbrachten Kulturgüter beseitigt. So ist zu begrüßen, dass die Enteignung in Bezug auf aus von Deutschland besetzten Staaten stammende Kulturgüter aufgehoben wurde, ebenso wie diejenige bezüglich herrenloser Kulturgüter. Auch die Klarstellung, dass für nach dem Gesetz privilegierte Kulturgüter neben dem außergerichtlichen Verfahren auf zwischenstaatlicher Ebene der Gerichtsweg offen steht, ist positiv zu bewerten. Gleiches gilt für die Korrektur des Beginns des Fristlaufs für die Geltendmachung der Restitutionsansprüche.

Für Eigentümer privilegierter Kulturgüter bestehen somit durchaus Chancen, ihre Kulturgüter zurückzuerlangen.

Andererseits aber hat das Urteil die Rechtslage für aus den ehemaligen Feindstaaten, also insbesondere aus Deutschland, verbrachten Kulturgütern aufrechterhalten und die Enteignung zum Zweck der kompensatorischen Restitution bestätigt. Dabei hat es das Gericht insbesondere versäumt, auf das Völkerrecht und die hieraus resultierenden Verpflichtungen Russlands einzugehen, obwohl Präsident Jelzin gerade dies in seinem Antrag besonders hervorgehoben hat. Hierzu soll im Folgenden näher Stellung genommen werden.

*c) Kritische Anmerkungen*

Zur Argumentation des russischen Verfassungsgerichts ist Folgendes kritisch anzumerken.

*aa) Art und Weise der Argumentation zur kompensatorischen Restitution*

Wie gesehen ist das Russische Verfassungsgericht in seiner Argumentation unproblematisch von der Zulässigkeit der kompensatorischen Restitution und der Heranziehung deutscher Kulturgüter zu diesem Zweck, wie in Art. 3, 5, 6 KulturgüterG vorgesehen, ausgegangen.

---

[337] Ziffer 10 der Urteilsgründe; Übersetzung in EuGRZ 1999, S- 595; Ziffer 4 des Tenors, Übersetzung in EuGRZ 1999, S. 599.

[338] Ziffer 10 der Urteilsgründe, Übersetzung in EuGRZ 1999, S. 595; Ziffer 4 des Tenors, Übersetzung in EuGRZ 1999, S. 599; vgl. hierzu *Rossi/ Syssoeva*, AVR 38 (2000), S. 63 ff., S. 71.

Dabei ist zunächst zu bemängeln, dass die Feststellung der Völkerrechtsmäßigkeit der Wegnahme von Kulturgütern zum Zweck der Restitution ohne überzeugende Argumentation getroffen wird. Die zur abstrakten Begründung der kompensatorischen Restitution angeführten völkerrechtlichen Bestimmungen[339] werden nur aufgezählt. Der Inhalt dieser Vorschriften wird dagegen nicht wiedergegeben.[340] Auch die Auswahl der aufgeführten Abkommen verwundert, da sie alle nicht Fragen der Restitution und kompensatorischen Restitution betreffen, sondern allein die Ausübung der Besatzungsgewalt in Deutschland, wohingegen das die Restitution und Reparation betreffende Potsdamer Abkommen beispielsweise nicht genannt ist. Die Rechtfertigung der Kulturgutwegnahme unter Hinweis auf diese Abkommen lässt deshalb darauf schließen, dass das Verfassungsgericht davon ausgeht, das Besatzungsregime als solches habe zur kompensatorischen Restitution ermächtigt. Es scheint das Besatzungsstatut in Deutschland als ein Institut sui generis anzusehen, das den allgemeinen Regeln des Völkerrechts nicht unterworfen ist.[341] Dem kann aber, wie die Untersuchung im Zweiten Teil ergeben hat, nicht zugestimmt werden.[342]

Ebenfalls nur pauschal verwiesen wird auf die „Akte, die aufgrund der Rechte und Verantwortlichkeiten der Besatzungsmächte in Deutschland in den Jahren 1945 bis 1949 ergangen sind", ohne diese konkret zu bezeichnen.[343] Insbesondere nennt das Verfassungsgericht nicht die angeblich auf Grundlage der genannten Akte erlassenen Befehle der Militärführung der Sowjetarmee und der sowjetischen Militärverwaltung in Deutschland und Verordnungen der anderen zuständigen Organe der UdSSR, durch die die Restitution von Kulturgütern geregelt wurde.

Dem Verfassungsgericht kann auch nicht in seiner Argumentation zugestimmt werden, wonach „die Auferlegung von Verpflichtungen zur normalen und kompensatorischen Restitution von Kulturgütern auf die ehemaligen Feindstaaten durch den Grundsatz der völkerrechtlichen Verantwortlichkeit des Aggressorstaates für die Auslösung und Führung eines Angriffskrieges bedingt wurde, der schon bei Beginn des Zweiten Weltkriegs im Völkerrecht anerkannt worden war".[344] Es ist keineswegs als selbstverständlich anzusehen, dass der Grundsatz der Staatenverantwortlichkeit für das Führen eines Angriffskrieges, für dessen Anerkennung bereits im Jahr 1945 tatsächlich gute Gründe sprechen, die Pflicht zur kompensatorischen Restitution bezüglich Kulturgü-

---

[339] Genannt werden das Abkommen vom 14. November 1944 über den Kontrollmechanismus in Deutschland, die Erklärung vom 5. Juni 1945 in Anbetracht der Niederlage Deutschlands und der Übernahme der obersten Regierungsgewalt hinsichtlich Deutschlands, das Abkommen vom 25. Juli 1945 über zusätzliche an Deutschland gestellte Forderungen und die Friedensverträge von 1947 mit den ehemaligen Kriegsverbündeten Deutschlands.

[340] So auch *Hartwig,* EuGRZ 1999, S. 553 ff., S. 554; *Rossi/ Syssoeva,* AVR 38 (2000), S. 63 ff., S. 67; *Dolzer,* NJW 2000, S. 560 ff., S. 561.

[341] So auch *Hartwig,* EuGRZ 1999, S. 553 ff., S. 554; vgl. zur Frage der Rechtsnatur des Besatzungsstatuts in Deutschland bereits oben 2. Teil, C.I.

[342] Vgl. dazu bereits oben 2. Teil, C.I.-III.

[343] Vgl. hierzu auch *Dolzer,* NJW 2000, S. 560 ff., S. 561; *Rossi/ Syssoeva,* AVR 38 (2000), S. 63 ff., S. 67.

[344] Ziffer 4 der Urteilsgründe, Übersetzung in EuGRZ 1999, S. 591.

tern umfasst.[345] Aus der Haftung im Rahmen der Staatenverantwortlichkeit kann nicht geschlossen werden, dass der Staat mit seinem gesamten Vermögen haftet.

### *bb) Auffassung des Verfassungsgerichts zur kompensatorischen Restitution*[346]

Die Tatsache, dass das Verfassungsgericht wie selbstverständlich von der Zulässigkeit der kompensatorischen Restitution aufgrund Besatzungsrechts bzw. aus dem Grundsatz der Staatenverantwortlichkeit für das Auslösen eines Angriffskrieges ausgeht, verwundert auch aus folgendem Grund. Bei seiner Argumentation lässt das Gericht unberücksichtigt, dass bereits 1945 völkerrechtliche Normen existierten, die den Schutz von Kulturgütern bezweckten. Insbesondere galt die HLKO und deren Art. 56, der Kulturgüter vor jeder Beschlagnahme, absichtlichen Zerstörung oder Beschädigung schützt, auch für die Zeit nach dem Zweiten Weltkrieg, zumindest als Ausdruck der völkergewohnheitsrechtlich anerkannten Regeln des Landkriegsrechts.[347] Dies wurde durch die Alliierten selbst im Urteil des internationalen Militärgerichtshofs vom 1. Oktober 1946, das auch die Unterschrift des sowjetischen Richters trägt, bestätigt. Beispiele für die restitution in kind finden sich in der völkerrechtlichen Staatenpraxis nur vereinzelt, so in Art. 247 des Versailler Vertrags. Dieser legte die restitution in kind allerdings für einen konkret bestimmten Einzelfall fest und nicht in pauschaler Weise. In den Friedensverträgen mit Deutschlands Kriegsverbündeten von 1947 sind entsprechende Klauseln auch nur teilweise enthalten. Die Frage der Zulässigkeit und des Umfangs der restitution in kind war gerade unter den Alliierten nach dem Zweiten Weltkrieg äußerst umstritten.[348] Die Meinungsverschiedenheiten unter den Alliierten führten letztlich dazu, dass man das Institut der kompensatorischen Restitution in einem Kompromiss in Form des Punkts 3 der Kontrollratsdirektive vom 21.1.1946 auf „Güter mit einmaligem Charakter, deren Rücklieferung unmöglich ist" beschränkte. Hierzu sollte eine „besondere Anweisung die Art von Gütern festsetzen, bei denen Ersatz in Frage kommt, die Art dieses Ersatzes und die Bedingungen, unter denen diese Güter durch gleichwertige Gegenstände ersetzt werden können".[349] Zu einer praktischen Durchführung der restitution in kind durch die Alliierten ist es aber letztlich nicht gekommen.[350] Mithin fehlt es sowohl an einer entsprechenden Rechtsüberzeugung wie auch an einer eindeutigen Staatenpraxis, um von einer Zulässigkeit der kompensatorischen Restitution in Bezug auf Kulturgüter ausgehen zu können.[351]

---

[345] Zur Problematik des Berufens auf die Staatenverantwortlichkeit für das Auslösen eines Angriffskriegs zur Begründung der kompensatorischen Restitution vgl. ausführlich bereits oben 2. Teil, E.; ebenso wie hier: *Dolzer,* NJW 2000, S. 560 ff., S. 561; *Hartwig,* EuGRZ 1999, S. 553 ff., S. 555; *Rossi/ Syssoeva,* AVR 38 (2000), S. 63 ff., S. 68.

[346] Siehe zur völkerrechtlichen Zulässigkeit der restitution in kind bereits ausführlich oben 2. Teil, F.II.

[347] *Rossi/ Syssoeva,* AVR 38 (2000), S. 63 ff., S. 68; *Hartwig,* EuGRZ 1999, S. 553 ff., S. 554.

[348] Siehe hierzu oben 1. Teil, B.II.4.b).

[349] Zitiert nach *Schmoller/Maier/Tobler,* Handbuch des Besatzungsrechts, § 52, S. 23.

[350] Vgl. ausführliche Darstellung oben 1. Teil, B.II.4.b)bb)bbb); *Turner,* in: Fiedler (Hrsg.), Internationaler Kulturgüterschutz und deutsche Frage, S. 109 ff., S. 115 ff., S. 123; *Rossi/ Syssoeva,* AVR 38 (2000), S. 63 ff., S. 68; vgl. auch *Hartwig,* EuGRZ 1999, S. 553 ff., S. 554 f.

[351] *Turner,* in: Fiedler (Hrsg.), Internationaler Kulturgüterschutz und deutsche Frage, S. 109 ff., S. 132 f.; *Hartwig,* EuGRZ 1999, S. 553, S. 555.

Davon abgesehen sind nach Art. 6 des Gesetzes nur diejenigen Kulturgüter Eigentum der Russischen Föderation, „die in die UdSSR zur Durchführung ihres Rechts auf kompensatorische Restitution überführt worden sind“. Dies betont auch das Verfassungsgericht, wenn es klarstellt, dass der Gesetzgeber bei der Regelung des Eigentumsrechts an verbrachten Kulturgütern nicht die rechtlichen Gründe außer Acht lassen darf, aufgrund derer sich die Kulturgüter auf russischem Territorium befinden.[352]

Mithin bedarf es eines Nachweises, dass das beanspruchte Kulturgut tatsächlich im Weg der kompensatorischen Restitution in das Eigentum der Russischen Föderation überführt worden ist. Dieser Nachweis dürfte in der Praxis im Einzelfall aber nur schwer zu erbringen sein, weil sich bis zum russischen Kulturgütergesetz aus dem Jahr 1998 kein Rechtsakt der UdSSR bzw. der Russischen Föderation findet, wonach die Kulturgüter im Weg der kompensatorischen Restitution als Eigentum beansprucht worden sind.[353] Allerdings ist fraglich, ob hinsichtlich der Beweislastverteilung von einer Beweislastumkehr dahingehend ausgegangen werden kann, dass die Russische Föderation den Nachweis zu erbringen hat, welches Kulturgut sie aufgrund welchen Befehls zu Eigentum erworben hat.[354]

Selbst bei Annahme der Zulässigkeit der kompensatorischen Restitution – entgegen der hier vertretenen Auffassung – ist die Russische Föderation bei Berufung hierauf an die von ihren Befürwortern vorgenommene Ausgestaltung dieses Instituts und die vorhandene Praxis hierzu gebunden.[355] Dies bedeutet aber, dass eine kompensatorische Restitution nicht pauschal möglich ist, sondern Ersatz nur für konkret genannte Verluste an Kulturgütern geleistet wird, die in Art und Wert den zerstörten bzw. verloren gegangenen entsprechen.[356] Eine allgemeine Erklärung, dass alle aus den ehemaligen Feindstaaten verbrachten Kulturgüter nachträglich zu Zwecken der kompensatorischen Restitution auf das Gebiet der UdSSR verbracht worden sind, wird selbst von den Befürwortern der restitution in kind und der entsprechenden Staatenpraxis abgelehnt. Insbesondere erscheint auch die einseitige Auswahl der von der kompensatorischen Restitution erfassten Objekte durch die Russische Föderation nicht zulässig.[357] Die restitution in kind dürfte sich vorliegend also auch deshalb schwierig gestalten, weil in Russland bis heute keine vollständige Liste der von deutscher Seite im Krieg zerstörten Kulturgüter existiert[358] und auch keine Zuordnung der Austauschobjekte zu den abhanden gekommenen Kulturgütern getroffen wurde.

---

[352] Ziffer 3 der Urteilsgründe, Übersetzung in EuGRZ 1999, S. 591.

[353] *Hartwig,* EuGRZ 1999, S. 553 ff., S. 557, 560; *Fastenrath,* in: FAZ v. 16.4.1997, S. 8; *Schoen,* NJW 2001, S. 537 ff., S. 539; *Fiedler,* Kulturgüter als Kriegsbeute, S. 13.

[354] Für eine entsprechende Beweislast Rußlands: *Hartwig,* EuGRZ 1999, S. 553 ff., S. 560; ablehnend *Rossi/ Syssoeva,* AVR 38 (2000), S. 63 ff., S. 68 f.

[355] Vgl. hierzu bereits oben 2. Teil, F.IV.

[356] Vgl. hierzu auch *Hartwig,* EuGRZ 1999, S. 553 ff., S. 558 f.

[357] So auch *Hartwig,* EuGRZ 1999, S. 553 ff., S. 559.

[358] Eine derartige Liste soll bis Ende 2002 erstellt sein.

*cc) Nichtbeachtung des bisherigen sowjetischen und russischen Verhaltens in Bezug auf die verbrachten Kulturgüter*

Zu bemängeln ist auch, dass das Verfassungsgericht ebenso, wie sich dies aus dem Wortlaut des Kulturgütergesetzes schließen lässt, davon auszugehen scheint, dass das Gesetz für den Eigentumserwerb der Russischen Föderation nur deklaratorisch ist. Der Eigentumserwerb wird als bereits mit der Verbringung zum Zweck der kompensatorischen Restitution vollendet angesehen. Dies ist aber gerade nicht der Fall.

Diese Auffassung lässt die bisherige Praxis der Sowjetunion bzw. der Russischen Föderation in Bezug auf die verbrachten Kulturgüter völlig außer Betracht. Deren Verhalten bis Erlass des Kulturgütergesetzes lässt nämlich nicht darauf schließen, dass sie sich als Eigentümerin der verbrachten Kulturgüter infolge ihrer Heranziehung zum Zweck der kompensatorischen Restitution gesehen hat.[359] Es ist vielmehr im Gegenteil davon auszugehen, dass eine Eigentümerstellung gerade nicht angenommen wurde.[360] Hierfür geben nicht nur die anlässlich der teilweisen Rückgabe deutscher Kulturgüter an die ehemalige DDR gemachten Aussagen, die Verbringung der Kulturgüter sei zur vorübergehenden Aufbewahrung aus Sicherungs- und Erhaltungsgründen erfolgt sind, einen Anhaltspunkt. Dafür spricht auch die Tatsache, dass die UdSSR die Existenz weiterer deutscher Kulturgüter fast 50 Jahre lang geleugnet hat und diese in Geheimdepots, getrennt vom eigenen Bestand der russischen Museen, aufbewahrt hat. Schließlich blieb die Frage der Heranziehung der deutschen Kulturgüter zu Kompensationszwecken auch im Zusammenhang mit dem Reparationsverzicht des Jahres 1953 unerwähnt, ebenso wie während der Verhandlungen zum Einigungsvertrag im Jahr 1990. Vielmehr hat die Sowjetunion bzw. die Russische Föderation in den Jahren 1990 und 1992 wie gesehen zwei Verträge mit der Bundesrepublik Deutschland abgeschlossen, die eine Rückgabeklausel enthalten und die Frage der Kompensation gerade nicht berühren.

Mithin ist das Kulturgütergesetz für den Eigentumsentzug konstitutiv, es handelt sich um ein Enteignungsgesetz.[361]

*dd) Argumentation des Verfassungsgerichts zum Nachweis der nachträglichen Anerkennung der kompensatorischen Restitution*

Nicht gefolgt werden kann dem Verfassungsgericht auch hinsichtlich seiner Ausführungen zum Nachweis einer nachträglichen Anerkennung der kompensatorischen Restitution.

Das Verfassungsgericht geht davon aus, dass gem. Art. 107 SVN „die rechtliche Kraft von Maßnahmen, die von den Siegerstaaten im Hinblick auf Deutschland und seine ehemaligen Kriegsverbündeten ergriffen worden sind", bestätigt worden sind und damit gedeckt waren. Dem kann nicht gefolgt werden. Wie bereits erörtert, ent-

---

[359] *Fiedler*, Kulturgüter als Kriegsbeute, S. 13; *Dolzer*, NJW 2000, S. 560 ff., S. 561; *Hartwig*, EuGRZ 1999, S. 553, S. 557; *Schoen*, NJW 2001, S. 537 ff., S. 540; *Fastenrath*, in: FAZ v. 16.4.1997, S. 8.

[360] Vgl. ausführlich hierzu bereits oben 2. Teil, F.I.; Siehe auch *Schoen*, NJW 2001, S. 537 ff., S. 539 f.

[361] So auch *Dolzer*, NJW 2000, S. 560 ff., S. 561; *Schoen*, NJW 2001, S. 537 ff., S. 539.

band Art. 107 UN-Charta die Alliierten lediglich von den Bestimmungen der UN-Charta, außerhalb der Charta geltendes Völkervertrags- und Völkergewohnheitsrecht war von den Alliierten aber zu beachten.[362] Abgesehen davon verkennt das Verfassungsgericht, dass die Feindstaatenklauseln bereits durch die Aufnahme der ehemaligen Feindstaaten in die UNO, spätestens aber mit Abschluss des Zwei-plus-Vier-Vertrags gegenstandslos geworden sind.[363] Auch die Friedensverträge mit Deutschlands Kriegsverbündeten können als Verzichtsgrund bezüglich der Rückgabe der Kulturgüter im deutsch-russischen Verhältnis nicht herangezogen werden.[364] Ebenso wenig überzeugt die Heranziehung der Gemeinsamen Erklärung der Regierungen der Bundesrepublik Deutschland und der DDR vom 15. Juni 1990, derzufolge „die Enteignungen auf besatzungsrechtlicher bzw. besatzungshoheitlicher Grundlage nicht mehr rückgängig zu machen sind". Diese Erklärung bezieht sich nicht auf Kulturgüter, sondern die demokratische Bodenreform und ist außerdem nur auf Enteignungen anwendbar, die im Fall der Kulturgüter aber zu diesem Zeitpunkt noch nicht erfolgt war, sondern erst durch das russische Gesetz im Jahr 1998 ausgesprochen wurde.[365]

*ee) Außerachtlassung der neueren Entwicklung im Kulturgüterschutz und der völkerrechtlichen Verpflichtungen der Russischen Föderation*

Nicht berücksichtigt hat das Gericht bei seiner Argumentation – insbesondere zur kompensatorischen Restitution – schließlich die neuere Entwicklung im Völkerrecht im Hinblick auf den Kulturgüterschutz nach 1945 und die völkerrechtlichen Verpflichtungen der Russischen Föderation, obwohl das Völkerrecht bzw. die allgemein anerkannten Prinzipien und Normen des Völkerrechts und die völkerrechtlichen Verträge der Russischen Föderation nach Art. 15 IV der russischen Verfassung Bestandteile ihrer Rechtsordnung sind und damit als Prüfungsmaßstab für die Entscheidung des Verfassungsgerichts heranzuziehen sind.[366]

Das Kulturgütergesetz verstößt in Bezug auf die Heranziehung deutscher Kulturgüter nämlich nicht nur gegen den bereits zur Zeit der Verbringung der Kulturgüter geltenden Art. 56 HLKO, den das russische Verfassungsgericht unerwähnt ließ.

Das Beschlagnahmeverbot und die Restitutionspflicht für im Krieg rechtswidrig verbrachte Kulturgüter wurde nach 1945 in mehreren internationalen Abkommen bekräftigt.[367]

So enthält die Haager Konvention von 1954 in Art. 4 III das Verbot der Beschlagnahme von Kulturgut. Nach Art. 1 III des Protokolls zur Konvention verpflichten sich die Vertragsparteien, bei Beendigung der Feindseligkeiten auf ihrem Gebiet befindliches Kulturgut den zuständigen Behörden des früher besetzten Gebiets zurückzugeben.

---

362 *Rossi/ Syssoeva*, AVR 38 (2000), S. 63 ff., S. 69; *Hartwig*, EuGRZ 1999, S. 553 ff., S. 555 f.

363 Vgl. hierzu bereits oben C.I.1.; ebenso *Dolzer*, NJW 2000, S. 560 ff., S. 561.

364 Vgl. hierzu oben C.I.2.; ebenso *Hartwig*, EuGRZ 1999, S. 553 ff., S. 556.

365 Ausführlich hierzu bereits oben C.I.4.

366 *Rossi/ Syssoeva*, AVR 38 (2000), S. 63 ff., S. 69; Präsident Jelzin hat in seiner Klageschrift gerade auch einen Verstoß des Kulturgütergesetzes gegen das Völkerrecht gerügt. Vgl. zu den von Jelzin angeführten und durch das Gesetz verletzten völkerrechtlichen Bestimmungen den Antrag des Präsidenten, Übersetzung von *Nußberger*, EuGRZ 1998, S. 423 ff., S. 425.

367 Vgl. hierzu bereits oben 2. Teil, F.II.2.

Die Russische Föderation hat sowohl die Haager Konvention als auch das Protokoll ratifiziert, ist also durch beide gebunden.

Auch nach Art. 11 der UNESCO-Konvention von 1970, deren Mitglied die Russische Föderation ebenfalls ist, gilt die erzwungene Ausfuhr und Übereignung von Kulturgut, die sich mittelbar oder unmittelbar aus der Besetzung eines Landes durch eine fremde Macht ergibt, als unzulässig. Eine Restitutionspflicht folgt aus Art. 7 b ii.

Die im Kulturgütergesetz nachträglich im Wege der Heranziehung zur kompensatorischen Restitution ausgesprochene Enteignung widerspricht den von der Russischen Föderation durch Unterzeichnung der genannten Abkommen übernommenen Verpflichtungen. Auch wenn, wie oben gesehen,[368] weder aus der Haager Konvention von 1954 nebst Protokoll, noch aus dem UNESCO-Abkommen von 1970 wegen fehlender Rückwirkung[369] direkt ein Rückgabeanspruch aus dem vor Inkrafttreten der Konventionen liegenden Verhalten der Beschlagnahme und Verbringung der Kulturgüter abgeleitet werden kann, waren die dort aufgestellten Grundsätze bei Erlass des Gesetzes im Jahr 1998 dennoch zu beachten. Es stellt ein widersprüchliches Verhalten dar, wenn die Russische Föderation zunächst in mehreren internationalen Abkommen eine im Sinn des Kulturgüterschutzes gebotene Rückgabeverpflichtung für verbrachte Kulturgüter anerkennt, dann aber die Rückgabe bereits wegen Verstoßes gegen die HLKO rechtswidrig verbrachter Kulturgüter ablehnt und sogar ein Gesetz erlässt, um den Eigentumserwerb an den Kulturgütern erst zu vollenden. Dies hätte das russische Gericht beachten müssen.

Schließlich hat es übersehen, dass das Gesetz auch gegen die Verpflichtungen der Russischen Föderation aus dem Europäischen Kulturabkommen von 1954 verstößt. Nach dessen Art. 5 betrachtet jede Vertragspartei die in ihre Kontrolle übergebenen Gegenstände, die einen kulturellen Wert für Europa haben, als nicht wegnehmbaren Teil des allgemeinen kulturellen Besitzstands in Europa. Sie ergreift die ihr obliegenden Maßnahmen zum Schutz und stellt einen vernünftigen Zugang dazu her.[370]

Vor allem aber hat das russische Verfassungsgericht wie zuvor der Gesetzgeber die in den beiden deutsch-sowjetischen bzw. deutsch-russischen Verträgen von 1990 und 1992 enthaltenen Rückgabeklauseln völlig unberücksichtigt gelassen.[371] Die Rückgabebestimmungen dieser Verträge würden, folgte man der Auffassung des russischen Verfassungsgerichts, fast gänzlich leer laufen. Denn dann wären von der Rückgabe – abgesehen von den nach dem Gesetz privilegierten Kulturgütern – nur diejenigen Kulturgüter nicht ausgeschlossen, die aufgrund privater Plünderungen in die Sowjetunion gelangt sind. Dies widerspräche aber dem Willen der Vertragsparteien bei Vertragsabschluss. Die bona-fide-Auslegung dieser Bestimmungen muss vielmehr zu dem Ergebnis gelangen, dass die aus Deutschland verbrachten Kulturgüter im Wesentlichen zurückgegeben und nicht als rechtmäßig verbracht zurückbehalten werden sollten.[372]

---

[368] Vgl. oben A.3. und 4.

[369] Bei der UNESCO-Konvention von 1970 kommt noch hinzu, dass die Bundesrepublik Deutschland, anders als die Russische Föderation, nicht Mitglied des Abkommens ist.

[370] Antrag des Präsidenten, Übersetzung von *Nußberger,* EuGRZ 1998, S. 423 ff., S. 426.

[371] *Hartwig,* EuGRZ 1999, S. 553 ff., S. 557 f.; *Rossi/ Syssoeva,* AVR 38 (2000), S. 63 ff., S. 69; *Dolzer,* NJW 2000, S. 560 ff., S. 561; *Schoen,* NJW 2001, S. 537 ff., S. 540.

[372] So auch *Hartwig,* EuGRZ 1999, S. 553 ff., S. 558.

*4. Kritische Bewertung – Auswirkungen auf die Rückführung im deutsch-russischen Verhältnis?*

Die nachträgliche Aneignung der deutschen Kulturgüter zum Zweck der kompensatorischen Restitution im russischen Kulturgütergesetz verstößt gegen das im internationalen Recht verankerte Verbot der Heranziehung von Kulturgütern zu Kompensationszwecken.[373] Sie steht nicht nur im Widerspruch zum Verhalten Russlands in der Vergangenheit, sondern auch zur neueren Entwicklung im völkerrechtlichen Kulturgüterschutz. Das Gesetz dient mithin dazu, nachträglich eine rechtliche Grundlage für die rechtswidrige Verbringung in die UdSSR nach dem Krieg und das vertragswidrige Zurückhalten der Kulturgüter zu schaffen und den Verbleib der Kulturgüter in der Russischen Föderation zu sichern.[374]

Darüber hinaus verletzt das russische Kulturgütergesetz die völkerrechtlichen Verpflichtungen Russlands, insbesondere aus dem deutsch-sowjetischen und deutsch-russischen Vertrag von 1990 und 1992.[375] Sowohl aus Art. 1 VI des Vertrags von 1990[376] als auch aus Art. 15 IV der russischen Verfassung ergibt sich aber ein Vorrang des internationalen Rechts über das nationale Recht.[377] Damit wird das bereits im allgemeinen Völkerrecht verankerte Prinzip, wonach völkerrechtliche Verträge nicht aufgrund innerstaatlicher Rechtsnormen leer laufen dürfen, bekräftigt.[378] An diesen völkerrechtlichen Verpflichtungen kann deshalb weder der russische Gesetzgeber noch das russische Verfassungsgericht etwas ändern. Russland kann sich seiner Verpflichtungen nach internationalem Recht nicht durch die Flucht in nationales Recht entziehen. Das russische Kulturgütergesetz stellt auch einen klaren Verstoß gegen die Grundregel pacta sunt servanda dar. Schließlich bedeutet der Ausschluss der Rückgabe eines Großteils der Kulturgüter durch das russische Kulturgütergesetz auch ein venire contra factum proprium, denn nach dem Willen der Vertragsparteien im Jahr 1990 und 1992 sollten die Kulturgüter zurückgegeben werden.[379]

Für die deutsch-russische Problematik lässt sich abschließend folgendes Fazit aus dem russischen Kulturgütergesetz ziehen. Vom rechtlichen Standpunkt aus gesehen ist das nationale russische Kulturgütergesetz aufgrund des Vorrangs der völkerrechtlichen Verpflichtungen unbeachtlich und hat keinen Einfluss auf die völkerrechtlichen Rückgabeansprüche der Bundesrepublik Deutschland. Insbesondere hat das Gesetz keinen beachtlichen, neuen Eigentumstitel geschaffen. Es hat insoweit keine Bedeutung für die zwischenstaatlichen Rückführungsverhandlungen.[380]

---

[373] Vgl. hierzu bereits ausführlich oben 2. Teil F.II.,IV.

[374] Ebenso *Schoen*, NJW 2001, S. 537 ff., S. 540 f.

[375] *Schorlemer*, GYIL 41 (1998), S. 317 ff., S. 337; *Schoen*, NJW 2001, S. 537 ff., S. 540; *Hartwig*, EuGRZ 1999, S. 553 ff., S. 563.

[376] Art. 1 VI des Vertrags lautet: „Sie (die Vertragsparteien) gewährleisten den Vorrang der allgemeinen Regeln des Völkerrechts in der Innen- und internationalen Politik und bekräftigen ihre Entschlossenheit, ihre vertraglichen Verpflichtungen gewissenhaft zu erfüllen".

[377] *Schorlemer*, GYIL 41 (1998), S. 317 ff., S. 337.

[378] *Fiedler*, Kulturgüter als Kriegsbeute, S. 16.

[379] *Hartwig*, EuGRZ 1999, S. 553 ff., S. 558.

[380] Auf die möglichen Auswirkungen des Gesetzes im Rahmen der Durchsetzung von Rückgabeansprüchen im gerichtlichen Verfahren soll unten unter D.II.2.c)aa) und bb) eingegangen werden.

In politischer Hinsicht hat es aber insofern Einfluss, als sich die russische Regierung im völkerrechtlichen Verkehr im Rahmen der innerstaatlichen Gesetze halten muss. Damit legt das Kulturgütergesetz deren Verhandlungsrahmen fest.

Die deutsche Seite sollte aber in den zwischenstaatlichen Verhandlungen mit Russland auf der Unbeachtlichkeit des Gesetzes bestehen.

### *I. Durchsetzungs- und Lösungsmöglichkeiten auf völkerrechtlicher und politischer Ebene*

Im Folgenden sollen zunächst Möglichkeiten der gerichtlichen und außergerichtlichen Durchsetzung der Rückgabeansprüche und der Lösung des deutsch-russischen Konflikts um die Rückführung der nach dem Zweiten Weltkrieg verlagerten Kulturgüter auf völkerrechtlicher und politischer Ebene dargestellt werden.[381]

Dabei wird auch auf einige der in der Vergangenheit zur Diskussion gestellten Vorschläge zur Lösung des festgefahrenen Beutekunststreits zwischen der Bundesrepublik Deutschland und Russland eingegangen werden.

Bei allen Bemühungen um eine für alle Beteiligten annehmbare Lösung muss berücksichtigt werden, dass es vorliegend nicht nur um ein rechtliches Problem geht, sondern dass der deutsch-russische Konflikt daneben eine bedeutende politische Dimension, sowohl in den bilateralen deutsch-russischen Beziehungen als auch in der Innenpolitik des jeweiligen Landes aufweist.

#### *1. Möglichkeiten der Rückforderung durch die Bundesrepublik Deutschland – Lösungsmöglichkeiten auf zwischenstaatlicher Ebene*

##### *a) Diplomatische Möglichkeiten*

###### *aa) Bilaterale Verhandlungen*

Eine Möglichkeit zur Lösung des deutsch-russischen Konflikts um die Rückführung der sog. Beutekunst und zur Durchsetzung entsprechender Rückgabeansprüche kommt zunächst auf diplomatischem Wege in Betracht. In diesem Sinn werden zwischen der Bundesrepublik Deutschland und Russland seit 1993 im Anschluss an den Abschluss der deutsch-sowjetischen bzw. deutsch-russischen Verträge bilaterale Rückgabeverhandlungen geführt.[382] Den Verhandlungen der Regierungskommission und der Fachgruppen war im Hinblick auf eine Gesamtlösung der Problematik bislang allerdings kein Erfolg beschieden. Seit Inkrafttreten des russischen Kulturgütergesetzes wird nur noch über Einzelfälle verhandelt, die auch nach dem Kulturgütergesetz von der Rückgabe nicht ausgeschlossen sind. Bei diesen Verhandlungen waren in jüngster Zeit

---

[381] Auf die Möglichkeit der Rückforderung der Kulturgüter auf privatrechtlicher Ebene und der damit zusammenhängenden sach- und kollisionsrechtlichen Probleme wird unter Punkt D.II. eingegangen.

[382] Vgl. hierzu ausführliche Darstellung bereits oben, 1. Teil, C.II.; die bilateralen Verhandlungen umfassen dabei nicht nur die ursprünglich in staatlichem Eigentum stehenden Kulturgüter, sondern auch das Eigentum privater Sammler.

durchaus vereinzelte Erfolge zu verzeichnen. So wurden im Juni 2002 die Glasfenster der Marienkirche in Frankfurt/Oder zurückgegeben.[383]

Wenn diese Einzelerfolge durchaus hoffnungsvoll stimmen, erscheint es doch als äußerst schwierig, auf diplomatischem Weg zu einer Gesamtlösung der Problematik zu gelangen, nicht zuletzt aufgrund der seit Inkrafttreten des russischen Kulturgütergesetzes von russischer Seite eingenommenen Haltung.

Gerade das Bemühen um eine Gesamtlösung der Problematik darf aber über der von der deutschen Regierung derzeit favorisierten Politik der „kleinen Schritte" nicht in Vergessenheit geraten.

*bb) „Gute Dienste" und Vermittlung (Mediation) durch die UNESCO*

Eine andere Möglichkeit, auf diplomatischem Weg zu einer Lösung des deutsch-russischen Streits zu gelangen, besteht – vor allem dann, wenn bilaterale Verhandlungen scheitern – darin, die „guten Dienste" oder die Vermittlung (Mediation) dritter Staaten oder einer internationalen Organisation in Anspruch zu nehmen. Im Fall der Kulturgüterrückgabe kommt hierfür insbesondere die UNESCO in Betracht.[384]

Unter guten Diensten versteht man die Bemühungen einer dritten, am Streit nicht beteiligten Partei, sei es eines Staates oder einer internationalen Organisation, die Streitparteien zur friedlichen Lösung ihres Streits zu bewegen. Dabei stellt die Drittpartei beispielsweise Kontakte zwischen den Konfliktparteien her oder leistet technische Hilfe, indem sie Möglichkeiten zur Durchführung von Verhandlungen, so durch Zurverfügungstellung eines Konferenzorts oder von Konferenzpersonal, bereitstellt.[385]

Dem Vermittler (mediator) obliegt es dagegen, die Verhandlungsatmosphäre so zu beeinflussen, dass eine Lösung des Streits möglich wird. Er greift selbst in die Verhandlungen ein und unterbreitet den Streitparteien Lösungsvorschläge. Damit kommt ihm eine aktivere Rolle bei der Streitschlichtung zu.[386] Die Grenzen zwischen den guten Diensten und der Vermittlung sind häufig fließend.

Im Bereich des Kulturgüterschutzes ist die Leistung guter Dienste ausdrücklich in Art. 17 V der UNESCO-Konvention von 1970 vorgesehen, der bestimmt, dass auf Ersuchen von mindestens zwei Vertragsparteien, zwischen denen Streit über die Durchführung des Übereinkommens entstanden ist, die UNESCO zur Schlichtung ihre guten Dienste anbieten kann. Allerdings ist die Konvention, wie gesehen,[387] auf den vorliegenden Fall nicht anwendbar.

Die Bundesrepublik Deutschland und Russland könnten sich zur Streitbeilegung aber an das ebenfalls auf UNESCO-Ebene seit 1978 existierende „Zwischenstaatliche Komitee zur Förderung der Rückführung kulturellen Eigentums an die Herkunftsländer bzw. dessen Rückgabe im Falle widerrechtlicher Aneignung" (Intergovernmental Committee for Promoting the Return of Cultural Property to its Countries of Origin or

[383] Vgl. bereits oben 1. Teil, C.IV.

[384] Zur Arbeit der UNESCO auf dem Gebiet der Restitution von Kulturgut vgl. *Prott,* in: Reichelt (Hrsg.), Internationaler Kulturgüterschutz, S. 157 ff.

[385] Vgl. hierzu *Ipsen,* Völkerrecht, S. 1017, Rdnr. 8 ff.; *Gornig,* in: Gornig/Schiller/Wesemann (Hrsg.), S. 61 ff., S. 92.

[386] *Ipsen,* Völkerrecht, S. 1017, Rdnr. 8.

[387] Vgl. oben A.I.4.

its Restitution in Case of Illicit Appropriation) wenden.[388] Dieses auf der 20. Generalkonferenz der UNESCO in Paris im Oktober 1978 gegründete, aus 22 Mitgliederstaaten[389] der UNESCO bestehende Gremium hat beratende Funktion.[390]

Das Komitee steht den Mitgliedstaaten sowie den assoziierten Mitgliedern der UNESCO zur Verfügung[391] und hat gem. Art. 4[392] seiner Statuten u.a. zur Aufgabe, die zwischenstaatlichen Verhandlungen über die Rückgabe und Rückführung von Kulturgütern in ihre Herkunftsländer zu erleichtern und die bi- oder multilaterale Zusammenarbeit im Hinblick auf dieses Ziel der Rückgabe und Rückerstattung zu fördern. Schließlich unterstützt es die technische Zusammenarbeit und eine Reihe professioneller Maßnahmen[393] und fördert den Austausch von Informationen.[394]

Hauptaufgabe des Komitees ist es demnach, als Verhandlungsforum zu dienen und die Mitgliedstaaten der UNESCO bei der Lösung ihrer Streitigkeiten um die Rückgabe von Kulturgut zu unterstützten. Dem Komitee steht allerdings nicht die Macht zu, bindende Entscheidungen zu treffen, es kann vielmehr nur vermitteln und empfehlen.[395] Damit die Vermittlung erfolgreich sein kann kommt es deshalb auf den guten Willen und die Einsichtsfähigkeit der Parteien an.

---

[388] Vgl. hierzu *Prott,* The Role of UNESCO "Intergovernmental Committee for Promoting the Return of Cultural Property" in the Resolution of Disputes Concerning Cultural Property Removed in Consequence of the Second World War, http://www.dhh-3.de/biblio/bremen/sow4/sr1.html.

[389] Derzeitige Mitglieder sind: Äthiopien, Angola, Barbados, Kamerun, China, Elfenbeinküste, El Salvador, Griechenland, Guatemala, Indien, Iran, Italien, Korea, Kroatien, Libanon, Pakistan, Peru, Tansania, Tschechien, Türkei, Tunesien, Ungarn, vgl.: http://www.unesco.org/culture/laws/committee/html_fr/members.shtml; Das Kommittee tagt alle zwei Jahre. Die Hälfte seiner Mitglieder wird alle zwei Jahre von der UNESCO-Generalkonferenz gewählt.

[390] *Ganslmayr,* VN 1980, S. 88 ff., S. 90; *Jaeger,* Internationaler Kulturgüterschutz, S. 127; *Schorlemer,* GYIL 41 (1998), S. 317 ff., S. 341. Die Gründung des Komitees war motiviert durch die Klagen entkolonisierter Staaten auf Rückgabe ihres an die Kolonialstaaten verlorenen Kulturguts. Bislang haben 10 Sitzungen stattgefunden.

[391] Genauer hierzu *Prott,* The Role of UNESCO "Intergovernmental Committee for Promoting the Return of Cultural Property" in the Resolution of Disputes Concerning Cultural Property Removed in Consequence of the Second World War, http://www.dhh-3.de/biblio/bremen/sow4/sr1.html.

[392] Article 4. "The Committee shall be responsible for:

1. Seeking ways and means of facilitating bilateral negotiations for the restitution or return of cultural property to its countries of origin when they are undertaken according to the conditions defined in Article 9;

2. Promoting multilateral and bilateral co-operation with a view to the restitution and return of cultural property to its countries of origin: ...

[393] In Betracht kommt bspw. die Erstellung von Inventaren von Kulturgut und der Aufbau musealer Infrastrukturen.

[394] *Ganslmayr,* VN 1980, S. 88 ff., S. 90; *Wyss,* HuV-I 1 (1994), S. 12 ff., S. 18; siehe hierzu auch *Schorlemer,* GYIL 41 (1998), S. 317 ff., S. 341, m.w.N.; *Prott,* The Role of UNESCO "Intergovernmental Committee for Promoting the Return of Cultural Property" in the Resolution of Disputes Concerning Cultural Property Removed in Consequence of the Second World War, http://www.dhh-3.de/biblio/bremen/sow4/sr1.html.

[395] *Prott,* The Role of UNESCO "Intergovernmental Committee for Promoting the Return of Cultural Property" in the Resolution of Disputes Concerning Cultural Property Removed in Consequence of the Second World War, http://www.dhh-3.de/biblio/bremen/sow4/sr1.html.

Wenn auch das Komitee bislang hinsichtlich im Zusammenhang mit kriegerischen Konflikten verbrachten Kulturgütern noch nicht angerufen wurde, hätte es doch die Möglichkeit, sich in Konformität mit Art. 4 seiner Statuten mit diesem Thema zu beschäftigen.[396]

Für den Fall, dass die bilateralen deutsch-russischen Verhandlungen kein Ergebnis zeigen und das Zwischenstaatliche Komitee erklärt, für die Lösung des deutsch-russischen Streits zur Verfügung zu stehen, könnte es gem. Art. 5[397] eine Sondersitzung abhalten, die sich mit diesem Thema beschäftigt. Das Komitee könnte auch einen ad hoc-Unterausschuss oder eine Arbeitsgruppe, zusammengesetzt aus einer begrenzten Anzahl an Experten bilden, die sich mit dem Problem auseinandersetzen.[398]

Das Vortragen der Frage der Restitution vor einem neutralen Forum der UNESCO würde Deutschland und Russland die Möglichkeit eröffnen, ihre rechtlichen und politischen Standpunkte auszutauschen ohne eine verbindliche Entscheidung akzeptieren zu müssen, letztlich aber möglicherweise doch zu einer Lösung zu gelangen.

*b) Prozessuale und quasiprozessuale Möglichkeiten auf völkerrechtlicher Ebene*

Eine Konfliktlösung ist auch auf prozessualem Weg denkbar. Aufgrund der Tatsache, dass die Bundesrepublik Deutschland sowohl als Völkerrechts- als auch Privatrechtssubjekt handeln kann, steht ihr eine Vielzahl verschiedener prozessualer Handlungsmöglichkeiten zur Verfügung. Vorliegend sollen nun zunächst die prozessualen Möglichkeiten, die ihr als Völkerrechtssubjekt zustehen, vorgestellt werden.[399]

*aa) Streiterledigung durch Übereinkommen*

Von der Möglichkeit, in bi- und multilateralen Verträgen quasi-prozessuale Mechanismen zur Erleichterung der Durchsetzung der Kulturgüterrückgabe vorzusehen,[400] haben Deutschland und Russland bislang keinen Gebrauch gemacht.

Weder der deutsch-sowjetische Nachbarschaftsvertrag von 1990 noch der deutsch-russische Vertrag von 1992 enthalten eine entsprechende Klausel.

---

[396] *Prott,* The Role of UNESCO "Intergovernmental Committee for Promoting the Return of Cultural Property" in the Resolution of Disputes Concerning Cultural Property Removed in Consequence of the Second World War, http://www.dhh-3.de/biblio/bremen/sow4/sr1.html. Eine entsprechende Empfehlung, eine Sondersitzung abzuhalten, um die mit der Problematik der infolge des Zweiten Weltkriegs verbrachten Kulturgüter verbundenen Fragen zu diskutieren, wurde bereits auf einem Symposium in Kiew vom 12.-13.12.1996 von der Ukraine ausgesprochen und auch aufgenommen. Bislang wurde der deutsch-russische Konflikt allerdings vom Komitee noch nicht behandelt.

[397] Article 5 (1): 1. The Committee shall meet in regular plenary session at least once and not more than twice every two years. Extraordinary sessions may be convened as specified in the Committee's Rules of Procedure.

[398] *Prott,* The Role of UNESCO "Intergovernmental Committee for Promoting the Return of Cultural Property" in the Resolution of Disputes Concerning Cultural Property Removed in Consequence of the Second World War, http://www.dhh-3.de/biblio/bremen/sow4/sr1.html; *Schorlemer*, GYIL 41 (1998), S. 317 ff., S. 341 f.

[399] Zu den prozessualen Möglichkeiten, die der Bundesrepublik Deutschland zustehen, wenn sie als Privatrechtssubjekt handelt, vgl. unten D.II.

[400] Darstellung einzelner derartiger Verträge bei *Jaeger,* Internationaler Kulturgüterschutz, S. 119 ff.

Für das Eingreifen anderer multilateraler Abkommen, die einen entsprechenden Streiterledigungsmechanismus vorsehen, liegen keine Anhaltspunkte vor.

*bb) Klage vor dem Internationalen Gerichtshof*

Eine Lösung des zwischenstaatlichen Konflikts zwischen Deutschland und Russland um die kriegsbedingt verbrachten Kulturgüter könnte aber durch Anrufung des Internationalen Gerichtshofs (IGH) erreicht werden.

Der Rechtsweg zum Internationalen Gerichtshof steht grundsätzlich offen, weil beide am Konflikt beteiligten Parteien Völkerrechtssubjekte sind, Art. 34 I IGH-Statut.

Allerdings muss auch die Zuständigkeit des IGH gem. Art. 36 IGH-Statut gegeben sein, was sich für den vorliegenden Streitfall als problematisch erweist.

Gem. Art. 36 I IGH-Statut erstreckt sich die Zuständigkeit des Gerichtshofs auf alle ihm von den Parteien unterbreiteten Rechtssachen sowie auf alle in der Charta der Vereinten Nationen oder in geltenden Verträgen und Übereinkommen besonders vorgesehenen Angelegenheiten. Um die Zuständigkeit des IGH zu begründen bestehen verschiedene Möglichkeiten.[401] Zum einen können Staaten für einen zwischen ihnen schwebenden Streit die Zuständigkeit des IGH ad hoc vereinbaren. Zum anderen kann auch eine Streitpartei Klage vor dem IGH erheben und die andere Partei ihre Zustimmung zum Verfahren später erteilen, wobei auch die stillschweigende Zustimmungserteilung zur Zuständigkeit für möglich gehalten wird. Darüber hinaus besteht die Möglichkeit, dass die Zuständigkeit des Gerichtshofs vereinbart wird, indem in bilaterale oder multilaterale Verträge eine die Zuständigkeit des IGH begründende kompromissarische Klausel eingefügt wird. Schließlich ist in Art. 36 II IGH-Statut zur Durchsetzung einer obligatorischen Streiterledigung durch den IGH für Staaten die Möglichkeit vorgesehen, eine Erklärung abzugeben, mit der sie die Zuständigkeit des Gerichtshofs ohne besondere Übereinkunft gegenüber jedem anderen Staat anerkennen, der die gleiche Verpflichtung übernimmt. Dabei beschränkt sich die Zuständigkeit auf Rechtsstreitigkeiten über die in Art. 36 II genannten Gegenstände.

Bislang hat die Bundesrepublik Deutschland allerdings keine Unterwerfungserklärung i.S. von Art. 36 II IGH-Statut abgegeben und weder der deutsch-sowjetische Vertrag von 1990 noch der deutsch-russische Vertrag von 1992 enthalten eine kompromissarische Klausel. Die Russische Föderation ist auch nicht Mitglied des Europäischen Abkommens zur friedlichen Beilegung von Streitigkeiten vom 29.4.1957, einem Übereinkommen i.S. von Art. 36 I IGH-Statut. Deshalb kommt vorliegend bezüglich der Begründung der Zuständigkeit des IGH in der „Beutekunst"-Frage nur eine Zuständigkeitsvereinbarung ad hoc in Betracht.[402]

Eine Klärung der deutsch-russischen Kontroverse über die Kulturgüterrückgabe vor dem Internationalen Gerichtshof hat die deutsche Regierung der russischen Regierung bereits Ende 1997 in einer Note angeboten. Hierauf hat Russland allerdings nicht reagiert. Mithin fehlt es bislang an der notwendigen Zustimmung für die gerichtliche Klä-

---

401 Zur Frage der Zuständigkeitsbegründung vgl. auch *Ipsen,* Völkerrecht, S. 1030 f., Rdnr. 44; *Doehring,* Völkerrecht, Rdnr. 476 ff., S. 205 ff.

402 Grundsätzlich kommt auch die Erhebung einer Klage durch die Bundesrepublik Deutschland mit späterer Zustimmungserteilung durch Russland in Betracht. Allerdings erscheint insoweit fraglich, ob in diesem Fall mit einer russischen Zustimmung zu rechnen wäre.

rung des Streits.[403] Allerdings sollte die deutsche Seite erneut diplomatische Anstrengungen dahingehend unternehmen, Russland zu einer Zustimmung zur Klärung vor dem Internationalen Gerichtshof zu bewegen.[404]

*cc) Anrufung eines internationalen Schiedsgerichts*

Zur Beilegung des Streits kommt – insbesondere für den Fall des endgültigen Scheiterns der bilateralen Rückgabeverhandlungen zwischen der Bundesrepublik Deutschland und Russland – auch die Einschaltung eines Schiedsrichters bzw. eines Schiedsgerichts in Betracht.[405]

Dazu bedürfte es eines Schiedsabkommens zwischen beiden Staaten. Nach Art. 39 des I. Haager Abkommens zur friedlichen Erledigung internationaler Streitfälle vom 18.10.1907[406] werden Schiedsabkommen für bereits entstandene und für etwa entstehende Streitverhältnisse abgeschlossen.

Für die Beilegung bzw. Klärung des deutsch-russischen Streits um die Beutekunst vor einem Schiedsgericht kommt letztlich nur der Abschluss eines „compromis" zur Errichtung eines ad-hoc-Schiedsgerichts in Betracht. Es existiert keine deutsch-russische Vereinbarung, wonach künftig generell alle zwischen der Bundesrepublik Deutschland und Russland entstehenden Streitigkeiten durch Schiedsentscheid beigelegt werden sollen. Auch enthält weder der deutsch-sowjetische Vertrag von 1990 noch der deutsch-russische von 1992 eine kompromissarische bzw. Schiedsklausel, also eine auf einen bestimmten Bereich der vertraglichen Beziehungen zwischen Deutschland und Russland beschränkte Schiedsgerichtsvereinbarung.[407]

Die Vereinbarung zur Errichtung eines ad-hoc-Schiedsgerichts müsste den Streitgegenstand bezeichnen, kann eine einvernehmliche Tatsachenfeststellung enthalten und könnte Vereinbarungen über die Zuständigkeiten des Schiedsgerichts, seine Organisation, die Verfahrensregeln und das anzuwendende Recht aufweisen.[408]

Deutscherseits wurde die Anrufung eines Schiedsgerichts bereits im Jahr 1998 angeregt. Allerdings weigerte sich Russland damals, einer schiedsrichterlichen Klärung zuzustimmen.[409]

Ebenso wie im Fall der möglichen Anrufung des IGH erscheint auch hier ein erneuter Vorstoß in diese Richtung wünschenswert, um zu einer objektiven, verbindlichen Klärung der Problematik durch eine Drittpartei zu gelangen.

---

403 Vgl. hierzu *Schorlemer*, GYIL 41 (1998), S. 317 ff., S. 342.

404 Abgesehen hiervon müsste dann im Fall einer Zustimmung aber geklärt werden, ob die Bundesrepublik zunächst den nationalen Rechtsweg erschöpft haben muss, was nach herrschender Meinung erforderlich ist, vgl. Nachweis hierzu bei *Gornig,* in: Gornig/Schiller/Wesemann (Hrsg.), S. 61 ff., S. 90, aA *Jaeger,* Internationaler Kulturgüterschutz, S. 128 oder ob vorliegend davon abgesehen werden kann.

405 Allgemein zur Schiedsgerichtsproblematik vgl. *Ipsen,* Völkerrecht, S. 1021 ff.

406 RGBl. 1910, S. 5 ff., für Deutschland in Kraft getreten am 26.1.1910, vgl. BGBl. Fundstellennachweis B.

407 *Ipsen,* Völkerrecht, S. 1024, Rdnr. 27.

408 *Ipsen,* Völkerrecht, S. 1023, Rdnr. 26.

409 Vgl. Nachweise bei *Schorlemer*, GYIL 41 (1998), S. 317 ff., S. 342.

Unabhängig vom vorliegenden deutsch-russischen Streitfall um die kriegsbedingt verlagerten Kulturgüter wurde in der Literatur auch die Schaffung eines internationalen (Schieds)gerichtshofs für die Beilegung von Konflikten um die Rückgabe von Kulturgut angedacht.[410]

Denkbar wäre, die Zuständigkeit eines derartigen Gerichtshofs sowohl für die Parteien eines bilateralen Kulturgut-Abkommens, wie auch für die Parteien, die Vertragsstaaten der UNESCO-Konvention 1970 sind, festzulegen.[411] Das Tribunal könnte als Schiedsgerichtshofs auch denjenigen Staaten offen stehen, die keinem Abkommen zum Kulturgüterschutz angehören.[412] In die Streiterledigung könnte neben der Eigentumsfrage auch die Bedeutung des Streitgegenstands für das kulturelle Erbe des klagenden Staats, die Umstände seines Exports und die Frage, wo es im Interesse der Erhaltung des Stückes für das Weltkulturerbe besser aufgehoben wäre, einbezogen werden.[413]

Wenn auch diese Gesichtspunkte für die Schaffung eines derartigen Organs sprechen, bleibt doch fraglich, welche Vorteile es bringen könnte. Grundsätzlich ist für zwischenstaatliche Streitigkeiten der Internationale Gerichtshof kompetent. Dessen Gerichtsbarkeit wird aber nicht immer anerkannt, so bislang von Russland im vorliegenden Fall. Deshalb kann die Frage aufgeworfen werden, warum ein neu geschaffenes Organ allgemein und vorliegend seitens Russland auf größere Zustimmung stoßen sollte.[414]

*dd) Staatenbeschwerde vor dem EGMR*

Denkbar wäre auch die Anrufung des Europäischen Menschenrechtsgerichtshofs durch die Bundesrepublik Deutschland im Wege der Staatenbeschwerde gem. Art. 33 EMRK. Hierbei könnte sie sich auf die Verletzung des Art. 1 1. Zusatzprotokoll zur EMRK (1.ZP) durch Russland bezüglich der aus privaten Sammlungen stammenden Kulturgüter stützen.[415] Eine Berufung auf Art. 1 1.ZP hinsichtlich des Eigentums juristischer Personen des öffentlichen Rechts und Organisationen, die im weiteren Sinn der staatlichen Gewalt zugerechnet werden, kommt dagegen nicht in Betracht.[416]

Zulässigkeitsvoraussetzung für die Staatenbeschwerde ist allerdings gem. Art. 35 I EMRK die vorherige Erschöpfung aller innerstaatlichen Rechtsbehelfe und die Einrei-

---

410 Vgl. Nachweise bei *Schorlemer*, GYIL 41 (1998), S. 317 ff., S. 343, *Jaeger*, Internationaler Kulturgüterschutz, S. 128 f.

411 *Jaeger*, Internationaler Kulturgüterschutz, S. 128, m.w.N.

412 *Jaeger*, Internationaler Kulturgüterschutz, S. 129, m.w.N.

413 Zu weiteren Aspekten, wie der Möglichkeit der Erarbeitung flexiblerer Lösungsmöglichkeiten durch ein Schiedsgericht bspw. durch Vereinbarung eines umfassenden kulturellen Austausches in Form von Leihgaben, vgl. *Jaeger*, Internationaler Kulturgüterschutz, S. 129.

414 Ähnlich *Schorlemer*, GYIL 41 (1998), S. 317 ff., S. 343.

415 Näher zur EMRK-Problematik und den hier entstehenden Problemen vgl. unten D.I.2.b) i.R. der Individualbeschwerde.

416 *Mittelberger*, Eigentumsschutz nach Art. 1 1.ZP zur EMRK, S. 36; *Peukert*, in: Frowein/Peukert, EMRK, Art. 25 Rdnr. 16.

chung der Beschwerde innerhalb von sechs Monaten nach der endgültigen innerstaatlichen Entscheidung.[417]

*c) Weitere Möglichkeiten der Konfliktlösung*

Im Zusammenhang mit dem deutsch-russischen Konflikt wurden und werden neben den bisher erörterten Möglichkeiten der Streiterledigung zahlreiche andere Vorschläge zur Lösung des deutsch-russischen Konflikts diskutiert. Hiervon sollen vorliegend nur einige herausgegriffen und auf ihre Geeignetheit bzw. Angemessenheit hin untersucht werden.

*aa) Schaffung von Anreizen für die russische Seite: Finanzielle Unterstützung*

Im Zusammenhang mit der Lösung der deutsch-russischen Beutekunstproblematik auf diplomatischer bzw. politischer Ebene wird immer wieder vorgetragen, die deutsche Seite müsse durch großzügige Gesten und die Unterstützung für Russland einen Anreiz zur Restitution der deutschen Kulturgüter schaffen. So könne Deutschland beispielsweise durch technische, finanzielle und personelle Hilfe einen Beitrag zum Aufbau und zur Verbesserung der russischen Infrastruktur auf kulturellem Sektor leisten.[418] Die Förderung könne auch in institutionalisierter Form erfolgen, beispielsweise durch ein deutsch-russisches Kulturwerk, das von privaten Sponsoren getragen und dessen Aktivitäten von Bund und Ländern begleitet werden könnten. Als Organisationsform für ein derartiges Kulturwerk wäre ein Verein oder eine Stiftung denkbar.[419]

Deutschland könnte sich auch zur Restaurierung im Zweiten Weltkrieg von der deutschen Wehrmacht zerstörten russischen Kulturdenkmälern bereit erklären. Vorgeschlagen wurde in diesem Zusammenhang insbesondere die Wiederherstellung des berühmten Bernsteinzimmers mit deutschen Mitteln, ebenso wie die Rekonstruktion der von der deutschen Wehrmacht während des Zweiten Weltkriegs zerstörten Maria-Entschlafungskirche in Nowgorod aus dem 14. Jahrhundert.[420] Beides wird mittlerweile in die Tat umgesetzt. So wird das Bernsteinzimmer derzeit mit Sponsorengeldern des Ruhrgas-Konzerns wiederhergestellt, ebenso wie die Maria-Entschlafungskirche in Nowgorod bzw. ihre berühmten Fresken mit Geldern der Wintershall AG rekonstruiert werden sollen.[421]

Derartige Maßnahmen sind sicher geeignet, den „guten Willen" der deutschen Seite zum Ausdruck bringen und die Atmosphäre bei den deutsch-russischen Verhandlungen verbessern. Allerdings ist dabei darauf zu achten, dass auf russischer Seite nicht

---

[417] Evtl. kommt hier aber eine Ausnahme von der vorherigen Rechtswegerschöpfung in Betracht, weil die Klage vor einem russischen Gericht aufgrund des Kulturgütergesetzes wenig aussichtsreich wäre.

[418] *Ritter*, UFITA 136 (1998), S. 129 ff., S. 146; *Schorlemer*, GYIL 41 (1998), S. 317 ff., S. 340 f.

[419] *Ritter*, UFITA 136 (1998), S. 129 ff., S. 146 f.

[420] So *Eichwede*, DA 29 (1996), S. 86 ff., S. 88 f.

[421] Vgl. Beutekunst, FAZ v. 6.6.2001, S. 57.

der Eindruck entsteht, es handele sich um Zug-um-Zug-Leistungen, also um einen „Abkauf" der deutschen Kulturgüter.[422]

Zu einer Gesamtlösung des Konflikts können diese Maßnahmen aber nur bedingt beitragen.

*bb) Sanktionen*

Eine letztlich ungeeignete Möglichkeit, zu einem Fortschritt in den deutsch-russischen Verhandlungen zu gelangen, ist die Drohung mit Sanktionen bzw. deren Verhängung durch die Bundesrepublik Deutschland gegenüber Russland.[423]

Die Verhängung von Sanktionen könnte mit der Zurückhaltung der unter Verletzung des Völkerrechts nach 1945 verlagerten Kulturgüter begründet werden. Bei fortgesetzter Weigerung der Russischen Föderation, die in den Verträgen von 1990 und 1992 zur Rückgabe der Kulturgüter übernommene Verpflichtung zu erfüllen, wäre die Bundesrepublik Deutschland gem. Art. 60 WVK auch zur Beendigung bzw. Suspendierung dieser Verträge aufgrund erheblicher Vertragsverletzung berechtigt.

Die Verhängung von Sanktionen und die Suspendierung der Verträge würde allerdings zu einer Abkühlung der deutsch-russischen Beziehungen, auch auf wirtschaftlichem Gebiet und in der militärischen Zusammenarbeit, und gerade nicht zu ihrer Verbesserung führen. Dies wäre für die Bundesrepublik Deutschland vom politischen Standpunkt aus aber nicht vertretbar.[424]

*cc) Wanderausstellungen*

Ein anderer Vorschlag besteht darin, die verlagerten Kunstwerke durch Wanderausstellungen in Deutschland, Russland und anderen Staaten vorzustellen.[425] Das hätte den Vorteil, dass Kulturgüter, die teilweise mehrere Jahrzehnte lang in geheimen Depots lagerten, endlich wieder der Öffentlichkeit zugänglich gemacht würden.

Für die Lösung der Beutekunstproblematik kann dies aber nur einen ersten Schritt darstellen. Die Eigentumsproblematik und der endgültige Verbleib der Kulturgüter wird damit nicht geklärt. Insbesondere könnten sich auch Probleme ergeben, wenn Kulturgüter zu Ausstellungszwecken in die Bundesrepublik Deutschland gelangen und die deutschen Eigentümer hier die Möglichkeiten zur juristischen Durchsetzung ihrer Rechte wahrnehmen.[426]

---

[422] Die Unabhängigkeit derartiger finanzieller Unterstützungsmaßnahmen von der Rückgabe deutscher Kulturgüter wird allerdings von den Verantwortlichen auf deutscher Seite stets betont. So hat Kulturstaatsminister Nida-Rümelin betont, dass es „Kompensationsgeschäfte" für die Rückgabe von Kunst nicht geben werde, vgl. Berliner Zeitung vom 8.9.2001.

[423] Vgl. hiezu auch *Gattini*, EJIL 7 (1996), S. 67 ff., S. 87; *Schorlemer*, GYIL 41 (1998), S. 317 ff., S. 341.

[424] So auch *Schorlemer*, GYIL 41 (1998), S. 317 ff., S. 341.

[425] Siehe *Ritter,* UFITA 136 (1998), S. 129 ff., S. 146.

[426] Vgl. hierzu im Folgenden D.II.1.b)cc).

*dd) Belassen der Kulturgüter in Russland bei Sicherung freier Zugänglichkeit unter Hinweis auf das Weltkulturerbe*

Unter Bezugnahme darauf, dass Kulturgüter zum „kulturellen Erbe der ganzen Menschheit" gehören, und als solche bestandsgeschützt sind, wird auch vorgetragen es genüge, wenn die freie Zugänglichkeit zu den Kulturgütern gegeben ist.[427] Darauf, an welchem Ort die Kulturgüter aufbewahrt werden, komme es nicht an, weshalb die Kulturgüter auch in Russland verbleiben könnten. Das Hauptaugenmerk müsse vielmehr darauf gerichtet werden, dass die deutschen Kulturgüter der Öffentlichkeit wieder zugänglich gemacht und fachgemäß aufbewahrt werden. So könne auch erreicht werden, dass sie nicht auf den illegalen Kunstmarkt gelangen.

Der Hinweis auf das Weltkulturerbe findet sich in der Tat nicht nur in der Haager Konvention von 1954, sondern insbesondere auch in den von der UNESCO geschaffenen internationalen Abkommen.[428]

Wenn es auch wünschenswert wäre, dass endlich wieder alle Kulturgüter öffentlich zu sehen sind und nicht weiter in großenteils unzulänglichen Depots lagern, so verkennt dieser Ansatzpunkt den wahren Inhalt des Prinzips des Weltkulturerbes.

Zum einen wird übersehen, dass der Begriff des Weltkulturerbes die Idee der nationalen Zuordnung von Kulturgütern nicht ausschließt. Vielmehr ist mit der nationalen Zuordnung die Verantwortung für diese Kulturgüter als Menschheitserbe verbunden. Die Zuordnung von Kulturgütern zu ihren Herkunftsräumen und zu bestehenden eigentumsrechtlichen Bindungen ist damit gleichsam die Voraussetzung dafür, dass sie als Weltkulturerbe bewahrt werden können.[429] So ist beispielsweise auch anerkannt, dass es historisch gewachsene Beziehungen von Kulturgütern zu ihren Aufbewahrungs- und Sammlungsorten gibt.[430] Diese würde man leugnen, wollte man unter Hinweis auf das Weltkulturerbe von einer Forderung nach Rückführung absehen.

Zum anderen führt die Auffassung, im jahrzehntelangen Aufbewahren in geheimen Depots und der „Wiederentdeckung" der „geretteten" Kunstwerke einen Ausdruck der Bewahrung des Weltkulturerbes zu sehen, zu einer Pervertierung dieses Begriffs.[431] Auf diese Weise entsteht der Eindruck, die Ausstellung bisher verborgener, jetzt „wieder gefundener" Kulturgüter in russischen Museen sei eine Leistung Russlands gegenüber der Weltöffentlichkeit. Tatsächlich hatte die Sowjetunion die Kulturgüter aber über 50 Jahre in Geheimdepots versteckt, um sie dann zu „finden" und der Menschheit wieder „zugänglich" zu machen. Auf diese Weise wird das Weltkulturerbe dazu missbraucht, rechtswidriges Verhalten von Staaten und Einzelnen zu rechtfertigen bzw. zu amnestieren und darüber hinaus sogar zu „glorifizieren".[432] Die Einordnung des Weltkulturerbes vor der Zuordnung zu einzelnen Personen, Völkern und Staaten wird dem humanitären Gehalt des Weltkulturerbes nicht gerecht.[433]

---

[427] So bspw. *Höhn*, HuV-I 8 (1995), S. 26 ff., S. 32.

[428] *Fiedler*, in: Reichelt (Hrsg.), Neues Recht zum Schutz von Kulturgut, S. 147 ff., S. 158.

[429] So *Ritter*, UFITA 136 (1998), S. 129 ff., S. 144.

[430] *Ritter*, UFITA 136 (1998), S. 129 ff., S. 144.

[431] *Fiedler*, ZfBB 44 (1997) 6, S. 583 ff., S. 597.

[432] *Fiedler*, ZfBB 44 (1997) 6, S. 583 ff., S. 597.

[433] Ebenso *Fiedler*, in: Reichelt (Hrsg.), Neues Recht zum Schutz von Kulturgut, S. 147 ff., S. 158.

*ee) Gründung einer deutsch-russischen Kulturstiftung unter Verzicht auf das Eigentum an den Kulturgütern*

Zur Lösung des deutsch-russischen Streits wird weiterhin vorgeschlagen eine deutsch-russische Kulturstiftung zu gründen und das Eigentum an den im Streit stehenden Kulturgütern auf diese zu übertragen.[434] Dazu sollten Deutschland und Russland in einer gemeinsamen Erklärung auf ihre Eigentumstitel und -ansprüche[435] hinsichtlich der Beutekunst verzichten.

Hauptzweck der gemeinsamen Stiftung soll die Verbesserung und Förderung der deutsch-russischen Kulturbeziehungen sein, Nebenzweck die Betreuung der während und infolge des Zweiten Weltkriegs durch die Sowjetunion aus Deutschland verbrachten Kulturgüter. Als zentrale Aufgaben der Stiftung werden unter anderem die materielle Erhaltung der Kulturgüter sowie deren kontinuierliche Restaurierung, die Zusammenführung von Sammlungen in allen Bereichen der Kulturgüter, die Zugänglichmachung der Kulturgüter für die europäische Öffentlichkeit und die Veranstaltung von Ausstellungen genannt.[436]

Die Stiftung soll aus öffentlichen Mitteln finanziert werden, wobei der größere Teil von der deutschen Seite getragen werden soll.[437]

Der Vorstand als zentrales Entscheidungsorgan der Stiftung wäre mit deutschen und russischen Experten aus den Bereichen Kunst und Kultur zu besetzen. Ihm sollte ein Stiftungsrat an die Seite gestellt werden, zusammengesetzt aus europäischen Fachleuten aus den Bereichen Recht, Wirtschaft und Kulturmanagement. Hier könnte auch die UNESCO einbezogen werden.[438]

Gegen den Vorschlag der Errichtung einer derartigen deutsch-russischen Stiftung bestehen allerdings folgende erhebliche Bedenken.[439]

Zunächst verkennt der Vorschlag die Dimension der Problematik.[440] Unter den über eine Million Kunstgegenständen und 4,6 Millionen Büchern befinden sich nicht nur Werke, an denen ein Welt- oder ein besonderes europäisches Interesse besteht, wie beispielsweise der Schatz des Priamos oder die Gutenbergbibel, sondern ein großer Teil der Objekte repräsentiert die Besonderheiten einzelner Regionen und deren historische Substanz.[441] Die Zuordnung dieser Gegenstände zu einer Stiftung macht keinen Sinn.[442]

---

[434] Vgl. *Burchardi/Kalb,* DA 6/1997, S. 939 ff., S. 940; Anwort hierauf: *Fiedler,* DA 1/1998, S. 258 ff., Replik hierzu *Burchardi/Kalb,* DA 2/1998, S. 791 ff.; siehe weiterhin: *Burchardi/Kalb,* „Beutekunst" als Chance, S. 29 ff.; *Burchardi,* Der deutsch-russische Streit um die Kulturgüter, S. 22 ff.

[435] *Burchardi,* Der deutsch-russische Streit um die Kulturgüter, S. 23; *Burchardi/Kalb,* „Beutekunst" als Chance, S. 29 und *Burchardi/Kalb,* DA 6/1997, S. 939 ff., S. 940 sprechen dagegen juristisch ungenau von „konkurrierenden Besitzansprüchen".

[436] Zu weiteren Aufgaben der Stiftung siehe *Burchardi,* Der deutsch-russische Streit um die Kulturgüter, S. 31.

[437] *Burchardi,* Der deutsch-russische Streit um die Kulturgüter, S. 31.

[438] Siehe *Burchardi,* Der deutsch-russische Streit um die Kulturgüter, S. 32 f.

[439] Vgl. hierzu insbesondere *Fiedler,* DA 1/1998, S. 258 ff.

[440] So *Fiedler,* DA 1/1998, S. 258 ff., S. 258 f.

[441] *Fiedler,* DA 1/1998, S. 258 ff., S. 258.

[442] *Fiedler,* DA 1/1998, S. 258 ff., S. 259.

Die Verzichtslösung übersieht auch, dass es sich bei der Beutekunst nicht nur um Kulturgüter aus öffentlichem bzw. staatlichem Eigentum handelt, sondern dass ein Großteil aus nicht-staatlichen Museen, privaten Sammlungen und von individuellen Besitzern, aus kirchlichem Eigentum und aus von den Nazis enteignetem jüdischem Eigentum stammt. Ein Verzicht durch die Bundesregierung ist aber grundsätzlich nur bezüglich der in staatlichem Eigentum stehenden Kulturgüter möglich, sofern sie dabei den Bund vertritt und die Bundesländer und Gemeinden ihren Verzicht selbst tragen.[443] Bezüglich der Kulturgüter nichtstaatlicher Einrichtungen, privater Sammler und individueller Eigentümer kann die Bundesregierung dagegen nicht auf Eigentumsansprüche verzichten, sondern sie steht vielmehr in der Verantwortung, sich für die Rückgabe dieses Eigentums einzusetzen.[444] Deshalb erscheint es problematisch, ob und inwieweit der Bund befugt ist, sich an einem Modell zu beteiligen, das das Recht deutscher Eigentümer ignoriert oder verletzt. Außerdem ist es widersinnig, von jüdischen Eigentümern den Verzicht auf ihr Eigentum zu verlangen, obgleich jüdische Verfolgte des Naziregimes ansonsten ihre Ansprüche auf Kulturgüter mit Erfolg wahrnehmen.[445] Mit dem Eigentumsverzicht wäre schließlich auch der Verzicht auf Verwertungsrechte und Nutznießungen etwa durch Ausstellungen, Kataloge, Reproduktionen oder Filme verbunden. Selbst wenn die deutschen Eigentümer zu einem formalen Verzicht bewegt werden könnten, würde die Überführung der Kulturgüter in eine deutsch-russische Stiftung zu einer faktischen Enteignung der deutschen Eigentümer führen.[446]

Der Vorschlag, den zwischen Deutschland und Russland bestehenden Streit durch Übertragung der Bestände auf eine unabhängige Stiftung unter Missachtung der deutsch-russischen Verträge, zu lösen, verkennt auch die Ausstrahlungswirkung und das tatsächliche Ausmaß der Problematik. Denn es geht bei der sog. Beutekunst nicht nur um ein rein deutsch-russisches Problem und um eine Lösung im deutschen oder russischen Sinne, sondern um eine viele Länder betreffende Problematik. Denn neben Deutschland wartet eine Vielzahl anderer europäischer Länder, wie Polen, Ungarn oder die Ukraine auf die Rückführung ihrer Kulturgüter aus Russland. Deren Position würde durch die Einrichtung einer deutsch-russischen Stiftung unter Verzicht auf deutsche Eigentumspositionen geschwächt. Diesen internationalen Stellenwert gilt es bei der Lösung der Problematik zu berücksichtigen.[447]

Das Hauptargument gegen die Übertragung des Eigentums an den Kulturgütern auf eine deutsch-russische Stiftung unter Ausklammerung bestehenden Völkerrechts und nationaler Gesetze ist aber wohl die Tatsache, dass dies einer nachträglichen Legitimierung des Beutemachens an den verbrachten Kulturgütern gleichkäme und auf diese Weise zur Untergrabung wichtiger völkerrechtlicher Verpflichtungen beigetragen würde.[448] Hierbei fällt nicht nur ins Gewicht, dass jegliches Beutemachen an Kulturgütern bereits durch die HLKO von 1907 verboten war. Ein Verzicht auf die Rückgabeansprüche würde auch die Entwicklung des Kulturgüterschutzes im 20. Jahrhundert

[443] *Schorlemer*, GYIL 41 (1998), S. 317 ff., S. 340; *Fiedler,* DA 1/1998, S. 258 ff., S. 268.

[444] *Ritter,* UFITA 136 (1998), S. 129 ff., S. 145.

[445] *Fiedler,* DA 1/1998, S. 258 ff., S. 268.

[446] *Fiedler,* DA 1/1998, S. 258 ff., S. 267.

[447] Vgl. hierzu auch *Fiedler,* DA 1/1998, S. 258 ff., S. 259.

[448] So auch *Schorlemer*, GYIL 41 (1998), S. 317 ff., S. 340.

missachten, die insbesondere in den Konventionen der UNESCO seit 1954 zum Ausdruck gekommen ist, wonach die Wegnahme von Kulturgütern während Krieg und Besatzung eindeutig verboten ist und eine Rückführungspflicht nach sich zieht.[449]

Die Nichtbeachtung rechtlicher Regeln setzt das falsche Signal, insbesondere auch für aktuelle und künftige Konflikte. Die Nichtahndung rechtswidrigen Verhaltens kann Anreiz zur Nachahmung bieten.

Der Verzicht auf die Rückgabe widerspricht auch den deutsch-sowjetischen bzw. deutsch-russischen Verträgen von 1990 und 1992. Diese waren gerade darauf angelegt, zu einer partnerschaftlichen Kooperation zwischen Deutschland und Russland zu führen und in diesen Gesamtzusammenhang sind die dort enthaltenen Restitutionsbestimmungen eingebunden. Wenn man deshalb die Erhaltung der Kunstwerke im Blick hat, wäre die Einhaltung bzw. Erfüllung der bestehenden Verträge von 1990 und 1992 der einfachste Weg.[450]

Nicht unerwähnt bleiben soll schließlich, dass Russland sich bei seiner Aufnahme in den Europarat nicht nur zur Anerkennung der Menschenrechte, sondern in seinem Antrag auf Mitgliedschaft im Europarat insbesondere auch dazu verpflichtet hat, Verhandlungen über die „Rückgabe kulturellen Eigentums an andere europäische Staaten auf einer Ad-hoc-Basis zu führen“ ... und „unverzüglich den religiösen Institutionen ihr Vermögen zurückzugeben“.[451] Auch unter diesem Gesichtspunkt ist die Vorgehensweise der Sowjetunion bei der Erbeutung der deutschen Kulturgüter nicht tolerierbar und es wäre ein Widerspruch, diese durch eine deutsch-russische Stiftung zu legitimieren.[452]

Bislang steht auch die Bundesregierung dem Gedanken einer Stiftungsgründung eher zurückhaltend gegenüber.[453]

*ff) Das Vorgehen in anderen Restitutionsfällen als Vorbild*

Verhandlungen über die Rückgabe kriegsbedingt verlagerter Kulturgüter führt die Bundesrepublik Deutschland auch mit anderen osteuropäischen Staaten wie beispielsweise der Ukraine, Georgien und Polen, mit denen – wie im Fall Russlands – Verträge geschlossen wurden, die Rückgabeklauseln bezüglich dieser Kulturgüter enthalten.[454]

---

[449] Vgl. *Fiedler,* DA 1/1998, S. 258 ff., S. 265.

[450] Vgl. *Fiedler,* DA 1/1998, S. 258 ff., S. 262 ff.

[451] Zitiert nach *Ritter,* UFITA 136 (1998), S. 129 ff., S. 147.

[452] *Fiedler,* DA 1/1998, S. 258 ff., S. 266.

[453] Vgl. die Aussage Nida-Rümelins hierzu während der Gespräche im April 2002 in Weimar, zitiert bei *Hirsch,* Eine „Kultur des Vertrauens“, in: Thüringer Landeszeitung v. 11.4.2002. Eine eher ablehnende Haltung gegenüber einer Beutekunststiftung nimmt bislang auch die derzeitige Kulturstaatsministerin Weiss ein, vgl. http://www.mdr.de/nachrichten/kultur/547264.html.

[454] Vgl. Abkommen zwischen der Regierung der Bundesrepublik Deutschland und der Regierung der Ukraine über kulturelle Zusammenarbeit vom 15.2.1993, BGBl. II 1993, S. 1736 ff. In dessen Art. 16 bringen die die Vertragsparteien – ähnlich wie in Art. 15 des deutsch-russischen Abkommens von 1992 – zum Ausdruck, „dass verschollene oder unrechtmäßig verbrachte Kulturgüter, die sich in ihrem Hoheitsgebiet befinden, an den Eigentümer oder seinen Rechtsnachfolger zurückgegeben werden“. Auf Grundlage dieses Abkommens fand bereits im September 1996 ein Austausch von Kulturgütern statt vgl. hierzu Fiedler, in: Reichelt (Hrsg.), Neues Recht zum Schutz von Kulturgut, S.147 ff., S. 147 f. *Eichwede,* DA 29 (1996), S. 86 ff., S. 90. Ein ähnliches Kulturabkommen hat

Zu überlegen ist deshalb, ob die im Zusammenhang mit diesen aus dem Zweiten Weltkrieg herrührenden Restitutionsproblematiken gemachten Vorschläge für das deutsch-russische Verhältnis nutzbar gemacht werden können.
Dabei sind insbesondere die Vorschläge der Kopernikus-Gruppe zur Lösung der deutsch-polnischen Rückführungsproblematik einer näheren Untersuchung zu unterziehen.

*aaa) Beispiel Polen: Vorschläge der Kopernikus-Gruppe*

Bei den deutsch-polnischen Verhandlungen geht es zum einen um die von Polen unter deutscher Besetzung erlittenen gewaltigen Einbußen an Kulturgütern durch planmäßig durchgeführten Kunstraub und –vernichtung. Schließlich wurden auch Akten aus den deutschen Gebieten östlich von Oder und Neiße in die vier deutschen Besatzungszonen verbracht. Auf deutscher Seite geht es um die Rückgabe kriegsbedingt nach Osten ausgelagerter Kulturgüter, die infolge der nach dem Zweiten Weltkrieg durchgeführten Grenzverschiebungen unter polnische Oberhoheit gelangt sind. Während des Zweiten Weltkriegs hatten insbesondere Berliner Museen zum Schutz vor Bombardierung umfangreiche Verlagerungen von Kulturgütern in die deutschen Ostgebiete vorgenommen, u.a. wurden 300 000 Bände der Preußischen Staatsbibliothek („Berlinka") nach Schlesien ausgelagert. Diese Bestände, darunter Handschriften von Luther, Goethe und Schiller und Autographen von Bach, Mozart und Beethoven befinden sich heute allgemein zugänglich in der Jagiellonischen Bibliothek in Krakau.
In Art. 28 III des Vertrags über gute Nachbarschaft und freundschaftliche Zusammenarbeit vom 17.6.1991[455] vereinbarten Polen und Deutschland, „die Probleme im Zusammenhang mit Kulturgütern und Archivalien, beginnend mit Einzelfällen, zu lösen". Die auf Grundlage dieses Artikels auf politischer Ebene geführten Verhandlungen kamen bislang zu keinem Ergebnis.
Aus diesem Grund verfasste die aus deutschen und polnischen Wissenschaftlern und Journalisten bestehende „Kopernikus-Gruppe" einen Stufenplan zur Gesamtlösung der Problematik. Dieser beinhaltet im Wesentlichen folgende Punkte.[456] Neben Organisation einer Ausstellung über die Verluste des europäischen kulturellen Erbes als Folge des Zweiten Weltkriegs schlägt die Gruppe vor, durch Änderung der Satzung der Stiftung Preußischer Kulturbesitz die Republik Polen als gleichberechtigten Partner in die Stiftung aufzunehmen. Die aus Berlin stammende und in Krakau befindliche Sammlung der Preußischen Staatsbibliothek wäre damit Deposit in einer neuen Außenstelle der Stiftung. Als Alternative zu diesem Vorschlag wird die Gründung einer Stiftung Mitteleuropäisches Kulturerbe angeregt, an der auch andere Staaten beteiligt und die Stiftung Preußischer Kulturbesitz eingebracht werden könnte. Schließlich wird gefordert, aus Polen nach Deutschland verbrachte und noch nicht restituierte Kulturgüter

die Bundesrepublik am 25. Juni 1993 auch mit Georgien geschlossen, vgl. Bulletin der Bundesregierung Nr. 57 vom 30.3.1993, S. 601 ff.; vgl. weiterhin Art. 28 III des Vertrags zwischen der Bundesrepublik Deutschland und der Republik Polen über gute Nachbarschaft und freundschaftliche Zusammenarbeit vom 17.6.1991, BGBl. II, 1991, S. 1314 ff.

455 BGBl. II, 1991, S. 1314 ff.

456 Ausführlich hierzu vgl. *Bingen/Wóycicki*, Europäisches Kulturerbe wahren, in: FAZ v. 11.12.2000, S. 14.

unter Einschaltung unabhängiger Institutionen ausfindig zu machen, eine Liste dieser Gegenstände zu erstellen und derartige Kulturgüter nach ihrer Auffindung zurückzugeben. Auf der anderen Seite wird die Übergabe der auf polnischem Territorium befindlichen Bestände der Preußischen Staatsbibliothek an den Hauptsitz der Stiftung in Berlin vorgesehen. Die Musikalien-Sammlung soll als Weltkulturerbe in Dauerleihgabe der Stiftung in der Krakauer Bibliothek bleiben. Schließlich wird bezüglich der Archivalien vorgeschlagen pragmatische Lösungen zu suchen.[457]

Diese Vorschläge sind auf einige Kritik gestoßen.[458] Die Erweiterung der Stiftung Preußischer Kulturbesitz – derzeit vom Bund und den sechzehn Bundesländern getragen – um den Partner Polen würde einige Probleme in verfassungsrechtlicher, organisatorischer und finanzieller Hinsicht aufwerfen, weshalb mit einem immensen Zeitaufwand und einem langwierigen Gründungsverfahren gerechnet werden müsste. Die Mitglieder der Kopernikus-Gruppe gehen von der unzutreffenden Annahme aus, die Sammlungen der Staatlichen Museen zu Berlin, der Staatsbibliothek und des Geheimen Staatsarchivs seien eine Leihgabe des Staates an die Stiftung Preußischer Kulturbesitz. Das Errichtungsgesetz und der Einigungsvertrag sprechen jedoch eindeutig vom Übergang der ehemals preußischen Sammlungen in das Eigentum der Stiftung Preußischer Kulturbesitz.[459] Außerdem würde die Aufnahme Polens in die Stiftung der polnischen Seite Einflussrechte auf sachliche Gegenstände einräumen, die von den Fragen der Rückführungsproblematik nicht betroffen sind.

Die Vorschläge für die Regelungen bezüglich der Archive stehen in eklatantem Widerspruch zu international üblichen Grundsätzen der Archive.[460]

Im Übrigen sind die Vorschläge der Kopernikus-Gruppe teilweise bereits berücksichtigt worden und somit überholt. Eine von der Gruppe geforderte Liste polnischer Kulturgüter in Deutschland liegt bereits vor. Darüber hinaus ist bereits in den Jahren 1995/96 eine umfangreiche Suchaktion nach verbrachten polnischen Kulturgütern in Deutschland durchgeführt worden.[461]

### *bbb) Übertragbarkeit auf das deutsch-russische Verhältnis*

Neben diesen bereits im Hinblick auf die Lösung der deutsch-polnischen Problematik geäußerten Bedenken erscheint der Vorschlag auch nicht geeignet, für die deutsch-russische Problematik neue Impulse zu geben. Zum einen ist hier bereits die Problematik anders gelagert. Es geht nicht um die Rückführung „zufällig" verlagerter Kulturgüter. Die Kulturgüter sind nicht durch Gebietsverschiebungen unter russische Oberhoheit gelangt, sondern zielgerichtet auf Befehl der sowjetischen Besatzungsmacht verbracht worden. Zum anderen würde die Einbeziehung der russischen Föderation in die Stiftung Preußischer Kulturbesitz den gleichen Bedenken begegnen, wie eine Einbeziehung Polens. Bezüglich der allgemeinen Bedenken gegenüber der Gründung einer

---

457 Kritisch dazu *Lehmann,* in: FAZ v. 19.12.2000, S. 56.

458 Siehe hierzu ausführlich *Lehmann,* in: FAZ v. 19.12.2000, S. 56.

459 So *Lehmann,* in: FAZ v. 19.12.2000, S. 56.

460 Vgl. *Lehmann,* in: FAZ v. 19.12.2000, S. 56.

461 Ebenso *Lehmann,* in: FAZ v. 19.12.2000, S. 56.

Stiftung unter deutscher und russischer Beteiligung kann auf die bereits oben gemachten Ausführungen verwiesen werden.[462]

Damit lässt sich festhalten, dass die Vorschläge der Kopernikusgruppe für die Lösung der deutsch-russischen Problematik letztlich keine neuen, verwertbaren Gesichtspunkte enthalten.

*d) Resümee*

Die vorangegangenen Ausführungen haben gezeigt, dass nicht alle denkbaren Möglichkeiten zur Lösung der deutsch-russischen Beutekunstkontroverse gleich geeignet erscheinen. Die Streitbeilegung drängt aber nicht zuletzt deshalb, weil seit Erlass des russischen Kulturgütergesetzes viele Kunstwerke auf den schwarzen Kunstmarkt gelangen. Hinzu kommt noch, dass viele der in Russland lagernden Kulturgüter wegen unsachgemäßer Aufbewahrung in ihrem Bestand bedroht sind.

Bei der Suche nach Lösungen muss ein Weg gefunden werden, der – abgesehen von der rechtlich eindeutigen Sachlage zugunsten der Bundesrepublik Deutschland – die Emotionen auf beiden Seiten berücksichtigt und gleichzeitig die Lösung der Gesamtproblematik nicht aus den Augen verliert. Deshalb ist es erforderlich, dass die Bundesrepublik die Verhandlungen über die Rückführung der Beutekunst fortsetzt und zwar nicht nur hinsichtlich der auch nach dem russischen Kulturgütergesetz von der Rückgabe nicht ausgeschlossenen Kulturgüter.

Darüber hinaus weist der richtige Weg – gerade, weil die bilateralen Verhandlungen bisher nicht zu einer Lösung des Problems geführt haben und immer wieder ins Stocken geraten – in Richtung einer Lösungsfindung auf multilateraler Ebene.

Zur verbindlichen Klärung des deutsch-russischen Konflikts, insbesondere zur Auslegung der deutsch-russischen Verträge, sollte ein Schiedsgericht oder der Internationale Gerichtshof angerufen werden.[463] Gerade aufgrund der mit der Beutekunst auf beiden Seiten verbundenen Emotionen würde es sowohl Russland als auch Deutschland leichter fallen, die Entscheidung eines objektiv urteilenden, internationalen Spruchkörpers zu akzeptieren und umzusetzen, als zu einer Lösung auf bilateraler Ebene zu gelangen.

Daneben erscheint die Einschaltung der UNESCO zur Streitschlichtung – sei es durch Einrichtung einer eigens beauftragten Clearing-Stelle, die mit der Entscheidung darüber beauftragt wird, welche Objekte an welchen Ort gehören[464] oder durch Anrufung des seit 1978 existierenden „Zwischenstaatlichen Komitees zur Förderung der Rückführung kulturellen Eigentums an die Herkunftsländer bzw. dessen Rückgabe im Falle widerrechtlicher Aneignung" (Intergovernmental Committee for Promoting the Return of Cultural Property to its Countries of Origin or ist Restitution in Case of Illicit Appropriation)[465] – als weitere erfolgversprechende Variante der Lösungsfindung

---

[462] Vgl. oben D.I.1.c)ee).

[463] Siehe bereits oben D.I.1.b)bb) und cc).

[464] So *Kadritzke,* Zur Sache, Schätze, in: SZ v. 14./15.8.1997; vgl. *Burchardi/Kalb,* „Beutekunst" als Chance, S. 26.

[465] Vgl. bereits oben D.I.1.a)bb); genauer hierzu *Prott,* The Role of UNESCO "Intergovernmental Committee for Promoting the Return of Cultural Property" in the Resolution of Disputes Concerning Cultural Property Removed in Consequence of the Second World War, http://www.dhh-

auf multilateraler Ebene.[466] Zwar sind die im Rahmen der Vermittlung ausgesprochenen Empfehlungen im Gegensatz zur Entscheidung des IGH oder eines internationalen Schiedsgerichts nicht verbindlich. Möglicherweise liegt aber gerade hierin ein Vorteil der Mediation. In jedem Fall bietet sich für Deutschland und Russland die Möglichkeit, ihre rechtlichen und politischen Standpunkte auszutauschen und einem internationalen, neutralen Gremium vorzutragen. Es besteht die Hoffnung, dass bei den Beratungen neue Ansätze aufgezeigt werden, die von beiden Seiten akzeptiert werden können und die Lösung des Streits voranbringen.

Aus diesen Überlegungen ergibt sich, dass die Einschaltung der UNESCO gegebenenfalls neben der Anrufung eines Schiedsgerichts oder des IGH – für den Fall, dass Russland hierzu zustimmt – für die Streiterledigung am aussichtsreichsten erscheint.

### *2. Möglichkeiten der Rückforderung durch Private auf internationaler Ebene*

Im Folgenden soll der Frage nachgegangen werden, ob neben der Bundesrepublik Deutschland auch Privatpersonen die Möglichkeit der Rückforderung ihrer Kulturgüter auf internationaler Ebene zusteht – abgesehen davon, dass der üblicherweise von Privaten beschrittene Wege zur Rückerlangung ihrer Kulturgüter, insbesondere wenn diese im internationalen Kunsthandel auftauchen, die Erhebung einer Klage vor den Zivilgerichten ist.[467]

#### *a) Tätigwerden der Bundesrepublik Deutschland zugunsten privater Eigentümer*

Zu denken ist dabei allerdings zunächst nicht an ein Tätigwerden der privaten Eigentümer selbst, sondern an ein Tätigwerden der Bundesrepublik Deutschland zu deren Gunsten.

##### *aa) Diplomatischer Schutz*

Bezüglich der in Russland lagernden Kulturgüter aus privaten Sammlungen kommt die Ausübung diplomatischen Schutzes[468] durch die Bundesrepublik Deutschland gegenüber Russland zugunsten derjenigen Privatpersonen, die sich um die Rückgabe ihrer Kulturgüter bemühen möchten, in Betracht.[469] Dies gilt vor allem dann, wenn es sich um nach dem russischen Kulturgütergesetz unter Berufung auf die Heranziehung der Kulturgüter zur kompensatorischen Restitution enteigneten privaten Eigentümer handelt.

---

3.de/biblio/bremen/sow4/sr1.html; *Ganslmayr,* VN 1980, S. 88 ff., S. 90; *Jaeger,* Internationaler Kulturgüterschutz, S. 127; *Schorlemer,* GYIL 41 (1998), S. 317 ff., S. 341.

[466] Vgl. hierzu: *Prott,* The Role of UNESCO "Intergovernmental Committee for Promoting the Return of Cultural Property" in the Resolution of Disputes Concerning Cultural Property Removed in Consequence of the Second World War, http://www.dhh-3.de/biblio/bremen/sow4/sr1.html; *Prott,* in: Simpson (Hrsg.), The Spoils of War, S. 225 ff., S. 230.

[467] Vgl. zu dieser Problematik ausführlich unten D.II.

[468] Zu den Voraussetzungen des diplomatischen Schutzes vgl. *Ipsen,* Völkerrecht, S. 302 ff., Rdnr. 32 ff.

[469] *Gornig,* in: Gornig/Schiller/Wesemann (Hrsg.), S. 61 ff., S. 91.

Durch die Ausübung des diplomatischen Schutzes macht die Bundesrepublik Deutschland ein eigenes Recht geltend.[470] In Ausnahme von der „local remedies rule“[471] kommt hier auch die Inanspruchnahme diplomatischen Schutzes bereits vor Erschöpfung aller rechtlich zur Verfügung stehenden Mittel zur Abwendung des Unrechts durch die betroffenen Privatpersonen in Betracht. Denn aufgrund der in Russland bestehenden Rechtslage ist zumindest in den Fällen mit einer Klageabweisung vor russischen Gerichten zu rechnen, in denen das russische Kulturgütergesetz eine Enteignung aufgrund Heranziehung der Kulturgüter zur kompensatorischen Restitution vorsieht.[472]

*bb) Besonderes zwischenstaatliches Rückgabeverfahren für privilegierte Kulturgüter i.S. von Art. 8 II, III KulturgüterG*

Eine andere Möglichkeit des Tätigwerdens der Bundesrepublik Deutschland für ihre Staatsangehörigen ist die Geltendmachung eines staatlichen Rückgabeanspruchs zugunsten eines deutschen Staatsbürgers im Rahmen des vom Kulturgütergesetz vorgesehenen zwischenstaatlichen Rückgabeverfahrens für nach Art. 8 II und III KulturgüterG privilegierte Kulturgüter.[473]

Diese Ansprüche müssen seit entsprechender Modifikation des Art. 10 I KulturgüterG durch die Entscheidung des russischen Verfassungsgerichts vom 20.7.1999[474] binnen einer Frist von 18 Monaten seit Kenntniserlangung des Berechtigten, dass sich Kulturgut in Russland befindet bzw. mit Bestehen der tatsächlichen Möglichkeit der Kenntniserlangung, durch die Bundesrepublik Deutschland geltend gemacht werden.

Mithin bedarf es im Einzelfall einer Prüfung, ob die 18-Monatsfrist aufgrund Kenntnis des Berechtigten vom Verbleib seines Kulturguts bereits angelaufen ist und eine Rückgabe wegen Nichtgeltendmachung des Anspruchs innerhalb der Frist durch die Bundesrepublik Deutschland ausgeschlossen ist.

Legt die Bundesrepublik Deutschland Beweise dafür vor, dass diese Güter unter Art. 8 II oder III KulturgüterG fallen, können sie zu den in Art. 18 KulturgüterG vorgesehenen Bedingungen an die Bundesrepublik Deutschland übergeben werden.

Nach Art. 18 I KulturgüterG können die Ansprüche auf die in Art. 8 II und III KulturgüterG genannten verbrachten Güter von der Regierung der Bundesrepublik Deutschland gegenüber der Regierung der Russischen Föderation geltend gemacht

---

470 So *Ipsen*, Völkerrecht, S. 305, Rdnr. 41.

471 Vgl. hierzu *Ipsen*, Völkerrecht, S. 304, Rdnr. 38 ff.

472 Von der Möglichkeit der Inanspruchnahme diplomatischen Schutzes haben bislang die Erben der Sammlung Siemens und Köhler Gebrauch gemacht, *Gattini*, EJIL 7 (1996), S. 67 ff., S. 87.

473 Art. 8: Folgende Kulturgüter fallen nicht unter Art. 6 und 7 dieses Bundesgesetzes: ...

2. Kulturgüter, die Eigentum religiöser Organisationen oder privater Wohltätigkeitseinrichtungen darstellten und ausschließlich zu religiösen oder wohltätigen Zwecken verwandt wurden und nicht den Interessen des Militarismus und (oder) des Nationalsozialismus (Faschismus) gedient haben.

3. Kulturgüter, die Personen gehört haben, denen das Eigentum an diesen Gütern wegen ihres aktiven Kampfes gegen den Nationalsozialismus (Faschismus), auch im Zusammenhang mit einer Beteiligung am nationalen Widerstand gegen die Besatzungsregime der ehemaligen Feindstaaten oder gegen Regime der Kollaboration und (oder) wegen ihrer rassischen, religiösen oder nationalen Zugehörigkeit entzogen wurde.“

474 Vgl. hierzu bereits oben C.III.3.

werden. Die Übergabe eines verbrachten Kulturguts erfolgt gem. Art. 18 II KulturgüterG aufgrund eines föderalen Gesetzes. Seit Novellierung des russischen Kulturgütergesetzes infolge des Urteils des russischen Verfassungsgerichts vom 20.7.1999 bedarf es eines föderalen Gesetzes allerdings nur in den Fällen, in denen es um die Übergabe eines Kulturguts geht, das einzigartig oder von besonders großer historischer, künstlerischer, wissenschaftlicher oder anderer kultureller Bedeutung ist. In den übrigen Fällen ist eine Verordnung der Regierung der Russischen Föderation von Nöten.[475]

Zwar existieren damit immer noch bürokratische Hürden für die Realisierung von Rückgaben auf staatlicher Ebene.[476] Dennoch sind die Erfolgsaussichten für die Rückgabe von i. S. von Art. 8 II, III privilegierten Kulturgütern im intergouvernementalen Verfahren letztlich durchaus als gut zu beurteilen, weil es über einen entsprechenden Rückgabewillen der Exekutive hinaus einer Zustimmung der Legislative nicht mehr in allen Fällen bedarf.[477]

### *b) Individualbeschwerde vor dem EGMR*

Als Rechtsbehelf für die im Kulturgütergesetz wegen Heranziehung ihrer Kulturgüter zur kompensatorischen Restitution enteigneten privaten Sammler käme auch eine Individualbeschwerde gem. Art. 34 EMRK wegen möglicher Verletzung des Art. 1 1. Zusatzprotokoll zur EMRK in Betracht.[478]

Sowohl die Bundesrepublik Deutschland als auch die Russische Föderation sind Vertragsparteien der EMRK und des 1. Zusatzprotokolls.[479]

#### *aa) Zulässigkeitsvoraussetzungen*

Gem. Art. 34 EMRK kann jede natürliche Person, nichtstaatliche Organisation[480] oder Personengruppe Beschwerde einlegen. Alle Organisationen, die im weiteren Sinn der staatlichen Gewalt zugerechnet werden, können sich dagegen nicht auf die EMRK nebst Zusatzprotokollen berufen. Insbesondere juristische Personen des öffentlichen Rechts wie öffentliche Anstalten und öffentlichrechtliche Körperschaften, v.a. Gemeinden, die staatliche Funktionen ausüben, sind als „staatliche Organisationen“ nicht beschwerdelegitimiert, ungeachtet der Möglichkeit, dass sie auch privatrechtlich, also fiskalisch tätig werden können.[481] Daraus ergibt sich, dass eine Beschwerdelegitimati-

---

[475] *Schoen,* NJW 2001, S. 537 ff., S. 540.

[476] *Schoen,* NJW 2001, S. 537 ff., S. 540.

[477] So auch *Hartwig,* EuGRZ 1999, S. 553, S. 562.

[478] Zugunsten der enteigneten Privateigentümer wäre auch die Einlegung einer Staatenbeschwerde gem. Art. 33 EMRK durch die Bundesrepublik Deutschland denkbar, vgl. bereits oben D.I.1.b)dd).

[479] EMRK für die Bundesrepublik Deutschland in Kraft getreten am 3.9.1953, Zusatzprotokoll am 13.2.1957; für die Russische Föderation sind sowohl die EMRK als auch das Zusatzprotokoll am 5.5.1998 in Kraft getreten, vgl. BGBl. Fundstellennachweis B.

[480] Hierunter versteht man insbesondere juristische Personen des Privatrechts, rechts- oder nichtrechtsfähige Vereine einschließlich politischer Parteien und privatrechtlich organisierte Religionsgemeinschaften, *Mittelberger,* Eigentumsschutz nach Art. 1 1.ZP zur EMRK, S. 36; *Peukert,* in: Frowein/Peukert, EMRK, Art. 25 Rdnr. 16.

[481] *Peukert,* in: Frowein/Peukert, EMRK, Art. 25 Rdnr. 16; *Mittelberger,* Eigentumsschutz nach Art. 1 1.ZP zur EMRK, S. 36; Kirchen können sich dann auf die Rechte aus der EMRK und der Zusatz-

on i.S. des Art. 34 EMRK bezüglich der aus öffentlichen Sammlungen bzw. Museen oder staatlichen Archiven und Bibliotheken stammenden, im Eigentum juristischer Personen des öffentlichen Rechts stehenden Kulturgüter nicht vorliegt.

Zulässigkeitsvoraussetzung einer Beschwerde ist gem. Art. 35 I EMRK allerdings die Erschöpfung aller innerstaatlichen Rechtsbehelfe vor Beschwerdeeinlegung. Weiterhin muss die Beschwerde gem. Art. 35 I EMRK innerhalb einer Frist von sechs Monaten nach der endgültigen innerstaatlichen Entscheidung erhoben werden.

Die Geltung der EMRK und des 1. Zusatzprotokolls für den vorliegenden Sachverhalt erscheint allerdings ratione temporis problematisch.

Dazu müsste ein Eingriff in das Eigentum nach Inkrafttreten des 1. Zusatzprotokolls am 20.5.1952[482] bzw. der Unterwerfung der Russischen Föderation unter die EMRK und das 1.Zusatzprotokoll[483] erfolgt sein bzw. müsste die Eigentümerposition bis zu diesem Zeitpunkt fortgedauert haben.

Die Anwendbarkeit der EMRK und des 1. Zusatzprotokolls scheidet deshalb ratione temporis aus, wenn man lediglich auf das Unrecht der Verbringung der Kulturgüter in den Jahren zwischen 1945 und 1949 abstellt und davon ausgeht, dass dieser Eigentumsentzug nicht „fortwirkt". Diese Position hat die Kommission im Fall SBZ-Enteigneter vertreten.[484] Allerdings fand hier anders als im Fall der Kulturgüter die Enteignung bereits zwischen 1945 und 1949 statt.

Auf die vorliegende Situation lässt sich aber die Rechtsprechung im Fall Loizidou übertragen. Hier sah der EGMR die Anwendbarkeit des 1. Zusatzprotokolls nicht als ratione temporis ausgeschlossen an, weil es sich beim Eigentumsentzug durch die seit 1974 andauernde Zugangsverweigerung für Zypernflüchtlinge zu ihrem Grundbesitz

---

protokolle berufen, wenn sie privatrechtlich organisiert oder juristische Personen des öffentlichen Rechts sind, ohne die Funktion einer Staatskirche einzunehmen, *Peukert,* in: Frowein/Peukert, EMRK, Art. 25 Rdnr. 16; *Mittelberger,* Eigentumsschutz nach Art. 1 1.ZP zur EMRK, S. 36.

482 Für die Bundesrepublik Deutschland am 13.2.1957 in Kraft, BGBl. 1957 II, S. 226 ff.

483 Für die Russische Föderation in Kraft seit dem 5.5.1998, vgl. BGBl., Fundstellennachweis B.

484 Vgl. Weidlich and Others v. Germany, Commission decision of 4 March 1996, http://hudoc.echr.coe.int/Hudoc2doc/hedec/sift/2541.txt: Demnach schaffe die Enteignung keine „fortdauernde Lage" sondern stelle einen augenblicksbezogenen Akt dar. Es fehle hier am für Art. 1 1.ZP erforderlichen vorhandenen Eigentum („existing possession"). Dafür sei die legitime Erwartung erforderlich, dass sich die Ansprüche aus Eigentum realisieren. Die Hoffnung auf Anerkennung des Weiterbestehens eines früheren Eigentumsrechts, das über einen langen Zeitraum – im Fall der SBZ-Enteigneten seit 30 bis 40 Jahren – nicht effektiv ausgeübt werden konnte, genüge nicht zur Annahme einer i.S. des Art. 1 1.ZP erforderlichen „existing possession". Deshalb sei die Anwendung der Konvention ratione temporis ausgeschlossen. Ähnlich argumentierte der EGMR in seinem Urteil im Fall Prince Hans-Adam II of Liechtenstein v. Germany (Application no. 42527/98) vom 12.07.2001: Unter Berufung auf das eben erwähnte Case-law der Kommission stellt der Gerichtshof fest, er sei für die Untersuchung der Umstände der Enteignung des Bildes „Szene an einem römischen Kalkofen" im Jahr 1946, also vor Inkrafttreten des 1.ZP, und der hierdurch bis heute fortdauernden Folgen ratione temporis nicht zuständig. Außerdem stelle sich in diesem Zusammenhang – anders als im Fall Loizidou v. Turkey – nicht die Frage einer fortdauernden Verletzung der Konvention, die Auswirkungen auf die zeitlichen Grenzen der Kompetenz des Gerichtshofs hätte. Nachfolgend auf die Enteignung habe der Vater des Beschwerdeführers und der Beschwerdeführer nicht die Möglichkeit gehabt, seine Eigentumsrechte bzgl. des Bildes auszuüben. Deshalb habe der Beschwerdeführer weder einen Eigentumstitel, noch einen Restitutionstitel gegen die Bundesrepublik Deutschland, der sich auf eine „legitime Erwartung" i.S. des case-laws des Gerichtshofs stützen könnte.

um einen systematischen und andauernden Prozess handelte, der nicht zum Eigentumsverlust geführt hat, sondern eine fortdauernde Verletzung der Konvention darstellt.[485] Die Beschlagnahme und Verbringung der deutschen Kulturgüter durch die Sowjetunion in den Jahren zwischen 1945 und 1949 allein hat aber ebenfalls noch nicht zum Eigentumsverlust geführt. Es handelte sich bei der Beschlagnahme nicht um eine abgeschlossene Enteignung. Eine Aneignung der Kulturgüter durch Russland ist bis zum Erlass des russischen Kulturgütergesetzes nicht erfolgt. Insbesondere findet sich kein Rechtsakt der Sowjetunion oder der Russischen Föderation, demzufolge verbrachte Kulturgüter aufgrund einer kompensatorischen Restitution als russisches Eigentum qualifiziert worden sind.[486] Mit der Beschlagnahme wurde lediglich ein „process of taking property" in Gang gesetzt. Insbesondere widerlegt das sowjetische Verhalten selbst die These, dass mit der Verbringung der Eigentumswechsel nach sowjetischer Auffassung abgeschlossen war. Dagegen spricht insbesondere die jahrzehntelange Lagerung der Kulturgüter in von den eigenen Beständen getrennten Depots und das Leugnen der Existenz der Kulturgüter. Kein einziges der geraubten Kunstwerke wurde in die Liste der Bestände eines russischen Museums aufgenommen oder ein Archiv in die Liste der Archivbestände.[487]

Bei der bis heute andauernden Nutzungsentziehung handelt es sich mithin um eine fortdauernde Verletzung der Konvention, weshalb der Einwand ratione temporis nicht greifen kann. Die Eigentümer hatten aufgrund des deutsch-sowjetischen Nachbarschaftsvertrags von 1990, in dem die Rückgabe rechtswidrig verbrachter Kulturgüter vorgesehen ist, auch die legitime Erwartung, dass sich ihre Rechte aus Eigentum realisieren würden, weshalb ihnen auch die lange andauernde Zeit, in der sie ihre Eigentümerrechte nicht mehr effektiv ausüben konnten, nicht entgegengehalten werden kann.

An dieser Beurteilung ändert sich auch durch die – ebenfalls vor Inkrafttreten der EMRK für die Russische Föderation am 5.5.1998 – erfolgte Enteignung im russischen Kulturgütergesetz vom 15.4.1998 nichts. Zwar handelt es sich bei der Enteignung grundsätzlich um einen punktuellen Akt, der vor Inkrafttreten der Konvention bereits abgeschlossen war. Vorliegend ist die Enteignung aber nicht nur wegen Verstoßes gegen das Verbot der Heranziehung von Kulturgütern zu Kompensationszwecken und gegen die in den deutsch-russischen Verträgen festgelegte Rückgabepflicht und aufgrund der Tatsache, dass sie entschädigungslos erfolgt ist, völkerrechtswidrig, sondern sie perpetuiert darüber hinaus den durch die Beschlagnahme und Verbringung geschaffenen Zustand. Die Beschlagnahme war aber wegen Verstoßes gegen Art. 56 HLKO nicht nur rechtswidrig, sondern zudem nichtig, da gute Gründe dafür sprechen, dass Art. 56 HLKO als Norm des humanitären Völkerrechts zum ius cogens gehört.[488] Damit ist auch die Enteignung als nichtig und mithin unwirksam anzusehen. Dies führt dazu, dass die Verletzung der Konvention fortdauert und ihre Anwendbarkeit nicht ratione temporis ausgeschlossen ist.

---

[485] Vgl. Urteil des EGMR vom 18.12.1996 im Fall Loizidou gegen Türkei, EuGRZ 1997, S. 555 ff., S. 558 f.

[486] *Hartwig,* EuGRZ 1999, S. 553, S. 557; *Boguslavsky,* in: Simpson (Hrsg.), The Spoils of War, S. 186 ff., S. 189; *Fastenrath,* in: FAZ v. 16.4.1997, S. 8; *Schoen,* NJW 2001, S. 537 ff., S. 539; *Fiedler,* Kulturgüter als Kriegsbeute, S. 13; *Dolzer,* NJW 2000, S. 560 ff., S. 561.

[487] *Boguslavsky,* in: Simpson (Hrsg.), The Spoils of War, S. 186 ff., S. 189.

[488] Vgl. hierzu ausführlicher unten D.II.2.b)bb)bbb)(3)(b).

*bb) Begründetheit*

In Betracht kommt vorliegend eine Berufung der privaten Eigentümer auf die Verletzung des Art. 1 1.ZP.

Um von einer Eigentumsverletzung i.S. des Art. 1 1.ZP ausgehen zu können, müsste sowohl die Existenz von Eigentum bei den privaten Eigentümern als auch ein Eingriff nachgewiesen werden können.

*aaa) Eigentumsbegriff*

Der Eigentumsbegriff des Art. 1 1.ZP ist im weiten völkerrechtlichen Sinn zu verstehen. Davon ist nicht nur das Eigentum an beweglichen und unbeweglichen Sachen, sondern auch alle „wohlerworbenen", vermögenswerten Rechte zu verstehen, wobei grundsätzlich von demjenigen, der sich darauf beruft, nachzuweisen ist, dass er der rechtmäßige Inhaber eines solchen Rechts und zu dessen Ausübung befugt ist.[489]

Die deutschen Kulturgüter fallen als bewegliches Eigentum grundsätzlich unter den Eigentumsbegriff.

Fraglich könnte in diesem Zusammenhang allerdings sein, ob den privaten Eigentümern noch ein schützenswertes Recht zustand, ob sie sich also auf eine „existing possession", berufen können, aufgrund derer sie zumindest eine legitime Erwartung („legitimate expectation") ableiten können, dass ihre Ansprüche sich realisieren.[490]

Wie eben ausgeführt, könnte es vorliegend an der existing possession fehlen, weil die Eigentümer der deutschen Kulturgüter ihre Eigentümerrechte seit Verbringung der Objekte in die Sowjetunion zwischen 1945 und 1949 nicht mehr effektiv ausüben konnten. Allerdings hat zu diesem Zeitpunkt noch keine Enteignung stattgefunden, sondern mit der Beschlagnahme und Verbringung wurde wie gesehen der Eigentumsentzug erst in Gang gesetzt. Eine Enteignung hat erst im russischen Kulturgütergesetz stattgefunden. Diese ist allerdings, ebenso wie die Beschlagnahme und Verbringung, nicht nur völkerrechtswidrig, sondern unwirksam, weil sie den Verstoß gegen die zum ius cogens gehörende Norm des Art. 56 HLKO perpetuiert.[491] Deshalb ist der Sachverhalt hier dem Fall Loizidou vergleichbar, in dem der EGMR Zypernflüchtlingen, die seit 1974, also seit fünfundzwanzig Jahren daran gehindert waren, ihren Grundbesitz zu betreten, die existing possession eingeräumt hat.[492]

Mithin bestehen die Eigentumsrechte fort.

*bbb) Eingriff*

Grundsätzlich stellt der Entzug des Eigentums eine einmalige Handlung dar und erzeugt keine Dauerwirkung, also keine „continuing situation of deprivation of rights".[493]

---

[489] *Peukert,* in: Frowein/Peukert, EMRK, Art. 1 1.ZP, Rdnr. 4.

[490] Vgl. Weidlich and Others v. Germany, Commission decision of 4 March 1996, http://hudoc.echr.coe.int/Hudoc2doc/hedec/sift/2541.txt.

[491] Zur ius cogens-Problematik vgl. unten D.II.2.b)bb)bbb)(3)(b).

[492] Vgl. Urteil des EGMR vom 18.12.1996 im Fall Loizidou gegen Türkei, EuGRZ 1997, S. 555 ff.

[493] Vgl. Nachweis bei *Peukert,* in: Frowein/Peukert, EMRK, Art. 1 1.ZP, Rdnr. 23 Fn. 69.

Eine in der Vergangenheit abgeschlossene Enteignung kann ratione temporis nicht angegriffen werden.

Hier können sich die deutschen Eigentümer der Kulturgüter aber gemäß der Rechtsprechung des EGMR im Fall Loizidou darauf berufen, dass mit der Beschlagnahme und Verbringung der Kulturgüter nur ein „process of taking property" in Gang gesetzt wurde, der völkerrechtlich noch nicht abgeschlossen ist. Eine Enteignung insbesondere für Reparationszwecke hat anlässlich der Beschlagnahme nicht stattgefunden.[494] Die Enteignung zu diesem Zweck im russischen Kulturgütergesetz von 1998 ist, wie gesehen, unwirksam.

*cc) Ergebnis*

Eine Individualbeschwerde vor dem EGMR hat mithin gute Aussichten auf Erfolg.

Nach Art. 41 EMRK spricht der Gerichtshof der verletzten Partei bei festgestellter Verletzung der Konvention oder der Protokolle und nur unvollkommener Wiedergutmachung für die Folgen dieser Verletzung durch das innerstaatliche Recht der Hohen Vertragspartei eine gerechte Entschädigung zu. Dies bedeutet, dass die Vertragspartei, die die Verletzung der Konvention oder der Zusatzprotokolle zu verantworten hat, mithin grundsätzlich die Pflicht zur Wiedergutmachung trifft. Diese Pflicht wird durch Art. 41 EMRK nicht stipuliert, sondern vorausgesetzt.[495] Nur bei unvollkommener Wiedergutmachung kommt eine Entschädigung gem. Art. 41 EMRK in Betracht. Unter vollkommener Wiedergutmachung versteht aber auch der EGMR eine restitutio in integrum.[496] Nach innerstaatlichem russischen Recht ist ein Restitutionsanspruch für diejenigen Kulturgüter, die zur kompensatorischen Restitution herangezogen wurden, durch das Kulturgütergesetz aber gerade ausgeschlossen. Deshalb ist nach Art. 41 EMRK von unvollkommener Wiedergutmachung auszugehen und es kommt ein Anspruch auf Entschädigung i.S. des Art. 41 EMRK in Betracht.[497]

## *II. Durchsetzungsmöglichkeiten der Rückführung auf zivilrechtlicher Ebene*

Solange auf völkerrechtlicher Ebene keine verbindliche Lösung hinsichtlich der Rückführung der deutschen Kulturgüter erzielt wird, bleibt insbesondere dem einzel-

---

[494] Vielmehr hat die Sowjetunion später sogar auf weitere Reparationen in ihrem Reparationsverzicht im Jahr 1953 verzichtet. Auch der „Gemeinsame Brief" vom 12.9.1990, Text in: Bulletin Nr. 109 vom 14.9.1990, S. 1156 f., der von Bundesaußenminister Genscher und dem Außenminister der DDR de Maizière im Zusammenhang mit der Unterzeichnung des Zwei-plus-Vier-Vertrags an die Außenminister der Sowjetunion, Frankreichs, Großbritanniens und der Vereinigten Staaten übergeben wurde, hat nicht zu einem Abschluss der Enteignung geführt, vgl. dazu bereits oben C.I.4.b)bb)bbb).

[495] Dies lässt sich daraus ableiten, dass die Zubilligung einer gerechten Entschädigung davon abhängig gemacht wird, dass die innerstaatlichen Gesetze nur eine „unvollkommene Wiedergutmachung" gestatten, vgl. *Peukert,* in: Frowein/Peukert, EMRK, Art. 50 Rdnr. 3.

[496] *Peukert,* in: Frowein/Peukert, EMRK, Art. 50 Rdnr. 3.

[497] Eine Entschädigung kann der EGMR selbst dann zubilligen, wenn die vollkommene Wiedergutmachung nach innerstaatlichem Recht möglich ist, soweit sie bis zum Zeitpunkt der Entscheidung über den Anspruch nach Art. 41 nicht erfolgte, *Peukert,* in: Frowein/Peukert, EMRK, Art. 50 Rdnr. 3.

nen während eines Krieges beraubten Sammler oder dem betroffenen Museum häufig keine andere Möglichkeit, als vor den Gerichten des Belegenheitsorts des Kulturguts die Wahrung seiner Eigentumsrechte zu suchen.

Gerade im Fall der nach Russland verbrachten Kulturgüter besteht aufgrund der häufig stockenden bilateralen Verhandlungen und infolge des Kulturgütergesetzes zusätzlich die Gefahr, dass immer mehr Kulturgüter auf dem schwarzen Markt auftauchen.

Aus diesen Gründen soll im Folgenden eine Auseinandersetzung mit der Möglichkeit der Rückführung auf privatrechtlicher Ebene und den damit zusammenhängenden international-privatrechtlichen Fragestellungen erfolgen. Im Rahmen der vorliegenden Abhandlung können zu dieser umfassenden Thematik allerdings nur einige grundlegende, sach- und kollisionsrechtliche sowie rechtsvergleichende Überlegungen angestellt werden.[498]

Die Bundesrepublik Deutschland[499] wird im Fall der Geltendmachung ihres Eigentumsanspruchs fiskalisch und nicht hoheitlich tätig. Sie steht damit bei der Geltendmachung ihrer Rückgabeansprüche einer Privatperson gleich. Deshalb muss bei der Entscheidung über das Rückführungsverlangen nicht zwischen Staats- und Privateigentum unterschieden werden[500] und die materiellrechtliche Seite dieser Problematik kann weitgehend gemeinsam für die Bundesrepublik Deutschland und private Kläger abgehandelt werden.

Bevor auf die im Zusammenhang mit der Rückforderung von Kulturgütern auf zivilrechtlicher Ebene zu beachtenden sach- und kollisionsrechtlichen Grundsätze und die Besitz- und Eigentumssituation an den Kulturgütern eingegangen wird, sollen zunächst einige bei der Klageerhebung durch die Bundesrepublik Deutschland bzw. private Eigentümer entstehende prozessuale Fragen erörtert werden.

### *1. Prozessuale Problematik*

#### *a) Allgemein zur Klagemöglichkeit vor den Zivilgerichten anderer Staaten*

Den Weg zu den ordentlichen Gerichten werden in der Regel gerade die privaten Sammler beschreiten und auf Herausgabe klagen, wenn ihr Kulturgut im internationalen Kunsthandel oder auf andere Weise auftaucht.

Aber auch zur Zurückerlangung der in öffentlichem Eigentum stehenden kriegsbedingt verlagerten deutschen Kulturgüter kommt für den Fall ihres Auftauchens im Rahmen des internationalen Kunsthandels oder des Ausstellungsverkehrs die Beschreitung des Zivilrechtswegs durch die Bundesrepublik Deutschland[501] in Form einer Herausgabeklage oder einstweiligen Verfügung vor den Gerichten des belegenen Staates in Betracht.

---

[498] Ausführlich hierzu vgl. bspw. bei *Müller-Katzenburg,* Internationale Standards im Kulturgüterverkehr, S. 157 ff., 220 ff.; *Siehr,* RdC 243 (1993 VI), S. 9 ff., S. 56 ff.

[499] Ebenso wie die Länder und Kommunen.

[500] *Walter,* Rückführung von Kulturgut, S. 28.

[501] Bzw. durch die entsprechenden Bundesländer oder Kommunen.

*aa) Klagemöglichkeit der Bundesrepublik Deutschland*

Grundsätzlich stellt es kein Problem dar, wenn ein ausländischer Staat vor einem Zivilgericht als Kläger auftritt, die Parteifähigkeit liegt also in der Regel vor.[502]

Eine auf Eigentum gestützte Klage der Bundesrepublik Deutschland auf Herausgabe ihrer Kulturgüter ist grundsätzlich zulässig, weil auch jedem privaten Eigentümer der Klageweg offen steht.[503] Ein Staat, der die Rückgabe seiner Kulturgüter begehrt, handelt wirtschaftlich, nicht hoheitlich und steht deshalb einer Privatperson gleich.[504]

Als zuständiges Gericht ist in den meisten Rechtsordnungen das forum delicti anerkannt, teilweise wird auch an die Nationalität des Klägers angeknüpft.[505] Weiterhin ist im internationalen Privatrecht aber auch die Anknüpfung an den Ort der Belegenheit oder den Wohnsitz des Beklagten akzeptiert.[506] Es kommt hier also letztlich auf eine Bestimmung im Einzelfall an.

Auch die Staatenimmunität steht einer Klage der Bundesrepublik Deutschland auf Herausgabe ihrer Kulturgüter vor den Zivilgerichten anderer Staaten nicht entgegen.

Unter Immunität versteht man im Völkerrecht das Recht eines Staats und seiner Hoheitsträger, sich wegen ihrer Handlungsweisen nicht vor den Gerichten anderer Staaten verantworten zu müssen, Grundsatz des par in parem non habet iudicium.[507] Diese Immunität genießt der Staat allerdings nur bezüglich seiner Hoheitsakte (acta iure imperii), nicht jedoch bezüglich seines nichtstaatlichen Handelns (acta iure gestionis).

Darüber hinaus wird die Bundesrepublik Deutschland, wenn sie auf dem Zivilrechtsweg ihre Kulturgüter zurückfordert, nicht zur Verantwortung gezogen, sondern tritt selbst als Klägerin auf. Sie unterwirft sich freiwillig der Gerichtsbarkeit eines anderen Staates und erklärt damit konkludent ihr Einverständnis, dass das nationale Recht des Gerichtsstaats angewandt wird.[508]

*bb) Klagemöglichkeit für Private*

Eine zivilgerichtliche Klage wird für die privaten Kunstsammler in der Regel der erfolgversprechendste Weg sein, in der Rückgabefrage selbst tätig zu werden.

Bezüglich des Gerichtsstands und der anderen prozessual beachtlichen Probleme kann auf die Abhandlung im Rahmen der zivilrechtlichen Geltendmachung von Herausgabeansprüchen durch die Bundesrepublik Deutschland verwiesen werden.

---

502 Vgl. zu den prozessualen Fragen bei der Klage eines Staates vor den Gerichten eines anderen Staates im Zusammenhang mit der Rückführung von Kulturgütern, *Jaeger,* Internationaler Kulturgüterschutz, S. 122 ff.; *Gornig,* in: Gornig/Schiller/Wesemann (Hrsg.), S. 61 ff., S. 88 ff.; *Walter,* Rückführung von Kulturgut, S. 22 ff.

503 *Fuchs,* IPRax 2000, S. 281 ff., S. 283, die als bekannten Fall die Rückgabe des Wtewael-Gemäldes an die Bundesrepublik im Jahr 1998 zitiert; dazu auch: *Crüwell,* in: FAZ v. 4.11.1998, S. 41.

504 *Walter,* Rückführung von Kulturgut, S. 28.

505 Siehe *Jaeger,* Internationaler Kulturgüterschutz, S. 122; *Gornig,* in: Gornig/Schiller/Wesemann (Hrsg.), S. 61 ff., S. 89.

506 *Jaeger,* Internationaler Kulturgüterschutz, S. 122; *Gornig,* in: Gornig/Schiller/Wesemann (Hrsg.), S. 61 ff., S. 89.

507 Vgl. zur Staatenimmunität *Ipsen,* Völkerrecht, S. 333 ff., Rdnr. 16 ff.

508 *Walter,* Rückführung von Kulturgut, S. 27.

*b) Geltendmachung der Ansprüche vor deutschen Gerichten*

Im Folgenden soll näher auf die Fallkonstellation eingegangen werden, dass kriegsbedingt verbrachte Kulturgüter beispielsweise über den internationalen Kunsthandel aus Russland nach Deutschland zurückkehren und hier zum Kauf angeboten werden bzw. bereits veräußert worden sind[509] oder derartige Kulturgüter im Rahmen von Ausleihen über den Ausstellungsverkehr auf das Gebiet der Bundesrepublik Deutschland gelangen.[510]

Hierbei ist eine Vielzahl von Fallkonstellationen denkbar, die im Rahmen dieser Abhandlung nicht alle untersucht werden können. Dargestellt werden können nur die in derartigen Fällen geltenden allgemeinen Grundsätze.

*aa) Zuständigkeit des Gerichts, Parteifähigkeit*

Als zuständiges Gericht kommt der Ort der Belegenheit des Kulturguts, § 23 ZPO sowie der Wohnsitz des Beklagten, § 13 ZPO in Betracht.[511] Dies gilt sowohl für eine Klage der Bundesrepublik Deutschland als auch privater Eigentümer.

Die Parteifähigkeit der Bundesrepublik Deutschland vor deutschen Zivilgerichten ergibt sich aus § 50 I ZPO. Demnach richtet sich die Parteifähigkeit nach der Rechtsfähigkeit. Rechtsfähig sind aber neben natürlichen Personen auch juristische Personen des öffentlichen und privaten Rechts. Partei kann mithin als juristische Person des öffentlichen Rechts sowohl die Bundesrepublik Deutschland als auch ein Bundesland sein[512] und auch die in den Staat eingegliederten Gebietskörperschaften, sowie Körper-

---

509 Eine Klage vor deutschen Zivilgerichten ist zwar grundsätzlich bereits vor Auftauchen der Kulturgüter aus russischen Depots in Deutschland denkbar. Zu einer Rückgabe in tatsächlicher Hinsicht wird das einer entsprechenden Herausgabeklage stattgebende Urteil aber nur dann führen, wenn der Staat, auf dessen Gebiet sich das Objekt befindet, den Titel anerkennt und vollstreckt, vgl. hierzu auch *Walter,* Rückführung von Kulturgut, S. 36 f. Zur Anerkennung und Vollstreckung eines deutschen Titels ist der Staat der Belegenheit aber nur verpflichtet, wenn ein Vertrag mit der Bundesrepublik Deutschland, der die Anerkennung und Vollstreckung ausländischer Urteile vorsieht, besteht oder wenn dessen nationales dies vorsieht. Die wichtigsten Verträge sind dabei das Haager Übereinkommen vom 26. April 1966 über die Anerkennung und Vollstreckung ausländischer Urteile in Zivil- und Handelssachen samt Zusatzprotokoll vom 1. Februar 1977 und das Europäische Übereinkommen vom 27. September 1968 über die gerichtliche Zuständigkeit und Vollstreckung gerichtlicher Entscheidungen in Zivil- und Handelssachen, das mittlerweile weitgehend durch die Verordnung (EG) Nr. 44/2001 vom 22.12.2000 über die gerichtliche Zuständigkeit und die Anerkennung und Vollstreckung von Entscheidungen in Zivil- und Handelssachen ersetzt worden ist. Mit der Russischen Föderation hat die Bundesrepublik Deutschland allerdings gerade kein Abkommen über die Anerkennung und Vollstreckung gerichtlicher Entscheidungen geschlossen, vgl. *Boguslavsky,* in: Simpson (Hrsg.), The Spoils of War, S. 186 ff., S. 190, weshalb die Anerkennung und Vollstreckung eines vor einem deutschen Gericht erlangten Herausgabetitels in Russland problematisch erscheint.

510 Zur sich hierbei ergebenden Sonderproblematik vgl. unten D.II.1.b)cc)bbb).

511 Vgl. zur Problematik der Zuständigkeit ausführlicher *Gornig,* in: Gornig/Schiller/Wesemann (Hrsg.), S. 61 ff., S. 89; *Jaeger,* Internationaler Kulturgüterschutz, S. 122 f.

512 *Thomas/Putzo,* ZPO, § 50, Rdnr. 3.

schaften, Anstalten und Stiftungen des öffentlichen Rechts.[513]

Auch die Parteifähigkeit privater Kläger ergibt sich aus § 50 ZPO.

*bb) Klageausschluss wegen Überleitungsvertrag?*

Der Einlegung einer Klage vor deutschen Gerichten steht auch nicht der in Art. 3 III i. V. m. I, Teil VI des Überleitungsvertrags enthaltene Klageausschluss entgegen. Hierbei kann im Wesentlichen auf die bereits früher gemachten Ausführungen verwiesen werden.[514]

Auch wenn diese Vorschrift des Überleitungsvertrags mittlerweile als endgültig anzusehen ist, findet sie aus mehreren Gründen auf das deutsch-russische Verhältnis keine Anwendung. Zum einen wurde der Überleitungsvertrag nur zwischen den Drei Westmächten und der Bundesrepublik Deutschland geschlossen, so dass er grundsätzlich auch nur die zwischen diesen Vertragspartnern bestehenden Beziehungen regelt und keine Auswirkungen auf das deutsch-russische Verhältnis hat.

Selbst wenn man aber von der Anwendbarkeit des Vertrags auch in diesem Verhältnis ausgehen wollte, führt Art. 3 III i. V. m. I, Teil VI ÜV vorliegend aus folgenden Gründen nicht zu einem Klageausschluss. Zum einen haben die Alliierten selbst Kulturgüter nicht als taugliche Reparationsobjekte angesehen, weshalb Art. 3 insoweit keine Anwendung findet. Es fehlt aber auch an einer Zweckbestimmung i.S. des Art. 3 I, Teil VI ÜV, der Beschlagnahme „zum Zweck der Reparation".[515] Aus dem Verhalten der Sowjetunion, insbesondere der Geheimhaltung der Kulturgüter in von den Beständen der russischen Museen getrennten Depots, wird deutlich, dass sie sich selbst nicht als Eigentümerin der Kunstgegenstände angesehen hat.

Darüber hinaus verstießen die sowjetischen Beschlagnahme- und Verbringungsmaßnahmen gegen Art. 56 HLKO, der als Norm des humanitären Völkerrechts – wie unten[516] näher dargestellt werden soll – zum völkerrechtlichen ius cogens zu zählen ist. Deshalb waren diese Maßnahmen nicht nur völkerrechtswidrig, sondern als nichtige Maßnahmen unwirksam. Nichtige Maßnahmen können aber nicht zu einem Klageausschluss führen.[517]

Schließlich wird der Klage- und Einwendungsausschluss des Überleitungsvertrags auch durch die im deutsch-sowjetischen Nachbarschaftsvertrag von 1990 bzw. im deutsch-russischen Kulturabkommen von 1992 enthaltene wechselseitige Rückgabeverpflichtung bezüglich unrechtmäßig kriegsbedingt verbrachter Kulturgüter überlagert. Die Verträge haben sowohl nach dem Grundsatz des lex posterior derogat legi priori, als auch nach dem Prinzip des lex specialis derogat legi generali Vorrang gegenüber dem Überleitungsvertrag.[518]

Damit steht der Klagestopp des Überleitungsvertrags der Zulassung einer Klage vor deutschen Gerichten nicht entgegen.

---

[513] *Palandt-Heinrichs,* 62. Aufl., Einf v § 21, Rdnr. 3.

[514] Siehe oben C.I.3.

[515] So auch *Schoen,* NJW 2001, S. 537 ff., S. 541.

[516] Vgl. unten D.II.2.b)bb)bbb)(3)(b).

[517] Ebenso *Schoen,* NJW 2001, S. 537 ff., S. 541.

[518] Vgl. hierzu bereits oben C.I.3.d).

### *cc) Ausschluss der Klagemöglichkeit aufgrund „rechtsverbindlicher Rückgabezusage" gem. § 20 KultSchG?*

#### *aaa) Allgemeine Überlegungen*

Im Zusammenhang mit der Möglichkeit der gerichtlichen Geltendmachung von Rückgabeansprüchen ist auch die Untersuchung der Rechtslage für den Fall der Wiedereinführung kriegsbedingt verlagerter Kulturgüter auf das Gebiet der Bundesrepublik Deutschland im Rahmen von Ausleihen für Ausstellungen von Interesse.[519]

Insbesondere stellt sich die Frage, welche Auswirkungen eine nach § 20 des Gesetzes zum Schutz deutschen Kulturguts gegen Abwanderung (KultSchG) erteilte rechtsverbindliche Rückgabezusage auf die Möglichkeit der gerichtlichen Geltendmachung von Rückgabeansprüchen hat.

§ 20 KultSchG wurde durch Art. 2 des Kulturgutsicherungsgesetzes vom 15.10.1998[520] in das Gesetz zum Schutz deutschen Kulturgutes gegen Abwanderung eingefügt. Er bestimmt, dass für ausländisches Kulturgut, das in einer Ausstellung im Bundesgebiet gezeigt wird, „freies Geleit" zugesichert werden kann. Dem Verleiher kann also die Rückgabe durch die zuständige Behörte zu einem bestimmten Termin rechtsverbindlich und unwiderruflich zugesagt werden. Zweck des § 20 KultSchG ist es, zur Förderung und Intensivierung des internationalen Kulturgutaustauschs beizutragen, wozu sich die Bundesrepublik Deutschland in verschiedenen völkerrechtlichen Abkommen verpflichtet hat.[521] Die Zusage kann gem. § 20 I 1 KultSchG von der zuständigen obersten Landesbehörde im Einvernehmen mit dem Bundesinnenministerium als Zentralstelle des Bundes erteilt werden. Bei Ausstellungen, die vom Bund oder einer bundesunmittelbaren juristischen Person getragen werden, entscheidet die Behörde des Beauftragten der Bundesregierung für Angelegenheiten der Kultur und der Medien. Die rechtsverbindliche Rückgabezusage bewirkt, dass dem Rückgabeanspruch des Verleihers keine Rechte Dritter entgegengehalten werden können, § 20 III KultSchG. Gerichtliche Klagen auf Herausgabe, Arrestverfügungen, Pfändungen und Beschlagnahmen sind bis zur Rückgabe an den Verleiher unzulässig, § 20 IV KultSchG.

Die Rückgabezusicherung führt damit sowohl zu materiell-rechtlichen Beschränkungen gem. § 20 III KultSchG als auch zu prozessualen Beschränkungen nach § 20 IV KultSchG.[522]

Bei Erteilung einer Rückgabezusicherung i. S. von § 20 KultSchG an die russische Föderation für eine „Beutekunst"ausstellung könnten Dritte also dem russischen Rückgabeanspruch ihre Rechte nicht entgegenhalten und die gerichtliche Geltendmachung und Durchsetzung von Herausgabeansprüchen bezüglich Kulturgütern aus deut-

---

[519] Zeitweilig signalisierte die russische Seite die Bereitschaft, Teile der Beutekunst zu deren Ausstellung in Deutschland zur Verfügung zu stellen. So wurde vom russischen Kulturministerium auch eine Ausstellung des Schatz des Priamos in Deutschland vorgeschlagen, allerdings gegen Gewährung von Immunität vor öffentlicher oder privater Inanspruchnahme. Vgl. Beutekunst: Kommt der Schatz des Priamos zurück?, in: Der Tagesspiegel v. 10.4.2000; Siehe auch FAZ v. 10.4.2000.

[520] Abgedruckt in: IPrax 2000, S. 340 ff.

[521] Siehe *Pieroth/Hartmann*, NJW 2000, S. 2129 ff., S. 2130.

[522] Vgl. hierzu *Pieroth/Hartmann*, NJW 2000, S. 2129 ff., S. 2130 f.

schen öffentlichen oder privaten Sammlungen wäre für die Zeit der Ausstellung ausgeschlossen.

*bbb) Verfassungsmäßigkeit des § 20 KultSchG und Anwendbarkeit auf die vorliegende Problematik*

Aufgrund dieser weit reichenden Rechtswirkungen der Rückgabezusage nach § 20 KultSchG stellt sich die Frage, ob die Vorschrift mit dem Grundgesetz vereinbar ist.[523]

Bedenken ergeben sich wegen des Ausschlusses der Geltendmachung von Rechten Dritter und der prozessualen Beschränkungen insbesondere im Hinblick auf den durch Art. 14 GG gewährten Eigentumsschutz und auf den Justizgewährungsanspruch aus Art. 19 IV GG bzw. aus dem Rechtsstaatsprinzip.

Zwar wird dem Dritten die Geltendmachung seiner Rechte nicht dauerhaft versagt. Er kann sie nach der Rückkehr des Leihguts zum Verleiher ins Herkunftsland geltend machen.

Allerdings wird die Durchsetzung der Ansprüche hierdurch wesentlich erschwert. Häufig wird die Vollstreckung eines den Herausgabeanspruch bestätigenden Urteils im Herkunftsland des Verleihers an einem fehlenden Vollstreckungsübereinkommen für ausländische gerichtliche Entscheidungen scheitern. Dies trifft gerade auch im deutsch-russischen Verhältnis zu, weil die Bundesrepublik Deutschland mit der Russischen Föderation kein internationales Abkommen zur Vollstreckung von Gerichtsurteilen geschlossen hat.[524] Eine Verpflichtung nach Völkergewohnheitsrecht, ausländische Urteile anzuerkennen, besteht nicht.[525] Damit erscheint auch der zeitweilige Ausschluss der Klage- und Vollstreckungsmöglichkeit mit dem Verhältnismäßigkeitsgrundsatz nicht vereinbar, da er aufgrund der häufig fehlenden Vollstreckungsmöglichkeit eines deutschen Gerichtsurteils im Leihgeberstaat faktisch zum dauerhaften Ausschluss der Vollstreckungsmöglichkeit entsprechender Ansprüche nach seiner Rückkehr dorthin führt.[526]

Letztlich kann die Frage der Verfassungsmäßigkeit des § 20 KultSchG im vorliegenden Fall aber offen bleiben.

---

523 Ausführlich hierzu bspw. *Pieroth/Hartmann,* NJW 2000, S. 2129 ff., S. 2131 ff.

524 *Boguslavsky,* in: Simpson (Hrsg.), The Spoils of War, S. 186 ff., S. 190. Die Russische Föderation ist weder Vertragspartei des Haager Übereinkommens vom 26. April 1966 über die Anerkennung und Vollstreckung ausländischer Urteile in Zivil- und Handelssachen samt Zusatzprotokoll vom 1. Februar 1977, noch des Europäischen Übereinkommens vom 27. September 1968 über die gerichtliche Zuständigkeit und die Vollstreckung gerichtlicher Entscheidungen in Zivil- und Handelssachen, das mittlerweile weitgehend durch die Verordnung (EG) Nr. 44/2001 v. 22.12.2000 über die gerichtliche Zuständigkeit und die Anerkennung und Vollstreckung von Entscheidungen in Zivil- und Handelssachen ersetzt worden ist.

525 *Walter,* Rückführung von Kulturgut, S. 37 m. w. N.

526 AA *Pieroth/Hartmann,* NJW 2000, S. 2129 ff., S.2131 ff.; *Hipp,* Schutz von Kulturgütern in Deutschland, S. 334. Nach *Pieroth/Hartmann* ist der Rechtsweg durch § 20 KultSchG nicht in unzumutbarer, durch Sachgründe nicht mehr zu rechtfertigender Weise erschwert. Die Verhältnismäßigkeit i.e.S. sei deshalb gewahrt, weil es sich um einen gegenständlich und räumlich und insbesondere zeitlich beschränkten und damit gerade nicht vollständigen Ausschluss des Zugangs zum Gericht, nämlich für die Dauer des Aufenthalts im Bundesgebiet, handele.

Denn eine rechtsverbindliche Rückgabezusage kann nur unter bestimmten Voraussetzungen erteilt werden. Bezüglich der Beutekunst ist aber durchaus fraglich, ob diese vorliegen. Der Anwendungsbereich der Vorschrift und damit die Zusage „freien Geleits" ist nämlich nach § 20 I KultSchG auf „ausländisches" Kulturgut beschränkt.[527] Zu klären ist deshalb, ob für die Festlegung als „ausländisches" Kulturgut allein entscheidend ist, dass es sich um eine Leihgabe aus dem Ausland handelt[528] oder ob es sich für die Anwendbarkeit des § 20 KultSchG um eine Leihgabe ausländischer Herkunft[529] in dem Sinne handeln muss, dass sie zum nationalen Kulturgut des Leihgeberstaates gehört.

Die Regelung des § 20 KultSchG findet sich im Gesetz zum Schutz deutschen Kulturguts gegen Abwanderung, das zum Ziel hat, die Abwanderung national wertvollen Kulturguts zu verhindern. Dies legt den Schluss nahe, dass im Gegensatz zum Bemühen, national wertvolles Kulturgut auf dem Bundesgebiet zu halten, für ausländisches Kulturgut, das zu Ausstellungszwecken an die Bundesrepublik Deutschland ausgeliehen wird, mittels § 20 KultSchG bezweckt wird, die Rückgabe rechtsverbindlich zusichern zu können. Deshalb ist davon auszugehen, dass es sich dann um ausländisches Kulturgut i. S. des § 20 KultSchG handelt, wenn die Leihgabe ausländischer Herkunft in dem Sinn ist, dass sie zum nationalen Kulturgut eines anderen Staates als der Bundesrepublik Deutschland gehört. Diese Auslegung steht auch im Einklang mit dem Zweck des § 20 KultSchG, zur Förderung und Intensivierung des internationalen Kulturgutaustauschs beizutragen.[530] Durch die Zusicherung „freien Geleits" für Kulturgüter ausländischer Herkunft wird der Kulturgutaustausch oft erst ermöglicht werden.

Bei der Beutekunst handelt es sich dagegen aber häufig um Objekte, die dem national wertvollen deutschen Kulturgut zuzurechnen sind, weshalb die Anwendbarkeit des § 20 KultSchG und damit die Möglichkeit der Gewährung „freien Geleits" letztlich nach dem Wortlaut und auch dem Sinn und Zweck der Vorschrift abzulehnen ist.[531]

*ccc) Fazit*

Sollte man entgegen der hier vertretenen Auffassung davon ausgehen, dass § 20 KultSchG auch auf kriegsbedingt verbrachtes nationales Kulturgut, unabhängig von der Frage der Verfassungsmäßigkeit des § 20 KultSchG, Anwendung findet, so wäre für den Fall einer Beutekunstausstellung unter Gewährung einer Rückgabezusicherung gem. § 20 III KultSchG bis zur Rückgabe der Kulturgüter an die Russische Föderation die gerichtliche Geltendmachung von Herausgabeansprüchen sowohl durch öffentliche als auch private Eigentümer ausgeschlossen.

---

[527] *Berger*, IPRax 2000, S. 318 ff., S. 319; *Schoen,* NJW 2001, S. 537 ff., S. 541.

[528] So *Hirsch,* NJW 2001, S. 1627.

[529] So *Berger*, IPRax 2000, S. 318 ff., S. 319; *Schoen,* NJW 2001, S. 537 ff., S. 541.

[530] Hierzu hat sich die Bundesrepublik völkerrechtlich in verschiedenen Abkommen, wie im Europäischen Kulturabkommen von 1954, dem Europäischen Abkommen zum Schutz des archäologischen Kulturguts von 1969 und dem Internationalen Abkommen über die Einfuhr von Gegenständen erzieherischen, wissenschaftlichen oder kulturellen Charakters von 1950 verpflichtet, vgl. hierzu *Pieroth/Hartmann,* NJW 2000, S. 2129 ff., S. 2130.

[531] Zweifel an der Möglichkeit der Erteilung einer Rückgabezusage i.S. des § 20 KultSchG nach Wortlaut, Sinn und Zweck der Vorschrift hegt auch *Schoen,* NJW 2001, S. 537 ff., S. 541.

Auch bei Erteilung einer Rückgabezusicherung an Russland muss von deutscher Seite aber sichergestellt werden, beispielsweise durch Aufnahme einer entsprechenden Vorbehaltsklausel in die die Ausstellung regelnden deutsch-russischen Absprachen, dass nicht auf der russischen Seite der Eindruck entsteht, in der auf das Ausstellungsende folgenden Rückgabe liege eine Anerkennung des russischen Kulturgütergesetzes und der darin ausgesprochenen Enteignung bzgl. eines Großteils der kriegsbedingt verlagerten Kulturgüter.[532]

*c) Klage vor russischen Gerichten*

Während gegenüber der kommunistischen Sowjetunion privatrechtliche Herausgabeansprüche nicht durchgesetzt werden konnten, weil diese nicht über ein mit der Bundesrepublik Deutschland vergleichbares Rechtssystem verfügte, wurden seit dem politischen Wandel in Russland nach 1990 rechtsstaatliche Strukturen aufgebaut.[533]

So enthält die Verfassung der Russischen Föderation vom 12. Dezember 1993[534] eine Eigentumsgarantie. Nach Art. 8 II der Verfassung werden in der Russischen Föderation privates, staatliches, kommunales und andere Formen von Eigentum gleichermaßen anerkannt und geschützt. Art. 35 enthält nochmals den als Grundrecht gewährten Schutz des Privateigentums. Nach Art. 46 I der Verfassung wird jedem gerichtlicher Schutz seiner Rechte und Freiheiten garantiert. Dieser Schutz gilt gem. Art. 62 III auch für ausländische Bürger und staatenlose Personen.

Mithin steht Privaten, aber auch der fiskalisch handelnden Bundesrepublik Deutschland zur Geltendmachung ihrer Herausgabeansprüche aus Eigentum der Weg zu den russischen Zivilgerichten grundsätzlich offen.

Dieser Zugang Privater zu den russischen Zivilgerichten zum Zweck der Geltendmachung ihrer Herausgabeansprüche konnte auch durch das Kulturgütergesetz nicht wirksam ausgeschlossen werden.

Dementsprechend hat das Russische Verfassungsgericht Art. 18 Ziff. 1 2. HS KulturgüterG, wonach Rückgabeansprüche natürlicher und juristischer Behörden, gesellschaftlicher und anderer Organisationen und Vereinigungen bezüglich der nach Art. 8 II, III KulturgüterG privilegierten Kulturgüter zur Prüfung nicht angenommen werden, in seinem Urteil vom 20.7.1999 verfassungskonform dahingehend ausgelegt, dass der Einzelne seinen verfassungsrechtlichen Anspruch auf gerichtlichen Rechtsschutz behält.[535]

Damit sind Privatpersonen aus den ehemaligen Feindstaaten der UdSSR in den gesetzlichen Ausnahmefällen berechtigt, Rückgabeansprüche im normalen Gerichtsweg geltend zu machen.[536] Das Gericht unterscheidet also zwischen dem zwischenstaatlichen Rückgabeverfahren nach dem russischen Kulturgütergesetz und dem gerichtlichen Verfahren zur Durchsetzung privater Eigentumsrechte.

---

532 So auch *Schoen*, NJW 2001, S. 537 ff., S. 540.

533 *Schoen*, NJW 2001, S. 537 ff., S. 543.

534 Abgedruckt in deutscher Übersetzung in: EuGRZ 1994, S. 519 ff.

535 Vgl. Ziffer 9 der Urteilsgründe, Tenor Ziff. 8, Übersetzung in EuGRZ 1999, S. 594.

536 *Berger*, IPRax 2000, S. 318 ff., S. 320; *Hartwig*, EuGRZ 1999, S. 553, S. 562.

Nach der Feststellung des Verfassungsgerichts sind die im Kulturgütergesetz für das intergouvernementale Verfahren festgelegten Ausschlussfristen auch für Klagen Einzelner gültig.[537] Damit tritt gem. Art. 9 I, 10 I KulturgüterG nach Ablauf von 18 Monaten eine Präklusion ein.

Die 18-Monatsfrist ist kürzer als die allgemeine, in der Zivilgesetzgebung der Russischen Föderation festgelegte Frist der Klageverjährung, die gem. Art. 196 des Zivilgesetzbuchs der Russischen Föderation drei Jahre beträgt.

Die Fristverkürzung ist im Zusammenhang mit den Bestimmungen des Gesetzes zwar folgerichtig, da nach Ablauf der 18-Monatsfrist die fraglichen Kulturgüter Eigentum der Russischen Föderation werden. Bestünde für die Klagen Einzelner eine längere Klagefrist, würden die materiell-rechtliche Eigentumszuordnung und die Klagemöglichkeit auseinanderfallen. Dennoch bestehen Bedenken gegenüber der Beschränkung der allgemeinen Klagefrist auf 18 Monate, da sie zu einer Schlechterstellung der durch das Gesetz privilegierten Gruppen, wie der Opfer nationalsozialistischer Verfolgung, gegenüber denjenigen Personen, die ihre Kulturgüter aufgrund von Plünderungen verloren haben, führt. Diese Kulturgüter fallen nicht in den Anwendungsbereich des Gesetzes, weshalb deren Eigentümern die längeren allgemeinen Klagefristen zur Verfügung stehen.[538]

Der Fristlauf beginnt entgegen der ursprünglichen Festsetzung im Kulturgütergesetz aufgrund entsprechender Korrektur durch das Verfassungsgericht nicht mit Inkrafttreten des Gesetzes, sondern erst ab Kenntniserlangung des Berechtigten davon, dass sich sein Kulturgut in Russland befindet bzw. ab der Möglichkeit zur Kenntniserlangung.[539]

### *2. Materiellrechtliche Problematik: Die Eigentumssituation an den Kulturgütern unter Berücksichtigung sach- und kollisionsrechtlicher Grundsätze*

In prozessualer Hinsicht besteht wie gesehen grundsätzlich die Möglichkeit der zivilgerichtlichen Geltendmachung von Rückgabeansprüchen, sowohl seitens des Staates als auch privater Eigentümer. Gerade für Privatpersonen ist der Zivilrechtsweg oft der einzige Weg zur Durchsetzung ihrer Ansprüche.

In materieller Hinsicht ist Voraussetzung für das Bestehen eines zivilrechtlichen Anspruchs auf Rückführung und damit den Erfolg einer entsprechenden Herausgabeklage bestehendes Eigentum an den Kulturgütern. Dies beurteilt sich nach dem jeweils anwendbaren Sachrecht, welches wiederum durch das Internationale Privatrecht als Kollisionsrecht bestimmt wird. Im Rahmen dieser Abhandlung können hierzu allerdings nur einige grundsätzliche Überlegungen angestellt werden.[540]

---

[537] Ziffer 10 der Urteilsgründe, Übersetzung in EuGRZ 1999, S. 594 f.

[538] So auch *Hartwig,* EuGRZ 1999, S. 553, S. 562. Dementsprechend verweist das novellierte Kulturgütergesetz mittlerweile auch auf die von der Gesetzgebung der Russischen Föderation bestimmten Fristen, vgl. hierzu *Schröder,* EuGRZ 2002, S. 3 ff., S. 5 f.

[539] Die entsprechende Regelung des Gesetzes hat das Verfassungsgericht wegen Verstoßes gegen Art. 19 I, II, 45 I, 8 II, 35, 46 I und 62 III der Verfassung der Russischen Föderation für verfassungswidrig erklärt, Urteilsgründe Ziffer 10; Übersetzung in EuGRZ 1999, S. 594 f.

[540] Ausführlich hierzu vgl. bspw. bei *Müller-Katzenburg,* Internationale Standards im Kulturgüterverkehr, S. 157 ff., 220 ff.; *Siehr,* RdC 243 (1993 VI), S. 9 ff., S. 56 ff.

Da der Staat, wenn er die Rückgabe von in staatlichem Eigentum stehenden Kulturgütern geltend macht, fiskalisch und nicht hoheitlich handelt, muss hinsichtlich der Beurteilung in sachrechtlicher Hinsicht nicht zwischen Staats- und Privateigentum unterschieden werden, weshalb eine gemeinsame Abhandlung der Problematik angebracht erscheint.

Hierbei sollen zunächst einige allgemeine Überlegungen bezüglich der internationalen Rechtspraxis und der sich regelmäßig im Zusammenhang mit Herausgabeklagen stellenden Probleme, wie der Frage nach dem anwendbaren Recht, der Möglichkeit gutgläubigen Erwerbs, der Ersitzung oder der Verjährung angestellt werden. Im Anschluss daran wird die Rechtslage in Deutschland für den Fall, dass die verbrachten Kulturgüter nach Deutschland gelangen und die ehemaligen Eigentümer die Herausgabe des Kulturguts gem. § 985 BGB verlangen, und die Rechtslage in Russland näher untersucht.

*a) Sach- und kollisionsrechtliche Grundsätze und rechtsvergleichende Untersuchung zum Eigentumserwerb an Kulturgütern*

Der Erwerb von Kulturgütern und damit auch der Erfolg einer Herausgabeklage richtet sich nach den allgemeinen Eigentumserwerbsregeln. Die verschiedenen nationalen Systeme variieren dabei in Bezug auf den Erwerb beweglichen Eigentums stark untereinander. Entscheidend kommt es deshalb – gerade auch für das Bestehen eines Herausgabeanspruchs – darauf an, welches nationale Recht zur Anwendung kommt. Deshalb ist zunächst die maßgebliche Kollisionsnorm und mittels dieser das anwendbare Sachrecht zu ermitteln. Nach diesem richtet sich dann das Eigentum und die hieraus resultierenden Rechte.[541]

*aa) Anzuwendendes Recht: Regelanknüpfung an die lex rei sitae*

Für die Beurteilung der Eigentumsverhältnisse an den Kulturgütern kommt es entscheidend auf die Klärung der Frage an, welche Privatrechtsordnung hierfür maßgeblich ist. Dies bestimmt sich nach dem Internationalen Privatrecht. Für die Frage des auf bewegliche Sachen anwendbaren Rechts ist im internationalen Rechtsverkehr der Grundsatz der lex rei sitae als Regelanknüpfung von den meisten Rechtsordnungen anerkannt.[542] Die Situs-Regel gilt gem. Art. 43 I EGBGB auch im deutschen Internationalen Privatrecht. Sie besagt, dass für die dingliche Rechtslage, also für die Voraussetzungen der Entstehung, der Änderung und Übertragung des dinglichen Rechts an einer Sache sowie für den dinglichen Herausgabeanspruch das Recht des Ortes, an dem sich die Sache jeweils befindet, gilt.[543]

Maßgeblich ist also die jeweilige Belegenheit, weshalb mit Grenzübertritt ein Statutenwechsel eintritt. Dies hat zur Folge, dass dann das Recht am neuen Belegenheitsort

---

541 *Müller-Katzenburg*, Internationale Standards im Kulturgüterverkehr, S. 157.

542 *Kropholler*, Internationales Privatrecht, § 54 I 1, S. 519 ;*Jaeger*, Internationaler Kulturgüterschutz, S. 59 m.w.N.; *Müller-Katzenburg*, NJW 1999, S. 2551 ff., S. 2554.; *Müller-Katzenburg*, Internationale Standards im Kulturgüterverkehr, S. 158.

543 *Palandt-Heldrich*, 62. Aufl., Art. 43 EGBGB, Rdnr. 1; *Müller-Katzenburg*, NJW 1999, S. 2551 ff., S. 2554; *Kegel/Schurig*, Internationales Privatrecht, S. 663.

über die an der Sache bestehenden Besitz-, Eigentums- und sonstigen dinglichen Rechte entscheidet.[544] Für Vorgänge, die im „Herkunftsstaat“ einer Sache, also im Staat der ursprünglichen Belegenheit, stattgefunden haben, ist dessen Recht berufen.[545]

Für die Beurteilung der Frage, ob Eigentum übergegangen ist, ist also das Recht desjenigen Staats anzuwenden, an dem sich die Sache zum Zeitpunkt des Eigentumsübergangs befunden hat.[546]

Die lex rei sitae gilt grundsätzlich auch für Kulturgüter.[547] Allerdings kann deren Anwendung im Einzelfall aufgrund der in der Frage des Eigentumserwerbs stark variierenden nationalen Rechtsordnungen zu unbefriedigenden Ergebnissen führen. In der Praxis wurde deshalb in manchen Fällen von dieser Regel abgewichen. Diese Tendenz lässt sich gerade in den USA feststellen.[548] Auch außerhalb des amerikanischen Rechtskreises und in der Literatur wurden Vorschläge für eine eigenständige Anknüpfung bzw. andere Anknüpfungsmodelle in Bezug auf Kulturgüter gemacht, wie die Anknüpfung an das Recht des Herkunftslands (lex originis), an das Recht des Orts des Diebstahls bzw. Abhandenkommens (lex loci commissi bzw. lex furti) oder das Recht des Wohnsitzes des Bestohlenen, auf deren Vor- und Nachteile hier im Einzelnen nicht eingegangen werden kann.[549]

In der Regel ist – jedenfalls bislang – an die lex rei sitae als geschriebene oder ungeschriebene Kollisionsregel anzuknüpfen.[550]

*bb) Auswirkungen des russischen Kulturgütergesetzes: Verbindlichkeit von Hoheitsakten i.S. der act of state-Doktrin oder Nichtanerkennung wegen ordre public-Verstoßes*

Vorliegend hängen die Erfolgsaussichten einer Herausgabeklage auch davon ab, welche Hoheitsakte der Sowjetunion bzw. der Russischen Föderation von den wegen der Rückführung angerufenen Gerichten anerkannt werden und insbesondere davon, ob die sowjetischen Wegnahme- und Verbringungsmaßnahmen und die Enteignung im russischen Kulturgütergesetz beachtet werden.

Grundsätzlich gilt, dass Hoheitsakte eines fremden Staates und damit auch Enteignungen, die dieser auf seinem Gebiet unter Beachtung des Territorialitätsprinzips erlassen hat, im eigenen Staat anzuerkennen sind.[551]

---

[544] *Müller-Katzenburg*, NJW 1999, S. 2551 ff., S. 2554.

[545] *Armbrüster*, NJW 2001, S. 3581 ff., S. 3582.

[546] *Walter*, Rückführung von Kulturgut, S. 32 m. w. N.

[547] *Palandt-Heldrich*, 62. Aufl., Art. 43 EGBGB, Rdnr. 2 m. w. N.; *Fuchs*, IPRax 2000, S. 281 ff., S. 284; teilweise wird für Kulturgüter allerdings eine eigenständige Anknüpfung gefordert, wobei umstritten ist, worin diese bestehen soll, vgl. hierzu Darstellung bei *Armbrüster*, NJW 2001, S. 3581 ff., S. 3582 f.

[548] Vgl. hierzu mit Darstellung einzelner Fälle, insbesondere Kunstsammlungen Weimar v. Elicofon und Autocephalous Greek-Orthodox Church of Cyprus v. Goldberg, *Müller-Katzenburg*, Internationale Standards im Kulturgüterverkehr, S. 160 ff. und *Jaeger*, Internationaler Kulturgüterschutz, S. 60 ff.

[549] Eingehender hierzu *Jaeger*, Internationaler Kulturgüterschutz, S. 67 ff; *Müller-Katzenburg*, Internationale Standards im Kulturgüterverkehr, S. 225 ff.; *Armbrüster*, NJW 2001, S. 1581 ff., S. 3582 f.

[550] *Müller-Katzenburg*, Internationale Standards im Kulturgüterverkehr, S. 158.

[551] *Schoen*, NJW 2001, S. 537 ff., S. 542; *Kegel/Schurig*, Internationales Privatrecht, S. 942 f.

So besagt die in der anglo-amerikanischen Rechtspraxis entwickelte act of state-Doktrin, dass die Gerichte eines Staates keine Befugnis zur Überprüfung der Wirksamkeit oder Rechtmäßigkeit von Hoheitsakten eines anderen Staates oder dessen Behörden haben.[552] Hierunter fallen gerade auch Enteignungs- bzw. Nationalisierungsmaßnahmen fremder Staaten.

Allerdings handelt es sich bei der act of state Doktrin nicht um einen Bestandteil des Völkerrechts, sondern um ein Prinzip des amerikanischen Verfassungsrechts.[553] Darüber hinaus hat auch der amerikanische Supreme Court seine frühere Rechtsauffassung hierzu aufgegeben.[554] Die act of state-Doktrin kann also einen Staat nicht daran hindern, einem ausländischen Hoheitsakt die Anerkennung zu verweigern.

Nach allgemeinem Völkerrecht ist es den Staaten und damit den Gerichten letztlich freigestellt, ob sie Hoheitsakte fremder Staaten, die im Inland Geltung beanspruchen, einer Rechtmäßigkeitsprüfung unterziehen.[555]

Keine Einigkeit besteht allerdings darüber, ob generell auf völkerrechtswidrige Akte ausländischer Staatsgewalt reagiert werden muss und welche innerstaatlichen Rechtsfolgen sich im Einzelnen aus der Völkerrechtswidrigkeit ausländischer Hoheitsakte ergeben. Grundsätzlich besteht weder eine unmittelbar aus dem Völkerrecht herzuleitende Verpflichtung zur Anerkennung noch zur Nichtanerkennung ausländischer völkerrechtswidriger Hoheitsakte.[556] Es existiert diesbezüglich auch keine gesicherte Staatenpraxis.[557] Etwas anderes gilt allerdings beim Verstoß eines ausländischen Hoheitsakts gegen völkerrechtliches ius cogens. Die Normen des ius cogens sind der Disposition einzelner Staaten entzogen. Die Anerkennung eines gegen ius cogens verstoßenden Hoheitsakts hätte die Aufweichung des Charakters des ius cogens als zwingende, von allen Mitgliedern der internationalen Staatengemeinschaft anerkannte Normen, zur Folge.[558]

Enteignungen werden insbesondere dann nicht anerkannt, wenn sie gegen Völkerrecht[559] und den nationalen ordre public verstoßen,[560] wobei letzterer nur verletzt ist, wenn der Hoheitsakt den im Rechtskreis des angerufenen Gerichts anerkannten Vorstellungen von Recht und Moral grob widerspricht.[561]

Eine Ausnahme von der Anerkennung ausländischer Gesetze wegen Verstoßes gegen den nationalen ordre public bildet aber gerade im Zusammenhang mit Kulturgütern die Enteignung bzw. Verstaatlichung ohne Zahlung einer angemessenen Kompensation.[562]

---

552 *Ipsen,* Völkerrecht, S. 330; Rdnr. 10.

553 *Ipsen,* Völkerrecht, S. 330; Rdnr. 10, S. 664, Rdnr. 31; *Seidl-Hohenveldern/Stein,* Völkerrecht, Rdnr. 1490, S. 274.

554 *Ipsen,* Völkerrecht, S. 664, Rdnr. 31 m. w. N.

555 *Verdross/Simma,* Universelles Völkerrecht, § 1178, S. 774.

556 *Staudinger-Blumenwitz,* Art. 6 EGBGB, Rdnr. 62; *Ipsen,* Völkerrecht, S. 664, Rdnr. 31; *Seidl-Hohenveldern/Stein,* Völkerrecht, Rdnr. 1491, S. 274.

557 *Staudinger-Blumenwitz,* Art. 6 EGBGB, Rdnr. 62 m. w. N.

558 Ebenso *Staudinger-Blumenwitz,* Art. 6 EGBGB, Rdnr. 62; *Von der Beck,* Die Konfiskationen in der Sowjetischen Besatzungszone, S. 186.

559 *Kegel/Schurig,* Internationales Privatrecht, S. 945.

560 *Walter,* Rückführung von Kulturgut, S. 30.

561 *Walter,* Rückführung von Kulturgut, S. 30.

562 Vgl. hierzu eingehend *Prott,* RdC 217 (1989-V), S. 217 ff., S. 283 ff.

Ein ausländisches Gericht wird also in der Regel eine Enteignung, die dem Völkerrecht und dem nationalen ordre public widerspricht, nicht anerkennen.

Vorliegend verstießen die Maßnahmen der sowjetischen Besatzungsmacht und die Enteignung im russischen Kulturgütergesetz von 1998 aber wie gesehen nicht nur gegen Völkerrecht, insbesondere gegen die HLKO von 1907 und im Fall des Kulturgütergesetzes darüber hinaus auch gegen die mit Deutschland im Jahr 1990 und 1992 geschlossenen Verträge. Die Enteignung im Kulturgütergesetz dürfte vielmehr auch als ordre public-widrig eingestuft werden, weil sie ohne Entschädigung erfolgte.

Darüber hinaus sprechen gute Gründe dafür, dass die Beschlagnahme und Verbringung durch die Sowjetunion und deren Perpetuierung durch die Enteignung im Kulturgütergesetz von 1998 wegen Verstoßes gegen den als Norm des humanitären Völkerrechts zum ius cogens zählenden Art. 56 HLKO[563] nicht anerkannt werden dürfen.

Es ist deshalb nicht zu erwarten, dass eine Herausgabeklage an der Anerkennung der sowjetischen Maßnahmen bzw. des russischen Kulturgütergesetzes scheitert.[564] Hier käme es allerdings auf eine Untersuchung im Einzelfall an.

*cc) Gutgläubiger Erwerb*

Dem Anspruch auf Rückgabe könnte aber je nach den Umständen des Einzelfalls auch ein gutgläubiger Erwerb entgegenstehen.

Die Frage der Möglichkeit gutgläubigen Erwerbs an den deutschen Kulturgütern beurteilt sich gemäß der lex rei sitae nach dem Recht des Staates, auf dessen Gebiet sich der Eigentumsübergang vollzogen hat.

Dabei bestehen je nach nationaler Rechtsordnung sehr unterschiedliche Regeln, die vom Ausschluss jeglichen gutgläubigen Erwerbs gemäß der nemo-dat-Regel (nemo plus iuris ad alium transferre potest quam ipse habet) im Common Law bis zur Möglichkeit gutgläubigen Erwerbs sogar an gestohlenen Sachen (Art. 1153, 1154 Codice Civile), reichen.[565] Zwischen diesen beiden Extrempositionen existieren auch Zwischenlösungen, die den gutgläubigen Erwerb beim Vorliegen bestimmter Voraussetzungen zulassen. So ist in den meisten kontinentaleuropäischen Rechtsordnungen zwar ein gutgläubiger Erwerb möglich, in der Regel aber nicht an gestohlenen Sachen. Allerdings bestehen auch hier Ausnahmen und Einschränkungen.[566] So kann in Deutschland im Wege der öffentlichen Versteigerung gem. § 935 II BGB auch an gestohlenen oder sonst abhanden gekommenen Sachen Eigentum erworben werden. In Frankreich (Art. 2280 I Code Civil), Spanien (Art. 464 Código Civil) oder der Schweiz (Art. 934 II ZGB) muss die auf einem öffentlichen Markt oder von einem Kaufmann gutgläubig

---

563 Zur ius cogens-Problematik vgl. unten D.II.2.b)bb)bbb)(3)(b).

564 Für die Klage deutscher Eigentümer vor US-amerikanischen Gerichten stellt dies *Kline*, http://www.beutekunst.de/bremen/sow4/rlaw5.html fest. Zur gleichen Problematik vor deutschen Gerichten vgl. unten.

565 Siehe rechtsvergleichende Darstellung bspw. bei *Jaeger*, Internationaler Kulturgüterschutz, S. 46 ff.; Hinweis auf weitere rechtsvergleichende Studien bei *Müller-Katzenburg*, Internationale Standards im Kulturgüterverkehr, S. 165.

566 *Müller-Katzenburg*, NJW 1999, S. 2551 ff., S. 2555.

erworbene gestohlene Sache nur gegen Erstattung des Kaufpreises an den Eigentümer zurückgegeben werden.[567]

Diese Beispiele zeigen, dass die Abwägung zwischen Verkehrs- und Eigentümerschutzinteressen international unterschiedlich ausfällt. Deshalb kommt es bezüglich der Frage nach der Möglichkeit gutgläubigen Erwerbs auf die Betrachtung im Einzelfall an.

*dd) Ersitzung*

Neben dem gutgläubigen Erwerb kann auch der Erwerb im Weg der Ersitzung, also durch Zeitablauf, eine Rolle spielen. Dabei geht das Eigentum nach Ablauf einer bestimmten Zeitspanne auf den gutgläubigen Besitzer über. Auch hier gilt die Situs-Regel, die erforderliche Dauer des gutgläubigen Eigenbesitzes wird nach dem Recht am Ort der Belegenheit beurteilt.[568]

In Deutschland beträgt die Zeitspanne für die Ersitzung gem. § 937 BGB beispielsweise 10 Jahre.

*ee) Verjährung*

Einem Herausgabeanspruch der deutschen Eigentümer kann schließlich auch die Verjährung entgegenstehen.

Diese hindert – anders als die Ersitzung, bei der das Eigentum nach einer bestimmten Zeitspanne auf den gutgläubigen Besitzer übergeht – in der Regel nur die Durchsetzbarkeit des Herausgabeanspruchs. Das Eigentum selbst geht dagegen nicht über.[569]

Auch die Verjährungsvorschriften differieren in den einzelnen nationalen Rechtsordnungen stark. Hier gibt es nicht nur Unterschiede in der rechtlichen Einordnung der Verjährung, sondern auch in der Verjährungsdauer und hinsichtlich des Beginns des Fristlaufs.[570]

Während die Verjährung im Common Law des anglo-amerikanischen Rechtskreises in der Regel als prozessrechtliches Institut angesehen wird, wird sie im Civil Law der kontinental-europäischen Rechtsordnungen dem materiellen Recht zugeordnet.[571] Dies führt dazu, dass die Verjährung im anglo-amerikanischen Rechtskreis grundsätzlich der lex fori unterliegt und deshalb bei Herausgabeklagen die dortigen Verjährungsregeln einschlägig sind.[572] In Großbritannien sind nach dem Foreign Limitation Periods

---

[567] So *Müller-Katzenburg*, Internationale Standards im Kulturgüterverkehr, S. 166; weitere Beispiele bei *Müller-Katzenburg*, NJW 1999, S. 2551 ff., S. 2555.

[568] *Walter*, Rückführung von Kulturgut, S. 33; *Müller-Katzenburg*, Internationale Standards im Kulturgüterverkehr, S. 164 m.w.N.

[569] *Walter*, Rückführung von Kulturgut, S. 33.

[570] Vgl. hierzu *Prott*, RdC 217 (1989-V), S. 217 ff., S. 257 ff.; *Müller-Katzenburg*, Internationale Standards im Kulturgüterverkehr, S. 167 ff., 133 ff.

[571] *Prott*, RdC 217 (1989-V), S. 217 ff., S. 258; *Müller-Katzenburg*, Internationale Standards im Kulturgüterverkehr, S. 333.

[572] *Müller-Katzenburg*, Internationale Standards im Kulturgüterverkehr, S. 333.

Act 1984[573] allerdings bei einer Herausgabeklage ausländische Verjährungsvorschriften selbst dann zu beachten, wenn diese englischem Recht unterliegt.[574]

Auch die Dauer der Verjährungsfristen differiert je nach Rechtsordnung. So verjährt der dingliche Herausgabeanspruch beispielsweise in der Schweiz überhaupt nicht,[575] ebenso ist es in Österreich und Italien.[576] Auch in Großbritannien gibt es gem. section 4 des Limitation Act 1980 keine Verjährung der Herausgabeklage gegen den Dieb oder bösgläubigen Abnehmer.[577] In den einzelnen Bundesstaaten der USA beträgt die Verjährungsfrist dagegen in der Regel zwischen 3 und 4 Jahren, teilweise aber auch zwischen 2 - 10 Jahren.[578] In den kontinentaleuropäischen Rechtsordnungen, die von der Verjährbarkeit ausgehen, sind die Verjährungsfristen dagegen teilweise länger. So unterliegt der dingliche Herausgabeanspruch in Deutschland einer 30-jährigen Verjährungsfrist, was seit der zum 1.1.2002 in Kraft getretenen Schuldrechtsreform explizit in § 197 I Nr. 1 BGB festgelegt ist.[579] Die Frist beginnt hier gem. § 200 BGB mit der Anspruchsentstehung. Auch in Frankreich beträgt die Verjährung des Herausgabeanspruchs gem. Art. 2262 Code Civil 30 Jahre.[580] Vom gutgläubigen Erwerber kann al-

---

573 Zwar ist nach traditioneller englischer Auffassung die Verjährung eine Klageverjährung und mithin ein prozessrechtliches Institut. Allerdings sollte dies im Foreign Limitation Periods Act 1984, nicht zuletzt im Hinblick auf Art. 10 I d des EWG-Übereinkommens vom 19.6.1980 über das auf vertragliche Schuldverhältnisse anzuwendende Recht (EVÜ), geändert und der kontinentaleuropäischen Ansicht angepasst werden. Danach richtet sich die Verjährung eines Anspruchs nach der lex causae, also nach dem auf den Anspruch anwendbaren Recht. Sie ist mithin materiellrechtlich zu qualifizieren. Vgl. hierzu *Siehr,* in: Carl/Güttler/Siehr, Kunstdiebstahl vor Gericht, S. 53 ff., S. 56 f.

574 Dies wurde durch Urteil des Londoner High Court im Wtewael-Fall klargestellt, vgl. die Urteilsgründe, abgedruckt in englischer und deutscher Sprache bei *Carl/Güttler/Siehr*, Kunstdiebstahl vor Gericht, S. 78 ff., S. 174 ff. Diese Entscheidung, bei der der High Court die Verjährung eines Herausgabeanspruchs nach deutschem Recht prüfte, ist zugleich die erste Entscheidung eines Gerichts zu § 221 BGB aF (entspricht § 198 BGB nF) und damit eine für das Verjährungsrecht wichtige Entscheidung. Das Gericht folgte dabei der Auffassung, dass § 221 BGB aF beim Besitzmittlungsverhältnis und mithin auf die Besitznachfolge durch einen Fremdbesitzer nicht anwendbar ist und sich der untreue Besitzer, der die Sache unterschlagen hat, nicht auf sie berufen kann. Ihm kommt mithin der Ablauf der Verjährungsfrist beim mittelbaren Besitzer nicht zugute, vgl. *Siehr,* in: Carl/Güttler/Siehr, Kunstdiebstahl vor Gericht, S. 53 ff., S. 69 f.; Urteilsgründe, abgedruckt bei *Carl/Güttler/Siehr*, Kunstdiebstahl vor Gericht, S. 78 ff., S. 188 ff.

575 Vgl. *Müller-Katzenburg,* NJW 1999, S. 2551 ff., S. 2557.

576 §§ 1459, 1481 ABGB; Art. 948 III Codice civile; Allerdings läßt das ABGB den gutgläubigen Erwerb gem. § 367 und die Ersitzung von Mobilien gem .§§ 1452, 1462 binnen drei Jahren zu. Ebenso ist in Italien der gutgläubige Erwerb gem. Art. 1153 ff. Codice civile möglich und der Erwerb durch gutgläubige zehnjährige Ersitzung gem. Art. 1161 Codice civile. Vgl. hierzu *Siehr,* in: Carl/Güttler/Siehr, Kunstdiebstahl vor Gericht, S. 53 ff., S. 72, m.w.N.

577 *Siehr,* in: Carl/Güttler/Siehr, Kunstdiebstahl vor Gericht, S. 53 ff., S. 55. Der gutgläubige Erwerber erwirbt die Sache allerdings nach Ablauf der Verjährungsfrist von 6 Jahren.

578 *Prott,* RdC 217 (1989-V), S. 217 ff., S. 255; *Müller-Katzenburg,* Internationale Standards im Kulturgüterverkehr, S. 339, m.w.N.; In den Bundesstaaten New York und Kalifornien beträgt die Verjährung bspw. jeweils drei Jahre, N.Y. Civil Practice Law & Rules § 214 (3) und Cal. Civil Procedure Code § 338, vgl. *Müller-Katzenburg,* NJW 1999, S. 2551 ff., S. 2557, Fn. 76.

579 Vgl. hierzu ausführlich unten D.II.2.b)dd).

580 *Siehr,* in: Carl/Güttler/Siehr, Kunstdiebstahl vor Gericht, S. 53 ff., S. 71. Allerdings geht die Rechtsprechung in Frankreich seit 1993 entgegen Art. 2262 Code civile von der Unverjährbarkeit der Vindikation aus, vgl. *Remien,* AcP 201 (2001), S. 730 ff., S. 738 f., m.w.N.

lerdings gem. Art. 2279 Code Civil nur innerhalb von drei Jahren nach dem Diebstahl oder Verlust der Sache Herausgabe verlangt werden.[581]

Trotz relativ kurzer Verjährungsfristen in den USA kann ein Anspruch auf Herausgabe eines gestohlenen bzw. abhanden gekommenen Kulturguts unter Umständen auch noch nach mehr als dreißig Jahren gerichtlich durchgesetzt werden, weil der Verjährungsbeginn hier „flexibler“ gehandhabt wird.[582] In den meisten US-Bundesstaaten beginnt die Frist nach der sog. „discovery rule“ nämlich erst bei tatsächlicher bzw. bei Aufwendung der erforderlichen Sorgfalt möglicher Kenntnis des Anspruchsberechtigten vom Verbleib seines Eigentums.[583] Eine Ausnahme hiervon bildet allerdings der Bundesstaat New York. Dort bestimmt sich der Beginn der dreijährigen Verjährungsfrist nach ständiger Rechtsprechung nach der sog. „demand and refusal rule“ und beginnt grundsätzlich erst zu laufen, wenn der Kläger die Sache vom Besitzer herausverlangt und dieser die Forderung zurückgewiesen hat.[584] Trotz kürzerer Verjährungsfristen ist der Eigentümer im US-amerikanischen Recht also besser geschützt als durch die starren Verjährungsfristen der kontinentaleuropäischen Rechtsordnungen.[585] Die flexible Handhabung der Verjährungsregeln ermöglicht eine am Einzelfall orientierte Rechtsgestaltung und führt so zu interessengerechten Ergebnissen.[586] Darüber hinaus entsteht durch diese Praxis kein Anreiz für den Dieb oder unlauteren Händler, Kulturgüter solange zu verstecken, bis die Verjährungsfrist abgelaufen ist.[587]

Auch in der Frage der möglichen Verjährung und damit Durchsetzbarkeit deutscher Herausgabeansprüche kommt es letztlich also entscheidend darauf an, welches Recht im Einzelfall anwendbar ist.

*b) Eigentumssituation in Deutschland*

Im Folgenden soll der Frage nachgegangen werden, wie sich die Eigentumssituation bezüglich kriegsbedingt nach Russland verbrachter Kulturgüter nach ihrer Wiedereinführung in die Bundesrepublik Deutschland, sei es über den internationalen Kunsthandel oder im Rahmen von Ausstellungen und damit die Erfolgsaussichten möglicher Herausgabeklagen der ehemaligen Eigentümer darstellen.

---

[581] *Müller-Katzenburg*, Internationale Standards im Kulturgüterverkehr, S. 167, mit weiteren Beispielen für Verjährungsfristen.

[582] *Müller-Katzenburg*, NJW 1999, S. 2551 ff., S. 2557; *Müller-Katzenburg*, Internationale Standards im Kulturgüterverkehr, S. 167.

[583] *Müller-Katzenburg*, NJW 1999, S. 2551 ff., S. 2557; die discovery rule wurde bspw. im Fall Cyprus v. Goldberg angewandt, vgl. *Müller-Katzenburg*, Internationale Standards im Kulturgüterverkehr, S. 170 f.

[584] *Müller-Katzenburg*, Internationale Standards im Kulturgüterverkehr, S. 171 ff., mit Fallbeispielen.

[585] So *Müller-Katzenburg*, Internationale Standards im Kulturgüterverkehr, S. 175.

[586] Ausführlich hierzu *Müller-Katzenburg*, Internationale Standards im Kulturgüterverkehr, S. 339 ff.

[587] *Prott*, RdC 217 (1989-V), S. 217 ff., S. 260.

*aa) Grundsatz der lex rei sitae*

Der Grundsatz der lex rei sitae gilt gem. Art. 43 EGBGB auch in der Bundesrepublik Deutschland.[588] Damit ist auf den Eigentumsübergang das Recht des Orts anzuwenden, an dem sich die Sache zum Zeitpunkt der Eigentumsübertragung befindet. Für dingliche Herausgabeansprüche verweist die Situs-Regel, wenn die Sache gegenwärtig in Deutschland belegen ist, auf das BGB.[589]

Für den Fall der Wiedereinführung kriegsbedingt nach Russland verlagerter Kulturgüter in die Bundesrepublik Deutschland richtet sich deshalb der Eigentumserwerb nach deutschem Recht als dem neuen Ort der Belegenheit.[590]

Davon zu unterscheiden ist die Frage, welche Auswirkungen die Beschlagnahme und Verbringung der Kulturgüter zwischen 1945 und 1949 und Enteignung zum Zweck der kompensatorischen Restitution im russischen Kulturgütergesetz auf die Eigentumslage in Deutschland hat und inwiefern diese im deutschen Recht anzuerkennen ist, was im Folgenden zu klären sein wird.

*bb) Nichtanerkennung der sowjetischen und russischen Maßnahmen wegen Verstoßes gegen den ordre public i. S. von Art. 6 EGBGB*

Die Beschlagnahme und Verbringung der Kulturgüter durch die sowjetische Besatzungsmacht und die Enteignung im russischen Kulturgütergesetz hat letztlich keine Auswirkung auf die Eigentumslage in Deutschland und damit auf die Erfolgsaussichten einer Herausgabeklage. Diese Maßnahmen sind in Deutschland nicht anzuerkennen.

Grundsätzlich gilt zwar, wie bereits oben geprüft,[591] dass Hoheitsakte eines fremden Staates, die dieser auf seinem Gebiet unter Beachtung des Territorialitätsprinzips erlassen hat und damit auch Enteignungen, die ein Staat auf seinem Staatsgebiet vornimmt, von einem anderen Staat anerkannt werden.[592] So erkennt auch die deutsche Rechtsprechung eine außerhalb der Bundesrepublik Deutschland erfolgte Enteignung grundsätzlich als wirksam an, wenn die fremde Rechtsordnung nach den Regeln des IPR für anwendbar erklärt wird und die Sache oder das Vermögen im Zeitpunkt der Enteignung der Gebietshoheit dieses Staates unterliegt.[593]

Nach allgemeinem Völkerrecht ist es den Staaten und damit den Gerichten aber freigestellt, ob sie Hoheitsakte fremder Staaten, die im Inland Geltung beanspruchen, ei-

---

[588] *Palandt-Heldrich,* 62. Aufl., Art. 43 EGBGB, Rdnr. 1; *Armbrüster,* NJW 2001, S. 1581 ff., S. 3581.

[589] *Armbrüster,* NJW 2001, S. 3581 ff., S. 3582.

[590] Für die Erwerbsvorgänge bezüglich dieser Kulturgüter während ihrer Belegenheit in Russland ist dagegen russisches Recht maßgeblich. Deshalb könnte einem Anspruch auf Herausgabe je nach den Umständen des Einzelfalls auch ein Erwerbstatbestand nach russischem Recht, insbesondere der gutgläubige Erwerb, oder die Verjährung als Rechtshindernis entgegenstehen, siehe näher unten D.II.2.c)cc).

[591] Vgl. oben D.II.2.a)bb).

[592] Vgl. bereits oben D.II.2.a)bb); *Schoen,* NJW 2001, S. 537 ff., S. 542; *Kegel/Schurig,* Internationales Privatrecht, S. 942 f.

[593] *Jaeger,* Internationaler Kulturgüterschutz, S. 88 m. w. N.

ner Rechtmäßigkeitsprüfung unterziehen.[594] Mithin unterliegt es dem nationalen Recht, zu bestimmen, ob und in welchen Fällen fremden völkerrechtswidrigen Hoheitsakten die Wirksamkeit im innerstaatlichen Bereich zu versagen ist.[595]

Von der Anerkennung fremder völkerrechtswidriger Hoheitsakte wird in der Bundesrepublik Deutschland dann abgesehen, wenn gegen den in Art. 6 EGBGB geregelten ordre public verstoßen wird. Hieraus folgt die Pflicht zu deren Nichtbeachtung.

*aaa) Zur Wirksamkeit der Enteignung zum Zweck der kompensatorischen Restitution nach russischem Recht*

Bevor auf die Frage eines möglichen ordre public Verstoßes im vorliegenden Fall näher eingegangen wird, soll allerdings zunächst überprüft werden, ob die in Russland vorgenommene Enteignung nach russischem Landesrecht selbst als rechtmäßig anzusehen ist, da dies Voraussetzung für die Anerkennung der Enteignung in Deutschland ist.[596]

Gegenüber der Enteignung im Kulturgütergesetz ergeben sich aber auch nach russischem Recht Bedenken, selbst wenn das Russische Verfassungsgericht die Verstaatlichung der Kulturgüter zum Zweck der kompensatorischen Restitution für eigene kriegsbedingte Verluste für zulässig gehalten hat. Eine Überschreitung des russischen Rechts kommt aus dem Grund in Betracht, weil nach Art. 35 III der Russischen Verfassung eine zwangsweise Enteignung des Vermögens zu staatlichen Zwecken nur unter der Bedingung einer vorherigen und gleichwertigen Entschädigung durchgeführt werden darf. Durch das russische Kulturgütergesetz sind aber Entschädigungen gerade der privaten Kunstsammler ausgeschlossen.[597]

Mithin erscheint die Rechtmäßigkeit der Enteignung bereits nach russischem Recht problematisch.

*bbb) Verstoß gegen den ordre public gem. Art. 6 EGBGB*

*(1) Allgemeines zum ordre public*

Eine rechtliche Pflicht zur Nichtanerkennung der sowjetischen Beschlagnahme- und Verbringungsmaßnahmen und der Enteignung im russischen Kulturgütergesetz in der Bundesrepublik Deutschland besteht dann, wenn diese Maßnahmen gegen den ordre public i. S von Art. 6 EGBGB verstoßen.

Nach Art. 6 EGBGB ist die Rechtsnorm eines anderen Staates nicht anzuwenden, wenn ihre Anwendung zu einem Ergebnis führt, das mit wesentlichen Grundsätzen des deutschen Rechts offensichtlich unvereinbar ist. Sie ist insbesondere nicht anzuwenden, wenn dies den Grundrechten widerspricht.

Zu den maßgeblichen grundlegenden Elementen der bundesdeutschen Rechtsordnung i. S. des Art. 6 EGBGB zählen über Art. 25 GG auch die allgemeinen Grundsätze

---

[594] *Verdross/Simma,* Universelles Völkerrecht, § 1178, S. 774.

[595] *Von der Beck,* Die Konfiskationen in der Sowjetischen Besatzungszone, S. 185 m. w. N.

[596] *Schoen,* NJW 2001, S. 537 ff., S. 542, m. w. N.; *Kegel/Schurig,* Internationales Privatrecht, S. 945.

[597] So *Schoen,* NJW 2001, S. 537 ff., S. 542.

des Völkerrechts. Auch diese sind also bei der Konkretisierung der Vorbehaltsklausel zu berücksichtigen.[598] Der internationale ordre public verpflichtet die deutsche Staatsgewalt damit bei der Anwendung des Internationalen Privatrechts zum Schutz völkerrechtlich anerkannter Grundwerte.[599]

*(2) Hinreichender Inlands- und Gegenwartsbezug*

Voraussetzung für die Anwendung des Art. 6 EGBGB ist nach höchstrichterlicher Rechtsprechung zunächst das Vorliegen eines hinreichenden Inlands- und Gegenwartsbezugs.[600]

Der hinreichende räumliche Bezug zur inländischen Rechtsordnung ergibt sich für den Fall, dass Beutekunststücke wieder in die Bundesrepublik Deutschland gelangen, schon allein aus dem Umstand der Belegenheit im Inland.

Auch das Bestehen eines hinreichenden Gegenwartsbezugs kann hinsichtlich der Beutekunstfälle bejaht werden.

Hieran kann es zwar grundsätzlich dann fehlen, wenn der fremde Hoheitsakt sehr lange Zeit zurückliegt.[601] Der erste Eingriff in das Eigentum an den Kulturgütern erfolgte hier bereits in den Jahren zwischen 1945 und 1949 durch Beschlagnahme und Verbringung. Es handelt sich dabei aber nicht um einen punktuellen Eingriff, sondern die Verletzung wirkte fort, da die Verlagerung und damit der durch die Verbringung geschaffene rechtswidrige Zustand andauert. Der Gegenwartsbezug ist auch deshalb gegeben, weil die ursprünglichen Eigentümer seit der im deutsch-sowjetischen Vertrag von 1990 bzw. im deutsch-russischen Vertrag aus dem Jahr 1992 eingegangenen russischen Verpflichtung, kriegsbedingt verlagerte Kulturgüter zurückzugeben, davon ausgehen konnten, ihr Eigentum zurückzuerhalten. Eine gegen Völkerrecht und die bilateralen Verpflichtungen verstoßende entschädigungslose Enteignung zum Zweck der kompensatorischen Restitution erfolgte schließlich erst im Jahr 1998 durch das Kulturgütergesetz. Für einen früheren Zeitpunkt lässt sich eine entsprechende Enteignung dagegen mangels entsprechenden Rechtsakts nicht nachweisen.

Ein hinreichender Gegenwartsbezug liegt mithin vor.

*(3) Verstoß gegen den ordre public*

Es bleibt nun zu klären, ob die Eingriffe der sowjetischen Besatzungsmacht in das Eigentum an den Kulturgütern durch Beschlagnahme und Abtransport und die entschädigungslose Enteignung im russischen Kulturgütergesetz mit wesentlichen Grundsätzen der deutschen Rechtsordnung i.S. des Art. 6 EGBGB unvereinbar sind.

---

[598] Sog. internationaler ordre public, vgl. hierzu *Staudinger-Blumenwitz,* Art. 6 EGBGB, Rdnr. 56 ff.; *Schütz,* Der internationale ordre public.

[599] *Staudinger-Blumenwitz,* Art. 6 EGBGB, Rdnr. 56.

[600] BVerfGE 84, S. 90 ff., S. 123; vgl. hierzu auch *Staudinger-Blumenwitz,* Art. 6 EGBGB, Rdnr. 114 ff.

[601] *Von der Beck,* Die Konfiskationen in der Sowjetischen Besatzungszone, S. 198 m. w. N.

*(a) Verstoß gegen den nationalen ordre public*

Literatur und Rechtsprechung beantworten dabei die Frage, ob jede entschädigungslose Enteignung der deutschen öffentlichen Ordnung widerspricht und deshalb wegen Verstoßes gegen den ordre public weder hingenommen noch anerkannt werden darf, nicht einheitlich.[602]

Seit dem sog. Spanier-Beschluss des Bundesverfassungsgerichts[603] steht aber fest, dass die Grundrechte bei der Auslegung der Vorbehaltsklausel zu berücksichtigen sind. Diese Rechtsprechung ist seit der IPR-Reform des Jahres 1986 in Art. 6 S. 2 EGBGB ausdrücklich festgeschrieben.

Die entschädigungslose Enteignung verstößt gegen Art. 14 III GG, wonach eine Enteignung nur unter Gewährung einer Entschädigung erfolgen kann. Auf die Verletzung von Grundrechten können sich allerdings grundsätzlich nur natürliche Personen und gem. Art. 19 III GG auch juristische Personen des Privatrechts berufen. Juristische Personen des öffentlichen Rechts sind dagegen nach ständiger Rechtsprechung des Bundesverfassungsgerichts nicht grundrechtsfähig.[604] Dabei kommt es auch nicht darauf an, ob die juristische Person des öffentlichen Rechts hoheitlich handelnd öffentliche Aufgaben wahrnimmt oder wie im vorliegenden Fall der Erhebung einer Herausgabeklage vor einem Zivilgericht nicht hoheitlich tätig wird.[605] Mithin können sich vorliegend also insbesondere die staatlichen Museen im deutschen Recht nicht auf eine Verletzung des Grundrechts aus Art. 14 GG wegen der entschädigungslosen Enteignung berufen.

In Bezug auf den Eingriff in Privateigentum, vorliegend also das Eigentum der privaten Kunstsammler und Museen, ist die wegen Unvereinbarkeit mit Art. 14 III GG gem.

---

[602] Für den Verstoß entschädigungsloser Enteignungen gegen den ordre public bspw. *Dahm*, in FS Kraus (1964), S. 67 ff., S. 90, der im Übrigen allerdings die Auffassung vertritt, dass für die Anwendung der Vorbehaltsklausel grds. kein Bedürfnis besteht, da völkerrechtswidrige Enteignungen bereits wegen Verstoßes gegen die allgemeinen Regeln des Völkerrechts, die über Art. 25 GG Bestandteil des innerstaatlichen Rechts sind, nicht anzuerkennen sind, aaO, S. 87 ff.; ähnlich *Mann*, NJW 1961, S. 705 ff., S. 707, nach dem es für die Nichtanerkennung entscheidend auf die Völkerrechtswidrigkeit der Enteignung ankommt und es des Umwegs über den ordre public nicht bedarf; zur Nichtanerkennung entschädigungsloser Enteignungen wegen ordre public-Verstoßes gelangt auch der BGH, BGHZ 104, S. 240 ff., S. 243 f.; a.A. dagegen OLG Bremen AVR 9 (1961/62), S. 318 ff., S. 355, das die entschädigungslose Enteignung niederländischen Vermögens in Indonesien unter Abwägung der Anliegen des Eigentumsschutzes und des Handels anerkannte. Diese Entscheidung erging allerdings im Hinblick auf Art. 30 EGBGB a.F., vor „Einbruch" der Grundrechte in das IPR.

[603] BVerfGE 31, S. 58 ff.

[604] BVerfGE 21, S. 362 ff., S. 369; E 68, S. 193 ff., S. 205 ff.; Darstellung der Rspr. des BVerfG bei *Dreier,* in: Dreier (Hrsg.), Grundgesetz-Kommentar, Bd. 1, 1996, Art. 19, Rdnr. 40 ff.; *Pieroth/Schlink*, Grundrechte, S. 39, Rdnr. 154.

[605] BVerfGE 61, S. 82 ff., S. 103 f., 105; in der Literatur wird dagegen teilweise die Auffassung vertreten, dass sich der Grundrechtsschutz auch auf juristische Personen des öffentlichen Rechts im Rahmen des ihnen zugewiesenen Funktions- und Aufgabenbereich erstreckt, s. Nachweise bei *Dreier*, in: Dreier (Hrsg.), Grundgesetz-Kommentar, Bd. 1, 1996, Art. 19, Rdnr. 38 ff.; vgl. auch *Pieroth/Schlink*, Grundrechte, S. 40, Rdnr. 160 ff.; aA auch BayVerfGH 29, S. 105 f., S. 119 ff.; 37, S. 101 ff., S. 106 bzgl. der Grundrechtsfähigkeit der Gemeinden und Landkreise im Bereich nichthoheitlicher Aufgabenwahrnehmung hinsichtlich der Eigentumsgarantie (Art. 103 BV).

Art. 6 S. 2 EGBGB ordre public-widrige entschädigungslose Enteignung aber von Bedeutung. Diese darf wegen Verstoßes gegen den ordre public gem. Art. 6 EGBGB in der Bundesrepublik Deutschland nicht anerkannt werden.

*(b) Verstoß gegen den internationalen ordre public*[606]

Eine Unvereinbarkeit der sowjetischen Maßnahmen und der Enteignung im russischen Kulturgütergesetz mit dem ordre public wegen offensichtlicher Unvereinbarkeit mit den wesentlichen Grundsätzen des deutschen Rechts und die daraus folgende Pflicht zur Nichtanerkennung im innerstaatlichen Recht kommt aber auch wegen Verstoßes gegen das Völkerrecht in Betracht. Bei der Konkretisierung des ordre public spielen nämlich – ohne in Art. 6 EGBGB ausdrücklich erwähnt zu sein – auch die allgemeinen Regeln des Völkerrechts, die über Art. 25 S. 1 GG Bestandteil des Bundesrechts sind, eine maßgebliche Rolle.[607] Dieser sog. internationale ordre public erlegt der Bundesrepublik Deutschland die Pflicht zum Schutz völkerrechtlich anerkannter Grundwerte auf.[608]

Zunächst verpflichtet Art. 25 GG alle Organe der Bundesrepublik Deutschland zu völkerrechtsgemäßem Verhalten.[609] Eine direkte Aussage darüber, welche Konsequenzen sich im innerstaatlichen Recht aus der Völkerrechtswidrigkeit ausländischer Hoheitsakte ergeben, wird hier nicht getroffen. Im Einzelnen ist auch unklar, ob generell auf völkerrechtswidrige Akte ausländischer Staatsgewalt reagiert werden muss und welche innerstaatlichen Rechtsfolgen sich aus der Völkerrechtswidrigkeit ergeben.[610]

Aus dem Völkerrecht lässt sich unmittelbar grundsätzlich weder eine Verpflichtung zur Anerkennung noch zur Nichtanerkennung ausländischer völkerrechtswidriger Hoheitsakte ableiten.[611] Die deutschen Gerichte sind deshalb auch nicht daran gehindert, die Anerkennung der wegen Verstoßes gegen Art. 56, 46 HLKO völkerrechtswidrigen Beschlagnahmungen und Verbringungen und der Enteignung im russischen Kulturgütergesetz unter Hinweis auf den Verstoß dieser Hoheitsakte gegen den ordre public i. S. des Art. 6 EGBGB abzulehnen.[612]

Im vorliegenden Fall könnten die Gerichte darüber hinaus sogar zur Nichtanerkennung der sowjetischen bzw. russischen Hoheitsakte verpflichtet sein.

---

606 Zum im Einzelnen str. Begriff des internationalen ordre public vgl. *Staudinger-Blumenwitz,* Art. 6 EGBGB, Rdnr. 54 ff.

607 *Staudinger-Blumenwitz,* Art. 6 EGBGB, Rdnr. 57.

608 *Staudinger-Blumenwitz,* Art. 6 EGBGB, Rdnr. 56.

609 *Von der Beck,* Die Konfiskationen in der Sowjetischen Besatzungszone, S. 185.

610 Vgl. dazu *Staudinger-Blumenwitz,* Art. 6 EGBGB, Rdnr. 62, m.w.N.

611 *Staudinger-Blumenwitz,* Art. 6 EGBGB, Rdnr. 62; *Ipsen,* Völkerrecht, S. 664, Rdnr. 31; *Seidl-Hohenveldern-Stein*, Rdnr. 1491, S. 274.

612 In diesem Sinne *Schoen,* NJW 2001, S. 537 ff., S. 542; *Berger*, IPRax 2000, S. 318 ff., S. 319; *Kegel/Schurig*, Internationales Privatrecht, S. 945.

Das wäre der Fall, wenn die im inländischen Recht bedeutsamen sowjetischen bzw. russischen Hoheitsakte gegen zwingende Normen des Völkerrechts, sog. ius cogens, verstoßen würden.[613]

Der Verstoß einer Maßnahme gegen das ius cogens führt zu deren Nichtigkeit. Die Nichtigkeit wirkt erga omnes, ist von allen Völkerrechtssubjekten zu respektieren und muss gem. Art. 25 GG, wonach die allgemeinen Regeln des Völkerrechts Bestandteil des Bundesrechts sind und mithin zum deutschen ordre public zählen, auch bei der innerstaatlichen Rechtsanwendung in der Bundesrepublik Deutschland beachtet werden. Eine zum ius cogens zählende Völkerrechtsnorm ist der individuellen Disposition des einzelnen Staates entzogen, die Anwendung eines dem ius cogens widersprechenden ausländischen Rechtssatzes verboten.[614]

Bei einem Verstoß der durch die Sowjetunion verantworteten völkerrechtswidrigen Beschlagnahmen und Verbringungen und der durch die Russische Föderation erklärten Enteignung gegen völkerrechtliches ius cogens ergibt sich für die bundesdeutsche Staatsgewalt unter dem Gesichtspunkt des Art. 25 GG das unmittelbare Verbot, diese Maßnahmen im innerstaatlichen Bereich anzuerkennen.

Das Bestehen zwingender Normen des Völkerrechts ist heute unbestritten.[615] Ihren Durchbruch fand die Anerkennung des ius cogens im Wiener Übereinkommen über das Recht der Verträge vom 23.5.1969 (WVK). In dessen Art. 53 wird der ius-cogens-Begriff definiert, ohne allerdings Beispiele zu nennen.[616]

Zum ius cogens zählen diejenigen Normen, die zum Kreis der tragenden Rechtsprinzipien einschließlich der wichtigsten ethischen Grundsätze des Völkerrechts gehören und so unverzichtbare Bestandteile des ordre public der Völkerrechtsgemeinschaft darstellen.[617]

Eine allgemein akzeptierte Liste von ius cogens Normen gibt es nicht. Die International Law Commission (ILC) nennt als Beispiele hierfür das Gewaltverbot gem. Art. 2 Nr. 4 SVN, das Verbot völkerrechtlicher Verbrechen, des Sklavenhandels, der Piraterie sowie des Völkermordes. Auch die Menschenrechte, der Grundsatz der Gleichheit aller Staaten und das Selbstbestimmungsrecht werden genannt.[618] Darüber hinaus stellen die Normen des humanitären Völkerrechts, die direkte Verbote an Staaten und Einzelpersonen enthalten, unabdingbare Normen des Völkerrechts dar.[619]

Mithin bleibt zu prüfen, ob bzw. inwiefern die sowjetischen und russischen Maßnahmen als Verstöße gegen völkerrechtliches ius cogens zu bewerten sind.

---

613 *Steinberger*, Allgemeine Regeln des Völkerrechts, in: Isensee/Kirchhof (Hrsg.), Handbuch des Staatsrechts, Bd. VII (1992), § 173, S. 546, Rdnr. 40. Nach *Steinberger*, aaO, zählt zu den Grundsätzen des deutschen ordre public auch das völkerrechtliche ius cogens.

614 *Staudinger-Blumenwitz*, Art. 6 EGBGB, Rdnr. 62.

615 Vgl. hierzu *Ipsen*, Völkerrecht, S. 156 ff., Rdnr. 36 ff.

616 Demnach „ist eine zwingende Norm des Völkerrechts eine Norm, die von der internationalen Staatengemeinschaft in ihrer Gesamtheit angenommen und anerkannt wird als eine Norm, von der nicht abgewichen werden darf und die nur durch eine spätere Norm des allgemeinen Völkerrechts derselben Rechtsnatur geändert werden kann".

617 Vgl. hierzu *Verdross/Simma*, Universelles Völkerrecht, § 524, S. 328 ff.

618 *Frowein*, Jus Cogens, in: EPIL, Vol. III (1997), S. 65 ff., S. 66 f.

619 *Ipsen*, Völkerrecht, S. 163, Rdnr. 59.

Insbesondere ist zu klären, inwieweit Art. 56 HLKO, gegen den durch die Beschlagnahme, die Verbringung, aber auch die diese Maßnahmen perpetuierende Enteignung verstoßen wurde, zu den ius cogens Normen zählt.

Wie bereits geprüft,[620] handelt es sich bei Art. 56 HLKO um eine Norm mit humanitärer Schutzrichtung. Sie gewinnt ihren Charakter als Norm des humanitären Völkerrechts nicht nur durch Gleichstellung des Eigentums an Kulturgütern mit Privateigentum i.S. des Art. 46 HLKO, der dessen Einziehung verbietet und nach einer in der Literatur vertretenen Auffassung seinerseits zu den zwingenden Normen des humanitären Völkerrechts zählt.[621] Der humanitäre Charakter des Art. 56 HLKO zeigt sich auch darin, dass durch das Beschlagnahmeverbot von Kulturgütern der Bestand der kulturellen Leistung eines Volkes geschützt wird.

Geht man aber davon aus, dass die humanitären Normen des Völkerrechts zum ius cogens zählen,[622] muss dies auch für Art. 56 HLKO gelten.

Ein Hinweis auf den Charakter des Art. 56 HLKO als ius cogens liegt auch darin, dass er mit seinem Verbot jeder Beschlagnahme, absichtlichen Zerstörung oder Beschädigung von Kulturgütern ein direktes Verbot an Staaten und Einzelpersonen enthält. Durch Art. 56 HLKO ist die Erbeutung und Verschleppung von Kulturgütern im Rahmen eines Krieges zum völkerrechtlichen Delikt geworden.[623] Wer gegen das Beschlagnahmeverbot verstoßen hat, muss mit Bestrafung rechnen. Die Bestrafung von Individuen, sei es unmittelbar aufgrund des Völkerrechts, sei es aufgrund nationaler Strafbestimmungen, zu deren Erlass die Staaten völkerrechtlich verpflichtet sind, erfolgt aber nur wegen Verletzung völkerrechtlich besonders stark geschützter Rechtsgüter, was ebenfalls auf den ius cogens Charakter des Art. 56 HLKO hinweist.[624]

Darüber hinaus bestehen Anhaltspunkte dafür, dass der Verstoß gegen Art. 56 HLKO bereits zur Zeit des Zweiten Weltkriegs als völkerrechtliches Verbrechen angesehen wurde. Die „Plünderung öffentlichen oder privaten Eigentums, die mutwillige Zerstörung von Städten, Märkten oder Dörfern oder jede durch militärische Notwendigkeit nicht gerechtfertigte Verwüstung“[625] wurde nämlich in Anknüpfung an Art. 46, 50, 52 und 56 HLKO auch in Art. 6 b des Statuts des Internationalen Militärgerichtshofs als Kriegsverbrechen aufgenommen.[626]

---

[620] Vgl. oben 2. Teil, F.2.1.d).

[621] Vgl. hierzu ausführlich *Schweisfurth*, SBZ-Konfiskationen privaten Eigentums, S. 38 m. w. N.

[622] So *Schweisfurth*, SBZ-Konfiskationen privaten Eigentums, S. 38 m. w. N.; *Frowein*, Jus Cogens, in: EPIL, Vol. III (1997), S. 65 ff., S. 67.

[623] *De Breucker*, Revue belge de droit International 1975, S. 525 ff., S. 530 ; *Herdegen*, in: Dolzer/Jayme/Mußgnug (Hrsg.), Rechtsfragen des internationalen Kulturgüterschutzes, S. 161 ff., S. 164.

[624] *Schweisfurth*, SBZ-Konfiskationen privaten Eigentums, S. 38, m.w.N.

[625] Statut für den Internationalen Militärgerichtshof, abgedruckt in: *International Military Tribunal*, Der Prozess gegen die Hauptkriegsverbrecher, Band 1, S. 10 ff.

[626] Art. 6 b des Statuts lautet: „Kriegsverbrechen: Nämlich: Verletzungen der Kriegsgesetze oder -gebräuche. Solche Verletzungen umfassen, ...Plünderung öffentlichen oder privaten Eigentums...“; demzufolge wurde Alfred Rosenberg auch wegen Verantwortlichkeit für ein System organisatorischer Plünderung öffentlichen und privaten Eigentums verurteilt, vgl. *International Military Tribunal*, Der Prozess gegen die Hauptkriegsverbrecher, Band 1, S. 332 ff.; Vgl. *Schorlemer*, Internationaler Kulturgüterschutz, S. 275.

Letztlich sprechen mithin gute Gründe dafür, Art. 56 HLKO zu den zwingenden Normen des Völkerrechts zu zählen.

Folgt man dieser Auffassung, sind bereits die gegen Art. 56 HLKO verstoßenden Maßnahmen der sowjetischen Besatzungsmacht wegen Verletzung einer zwingenden Norm als nichtig anzusehen,[627] ebenso wie die an diese Maßnahmen anknüpfende Enteignung im Kulturgütergesetz.

In Bezug auf die Beschlagnahme, Verbringung und Enteignung der in privatem Eigentum stehenden Kulturgüter kann ein ius cogens-Verstoß und damit die Nichtigkeit dieser Maßnahmen darüber hinaus auch deshalb angenommen werden, weil diese Hoheitsakte direkt gegen Art. 46 HLKO, der die Einziehung von Privateigentum verbietet und als Norm des humanitären Völkerrechts ebenfalls zum ius cogens zu zählen ist,[628] verstoßen haben.[629]

Der Verstoß der sowjetischen und russischen Maßnahmen gegen ius cogens führt zum Verbot ihrer Anerkennung in der Bundesrepublik Deutschland wegen Verletzung des internationalen ordre public gem. Art. 6 EGBGFB i.V.m. Art. 25 GG.

*cc) Voraussetzungen für den gutgläubigen Erwerb in Deutschland*

Wie bereits festgestellt richtet sich für den Fall, dass die bislang in Russland lagernden Kulturgüter nach Deutschland gelangen, die Möglichkeit des gutgläubigen Erwerbs im Sinne der lex rei sitae nach bundesdeutschem Recht als dem Recht des neuen Belegenheitsstaats.

Für den Erwerb sind dabei die §§ 929 ff. BGB maßgeblich. Ist der Veräußerer nicht Eigentümer des Kulturguts, gelten für die Möglichkeit des gutgläubigen Erwerbs vom Nichtberechtigten die §§ 932 ff. BGB. Der gutgläubige Erwerber kann gem. § 932 I BGB grundsätzlich auch dann Eigentum erwerben, wenn die Sache nicht dem Veräußerer gehört. Allerdings ist ein gutgläubiger Erwerb gem. § 935 I BGB dann ausgeschlossen, wenn die Sache dem Eigentümer gestohlen worden, verloren gegangen oder sonst abhanden gekommen war. Im Fall, dass russische Soldaten ohne militärischen Befehl Kulturgüter weggenommen und dem eigenen Vermögen einverleibt haben, handelt es sich um Diebstahl, weshalb gem. § 935 I BGB bei einer Veräußerung an diesen Objekten nicht gutgläubig Eigentum erworben werden kann.

Fraglich könnte allerdings sein, ob auch bei den durch die Trophäenbrigaden der Roten Armee im staatlichen Auftrag verbrachten Kulturgütern von einem Abhandenkommen im Sinn des § 935 BGB ausgegangen werden muss. Wenn die Wegnahme nämlich aufgrund rechtswirksamen, wenn auch anfechtbaren staatlichen Hoheitsakts erfolgt ist, gilt sie trotz fehlenden oder entgegenstehenden Willens nicht als abhanden gekommen i. S. des § 935 I BGB, da der rechtswidrige Hoheitsakt den fehlenden Wil-

---

[627] Von der Nichtigkeit der Maßnahmen der Trophäenbrigaden wegen schwerwiegender Fehler geht auch *Schoen,* NJW 2001, S. 537 ff., S. 541 aus, ohne explizit von einem Verstoß der Hoheitsakte gegen völkerrechtliches ius cogens zu sprechen.

[628] *Schweisfurth,* SBZ-Konfiskationen privaten Eigentums, S. 38, m.w.N.

[629] Zum ius cogens Verstoß von Konfiskationen durch die Besatzungsmacht vgl. ausführlich *Von der Beck,* Die Konfiskationen in der Sowjetischen Besatzungszone, S. 187 ff.; *Schweisfurth,* SBZ-Konfiskationen privaten Eigentums, S. 36 ff.

len ersetzt und bis zu seiner Aufhebung zu respektieren ist.[630] Die Sache gilt allerdings nach herrschender Auffassung trotz Hoheitsakts als abhanden gekommen, wenn die Maßnahme nicht nur rechtswidrig, sondern nichtig ist.[631] Nach der hier vertretenen Auffassung sprechen gute Gründe dafür, dass die Beschlagnahme, Verbringung und Enteignung im russischen Kulturgütergesetz wegen Verstoßes gegen völkerrechtliches ius cogens nicht nur rechtswidrig, sondern nichtig waren.[632] Aus diesem Grund handelt es sich bei den Kulturgütern um abhanden gekommene Sachen bezüglich derer ein gutgläubiger Erwerb gem. § 935 I BGB nicht in Betracht kommt.

Eine Einschränkung ergibt sich allerdings aus § 935 II BGB, wonach auch an abhanden gekommenen Kulturgütern ein gutgläubiger Erwerb möglich ist, wenn die Veräußerung im Wege der öffentlichen Versteigerung erfolgt.[633]

Darüber hinaus kann ein Eigentumsverlust auch durch Ersitzung gem. § 937 BGB eintreten, falls über einen Zeitraum von 10 Jahren gutgläubiger Eigenbesitz vorgelegen hat.

#### *dd) Verjährung nach deutschem Recht*

Dem dinglichen Herausgabeanspruch gem. § 985 BGB könnte schließlich auch eine nach deutschem Recht eingetretene Verjährung entgegenstehen.

##### *aaa) Allgemeine Überlegungen zur Verjährbarkeit des Vindikationsanspruchs*

Nach ganz h.M. unterliegt der dingliche Herausgabeanspruch nach § 985 BGB der Verjährung.[634]

Die Verjährung dinglicher Herausgabeansprüche richtete sich nach dem bis zum 31.12.2001 geltenden Recht nach § 195 BGB aF, wonach die regelmäßige Verjährungsfrist 30 Jahre betrug.[635]

---

[630] *Palandt-Bassenge,* 62. Aufl., § 935, Rdnr. 6; *Schoen,* NJW 2001, S. 537 ff., S. 542 m.w.N.; *Baur/Stürner*, Sachenrecht, Rdnr. 44, S. 610 f.

[631] *Palandt-Bassenge,* 62. Aufl., § 935, Rdnr. 6; *Schoen,* NJW 2001, S. 537 ff., S. 542 m.w.N.; aA *MüKo-Quack*, § 935 Rdnr. 14.

[632] Ebenfalls von einer Nichtigkeit geht *Schoen,* NJW 2001, S. 537 ff., S. 542 aus.

[633] Eine öffentliche Versteigerung muss gemäß der Legaldefinition in § 383 III 1 BGB durch einen Gerichtsvollzieher oder einen zu Versteigerungen befugten anderen Beamten erfolgen. Als öffentliche Versteigerer kommen insbesondere die gem. § 34 b V GewO allgemein öffentlich bestellten Personen in Betracht. Zu den Anforderungen des Eigentumserwerbs im Wege der öffentlichen Versteigerung vgl. im Einzelnen *Armbrüster,* NJW 2001, S. 1581 ff., S. 1585.

[634] Statt vieler *Palandt-Heinrichs,* 61. Aufl., § 194 Rdnr. 4; *Baur/Stürner*, Sachenrecht, Rdnr. 47, S. 112; vgl. die umfassende Auflistung der einschlägigen Literatur bei *Remien,* AcP 201 (2001), S. 730 ff., S. 735, Fn. 15; *Siehr,* in: Carl/Güttler/Siehr, Kunstdiebstahl vor Gericht, S. 53 ff., S. 50, Fn. 25.

[635] Zur Frage der Verjährung im Zusammenhang mit der Beutekunstproblematik, insbesondere zur Problematik der Verjährung bei Bösgläubigkeit und zur Anwendbarkeit von § 221 BGB aF vgl. auch den vom Londoner High Court am 9.9.1998 entschiedenen Wtewael Fall, High Court of Justice Queen's Bench Division, City of Gotha and Federal Republic of Germany/Sotheby's and Cobert Finance S.A., Case No.1993 C 3428 und 1997 G 185, Urteilsgründe abgedruckt bei *Carl/Güttler/Siehr*, Kunstdiebstahl vor Gericht, S. 78 ff.; vgl. hierzu auch *Crüwell,* in: FAZ v.

Im am 1.1.2002 in Kraft geltenden Verjährungsrecht ist die Verjährungsfrist von 30 Jahren für Herausgabeansprüche aus Eigentum nun ausdrücklich in § 197 I Nr. 1 BGB nF bestimmt.[636]

Die Frage der Verjährung dinglicher Herausgabeansprüche ist allerdings bereits bei den Vorarbeiten zum BGB ausführlich erörtert worden, nicht zuletzt deshalb, weil sie zur Entstehung eines „dominium sine re" führt.[637] Sie hat zur Folge, dass dem Eigentümer lediglich ein „nudum ius" verbleibt. Er verliert zwar nicht sein Eigentum, hat aber keinen durchsetzbaren Herausgabeanspruch.[638] Die Verjährbarkeit der Vindikation führt in der Praxis zu unbefriedigenden, teilweise grotesken Ergebnissen, die rechtspolitisch bedenklich sind.[639] Geschützt wird durch die Vindikationsverjährung letztlich der Dieb, der nach Ablauf von 30 Jahren nicht mehr zu befürchten braucht, Herausgabeansprüchen des Eigentümers ausgesetzt zu sein. Dies zeigt, dass selbst im Sinne des Schuldnerschutzes, der Rechtssicherheit und des Rechtsfriedens kein Bedürfnis für eine derartige Lösung besteht. Der gutgläubige Erwerber ist schließlich bereits durch §§ 932, 937 BGB geschützt.[640]

Gerade im Fall der Kulturgüterrückführung und hier insbesondere in den Fällen der Beutekunst kann die Verjährbarkeit des Vindikationsanspruchs bedenkliche Folgen haben, weshalb hier für eine Änderung der bestehenden Rechtslage de lege ferenda plädiert wird.

Selbst wenn ein Beutekunstgegenstand in Deutschland gefunden wird, muss der Eigentümer eines vor langer Zeit abhanden gekommenen Kulturguts – im vorliegenden Fall der kriegsbedingt in die UdSSR verbrachten deutschen Kulturgüter liegt das Abhandenkommen mehr als fünfzig Jahre zurück – befürchten, dass sein Herausgabeanspruch nach deutschem Recht verjährt ist.[641] Angesichts dieser Rechtslage müssen die deutschen Eigentümer hoffen, dass ihr Kulturgut im Ausland auftaucht und das dortige für deutsche Eigentümer häufig „günstigere" Recht[642] Anwendung findet.

Aber nicht nur aus diesem Grund sollte die Rechtslage überdacht und die Vindikation von der Verjährung ausgenommen werden. Nur auf diesem Weg kann künftig die peinliche und groteske Situation vermieden werden, sich vor einem ausländischen Gericht darauf berufen zu müssen, die deutsche Vindikationsverjährung verstoße gegen den ordre public des Gerichtsstaats.[643] Genau dies hatte die Bundesrepublik Deutsch-

---

4.11.1998; *Müller-Katzenburg*, NJW 1999, S. 2551 ff., S. 2557; *Hipp*, Schutz von Kulturgütern in Deutschland, S. 165 ff.

[636] Mithin wird deutlich, dass es sich bei der Neuregelung entgegen der fälschlicherweise von *Müller-Katzenburg*, Verjährt, in: FAZ v. 20.10.2001, S. 55 vertretenen Auffassung insoweit nicht um eine umfassende Gesetzesänderung zu Lasten der Alteigentümer handelt. Eine materielle Änderung der bisherigen Rechtslage ist insoweit gerade nicht eingetreten.

[637] Vgl. hierzu bei *Siehr*, in: Carl/Güttler/Siehr, Kunstdiebstahl vor Gericht, S. 53 ff., S. 59 f.

[638] Siehe *Remien*, AcP 201 (2001), S. 730 ff., S. 737 f.

[639] Ausführlich zur Kritik an der Vindikationsverjährung *Remien*, AcP 201 (2001), S. 730 ff., S. 740 ff.

[640] Ebenso *Armbrüster*, NJW 2001, S. 1581 ff., S. 3586 f.

[641] Ob dies im Fall der nach Russland verbrachten Beutekunst tatsächlich zutrifft, wird im Anschluss unter D.II.2.b)dd)bbb) und ccc) näher untersucht werden.

[642] Siehe dazu bereits oben D.II.2.a)ee).

[643] Ebenso *Müller-Katzenburg*, NJW 1999, S. 2551 ff., S. 2557; vgl. hierzu auch *Remien*, AcP 201 (2001), S. 730 ff., S. 751 ff., der ebenfalls für eine Unverjährbarkeit der Vindikation plädiert.

land nämlich im Verfahren um die Rückgabe eines Wtewael-Bildes vor dem Londoner High-Court vorgebracht. Sie hatte damit argumentiert, dass, wenn das Gericht zum Ergebnis kommen sollte, der Herausgabeanspruch sei nach deutschem Recht verjährt, das deutsche Recht wegen Verstoßes gegen den englischen ordre public nicht angewendet werden dürfe.[644] Der High Court ist dieser Auffassung auch gefolgt: „It does seem to me possible to identify... a public policy in England that time is not to run either in favour of the thief nor in favour of any transferee who is not a purchaser in good faith. The law favours the true owner of property which has been stolen, however long the period which has elapsed since the original theft. ... To admit a party which admits it has not acted in good faith to retain the advantage of lapse of time during which the plaintiffs had no knowledge of the whereabouts of the painting and no possibility of recovering it, is, in my judgement, contrary to the public policy..."[645]

Schließlich kann die Verjährbarkeit der Vindikation die Bundesrepublik Deutschland sowohl politisch wie moralisch in eine prekäre Situation bringen. Nach der derzeitigen Rechtslage dürften nach deutschem Recht nämlich auch die Herausgabeansprüche der Opfer des Nazi-Regimes bezüglich der von den Nationalsozialisten geraubten Kunstwerke verjährt sein. Dies ist nur schwer mit dem zum wiederholten Bekenntnis der Bundesregierung, um eine „gerechte und faire" Lösung bemüht zu sein und zur entsprechenden Verpflichtung in den von Deutschland anerkannten Washington Principles von 1998 in Einklang zu bringen.[646] Hierauf hat auch der Bundesrat bereits reagiert und die Bundesregierung aufgefordert, den Bedarf einer verjährungsrechtlichen Sonderregelung für in der NS-Zeit verfolgungsbedingt entzogener und kriegsbedingt verlagerter Kulturgüter, also für einen Teilbereich abhanden gekommener Kulturgüter, zu prüfen und gegebenenfalls baldmöglichst einen entsprechenden Gesetzesentwurf vorzulegen.[647]

Wenn auch vorliegend aufgrund der vorangegangenen Ausführungen für ein Abstandnehmen von der Verjährbarkeit des Vindikationsanspruchs plädiert wird, muss doch im Folgenden überprüft werden, ob die Herausgabeansprüche für kriegsbedingt in die UdSSR verbrachte deutsche Kulturgüter nach derzeit geltendem Recht, also § 195 BGB aF bzw. § 197 I Nr. 1 BGB nF tatsächlich verjährt sind.

Art. 229 § 6 EGBGB enthält eine verjährungsrechtliche Übergangsvorschrift, die bestimmt, welche Verjährungsvorschriften gelten, sofern ein Anspruch vor dem 1.1.2001 entstanden ist und an diesem Tag noch nicht verjährt ist. Grundsätzlich gilt ein Günstigkeitsprinzip für den Schuldner. Zur Anwendung kommt die jeweilige Verjährungsfrist des neuen oder alten Rechts, die im konkreten Einzelfall früher abläuft.[648]

Aus diesem Grund ist vorliegend aufzuzeigen, ob die Herausgabeansprüche nach den bis zum 31.12.2001 geltenden Vorschriften verjährt sind und ob bzw. welche Änderungen sich aus der Neuregelung ergeben.

---

644 Vgl. die Urteilsgründe, abgedruck bei *Carl/Güttler/Siehr*, Kunstdiebstahl vor Gericht, S. 78 ff., S. 200 f.

645 Urteil des High Court of Justice vom 9.9.1998 im Fall City of Gotha, Federal Republic of Germany/Sotheby's and Cobert Finance S.A., abgedruckt bei *Carl/Güttler/Siehr*, Kunstdiebstahl vor Gericht, S. 78 ff., S. 212 f.

646 Ebenso *Müller-Katzenburg*, Verjährt, in: FAZ v. 20.10.2001, S. 55.

647 Presseerklärung des Bundesrats vom 9.11.2001 zu BR-Dr 819/01.

648 *Mansel*, NJW 2002, S. 89 ff., S. 90.

*bbb) Verjährung der Herausgabeansprüche nach altem Recht?*

Nach der bis zum 31.12.2001 geltenden Fassung des BGB verjährte der dingliche Herausgabeanspruch aus § 985 BGB gem. § 195 aF wie gesehen grundsätzlich nach 30 Jahren. Die Verjährung begann gem. § 198 BGB aF mit der Entstehung des Anspruchs, also mit der Verbringung der Kulturgüter, die in der Regel zwischen 1945 und 1949 erfolgt ist.

Demnach ist eine Verjährung der Herausgabeansprüche je nach Einzelfall grundsätzlich spätestens im Jahre 1979 eingetreten, sofern nicht ein Hemmungs- oder Unterbrechungstatbestand einschlägig ist.

Vorliegend kommt aber der Tatbestand der Hemmung aus tatsächlichen Gründen gem. § 203 II BGB aF in Betracht. Danach ist die Verjährung gehemmt, solange der Berechtigte innerhalb der letzten sechs Monate der Verjährungsfrist durch höhere Gewalt an der Rechtsverfolgung verhindert ist.

An die Voraussetzungen für das Bestehen höherer Gewalt werden dabei strenge Anforderungen gestellt. Höhere Gewalt liegt nur dann vor, wenn die Verhinderung auf einem Ereignis beruht, das durch die äußerste, billigerweise zu erwartende Sorgfalt nicht vorausgesehen und verhütet werden konnte. Bereits das geringste Verschulden des Gläubigers schließt höhere Gewalt aus.[649] Die Unmöglichkeit der Rechtsverfolgung muss auf einem unabwendbaren Ereignis beruhen und die Geltendmachung des Anspruchs muss verhindert, nicht nur erschwert sein. Unkenntnis vom Bestehen des Anspruchs ist keine höhere Gewalt.[650] Damit genügt die fehlende Kenntnis vom Verbleib einer Sache allein nicht, um eine Hemmung zu begründen. Im Fall der kriegsbedingt nach Russland verbrachten Kulturgüter kommt aber noch hinzu, dass den deutschen Eigentümern die Rechtsverfolgung in der Sowjetunion objektiv verwehrt war. Privatrechtliche Ansprüche konnten gegenüber der kommunistischen Sowjetunion nicht durchgesetzt werden, dort existierte kein mit demjenigen der Bundesrepublik Deutschland vergleichbares Rechtssystem. Damit war den deutschen Eigentümern bezüglich ihrer kriegsbedingt verbrachten Kulturgüter eine Rechtsverfolgung in der Sowjetunion objektiv unmöglich.[651] Diese objektive Unmöglichkeit der Durchsetzung eines Herausgabeanspruchs stellt ein Beispiel höherer Gewalt dar[652] und führt somit zur Hemmung der Verjährung i.S.v. § 203 BGB aF.

Der Hemmungsgrund lag auch, wie gem. § 203 BGB aF erforderlich, innerhalb der letzten 6 Monate der Verjährungsfrist, also im Zeitraum zwischen 1975 als frühestem Zeitpunkt der Verjährung und 1979 als spätestem Zeitpunkt,[653] vor. Die Hemmungszeit wird gem. § 205 BGB aF in die Verjährungsfrist nicht mit eingerechnet. Nach Wegfall des Grundes für die Hemmung läuft die ursprüngliche Verjährungsfrist weiter.

Fraglich ist, wie lange die Hemmung andauerte bzw. ob sie gegenwärtig noch andauert.

---

[649] *Palandt-Heinrichs,* 61. Aufl., § 203, Rdnr. 4; *MüKo-Grothe,* § 203, Rdnr. 3.

[650] *Palandt-Heinrichs,* 61. Aufl., § 203, Rdnr. 6; *MüKo-Grothe,* § 203, Rdnr. 8.

[651] Vgl. ebenso *Schoen,* NJW 2001, S. 537 ff., S. 543.

[652] So *Schoen,* NJW 2001, S. 537 ff., S. 543, m. w. N.; *Palandt-Heinrichs,* 61. Aufl., § 203, Rdnr. 5.

[653] Zu diesem Zeitraum gelangt man, wenn man als Zeitpunkt für den Beginn der Verjährungsfrist die Zeit zwischen 1945 und 1949, in der die Kulturgutverlagerungen in der Regel stattgefunden haben, annimmt.

Die objektive Unmöglichkeit der Durchsetzung der Herausgabeansprüche dauerte mindestens bis zum politischen Umbruch in Russland und zum Aufbau einer Demokratie nach 1990, verbunden mit der noch andauernden Herausbildung rechtsstaatlicher Strukturen. Darüber hinaus führte die im russsischen Kulturgütergesetz von 1998 ausgesprochene Enteignung praktisch zu einem Ausschluss der erfolgreichen Durchsetzung von Herausgabeansprüchen vor russischen Gerichten bis zum heutigen Zeitpunkt.[654]

Neben dem Tatbestand der Hemmung kommt auch der Eintritt einer Verjährungsunterbrechung gem. § 208 BGB aF im Jahr 1990, also noch vor Ablauf der Verjährung bzw. während der Hemmungszeit, in Betracht.[655] Die Unterbrechung der Verjährung hat zur Folge, dass sich nach Ablauf der gehemmten Frist eine neue Verjährungsfrist, vorliegend von 30 Jahren, anschließt, § 217 BGB aF. Voraussetzung für den Eintritt der Unterbrechung i. S. von § 208 BBG aF ist ein Anerkenntnis des Verpflichteten gegenüber dem Berechtigten. Dieses kommt gem. § 208 aF durch Abschlagzahlung, Zinszahlung, Sicherheitsleistung oder in anderer Weise in Betracht. Es handelt sich dabei also um ein rein tatsächliches Verhalten des Schuldners gegenüber dem Gläubiger.[656] Es genügt, dass der Schuldner den Anspruch dem Grunde nach anerkennt. Bei Leistung des Schuldners nur auf bestimmte Schadensgruppen erstreckt sich die Unterbrechung im Zweifel auf die Gesamtforderung.[657]

Ein entsprechendes Anerkenntnis kann in der im deutsch-sowjetischen Nachbarschaftsvertrag aus dem Jahr 1990 übernommenen bilateralen Rückgabeverpflichtung gesehen werden.[658] Die Bundesrepublik Deutschland müsste darüber hinaus auch die für die Erklärung des Anerkenntnisses berechtigte Empfängerin sein. Ausreichend ist insoweit ein Anerkenntnis gegenüber dem legitimierten Vertreter.[659] Die Bundesregierung, gegenüber der das Anerkenntnis durch die Sowjetunion erklärt wurde, ist aber sowohl in Vertretung der staatlichen Museen und Sammlungen als auch ihrer Bürger, also der privaten Eigentümer, im Rahmen des diplomatischen Schutzes befugt, ein derartiges Anerkenntnis entgegenzunehmen.[660]

Damit ist der Tatbestand der Unterbrechung gem. § 208 BGB aF gegeben, mit der Folge, dass sich nach Ablauf der gehemmten Frist eine neue 30jährige Verjährungsfrist anschließt. Beim Anerkenntnis i.S.v. § 208 BGB aF beginnt die neue Verjährung mit dem auf das Anerkenntnis folgenden Tag,[661] vorliegend also am auf die Unterzeichnung des Vertrags am 9.11.1990 folgenden 10.11.1990.

---

[654] Zu diesem Komplex ebenso *Schoen,* NJW 2001, S. 537 ff., S. 543.

[655] Vgl. *Palandt-Heinrichs,* 61. Aufl., § 208, Rdnr. 1. Die Unterbrechung ist nur nach Ablauf der Verjährung, die im Jahr 1990 wie festgestellt noch nicht vorlag, ausgeschlossen.

[656] *Palandt-Heinrichs,* 61, Aufl., § 208, Rdnr. 2; *MüKo-Grothe,* § 208, Rdnr. 4.

[657] *Palandt-Heinrichs,* 61. Aufl., § 208, Rdnr. 5; *MüKo-Grothe,* § 208, Rdnr. 5.

[658] So *Schoen,* NJW 2001, S. 537 ff., S. 543, die darüber hinaus in der Rückgabe von Büchern aus der Gothaer Bibliothek (1994), Mappen mit Archivunterlagen des früheren Außenministers Walther Rathenau (1997) und den 101 Bremer Zeichnungen und Grafiken (2000) die Bekräftigung des Anerkenntnisses durch Teilleistungen sieht.

[659] *Palandt-Heinrichs,* 61. Aufl., § 208, Rdnr. 7.

[660] *Schoen,* NJW 2001, S. 537 ff., S. 543.

[661] *Palandt-Heinrichs,* 61. Aufl., § 208, Rdnr. 1.

Damit waren die Ansprüche auf Herausgabe am 31.12.2001 nach dem damals geltenden deutschen Recht nicht verjährt.

*ccc) Änderung der Rechtslage nach neuem Verjährungsrecht?*

Nach den Überleitungsvorschriften zum Verjährungsrecht gelten gem. Art. 229 § 6 I 1 EGBGB für noch nicht verjährte Ansprüche die Verjährungsvorschriften in der seit 1.1.2002 geltenden Fassung. Auch nach der neuen Rechtslage gilt für dingliche Herausgabeansprüche aber gem. § 197 I Nr. 1 BGB nF die 30jährige Verjährungsfrist.

Der Beginn, die Hemmung und der Neubeginn der Verjährung bestimmen sich für die Zeit vor dem 1.1.2002 allerdings weiterhin nach der bis 31.12.2001 gültigen Fassung, Art. 229 § 6 I 2 EGBGB. Damit bleibt es für den Beginn, den Eintritt der Hemmung und die Unterbrechung der Verjährung beim eben Festgestellten.

Die Übergangsvorschrift des Art. 229 § 6 II EGBGB[662] ist vorliegend nicht einschlägig, da auch nach dem seit 1.1.2002 geltenden Recht das Anerkenntnis des Schuldners gegenüber dem Gläubiger zum Neubeginn der Verjährung gem. § 212 I Nr. 1 BGB nF und nicht zur Hemmung der Verjährung führt.

Damit tritt durch die Neufassung des Verjährungsrechts keine Änderung hinsichtlich der Verjährung der Herausgabeansprüche ein.

Mithin sprechen gute Gründe dafür, dass vorliegend noch keine Verjährung der Vindikationsansprüche nach deutschem Recht eingetreten ist.

Die Möglichkeit des Eigentumserwerbs durch Ersitzung richtet sich schließlich nach wie vor nach § 937 BGB, wonach der gutgläubige Eigenbesitzer nach 10 Jahren Eigentum erwirbt. Ob diese Voraussetzungen vorliegen, muss im Einzelfall geprüft werden. In der Regel wird ein Eigentumserwerb aber am Fehlen der Gutgläubigkeit scheitern.

*c) Eigentumssituation in Russland*

Der Erfolg auf das Eigentum gestützter Herausgabe- bzw. Rückgabeklagen in Russland erscheint gerade seit der Bestätigung des Kulturgütergesetzes vom 15.4.1998 durch Urteil des Russischen Verfassungsgerichts vom 20.7.1999 fraglich.

Für die zwischenstaatlichen Beziehungen und die völkerrechtlichen Verpflichtungen Russlands auf Rückgabe ist das Gesetz zwar wie gesehen unbeachtlich. Im innerrussischen Recht ist es aber zu beachten, weshalb im Folgenden seine Auswirkungen auf die Erfolgsaussichten einer Herausgabeklage vor russischen Gerichten untersucht werden sollen.

---

[662] Art. 229 § 6 II EGBGB: „Soweit die Vorschriften des Bürgerlichen Gesetzbuchs in der seit dem 1. Januar 2002 geltenden Fassung anstelle der Unterbrechung der Verjährung deren Hemmung vorsehen, so gilt eine Unterbrechung der Verjährung, die nach den anzuwendenden Vorschriften des Bürgerlichen Gesetzbuchs in der vor dem 1. Januar 2002 geltenden Fassung vor dem 1. Januar 2002 eintritt und mit Ablauf des 31. Dezember 2001 noch nicht beendigt ist, als mit dem Ablauf des 31. Dezember 2001 beendigt, und die neue Verjährung ist mit Beginn des 1. Januar 2002 gehemmt."

*aa) Auswirkungen des Art. 6 KulturgüterG auf die Erfolgsaussichten der Geltendmachung von Herausgabe- bzw. Rückgabeansprüchen*

Für Kulturgüter, sei es aus öffentlichem oder privatem Eigentum, die „in Wahrnehmung ihres Rechts auf kompensatorische Restitution" in die ehemalige UdSSR gebracht wurden und sich im Hoheitsgebiet der Russischen Föderation befinden, bestehen wenig bzw. keine Aussichten auf Rückgabe im Wege einer Herausgabeklage vor russischen Gerichten. Diese Kulturgüter befinden sich nach Art. 6 KulturgüterG im Eigentum der Föderation.

Diese Bestimmung dürfte dazu führen, dass eine Klage auf Rückgabe eines zur kompensatorischen Restitution herangezogenen Kulturguts vor russischen Gerichten wegen fehlenden Eigentums des Klägers abgewiesen wird.

Unter das zur kompensatorischen Restitution herangezogene Eigentum zählt dabei nicht nur das ursprünglich in staatlichem Eigentum stehende Kulturgut der öffentlichen Museen und Sammlungen, sondern auch das Eigentum privater Sammler, soweit hierfür keine Ausnahme gem. Art. 8 II, III des Gesetzes besteht.

Der Rückgabeausschluss greift allerdings im Einzelfall möglicherweise auch für die unter Art. 6 KulturgüterG fallenden Kulturgüter nicht ein.

Ein Nichteingreifen des Rückgabeausschlusses kommt vor allem dann in Betracht, wenn sich der historische Wille der UdSSR zur Heranziehung eines Kulturguts zur kompensatorischen Restitution, die nach russischer Auffassung für den Eigentumswechsel konstitutiv war, nicht nachweisen lässt. Der Nachweis der fehlenden Heranziehung zur kompensatorischen Restitution obliegt dabei nach den Regeln der Beweislastverteilung grundsätzlich dem Anspruchsteller.[663]

Zwar findet sich vor Erlass des russischen Kulturgütergesetzes tatsächlich keine entsprechende Erklärung, dass und welche Kulturgüter zur kompensatorischen Restitution herangezogen wurden.[664] Letztlich erscheint es aber fraglich, ob die russischen Gerichte sich der Auffassung von der fehlenden Nachweisbarkeit der Eigentumsentziehung durch kompensatorische Restitution anschließen werden, da dies zu einer weitgehenden Aushöhlung des Anwendungsbereichs des Gesetzes führen würde.[665]

Einer Klage der Bundesrepublik Deutschland oder privater Sammler auf Rückgabe unter Art. 6 KulturgüterG fallender Kulturgüter vor russischen Gerichten dürften wenig Aussichten auf Erfolg beschieden sein.

*bb) Konsequenzen für die Geltendmachung von Herausgabe- bzw. Rückgabeansprüchen aus Art. 8 II, III KulturgüterG*

Bezüglich der nach Art. 8 II, III KulturgüterG von der kompensatorischen Restitution ausgenommenen Kulturgüter stellen sich die Erfolgsaussichten einer Herausgabeklage vor russischen Gerichten dagegen besser dar.

Für diese Kulturgüter besteht grundsätzlich ein Rückgabeanspruch der Eigentümer gegenüber der Russischen Föderation.

---

[663] *Hartwig,* EuGRZ 1999, S. 553 ff., S. 560.

[664] Vgl. hierzu bereits oben 2. Teil, F.I. und *Hartwig,* EuGRZ 1999, S. 553, S. 560, 563.

[665] *Berger*, IPRax 2000, S. 318 ff., S. 319.

Dieser muss innerhalb einer Frist von 18 Monaten nach Kenntniserlangung von der Belegenheit des Kulturguts in der Russischen Föderation bzw. tatsächlicher Möglichkeit hierzu geltend gemacht werden.

Weiterhin muss der Antragsteller zur Durchsetzung des Rückgabeanspruchs den Erwerb und Fortbestand des Eigentums bis zum Zeitpunkt der Verbringung in die UdSSR nachweisen. Dieser Nachweis erfolgt gemäß der lex rei sitae, die nach Art. 1206 I russisches ZGB, Dritter Teil[666] auch in Russland gilt, nach deutschem Recht.[667] Soweit im Dritten Reich zwar eine Entziehung erfolgt ist, diese aber auf einseitigen Beschlagnahme- und Enteignungsmaßnahmen beruhte, die nach deutschem Recht keinen Bestand haben, wird der Nachweis in den Fällen des Art. 8 II, III keine Schwierigkeiten bereiten.[668]

Problematischer ist der Nachweis des bestehenden Eigentums bis zur Verbringung möglicherweise dann, wenn die zwangsweise Entziehung im Rahmen „normaler" privater Erwerbsvorgänge, wie beispielsweise bei sogenannten Judenauktionen, erfolgt ist. Hierauf kann allerdings im Rahmen dieser Abhandlung nicht eingegangen werden.[669]

Festzuhalten bleibt also, dass für Klagen auf Rückgabe nach Art. 8 II, III des Kulturgütergesetzes privilegierter Kulturgüter vor russischen Gerichten grundsätzlich gute Erfolgsaussichten bestehen.

*cc) Gutgläubiger Erwerb, Ersitzung und Verjährung nach russischem Recht*

Darüber hinaus hängt der Erfolg einer Herausgabeklage vor russischen Gerichten auch davon ab, dass dem Herausgabeanspruch kein Erwerbstatbestand oder Rechtshindernis nach russischem Recht entgegensteht. In Betracht kommt hierbei insbesondere der gutgläubige Erwerb, die Ersitzung oder die Verjährung.

Der gutgläubige Erwerb vom Nichteigentümer richtet sich nach Art. 302 des russischen ZGB. Er wird nicht als besondere Art des Eigentumserwerbs verstanden, sondern nur als Ausschluss der Sachverfolgung durch den Eigentümer. Ein gutgläubiger Erwerber erlangt nach russischem Verständnis nicht unbedingt das Eigentum an der Sache. Der Erwerbsbegriff bezieht sich hier nicht auf das Eigentum, sondern auf die Beteiligung am schuldrechtlichen Erwerbsgeschäft, auf den faktischen Sacherwerb.[670] Für den Eigentumserwerb müssen neben der Gutgläubigkeit, die vorliegt, wenn „ein Vermögen von einer Person, die kein Recht hatte, dieses zu veräußern, entgeltlich erworben worden ist, ohne dass der Erwerber davon wusste und wissen konnte" zwei weitere Bedingungen hinzutreten. Zum einen muss der Erwerb entgeltlich sein und zum anderen darf kein unfreiwilliger Besitzverlust beim Eigentümer oder bei einem durch ihn zum Besitz Berechtigten eingetreten sein. Das Vermögen darf nicht „verloren gegangen, ... gestohlen worden oder auf sonstige Weise gegen deren Willen aus ihrem Besitz abhanden gekommen ..." sein. Damit dürfte ein gutgläubiger Erwerb an

[666] Der Dritte Teil des russischen Zivilgesetzbuches, der die Neuregelung des russischen IPR enthält, ist am 1.3.2002 in Kraft getreten; abgedruckt in deutscher Übersetzung in: IPRax 2002, S. 327 ff.

[667] Vgl. hierzu auch *Berger*, IPRax 2000, S. 318 ff., S. 320, m.w.N.

[668] So *Berger*, IPRax 2000, S. 318 ff., S. 320, m. w. N.

[669] Vgl. hierzu bspw. *Berger*, IPRax 2000, S. 318 ff., S. 320 f., m. w. N.

[670] *Solotych,* Das ZBG der russischen Föderation, S. 56.

den verbrachten deutschen Kulturgütern in der Regel ausgeschlossen sein, weil es insofern an einem freiwilligen Besitzverlust fehlt.

Denkbar wäre aber nach den Umständen des Einzelfalls ein Eigentumserwerb durch Ersitzung. Nach Art. 234 I des russischen ZBG erwirbt der gutgläubige Eigenbesitzer bezüglich beweglichen Vermögens nach Ablauf von fünf Jahren Eigentum.

Schließlich könnte auch die Verjährung etwaigen Herausgabeansprüchen entgegenstehen. Die allgemeine Verjährungsfrist beträgt gem. Art. 196 des russischen ZGB drei Jahre und beginnt gem. Art. 200 I des russischen ZGB an dem Tag zu laufen, an dem eine Person von der Verletzung ihres Rechts erfahren hat oder erfahren musste.

## *E. Ausblick: Anforderungen an eine mögliche Lösung unter dem Gesichtspunkt der internationalen Verantwortung*

Die Untersuchung hat gezeigt, dass die Rückgabeforderungen der Bundesrepublik Deutschland auf einer breiten völkervertrags- und völkergewohnheitsrechtlichen Grundlage stehen. In rechtlicher Hinsicht stellt sich die Sachlage hinsichtlich der Rückführung der deutschen Kulturgüter mithin eindeutig zugunsten der Bundesrepublik Deutschland dar.

In praktischer Hinsicht gestaltet sich die Durchsetzung der Rückführungsansprüche und die Lösung der deutsch-russischen Kontroverse allerdings nicht zuletzt deshalb schwierig, weil auf beiden Seiten mit der Frage der Kulturgüter viele Emotionen verbunden sind, die sich auch in den unterschiedlichen Auffassungen bezüglich der russischen Rückgabeverpflichtung niederschlagen. Deshalb darf die Suche nach Lösungen nicht nur juristische Gesichtspunkte berücksichtigen, sondern es muss ein Weg gefunden werden, bei dem keine der beiden Seiten das Gesicht verliert.[671]

Im Folgenden soll deshalb dazu Stellung genommen werden, was bei künftigen Verhandlungen und bei der Suche nach Lösungen, insbesondere im Sinne einer effektiven Friedenssicherung zu beachten ist.

Die Bundesrepublik Deutschland steht in der internationalen Verantwortung, die Verhandlungen über die Rückführung der Beutekunst fortzusetzen, und zwar nicht nur hinsichtlich der auch nach dem russischen Kulturgütergesetz von der Rückgabe nicht ausgeschlossenen Kulturgüter. Dabei sollte sie klar zum Ausdruck bringen, dass der sowjetische Kunstraub völkerrechtswidrig war und Russland auf seine internationalen Verpflichtungen, insbesondere die Rückgabeverpflichtung aus den deutsch-sowjetischen bzw. deutsch-russischen Verträgen hinweisen. Indem die Bundesrepublik Deutschland dafür Sorge trägt, dass die anerkannten Instrumente des Völkerrechts konsequent genutzt werden, wird sie ihrer internationalen Verantwortung zur Durchsetzung des Völkerrechts gerecht und betont dessen friedensschaffende Wirkung. Der internationale Kulturgüterschutz bleibt ein schwaches Instrument, wenn zwar völkerrechtliche Verträge, die wirtschaftliche und finanzielle Abmachungen enthalten, durchgesetzt werden, Verträge, bei denen es um kulturelle Belange geht, hingegen nicht.[672] Deshalb wäre auch ein Verzicht auf die Rückgabe der Kulturgüter – bei-

[671] Vgl. auch *Eichwede*, DA 29 (1996), S. 86 ff., S. 91; *Ritter*, UFITA 136 (1998), S. 129 ff., S. 149.

[672] Siehe hierzu *Fiedler*, in: Reichelt (Hrsg.), Neues Recht zum Schutz von Kulturgut, S. 147 ff., S. 154 f.

spielsweise zugunsten einer deutsch-russischen Stiftung – rechtspolitisch das falsche Signal.

In Bezug auf die Lösung der deutsch-russischen Problematik besteht eine gesteigerte internationale Verantwortung auch deshalb, weil sich die Behandlung der infolge des Zweiten Weltkriegs erfolgten Wegführungen auf aktuelle und künftige Konflikte auswirkt. Der Raub von Kulturgut während kriegerischer Auseinandersetzungen ist eine aktuelle Bedrohung geblieben. So lassen sich auch in neueren Konflikten, etwa im Golfkrieg zwischen dem Irak und Kuwait, Wegnahmen von Kulturgut feststellen.[673] Deshalb könnte die fehlende Sanktion des im Zusammenhang mit dem Zweiten Weltkrieg erfolgten sowjetischen Kunstraubs einen Anreiz für künftigen Kunstraub geben. Ein Scheitern der Restitutionsverhandlungen zwischen Deutschland und Russland würde mithin wegen der großen Bedeutung der Staatenpraxis für die Herausbildung und Konsolidierung von Völkergewohnheitsrecht und die Durchsetzung völkerrechtlicher Verträge die in einem zentralen Bereich des völkerrechtlichen Kulturgüterschutzes – nämlich dem seit der Restitution der napoleonischen Kriegsbeute mühsam erkämpften und mittlerweile gewohnheitsrechtlich anerkannten Beuteverbot in Bezug auf Kulturgüter und der aus dem Verstoß hiergegen resultierenden Restitutionspflicht – erreichte Entwicklung weit zurückwerfen.[674]

Ein weiterer Aspekt der internationalen Verantwortung bei der Gestaltung des Verhältnisses zwischen Deutschland und Russland ergibt sich aus dessen Vorbildwirkung auf die Regelung der Restitutionsprobleme anderer Länder. Es geht nicht nur darum, dass das deutsch-russische Verhältnis durch das ungelöste Problem der Beutekunst belastet und das friedliche Nebeneinander der beiden Staaten gefährdet wird. Bei der Lösung ist vielmehr auch zu beachten, dass keine negativen Ausstrahlungswirkungen auf die noch ungelösten Probleme der Kulturgüterrückführung anderer Länder, wie der Ukraine, Ungarns oder Polens, ebenso wie Italiens, der Niederlande, Frankreichs und anderer Staaten auftreten,[675] für die der deutsch-russische Fall Präzedenzwirkung hat. Auch aus diesem Grund hätte ein Scheitern der Rückführungsverhandlungen, ein Verzicht auf die Kulturgüter oder die stillschweigende Einwilligung in den bestehenden rechtswidrigen Zustand weit reichende Folgen.

Die Lösung der Beutekunstproblematik ist deshalb auch bei der Schaffung einer stabilen europäischen Friedensordnung, die auf gegenseitiger Achtung, Vertrauen und der Einhaltung der von ihr geschaffenen Regeln aufbaut, von großer Bedeutung.[676]

Die Grenzen jeden Kompromisses in Bezug auf die Rückführungsfrage werden dabei durch die eben dargelegte Verantwortung festgelegt.[677]

Da die bilateralen Verhandlungen bisher nicht zu einer Lösung des Problems geführt haben und immer wieder ins Stocken geraten, weist der richtige Weg daneben in Richtung einer Lösungsfindung auf multilateraler Ebene.

---

[673] So *Fiedler*, in: Frehner (Hrsg.), Das Geschäft mit der Raubkunst, S. 87 ff., S. 95.

[674] *Fiedler*, in: Reichelt (Hrsg.), Neues Recht zum Schutz von Kulturgut, S. 147 ff., S. 156.

[675] Vgl. hierzu *Fiedler*, in: Strocka (Hrsg.), Kunstraub – ein Siegerrecht?, S. 47 ff., S. 59 f.; *Ritter*, Kulturerbe als Beute?, S. 9.

[676] Ebenso *Schade*, in: Strocka (Hrsg.), Kunstraub – ein Siegerrecht?, S. 63 ff., S. 84.

[677] *Fiedler*, ZfBB 44 (1997) 6, S. 583 ff., S. 583.

Zur verbindlichen Klärung des deutsch-russischen Konflikts und insbesondere zur Auslegung der deutsch-russischen Verträge sollte die Anrufung eines Schiedsgericht oder des Internationalen Gerichtshofs angestrebt werden.

Daneben erscheint die Einschaltung der UNESCO zur Streitschlichtung als weitere erfolgversprechende Variante der Lösungsfindung auf multilateraler Ebene,[678] insbesondere für den Fall, dass Russland der Klärung vor einem internationalen Gericht nicht zustimmt. Die im Rahmen der Vermittlung ausgesprochenen Empfehlungen sind zwar unverbindlich, stoßen aber möglicherweise gerade aus diesem Grund auf eine größere Akzeptanz. So besteht die Hoffnung, dass bei den Beratungen neue Ansätze aufgezeigt werden, welche die endgültige Lösung des Streits voranbringen.

Auch eine Lösung auf multilateraler Ebene muss aber, ebenso wie die Ergebnisse der deutsch-russischen Verhandlungen, sicher einen Kompromiss enthalten, der sowohl die Ansprüche und Emotionen Russlands als auch Deutschlands ausreichend berücksichtigt.[679]

Eine für alle Seiten befriedigende Lösung muss darüber hinaus die Schaffung einer dauerhaften Friedensordnung in Europa unter Beachtung der Regeln des geltenden Rechts im Blick haben.

---

[678] Vgl. hierzu: *Prott*, The Role of UNESCO "Intergovernmental Committee for Promoting the Return of Cultural Property" in the Resolution of Disputes Concerning Cultural Property Removed in Consequence of the Second World War, http://www.dhh-3.de/biblio/bremen/sow4/sr1.html; *Prott*, in: Simpson (Hrsg.), The Spoils of War, S. 225 ff., S. 230.

[679] Angesichts der Unterschiedlichkeit der in Russland lagernden Kulturgüter besteht beispielsweise die Möglichkeit zwischen einzelnen Kulturgütern zu differenzieren und für Bibliotheken und Archive andere Lösungen vorzusehen als bspw. für Museumsobjekte, so *Fiedler*, in: Strocka (Hrsg.), Kunstraub – ein Siegerrecht?, S. 47 ff., S. 60.

# Zusammenfassung

I.

1. Die Entwicklung des internationalen Kulturgüterschutzes erfolgte zunächst im Rahmen des Kriegsvölkerrechts. Bis ins 18. Jahrhundert waren Kulturgüter Bestandteil eines allgemeinen Beuterechts. Im Verlauf des 19. Jahrhunderts wurden sie – ebenso wie das Privateigentum – aus dem allgemeinen Kriegsbeuterecht ausgegliedert. Die Kodifikation eines Beschlagnahmeverbots bezüglich Kulturgütern in Art. 56 HLKO brachte die völkergewohnheitsrechtliche Entwicklung des 19. Jahrhunderts auf diesem Gebiet zum Abschluss und fixierte den zu diesem Zeitpunkt bestehenden Völkergewohnheitsrechtsatz eines Beuteverbotsverbotes schriftlich. Im 20. Jahrhundert entwickelte sich – insbesondere seit dem Zweiten Weltkrieg – ein spezifischer Kulturgüterschutz, der auch auf das Friedensvölkerrecht ausgedehnt wurde und sich in verschiedenen, ausschließlich dem Schutz von Kulturgütern gewidmeten Konventionen niederschlägt.[1]

2. Die Alliierten haben sich nach dem Zweiten Weltkrieg für die umfassende Restitution des während des Krieges in rechtswidriger Weise von den Nationalsozialisten geraubten europäischen Kulturbesitzes eingesetzt.[2] Darüber hinaus verzichteten sie auf Viermächteebene darauf, deutsche Kulturgüter zu Wiedergutmachungszwecken heranzuziehen. In keinem alliierten Dokument findet sich ein Hinweis auf eine beabsichtigte Heranziehung zu Reparationszwecken.[3] Die Gesetze, Direktiven und Proklamationen des Alliierten Kontrollrats zur Beschlagnahme von Nazivermögen dienten dem von den Alliierten verfolgten Ziel der Entnazifizierung und rechtfertigten nicht die reparationsweise Heranziehung deutscher Kulturgüter.[4] Der in Ziffer 3 der Kontrollratsdirektive vom 21.1.1946 enthaltene Kompromiss zur restitution in kind bezüglich Gütern von einmaligem Charakter autorisierte nicht zur sofortigen Durchführung eines restitution in kind-Programms, sondern machte diese von einer besonderen Anweisung abhängig. Eine derartige Anweisung hat es aber in keinem einzigen Fall gegeben, die restitution in kind wurde mithin auf Viermächteebene nicht in die Praxis umgesetzt.[5]

3. In der sowjetischen Besatzungszone kam es seit 1945 auf Befehl der sowjetischen Führung durch die Trophäenbrigaden der Roten Armee zu umfangreichen Beschlagnahmungen und Abtransporten deutscher Kulturgüter.[6] Derjenige Teil der Kulturgüter, der nicht in den fünfziger Jahren an die DDR restituiert wurde,[7] wurde in Sonderdepots, getrennt von den Beständen der sowjetischen Museen, gelagert und seine Existenz über vierzig Jahre lang geheim gehalten. Einen Rechtsakt seitens der Sowjetunion, durch den sie sich die Kulturgüter aneignete, hat es nicht gegeben. Beschlagnahme

[1] Vgl. 1. Teil, A.IV.
[2] Vgl. 1. Teil, B.II.2.b) und c).
[3] Vgl. 1. Teil, B.II.4.a).
[4] Vgl. 1. Teil, B.II.4.a)ee).
[5] Vgl. 1. Teil, B.II.4.b)bb)aaa) und bbb).
[6] Vgl. 1. Teil, B.II.5.b).
[7] Vgl. 1. Teil, B.II.5.c).

und Verbringung sind mithin nicht gleichbedeutend mit einer Enteignung. Diese erfolgte erst im russischen Kulturgütergesetz von 1998.[8]

4. Die in Russland verbliebenen und zu Beginn der 90er Jahre des 20. Jahrhunderts in den Geheimdepots „wieder entdeckten“ Kulturgüter bilden den Gegenstand der seit Abschluss des deutsch-sowjetischen bzw. deutsch-russischen Vertrags im Jahr 1990 und 1992 geführten deutsch-russischen Rückführungsverhandlungen.[9] Trotz der in diesen Verträgen eingegangenen gegenseitigen Verpflichtung der Bundesrepublik Deutschland und der UdSSR bzw. der Russischen Föderation zur Rückgabe „verschollener oder unrechtmäßig verbrachter Kulturgüter“[10] erklärte die Russische Föderation im Kulturgütergesetz vom 15.4.1998 die „in Wahrnehmung ihres Rechts auf kompensatorische Restitution“ in die UdSSR eingeführten deutschen Kulturgüter zu russischem Eigentum. Das russische Verfassungsgericht bestätigte dieses Gesetz mit Urteil vom 20.7.1999.[11] Seitdem verhandeln Deutschland und die Russische Föderation in erster Linie nur noch über die auch nach dem russischen Gesetz nicht von der Rückgabe ausgeschlossenen Kulturgüter.[12]

II.

Die von der Sowjetunion im Hinblick auf deutsche Kulturgüter während der Besetzung Deutschlands vorgenommenen Beschlagnahme- und Verbringungsmaßnahmen können unter keinem Gesichtspunkt als völkerrechtmäßig eingestuft werden.

1. Die Sowjetunion konnte sich diesbezüglich nicht auf ein Beuterecht berufen, da das Beutemachen im Hinblick auf Kulturgüter spätestens seit dem Ende des 19. Jahrhunderts völkergewohnheitsrechtlich verboten war. Dieser Völkergewohnheitsrechtssatz ist darüber hinaus in Art. 56 HLKO kodifiziert, der die Beschlagnahme von Kulturgütern unabhängig davon, ob sie aus öffentlichem oder privatem Eigentum stammen, verbietet.[13]

2. Auch mit der bedingungslosen Kapitulation des Deutschen Reichs am 7./8.Mai 1945 lässt sich die Rechtmäßigkeit der sowjetischen Maßnahmen nicht begründen. Das Deutsche Reich ist als Völkerrechtssubjekt nach der vollständigen Besiegung und bedingungslosen Kapitulation im Mai 1945 nicht untergegangen. Damit waren die Alliierten bei der Besetzung Deutschlands nicht bindungslos, sondern hatten die Regeln des Völkerrechts zu beachten. Aufgrund der Anwendbarkeit des Art. 56 HLKO bzw. des diesem zugrunde liegenden Satzes des Völkergewohnheitsrechts, gab es auch 1945 kein unbegrenztes Recht des Siegers, Kulturgüter wegzunehmen.[14]

3. Die Beschlagnahme und Verbringung der deutschen Kulturgüter hat die den Alliierten im Rahmen der Besatzungsherrschaft zustehenden Befugnisse in eklatanter Weise überschritten. Maßnahmen der Alliierten waren der Doppelnatur des Besat-

---

8 Vgl. 1. Teil, B.II.5.b) dd).

9 Vgl. 1. Teil, C.II.1.a)-c).

10 Vgl. 1. Teil, C.I.

11 Vgl. 1. Teil, C.III.2.

12 Vgl. 1. Teil, C.IV.

13 Vgl. 2. Teil, A.

14 Vgl. 2. Teil, B.I.3.c).

zungsregimes entsprechend nur insoweit rechtmäßig, als sie sich im Rahmen der von der occupatio bellica und vom treuhandähnlichen Verhältnis gesteckten Grenzen hielten.[15] Mithin hatten die Alliierten die aus Art. 56 HLKO resultierenden Schranken zu beachten und waren nicht zum einseitigen Zugriff auf deutsche Kulturgüter befugt und zwar weder unter dem Gesichtspunkt der Wegnahme zu Beutezwecken noch zur eigenhändigen Durchsetzung von Reparationen oder der restitution in kind.[16]

4. Eine generelle Ermächtigung zur Wegführung deutscher Kulturgüter bzw. deren Billigung findet sich in keinem alliierten Dokument, insbesondere des Alliierten Kontrollrats, auch nicht unter dem Gesichtspunkt der (späteren) Heranziehung zu Kompensationszwecken.[17] Die Durchführung eines restitution in kind-Programms, das unter Einhaltung besonderer Voraussetzungen auch die Wegführung deutscher Kulturgüter gerechtfertigt hätte, war unter den Alliierten heftig umstritten und Pläne hierzu wurden schließlich fallen gelassen. Eine in Ziffer 3 der Kontrollratsdirektive vom 21.1.1946 für die restitution in kind in Bezug auf Güter von einmaligem Charakter grundsätzlich vorgesehene besondere Anordnung wurde in keinem einzigen Fall erlassen.[18]

5. Aus dem Grundsatz der Staatenverantwortlichkeit wegen Auslösens eines Angriffskriegs ergibt sich weder das Recht zur einseitigen Durchsetzung bestehender Wiedergutmachungsansprüche,[19] noch kann hieraus abgeleitet werden, dass mit dem gesamten staatlichen Vermögen gehaftet wird. Einer Haftung auch mit Kulturgütern steht das besondere völkerrechtliche Schutzregime, dem diese unterstellt sind, entgegen.[20]

6. Die Möglichkeit der Heranziehung von Kulturgütern zur restitution in kind wurde bereits im Jahr 1945 durch elementare Regeln des internationalen Kulturgüterschutzes beschränkt und findet keine Stütze im Völkerrecht,[21] abgesehen davon, dass eine Verwendung zu diesem Zweck seitens der UdSSR in tatsächlicher Hinsicht stets unterblieben ist und auch kein entsprechender sowjetischer Rechtsakt existiert.[22] Die Staatenpraxis ist in Bezug auf eine restitution in kind nicht einheitlich. Hieraus kann folglich nicht auf die generelle Zulässigkeit dieses Instituts geschlossen werden. Auch der Inhalt dieses Instituts ist vage.[23] Das Prinzip der restitution in kind ist darüber hinaus für Kulturgüter schlichtweg unangemessen. Ihrem Charakter nach handelt es sich – insbesondere bei Kunstwerken – grundsätzlich immer um „einzigartige" Objekte, für die „gleichwertiger" Ersatz durch ein anderes Kulturgut nur begrenzt realisierbar ist. Eine Verwendung von Kulturgütern zu Kompensationszwecken widerspricht den Grundprinzipien des Kulturgüterschutzes, vor allem seinem humanitären Charakter. Kulturgüter haben Bedeutung als Zeugnis für die Errungenschaften der Menschheit und als Symbol der Identität eines Staates bzw. einer Nation, weshalb es dem Sinn und Zweck des Kulturgüterschutzes widerspricht, das kulturelle Erbe eines Volkes dadurch

[15] Vgl. 2. Teil, C.I.3.
[16] Vgl. 3. Teil, C.II.2. und 3.
[17] Vgl. 2. Teil, D.II.1.
[18] Vgl. 2. Teil, D. III.1. und 2., IV.
[19] Vgl. 2. Teil, E.II.1.
[20] Vgl. 2. Teil, E.II.2.
[21] Vgl. 2. Teil, F.II. 1.
[22] Vgl. 2. Teil, F.I.1.-5.
[23] Vgl. 2. Teil, F.II.1.c).

wiederherstellen zu wollen, dass ein anderes Volk gezwungen wird, mit seinem nationalen Kulturerbe Ersatz zu leisten.[24]
Selbst wenn man entgegen der hier vertretenen Auffassung von der rechtlichen Zulässigkeit der restitution in kind ausgehen wollte, konnte diese nicht eigenhändig durchgesetzt werden.[25] Darüber hinaus besteht nach den in der Rechtsfigur der restitution in kind selbst angelegten Begrenzungen nicht die Möglichkeit einer mengenmäßigen pauschalen Kompensation auf breiter Ebene, sondern es kommt nur Ersatz für tatsächliche Verluste an Kulturgütern in Form konkreter Kulturgüter, welche in Art und Wert den abhanden gekommenen Kulturgütern entsprechen, in Betracht.[26]

III.

1. Aus der rechtswidrigen, bis heute andauernden Verlagerung der deutschen Kulturgüter resultieren völkervertrags- und völkergewohnheitsrechtliche Rückgabeansprüche, ebenso wie eine – allerdings subsidiäre – Rückgabeverpflichtung aus dem allgemeinen Rechtsgrundsatz der ungerechtfertigten Bereicherung.[27]
Ein völkervertragsrechtlicher Restitutionsanspruch der Bundesrepublik Deutschland gegenüber der Russischen Föderation ergibt sich bereits aus dem Verstoß der sowjetischen Maßnahmen gegen das Beschlagnahmeverbot des Art. 56 HLKO i.V.m. Art. 3 IV. Haager Abkommen.[28]
Die Rückforderung der während des Krieges und der Besatzungszeit in die Sowjetunion verlagerten Kulturgüter lässt sich ebenso auf die insoweit inhaltsgleichen Art. 16 II des deutsch-sowjetischen und Art. 15 des deutsch-russischen Vertrags aus dem Jahr 1990 bzw. 1992 stützen.[29] Bei den in die UdSSR verbrachten deutschen Kulturgütern handelt es sich sowohl um „verschollene" als auch „unrechtmäßig verbrachte" Kulturgüter i.S. der Rückgabeklauseln. Für die Einstufung als „verschollen" kommt es auf die Wahrnehmung derjenigen Seite an, die die Kulturgüter vermisst. Die deutsche Seite hatte zum Zeitpunkt des Vertragsabschlusses aber gerade keine Kenntnis über den Verbleib der Kulturgüter.[30] Die Kulturgüter sind auch „unrechtmäßig verbracht", da sich die Rechtmäßigkeit der Verbringung seit 1945 unter keinem Gesichtspunkt des geltenden Völkerrechts begründen lässt.[31] Dies ergibt sich auch aus einer zukunftsorientierten, den systematischen Zusammenhang und den Sinn und Zweck der Verträge berücksichtigenden Auslegung. Denn wie in der Präambel des deutsch-sowjetischen Nachbarschaftsvertrags von 1990 zum Ausdruck kommt, war es Ziel und Zweck, „mit der Vergangenheit endgültig abzuschließen und durch Verständigung und Versöhnung einen gewichtigen Beitrag zur Überwindung der Trennung Europas zu leisten, ... ein

---

[24] Vgl. 2. Teil, F.II.1d)
[25] Vgl. 2. Teil, F.III.1.-3.
[26] Vgl. 2. Teil, F.IV.
[27] Vgl. 3. Teil, A.I.-III.
[28] Vgl. 3. Teil, A.I.1.b).
[29] Vgl. 3. Teil, A.I.6.
[30] Vgl. 3. Teil, A.I.6.d)cc).
[31] Vgl. 3. Teil, A.I.6.d)dd)aaa).

vereintes Europa aufzubauen und eine dauerhafte gerechte Friedensordnung ... zu schaffen,....". Diesem Ziel dient auch die vereinbarte Rückgabe.[32]

Auf die Verletzung anderer völkerrechtlicher Verträge, namentlich des Vierten Genfer Abkommens vom 12.8.1949, der Haager Kulturgutschutzkonvention nebst Protokoll vom 14.5.1954, der UNESCO-Konvention vom 14.11.1970, des Ersten Genfer Zusatzprotokolls vom 8.6.1977 und der UNIDROIT-Konvention vom 24.6.1995, lassen sich Rückführungsansprüche der Bundesrepublik Deutschland hingegen nicht stützen. Die Anwendbarkeit dieser nach der Kulturgüterverbringung in Kraft getretenen Verträge scheidet wegen fehlender Rückwirkung und teilweise fehlender Ratifizierung durch die Bundesrepublik Deutschland aus.[33]

Ein Rückgabeanspruch steht der Bundesrepublik aber infolge des Verstoßes gegen das bereits 1945 geltende völkergewohnheitsrechtliche Beschlagnahme- und Wegführungsverbot in Bezug auf Kulturgüter auch aus Völkergewohnheitsrecht zu.[34]

2. Gemäß der im Kriegsrecht geltenden territorialen Bindung von Kulturgütern an den ursprünglichen Ort der Belegenheit ergibt sich, dass sich die Rückgabeansprüche der Bundesrepublik gegen die Russische Föderation auf alle aus Deutschland verbrachten Kulturgüter beziehen – abgesehen von den vorher durch die Nationalsozialisten geraubten Kulturgütern.[35] Selbst wenn man über die im Kriegsrecht geltende territoriale Bindung hinaus eine besondere Beziehung der verschleppten Kulturgüter zu Deutschland in dem Sinn fordern wollte, dass es sich um Kulturgüter von nationaler Bedeutung handelt, gelangt man zu einem umfassenden Rückgabeanspruch. Auch diejenigen Kulturgüter, die nicht von „deutschen" Künstlern oder auf „deutschem" Boden geschaffen wurden, stellen als Teile von in Jahrhunderten gewachsenen Sammlungen und als Ausdruck der besonderen Museumskultur Deutschlands ebenfalls „nationales" Kulturgut dar.[36]

3. Einer Rückführung der deutschen Kulturgüter kann auch kein völkerrechtlicher Ausschlussgrund entgegengehalten werden.

a) Die Feindstaatenklausel des Art. 107 SVN führt nicht zur Rechtmäßigkeit der sowjetischen Maßnahmen nach allgemeinem Völkerrecht, sondern befreit nur von den durch die SVN auferlegten Verpflichtungen. Darüber hinaus hat sie in Bezug auf Deutschland spätestens seit Unterzeichnung des Zwei-plus-Vier-Vertrags im Jahr 1990 keine praktische Relevanz mehr.[37] Die in den Friedensverträgen von 1947 mit Deutschlands Kriegsverbündeten enthaltenen Verzichtsklauseln bezüglich der Geltendmachung jeglicher Ansprüche gegen die alliierten Mächte beinhalten weder die Anerkennung der Rechtmäßigkeit der diesen zugrunde liegenden Maßnahmen, noch binden sie das an den Verträgen nicht beteiligte Deutschland.[38] Der Überleitungsvertrag ist wegen fehlender Beschlagnahme der Kulturgüter „zum Zweck der Reparation"[39] auf die deutsch-russische Problematik nicht anwendbar und bindet darüber hin-

---

[32] Vgl. 3. Teil, A.I.6.d)dd)bbb).

[33] Vgl. 3. Teil, A.I.2.,3.,4.,5, und 7.

[34] Vgl. 3. Teil, A.II.1.

[35] Vgl. 3. Teil, B.I.

[36] Vgl. 3. Teil, B.II.

[37] Vgl. 3. Teil, C.I.1.

[38] Vg. 3. Teil, C.I.2.

[39] Vgl. 3. Teil, C.I.3.b).

aus nur die Vertragsparteien, nämlich die Bundesrepublik Deutschland und die drei Westmächte,[40] weshalb der in Art. 3, Teil VI ÜV enthaltene Einwendungsverzicht und Klagestopp nicht greift. Darüber hinaus sprechen gute Gründe dafür, dass die sowjetischen Maßnahmen wegen Verstoßes gegen völkerrechtliches ius cogens nichtig sind und mithin nicht zu einem Einwendungsverzicht i.S. des Überleitungsvertrags führen können. Im Zwei-plus-Vier-Vertrag vom 12.9.1990 ist die Kulturgüterfrage nicht enthalten. Der im zugehörigen Gemeinsamen Brief enthaltene Verzicht auf die Geltendmachung von Ansprüchen bezieht sich nicht auf die Frage der Kulturgüter, sondern auf die Bodenreform auf dem Gebiet der ehemaligen DDR.[41] Im Übrigen ist er nur auf Enteignungen anwendbar. Eine solche hatte bezüglich der Kulturgüter aber im Jahr 1990 gerade noch nicht stattgefunden.[42]

b) Auch die völkerrechtliche Verjährung kann den Rückgabeansprüchen nicht entgegengehalten werden,[43] ebenso wenig wie die Verwirkung bzw. das sog. Estoppel-Prinzip.[44]

c) Die nachträgliche Aneignung der deutschen Kulturgüter zum Zweck der kompensatorischen Restitution im russischen Kulturgütergesetz verstößt gegen das im Völkerrecht Recht verankerte Verbot der Heranziehung von Kulturgütern zu Kompensationszwecken. Sie steht darüber hinaus nicht nur im Widerspruch zum Verhalten Russlands in der Vergangenheit, sondern auch zur neueren Entwicklung im völkerrechtlichen Kulturgüterschutz. Außerdem verletzt das russische Kulturgütergesetz die völkerrechtlichen Verpflichtungen Russlands insbesondere aus dem deutsch-sowjetischen und dem deutsch-russischen Vertrag von 1990 und 1992. Russland kann sich seiner Verpflichtungen nach internationalem Recht nicht durch die Flucht in nationales Recht entziehen. Das russische Kulturgütergesetz stellt einen klaren Verstoß gegen die Grundregel pacta sunt servanda dar, ebenso wie ein venire contra factum proprium.

Vom rechtlichen Standpunkt aus gesehen ist das russische Kulturgütergesetz aufgrund des Vorrangs der völkerrechtlichen Verpflichtungen unbeachtlich und hat keinen Einfluss auf die völkerrechtlichen Rückgabeansprüche der Bundesrepublik Deutschland. Insbesondere hat das Gesetz keinen beachtlichen, neuen Eigentumstitel geschaffen. Es hat insoweit auch keine Bedeutung für die zwischenstaatlichen Rückführungsverhandlungen. In politischer Hinsicht hat es aber insofern Einfluss, als sich die russische Regierung im völkerrechtlichen Verkehr im Rahmen der innerstaatlichen Gesetze halten muss.[45]

4. Zur Durchsetzung der deutschen Rückführungsansprüche und der Lösung des deutsch-russischen Konflikts stehen verschiedene Möglichkeiten der gerichtlichen und außergerichtlichen Streitbeilegung zur Verfügung.

a) Für die Bundesrepublik Deutschland kommen zur Durchsetzung ihrer Rückführungsansprüche und zur Lösung des deutsch-russischen Konflikts diverse Möglichkeiten auf völkerrechtlicher und politischer Ebene in Betracht. Neben der Weiterführung

---

[40] Vgl. 3.Teil, C.I.3.c).
[41] Vgl. 3. Teil, C.I.4.b)bb)aaa).
[42] Vgl. 3. Teil, C.I.4.b)bb)bbb).
[43] Vgl. 3. Teil, C.II.1.
[44] Vgl. 3. Teil, C.II.2.
[45] Vgl. 3. Teil, C.III.4.

der bilateralen Rückführungsverhandlungen, denen bislang im Hinblick auf eine Gesamtlösung der Problematik nur begrenzter Erfolg beschieden war,[46] ist an die Inanspruchnahme der Vermittlung durch die UNESCO zu denken. Die im Rahmen der Mediation ausgesprochenen Empfehlungen sind allerdings nicht verbindlich.[47]

Die Anrufung des Internationalen Gerichtshofs oder eines Internationalen Schiedsgerichts zur verbindlichen Lösung der Kontroverse ist von der russischen Zustimmung hierzu abhängig.[48] In Betracht kommt auch eine Staatenbeschwerde der Bundesrepublik Deutschland vor dem EGMR.[49]

Die weiteren bisher in die Diskussion um die Streitbeilegung eingebrachten Vorschläge sind zur Gesamtlösung der Problematik nur bedingt geeignet. Dies gilt insbesondere für die Gründung einer deutsch-russischen Stiftung unter Verzicht auf das Eigentum an den deutschen Kulturgütern.[50] Auch die im Rahmen der deutsch-polnischen Rückführungsbemühungen gemachten Vorschläge der Kopernikus-Gruppe sind im deutsch-russischen Verhältnis nicht verwertbar.[51]

b) Auch für private Eigentümer – seien es private Sammler oder nichtstaatliche Museen – der verbrachten Kulturgüter besteht die Möglichkeit der Rückforderung auf internationaler Ebene. Sie können diplomatischen Schutz durch die Bundesrepublik Deutschland in Anspruch nehmen.[52] Für Eigentümer der nach dem russischen Kulturgütergesetz privilegierten Kulturgüter kommt die Geltendmachung der Rückgabeansprüche im zwischenstaatlichen Rückgabeverfahren nach dem russischen Kulturgütergesetz durch die Bundesrepublik Deutschland in Betracht.[53]

Darüber hinaus bestehen gute Erfolgsaussichten für eine Individualbeschwerde vor dem EGMR wegen Verletzung des Art. 1 1. ZP zur EMRK. Dessen Anwendbarkeit ist nicht ratione temporis ausgeschlossen, da die sowjetischen Beschlagnahme- und Verbringungsmaßnahmen und die diese Maßnahmen perpetuierende Enteignung im russischen Kulturgütergesetz zu einer fortdauernden Verletzung der Konvention – ähnlich wie im Loizidou-Fall – geführt haben.[54]

c) Sowohl für die Bundesrepublik Deutschland als auch für die privaten Sammler und Museen eröffnet sich auch die Möglichkeit der Durchsetzung der Rückführung auf zivilrechtlicher Ebene. Dies ist vor allem dann von Interesse, wenn die Kulturgüter im internationalen Kunsthandel oder im Rahmen des Ausstellungsverkehrs auftauchen. Dabei sind insbesondere sach- und kollisionsrechtliche Grundsätze zu beachten. Für die Beurteilung des auf bewegliche Sachen anwendbaren Rechts ist im internationalen Rechtsverkehr von den meisten Rechtsordnungen die lex rei sitae anerkannt, die besagt, dass für die dingliche Rechtslage das Recht des Ortes, an dem sich die Sache jeweils befindet, maßgeblich ist.[55] Deutschen Herausgabeansprüchen können insbeson-

46 Vgl. 3. Teil, D.I.1.a)aa).
47 Vgl. 3. Teil, D.I.1.a)bb).
48 Vgl. 3. Teil, D.I.1.b)bb) und cc).
49 Vgl. 3. Teil, D.I.1.b)dd).
50 Vgl. 3. Teil, D.I.1.c)ee).
51 Vgl. 3. Teil, D.I.1.c)ff).
52 Vgl. 3. Teil, D.I.2.a)aa).
53 Vgl. 3. Teil, D.I.2.a)bb).
54 Vgl. 3. Teil, D.I.2.b).
55 Vgl. 3. Teil, D.II.2.a)aa).

dere der gutgläubige Erwerb, die Ersitzung und die Verjährung entgegenstehen. Ob deren Voraussetzungen vorliegen, ist nach dem im Einzelfall anwendbaren Sachrecht zu ermitteln.[56]

Für Herausgabeklagen vor deutschen Gerichten bestehen gute Erfolgsaussichten. Entsprechende Klagen sind nicht wegen Klagestopps gem. Art. 3 III i.V.m. I, Teil VI ÜV ausgeschlossen, da der Überleitungsvertrag keine Anwendung findet.[57] Auch eine rechtsverbindliche Rückgabezusage i. S. v. § 20 KultSchG führt nicht zum Ausschluss der gerichtlichen Geltendmachung von Herausgabeansprüchen für die Zeit der Ausstellung der Kulturgüter in Deutschland. Abgesehen davon, dass gute Gründe für eine Verfassungswidrigkeit der Norm sprechen, findet die Bestimmung nur auf ausländische Kulturgüter Anwendung.[58]

Einer Herausgabeklage steht auch nicht die Anerkennung der völkerrechtswidrigen sowjetischen Beschlagnahme- und Verbringungsmaßnahmen bzw. der Enteignung im russischen Kulturgütergesetz entgegen. Diese Maßnahmen verstoßen gegen den ordre public gem. Art. 6 EGBGB, weshalb ihre Anerkennung in der Bundesrepublik Deutschland ausgeschlossen ist.[59] Zu den Grundsätzen des deutschen ordre public zählt über den zu dessen Konkretisierung heranzuziehenden Art. 25 S. 1 GG auch das völkerrechtliche ius cogens. Als Norm des humanitären Völkerrechts ist Art. 56 HLKO, der durch die sowjetischen Maßnahmen missachtet wurde, aber zum ius cogens zu rechnen. Damit sind die sowjetischen Maßnahmen ebenso wie die daran anknüpfende Enteignung nichtig und die Bundesrepublik Deutschland zur Nichtanerkennung wegen des Verstoßes gegen ius cogens und der hieraus resultierenden Verletzung des internationalen ordre public gem. Art. 6 EGBGB i.V.m. Art. 25 GG verpflichtet.[60]

Eine Verjährung nach deutschem Recht steht dem Herausgabeanspruch ebenfalls nicht entgegen. Wenn auch die Verjährbarkeit des Vindikationsanspruchs rechtspolitisch bedenklich und de lege ferenda zu ändern ist, verjähren derartige Ansprüche doch de lege lata grundsätzlich gem. § 197 I Nr. 1 BGB nF nach 30 Jahren.[61] Vorliegend ist allerdings aufgrund Hemmung und Unterbrechung bzw. Neubeginn der Verjährung – weder nach altem, noch nach seit dem 1.1.2002 geltenden neuem Recht – eine Verjährung eingetreten.[62]

Eine Klage vor russischen Gerichten ist nur bezüglich der von der Enteignung im russischen Kulturgütergesetz nicht erfassten Kulturgüter erfolgversprechend.[63]

IV.

Aus rechtlicher Sicht sind die Aussichten für eine Rückgabe der deutschen Kulturgüter gut. Es bestehen eindeutige völkerrechtliche Ansprüche der Bundesrepublik

---

56 Vgl. 3.Teil, D.II.2.a)cc)-ee).
57 Vgl. 3. Teil, D.II.1.b)bb).
58 Vgl. 3. Teil, D.II.1.b)cc).
59 Vgl. 3. Teil, D.II.2.b)bb)bbb).
60 Vgl. 3. Teil, D.II.2.b)bb)bbb)(3)(b).
61 Vgl. 3. Teil, D.II.2.b)dd)aaa).
62 Vgl. 3. Teil, D.II.2.b)dd)bbb) und ccc).
63 Vgl. 3. Teil, D.II.c)aa) und bb).

Deutschland auf Rückgabe. Allerdings bleiben die internationalrechtlichen Instrumente des Kulturgüterschutzes ein schwaches Mittel, wenn sie nicht konsequent angewendet und durchgesetzt werden.

Deshalb steht die Bundesrepublik Deutschland in der internationalen Verantwortung, sich weiterhin um eine Lösung zu bemühen, gerade auch wegen der Ausstrahlungswirkung der deutsch-russischen Problematik auf ähnlich gelagerte Restitutionsfälle und ihrer Bedeutung für die Schaffung einer stabilen europäischen Friedensordnung.

Bei der Suche nach Lösungen muss ein Weg gefunden werden, der – abgesehen von der rechtlich eindeutigen Sachlage zugunsten der Bundesrepublik Deutschland – die Emotionen auf beiden Seiten berücksichtigt und gleichzeitig die Bedeutung der Gesamtproblematik nicht aus den Augen verliert. Wenn die bilateralen Verhandlungen nicht zum Erfolg führen, sollten sich beide Seiten um eine Lösungsfindung auf multilateraler Ebene – sei es durch Anrufung des IGH, eines internationalen Schiedsgerichts oder Inanspruchnahme der Vermittlung durch die UNESCO – bemühen.[64]

---

[64] Vgl. 3. Teil, E.

**Akademie der Wissenschaften der UdSSR:** Völkerrecht, Hamburg 1960 (zit.: *Akademie der Wissenschaften der UdSSR,* Völkerrecht).

**Akinscha, Konstantin/ Koslow Grigori:** Beutekunst – Auf Schatzsuche in russischen Geheimdepots, München 1995 (zit.: *Akinscha/Koslow,* Beutekunst).

**Akinscha, Konstin/ Koslow, Grigori/ Toussaint, Clemens:** Operation Beutekunst: Die Verlagerung deutscher Kulturgüter in die Sowjetunion nach 1945; zusammengestellt nach bisher unveröffentlichten Dokumenten aus Archiven der russischen Föderation, Nürnberg 1995 (zit.: *Akinscha/Koslow/Toussaint,* Operation Beutekunst).

**Antoni, Michael:** Das Potsdamer Abkommen – Trauma oder Chance? Geltung, Inhalt und staatsrechtliche Bedeutung für Deutschland, Berlin 1985 (Völkerrecht und Politik, Band 13) (zit.: *Antoni,* Das Potsdamer Abkommen).

**Armbrüster, Christian:** Privatrechtliche Ansprüche auf Rückführung von Kulturgütern ins Ausland, in: NJW 2001, S. 3581 ff.

**Auswärtiges Amt:** Die vertraglichen Vereinbarungen zwischen Deutschland und Russland zur Rückführung kriegsbedingt verbrachter Kulturgüter, unveröffentlichte Stellungnahme, Bonn 1994 (zit.: *Auswärtiges Amt,* Die vertraglichen Vereinbarungen zwischen Deutschland und Russland zur Rückführung kriegsbedingt verbrachter Kulturgüter, (unveröffentlichte Stellungnahme)).

**Baur, Jürgen/ Stürner, Rolf:** Sachenrecht, 17. Auflage, München 1999 (zit.: *Baur/Stürner,* Sachenrecht).

**Beaucamp, Eduard:** Beutekunst auf dem Basar, in: FAZ vom 29.04.2000 (zit.: *Beaucamp,* Beutekunst auf dem Basar, in: FAZ v. 29.04.2000).

**Beck, Stefan von der:** Die Konfiskationen in der Sowjetischen Besatzungszone von 1945 bis 1949: Ein Beitrag zu Geschichte und Rechtsproblemen der Enteignungen auf besatzungsrechtlicher und besatzungshoheitlicher Grundlage, Frankfurt am Main 1996 (Schriften zum Staats- und Völkerrecht; Band 64) (Zugl.: Würzburg, Univ., Diss., 1995) (zit.: *Von der Beck,* Die Konfiskationen in der Sowjetischen Besatzungszone).

**Becker, Claudia:** Wladimir, hilf!, in: Die Welt vom 11.04.2002 (zit.: *Becker,* Wladimir, hilf!, in: Die Welt v. 11.04.2002).

**Berber, Friedrich:** Lehrbuch des Völkerrechts, I. Band: Allgemeines Friedensrecht, 2. Auflage, München 1975; II. Band: Kriegsrecht, 2. Auflage, München 1969; III. Band: Streiterledigung, Kriegsverhütung, Integration, 2. Auflage, München 1977 (zit.: *Berber,* Lehrbuch des Völkerrechts, Bd.).

**Berber, Friedrich:** Völkerrecht – Dokumentensammlung, Band I, Friedensrecht, Band II, Konfliktsrecht, München 1967 (zit.: *Berber,* Völkerrecht, Dokumentensammlung, Bd.).

**Berger, Henning:** Die Rückgabe von Beutekunst aus der Russischen Föderation – Zum Beutekunst-Urteil des Russischen Verfassungsgerichts vom 20. Juli 1999, in: IPRax 2000, S. 318 ff.

**Berndt, Joachim:** Internationaler Kulturgüterschutz - Abwanderungsschutz, Regelungen im innerstaatlichen Recht, im Europa- und Völkerrecht, Köln 1998; Zugl.: Münster (Westfalen), Univ., Diss., 1996 (zit.: *Berndt*, Internationaler Kulturgüterschutz).

**Bernhardt, Rudolf:** Encyclopedia of Public International Law, Volume I –IV, Amsterdam 1992-2000 (zit.: *Bearbeiter*, Stichwort, in: EPIL, Vol.).

**Bindschedler, Rudolf L.:** Annexion, in: Strupp/ Schlochauer, Wörterbuch des Völkerrechts, Erster Band, Berlin 1960; S. 68 ff. (zit.: *Bindschedler,* Annexion, in: Strupp/Schlochauer, Wörterbuch des Völkerrechts, 1. Band).

**Bindschedler, Rudolf L.:** Annexation, in: Bernhardt, Rudolf (Hrsg.), EPIL, Volume I, Amsterdam 1992, S. 168 ff. (zit.: *Bindschedler,* Annexation, in: EPIL, Vol. I (1992)).

**Bingen, Dieter/ Wóycicki, Kazimierz:** Gemeinsam europäisches Kulturerbe wahren. Entwurf der Kopernikus-Gruppe „für eine Lösung der Probleme um kriegsbedingt verbrachte Kulturgüter in Deutschland und Polen", in: FAZ vom 11.12.2000, S. 14 (zit.: *Bingen/Wóycicki,* Europäisches Kulturerbe wahren, in: FAZ v. 11.12.2000).

**Blumenwitz, Dieter:** Die Grundlagen eines Friedensvertrages mit Deutschland. Ein völkerrechtlicher Beitrag zur künftigen Deutschlandpolitik, Berlin 1966 (Schriften zum Öffentlichen Recht, Band 27) (zit.: *Blumenwitz,* Grundlagen eines Friedensvertrages).

**Blumenwitz, Dieter:** Feindstaatenklauseln, Die Friedensordnung der Sieger, München 1972 (zit.: *Blumenwitz,* Feindstaatenklauseln).

**Blumenwitz, Dieter:** Inhalt und völkerrechtliche Grenzen der „Rechte und Verantwortlichkeiten" der Vier Mächte, in: Meissner, Boris/Zieger, Gottfried (Hrsg.), Staatliche Kontinuität unter besonderer Berücksichtigung der Rechtslage Deutschlands, Köln 1983 (Staats- und völkerrechtliche Abhandlungen der Studiengruppe für Politik und Völkerrecht, Band 1), S. 47 ff. (zit.: *Blumenwitz,* in: Meissner/Zieger (Hrsg.), Staatliche Kontinuität).

**Blumenwitz, Dieter:** Was ist Deutschland? Staats- und völkerrechtliche Grundsätze zur deutschen Frage und ihre Konsequenzen für die deutsche Ostpolitik, Bonn 1989 (zit.: *Blumenwitz,* Was ist Deutschland).

**Blumenwitz, Dieter:** Die Überwindung der deutschen Teilung und die Vier Mächte, Berlin 1990 (Forschungsergebnisse der Studiengruppe für Politik und Völkerrecht/ Kulturstiftung der Deutschen Vertriebenen; Band 3) (zit.: *Blumenwitz,* Überwindung der deutschen Teilung).

**Blumenwitz, Dieter:** Der Vertrag vom 12.9.1990 über die Abschließende Regelung in bezug auf Deutschland, in: NJW 1990, S. 3041 ff.

**Blumenwitz, Dieter:** Das Offenhalten der Vermögensfrage in den deutsch-polnischen Beziehungen, Bonn 1992 (zit.: *Blumenwitz,* Das Offenhalten der Vermögensfrage).

**Blumenwitz, Dieter:** Die besatzungshoheitlichen Konfiskationen in der SBZ, Zu den völkerrechtlichen Schranken künftiger Restitutions- oder Ausgleichsregelungen in der Bundesrepublik Deutschland, in: BayVBl. 1993, S. 705 ff.

**Blumenwitz, Dieter:** Enemy States Clause in the United Nations Charter, in: Bernhardt, Rudolf (Hrsg.), EPIL, Volume II, Amsterdam 1995, S. 90 ff. (zit.: *Blumenwitz,* Enemy States Clause, in: EPIL, Vol. II (1995)).

**Blumenwitz, Dieter:** Deutschland seit 1945, in: Seidl-Hohenveldern, Ignaz (Hrsg.), Lexikon des Rechts, 3. Auflage, Neuwied 2001, S. 52 ff. (zit.: *Blumenwitz,* Deutschland seit 1945, in: Seidl-Hohenveldern (Hrsg.), Lexikon des Rechts, Völkerrecht).

**Blumenwitz, Dieter:** Kriegsende, in: Seidl-Hohenveldern, Ignaz (Hrsg.), Lexikon des Rechts, 3. Auflage, Neuwied 2001, S. 241 ff. (zit.: *Blumenwitz,* Kriegsende, in: Seidl-Hohenveldern (Hrsg.), Lexikon des Rechts, Völkerrecht).

**Blumenwitz, Dieter:** Die Fragen der deutschen Reparationen, in: Tradition und Weltoffenheit des Rechts, Festschrift für Helmut Steinberger, hrsg. von Hans-Joachim Cremer, u.a., Berlin 2002, S. 63 ff. (Beiträge zum ausländischen öffentlichen Recht und Völkerrecht 152) (zit.: *Blumenwitz,* in: FS Steinberger).

**Bluntschli, Johann Caspar:** Das moderne Völkerrecht der civilisierten Staaten - Als Rechtsbuch dargestellt, Dritte Auflage, Nördlingen 1878 (zit.: *Bluntschli,* Das moderne Völkerrecht).

**Bluntschli, Johann Caspar:** Das Beuterecht im Krieg und das Seebeuterecht insbesondere. Eine völkerrechtliche Untersuchung, Nördlingen 1878 (zit.: *Bluntschli,* Beuterecht im Krieg).

**Boguslavsky, Mark:** Legal Aspects of the Russian Position in Regard to the Return of Cultural Property, in: Simpson, Elizabeth (Hrsg.), The Spoils of War – World War II and its Aftermath: The Loss, Reappearance and Recovery of Cultural Property, New York 1997, S. 186 ff. (zit.: *Boguslavsky,* in: Simpson, Elizabeth (Hrsg.), The Spoils of War).

**Brössler, Daniel:** Putin und Schröder wollen Schuldenproblem lösen, in: SZ vom 10.4.2002 (zit.: *Brössler,* in: SZ v. 10.4.2002).

**Brunner, Georg:** Die Quellen des Völkerrechts, in: Geyer, Dietrich/ Meissner, Boris (Hrsg.), Osteuropa-Handbuch, Sowjetunion, Band 3: Völkerrechtstheorie und Vertragspolitik, Köln 1976, S. 49 ff. (zit.: *Brunner,* in: Geyer/Meissner (Hrsg.), Osteuropa-Handbuch, Sowjetunion, Völkerrechtstheorie und Vertragspolitik).

**Bülck, Hartwig:** Vertragsauslegung, in: Strupp/ Schlochauer, Wörterbuch des Völkerrechts, Dritter Band, Berlin 1962, S. 547 ff. (zit.: *Bülck,* Vertragsauslegung, in: Strupp/Schlochauer, Wörterbuch des Völkerrechts, 3. Band).

**Buhse, Karl-Heinrich:** Der Schutz von Kulturgut im Krieg. Unter besonderer Berücksichtigung der Konvention zum Schutze des Kulturguts im Falle eines bewaffneten Konfliktes vom 14. Mai 1954, Hamburg 1959 (zit.: *Buhse,* Schutz von Kulturgut im Krieg).

**Bundesministerium der Justiz (Hrsg.):** Deutsches Vermögen im Ausland, Band I: Internationale Vereinbarungen und ausländische Gesetzgebung, Bearbeiter: Böhmer, Otto/ Duden, Konrad/ Janssen Hermann, 1951 (zit.: *Bundesministerium der Justiz (Hrsg.),* Deutsches Vermögen im Ausland, Bd. 1).

**Burchardi, Kristiane/ Kalb, Christof:** Unterwegs nach Europa. Russland, Deutschland und der Streit um die „Beutekunst“, in: DA 6/1997, S. 939 ff.

**Burchardi, Kristiane/ Kalb, Christof:** Noch einmal zur „Beutekunst“. Eine Replik auf Wilfried Fiedlers kritische Einwände, in: DA 2/1998, S. 791 ff.

**Burchardi, Kristiane/ Kalb, Christof:** „Beutekunst" als Chance – Perspektiven der deutsch-russischen Verständigung, München 1998 (Mitteilungen Osteuropa-Institut München, Nr. 38) (zit.: *Burchardi/Kalb,* „Beutekunst" als Chance).

**Burchardi, Kristiane:** Der deutsch-russische Streit um die kriegsbedingt verlagerten Kulturgüter, Baden Baden 2000 (Juristische Studiengesellschaft Hannover, Band 31) (zit.: *Burchardi,* Der deutsch-russische Streit um die Kulturgüter).

**Crüwell, Konstanze:** FAZ vom 4.11.1998, S. 41 (zit.: *Crüwell,* in: FAZ v. 4.11.1998).

**Dahm, Georg:** Zum Problem der Anerkennung im Inland durchgeführter völkerrechtswidriger Enteignungen im Ausland, in: Recht im Dienste der Menschenwürde, Festschrift für Herbert Kraus, Würzburg 1964, S. 67 ff. (zit.: *Dahm,* in: FS Kraus)

**De Breucker, Jean:** Pour les vingt ans de la Convention de la Haye du 14 mai 1954 pour la protection des biens culturels, in: Revue belge de droit International 1975, S. 525 ff.

**Doehring, Karl:** War die Universität Heidelberg verpflichtet, die Bibliotheca Palatina dem Vatikan zurückzugeben?, in: Ruperto Carola, Heidelberg 1978 (Heidelberger Universitätshefte, 39. Jahrgang, Heft 76, Juli 1987), S. 138 ff.

**Doehring, Karl:** Völkerrechtswidrige Konfiskation eines Gemäldes des Fürsten von Liechtenstein als „deutsches Eigentum": Ein unrühmlicher Schlusspunkt, in: IPRax 1998, S. 465 ff.

**Doehring, Karl:** Völkerrecht, Ein Lehrbuch, Heidelberg 1999 (zit.: *Doehring,* Völkerrecht).

**Dolzer, Rudolf:** „Kompensatorische Restitution"?, in: NJW 2000, S. 560 ff.

**Dreier, Horst (Hrsg.):** Grundgesetz-Kommentar, Band 1, Art. 1 – 19, Tübingen 1996 (zit.: *Bearbeiter,* in: Dreier (Hrsg.), Grundgesetz-Kommentar, Bd. 1)

**Eichwede, Wolfgang:** Deutsch-russische Irritationen – Kunst als Beute zwischen Recht und Geschichte, in: DA 29 (1996), S. 86 ff.

**Engelhardt, Hanns:** Verzicht, in: Strupp/ Schlochauer, Wörterbuch des Völkerrechts, Dritter Band, Berlin 1963, S. 587 ff. (zit.: *Engelhardt,* Verzicht, in Strupp/Schlochauer, Wörterbuch des Völkerrechts, 3. Band).

**Engstler, Ludwig:** Die territoriale Bindung von Kulturgütern im Rahmen des Völkerrechts, Köln 1964 (Schriftenreihe Annales Universitatis Saraviensis, Rechts- und wirtschaftswissenschaftliche Abteilung, Heft 8); Zugl.: Saarbrücken, Univ., Diss., 1963 (zit.: *Engstler,* Die territoriale Bindung von Kulturgütern).

**Farmer, Walter I.:** Custody and Controversy at the Wiesbaden Collecting Point, in: Simpson, Elizabeth (Hrsg.), The Spoils of War – World War II and its Aftermath: The Loss, Reappearance and Recovery of Cultural Property, New York 1997, S. 131 ff. (zit.: *Farmer,* in: Simpson (Hrsg.), The Spoils of War).

**Fassbender, Bardo:** Klageausschluß bei Enteignungen zu Reparationszwecken – Das Gemälde des Fürsten von Liechtenstein, in: NJW 1999, S. 1445 ff.

**Fastenrath, Ulrich:** Warum Russland die Beutekunst an Deutschland zurückgeben muss, in: FAZ vom 16.04.1997, S. 8 (zit.: *Fastenrath,* in: FAZ v. 16.4.1998).

**Fechner, Frank:** Prinzipien des Kulturgüterschutzes, Eine Einführung, in: Fechner, Frank/ Oppermann, Thomas/ Prott, Lyndel V. (Hrsg.), Prinzipien des Kulturgüterschutzes – Ansätze im deutschen, europäischen und internationalen Recht, Berlin,

1996, S. 159 ff. (zit.: *Fechner,* in: Fechner/ Oppermann/ Prott (Hrsg.), Prinzipien des Kulturgüterschutzes).

**Fiedler, Wilfried:** Zur Entwicklung des Völkergewohnheitsrechts im Bereich des internationalen Kulturgüterschutzes, in: Staat und Völkerrechtsordnung, Festschrift für Karl Doehring, hrsg. von Kay Hailbronner, Georg Ress und Torsten Stein, Berlin 1989, S. 199 ff. (Zit.: *Fiedler,* in: FS Doehring).

**Fiedler, Wilfried (Hrsg.):** Internationaler Kulturgüterschutz und deutsche Frage, Berlin 1991 (Zit.: *Fiedler* (Hrsg.), Internationaler Kulturgüterschutz und deutsche Frage).

**Fiedler, Wilfried:** Neue völkerrechtliche Ansätze des Kulturgüterschutzes, in: Reichelt, Gerte (Hrsg.), Internationaler Kulturgüterschutz, Wiener Symposium 18./19.10.1990, Wien 1992, S. 69 ff. (zit.: *Fiedler,* in: Reichelt (Hrsg.), Internationaler Kulturgüterschutz).

**Fiedler, Wilfried:** Kulturgüter als Kriegsbeute? Rechtliche Probleme der Rückführung deutscher Kulturgüter aus Russland, Heidelberger Forum, Band 95, Heidelberg 1995 (Forschungsergebnisse der Studiengruppe für Politik und Völkerrecht/ Kulturstiftung der Deutschen Vertriebenen; Band 7) (zit.: *Fiedler,* Kulturgüter als Kriegsbeute).

**Fiedler, Wilfried:** Der internationale Schutz der Kulturgüter autochthoner Bevölkerungsgruppen, in: Pazifik Forum, Band 5 (1995), S. 217 ff.

**Fiedler, Wilfried:** Vom territorialen zum humanitären Kulturgüterschutz; in: Fechner, Frank/ Oppermann, Thomas/ Prott, Lyndel V. (Hrsg.), Prinzipien des Kulturgüterschutzes – Ansätze im deutschen, europäischen und internationalen Recht, Berlin, 1996, S. 159 ff. (zit.: *Fiedler,* in: Fechner/ Oppermann/ Prott (Hrsg.), Prinzipien des Kulturgüterschutzes).

**Fiedler, Wilfried:** Safeguarding of cultural property during occupation – Modifications of the Hague Conventions of 1907 by World War II ?, in: Briat, Martine/ Freeberg, Judith A.(Hrsg.): Legal Aspects of International Trade in Art, International Sales of Works of Art, Vol. V, The Hague, 1996, S. 175 ff. (zit.: *Fiedler,* in: Briat/Freeberg (Hrsg.), Legal Aspects of International Trade in Art).

**Fiedler, Wilfried:** Notes on the Development of the Protection of Cultural Property Following Armed Conflicts, in: Law and State, Volume 56 (1997), S. 82 ff.

**Fiedler, Wilfried:** Legal Issues bearing on the Restitution of German Cultural Property in Russia, in: Simpson, Elizabeth (Hrsg.), The Spoils of War – World War II and its Aftermath: The Loss, Reappearance and Recovery of Cultural Property, New York 1997, S. 175 ff., S. 178 (zit.: *Fiedler,* in: Simpson (Hrsg.), The Spoils of War).

**Fiedler, Wilfried:** Zwischen Kriegsbeute und internationaler Verantwortung – Kulturgüter im Internationalen Recht der Gegenwart. Plädoyer für eine zeitgemäße Praxis des Internationalen Rechts, in: Reichelt, Gerte (Hrsg.), Neues Recht zum Schutz von Kulturgut, Wien 1997 (zit.: *Fiedler*, in: Reichelt (Hrsg.), Neues Recht zum Schutz von Kulturgut) = ZfBB 44 (1997), S. 583 ff.

**Fiedler, Wilfried:** Unterwegs zu einem europäischen Beutemuseum? Zum Vorschlag der Errichtung einer deutsch-russischen Kulturstiftung (DA 6/1997), in: DA 1/1998, S. 258 ff.

**Fiedler, Wilfried:** Kulturgüter als Kriegsbeute: Völkerrechtliche Probleme seit dem Ende des Zweiten Weltkriegs, in: Frehner, Matthias (Hrsg.), Das Geschäft mit der Raubkunst. Fakten, Thesen, Hintergründe, Zürich 1998 (zit.: *Fiedler,* in: Frehner (Hrsg.), Das Geschäft mit der Raubkunst).

**Fiedler, Wilfried:** „Kriegsbeute im internationalen Recht, in: Strocka, Volker Michael (Hrsg.), Kunstraub – ein Siegerrecht? Historische Fälle und juristische Einwände, Berlin 1999, S. 47 ff. (zit.: *Fiedler,* in: Strocka (Hrsg.), Kunstraub – ein Siegerrecht?).

**Fiedler, Wilfried:** The Experience of the Special Russo-German Commission for the Restitution of Cultural Property. Proceedings of a Symposium organised on 17 October 1997, in: Bryne-Sutton, Quentin/ Geisinger-Mariéthoz, Fabienne (Hrsg.), Resolution Methods for Art-Related Disputes, Studies in Art Law 11, Zürich 1999, S. 199 ff. (zit.: *Fiedler,* in: Bryne-Sutton/Geisinger-Mariéthoz (Hrsg.), Resolution Methods for Art-Related Disputes).

**Fiedler, Wilfried:** Warum wird um die Kriegsbeute noch immer gestritten?, in: Meissner, Boris/ Eisfeld, A. (Hrsg.), 50 Jahre sowjetische und russische Deutschlandpolitik sowie ihre Auswirkungen auf das gegenseitige Verhältnis, Berlin 1999, S. 263 ff. (Studien zur Deutschlandfrage, Band 14) (zit: *Fiedler,* in: Meissner/ Eisfeld (Hrsg.), 50 Jahre sowjetische und russische Deutschlandpolitik) = http://www.jura.uni-sb.de/projekte/Bibliothek/texte/Fiedler.html.

**Fiedler, Wilfried:** Die Alliierte (Londoner) Erklärung vom 5.1.1943: Inhalt, Auslegung und Rechtsnatur in der Diskussion der Nachkriegsjahre, in: Basedow, Jürgen/ Meier, Isaak, u.a. (Hrsg.), Private Law in the International Arena, Privatrecht in der internationalen Arena. From National Conflict Rules towards Harmonization an Unification. Liber Amicorum Kurt Siehr, The Hague 2000, S. 197 ff. (zit.: *Fiedler,* in: Basedow/Meier (Hrsg.)).

**Fitschen, Thomas:** Internationaler Schutz des kulturellen Erbes der Welt – Erläuterungen zum Übereinkommen zum Schutz des Kultur- und Naturerbes der Welt vom 23.11.1972, in: Fiedler, Wilfried (Hrsg.), Internationaler Kulturgüterschutz und deutsche Frage, Berlin 1991, S. 183 ff. (zit.: *Fitschen,* in: Fiedler (Hrsg.), Internationaler Kulturgüterschutz und deutsche Frage).

**Fleck, Dieter (Hrsg.):** Handbuch des humanitären Völkerrechts in bewaffneten Konflikten, herausgegeben von Dieter Fleck in Zusammenarbeit mit Christopher Greenwood, Karl Josef Partsch, u.a., München 1994 (zit.: *Autor,* in: Fleck (Hrsg.), Handbuch des humanitären Völkerrechts in bewaffneten Konflikten).

**Fleischhauer, Carl-August:** Verjährung, in: Strupp/ Schlochauer, Wörterbuch des Völkerrechts, Dritter Band, Berlin 1962, S. 509 ff. (zit.: *Fleischhauer,* Verjährung, in: Strupp/Schlochauer, Wörterbuch des Völkerrechts, 3. Band).

**Fleischhauer, Carl-August:** Prescription, in: Bernhardt, Rudolf (Hrsg.), EPIL, Volume III, Amsterdam 1997, S. 1105 ff. (zit.: *Fleischhauer,* Prescription, in: EPIL, Vol. III (1997)).

**Foramitti, Hans:** Kulturgüterschutz - Empfehlungen zur praktischen Durchführung, Teil 1 – Einleitung, historische Entwicklung, Dokumentation, Wien 1970 (zit.: *Foramitti,* Kulturgüterschutz, Teil 1).

**Francioni, Francesco:** Compensation for Nationalisation of Foreign Property: The Borderland between Law and Equity, in: ICLQ 24 (1975), S. 255 ff.

**Fraoua, Ridha:** Le trafic illicite des biens culturels et leur restitution. Analyse des réglementations nationales et internationales critiques et propositions, Fribourg 1985 (zit.: *Fraoua,* Le trafic illicite des biens culturels).

**Freytag, Christiane:** „Cultural Heritage“: Rückgabeansprüche von Ursprungsländern auf „ihr“ Kulturgut?, in: Fechner, Frank/ Oppermann, Thomas/ Prott, Lyndel V. (Hrsg.), Prinzipien des Kulturgüterschutzes – Ansätze im deutschen, europäischen und internationalen Recht, Berlin, 1996, S. 175 ff. (zit.: *Freytag,* in: Fechner/ Oppermann/ Prott (Hrsg.), Prinzipien des Kulturgüterschutzes).

**Friemuth, Cay:** Die geraubte Kunst: Der dramatische Wettlauf um die Rettung der Kulturschätze nach dem Zweiten Weltkrieg; (Entführung, Bergung und Restitution europäischen Kulturguts 1939-1948), Braunschweig 1989 (zit.: *Friemuth,* Die geraubte Kunst).

**Frowein, Jochen:** Jus Cogens, in: Bernhardt, Rudolf (Hrsg.), EPIL, Volume III, Amsterdam 1997, S. 65ff. (zit.: *Frowein,* Jus Cogens, in: EPIL, Vol. III (1997)).

**Frowein, Jochen:** Potsdam Agreements on Germany (1945), in: Bernhardt, Rudolf (Hrsg.), Encyclopedia of Public International Law, Volume IV (2000), S. 141 ff. (zit.: *Frowein,* Potsdam Agreements on Germany, in: EPIL, Vol. IV (2000)).

**Frowein, Jochen/ Peukert, Wolfgang:** Europäische Menschenrechtskonvention, Kommentar, 2. Auflage, Kehl 1996 (zit.: *Bearbeiter*, in: Frowein/Peukert, EMRK).

**Fuchs, Angelika:** Kulturgüterschutz im Kulturgutsicherungsgesetz, in: IPRax 2000, S. 281 ff.

**Ganslmayr, Herbert:** Wem gehört die Benin-Maske? Die Forderung nach Rückgabe von Kulturgut an die Ursprungsländer, in: VN 1980, S. 88 ff.

**Gattini, Andrea:** Restitution by Russia of Works of Art Removed from German Territory at the End of the Second World War, in: EJIL 7 (1996), S. 67 ff.

**Geiger, Rudolf:** Grundgesetz und Völkerrecht – Die Bezüge des Staatsrechts zum Völkerrecht und Europarecht, 2. Auflage, München 1994 (zit.: *Geiger,* Völkerrecht und Europarecht).

**Gornig, Gilbert:** Der Zwei-plus-vier-Vertrag unter besonderer Berücksichtigung grenzbezogener Regelungen, in: ROW 1991, S. 97 ff.

**Gornig, Gilbert:** Wem gehört der Pergamon-Altar? Völkerrechtliche Diskussion der Forderungen Griechenlands auf Rückgabe von Kulturgütern, in: Gornig, Gilbert/ Schiller, Theo/ Wesemann, Wolfgang (Hrsg.), Griechenland in Europa, Frankfurt/Main 2000, S. 61 ff. (Interdisziplinäre Europa Studien, Band 1) (zit.: *Gornig,* in: Gornig/Schiller/Wesemann).

**Greenfield, Jeanette:** „The Spoils of War“, in: Simpson, Elizabeth (Hrsg.), The Spoils of War – World War II and its Aftermath: The Loss, Reappearance and Recovery of Cultural Property, New York 1997, S. 34 ff. (zit.: *Greenfield,* The spoils of War, in: Simpson (Hrsg.), The Spoils of War).

**Greenwood, Christopher:** Geschichtliche Grundlagen und Rechtsentwicklung, in: Fleck, Dieter (Hrsg.), Handbuch des humanitären Völkerrechts in bewaffneten Konflikten, München 1994, S. 1 ff. (zit.: *Greenwood,* in: Fleck (Hrsg.), Handbuch des humanitären Völkerrechts in bewaffneten Konflikten).

**Grewe, Wilhelm:** Ein Besatzungsstatut für Deutschland. Die Rechtsformen der Besetzung, Stuttgart 1948 (zit.: *Grewe,* Ein Besatzungsstatut für Deutschland).

**Guggenheim, Paul:** Lehrbuch des Völkerrechts, Band II, Basel 1951 (zit.: *Guggenheim,* Lehrbuch des Völkerrechts, Band II).

**Hahn, Hugo:** Deutsche Rechtsprechung 1945 – 1950, in: ZaöRV 14 (1951/52), S. 252 ff.

**Hartwig, Matthias:** Moskau locuta – causa non finita. Das Beutekunstgesetz vor dem Verfassungsgericht der Russischen Föderation / Die Entscheidung vom 6. April 1998, in: EuGRZ 1998, S. 369 ff.

**Hartwig, Matthias:** Vae victis – Völkerrechtliche Fragwürdigkeiten in der Argumentation des Russischen Verfassungsgerichts zum Beutekunst-Gesetz, in: EuGRZ 1999, S. 553 ff.

**Heberlein, H.:** Die Geltungsbeendigung der Feindstaatenklauseln – Ein äußerer Aspekt der deutschen Einheit, in: AVR 29 (1991), S. 85 ff.

**Heinick, Angelika:** Händler-Kampagne gegen Unidroit, Frankreich vor der Ratifizierung, in: FAZ vom 21.04.2001, S. 53 (zit.: *Heinick,* Frankreich vor der Ratifizierung, in: FAZ v. 21.04.2001).

**Herdegen, Matthias:** Der Kulturgüterschutz im Kriegsvölkerrecht, in: Dolzer, Rudolf/ Jayme, Erik/ Mußgnug, Reinhard (Hrsg.): Rechtsfragen des internationalen Kulturgüterschutzes – Symposium vom 22./23. Juni 1990 im Internationalen Wissenschaftsforum Heidelberg, Heidelberg 1994 (Heidelberger Forum, Band 87), S. 161 ff. (zit.: *Herdegen,* in: Dolzer/Jayme/Mußgnug (Hrsg.), Rechtsfragen des internationalen Kulturgüterschutzes).

**Heuer, Carl-Heinz:** Die Kunstraubzüge der Nationalsozialisten und ihre Rückabwicklung, in: NJW 1999, S. 2558 ff.

**Heuwagen, Marianne:** Kommission für Beutekunst, Russland und Deutschland setzen Expertengremium ein, in: SZ vom 02.05.2000, S. 6 (zit.: *Heuwagen,* Kommission für Beutekunst, in: SZ v. 02.05.2000).

**Heydte, Friedrich August von der:** Potsdamer Abkommen von 1945, in: Strupp/ Schlochauer, Wörterbuch des Völkerrechts, Zweiter Band, S. 786 ff. (zit.: *Von der Heydte,* Potsdamer Abkommen von 1945, in: Strupp/Schlochauer, Wörterbuch des Völkerrechts, 2. Band).

**Hipp, Anette:** Schutz von Kulturgütern in Deutschland, Berlin 2000 (Zugl.: Heidelberg, Univ., Diss., 1999/2000) (zit.: *Hipp,* Schutz von Kulturgütern in Deutschland).

**Hiller, Armin:** The German-Russian Negotiations over the Contents of the Russian Repositories, in: Simpson, Elizabeth (Hrsg.), The Spoils of War – World War II and its Aftermath: The Loss, Reappearance and Recovery of Cultural Property, New York 1997, S. 179 ff. (zit.: *Hiller,* in: Simpson, Elizabeth (Hrsg.), The Spoils of War).

**Hirsch, Burkhard:** Die Bedeutung der Zusage „freien Geleits“ für Kulturgüter, in: NJW 2001, S. 1627.

**Hirsch, Wolfgang:** Eine „Kultur des Vertrauens“, in: Thüringische Landeszeitung vom 11.04.2002 (zit.: *Hirsch,* Eine „Kultur des Vertrauens“, in: Thüringische Landeszeitung v. 11.04.2002).

**Hönes, Ernst-Rainer:** Zum Kulturgutbegriff der Haager Konventionen von 1899 bis heute, in: DÖV 1998, S. 985 ff.

**Hoffmann, Gerhard:** Strafrechtliche Verantwortung im Völkerrecht. Zum gegenwärtigen Stand des völkerrechtlichen Strafrechts, Frankfurt am Main 1962 (Abhandlungen der Forschungsstelle für Völkerrecht und ausländisches öffentliches Recht der Universität Hamburg, Band 10) (zit.: *Hoffmann,* Strafrechtliche Verantwortung im Völkerrecht).

**Hollander, Barnett:** The international law of art - For lawyers collectors and artists, London 1959 (zit.: *Hollander,* The international law in art).

**Holm, Kerstin:** In Großmachtlaune. Doppelte Moral: Russland und seine Beutekunst, in: FAZ vom 2.8.1999, S. 39 (zit.: *Holm,* In Großmachtlaune, in: FAZ v. 2.8.1999).

**Holm, Kerstin:** Retter der Heimat. Was der Beutekunsttausch für Russen und Deutsche bedeutet, in: FAZ vom 29.04.2000, S. 41. (zit.: *Holm,* Retter der Heimat, in: FAZ v. 29.04.2000).

**Ipsen, Knut:** Völkerrecht, 4. Auflage, München 1999 (zit.: *Ipsen,* Völkerrecht).

**Jaeger, Andrea:** Internationaler Kulturgüterschutz: Rechtslage, Rechtspraxis, Rechtsentwicklung, Köln 1993 (Internationales Wirtschaftsrecht; Band 11); Zugl.: Köln, Univ., Diss., 1992/93 (zit.: *Jaeger,* Internationaler Kulturgüterschutz).

**Jote, Kifle:** International Legal Protection of Cultural Heritage, Stockholm 1994 (zit.: *Jote,* International Legal Protection of Cultural Heritage).

**Kadritzke, Niels:** Zur Sache, Schätze. Rettungstat oder Gangsterstück: Was ist Beutekunst?, in: SZ vom 14./15.8.1997 (zit.: *Kadritzke,* Zur Sache, Schätze, in: SZ v. 14./15.8.1997).

**Kaufmann, Erich:** Deutschlands Rechtslage unter der Besatzung, Stuttgart 1948 (zit.: *Kaufmann,* Deutschlands Rechtslage).

**Kegel, Gerhard/ Schurig, Klaus:** Internationales Privatrecht, 8. Auflage, München 2000 (zit.: *Kegel/Schurig,* Internationales Privatrecht).

**Kelsen, Hans:** Unrecht und Unrechtsfolge im Völkerrecht, ZföR XII (1932), S. 481 ff.

**Kelsen, Hans:** The Legal Status of Germany according to the Declaration of Berlin, in: AJIL 39 (1945), S. 518 ff.

**Kilian, Michael:** Kriegsvölkerrecht und Kulturgut – Die Bemühungen um den Schutz der Kulturgüter bei bewaffneten Auseinandersetzungen, in: NZWehrR 1983, S. 41 ff.

**Körbs, Hartmut:** Der internationale Schutz von Kulturgütern – Ein Rückblick, in: HuV-I 3 (1996), S. 138 ff.

**Kohls, Frank:** Kulturgüterschutz: Wirkungen von Verstößen gegen Ausfuhrverbote und Möglichkeiten der Rückführung illegal verbrachter Kulturgüter. Eine vergleichende Untersuchung mit den Rechten Dänemarks, Norwegens und Schwedens; Frankfurt/Main 2001 (Europäische Hochschulschriften, Reihe 2, Rechtswissenschaft, Band 3191) (Zugl.: Freiburg (Breisgau), Univ., Diss., 2000) (zit.: *Kohls,* Kulturgüterschutz).

**Koulichov, Valery:** The History of the Soviet Repositories and their Contents, in: Simpson, Elizabeth (Hrsg.), The Spoils of War – World War II and its Aftermath: The Loss, Reappearance and Recovery of Cultural Property, New York 1997, S. 171 ff. (zit.: *Koulichov,* in: Simpson (Hrsg.), The Spoils of War).

**Kline, Thomas R.:** The Russian Bill to nationalize Trophy Art: An American Perspective, http://www.beutekunst.de/bremen/sow4/rlaw5.html (zit.: *Kline,* http://www.beutekunst.de/bremen/sow4/rlaw5.html).

**Kropholler, Jan:** Internationales Privatrecht – einschließlich der Grundbegriffe des Internationalen Zivilverfahrensrechts, 4. Auflage, Tübingen 2001 (zit.: *Kropholler,* Internationales Privatrecht).

**Kurtz, Michael J.:** Nazi Contraband – American Policy on the Return of European Cultural Treasures, 1945-1955, New York 1985 (zit.: *Kurtz,* Nazi Contraband).

**Kurtz, Michael J.:** The End of the War and the Occupation of Germany, 1944-52. Laws and Conventions enacted to counter German Appropriations: The Alliied Control Council, in: Simpson (Hrsg.), The Spoils of War, S. 112 ff. (zit.: *Kurtz,* in: Simpson (Hrsg.)).

**Kurz, Jakob:** Kunstraub in Europa 1938 – 1945, Hamburg 1989 (zit.: *Kurz,* Kunstraub in Europa).

**Kutscher, Hans/ Grewe, Wilhelm:** Bonner Vertrag, Vertrag über die Beziehungen zwischen der Bundesrepublik Deutschland und den Drei Mächten nebst Zusatzvereinbarungen und Briefwechsel, München 1952 (zit.: *Kutscher/Grewe,* Bonner Vertrag).

**Lambsdorff, Hagen Graf:** Die Rückführung deutscher Kulturgüter. Ein Prüfstein deutscher Beziehungen zu Russland, in: Braun, Günter und Waldtraut (Hrsg.), Zu Kunst und Kunstpolitik: Beiträge aus Berlin, 2. Auflage, Berlin 1996, S. 85 ff. (zit.: *Lambsdorff,* in: Braun (Hrsg.), Zu Kunst und Kunstpolitik).

**Lattmann, Eveline:** Schutz der Kulturgüter bei bewaffneten Konflikten – Die schweizerische Gesetzgebung und Praxis aufgrund des Haager Abkommens vom 14. Mai 1954 für den Schutz von Kulturgut bei bewaffneten Konflikten, Zürich 1974; Zugl.: Zürich, Univ., Diss., 1974 (zit.: *Lattmann,* Schutz der Kulturgüter bei bewaffneten Konflikten).

**Laun, Kurt von:** The Legal Status of Germany, in: AJIL 45 (1951), S. 267 ff.

**Laun, Rudolf:** Die Haager Landkriegsordnung, Textausgabe mit einer Einführung, 4. Auflage, Wolfenbüttel 1948 (zit.: *Laun,* Haager Landkriegsordnung).

**Lehmann, Klaus-Dieter, Kolasa Ingo (Hrsg.):** Die Trophäenkommissionen der Roten Armee, Eine Dokumentensammlung zur Verschleppung von Büchern aus deutschen Bibliotheken, Frankfurt am Main 1996 (Zeitschrift für Bibliothekswesen und Bibliographie: Sonderhefte; 64) (zit.: *Lehmann/Kolasa,* Die Trophäenkommissionen der Roten Armee).

**Lehmann, Klaus Dieter:** Wir brauchen neue Ideen, keine neue Bürokratie. Die deutsch-polnischen Kultur-Verhandlungen sind viel weiter, als die Kopernikus-Gruppe meint, in: FAZ vom 19.12.2000, S. 56 (zit.: *Lehmann,* in: FAZ v. 19.12.2000).

**Leissling, Wolfgang:** Weimar: Hört die Signale, in: Thüringer Allgemeine Zeitung vom 11.04.2002 (zit.: *Leissling,* Weimar: Hört die Signale, in: Thüringer Allgemeine Zeitung v. 11.04.2002).

**Lemmermeier, Doris:** Die letzten Kriegsgefangenen, in: Die Woche vom 10.2.1995, S. 36 (zit.: *Lemmermeier,* Die letzten Kriegsgefangenen, in: Die Woche vom 10.2.1995).

**Maier, Hedwig:** Besatzungsregime nach dem Zweiten Weltkrieg, in: Strupp/Schlochauer (Hrsg.), Wörterbuch des Völkerrechts, Band 1, Berlin 1960, S. 190 ff. (zit.: *Maier,* Besatzungsregime nach dem Zweiten Weltkrieg, in: Strupp/Schlochauer (Hrsg.), Wörterbuch des Völkerrechts, Band 1).

**Mann, F.A.:** Völkerrechtswidrige Enteignungen vor nationalen Gerichten, in: NJW 1961, S. 705 ff.

**Mansel, Heinz-Peter:** Die Neuregelung der Verjährung, in: NJW 2002, S. 89 ff.

**Meissner, Boris:** Sowjetunion und Haager LKO, Gutachten und Dokumentenzusammenstellung, Hamburg 1950 (Hektographierte Veröffentlichungen der Forschungsstelle für Völkerrecht und ausländisches öffentliches Recht der Universität Hamburg, Band 2) (zit.: *Meissner,* Sowjetunion und Haager LKO).

**Meissner, Boris:** Sowjetunion und Haager Landkriegsordnung, in: Osteuropa Recht 1/2 (1955/56), S. 96 ff.

**Meissner, Boris:** Die Vereinbarungen der Europäischen Beratenden Kommission über Deutschland von 1944/45, in: Klein Friedrich/Meissner Boris (Hrsg.), Das Potsdamer Abkommen und die Deutschlandfrage, I. Teil: Geschichte und rechtliche Grundfragen, Wien 1977, S. 43 ff. (zit.: *Meissner,* in: Klein/Meissner (Hrsg.), Potsdamer Abkommen und Deutschlandfrage).

**Meissner, Boris:** Das Wesen des Völkerrechts in Ost und West, in: Meissner, Boris, Außenpolitik und Völkerrecht der Sowjetunion, Ausgewählte Beiträge, Köln 1987, S. 34 ff. (zit.: *Meissner,* Das Wesen des Völkerrechts in Ost und West, in: Meissner, Außenpolitik und Völkerrecht der Sowjetunion).

**Meissner, Boris:** Die marxistisch-leninistische Auffassung vom Selbstbestimmungsrecht, in: Meissner, Boris, Außenpolitik und Völkerrecht der Sowjetunion, Ausgewählte Beiträge, Köln 1987, S. 132 ff. (zit.: *Meissner,* in: Meissner, Außenpolitik und Völkerrecht der Sowjetunion, S. 132 ff., S.).

**Meng, Werner:** War, in: Bernhardt, Rudolf (Hrsg.), EPIL, Volume IV, Amsterdam 2000, S. 1334 ff. (zit.: *Meng,* War, EPIL, Vol. IV (2000)).

**Menzel, Eberhard:** Die Friedensverträge von 1947, Quellen für Politik und Völkerrecht, Band 1, Oberursel 1948 (zit.: *Menzel,* Die Friedensverträge von 1947).

**Menzel, Eberhard:** Estoppel-Prinzip, in: Strupp/ Schlochauer, Wörterbuch des Völkerrechts, Erster Band, Berlin 1960; S. 441 ff. (zit.: *Menzel,* Estoppel-Prinzip, in: Strupp/Schlochauer, Wörterbuch des Völkerrechts, 1. Band).

**Meyn, Karl-Ulrich:** Debellatio, in: Bernhardt, Rudolf (Hrsg.), EPIL, Instalment 3, Amsterdam 1982, S. 145 ff. (zit.: *Meyn,* Debellatio, in: EPIL, Instal. 3 (1982)).

**Mittelberger, Philipp:** Der Eigentumsschutz nach Art. 1 des Ersten Zusatzprotokolls zur Europäischen Menschenrechtskonvention im Lichte der Rechtsprechung der

Straßburger Organe, Bern 2000 (Zugl. Basel, Univ., Diss., 2000) (zit.: *Mittelberger,* Eigentumsschutz nach Art. 1 1.ZP zur EMRK).

**Mössner, Jörg Manfred:** Hague Peace Conferences of 1899 and 1907, in: Bernhardt, Rudolf (Hrsg.), EPIL, Volume II, Amsterdam 1995, S. 671 ff. (zit.: *Mössner,* Hague Peace Conferences, in: EPIL, Vol. II (1995)).

**Mosler, Hermann:** General Principles of Law, in: Bernhardt, Rudolf (Hrsg.), EPIL, Volume II, Amsterdam 1995, S. 511 ff. (zit.: *Mosler,* General Principles of Law, in: EPIL, Vol. II (1995)).

**Müller, Jörg Paul/ Cottier, Thomas:** Acquiescence, in: Bernhardt, Rudolf (Hrsg.), EPIL, Volume I, Amsterdam 1992, S. 14 ff. (zit.: *Müller/Cottier,* Acquiescence, in: EPIL, Vol. I (1992)).

**Müller, Jörg Paul/ Cottier, Thomas:** Estoppel, in: Bernhardt, Rudolf (Hrsg.), EPIL, Volume II, Amsterdam 1995, S. 116 ff. (zit.: *Müller/Cottier,* Estoppel, in: EPIL, Vol. II (1995)).

**Müller-Katzenburg, Astrid:** Internationale Standards im Kulturgüterverkehr und ihre Bedeutung für das Sach- und Kollisionsrecht, Berlin 1995 (Schriften zum Internationalen Recht; Bd. 72) (Zugl.: Tübingen, Univ., Diss., 1995) (zit.: *Müller-Katzenburg,* Internationale Standards im Kulturgüterverkehr).

**Müller-Katzenburg, Astrid:** Besitz- und Eigentumssituation bei gestohlenen und sonst abhanden gekommenen Kunstwerken, in: NJW 1999, S. 2551 ff.

**Müller-Katzenburg, Astrid:** Verjährt?!, in: FAZ vom 20.10.2001, S. 55 (zit.: *Müller-Katzenburg,* Verjährt, in: FAZ v. 20.10.2001).

**Müller-Wirth, Moritz:** Die Kerze des Zaren, Lauter Illuminaten: Naumann schaut Putin tief in die Augen, in: FAZ vom 02.05.2000, S. 49 (zit.: *Müller-Wirth,* Die Kerze des Zaren, in: FAZ v. 02.05.2000).

**Müller-Wirth, Moritz:** Zügig! Zu zügig? Beutekunst-Verhandlungen: Schwydkoi bremst Naumann, in: FAZ vom 17.06.2000, S. 49 (zit.: *Müller-Wirth,* Zügig, in: FAZ v. 17.06.2000).

**Münchener Kommentar zum Bürgerlichen Gesetzbuch:** herausgegeben von Rebmann, Kurt, Band 1, Allgemeiner Teil, §§ 1-240, AGB-Gesetz, 4. Auflage, München 2001; Band 6, Sachenrecht, §§ 854-1296, WEG, ErbbauVO, SachenRBerG, SchuldRÄndG, 3. Auflage, München 1997 (zit.: *MüKo-Bearbeiter*).

**Mußgnug, Reinhard:** Das Kunstwerk im internationalen Recht, in: Kunst und Recht, Heidelberg 1985 (Justiz und Recht, Schriften der Deutschen Richerakademie, Band 2) (zit.: *Mußgnug,* Das Kunstwerk im internationalen Recht, in: Kunst und Recht).

**Nahlik, Stanislaw E.:** La protection internationale des biens culturels en cas de conflit armé, in: RdC 120 (1967 I), S. 65 ff.

**Nevelev, Boris V.:** The Soviet Union's Seizure and Removal of "objets d'art" from Germany in 1945-1948: Evaluating the Conflicting Claims to Legal Authority over Occupied Territory, in: GYIL 42 (1999), S. 337 ff.

**Nikandrov, Nikolai:** The Transfer of the Contents of German Repositories into the Custody of the USSR, in: Simpson, Elizabeth (Hrsg.), The Spoils of War – World War II and its Aftermath: The Loss, Reappearance and Recovery of Cultural Property, New York 1997, S. 117 ff. (zit.: *Nikandrov,* The Transfer of the Contents of

German Repositories into the Custody of the USSR, in: Simpson (Hrsg.), The Spoils of War).

**O'Connell, D. P.:** State Succession in Municipal Law and International Law, Vol. I, Internal Relations, Cambridge 1967 (zit.: *O'Connell,* State Succession).

**Oppenheim, Lassa / Lauterpacht, Hersh:** International Law – A Treatise, Volume II, Disputes, War and Neutrality, 7. Auflage, 1952 (zit.: *Oppenheim/Lauterpacht,* International Law, Vol. II).

**Palandt, Otto:** Bürgerliches Gesetzbuch, 61. neubearbeitete Auflage, München 2002 (zit.: *Palandt-Bearbeiter).*

**Palandt, Otto:** Bürgerliches Gesetzbuch, 62. neubearbeitete Auflage, München 2003 (zit.: *Palandt-Bearbeiter).*

**Partsch, Karl Josef:** Schutz von Kulturgut, in: Fleck, Dieter (Hrsg.), Handbuch des humanitären Völkerrechts in bewaffneten Konflikten, München 1994, S. 306 ff. (zit.: *Partsch,* in: Fleck (Hrsg.), Handbuch des humanitären Völkerrechts in bewaffneten Konflikten).

**Petropoulos, Jonathan:** German Laws and Directives bearing on the Appropriation of Cultural Property in the Third Reich, in: Simpson, Elizabeth (Hrsg.), The Spoils of War – World War II and its Aftermath: The Loss, Reappearance and Recovery of Cultural Property, New York 1997, S. 106 ff. (zit.: *Petropoulos*, in: Simpson (Hrsg.), The Spoils of War).

**Pieroth, Bodo/ Schlink, Bernhard:** Grundrechte, 17. Auflage, Heidelberg 2001 (zit.: *Pieroth/Schlink,* Grundrechte).

**Pieroth, Bodo/ Hartmann, Bernd J.:** Rechtswegbeschränkung zur Sicherung des Leihverkehrs mit ausländischen Kulturgütern, in: NJW 2000, S. 2129 ff.

**Prott, Lyndel V.:** Problems of Private International Law for the Protection of the Cultural Heritage, in: RdC 217 (1989-V), S. 217 ff.

**Prott, Lyndel V.:** Restitutionspolitik der UNESCO in Zusammenarbeit mit Museen, in: Reichelt, Gerte (Hrsg.), Internationaler Kulturgüterschutz, Wiener Symposion 18./19.10.1990, Wien 1992, S. 157 ff. (zit.: *Prott,* in: Reichelt (Hrsg.), Internationaler Kulturgüterschutz).

**Prott, Lyndel V.:** Principles for the resolution of disputes concerning cultural heritage displaced during the Second World War, in: Simpson, Elizabeth (Hrsg.), The Spoils of War – World War II and its Aftermath: The Loss, Reappearance and Recovery of Cultural Property, New York 1997, S. 225 ff. (zit.: *Prott,* in: Simpson (Hrsg.), The Spoils of War, S. 225 ff., S.).

**Prott, Lyndel V.:** The Role of UNESCO „Intergovernmental Committee for Promoting the Return of Cultural Property" in the Resolution of Disputes Concerning Cultural Property Removed in Consequence of the Second World War, http://www.dhh-3.de/biblio/bremen/sow4/sr1.html (zit.: *Prott,* The Role of UNESCO „Intergovernmental Committee for Promoting the Return of Cultural Property" in the Resolution of Disputes Concerning Cultural Property Removed in Consequence of the Second World War, http://www.dhh-3.de/biblio/bremen/sow4/sr1.html).

**Rauschning, Dietrich:** Beendigung der Nachkriegszeit mit dem Vertrag über die abschließende Regelung in bezug auf Deutschland, in: DVBl. 1990, S. 1275 ff.

**Reichelt, Gerte:** Internationaler Kulturgüterschutz – rechtliche und kulturpolitische Aspekte, Saarbrücken 1988 (Vorträge, Reden und Berichte aus dem Europa-Institut, Nr. 143) (zit.: *Reichelt,* Internationaler Kulturgüterschutz).

**Reichelt, Gerte:** Die Unidroit-Konvention 1995 über gestohlene oder unerlaubt ausgeführte Kulturgüter – Grundzüge und Zielsetzungen, in: Reichelt, Gerte (Hrsg.), Neues Recht zum Schutz von Kulturgut, Internationaler Kulturgüterschutz, Wien 1997, S. 55 ff. (zit.: *Reichelt,* in: Reichelt (Hrsg.), Neues Recht zum Schutz von Kulturgut).

**Remien, Oliver:** Vindikationsverjährung und Eigentumsschutz – Oder: Welche Rechte bestehen an vor langer Zeit abhanden gekommenen Sachen, insbesondere Kunstwerken?, in: AcP 201 (2001), S. 730 ff.

**Ress, Georg:** Germany, Legal Status after World War II, in: Bernhardt, Rudolf (Hrsg.), EPIL, Volume II, Amsterdam 1995, S. 567 ff. (zit.: *Ress,* Germany, Legal Status after World War II, in: EPIL, Vol. II (1995)).

**Riehl-Heyse, Herbert:** Eine alte Rechnung in Texas, in: SZ v. 30.1.1996, S. 3 (zit.: *Riehl-Heyse,* Eine alte Rechnung in Texas, in: SZ v. 30.1.1996).

**Ritter, Waldemar:** Zum Schicksal deutscher Kulturgüter in Russland. Deutsch-russische Verhandlungen über die Rückführung kriegsbedingt verbrachter Kulturgüter, in: DA 27 (1994 II), S. 1190 ff.

**Ritter, Waldemar:** Kulturerbe als Beute? Die Rückführung kriegsbedingt aus Deutschland verbrachter Kulturgüter – Notwendigkeit und Chancen für die Lösung eines historischen Problems, Nürnberg 1997 (zit.: *Ritter,* Kulturerbe als Beute).

**Ritter, Waldemar:** Völkerrechtliche und politisch-historische Aspekte der Rückführung kriegsbedingt verbrachter deutscher Kulturgüter, in: UFITA Bd. 136 (1998), S. 129 ff.

**Rosenne, Shabtai:** Vienna Convention on the Law of Treaties, in: Bernhardt, Rudolf (Hrsg.), EPIL, Volume IV, Amsterdam 2000, S. 1308 ff. (zit.: *Rosenne,* Vienna Convention on the Law of Treaties, in: EPIL, Vol. IV (2000)).

**Rudolf, Walter:** Über den internationalen Schutz von Kulturgütern, in: Staat und Völkerrechtsordnung, Festschrift für Karl Doehring, hrsg. von Kay Hailbronner, Georg Ress und Torsten Stein, Berlin 1989, S. 853 ff. (zit.: *Rudolf,* in: FS Doehring).

**Rumpf, Helmut:** Die deutsche Frage und die Reparationen, in: ZaöRV 33 (1973), S. 344 ff.

**Rumpf, Helmut:** Die Regelung der deutschen Reparationen nach dem Zweiten Weltkrieg, in: AVR 23 (1985), S. 74 ff.

**Sandoz, Yves/ Swinarski, Christophe/ Zimmermann, Bruno (Hrsg.):** Commentary on the Additional Protocols of 8 June 1977 to the Geneva Conventions of 12 August 1949, Dordrecht 1987 (zit.: *Sandoz/Swinarski/Zimmermann,* Commentary on the Additional Protocols of 8 June 1977 to the Geneva Conventions of 12 August 1949).

**Schade, Günter:** Kulturbeute und Friedensordnung – Aspekte eines Problems. Die kriegsbedingt verbrachten Kulturgüter der Staatlichen Museen zu Berlin und ihr Schicksal, in: Strocka, Volker Michael (Hrsg.), Kunstraub – ein Siegerrecht? Historische Fälle und juristische Einwände, Berlin 1999, S. 63 ff. (zit.: *Schade,* in: Strocka (Hrsg.), Kunstraub – ein Siegerrecht?).

**Schenk, Rainer:** Die Viermächteverantwortung für Deutschland als Ganzes, insbesondere deren Entwicklung seit 1969, Frankfurt am Main 1976 (Augsburger Schriften zum Staats- und Völkerrecht, Band 6); Zugl., Augsburg, Univ., Diss. 1976 (zit.: *Schenk,* Viermächteverantwortung für Deutschland als Ganzes).

**Scheuner, Ulrich:** Der sowjetische Friedensvertragsentwurf vom 10.1.1959, in: ROW 1959, S. 89 ff.

**Schiedermair, Hartmut:** Kunst im Völkerrecht. Das Eigentum am Krönungsschatz des Heiligen Römischen Reiches, in: Grundrechte, soziale Ordnung und Verfassungsgerichtsbarkeit, Festschrift für Ernst Benda zum 70. Geburtstag, hrsg. von E-ckart Klein in Verbindung mit Klaus-Eckart Gebauer u.a., Heidelberg 1995, S. 234 ff. (zit.: *Schiedermair,* in: FS Benda, S. 234 ff.).

**Schlochauer, Hans-Jürgen:** Jalta-Konferenz von 1945, in: Strupp/Schlochauer, Wörterbuch des Völkerrechts, Zweiter Band, Berlin 1961, S. 162 ff. (zit.: *Schlochauer,* Jalta Konferenz von 1945, in: Strupp/Schlochauer, Wörterbuch des Völkerrechts, 2. Band).

**Schlochauer, Hans-Jürgen:** Yalta Conference (1945), in: Bernhardt, Rudolf (Hrsg.), Encyclopedia of Public International Law, Volume IV (2000), S. 358 ff. (zit.: *Schlochauer,* Yalta Conference, in: EPIL, Vol. IV (2000)).

**Schmidt, Werner:** The Loss of German Artistic Property as a Result of World War II, in: Simpson, Elizabeth (Hrsg.), The Spoils of War – World War II and its Aftermath: The Loss, Reappearance and Recovery of Cultural Property, New York 1997, S. 95 ff. (zit.: *Schmidt,* in: Simpson, Elizabeth (Hrsg.), The Spoils of War).

**Schmoller, Gustav von/ Maier, Hedwig/ Tobler, Achim:** Handbuch des Besatzungsrechts, Tübingen 1957 (zit.: *Schmoller/Maier/Tobler,* Handbuch des Besatzungsrechts).

**Schöbener, Burkhard:** „Unconditional Surrender" – Entwicklung, Inhalt und Konsequenzen der sog. Casablanca-Formel, Eine rechtshistorische Betrachtung zum 50. Jahrestag des Kriegsendes am 8. Mai 1945, in: Der Staat, 34 (1995), S. 163 ff.

**Schoen, Susanne:** Kulturgüterschutz bei – illegaler – Rückkehr kriegsbedingt verbrachter Kulturgüter aus Russland nach Deutschland, in: NJW 2001, S. 537 ff.

**Schorlemer, Sabine von:** Internationaler Kulturgüterschutz, Ansätze zur Prävention im Frieden sowie im bewaffneten Konflikt, Berlin 1992 (Schriften zum Völkerrecht Band 102); Zugl.: Hamburg, Univ., Diss., 1991 (zit.: *Schorlemer,* Internationaler Kulturgüterschutz).

**Schorlemer, Sabine von:** Stolen Art, in: GYIL 41 (1998), S. 317 ff.

**Scholz, Franz:** Privateigentum im besetzten und unbesetzten Feindesland, unter besonderer Berücksichtigung der Praxis des Weltkrieges, Berlin 1919 (zit.: *Scholz,* Privateigentum im besetzten und unbesetzten Feindesland).

**Schreuer, Christoph:** Unjustified Enrichment in International Law, in: AJCL 22 (1974), S. 281 ff.

**Schreuer, Christoph:** Unjust Enrichment, in: Bernhardt, Rudolf (Hrsg.), EPIL, Volume IV, Amsterdam 2000, S. 1243 ff. (zit.: *Schreuer,* Unjust Enrichment, in: EPIL, Vol. IV (2000)).

**Schröder, Gerhard:** Deutsche Russlandpolitik – europäische Ostpolitik. Gegen Stereotype, für Partnerschaft und Offenheit – eine Positionsbestimmung, in: Die Zeit 15/2001 (zit.: *Schröder,* Deutsche Russlandpolitik – europäische Ostpolitik, in: Die Zeit 15/2001).

**Schröder, Tim:** Anmerkung zum Beschluss des Verfassungsgerichts der Russischen Föderation vom 6. April 1998, in: Osteuropa-Recht 1999, S. 44 ff.

**Schröder, Tim:** Wem gehört die Beutekunst? – Zum zweiten Beutekunst-Urteil des russischen Verfassungsgerichts, in: Osteuropa-Recht 2000, S. 29 ff.

**Schröder, Tim:** Entwicklung der russischen Rechtsprechung bis zur Beseitigung der Kostenbarriere für Individualklagen auf Rückgabe von Beutekunst, in: EuGRZ 2002, S. 3 ff.

**Schüle, Adolf:** Wiedergutmachung, in: Strupp/Schlochauer, Wörterbuch des Völkerrechts, Dritter Band, Berlin 1962, S. 843 f. (zit.: *Schüle,* Wiedergutmachung, in: Strupp/Schlochauer, Wörterbuch des Völkerrechts, 3. Band, S. 843 f.).

**Schütz, Dieter:** Der internationale ordre public. Der Ausschluss völkerrechtswidrigen fremden Rechts im Internationalen Privatrecht der Bundesrepublik Deutschland, Frankfurt am Main 1983 (Schriften zum Staats- und Völkerrecht; Band 15) (Zugl.: Würzburg, Univ., Diss., 1983) (zit.: *Schütz,* Der internationale ordre public).

**Schulze, Dorothee:** Die Restitution von Kunstwerken, Zur völkerrechtlichen Dimension der Restitutionsresolutionen der Generalversammlung der Vereinten Nationen, Bremen 1983 (Veröffentlichungen aus dem Übersee-Museum, Bremen, Reihe D, Band 12); Zugl.: Bremen, Univ., Diss., 1982 (zit.: *Schulze,* Die Restitution von Kunstwerken).

**Schweisfurth, Theodor:** Entwicklung und ideologische Grundlagen der sowjetischen Völkerrechtstheorie, in: Geyer, Dietrich/ Meissner, Boris (Hrsg.), Osteuropa-Handbuch, Sowjetunion, Band 3: Völkerrechtstheorie und Vertragspolitik, Köln 1976, S. 27 ff. (zit.: *Schweisfurth,* in: Geyer/ Meissner (Hrsg.), Osteuropa-Handbuch, Sowjetunion, Völkerrechtstheorie und Vertragspolitik).

**Schweisfurth, Theodor:** Germany, Occupation after World War II, in: Bernhardt, Rudolf (Hrsg.), EPIL, Volume II, Amsterdam 1995, S. 582 ff. (zit.: *Schweisfurth,* Germany, Occupation after World War II, in: EPIL, Vol. II (1995)).

**Schweisfurth, Theodor:** SBZ-Konfiskationen privaten Eigentums 1945 bis 1949. Völkerrechtliche Analyse und Konsequenzen für das deutsche Recht, Baden-Baden 2000 (Leipziger Schriften zum Völkerrecht, Europarecht und ausländischen öffentlichen Recht, Band 3) (zit.: *Schweisfurth,* SBZ-Konfiskationen privaten Eigentums).

**Seidl-Hohenveldern, Ignaz:** Kriegsentschädigung, in: Strupp/ Schlochauer, Wörterbuch des Völkerrechts, Zweiter Band, Berlin 1961; S. 337 ff. (zit.: *Seidl-Hohenveldern,* Kriegsentschädigung, in: Strupp/Schlochauer, Wörterbuch des Völkerrechts, 2. Band.).

**Seidl-Hohenveldern, Ignaz (Hrsg.):** Lexikon des Rechts, Völkerrecht, 3. Auflage, Neuwied 2001 (zit.: *Bearbeiter,* Stichwort, in: Seidl-Hohenveldern (Hrsg.), Lexikon des Rechts, Völkerrecht).

**Seidl-Hohenveldern, Ignaz:** Kunstraub im Krieg, in: Festschrift für Reinhold Trinkner zum 65. Geburtstag, hrsg. von Friedrich Graf von Westphalen und Otto Sandrock, Heidelberg 1995, S. 51 ff. (zit.: *Seidl-Hohenveldern,* in: FS Trinkner).

**Seidl-Hohenveldern, Ignaz:** Völkerrechtswidrigkeit der Konfiskation eines Gemäldes der Sammlung des Fürsten von Liechtenstein als angeblich „deutsches" Eigentum, in: IPRax 1996, S. 410 ff.

**Seidl-Hohenveldern, Ignaz:** La protection internationale du patrimoine culturel national, in: RGDIP 97 (1993), S. 395 ff.

**Seidl-Hohenveldern, Ignaz/ Stein, Torsten:** Völkerrecht, 10. Auflage, München 2000 (zit.: *Seidl-Hohenveldern/Stein,* Völkerrecht).

**Seiffert, Wolfgang:** Von der Sowjetunion (UdSSR) zur Gemeinschaft Unabhängiger Staaten (GUS) – Das verfassungsrechtliche und völkerrechtliche Schicksal der Sowjetunion seit dem August-Putsch 1991, in: Osteuropa Recht 1992, S. 79 ff.

**Shvidkoi, Mikhail:** Russian Cultural Losses during World War II, in: Simpson, Elizabeth (Hrsg.), The Spoils of War – World War II and its Aftermath: The Loss, Reappearance and Recovery of Cultural Property, New York 1997, S. 67 ff. (zit.: *Shvidkoi,* in: Simpson (Hrsg.), The Spoils of War).

**Siehr, Kurt:** Kunstraub und das internationale Recht, in: SJZ 1981, S. 189 ff.

**Siehr, Kurt:** International Art Trade and the Law, in: RdC 243 (1993 VI), S. 9 ff.

**Skubiszewski, Krzysztof:** Peace and War, in: Bernhardt, Rudolf (Hrsg.), EPIL, Volume III, Amsterdam 1997, S. 909 ff. (*Skubiszewski,* Peace and War, in: EPIL, Vol. III (1997)).

**Solotych, Stefanie:** Das ZGB der Russischen Föderation, Erster Teil, Textübersetzung mit Einführung, Baden Baden 1996 (zit.: *Solotych,* Das ZBG der Russischen Föderation).

**Staudinger, Julius von (Hrsg.), u.a.:** J. v. Staudingers Kommentar zum Bürgerlichen Gesetzbuch, Einführungsgesetz zum Bürgerlichen Gesetzbuch, Internationales Privatrecht, Art. 3-6 EGBGB, Anhang zu Art. 4-6 EGBGB, Band [6] 3, 13. Auflage, Berlin 1996 (zit.: *Staudinger-Bearbeiter*).

**Steinberger, Helmut:** Allgemeine Regeln des Völkerrechts, in: Isensee, Josef/ Kirchhof, Paul (Hrsg.), Handbuch des Staatsrechts der Bundesrepublik Deutschland, Band VII, Normativität und Schutz der Verfassung – Internationale Beziehungen, Heidelberg 1992 (zit.: *Steinberger,* in: Isensee/Kirchhof (Hrsg.), Handbuch des Staatsrechts, Bd. VII).

**Stödter, Rolf:** Deutschlands Rechtslage, Hamburg 1948 (zit.: *Stödter,* Deutschlands Rechtslage).

**Strebel, Helmut:** Die Haager Konvention zum Schutze der Kulturgüter im Falle eines bewaffneten Konfliktes vom 14. Mai 1954, in: ZaöRV 16, 1955/56, S. 35 ff.

**Strupp, Karl/ Schlochauer, Hans-Jürgen:** Wörterbuch des Völkerrechts, Erster bis Dritter Band, Berlin 1960-1962 (zit.: *Autor,* Stichwort, in: Strupp/Schlochauer, Wörterbuch des Völkerrechts, Band).

**Thomas, Heinz/ Putzo, Hans:** Zivilprozessordnung, 24., neubearbeitete Auflage, München 2002 (zit.: *Thomas/Putzo,* ZPO).

**Toman, Jiri:** La protection des bien culturels en cas de conflit armé non international, in: Im Dienst an der Gemeinschaft, Festschrift für Dietrich Schindler, hrsg. von Walter Haller, Alfred Kölz, Georg Müller, Daniel Thürer, Basel/Frankfurt a.M. 1989, S. 311 ff. (zit.: *Toman*, in: FS Schindler).

**Tomson, Edgar:** Kriegsrecht, in: Geyer, Dietrich/ Meissner, Boris (Hrsg.), Osteuropa-Handbuch, Sowjetunion, Band 3: Völkerrechtstheorie und Vertragspolitik, Köln 1976, S. 122 ff. (zit.: *Tomson,* in: Geyer/Meissner (Hrsg.), Osteuropa-Handbuch, Sowjetunion, Völkerrechtstheorie und Vertragspolitik).

**Trützschler von Falkenstein, Werner:** Die sich ändernde Bedeutung der Feindstaatenartikel (Artikel 53 und 107 der Satzung der Vereinten Nationen) für Deutschland, Frankfurt am Main 1975 (Augsburger Schriften zum Staats- und Völkerrecht, Band 5) (zit.: *Trützschler von Falkenstein,* Bedeutung der Feindsstaatenartikel).

**Turner, Stefan:** Die Zuordnung beweglicher Kulturgüter im Völkerrecht, in: Fiedler, Wilfried (Hrsg.), Internationaler Kulturgüterschutz und deutsche Frage, Berlin 1991, S. 19 ff. (zit.: *Turner,* in: Fiedler (Hrsg.), Internationaler Kulturgüterschutz und deutsche Frage).

**Turner, Stefan:** Das internationale Kulturgüterrecht und die Zerstreuung des deutschen Kulturbesitzes nach dem Zweiten Weltkrieg, in: Fiedler, Wilfried (Hrsg.), Internationaler Kulturgüterschutz und deutsche Frage, Berlin 1991, S. 109 ff. (zit.: *Turner,* in: Fiedler (Hrsg.), Internationaler Kulturgüterschutz und deutsche Frage).

**Turner, Stefan:** Bemerkungen zur Restitutionspraxis nach dem 2.Weltkrieg, insbesondere zur Restitution von Kulturgütern, in: Liber discipulorum et amicorum, Festschrift für Kurt Siehr zum 65. Geburtstag, hrsg. von Peter Johannes Weber, Zürich 2001 (Schweizer Schriften zur Vermögensberatung und zum Vermögensrecht, Bd. 2), S. 215 ff. (zit.: *Turner,* in: FS Siehr).

**Turner, Stefan:** Das Restitutionsrecht des Staates nach illegaler Ausfuhr von Kulturgütern. Eigentumsordnung und völkerrechtliche Zuordnung, Berlin 2002 (Schriften zum Kulturgüterschutz), zugl.: Saarbrücken, Univ., Diss., 2001 (zit.: *Turner,* Das Restitutionsrecht des Staates).

**Verdross, Alfred/ Simma, Bruno:** Universelles Völkerrecht: Theorie und Praxis, 3. Auflage, Berlin 1984 (zit.: *Verdross/Simma,* Universelles Völkerrecht).

**Virally, Michel:** Die internationale Verwaltung Deutschlands vom 8. Mai 1945 bis 24. April 1947, Baden Baden 1948 (zit.: *Virally,* Internationale Verwaltung).

**Wahl, Rainer:** Kunstraub als Ausdruck von Staatsideologie, in: Strocka, Volker Michael (Hrsg.), Kunstraub – ein Siegerrecht? Historische Fälle und juristische Einwände, Berlin 1999, S. 27 ff. (zit.: *Wahl,* Kunstraub als Ausdruck von Staatsideologie, in: Strocka (Hrsg.), Kunstraub – ein Siegerrecht?).

**Waitz von Eschen, Friedrich Freiherr:** Die völkerrechtliche Kompetenz der Vier Mächte zur Gestaltung der Rechtslage Deutschlands nach dem Abschluss der Ostvertragspolitik, Frankfurt am Main 1988 (Schriften zum Staats- und Völkerrecht; Band 31); Zugl.: Würzburg, Univ., Diss., 1988 (zit.: *Waitz von Eschen,* Völkerrechtliche Kompetenz der Vier Mächte).

**Walter, Bernhard:** Rückführung von Kulturgut im Internationalen Recht, Bremen 1988 (Veröffentlichung aus dem Übersee-Museum Bremen, Reihe D, Band 14); Zugl.: Tübingen, Univ., Diss., 1988 (zit.: *Walter,* Rückführung von Kulturgut).

**Weber, Hermann:** Wem gehört der Schatz des Priamos? Die deutsch-russische Kontroverse über die Rückgabe der sogenannten „Beutekunst“, in: HuV-I 1 (1999), S. 36 ff.

**Wengler, Wilhelm:** Völkerrecht, Band II, Dritter Teil, Berlin 1964 (zit.: *Wengler,* Völkerrecht, Bd. 2).

**Westphalen, Friedrich Graf von/ Sandrock, Otto (Hrsg.):** Festschrift für Reinhold Trinkner zum 65. Geburtstag, Heidelberg 1995 (zit.: *Autor,* in: FS Trinkner).

**Wiederkehr-Schuler, Elsbeth:** Kulturgüterschutz – Freier Kunstmarkt. Zwei internationale Konventionen: Unidroit und UNESCO 70, Zürich 2000 (zit.: *Wiederkehr-Schuler,* Kulturgüterschutz – Freier Kunstmarkt).

**Williams, Sharon A.:** The International and National Protection of Movable Cultural Property - A Comparative Study – New York 1978 (zit.: *Williams,* Protection of movable cultural property).

**Wyss, Martin Philipp:** Der völkerrechtliche Schutz von Kulturgütern – Neue Impulse innerhalb der UNESCO, in: HuV-I 1 (1994), S. 12 ff.

**Zieger, Gottfried:** Berliner Erklärung und Potsdamer Abkommen – Auswirkungen auf den Fortbestand Deutschlands, in: Blumenwitz, Dieter/ Meissner, Boris (Hrsg.), Die Überwindung der europäischen Teilung und die deutsche Frage, Köln 1986, S. 47 ff. (Staats- und völkerrechtliche Abhandlungen der Studiengruppe für Politik und Völkerrecht, Band 4) (zit.: *Zieger,* in: Blumenwitz/Meissner (Hrsg.), Überwindung der europäischen Teilung).

## AUGSBURGER SCHRIFTEN ZUM STAATS- UND VÖLKERRECHT

Herausgegeben von Professor Dr. Dieter Blumenwitz

Band 1 Fritz-Harald Wenig: Rechtsprobleme des innerdeutschen Handels.

Band 2 Wilfried Niedermeier: Der Beitritt der Bundesrepublik Deutschland zum Statut des Internationalen Gerichtshofes unter besonderer Berücksichtigung der obligatorischen Gerichtsbarkeit.

Band 3 Johann G. Gleich: Die Anerkennung der DDR durch die Bundesrepublik.

Band 4 Matthias Weigand: Der Vertrag über die gegenseitigen Beziehungen zwischen der Bundesrepublik Deutschland und der Tschechoslowakischen Sozialistischen Republik vom 11. Dezember 1973 - Eine völkerrechtliche Analyse.

Band 5 Werner Trützschler von Falkenstein: Die sich ändernde Bedeutung der Feindstaatenartikel (Artikel 53 und 107 der Satzung der Vereinten Nationen) für Deutschland.

Band 6 Reiner Schenk: Die Viermächteverantwortung für Deutschland als Ganzes, insbesondere deren Entwicklung seit 1969.

Band 7 Wolfgang Wagner: Die Verwirklichung der Menschenrechte im Pakt der Vereinten Nationen über bürgerliche und politische Rechte vom 16. Dezember 1966, im Grundvertrag und den ihn begleitenden Nebeninstrumenten.

Band 8 Ulrich Wacker: Der Konflikt verschiedener Rechtssysteme vor, während und nach der Kolonialzeit in Kenia.

Band 9 Wolfgang Enders: Der mexikanische Bundesstaat. Die politische und sozioökonomische Problematik eines föderalen Verfassungssystems in einem Land der "Dritten Welt".

Band 10 Heiner Hasford: Die Jurisdiktion der Europäischen Gemeinschaften. Zur extraterritorialen Wirkung des Gemeinschaftsrechts.

## SCHRIFTEN ZUM STAATS- UND VÖLKERRECHT

Band 11 Wolf Dieter Remmele: Die Selbstdarstellung der Bundesrepublik Deutschland im Ausland durch den Rundfunk als Problem des Staats- und Völkerrechts.

Band 12 Elisabeth Lichtenstern: Die Gesetzgebung im Spannungsverhältnis zwischen Bund und Ländern.

Band 13 Peter Gassner: Kollektivmacht und Individualschutz im amerikanischen Arbeitsrecht.

Band 14 Helga Walter: Das Selbstverständnis des modernen Algeriens. Die historisch-nationalen und islamischen Elemente.

Band 15 Dieter Schütz: Der internationale ordre public. Der Ausschluß völkerrechtswidrigen fremden Rechts im Internationalen Privatrecht der Bundesrepublik Deutschland.

Band 16 Klaus-Peter Kißler: Die Zulässigkeit von Wirtschaftssanktionen der Europäischen Gemeinschaft gegenüber Drittstaaten.

Band 17 Rainhardt Freiherr von Leoprechting: Die neue Rohrwaffen-Artillerie-Munition im Lichte des I. Genfer Zusatzprotokolles vom 12. Dezember 1977. Zur Frage der Völkerrechtskonformität der Verteidigung der Bundesrepublik Deutschland mit modernen konventionellen Artilleriesystemen.

Band 18 Roland Steinmeyer: Die Schiffsgläubigerrechte im südafrikanischen nationalen und internationalen Privatrecht. Eine rechtsvergleichende Darstellung unter Einbeziehung des englischen und deutschen internationalen Privatrechts und unter besonderer Berücksichtigung des ordre public.

Band 19 Martin C. Ney: Der Einsatz von Atomwaffen im Lichte des Völkerrechts. Summary: The Use of Nuclear Weapons and International Law.

Band 20 Teodoro Ribera Neumann: Das chilenische Verfassungsgericht und das deutsche Bundesverfassungsgericht - Ein Rechtsvergleich -. 1985.

Band 21 Theodora Antoniou: Europäische Integration und griechische Verfassung. 1985.

Band 22 Georg Teyssen: Deutschlandtheorien auf der Grundlage der Ostvertragspolitik. 1987.

Band 23 Karin Klüpfel: Selbstbestimmung durch Assoziation. Die Assoziation als Verwirklichung des Selbstbestimmungsrechts der Völker - dargestellt am Beispiel von Puerto Rico. 1987.

Band 24 Friedrich Dehner: Die Stellung Berlins im Bundesrat. 1987.

Band 25 Thilo Morhard: Die Rechtsnatur der Übereinkommen der Internationalen Arbeitsorganisation. Zugleich ein Beitrag zur Lehre vom "soft law". 1988.

Band 26 Ralf Jahn: Ansiedlung von Einzelhandelsgroßprojekten (§ 11 Abs. 3 BauNVO 1977). Zur Frage der Bestimmtheit grundrechtsbeschränkender Eingriffsnormen. 1988.

Band 27 Wolfgang Götzer: Der völkerrechtliche Status der Donau zwischen Regensburg und Kelheim. Eine völkerrechtliche Untersuchung des Donauabschnittes Regensburg - Kelheim unter Einbeziehung der gesamten deutschen Donau. 1988.

Band 28 Michael Hakenberg: Die Iran-Sanktionen der USA während der Teheraner Geiselaffäre aus völkerrechtlicher Sicht. 1988.

Band 29 Renate Oxenknecht: Der Schutz ethnischer, religiöser und sprachlicher Minderheiten in Art. 27 des Internationalen Paktes über bürgerliche und politische Rechte vom 16. Dezember 1966. 1988.

Band 30 Raphael Quarshie Avornyo: Deutschland und Togo. (1847-1987). 1988.

Band 31 Friedrich Frhr. Waitz von Eschen: Die völkerrechtliche Kompetenz der Vier Mächte zur Gestaltung der Rechtslage Deutschlands nach dem Abschluß der Ostvertragspolitik. 1988.

Band 32 Gisela Süß: Die Zulassung von Zahnärzten aus dem EG-Bereich zur deutschen Kassenarztpraxis. Ein Beitrag zu Standort und Bedeutung der Grundrechte im Europäischen Gemeinschaftsrecht. 1988.

Band 33 Meggy Steffens: Die deutsche Ostpolitik im Spiegel publizistischer Stellungnahmen in den USA 1969-1973. 1988.

Band 34 Norbert Karl Riedel: Der Einsatz deutscher Streitkräfte im Ausland - verfassungs- und völkerrechtliche Schranken -. 1989.

Band 35 Heidi Dünisch: Der Mundatwald - Zur Bereinigung letzter Kriegsfolgenprobleme zwischen Deutschland und Frankreich.1989.

Band 36 Sabine Niedermeyer-Krauß: Kommunalwahlrecht für Ausländer und Erleichterung der Einbürgerung. Integrationsmöglichkeiten für Ausländer aus verfassungs- und europarechtlicher Sicht. 1989.

Band 37 Dirk-Hermann Voß: Regionen und Regionalismus im Recht der Mitgliedstaaten der Europäischen Gemeinschaft: Strukturelemente einer Europäischen Verfassungsordnung. 1989.

Band 38 Tilo Klinner: Satellitenfernerkundung im Völkerrecht. Inwieweit existiert ein völkerrechtlicher Datenschutz? 1989.

Band 39 Barbara Schmidt: Die Erweiterung der seewärtigen Hoheitsrechte der Bundesrepublik Deutschland und der DDR unter besonderer Berücksichtigung deutschlandrechtlicher Probleme. 1989.

Band 40 Hans-Joachim Brauns: Wiedervereinigung und europäische Integration. 1990.

Band 41 Gilbert-Hanno Gornig: Der Hitler-Stalin-Pakt. Eine völkerrechtliche Studie. 1990.

Band 42 Gudrun Lehnberger: Kommunale Entwicklungshilfe. Eine Aufgabe der Gemeinden? - Bestandsaufnahme und rechtliche Würdigung unter besonderer Berücksichtigung der bayerischen Verwaltungspraxis. 1990.

Band 43 Heike Kaup: Der Schwangerschaftsabbruch aus verfassungsrechtlicher Sicht. Eine rechtsvergleichende Untersuchung anhand des deutschen und des amerikanischen Rechts. 1991.

Band 44 Bernadette Steinmeyer: Verfassungsrechtliche Ansätze zur Neuordnung der multirassischen Gesellschaft Südafrikas unter Berücksichtigung des Vorschlages des Verhandlungsforums der "KwaZulu/Natal Indaba". 1991.

Band 45 Burkhard Schöbener: Die amerikanische Besatzungspolitik und das Völkerrecht. 1991.

Band 46 Christian Raap: Die Souveränität der Bundesrepublik Deutschland unter besonderer Berücksichtigung des militärischen Bereichs und der deutschen Einheit. 1992.

Band 47 Andrea Wagner: Der argentinisch-chilenische Konflikt um den Beagle-Kanal. Ein Beitrag zu den Methoden friedlicher Streiterledigung. 1992.

Band 48 Ralf Wittkowski: Die Staatensukzession in völkerrechtliche Verträge unter besonderer Berücksichtigung der Herstellung der staatlichen Einheit Deutschlands. 1992.

Band 49 Michael Piazolo: Das Recht auf Abtreibung als Teilaspekt des Right of Privacy. 1992.

Band 50 Silke Wenk: Das konfiszierte deutsche Privatvermögen in Polen und der Tschechoslowakei. Die Rechtslage nach Abschluß des deutsch-polnischen und deutsch-tschechoslowakischen Nachbarschaftsvertrages. 1993.

Band 51 Antje Kießwetter: Die Verfassungsentwicklung in Namibia. 1993.

Band 52 Angelika Kleffner-Riedel: Regionalausschuß und Subsidiaritätsprinzip. Die Stellung der deutschen Bundesländer nach dem Vertrag über die Europäische Union. 1993.

Band 53 Jerzy Kranz: Entre l'influence et l'intervention. Certains aspects juridiques de l'assistance financière multilatérale. 1994.

Band 54 Knut Kettwig: Rechtsgrundlagen dezentraler grenzüberschreitender Zusammenarbeit im deutsch-polnischen und deutsch-tschechischen Grenzraum. 1994.

Band 55 Ulrich Seidenberger: Die diplomatischen und konsularischen Immunitäten und Privilegien. Ein Beitrag zur Diskussion über die Reformbedürftigkeit des Diplomaten- und Konsularrechts aus staats- und völkerrechtlicher Sicht. 1994.

Band 56 Christian Schede: Bundesrat und Europäische Union. Die Beteiligung des Bundesrates nach dem neuen Artikel 23 des Grundgesetzes. 1994.

Band 57 Florian Prugger: Die Nachfolge in das Vermögen der ehemaligen DDR. Ein Beitrag zu Art. 21 ff Einigungsvertrag unter besonderer Berücksichtigung der Firma F.C. Gerlach des Bereichs Kommerzielle Koordinierung. 1994.

Band 58 Mark Zimmer: Einsätze der Bundeswehr im Rahmen kollektiver Sicherheit. Staats- und völkerrechtliche Grundlagen unter Berücksichtigung des BVerfG-Urteils vom 12.07.1994. 1995.

Band 59 Gerd von Laffert: Die völkerrechtliche Lage des geteilten Zypern und Fragen seiner staatlichen Reorganisation. 1995.

Band 60 Wolfram Schneeweiß: Die rechtliche Stellung der Indianerstämme innerhalb der Vereinigten Staaten von Amerika. Ein Modell für den Schutz der *indigenous peoples*. 1995.

Band 61 Marianne Janik: Möglichkeiten und Grenzen einer gemeinsamen Exportkontrolle für sensitive Waren und Dienstleistungen im Lichte des europäischen Gemeinschaftsrechts. 1995.

Band 62 Michael Brems: Die politische Integration ethnischer Minderheiten aus staats- und völkerrechtlicher Sicht. 1995.

Band 63 Martin Vocke: Verfassungsinterpretation und Normbegründung - Grundlegung zu einer prozeduralen Theorie der Verfassungsgerichtsbarkeit. 1995.

Band 64 Stefan von der Beck: Die Konfiskationen in der Sowjetischen Besatzungszone von 1945 bis 1949. Ein Beitrag zu Geschichte und Rechtsproblemen der Enteignung auf besatzungsrechtlicher und besatzungshoheitlicher Grundlage. 1996.

Band 65 Stephanie Baer: Der Zerfall Jugoslawiens im Lichte des Völkerrechts. 1995.

Band 66 Christine Sauerwald: Die Unionsbürgerschaft und das Staatsangehörigkeitsrecht in den Mitgliedstaaten der Europäischen Union. 1996.

Band 67 Silke Buchner: Die Rechtswidrigkeit der Taten von "Mauerschützen" im Lichte von Art. 103 II GG unter besonderer Berücksichtigung des Völkerrechts. Ein Beitrag zum Problem der Verfolgung von staatlich legitimiertem Unrecht nach Beseitigung des Unrechtssystems. 1996.

Band 68 Bernd Weiß: Einführung und Umsetzung der Europäischen Charta der kommunalen Selbstverwaltung in Deutschland, insbesondere in Bayern und Nordrhein-Westfalen. 1996.

Band 69 Gesine Katharina Neumann: Boliviens Recht auf freien Zugang zum Pazifik. Zur völkerrechtlichen Problematik des Zugangs der Binnenstaaten zum Meer. 1997.

Band 70 Elvira Pfrang: Das Verhältnis zwischen Europäischem Gemeinschaftsrecht und deutschem Recht nach der Maastricht-Entscheidung des Bundesverfassungsgerichts. Eine Studie zu den Konflikten beider Rechtsordnungen auf dem Gebiet des Grundrechtsschutzes und der Kompetenzen. 1997.

Band 71 Dieter Blumenwitz / Burkhard Schöbener: Stabilitätspakt für Europa. Die Sicherstellung mitgliedstaatlicher Haushaltsdisziplin im Europa- und Völkerrecht. 1997.

Band 72 Matthias Weinberg: Schutz der deutschen Minderheit in Polen nach den Weltkriegen. Ein Vergleich unter Berücksichtigung der aktuellen Rechtslage. 1997.

Band 73 Reinhard Müller: Der "2+4-Vertrag und das Selbstbestimmungsrecht der Völker. 1997.

Band 74 Stefan Strobl: Das Nichtverbreitungsregime für Kernwaffen nach 1995 und der freie Zugang zu nuklearen Technologien und Materialien. 1997.

Band 75 Christine Weber: Das Gegenzeichnungsrecht unter besonderer Berücksichtigung der Verfassung des Fürstentums Liechtenstein. 1997.

Band 76 Stephan Semrau: Die Gemeinsame Außen- und Sicherheitspolitik der Europäischen Union. 1998.

Band 77 Marcus Schultz: Die Auslandsentsendung von Bundeswehr und Bundesgrenzschutz zum Zwecke der Friedenswahrung und Verteidigung. Völker- und verfassungsrechtliche Analyse unter besonderer Berücksichtigung der Entscheidung des Bundesverfassungsgerichtes zum Einsatz deutscher Streitkräfte vom 12. Juli 1994. 1998.

Band 78 Benedikt P. Kuttenkeuler: Die Verankerung des Subsidiaritätsprinzips im Grundgesetz. Ein Beitrag zur Bedeutung des Subsidiaritätsprinzips für die Kompetenzabgrenzung im Bundesstaat. 1998.

Band 79 Winfried Bausback: Verfassungsrechtliche Grenzen des Wahlrechts zum Deutschen Bundestag. 1998.

Band 80 Elvira Pfrang: Towards Liberalisation of the European Electricity Markets. The Directive concerning Common Rules for an Internal Market in Electricity in the Frame of the Competition and Internal Market Rules of the EC-Treaty. 1999.

Band 81 Alexander Wolf: Prozessuale Probleme des „Maastricht"-Urteils des Bundesverfassungsgerichts. 1999.

Band 82 Jürgen Bartl: Die humanitäre Intervention durch den Sicherheitsrat der Vereinten Nationen im "Failed State". Das Beispiel Somalia. 1999.

Band 83 Thomas Gnielinski: Die Reform des deutschen Staatsangehörigkeitsrechts. Eine Analyse und Bewertung der vorliegenden Gesetzesvorhaben. 1999.

Band 84 Margarita González: Der völkerrechtliche Status des Panamakanals nach Ablauf der Übergangszeit im Jahr 1999. 2000.

Band 85 Petra Johnen: Die Verfassungsentwicklung Südafrikas unter besonderer Berücksichtigung der verfassunggebenden Gewalt des Volkes. 2001.

Band 86 Markus Allstadt: Die offene Völkerrechtslage im deutsch-tschechischen Verhältnis und ihre Bedeutung für die Osterweiterung der Europäischen Union. Zugleich Überlegungen zu den Auswirkungen zwingenden Völkerrechts in der Vertriebenenfrage. 2000.

Band 87 Gerrit Aschmann: Europol aus Sicht der deutschen Länder. 2000.

Band 88 Mark Weber: Der Berlin-Status im intertemporalrechtlichen Konflikt. Dargestellt am Beispiel von Grundstücksenteignungen im Ostteil Groß-Berlins. 2001.

Band 89 Heidi Hellwig: Die Staatsangehörigkeit als Anknüpfung im deutschen IPR. Unter besonderer Berücksichtigung des Gesetzes zur Reform des Staatsangehörigkeitsrechts. 2001.

Band 90 Aline Bruer-Schäfer: Der Internationale Strafgerichtshof. Die Internationale Strafgerichtsbarkeit im Spannungsfeld von Recht und Politik. 2001.

Band 91 Andreas Rosenfeld: Die Verfassungsentwicklung von Mosambik. Ein Beitrag zur rechtsstaatlichen Transformation im südlichen Afrika. 2001.

Band 92 Markus Pallek: Der Minderheitenschutz im deutschen Verfassungsrecht. Eine analytische Untersuchung des Begriffs sowie der bundes- und landesverfassungsrechtlichen Stellung der ethnischen, nationalen, sprachlichen, kulturellen und religiösen Minderheiten in der Bundesrepublik Deutschland vor dem Hintergrund der völker- und europarechtlichen Rahmenbedingungen. 2001.

Band 93 Ansgar Firsching: Die Samen, ihre Rechtsstellung in Schweden und ihre Rechtsstellung im Lichte der Indigenous Peoples weltweit. 2002.

Band 94 Jörg Dunker: Regionale Integration im System des liberalisierten Welthandels. EG und NAFTA im Vergleich. 2002.

Band 95 Katharina Wodarz: Gewaltverbot, Menschenrechtsschutz und Selbstbestimmungsrecht im Kosovo-Konflikt. 2002.

Band 96 Grit Hokema: Immunität von Staatsoberhäuptern. 2002.

Band 97 Tido Oliver Hokema: Mehrfache Staatsangehörigkeit. Eine Betrachtung aus völkerrechtlicher und verfassungsrechtlicher Sicht. Unter Berücksichtigung des Staatsangehörigkeitsreformgesetzes vom 15. Juli 1999. 2002.

Band 98 Janet Kerstin Butler: Die Beteiligung von Privatpersonen am WTO-Streitbeilegungsverfahren. Bestandsaufnahme und Entwicklungsperspektiven. 2002

Band 99 Tobias H. Irmscher: Die Behandlung privater Beschwerden über systematische und grobe Menschenrechtsverletzungen in der UN-Menschenrechtskommission. Das 1503-Verfahren nach seiner Reform. 2002.

Band 100 Markus Voltz: Menschenrechte und ordre public im Internationalen Privatrecht. 2002.

Band 101 Sabine Schorer: Das Konsensprinzip in der internationalen Gerichtsbarkeit. 2003.

Band 102 Anja Weisgerber: Das Beweiserhebungsverfahren parlamentarischer Untersuchungsausschüsse des Deutschen Bundestages. 2003.

Band 103 Stephan Anstötz: Perspektiven zur staatlichen Neuordnung Zyperns. 2003.

Band 104 Eva Stumpf: Kulturgüterschutz im internationalen Recht unter besonderer Berücksichtigung der deutsch-russischen Beziehungen. 2003.

www.ingramcontent.com/pod-product-compliance
Ingram Content Group UK Ltd.
Pitfield, Milton Keynes, MK11 3LW, UK
UKHW021917290926
8980IPUK00015B/1323

9 783631 510803